朱光亚传

中国人民解放军总装备部政治部组织撰写

奚启新 著

人民出版社

责任编辑:侯 春
装帧设计:略点设计

图书在版编目(CIP)数据

朱光亚传/中国人民解放军总装备部政治部组织撰写 奚启新 著.
  -北京:人民出版社,2015.12(2018.12 重印)
ISBN 978-7-01-015556-2

Ⅰ.①朱… Ⅱ.①中…②奚… Ⅲ.①朱光亚(1924~2011)-传记
  Ⅳ.①K826.11

中国版本图书馆 CIP 数据核字(2015)第 285807 号

朱光亚传
ZHUGUANGYA ZHUAN

中国人民解放军总装备部政治部组织撰写
奚启新 著

人民出版社 出版发行
(100706 北京市东城区隆福寺街 99 号)

北京盛通印刷股份有限公司印刷 新华书店经销

2015 年 12 月第 1 版 2018 年 12 月北京第 2 次印刷
开本:710 毫米×1000 毫米 1/16 印张:40.25
字数:550 千字 印数:10,001-12,000 册

ISBN 978-7-01-015556-2 定价:75.00 元

邮购地址 100706 北京市东城区隆福寺街 99 号
人民东方图书销售中心 电话 (010)65250042 65289539

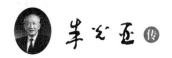

目 录

引言 国家命运……………………………………1

第一章 长江之子

一、出身平民家庭………………… 5

二、从小受到良好教育………………… 7

三、长江留给他的人生印记……………… 11

第二章 烽火岁月

一、爱国主义的萌芽………………… 16

二、热血涌动………………… 19

三、苦难磨砺人生………………… 22

四、从清华中学到南开中学…………… 26

五、对物理学产生兴趣………………… 29

第三章 大学时代

一、确立人生志向………………… 33

二、抗战时期最好的大学…………… 35

三、简陋与豪华相得益彰…………… 40

四、清贫的校园生活………………… 45

五、"不得了"与"了不得"…………… 49

六、让人惊叹的满分………………… 53

第四章 学生运动

一、日本鬼子投降了…………………… 56

二、反对内战的呼声…………………… 59

三、坚强的"民主堡垒"………………… 65

四、经受血与火的洗礼………………… 70

五、一二·一惨案……………………… 74

第五章 赴美求索

一、肩负特殊使命……………………… 77

二、赴美前的风风雨雨………………… 83

三、被美国"忽悠"了…………………… 88

四、留学 4 年，成绩全 A……………… 91

第六章 游子情怀

一、学生领袖…………………………… 96

二、悄悄降临的爱情……………………102

三、华丽家族……………………………108

四、一封公开信…………………………117

第七章 回归祖国

一、不可阻挡的回国潮…………………125

二、回到祖国的感觉真好………………129

三、重回故乡，难舍亲情………………132

四、北大最年轻的副教授………………135

五、有情人终成眷属……………………138

第八章 激情燃烧

一、揭露美帝的科学檄文…………… 143

二、战火烧到了鸭绿江…………… 146

三、赴农村参加土改…………… 150

第九章 战地日记

一、板门店开启停战谈判…………… 154

二、入朝途中遭敌机轰炸…………… 160

三、难以忘怀的战场生活…………… 165

四、极为出色的英语翻译…………… 168

五、谈判桌上的激烈较量…………… 173

六、炮火之中的理论思考…………… 178

七、谈谈打打未有时…………… 182

第十章 重执教鞭

一、调任东北人民大学…………… 189

二、身穿军装的"帅哥"…………… 193

三、"我们热爱朱老师"…………… 196

四、师恩情深三院士…………… 203

五、倾心扶助青年教师…………… 206

六、物理系的"内当家"…………… 211

第十一章 入党夙愿

一、提出入党申请…………… 216

二、好事多磨…………… 220

三、提拔未获批准…………… 225

第十二章 另有任用

一、中南海领袖拍板 …………… 231

二、普及原子能基本知识 …………… 237

三、最迫切的是人才 …………… 243

四、辛勤耕耘，喜结硕果 …………… 247

第十三章 肩负使命

一、规划·机构·主帅 …………… 253

二、"这个事太重要了" …………… 257

三、主持核反应堆技术研究 …………… 262

第十四章 担当重任

一、"应该动起来了" …………… 271

二、三条战线同时展开 …………… 275

三、塔姆院士的推荐 …………… 279

四、毛泽东就是不松口 …………… 285

五、莫斯科传来不好的消息 …………… 289

六、苏联终于摊牌了 …………… 292

七、出任原子弹技术领导人 …………… 295

八、要下决心搞尖端技术 …………… 300

第十五章 攻坚克难

一、重起炉灶再开张 …………… 305

二、上马还是下马 …………… 313

三、承上启下的"瓶子口" …………… 318

四、向周恩来汇报工作 …………… 323

第十六章 横空出世

一、移师金银滩 …………………… 328

二、站得高，看得远 …………………… 333

三、张爱萍赋诗相赠 …………………… 337

四、宜早不宜迟 …………………… 343

五、核试验技术的开创者 …………………… 348

六、细之又细，严之又严 …………………… 354

七、文武之道，一张一弛 …………………… 360

八、罗布泊巨响 …………………… 365

九、庄严的承诺 …………………… 376

第十七章 风雨征途

一、谋定而动，再战告捷 …………………… 383

二、"二七风暴" …………………… 390

三、集中力量，探索氢弹原理 …………………… 397

四、响在法国人之前 …………………… 405

五、艰难前行 …………………… 414

六、点燃地下核火 …………………… 419

第十八章 不负重托

一、委以重任，步入高层 …………………… 426

二、核"蛟龙"下海 …………………… 430

三、临危处置核险情 …………………… 436

四、周恩来说：朱光亚太忙了 …………………… 445

五、有朋自远方来 …………………… 449

六、邓小平的嘱托 …………………… 455

七、君子坦荡荡 …………………… 460

第十九章 春暖花开

一、不寻常的 1976 年 …………… 467

二、当选中共中央委员 …………… 471

三、飞向太平洋 …………… 474

四、核试验跃上新台阶 …………… 480

五、中子弹研制成功 …………… 483

第二十章 任重道远

一、出任新职 …………… 490

二、监控失控的核动力卫星 …………… 495

三、中国核电事业开拓者 …………… 501

四、倡导国防战略研究 …………… 508

五、设计"863"计划蓝图 …………… 511

六、推动"921"工程上马 …………… 518

七、应对新军事革命挑战 …………… 527

第二十一章 众望所归

一、中国科协当家人 …………… 535

二、中国工程院首任院长 …………… 545

第二十二章 不朽丰碑

一、站在新的制高点上 …………… 564

二、驳斥考克斯报告 …………… 580

三、谋划新世纪装备建设 …………… 587

四、永恒的星座 …………… 598

第二十三章 大师情怀

    一、关注创新型人才培养…………… 608

    二、钱学森后面的那个人…………… 614

    三、家风·亲情·慈爱………………… 618

尾声 感动中国 ……………………………… 625

后记……………………………………………… 634

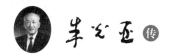

引言 国家命运

1945 年 7 月 16 日，美国南部新墨西哥州洛斯阿拉莫斯核试验场。

荒野沉默，大地寂静。

这一天，地球上第一颗原子弹在这里问世了。

随着惊天动地的震响，一团巨大的火球，瞬间出现在天空中，不断膨胀着，最后化为直抵云端的蘑菇云。

它的爆炸威力相当于 2 万吨 TNT 当量，爆炸中心温度是太阳表面温度的 1 万倍。

点燃这一原子之火的人们中，有位名叫 J. 罗伯特·奥本海默的美国籍犹太科学家。他是洛斯阿拉莫斯国家实验室主任，被称为"美国原子弹之父"。

那天，他在接受美国《纽约时报》记者威廉·劳伦斯采访时说道："爆炸的效果并不全是使人激动，它还是令人恐怖的。"

奥本海默告诉记者，在看到令人毛骨悚然的蘑菇云升腾到天空时，他想起了印度圣书《薄伽梵歌》中的诗句：

现在我成为死神，世界的破坏者。

半个月之后，即 1945 年 8 月 6 日，美国将新问世的原子弹投在了日本广岛。整座城市顷刻间被毁灭，罹难人数为 176987 人（据日本战后对外公布的数据——作者注）。

1945 年 8 月 9 日，美国又将原子弹投在了日本长崎。这座城市瞬间也被毁灭。约 4 万人死亡，6 万多人受伤。

就在原子弹投在长崎的当天，美国总统杜鲁门向美国人民发表广播讲话。他得意洋洋地说道：

我们感谢上帝，我们有了原子弹而敌人没有。我们要向上帝祈祷，让上帝告诉我们，照他的意志和为了实现他的目的应当怎样使用这种武器。

此刻，美国把自己当成了世界的"上帝"。

掌握在美国手中的原子弹，成为悬在世界人民头顶上的一把"达摩克利斯之剑"。

奥本海默为自己的研究成果给世界带来的灾难深感不安。他辞去了洛斯阿拉莫斯国家实验室主任的职务。

1945 年 10 月 16 日，在人类第一颗原子弹爆炸 3 个月之后，奥本海默向同事们作告别演讲。他没有准备演讲稿。在新墨西哥州的太阳底下，他用低沉而严肃的语气说：

必须清醒而深刻地认识今日的成就。如果原子弹成为充满敌对的世界的新式武器，或者成为国家备战的武器，那么，人类诅咒洛斯阿拉莫斯和广岛的日子也就到了。

1945 年 10 月 18 日，奥本海默回到华盛顿，出席了一个有 6 位国会议员参加的会议。他再次明确表达了对原子弹的深切焦虑。

当时，出席会议的还有美国前副总统亨利·华莱士。华莱士后来在日记中这样写道：

我从未见过像奥本海默那样焦急紧张的神态，他仿佛觉得整个人类即将毁灭……觉得我们在国际外交中就像用手枪一样肆意使用原子弹。他说俄罗斯民族是一个骄傲的民族，拥有优秀的物理学家和大量的资源。他们可以为了造原子弹而降低生活水平，为了短期内尽快拥有原子弹不惜一切代价。

奥本海默的担忧很快成为现实。

1949 年 8 月 29 日，苏联在西伯利亚成功爆炸了它的第一颗原子弹。

1949 年 10 月 1 日，毛泽东在北京天安门城楼上庄严宣告：中华人民共和国成立了！

1950 年 6 月 25 日，朝鲜战争爆发，以美国为主的"联合国军"将战火烧到了鸭绿江畔。

唇亡齿寒。为了保卫新生的人民共和国，1950 年 10 月 19 日，应朝鲜党

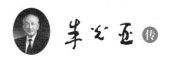

和政府请求，中国人民志愿军赴朝参战。美军遭受沉重打击。

1950 年 11 月 30 日，美国总统杜鲁门在记者会上公然扬言道，要采取必要的措施，以应付不利的军事局势，包括使用原子弹。

从美国五角大楼后来解密的文件中得知，1950 年 12 月，美国已将一批原子弹部件运送到了设在日本冲绳的美军基地，随时准备组装后投向人民中国。

1953 年，艾森豪威尔成为美国新一届总统。在竞选时，他向美国选民承诺，将尽快地结束朝鲜战争，而且不需要发动传统的军事攻势。言下之意是，将使用原子弹结束战争。艾森豪威尔在其回忆录《白宫岁月：受命变革 1953－－1956》里这样写道："为使我们的代价不至于高昂，我们将不得不使用原子武器。"

虽然美国最终在朝鲜战争中没有使用原子武器，但对新中国的核讹诈、核威胁，一直没有停止过。

1946 年 8 月 6 日，毛泽东在延安的窑洞里，与美国作家安娜·路易斯·斯特朗谈话时，谈到了对原子弹的看法。他说：

原子弹是美国反动派用来吓人的一只纸老虎，看样子可怕，实际上并不可怕。当然，原子弹是一种大规模屠杀的武器，但是决定战争胜败的是人民，而不是一两件新式武器。

中国不惧怕原子弹，也不想拥有原子弹；但当美国的核大棒在中国人民的头上晃来晃去的时候，新中国的领导者不得不重新思考，用什么来保护自己的国家和人民？

1954 年 10 月，毛泽东在一次谈话中说：

我们是要发展经济，不然人民没有饭吃；但我们也要发展武器，手里没有武器，中国人民就还要挨打。比起挨饿，挨打的滋味更不好受。所以我们宁可暂时日子过得苦一点，吃饱半个肚子，也要发展武器。

于是，中共中央做出选择：中国也要研制原子弹。毛泽东说，这是"决定命运"的大事。

于是，一批杰出的人民科学家，聚集在人民共和国的旗帜下，隐姓埋名，干起了这件大事。

在这批科学家中，"两弹"元勋朱光亚是杰出的代表。他生前曾充满感情地说："我这辈子主要就做了一件事，搞中国的核武器。"

邓小平在一次讲话中也曾充满感情地说道："如果六十年代以来中国没有原子弹、氢弹，没有发射卫星，中国就不能叫有重要影响的大国，就没有现在这样的国际地位。这些方面反映一个民族的能力，也是一个民族、一个国家兴旺发达的标志……大家要记住那个年代。"

然而，在相当长的时间里，朱光亚和他的科学家团队，除了名字以外，他们的历史功绩，却大多因"保密"而不见经传。

随着历史档案逐渐被解密，我们得以打开尘封的历史，解读朱光亚的一生。

面对他，我们仿佛在阅读一部厚重的史书，肃然起敬。他建立的卓越功勋、他代表的科技群英，使我们伟大的中华民族，更加自强、自信、自立、自尊！

朱光亚的一生，是一个时代的缩影。

让历史告诉我们，那是一个怎样的时代……

战略科学家朱光亚

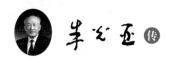

第一章 长江之子

一、出身平民家庭

1924 年 12 月 25 日，朱光亚出生在湖北宜昌一个普通的职员家庭。

宜昌，古名夷陵，因"水至此而夷，山至此而陵"得名；清朝雍正年间改称"宜昌"，意寓"宜于昌盛"。

宜昌位于长江北岸，地处长江中上游结合部。它"上控巴蜀，下扼荆襄"，素有"三峡门户"、"川鄂咽喉"之称，自古以来就是兵家必争之地。三国时期，著名的夷陵之战就发生在这里。1876 年，宜昌被辟为通商口岸，商贾云集，渐渐繁华了起来。

朱光亚的父亲名叫朱懋功，生于 1893 年，时为宜昌邮政局职员。邮政局职员的薪水比一般行业要高，在当时，这是一个令人羡慕的"好差事"。

朱光亚祖籍江西。为避战乱，其祖父一代举家来到湖北谋生。朱光亚的祖父早年经商，生有两子、四女。朱懋功是次子。

朱懋功年幼时，父母相继去世，由长兄当家。不久，因为长兄经商不慎，家产尽败，朱家生活由此陷入贫困。

少年朱懋功勤奋好学，考入了汉口的京汉铁路法语学校。这是一所由法国人开办的职业学校。

京汉铁路，是中日甲午战争后，清政府依靠借外债修建的、从北京至汉口的一条铁路。京汉铁路的建设始于 1897 年 4 月，1906 年 4 月 1 日，全线通车，历时 9 年。加上支线，全长 1311.4 公里。

朱懋功在京汉铁路法语学校读书期间，学费开始由长兄负担，后来又由已出嫁的姐姐资助，但终因家庭经济困难，最后不得不辍学。

辍学后的朱懋功，因会法语等现代知识，先是在长江边的一家轮船公司找了一份工作，来往于汉口、宜昌之间。之后，他又进入邮政局工作，从底层干起，慢慢成为一名中级管理人员。

不久，长兄去世。朱懋功不忘兄弟之情，承担起了寡居在汉阳乡下的长嫂一家的生活费。

朱光亚的母亲万怀英，也出身于平民家庭，是一个裹着小脚的旧式妇女。朱光亚曾回忆说：

我的母亲善良又贤惠，是一个具有中华民族传统美德的女性。她信佛，行善事，在家里对我管教比较严，这样就培养了我的"听话，守规矩，好孩子"的性格。

朱懋功、万怀英夫妇共生有四子两女。朱光亚出生时排行老三，上有两位兄长。按家族族谱排序，他们属于"光"字辈。长兄朱光庭，二哥朱光鼐，之后，又陆续有了妹妹朱光玮、朱光瑂，弟弟朱光慈。

朱光亚兄妹与父母合影。左一为朱光亚，左二为大哥朱光庭（后改名为朱扶），左三为妹妹朱光玮，右一为二哥朱光鼐，右二为父亲朱懋功，右三为母亲万怀英。

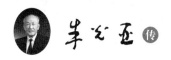

因此，朱懋功虽然有一份不错的工作，但要抚养这么一大家子人生活，经济还是比较拮据的。好在万怀英是个勤俭持家的主妇，善于精打细算、节俭度日。

在顾小英、朱明远所著《我们的父亲朱光亚》一书中，有这样一段描述：

我们的奶奶还是个持家过日子的能手，这要从父亲有空时每每都要亲自下厨房为我们制作的那道百吃不厌的夹干肉说起。它也许算不上名菜与美味佳肴，却是当时朱氏家族过节时的一道传统菜肴。它的制作并不费事，由五花肉、咸菜和豆腐干组成，把它们一排排码齐、摆好，放在一个大瓷碗中，加些许小调料，无非是姜片、葱段之类，上锅蒸熟即可。关键是切五花肉、咸菜和豆腐干都要厚薄均匀，还要将其压紧，做好之后使肉的味道和油水都浸在了豆腐干与咸菜之中，真是又香又好吃。在今天看来不仅不油腻，而且由于有咸菜助威，就米饭吃起来是很下饭的。在这道菜里，可想而知的是奶奶的智慧与节俭了。在那个年代，有这么一道菜，用不了多少肉，却能饱尝到肉的滋味，咸菜又很能下饭，豆腐干也很有营养，沾上肉味，荤素搭配，既节省又能尝到美味，可见奶奶持家的良苦用心。

父亲的勤奋和自立、母亲的善良和勤俭，对朱光亚的人生成长有着深刻的影响。

二、从小受到良好教育

1927年，朱光亚3岁时，朱懋功由宜昌调至汉口邮政局工作，全家也随之迁居。

宜昌虽然历史悠久，但毕竟也就是个小镇，而汉口在当时却是全国数得着的大都市了。

汉口地处长江西北、汉水以北，隔长江与其东南侧的武昌相望，并汉水与其南侧的汉阳相望，形成武昌、汉口、汉阳三市隔江鼎立的格局。

汉口始建于明代成化年间，有500多年的历史。明末清初，汉口与河南朱仙镇、广东佛山镇、江西景德镇并列为中国四大明镇。

汉口以前叫江夏。由于地处汉水、长江交汇之处，水上交通极为方便，

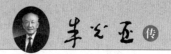
各地生意人纷纷来江夏做买卖，成为中南地区贸易中心。

汉水的发源地在陕西。陕西的商人来江夏很方便，当时在他们中间流传着一首歌谣："要做生意你莫愁，拿好本钱备小舟，顺着汉水往下走，生意兴隆算汉口。"他们说，汉口、汉口，就是汉水的出口。久而久之，汉口的叫法就取代了江夏的称呼。

鸦片战争后，汉口开埠通商。英国、俄国、法国、意大利、日本等国纷纷在汉口建立租界。当时，汉口租界的数量位居全国第二，租界面积位居全国第三。

1926年10月，由广州出发北伐的国民革命军占领了武昌、汉口、汉阳三镇。为适应革命形势的需求，国民党中央政治会议于11月18日做出决定，把国民党中央党部和国民政府迁往汉口。

1927年年初，国民政府迁至汉口，并将武昌、汉口、汉阳合并为京兆区，总称武汉。国民政府首都由此诞生。武汉，这个新诞生的大都市，由此成为中国当时的政治、文化、经济中心。

同年9月，国民政府迁都南京。但武汉作为一座新都市，已确立了在中国都市中的重要地位。

在武汉，朱光亚一家租住在汉口阜昌街崇正里的一栋小楼里。小楼有两层，面积不算很大。红砖砌就的外墙、小小的木格窗户，颇有几分西式风格。

阜昌街是当时汉口英租界里的一条主要街道，东西走向，长达数华里，街的东头临近江畔。街面比较窄，两旁绿树成荫，既热闹又幽静。1946年，阜昌街更名为南京路。现在，南京路已是汉口颇有名气的繁华地区。

在这样一个大都市里，由于家庭经济条件比较宽裕，加上朱懋功很重视对子女的培养，朱光亚和两个哥哥从小就受到了现代知识的良好教育。

1929年夏，不满5岁的朱光亚被父亲送入汉口市立第一小学附属幼稚园学习。幼稚园即今天的幼儿园，是从西方引进的新式教育机构。当时，这种新式的幼儿教育机构在中国还不普及，幼稚园非常少，一般也就在大城市里才有。

在幼稚园学了半年多后，朱光亚直接升入汉口市立第一小学初小一年级

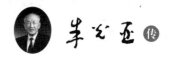

读书。那时，朱光亚还不满6岁。

汉口市立第一小学是一所由政府出资开办的公立学校，教育理念比较先进，教授的课程多为现代知识，与当时旧中国私塾里的学习内容很不相同。

童年的朱光亚，聪慧、勤奋，学习非常认真。那时，旧中国的电力工业还很落后，电灯照明尚未普及。朱家虽然住的是小楼，却没有电灯，照明主要靠煤油灯。

煤油灯是一种以煤油作为燃料的照明工具，多为玻璃材质，外形如细腰大肚的葫芦，上面是个形如张嘴蛤蟆的灯头，灯头一侧有个可把灯芯调进调出的旋钮，以控制灯的亮度。煤油灯现在基本绝迹了，在古董店或者博物馆里也许还能见到。

煤油灯的光亮虽然比蜡烛强多了，但在煤油灯下做作业，眼睛还是很累的。小小年纪的朱光亚，放学后就抓紧时间做功课，在夜幕降临之前，就把老师布置的作业工工整整地做完了。而许多与他同龄的孩子，放学以后大多是去玩耍，晚上才做作业。

朱光亚从小表现出来的这种自控能力，令他的两个哥哥都自叹不如。这大概是科学家应该具备的一种特质吧。

朱光亚还有很强的求知欲。在汉口市立第一小学读书期间，他养成了爱刨根问底的学习习惯，一定要把老师教授的知识弄懂了才罢休。有不懂的地方，在学校问老师，回到家里就问两位兄长。因此，他的学习成绩在班级里一直名列前茅。

1935年，在小学六年级的上半学期，朱光亚又直接跳班，考入了汉口圣保罗初级中学。这是一所由基督教教会开办的中学。

基督教是随着帝国主义列强的入侵而大规模进入中国的。清咸丰八年即1858年，清政府被迫与帝国主义列强签订了丧权辱国的《天津条约》。该条约明确规定，外国人可以在中国内地自由游历、通商、传教，外国商船可以在长江各口岸自由往来。

根据这个条约，1861年夏，英国传教士首先进入汉口。之后，其他西方国家的传教士也纷纷跟进。到了19世纪末期，西方国家的基督教教会，在汉口已建立了 20 多处教堂或聚会点。

由于国门洞开，中国的海关、银行、邮政、铁路等重要部门基本被帝国主义列强所掌握。它们还在许多城市设立了领事馆，开办了洋行、厂矿。这些领域需要大量精通外语并具有一定西学知识的华人。为此，洋人纷纷办起了教会学校，培养这些人才。20 世纪初期，在华教会学校达到了鼎盛。其中，汉口的教会学校当时占了全市中小学校的三分之一还多。

朱光亚就读的圣保罗初级中学就是其中一所，它是由圣保罗教堂开办的。

据武汉地方志记载：

圣保罗教堂坐落于潘阳街与北京路口交界处，建于清光绪十六年（1890年），为圣公会（基督教教派之一，始创于英国，被称为英国国教——作者注）在汉主要教堂。1902 年，鄂湘皖赣的圣公会自成一教区后，该教堂便成为主教驻节之地，乃改称为"座堂"。教堂平面呈十字形，为"巴特里卡式"，于民国三十三年（1944 年）12 月 18 日被美军飞机炸毁……教堂曾附设圣保罗中学、歌颂中学、圣保罗幼儿园等。

教会学校在传授现代知识的同时，也极力传播它们的宗教思想。

朱光亚曾在一篇文章里这样写道：

我的初中是在一所教会学校度过的，教会学校特别注意对我们进行宗教思想教育，每日上午有早祷，每周由校长讲圣经课等。由于我母亲信佛，对我们的教育和影响比较深，所以未受到基督教较大的影响。

虽然基督教在中国内地大肆传教，但中国人信教和入教的并不多，这和中国传统文化根深蒂固有关。武汉地方志里也有这方面的记载：

自民国十一年（1922 年）开始，持续 5 年的全国范围的"非基督教运动"，在舆论上对不平等条约庇护下的基督教进行批判，其实质是反对帝国主义利用基督教进行文化侵略。1926 年国民政府迁都武汉期间，武汉地区群众性的"反基"运动达到高潮。同年、汉口、武昌、汉阳在圣诞节曾进行过 6000 人的"反基"大会与示威游行；且作了 7 条反基督教决议，散发传单数十万张；报纸也经常发表反对教会的消息与文章；也曾出现少数人进入教堂作反基督教的宣传。但宗教活动（除路德会外）从未停止过，只有教会学校在当时"反

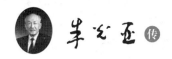

基"运动高潮中，因外国籍教师离汉而停办1年多……1927年大革命失败后，反教风潮与武汉基督教的革新活动随之云散。1930年，蒋介石受洗加入基督教，各省市许多政府官员也因此效仿而成为基督教徒。

朱光亚不信基督教，但教会学校开设的现代课程，为他打开了学习现代知识的大门。朱光亚说："在圣保罗中学，我的英文念得不坏。初中毕业时，我对数学最感兴趣。"

其中，给他留下最深印象的是一位教授英语的美国老太太。她白皮肤、蓝眼睛、黄头发，非常和蔼可亲，就像一位慈祥的中国奶奶。她讲授的"外国话"，让朱光亚充满好奇心。那时，朱光亚年龄偏小，个头也相对矮小些，被老师安排坐在教室的第一排。朱光亚曾给子女讲述过当年学习英语时的体会，即在课堂上，要认真听老师的发音与讲解，并注意老师的口型变化；在课下，要认真背诵、记忆已学过的单词。朱光亚说："掌握英语的关键，是要坚持背大量的单词，掌握好词汇量，那是基本功。苦读出真知。"

朱光亚的外语基础就是在那时候打下的。参加工作后，朱光亚还自学了俄语和德语。

既善于学习，又刻苦用功，朱光亚从小养成的这些优秀品质，为他人生的成长之路打下了坚实的根基。

三、长江留给他的人生印记

朱光亚的童年、少年时代，是在长江边度过的。

长江，给他留下了深刻的印记和无尽的眷恋，对他的性格和人生观的确立，有着潜移默化的作用。

长江发源于青藏高原唐古拉山的主峰各拉丹冬雪山，流经青海、四川、西藏、云南、重庆、湖北、湖南、江西、安徽、江苏、上海诸省、自治区、直辖市，全长6397公里，是世界第三长河，仅次于非洲的尼罗河与南美洲的亚马逊河。长江与中国的另一条大河——黄河，并称为中华民族的母亲河。

从小在汉口长大的朱光亚，闲暇时，常常跟着两个哥哥去长江边玩耍。在江畔，他们无忧无虑地追逐着、喊叫着，有时捧起江水洒向空中，有时在

第一章 长江之子

11

江滩里寻找着美丽多彩的石块，享受着纯真的快乐。而更多的时候，他们则是安安静静地坐在堤墙上，欣赏着长江的美丽和安逸。

那是一幅令人陶醉的画卷：斜阳西照，江水波光粼粼。极目望去，渔夫们在江边撒网捕鱼，矫捷的水鸟飞来飞去，挂着白帆的木船来来往往。而两岸的民居里，不时升起袅袅炊烟。那时的朱光亚，显得特别宁静，望着犹如国画一般的景色，如痴如醉。

而更让朱光亚异常激动的，是长江边纤夫们沉重的脚步和高昂的号子。这在他幼小的心灵里，产生了无比强烈的震撼。什么是坚毅？什么是力量？朱光亚说，最初就是从他们身上感悟到的。

纤夫，是指那些以纤绳帮人拉船为生的劳动者。他们光着上身，屈着身子，背着纤绳，喊着号子，拉着大船，艰难地、一步一步地向前进。

尤其是在秋寒冬日里，一队队排列整齐的纤夫，赤裸着古铜色的脊梁，喊着整齐有力的号子，迈着沉重坚定的步伐，弯着腰，扬着头，一步一步向前迈进，令人惊叹不已。

1911年，德国驻成都领事馆领事费里茨·魏从宜昌坐船至重庆。旅途中，他拍下了一组组长江纤夫的照片，并将他们唱的号子录了下来。这些照片和录音，被他的后代当成珍贵的"宝贝"一直保存了下来。2001年，他的孙女塔米·魏司专程来到长江边，采访那些已经成为历史的老船工、老纤夫，对90年前其祖父的照片和录音进行注释。现在，这些被保存下来的历史照片和录音，成为珍贵的历史文物。

中国摄影师郑云峰曾在长江三峡生活了7年，他也拍了不少有关纤夫的照片，并在一篇文章里，对纤夫的工作进行了细致描述：

一条船上，有摇桨的，撑篙的，掌舵的，少则十几人，大船多则上百人。100人的大船上70至80人为纤夫，他们的行动以击鼓或号子协调，鼓手和喊号子的在船上由舵手指挥……船头还有若干大桨，是一整棵的小杉树制成的，要七八个人才可以操纵。另外几个人则离船在岩石上像猫一样跳来跳去，把被岩角绊住的纤绳拉顺，还有几个人就专事解开绊在水里的纤绳，因为有的时候纤绳会绊在水中的礁石上，影响纤夫拉纤，这几个人叫做水纤夫。水纤

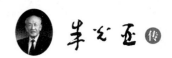

夫要有很高的技巧，才能将纤绳收卷自如。一声吆喝之后，纤夫们的工作开始了，他们跳到岩石上，拉着纤绳，爬过巨大的圆石，沿着狭窄的岩礁前进，岩礁的缝刚刚可以容下纤夫的草鞋。

几百年间，纤夫们一直生活、劳动在长江边。长年累月，他们在坚硬的岩石上留下了深深的印迹：一种是纤夫在纤道上行走的印迹，另一种是拉船时纤绳在岩石上磨损的印迹。带有这些印迹的岩石，后人称它们为纤夫石。

长江是温柔和安逸的，但有时候也会发脾气，那就是发洪水。这给沿岸人民的生活带来深重灾难。

长江水量巨大，即使在上游地区，平均流量也超过 1980 立方米／秒；再往下由于不断接纳众多支流，流量逐渐增加，到宜昌附近达到了约 14980 立方米／秒，到汉口附近达到了约 23980 立方米／秒。

特别是从宜昌至武汉，之间经过荆州地区，长江在这里又称为荆江。这段流域是长江经山区、丘陵进入平原的第一段，地势险峻，更是洪水易发地段。古人云："万里长江，险在荆江。"

中国古代文献中，就有公元前 2297 年长江发生大洪水的记载。这次大洪水，几乎将整个华北平原淹没，变成了汪洋泽国。

而据历史记载，长江至今已发生过 50 余次大洪水。其中，1931 年长江流域发生的大洪水，造成了巨大的灾难，南京、武汉等沿江大中城市都被浸淹。在武汉，这次大洪水持续了 4 个月不退，水深超过了 2 米，有的地方甚至超过了 6 米。

对 1931 年长江发生的这次大洪水，朱光亚虽然当时年纪尚小，记忆却很深刻。他曾回忆说，那次发洪水，他们家住在阜昌街崇正里的那栋小楼也被淹了。父亲朱懋功带着全家逃难，最后在一个高地的旅馆里安顿了下来。几个月后，洪水退去了。回家一看，家里已是满目疮痍，惨不忍睹。而更多的难民，则是无家可归，到处流浪。

继 1931 年之后，1954 年、1998 年，长江又发生过两次全流域的特大洪水。

1954 年那次大洪水期间，朱光亚正在长春工作，只能从报纸和广播里了解情况。而 1998 年那次大洪水，时时牵动着他的心。朱光亚之子朱明远回忆说：

"那些日子里，平时很少看电视的父亲，每天都要看有关抗洪的报道，脸上不时露出焦虑和关切之情。"

2004年10月，朱光亚重返武汉。朱氏家族所在地汉南区的负责同志闻讯后，前往住地看望朱光亚。方志在一篇文章里这样记载道：

在朱老下榻的东湖宾馆，我们给他送上了区地方志办公室编纂的《汉南史话》、《聚焦汉南》和《汉南民俗》等书。朱老十分高兴，清癯的脸庞上堆满喜悦，边听介绍边翻阅《汉南史话》，当看到《众志成城抗洪魔》的篇章时，神情一下子凝重了起来。他问在座的区领导："汉南的堤防怎么样？""十年九淹的问题解决了没有？"李书记欣喜地告诉朱老："1998年，长江发生全流域的大洪水。在那场人与自然灾害的殊死搏斗中，汉南人民全力应战，与人民子弟兵团结战斗，终于战胜了大洪水。灾后，国家发出治理大江大河的号召。在省、市人民政府的坚强领导下，汉南举全区之力，建成了固若金汤的江河堤防89公里。三峡大坝建成和南水北调中线工程完工以后，汉南不再有水患之忧了。"朱老听罢喜而击掌，说："堤防关乎汉南人民的福祉。汉南解除了心腹之患，汉南的明天会更美好！"

在武汉期间，80高龄的朱光亚还登上黄鹤楼眺望长江。

黄鹤楼坐落在武昌蛇山，位于长江南岸。原址在蛇山黄鹄矶头，相传始建于223年。历史上，黄鹤楼屡建屡毁。1981年，武汉市政府重建黄鹤楼，选址在距旧址约1000米的蛇山峰岭上。

黄鹤楼名声鹊起，流传至今，得益于唐代诗人崔颢写下的千古名篇《黄鹤楼》：

昔人已乘黄鹤去，此地空余黄鹤楼。黄鹤一去不复返，白云千载空悠悠。晴川历历汉阳树，芳草萋萋鹦鹉洲。日暮乡关何处是，烟波江上使人愁。

后来，历代名士李白、白居易、贾岛、陆游、杨慎、张居正等人都先后在这里留下诗篇。

1927年2月，毛泽东在考察完湖南农民运动后也来到武昌，写下了著名的《菩萨蛮·登黄鹤楼》：

茫茫九派流中国，沉沉一线穿南北。烟雨莽苍苍，龟蛇锁大江。黄鹤知

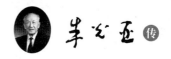

何去？剩有游人处。把酒酹滔滔，心潮逐浪高。

　　登上黄鹤楼，极目望长江。回顾往事，朱光亚情不自禁，轻轻吟诵着：我爱您，我的故乡；我爱您，我的母亲河！

第二章　烽火岁月

一、爱国主义的萌芽

1937 年 7 月 7 日，随着北平（今北京）卢沟桥畔一声枪响，震惊中外的中国抗日民族解放战争全面爆发。

那年，朱光亚正在汉口圣保罗中学念初二。

对日本军国主义的侵略，朱光亚在小学时就留下了深刻烙印。他常说："上小学时，我记忆最深的就是两件事，一是 1931 年长江发大水，二是九一八事变。那些年，天灾人祸不断啊！"

九一八事变，是日本军国主义用武力大规模侵占中国的开始。1931 年 9 月 18 日，根据不平等条约驻扎在中国东北地区的日本关东军，突然向中国守军发动进攻，继而占领了辽宁、吉林、黑龙江三省。

面对日本军国主义的侵略，中华民族开始觉醒，全国掀起了抗日热潮。

北平、上海、南京、广州、武汉等地的学生、工人和市民群情激愤，纷纷游行示威、罢课罢工，强烈要求政府抗日。1931 年 9 月 28 日，上海、南京的学生几千人前往国民党政府和国民党中央党部要求对日宣战，并痛打了外交部部长王正廷。

那个时候，朱光亚虽然还是小学生，但耳闻目睹了大哥哥、大姐姐们上街游行，也从老师的讲解中，知道了有个叫日本的国家侵占了中国的东三省。

在被日本侵略军占领的东三省，兴起了众多的抗日义勇军，展开了艰苦卓绝的抗日游击战争。而当时以蒋介石为首的国民党政府，面对日本的侵略，却一味采取不抵抗政策，妥协、退让，使得日本的侵略野心越发膨胀。

1937 年 7 月 7 日夜，日军又在卢沟桥附近，以军事演习为名，突然向当地中国驻军第 29 军发动进攻，开始了蓄谋已久的全面侵华战争。

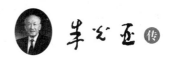

日军肆无忌惮地侵略，让中国军人忍无可忍。于是，第29军奋起抵抗，打响了中国全面抗战的第一枪。这就是中国现代史上著名的卢沟桥事变，即七七事变。

1937年7月8日，中国共产党中央委员会就发出通电，向全国人民呼吁："平津危急！华北危急！中华民族危急！只有全民族实行抗战，才是我们的出路"；并号召："全中国同胞，政府，与军队，团结起来，筑成民族统一战线的坚固长城，抵抗日寇的侵掠"！

全民族抗战的烽火燃烧起来了。七七事变的第二天，武汉大学的学生率先走上了街头。随之，武汉的大中学校的学生们纷纷加入了游行的洪流。已是中学生的朱光亚，这次不再是朦朦胧胧地跟着大哥哥、大姐姐上街了，而是自觉地投入到了抗日运动中。

当时，武汉的文化界、教育界组成了一支支宣传队，排练了许多抗日救亡的歌曲和街头剧，为群众演出。以武汉各高等院校和中学为主，还掀起了抗日救亡歌咏活动。师生们高唱着抗日歌曲，热血沸腾。他们在校园唱，走上街头唱，感召着广大民众积极投身于抗日热潮中。

朱光亚在一篇回忆文章里这样写道："初二那年是1937年，抗日战争爆发。武汉一度在政治上比较活跃，学校组织歌咏队、宣传队，我也参加了。"

他清晰地记得，唱的最多的有这样几首歌——

一首是由田汉作词、聂耳作曲的《毕业歌》：

同学们，大家起来，

担负起天下的兴亡！

听吧，满耳是大众的嗟伤！

看吧，一年年国土的沦丧！

我们是要选择"战"还是"降"？

我们要做主人去拼死在疆场，

我们不愿做奴隶而青云直上！

我们今天是桃李芬芳，

明天是社会的栋梁；

我们今天是弦歌在一堂，

明天要掀起民族自救的巨浪！

巨浪，巨浪，不断地增长！

同学们！同学们！

快拿出力量，

担负起天下的兴亡！

另一首是电影《风云儿女》里的插曲《义勇军进行曲》：

起来！

不愿做奴隶的人们！

把我们的血肉，

筑成我们新的长城！

中华民族到了最危险的时候，

每个人被迫着发出最后的吼声！

起来！

起来！

起来！

我们万众一心，

冒着敌人的炮火

前进，

冒着敌人的炮火

前进！

前进！

前进！进！

新中国成立后，《义勇军进行曲》成为中华人民共和国国歌。

还有一首是《大刀进行曲》，又名《大刀向鬼子们的头上砍去》。这是为英勇抗战的第29军大刀队所作的歌曲。歌词写道：

大刀向鬼子们的头上砍去！

全国武装的弟兄们！

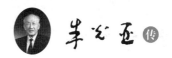

抗战的一天来到了，

抗战的一天来到了！

前面有东北的义勇军，

后面有全国的老百姓，

咱们军民团结勇敢前进，

看准那敌人，

把他消灭，把他消灭！

冲啊！

大刀向鬼子们的头上砍去。

杀！

高唱着抗日歌曲，爱国主义的萌芽，在少年朱光亚的心底深深扎下了根。

二、热血涌动

1937 年 7 月 17 日，蒋介石在庐山发表谈话说："如果战端一开，那就是地无分南北，年无分老幼，无论何人，皆有守土之责任，皆应抱定牺牲一切之决心。"

但那时的蒋介石，仍没有完全放弃与日本政府和谈的幻想。7 月 19 日，国民政府外交部还向日本驻华大使馆提议，中日双方停止军事行动。但是，这一提议遭到了日本外务省的拒绝。

7 月底，日军占领了北平、天津；接着以 30 万兵力，沿平绥、平汉、津浦三条铁路向华北地区扩大进攻。

8 月 13 日，日军又把战火烧到了上海。这直接威胁到了国民党统治集团的心脏地区南京，并严重损害了美国、英国等西方国家在华利益。

8 月 14 日，迫于全国民众要求抗战的大势，也迫于美、英等西方国家的压力，国民政府外交部正式发表声明，宣称："中国为日本无止境之侵略所逼迫，兹已不得不实行自卫，抵抗暴力。"淞沪抗战由此开始。

淞沪抗战持续了两个多月。虽然有全国民众的支持，但战场的局势越来越不利于中国。上海即将失守，毗邻上海的国民政府首都南京也岌岌可危。

为了避免国家领导机构遭受打击，也为了更好地领导全国抗战，国民政府决定迁都。10月29日，蒋介石在国防最高会议上作了题为《国府迁渝与抗战前途》的讲话，明确宣布："为坚持长期抗战，国民政府将迁都重庆，以四川为抗敌大后方。"

11月12日，上海沦陷。11月16日，迁都事宜开始实施。但因各种原因所限，迁都没有一步到位。到11月底，国民党中央党部，国民政府军事委员会、经济委员会、侨务委员会、建设委员会、行政院、内政部、司法部、监察部、军政部、经济部、交通部、卫生部等重要机构，暂时先迁到了武汉。

12月，中共中央派出周恩来、王明、秦邦宪、叶剑英等人组成的代表团也来到了武汉，与蒋介石的国民政府共谋抗战大计。

同时，一些社会活动家和知名人士如沈钧儒、郭沫若、邹韬奋等人，也纷纷聚集武汉，成立民众抗日团体，宣传抗日主张，出版抗日刊物。

在这期间，苏联志愿航空队也抵达武汉，帮助国民政府抗战。美国、英国、法国则纷纷加强武汉租界的防卫力量，举行防务演习。有的外国洋行还招募人员组织"特警团"，宣称：该团"不仅保护外侨生命财产，亦将予中国人以切实之保障"。

当时的武汉，实际上已成为中国的临时首都和抗日中心。

武汉三镇各界民众的抗日热情分外高涨。在汉口火车站，拥满了前来参军的热血青年；各个募捐台前，围满了各界人士，除了政要名人、商贾富户和普通市民外，连妓女和乞丐也纷纷解囊。当时的报纸为此大为感叹，发表文章道："商女也知亡国恨！"

1937年12月13日，中华民国首都南京失守。

在此之前，国民政府军事委员会在讨论南京防守问题时，就已经清楚地意识到南京的失守只是时间问题，因而拟定了南京失守后的作战方针。

该作战方针明确指出：南京失守后，"国军以确保武汉为核心，持久抗战，争取最后胜利之目的，应以各战区为外廓，发动广大游击战，同时构成强韧阵地于湘东、赣西、皖西、豫南各山地，配置新锐兵力，待敌深入，在新阵地与之决战"。

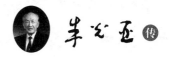

1938 年 1 月 11 日，蒋介石在一次军事会议上进一步阐述了该作战方针：

我军的战略是什么呢？简单明了讲起来，就是东面要保持津浦路，北面要保持道清路（河南省境内的铁路，从滑县道口镇至博爱县清化镇——作者注），来巩固武汉核心的基础。大家知道自从上海、南京失守，我们唯一的政治、外交、经济的中心应在武汉，武汉不容再失。我们要维持国家的命脉，就一定要死守武汉、巩固武汉……武汉中心不致动摇，国家、民族才有保障。这就是我们的战略。

保卫大武汉！

武汉三镇，军民同心，众志成城。

在国难当头的危急时刻，朱光亚虽然还是一个少年，但身处抗日中心，早就懂得了"国家"在心中的地位和分量。

1938 年 5 月初，在台儿庄战役中为国捐躯的抗日名将王铭章的灵柩运抵武汉，万人迎灵。

由武汉中学生组成的迎灵队伍，高举着王铭章的遗像和花圈，引导着灵车，缓缓走在最前面。

王铭章，字之钟，四川新都人，生于 1893 年；1914 年毕业于四川陆军军官学校，历任川军团长、旅长、师长，中将军衔。

抗日战争爆发后，1937 年 9 月，任川军第 41 军 122 师师长的王铭章主动请缨，率部出川抗日。

1938 年年初，在台儿庄战役中，他率领 2000 余名将士坚守滕县。面对万余日军的疯狂进攻，他们以死报国，挫敌凶锋，阻敌前进，为台儿庄战役的胜利赢得了时间。

王铭章生前曾说："以川军薄弱的兵力和破败的武器，担当津浦线上保卫徐州第一线的重大任务，力量不够是不言而喻的。我们身为军人，牺牲原为天职，现在只有牺牲一切以完成任务，虽不剩一兵一卒，亦无怨尤。"

台儿庄战役最高指挥官李宗仁高度评价说："若无滕县之苦守，焉有台儿庄大捷？台儿庄之战果，实滕县先烈所造成也！"

在武汉举行的迎灵公祭仪式上，毛泽东、秦邦宪、吴玉章、董必武联名

赠挽联:

> 奋战守孤城,视死如归,是革命军人本色;
>
> 决心歼强敌,以身殉国,为中华民族争光。

周恩来、朱德、彭德怀也联名赠挽联:

> 一旅守孤城,为民族解放事业牺牲,真是炎黄子孙,流芳青史;
>
> 万人兴义愤,抗日本帝国主义侵略,将使沦亡大地,复兴中华。

什么叫"热血沸腾"?

当时的武汉,就是一座热血沸腾的城市。千千万万中国同胞,满怀着一颗颗热血沸腾的"中国心",誓师抗日。

生活在这样一座热血沸腾的抗日城市,给少年朱光亚的心灵冲击可想而知。

可以说,这股"热血",影响了朱光亚一生。在他此后的人生岁月里,这股"热血",一直都在他的血脉里奔流涌动。

三、苦难磨砺人生

1938年春,面对中国军队的抵抗,日军把占领武汉作为"早日结束战争"的突破口。

这年4月,日本军部提出:"目前应推行一次作战,以寻求解决事变的机会……徐州作战固不待言,且须断然进行武汉、广州作战。"

同年6月,日军大本营发布命令:"大本营准备以初秋为期,攻占汉口";并调集了10个师团外加1个旅团的兵力,沿长江向武汉推进。

针对日军咄咄逼人的侵略态势,国民政府也调集部队,准备决一死战。

武汉城里笼罩着决战前夕的紧张气氛。学校里已放不下一张安静的课桌。就在这时,朱光亚初中毕业了。

为了躲避战乱,也为了不荒废学业,朱懋功拜托他的同事,把朱光庭、朱光鼎、朱光亚三兄弟送至重庆,继续上学读书。

这是朱光亚第一次远离父母。由此,他开始了颠沛流离的求学生涯,直至大学毕业。

朱光亚与大哥朱光庭（右）、二哥朱光霭（左）在重庆读书期间合影

1938 年夏，14 岁的朱光亚，与哥哥朱光庭、朱光霭登上了一艘开往重庆的客轮。

破旧的客轮，人满为患，拥挤不堪。兄弟三人围坐在客舱的一角，相互依偎着，身旁是简单的行李和几箱书籍。

酷热的高温、浑浊的空气，使得原本狭小的客舱空间，被挤压得膨胀起来，似乎快要爆炸了。

他们的衣服湿透了，口干舌燥。而随身少量的水，主要用来吃干粮。到了晚上，想到甲板上呼吸一下潮湿的凉爽空气，也难有立足之地。大多时候，兄弟三人只能以阅读书籍来打发漫长难熬的时光。

客轮溯江而上，三天后，终于停靠在了重庆朝天门码头。这次逃难式的长途远行，在朱光亚的心底，打下了深深的烙印，一辈子都很难忘怀。

当时的重庆，聚集着大量从沦陷区逃亡而来的民众，住房已是十分紧缺。朱家三兄弟在重庆一时找不到房子住，后来经朱懋功的朋友介绍，他们来到了重庆附近的合川县。

合川县城位于重庆市西北 100 多公里处，在嘉陵江、涪江、渠江三江合流处。远在公元前 11 世纪的西周初期，这里就是巴人定居之地。秦国时为垫江县，南朝宋文帝时改置东宕渠郡。西魏恭帝三年（556）年改置州，因其地三江汇合，起名合州。民国二年（1913 年），改名为合川县（现为重庆市合川区——作者注）。

黄肇炎老先生在其回忆录《沧海一滴》中，对旧时的合川县城有比较详细的描述：

旧时的合川城，就是凭借着物产丰富和交通发达，在涪江和嘉陵江的交汇口形成的。两江交汇口突出部叫鸭嘴，沿着两江都建有很长的码头，停靠着好多趸船和几百条木船。沿码头上坡，就到了县城的街市。码头附近有不少客栈，都是木板房，无例外地在门上挂着红灯笼，上写"未晚先投宿，鸡鸣早看天"。沿嘉陵江边南北走向的一条街最长，约有两公里多，由小南街、梓桥街、杨柳街、高石坎等段街道连成，中间过一处叫太平门，越往北房屋越稀疏。沿涪江方向绵延的街市也有一公里多，西边叫落阳门，西北方向叫塔儿门，出去可到南充等地。城里有街道二三十条，小巷一百多条。以小南街、梓桥街、苏家街、察院街、久长街、明月街、柏树街等比较热闹。百货、钟表、饮食店应有尽有。有一家饭店名叫"断鸡处"，在郭沫若先生的自传中记载，他早年来合川时曾在此与朋友聚过餐。还有两家颇有规模的照相馆，一家叫"三江"，一家叫"国光"。有两座电影院、两座川剧场，塔儿门外有一块运动场，叫体育场，体育场尽头的山上有一座公园。城内西北部有高地隆起，叫瑞山。山上还有民生公司的小发电厂，有一座高烟囱。城里最高建筑是枣红色的钟鼓楼，是一座碉堡形的建筑。其他建筑最高为三层楼。旧时没有汽车，所以街道不甚宽，为三合土路。

在合川城安置下来后不久，朱光庭考上了重庆中央大学，朱光甫、朱光亚则一起进入了合川崇敬中学高中部继续求学。

朱光亚回忆说，这是一所由江苏南通搬迁过来的中学。这所中学即为现在的江苏省南通市实验中学。

南通市实验中学的前身名叫私立崇敬中学，创建人为顾儆基（字仲敬）先生。他于1917年斥资，创建了中英学塾，1928年改名为私立崇敬中学。1937年七七事变后，顾儆基将崇敬中学迁到了合川县，大部分师生随之同行。

当时，许多沦陷区的学校都迁移到了重庆及其周围地区。这些学校除了随行而来的师生外，一般也在当地招收部分流亡而来的学生。朱光亚所在的班，就是崇敬中学专门为流亡学生设立的。

崇敬中学的校舍设在合川城北一座废弃的破庙里。这座庙宇因曾经供奉过"东岳大帝"，合川人称它为"东岳庙"。庙里的僧房成了教室，狭小又昏暗。

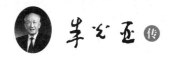

简陋的殿堂里，用稻草铺就的大地铺，成了老师和学生睡觉的地方。课余时间，老师带着学生们做游戏、唱抗日歌曲。前线的抗日战况，则是师生们经常关注和议论的话题。而泥台上供奉的菩萨，慈眉善目，笑眯眯地望着这些流亡师生，让大家的心境得到了几许安宁。

国破山河在，春城草木深。教学和生活条件虽然艰苦，但教师们授课依然十分敬业，学生们学习依然非常刻苦，这正是中华民族不屈不饶的精神所在。

在这样一所流亡学校里，朱光亚不仅学到了知识，也进一步懂得了什么叫"亡国之痛"、什么叫"国耻"。

2011年11月28日，《合川日报》记者在一篇纪念朱光亚的文章里记录了这样一件事：

1937年7月7日，中国抗战全面爆发。不久，私立崇敬中学由江苏南通内迁合川，校址最初设在合川城北"东岳庙"。1938年夏天，刚刚初中毕业的朱光亚和两个哥哥由湖北转移大后方重庆，就读于合川崇敬中学。1939年4月，合川崇敬中学爱国师生在中共地下党员李清华、黄乃麦等人组织发动下，发起了"反汉奸运动"。当时，身为该校训育主任兼公民课教师的何谈易，居然在全体师生集会上，为大汉奸汪精卫卖国投敌辩护。何谈易说，汪精卫是中华民国的"开国元勋"，他投靠日本人完全是"为了日中亲善"，"为了大东亚共荣"，因为"中国军队根本不是大日本皇军的对手"，"用不着去与日本人斗"。何谈易的胡乱说，激起了全校共愤。广大爱国师生不仅痛打了这个

1939年6月21日，在重庆合川崇敬中学高中部读书的朱光亚（前排左一）与第五宿舍同学合影

汉奸，而且通过《大声日报》副刊《疾呼》揭露何谈易的汉奸嘴脸。无处藏身的何谈易，在全县民众"打倒汉奸"呼声中逃离合川。广大爱国师生取得了"反汉奸运动"的胜利，就读于该校的朱光亚也和爱国师生一道痛打了汉奸。

1938年秋，朱光亚的母亲万怀英带着幼女朱光玮、幼子朱光慈也来到了合川。朱懋功因邮政局的工作所牵，继续留在了汉口。随他一同留下的还有不满周岁的小女儿朱光瑂，由朱懋功的长嫂帮助照看。

有了母亲的照顾，朱光亚兄妹的生活，又有了家的温馨。但那时的重庆及其周围地区，因流亡而来的人众多，物资十分紧缺，以致物价飞涨，朱懋功的一点薪水入不敷出，能够供给朱光亚兄妹的已不多了，他们的生活很是困苦。

常言道，苦难磨砺人。原先依恋于父母膝下的朱光亚，在流亡求学的生涯中，知道了生活的艰难，知道了"国难当头，匹夫有责"的道理。他，渐渐地成熟、长大了。

四、从清华中学到南开中学

朱光亚在崇敬中学上了一年后，转眼到了1939年暑期。这时，学校突然将朱光亚所在的这个班级解散了。朱光亚回忆说，原因是因为这个班的学生，许多人无初中文凭，学籍有问题。无奈之下，朱光亚和二哥朱光鼐又转到江北县新建的清华中学继续读书。

江北县直属重庆市辖制，位于长江和嘉陵江北岸。与合川县城相比，这里离重庆市更近了。

江北县清华中学创建于1938年。因学校筹办者和主要任课教师均系清华大学校友，经清华大学校政当局和清华校友总会同意，学校命名为重庆清华中学。首任校长傅任敢亦为清华大学校长梅贻琦所委派。

朱光亚、朱光鼐进入清华中学不久，万怀英因不放心留居汉口的丈夫和幼女朱光瑂的生活，又带着朱光玮、朱光慈返回了武汉。

朱光亚在江北县清华中学待的时间不长。大约半年后，即1940年春，朱光鼐、朱光亚又再次转学，一起来到重庆市沙坪坝上学。

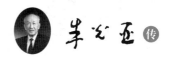

朱光鼎在沙坪坝的重庆中学上学，朱光亚则在沙坪坝的南开中学上学。而朱光庭所在的重庆中央大学的校址也在沙坪坝。这样，朱光亚三兄弟在母亲走后又相聚到了一起，彼此可以互相照顾了。这可能是朱光鼎、朱光亚再次转学的主要原因吧。

当时重庆南开中学也是一所刚开办不久的中学，由中国著名教育家、天津南开大学创始人张伯苓于1936年创建。

张伯苓，1876年4月5日生于天津一个秀才家庭；1892年，入天津水师学堂学习驾驶，是全班学习成绩最好的学生；1894年完成学业后，被派往北洋水师实习。

北洋水师，也称北洋舰队，是中国清政府于1888年建立的第一支近代化海军。可惜在1894年至1895年的中日甲午战争中，这支海军全军覆灭，清政府也因此被迫与日本政府签订了丧权辱国的《马关条约》。

《马关条约》的主要内容包括：向日本赔款白银2亿两，割让辽东半岛，将台湾全岛及其附属岛屿以及澎湖列岛"永远让与日本"，允许日本在中国内地设厂，并增开通商口岸等。

《马关条约》是中国近代史上最丧权辱国的不平等条约之一，严重破坏了中国的主权与领土完整，使日本获得了发动更大规模战争的资本。中国的宝岛台湾也因而沦为日本的殖民地，遭受日本侵略者长达半个世纪的殖民统治。

《马关条约》签订后，全国震惊，群情激愤。当时恰逢清政府会试之期，各省举人集中于北京。以康有为、梁启超为首，1200余名举人联名上书清朝皇帝，要求废弃条约、力图自强，反对卖国求荣，主张迁都抗战。这就是中国近代史上有名的"公车上书"。

消息传到台湾岛内，全台人民如"暴闻轰雷，惊骇无人色，奔走相告，聚于市中，夜以继日，哭声达四野"。他们鸣锣罢市，拥入台湾巡抚衙门，高呼："宁战死失台，决不拱手而让台！"

协理台湾军务的清军将领刘永福等人率军民抗日，历经大小战斗百余次，抗击日军3个师团和一支海上舰队的进攻，日军3.2万余人伤亡。这场抗战坚持了半年多，终因力量对比悬殊，又无后援，最终失败。

由于《马关条约》中规定将辽东半岛割让给了日本，侵犯了俄、法、德三国利益，三国加以干涉，日本被迫同意归还辽东半岛。

1895年11月8日，清政府又与日本签订了《交还奉天省南边地方条约》，简称《辽南条约》。该条约规定，日本归还辽东半岛，但清政府须缴付3000万两的白银"赎辽费"作为补偿。中国的土地，居然要从侵略者手里"赎回"，这让国人甚为气愤和汗颜。

之后，俄国以"还辽有功"为名，向清政府租借了旅顺口和大连。

甲午战争的失败和《马关条约》《辽南条约》的签订，让张伯苓甚感海军报国无望，决定退役，转而创办新式教育，走教育救国之路。他认为："中国将来之希望，纯在人才之多寡。"

1904年5月，他在天津创办了"私立中学堂"，后命名为天津南开中学；1919年创办了南开大学，当年入学的学生中，就有后来成为中华人民共和国第一任总理的周恩来；1923年又创建了南开女中；1928年创建了南开小学部。由此，构成了一个完整的南开教育体系。

1936年，鉴于抗战形势和南开学校的生存、发展，张伯苓又亲自入川，在重庆沙坪坝购置了800余亩土地，创办了重庆南开中学。

用800亩地建一所中学，而且是在国难时期，可谓是大手笔了。在建校过程中，张伯苓亲自主持并参与设计，不仅注重建筑的使用功能，而且重视环境的美育功能。

走进重庆南开中学，给人的第一个印象就是整洁、美观、秩序井然，令人产生肃然起敬之感。历尽70多年沧桑，即使在今天，重庆南开中学之大、之美，依然在全国的中学里屈指可数。

对于培养什么样的人才，张伯苓有着独特而深刻的见解。他说：

本校之创立亦即其以教育人才为目的，其引全国人民皆能觉悟。学校正如一小试验场，场内之人皆有信心，具改造社会之能力，将来进入社会，改造国家，必有成效。

为此，他提倡教育要德、智、体全面发展，认为："教育一事非独使学

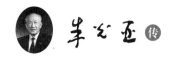

生读书习字而已，尤要在造成完全人格，三育并进而不偏废"。他还明确指出："教育要为社会谋进步，为公众谋幸福"，"有爱国之心兼有爱国之力，然后，始可实行救国之宏愿"。

在他倡导下，"允公允能，日新月异"成为南开学校百年以来始终坚持的校训。张伯苓对此解释道：

> 允公是大公，而不是小公，小公只不过是本位主义而已，算不得什么公了。惟其允公，才能高瞻远瞩，正己教人，发扬集体的爱国思想，消灭自私的本位主义。

> 允能者，是要作到最能，要建设现代化国家，要有现代化的科学才能。而南开学校的教育目的，就在于培养有现代化才能的学生，不仅要求具备现代化的理论才能，而且要具有实际工作的能力。

> 所谓日新月异，不但每个人要能接受新事物，而且要成为新事物的创造者；不但要能赶上新时代，而且要能走在时代的前列。

能进入这样一所充满现代教育理念和爱国精神的学校里读书，对朱光亚来说是一种幸运和机遇。他后来常常说，在重庆南开中学的这段岁月，是其人生成长过程中非常重要的一个时期，受益匪浅。

五、对物理学产生兴趣

在重庆南开中学，朱光亚受到了更加规范的教育，德、智、体得到了全面发展。

抗战时期的重庆，虽然是大后方，但依然处于战火之中。1940 年 8 月 22 日，也就是朱光亚进入重庆南开中学的第一年，日军飞机对重庆南开中学进行了轰炸。当时，有目击者撰文回忆道：

> 8 月 22 日空袭，校园落弹。爆炸产生的地波好似穿过胸腔，身体也被震了起来。从投弹的方位判断，日机是专程对着南开来的，企图将南开东西两行建筑群落全部夷平。但炸弹落点平移了几十米，弹落在了中轴线（操场）上和校区外的农田里。只有一枚炸弹炸毁了饭厅一个角落，炸死一名未去防空洞的厨工。1941 年暑期，日机再次来袭，校舍受损，为修复而延期开学半

个月。

重庆多雾，日军飞机只能在天晴时来袭。为了应对日机的轰炸，学校在晨光未露时上课，在雾散时"跑警报"。学生们披着自制的"防空网"，疏散到校外田野。后来，学校挖掘了能藏半身的掩体，再后来又建造了防空洞，师生们的安全才有了比较好的保障。

就是在这样严酷的战时情况下，重庆南开中学依然保持着名校风范。

进入重庆南开中学校门，迎面就是一面穿衣镜，镜旁刻有箴言：

面必净、发必理、衣必整、钮必结。头容正、肩容平、胸容宽、背容直。气象：勿傲、勿暴、勿怠。颜色：宜和、宜静、宜庄。

学生的言行举止，按此要求养成。学校还规定，学生穿统一的校服，男生光头，女生短发齐耳。宿舍必须保持整洁，床上的棉被要叠得像豆腐块一样，方方正正。朱光亚后来一直保持衣着端正大方、做事严谨不苟，应该与在重庆南开中学养成的良好习惯有关。

当时有文章这样写道：重庆南开中学的"学生身上自有一种气质和风度，走在外面，即使不戴校徽，大家也能认出那是南开学生"。

重庆南开中学非常重视培养学生的社会责任感。张伯苓曾对学生谆谆教导道：

简单地说，中国将来的希望有我。人哪，一定不要灰心，你应该自己站起来说：中国的事就是我的事，我应该负责中国的事。大家不要你赖我我赖你，自己要负些责任，国家的事情我有份责任。你不要指责这个指责那个，你指责你自己，你尽责任了没有？大家都说中国有我，中国就有办法了。

用现在的话说，张伯苓老先生对南开学生提出的要求，就是"从我做起"。

因此，当时的重庆南开中学学生，虽然青春年少，但都非常关心时局，以救国为己任，满怀报国激情。朱光亚身处其中，也是一个积极的参与者。据当年的同学回忆，在学校组织的各种演讲比赛时，朱光亚曾多次登上讲台，慷慨陈词。

重庆南开中学还有着浓厚的文化、体育氛围。学校明确规定，每天下午3点半后，学生必须离开教室，参加体育和文化娱乐活动。同学之间进行的体

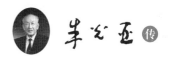

育比赛，也必须公平竞争。有一次，学校进行垒球比赛。有两支球队暗中相约打成平局，结果被体育老师发现，参与者受到校规处置。张伯苓说："运动员品格比运动的胜利更要紧，正当的失败比不正当的胜利更有价值。"

进入重庆南开中学时，朱光亚的个子尚未长高，在同学中属于"年幼弱小"，但他是文艺、体育的爱好者。朱光亚回忆道："那时，我常和高个子同学打篮球，也喜欢欣赏音乐和唱歌。虽然不信教，却爱去教堂听唱诗班唱歌。"

重庆南开中学的生源来自全国，素质很高，招生录取比例在几十分之一，毕业时的升学率也极高。在朱光亚进入重庆南开中学这一年，应届高中毕业生的升学率，男生为97.5%，女生为100%。

在这样一所人才济济的学校里，朱光亚的学习成绩依然保持着优秀，可见他的天资聪慧和学习用功。他在一篇文章中写道："在（重庆）南开中学时，功课是比较重的，但也正是这样，才给我打下了较好的数理化基础。"

对他影响最大的是物理老师魏荣爵。魏荣爵生于1916年，比朱光亚年长8岁，是一位颇有才华的年轻教师；后来于1944年赴美国留学，主攻原子核物理，先后获硕士、博士学位；1951年回国后，历任南京大学物理系主任、教授、博士生导师，声学研究所所长；1980年10月当选为中国科学院数学物理学部委员，1994年改称为中科院院士。巧的是，朱光亚也于1980年10月当选中科院数学物理学部委员。昔日师生，今日同谊，可谓中国物理学界佳话也。

魏荣爵很尊重学生的兴趣，特别爱才、护才。1941年进行毕业生的物理考试时，有位名叫谢邦敏的学生，富有文学才华，但数理化成绩不佳，交了白卷，并即兴在考卷上填了一首词："晓号悠扬枕上闻，余魂迷入考场门。平时放荡几折齿，几度迷茫欲断魂。题未算，意已昏，下周再把电、磁温。今朝纵是交白卷，柳耆原非理组人。"魏荣爵评卷时在考卷上批了几句话："卷虽白卷，词却好词。人各有志，给分六十。"

按当时重庆南开中学的校规，主课如有一门不及格，补考仍不及格，学生不能毕业，只能作为肄业。魏荣爵给了交白卷的谢邦敏60分，使这位学子得以顺利毕业，这在南开传为佳话。由此可见南开教育对学生学习兴趣的包容。

1941年7月1日，朱光亚在重庆南开中学的毕业照。

后来，谢邦敏考上了西南联大法律专业。重庆南开中学这种胸怀博大的包容之心，对朱光亚影响很深。在朱光亚后来的科研生涯中，许多与他同过事的人都说，朱光亚是一个非常大度包容的科学家。

在魏荣爵的精心指导下，朱光亚对物理学产生了浓厚兴趣，并显露出才华。

魏荣爵告诉朱光亚，学好物理，将来必定会有大用场。果不其然，朱光亚不仅与物理学结下了一生的不解之缘，而且后来还用自己的物理学知识，为新中国的国防现代化建设做出了重大贡献。

魏荣爵对朱光亚的印象也很深。在一次接受记者采访时，他说道："朱光亚是个极为认真刻苦的学生，性格严肃内向，物理作业书写规范、非常整洁。"他甚至建议把朱光亚的作业交给书店作为物理课本使用。

1995年，朱光亚前往天津调研时，专门来到天津南开中学，并接受了学校学生记者的采访。

朱光亚回忆起在重庆南开中学上学时，兴奋地说："南开特别棒！运动场很大，可以跑步、打球、运动。""我们那时与魏荣爵先生住在同一座筒子楼，我们都很尊敬魏先生。魏先生很喜欢学生，欢迎我们去他宿舍。""南开老师的水平高，学校的风气好，重视课外活动，以及浓厚的爱国主义氛围，给我留下了难忘的印象。"

1996年10月5日，重庆南开中学举行60周年校庆时，很少题词的朱光亚，为了表达对母校的感恩，特意为母校写了一副条幅："允公允能 发扬献身精神，日新月异 勇于创造攀登。祝贺重庆南开中学，我们的母校建校六十周年！"

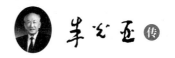

第三章 大学时代

一、确立人生志向

1941年夏天，朱光亚以优异成绩在重庆南开中学高中毕业。这年，他17岁。

在面临报考什么样的大学专业时，朱光亚与父亲朱懋功发生了分歧。朱懋功希望他报考工科专业，认为工科学生毕业后有出路，也容易找到工作。而朱光亚因为对物理学产生了兴趣，想报考物理学专业，以获得进一步的深造。

朱光亚说："当时，许多同学都报考工科，父亲也希望我学工，出路好。我则已对物理有了一定的兴趣，但是没得到父亲和母亲的同意。"

朱光亚还说，在那个时代，物理专业是一个冷门学科，愿意学的人并不多。他的选择，在当时许多人眼里，似乎有些"不合时宜"。

但朱光亚坚持自己的选择。从小在父母眼里很听话的朱光亚，第一次不听话了。就在争执不下的时候，战乱中的重庆，流行起传染病。朱光亚患上了疟疾，无法参加高考。选择什么专业这件事情，也因此被搁置了下来。

在这年的暑期里，朱光亚加入了一个名叫真善美社的学生团体。这个小团体成员不多，多为朱光亚的同班同学。他们有一个共同特点，都是学习成绩好、愿意在理科方向发展的学生。

说是学生团体，其实也就是一群风华正茂、意气风发的青年学子，相聚在一起，交流学习心得、畅谈未来理想、加强彼此友谊而已。这个团体既没有政治纲领，也没有组织章程，但就起的团体名称真善美社来看，反映了他们对人生、对社会的美好向往。

朱光亚在一份自述材料里曾这样写道：

真善美社是1940年至1941年间所组织的一个小团体，开始时成员只有八九个人，大都是我们班上的同学。1941年暑期他们商议发展，由于我功课不错，而且打算学物理，和他们的志愿比较接近，就邀请我参加，和我谈了一次话，说明有这样一个组织，其目的即在团结一些比较好的朋友，学习成绩比较好的，互相鼓励和帮助，加强友谊性的联系，为共同追求一个"真善美"的社会而努力。基于我希望和这些同学交朋友，再加上一些幼稚可爱的幻想，即所谓追求一个"真善美"的社会，我也就加入了。加入时没有任何手续、仪式，事实上，这一小团体也没有什么章程。

加入真善美社后，朱光亚参加了几次集体活动，活动地点都在同学家里。朱光亚说："这些活动，就是大家在一起喝茶聊天，彼此交流，属于友谊性的。各自上大学后，联系就慢慢少了，间或也聚会了几次，但因为大家比较分散，难以聚在一起，后来慢慢就散了。"

但团体中的成员，因为都是学习成绩好、对社会有美好追求，不少人后来有了不错的发展。新中国成立后，他们中间有4人（包括朱光亚）成为中国科学院院士，由此可见一斑。

就在暑期即将结束的时候，部分高等院校由于生源不足，又在重庆等地进行高考补招考试，这给了朱光亚一次难得的机会。

朱光亚不顾父母亲的反对，在大哥朱光庭的支持下，报考了重庆中央大学物理专业。为了保险起见，他还报考了交通大学。结果，朱光亚被这两所大学同时录取，并以最高分荣登交通大学考生榜首。

重庆中央大学即现在的南京大学，始建于1902年，是中国第一所集教学和研究为一体的现代大学。1928年5月，该校正式定名为国立中央大学（简称"中大"）。全国抗战爆发后，1937年10月，中大由南京迁至重庆。1945年8月，抗战胜利后，中大又回迁南京。1949年8月，国立中央大学更名为国立南京大学，后定名为南京大学。

交通大学也是一所名牌大学，著名科学家钱学森就毕业于该校。抗日战争全面爆发后，该校也内迁至重庆。

朱光亚最后选择了在重庆中央大学就读。这个选择应该与他的长兄朱光庭有关。朱光庭年长朱光亚7岁多，从小就是一个品学皆优的好学生，被朱光亚视为榜样。当时，朱光庭已是中大历史系三年级的学生。能够与长兄同校，

朱光亚是十分向往的。另外，中大物理系创建于1920年，在我国高等院校中是创立物理学科最早者之一，师资力量比较强，这也是吸引朱光亚的地方。

在中大，朱光亚遇到了又一位名师——物理学教授赵广增。当时，赵广增刚从美国归来。

赵广增，1930年毕业于北京大学物理系，1936年赴美国密歇根大学留学，先后获得硕士、博士学位。在美期间，他从事高能电子散射研究，发表的多篇论文受到国际物理界重视。1940年归国后，他被中大聘为教授，为大学一年级学生讲授普通物理学。抗战胜利后，赵广增又被北京大学聘为教授，并任物理系主任。

普通物理学包括力学、热学、电磁学、光学、原子物理学等内容，随着科学的发展，相对论、量子力学以及物理学的前沿课题也渐渐融进了普通物理学。

大学时期的朱光亚

赵广增在讲授这门课时，既把大学物理的基本理论、基本知识讲得深入浅出，又结合物理学前沿课题进行课外辅导，引领朱光亚走进了一个丰富多彩的物理学世界。

对这段经历，朱光亚曾充满感情地说："用现在的眼光看，我在大学一年级所受的物理教育更多的是科普教育，但赵教授的讲课深入浅出，枯燥的物理学被他描绘得五颜六色。它深深打动了我，成为我的志向。"

二、抗战时期最好的大学

朱光亚在中大学习近一年后，1942年7月，国立西南联合大学（简称"西南联大"）在昆明、重庆两地招收二、三年级转学生，朱光亚闻讯后立即赶去报考。

西南联大是当时国内最著名的大学，也是朱光亚在高中时期就一直向往的大学。朱光亚说：那时"我非常希望去昆明西南联大，因为那里的教授力量最强"。

由于高考时因病耽误了，补招时又没有西南联大，朱光亚的这个愿望没有实现。现在突然有了这么一个机会，虽然已经在中大读了近一年，但朱光亚毫不犹豫地把握住了这次机会，最后以优异成绩被西南联大理学院物理学系录取。这次选择，成为他人生中非常重要的转折点。

西南联大诞生于抗日战争初期。1937 年 7 月，卢沟桥事变发生后，北平、天津相继沦陷。为抢救和保存中华文化国脉，同年 8 月，南京国民政府决定：将国立北京大学、国立清华大学和私立南开大学撤出平津，南下湖南长沙，组建临时联合大学。

这三所大学都是国内最著名的大学。能够进入其中任何一所大学读书，是青年学子梦寐以求的。

北京大学的前身是京师大学堂，创办于 1898 年。在《京师大学堂章程》中，明确提出了"中学为体，西学为用，中西并重，观其会通"的办学方针。1912 年，京师大学堂改称北京大学校。1916 年 12 月，中华民国首任教育总长蔡元培接任北大校长。蔡元培是中国著名的革命家、教育家、政治家，他提倡"思想自由，兼容并包"，聘请了一批激进的资产阶级民主主义者到北大任教，其中有新文化运动领袖人物之一陈独秀，提倡白话文、反对文言文的著名学者胡适、钱玄同、刘复、刘半农等人，北大也因此成为中国新文化运动的一个中心。1919 年，北大学生高举爱国主义大旗，率先发起了伟大的五四运动。马克思主义传入中国后，北大又成为中国共产主义运动思想传播的萌芽基地之一，陈独秀、李大钊（时为北京大学图书馆主任——作者注）成为中国共产党的重要创始人。1930 年 12 月，南京国民政府任命蒋梦麟为北大校长。蒋梦麟曾在美国哥伦比亚大学研究院专攻教育学，获哲学博士。主政北大后，蒋梦麟提出了"教授治学，学生求学，职员治事，校长治校"的革新主张，实行了教授专任制，一大批国内知名学者纷纷被聘任为教授。到抗战前夕，北大共

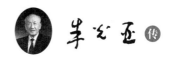

有文、理、法 3 个学院 14 个学系，成为国内最著名的高等学府之一。

清华大学的前身是清华学堂，它是 1911 年清政府用美国"退还"的一部分"庚子赔款"创办的一所留美预备学校。1900 年，帝国主义列强发动侵华战争，八国联军攻占了北京，并于 1901 年逼迫清政府签订了丧权辱国的《辛丑条约》。根据这个条约，清政府要向帝国主义列强赔款白银 4.5 亿两，在 39 年内还清，加上利息，总计白银 9.82 亿两，相当于清政府 12 年的财政收入。其中，美国分得赔款白银 3200 多万两，是它实际向中国索赔额的两倍，加上利息，合计达 5335 万美元。后来，美国总统西奥多·罗斯福决定将多出的赔款（合计利息后为 2892 万美元）归还中国，但又与清政府签订协议，这笔减赔款只能用于中国政府派遣学生留美之用（包括举办留美学堂），以培养接受美国教育的中国精英，达到从思想上、文化上长久控制中国的目的。辛亥革命推翻清王朝后，1912 年，清华学堂更名为清华学校，1928 年又更名为国立清华大学。1931 年 12 月，梅贻琦接任清华大学校长。梅贻琦早年在南开学堂学习，曾两次赴美留学。他十分重视师资队伍建设，罗致了一大批有名望的教授。他说："所谓大学者，非谓有大楼之谓也，有大师之谓也。"清华大学实行的是"通才教育"，也叫"自由教育"，课程设置与美国的大学基本相同。1934 年，清华大学已有文、法、理、工 4 个学院 16 个学系，并与北大齐名，傲立中国高校榜首。

南开大学的前身是南开学校，这是一所私立大学，创始人为张伯苓。学校所需经费除学生缴纳的学费外，主要依靠国内外团体的捐款、个人的资助与政府补助。南开大学非常重视基础知识教育，尤重理科教学，并强调学生应该生动活泼地学习，以培养解决实际问题的能力。1928 年，在《南开大学发展方案》中提出，以"土货化"为学校今后发展的根本方针。所谓"土货的南开，即以中国历史、中国社会为学术背景，以解决中国问题为教育目标的大学"。在这个方针指引下，注重研究社会实际成为南开大学的一个特点。另外，南开学校的演剧活动也闻名全国，在中国话剧发展史上占有重要的地位，是中国学校演剧的开端。

北大、清华、南开三校创办的时间虽然有先有后，但在不同的基础上，从不同的道路，发展成为中国现代著名的高等学府。蔡元培、蒋梦麟、梅贻琦、张伯苓等教育家，对办学的许多重大问题，看法十分接近，都提倡通才教育，主张加强基础知识的传授和基本技能的训练，以适应社会的需要，却又各有特色。三校都聘请了一批高水平的学者、专家任教师。因而，三校办学的水准在全国位居前茅。尤其是三校师生都有深厚的爱国主义思想，经历过五四运动的锻炼与考验，抗日战争爆发后，更是同仇敌忾，共赴国难。这样三所国内一流大学组成的联合大学，那就是强强联合。朱光亚渴望进入这样一所大学学习，代表了当时莘莘学子的向往。

1937 年 10 月，北大、清华、南开三校先后迁至湖南长沙。11 月 1 日，国立长沙临时大学正式开课，共设文、理、工、法商 4 个学院 17 个系，是当时全国高等院校中设学系最多的高校。

文科：中国文学系、外国文学系、历史社会学系、哲学心理教育学系。

理科：物理学系、化学系、生物学系、算学系、地质地理气象学系。

工科：土木工程学系、机械工程学系、电机工程学系、化学工程学系。

法商科：经济学系、政治学系、法律学系、商学系。

长沙临时大学的学生以收纳北大、清华、南开三校学生为主，同时面向全国招收若干沦陷区的借读生。

但就在学校开课的第一天，长沙城响起空袭警报。日军战机来袭，幸未投弹。

11 月 24 日，日军战机首次轰炸长沙城，民众伤亡甚重。时为长沙临时大学教授的国学大师钱穆，在其记述这次轰炸的文章中感叹道："开始体验到战时教育的艰辛了。"

然而，这才刚刚是开始。

1937 年 12 月，日本侵略军逼近湖南，长沙告急。

长沙临时大学校务委员会经过反复研究，决定再次迁移。这次，目的地选择了云南省昆明市。一则因昆明地处西南地区，离前线较远；再则有滇越铁路可通海外，采购图书、设备比较方便。对于这一迁移方案，国民政府教育部不敢定夺，最后由蒋介石拍板才定了下来。

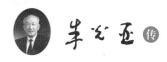

1938 年 2 月 19 日，长沙临时大学召开出发誓师大会。全校师生分三条路线迁移。这次迁移，历尽艰辛，师生于同年 4 月相继抵达昆明。

这是中国近代史上一次具有特殊意义的"文化长征"。胡适后来非常感慨地说：

临大决迁昆明，当时有最悲壮的一件事引起我很感动与注意，师生徒步，历六十八天之久，经整整一千里之旅程，后来把照片放大，散布全美。这段光荣的历史，不但联大值得纪念，在世界教育史上也值得纪念。

在贵州省玉屏县留有一份布告，可以佐证这段历史。这是当年长沙临时大学西迁昆明途中，由玉屏县县长刘开彝具名发布的：

查临时大学近由长沙迁昆明，各大学生徒步前往。今日（十六日）可抵本县住宿，本县无宽大旅店，兹指定城厢内外商民住宅，概为各大学生住宿之所。凡县内商民际此国难严重，对此振兴民族领导者——各大学生，务须爱护借重，将房屋腾让，打扫清洁，欢迎入内暂住，并予以种种之便利。特此布告，仰望商民一体遵照为要。此布。

1938 年 4 月 2 日，国民政府教育部以命令转知长沙临时大学："奉行政院命令，并经国防最高会议通过，国立长沙临时大学更名为国立西南联合大学。"

西南联大由此诞生。1938 年 5 月 4 日，西南联大在昆明正式开学。

国立西南联合大学校门

三、简陋与豪华相得益彰

朱光亚考入西南联大这年，已是该校开办后的第四个年头。

1942 年 8 月下旬，朱光亚离开重庆，独自去昆明西南联大报到。

重庆至昆明将近千余里，当时，两地之间没有铁路，公路交通也极为不便。满怀着美好憧憬，朱光亚踏上了艰辛的旅程。

抗战时期，兵荒马乱。18 岁的朱光亚，风餐露宿，饱受困苦，有时乘不上汽车，还得步行。这对一个刚刚步入社会的青年来说，不仅磨炼了意志，而且近距离地感受到了社会底层的生活。

云南地处中国西南部，是一个以山地和高原地形为主的边疆省份。昆明市位于云南省中部偏东北，虽然有着千年悠久的历史，但直至抗日战争前，还仍然是一个比较落后的省会城市，人口约 15.5 万。

朱光亚说，一踏进西南联大校门，给他的第一感觉，就是这所闻名全国的第一流大学非常非常的简陋，与他心目中想象的相差甚远。

西南联大迁至昆明初期，学院分散各处。1938 年 7 月，才在当地政府的支持下，在昆明西北角大西门外购得 124.45 亩荒地，建设起了新校舍。

西南联大校友会编著的《国立西南联合大学校史》里，对此有详尽的记载：

新校舍地处昆明城外西北郊，建在环城马路两侧，占地 120 余亩。马路北面称北区，占地较广。北区校门为两扇木质大门，门楣上方镶有"国立西南联合大学"字样的横额。进大门是一条南北向的土路，直通北面后门，北校门外横亘着一条铁路，越过铁路是丘陵起伏的荒郊。每逢空袭警报拉响，师生就从北校门出去分散在这一带躲避空袭，称为"跑警报"。

这条贯通南北的土路把北区划成东西两部分。东半部较大，教室、各部门办公室、图书馆和东、西食堂都在那里。西北部是学生宿舍和运动场。图书馆以其高大的外观，自然地成为教学区的中心。它的屋顶和重檐之间，是一排气窗，远看俨然是一座楼房。大阅览室面积近 900 平方米，整齐地排列着几十张长方的阅览桌，周围是些木椅，可容几百人。借书处正对大门，后面连着 350 平方米的书库。几万册藏书，主要是课本和各种教学参考书。凭

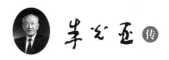

入学证（即学生证）借出在馆阅读，闭馆前归还。倘不及时归还或擅自带回宿舍，即属违犯校规，要受记过处分。粥少僧多，图书馆开馆前，门外总是挤满了人，以便抢先进去借一本参考书或是占一个座位。每到考试前夕，借书处前出现"长龙"更是不足为奇了。

图书馆前是一片空地，中间有一根旗杆，杆前有一座砖砌的两米见方、1米来高的讲坛，称升旗台。每月一次的国民月会就在空场上举行。一般总在月初，邀请名人学者来校讲演……升旗台上放一张讲桌，宾主都站在台上，学生站在台前。没有扩音设备，学生都能静静听讲。茅以升、顾维钧、李约瑟、林语堂、陈诚、褚辅成等人都在这里讲过。每次演讲占用一节课时间。虽说昆明气候温和，但在太阳下站得太久，不论讲演者还是听众都是不易支持的，个别体弱的同学难免晕倒……

各行政部门的办公室在图书馆东南的一排排土墙平房里……教室分散在图书馆的前后，东南角、东北角都有一些，都是铁皮顶的平房，室内除了黑板、讲桌、课椅（右边扶手上有木板，便于记笔记），就别无他物了。大教室是一整间，中小教室则按3:2分为两间，中间的土墙谈不上隔音。相邻两个教室讲课，干扰是免不了的。一旦下起瓢泼大雨，铁皮屋顶上会有叮叮咚咚的雨声，压过教授的讲课声。

图书馆的北面有两座砖木结构的食堂，同图书馆构成"品"字形。新校舍的学生就在这里进膳。食堂里散放着几十张方桌，但没有凳子。伙食由学生自办，一个膳团少者6桌，多者10桌。一日两餐，早饭自己解决……

北区的西部是学生宿舍，共有茅屋36座（东西走向的12座，南北走向的24座。在一次轰炸中，1、2、28、32号4座茅屋宿舍被炸毁，1、2号未再恢复，28、32号复建）。茅屋是长方形的，面积与外形跟教室、办公室相同。两端都有双扇木门，两侧土墙上各有5个窗口，嵌上几根木棍，代替窗子。顶着窗口放一张长桌，桌两旁各一张双层木床，中间有一盏光线黯淡的电灯，组成一个小小的"单元"。每间宿舍放20张双层木床（10个这样的"单元"），除两端的4张床紧靠土墙外，其余16张都是两两相靠，学生用床单或挂上帐子把紧靠的两床隔开，以减少干扰……

宿舍区的南端是运动场，有两个篮球场和一些简单的体育运动设备，体育课就在那里上。

西南联大的简陋跃然纸上。这个简陋的新校舍，聘请的却是大名鼎鼎的梁思成、林徽因作为新校舍建设顾问，并由他们主持新校舍的设计。

梁思成、林徽因是当时中国最著名的建筑设计师。梁思成是梁启超之子，1924年至1927年在美国宾夕法尼亚大学建筑系学习，先后获学士、硕士学位。林徽因被胡适誉为中国一代才女，1924年与梁思成同时赴美攻读建筑学。由于当时美国宾夕法尼亚大学建筑系不收女生，她改入该校美术学院，但主要选修建筑系课程。1928年春，两人在加拿大温哥华结婚。同年8月，夫妻偕同回国，一起受聘于东北大学建筑系，后又来到西南联大。回国以后，两人的建筑设计硕果累累，特别是在中国仿古建筑设计上，更是成就突出，成为中国建筑领域一代大师。

李洪波所著《精神的雕像——西南联大纪实》一书中，记载了这样一段故事：

梁（思成）林（徽因）夫妇两人呕心沥血一个月，设计出了一个现代化大学的方案。然而，由于学校拿不出这么多钱，方案被否定了。两个月后，夫妇两人把方案改了一稿又一稿，但建设长黄钰生还是无奈地说，经校委会研究，除了图书馆的屋顶可以使用青瓦，部分教室和校长办公室可以使用铁皮屋顶之外，其他建筑一律覆盖茅草，土坯墙改为用黏土打垒，砖头和木料的使用再消减1/2。梁思成忍无可忍，冲进梅贻琦的办公室，说："我已经修改到第五稿了，从高楼到矮楼，从矮楼到平房，现在又要我去盖茅草房。茅草房就茅草房吧，你们知不知道农民盖一幢茅草房要多少木料？而你给的木料连盖一幢标准的茅草房都不够！"梅贻琦叹了口气说："正因为如此，才需要土木工程系的老师们对木材的用量严格计算啊。你想想，没有这些茅草房，学生就要在露天上课，风吹，日晒，雨淋。大家都在共赴国难，以你的大度，请再最后谅解我们一次。等抗战胜利回到北平，我一定请你建一个世界一流的清华园，算是我还给你的谢意，行吗？"

梅贻琦于1939年5月在《清华校友通讯》上也写道：西南联大新校舍的

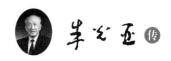

建筑费，"系以中基会（即中华教育文化基金董事会——作者注）补助费之一部，即三校节余之款，凑合共得二十万元左右，当此工料均贵之际，联大建筑力求简单，一因符抗战节约之旨，而亦因经费所限，不得不然也"。

校舍虽然简陋，教师队伍却是超豪华，聚集了一大批知名教授和学者。这让朱光亚很是兴奋。

以文学院中国文学系为例，教授中有：朱自清（散文家、诗人、学者）、罗常培（中国语言学家、古典文学研究家）、胡适（历史学家、文学家、哲学家、新文化运动领袖之一）、罗庸（国学家、古典文学研究家）、魏建功（语言文字学家、教育家）、杨振声（教育家、作家）、陈寅恪（历史学家、古典文学家）、刘文典（国学家、古典文学研究家）、闻一多（诗人、学者）、王力（中国语言学家、诗人）、沈从文（作家、历史文物研究家）、浦江清（古典文学研究家），一个个都是国内大师级人物。

在文学院其他学系，还有冯友兰、叶公超、汤用彤、刘崇鋐、吴宓、钱钟书、钱穆、吴晗、柳无忌、闻家驷、金岳霖、郑天挺等一大批名师。

朱光亚说，他所在的物理学系也是名师荟萃。据北京大学、清华大学档案记载，1942年朱光亚考入西南联大时，物理学系有教授13人、兼职教授2人，全都有着显赫的教育背景：

郑华炽，37岁，系主任，奥地利格拉茨工业大学博士，北京大学教授。

吴有训，44岁，曾任国立中央大学校长，美国芝加哥大学博士，清华大学教授。

朱物华，42岁，美国哈佛大学博士，中山大学、唐山交通大学教授。

吴大猷，35岁，美国密歇根大学博士，北京大学教授。

赵忠尧，39岁，美国加州理工学院博士，北京大学教授。

霍秉权，38岁，英国剑桥大学博士，清华大学教授。

王竹溪，31岁，英国剑桥大学博士。

张文裕，33岁，英国剑桥大学博士，南开大学教授。

马仕俊，29岁，英国剑桥大学博士。

饶毓泰，51岁，美国普林斯顿大学博士，南开大学教授。

周培源，40岁，美国加州理工学院博士，清华大学教授。

任之恭，37岁，美国哈佛大学博士，清华大学教授。

孟昭英，37岁，美国加州理工学院博士。

叶企孙，44岁，兼职教授，美国哈佛大学博士，清华大学教授，西南联大理学院院长。

许浈阳，44岁，兼职教授，美国康奈尔大学博士，西南联大师范学院理化系主任。

从这份名单里可以看出，西南联大物理学系的15名教授，清一色都是从美、英等国著名院校留学归来的博士，而且都年富力强。这样的教授阵容，在当时中国的大学里，说不上绝无仅有，那也是凤毛麟角、少之又少。

朱光亚想起了中学时代学过的一篇文章——唐代著名文学家刘禹锡写的《陋室铭》：

山不在高，有仙则名。水不在深，有龙则灵。斯是陋室，惟吾德馨。苔痕上阶绿，草色入帘青。谈笑有鸿儒，往来无白丁。可以调素琴，阅金经。无丝竹之乱耳，无案牍之劳形。南阳诸葛庐，西蜀子云亭。孔子云："何陋之有？"

朱光亚说，当时，他对孔子所言"何陋之有"，感受很是真切。

50多年后，朱光亚曾撰文回忆说：

北大、清华、南开原为久负盛名的大学，合组后师资阵容冠于全国，可谓大师云集，群星灿烂。有德高望重、学术造诣很深的中年教授，他们曾是中国新文化运动的参加者和我国现代高等教育、现代科学技术的奠基人。还有一批从国外学成归来的年轻教授，他们活跃在科学前沿，使西南联大的教学内容与当时国际科技的最新发展紧密结合。老师们的学识、治学方法、学风、敬业精神、道德风范以及艰苦奋斗的作风，时时刻刻使青年学子受到教育与熏陶。

简陋的学校校舍、豪华的教师阵容，两者融为一体，使西南联大有了别样的风采。

在这样一所大学里，朱光亚开始了崭新而清贫的生活。

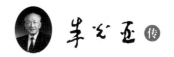

四、清贫的校园生活

西南联大的物质生活十分清贫。

校舍的简陋自不必说，师生们的基本生活也十分艰苦，难以保障。

朱光亚进入西南联大读书时，昆明的物价在西南后方主要城市中仅次于居首位的贵阳。由于昆明没有湖南湖北和川西一带富庶，又加上巨量外来人口的压力，物价始终处于高位。据当时报载，到1943年下半年，昆明的物价已达到抗战初期的404倍。

梅贻琦的夫人韩咏华在《同甘共苦四十年——记我所了解的梅贻琦》一文中，回忆起西南联大那段岁月时，这样写道："我们和潘光旦先生两家一起在办事处包饭，经常吃的是白饭拌辣椒，没有青菜，有时吃菠菜豆腐汤，大家就很高兴了。教授们的月薪，在1938、1939年还能够维持三个星期的生活，到后来就只够半个月了。不足之处，只好由夫人们去想办法。"

韩咏华想到的办法，就是在西南联大所在的大西门旁，铺上一块油布摆起了地摊，把子女长大后不穿的衣服、自己的衣服以及用毛线头编织的一些饰物、用物拿出来卖。一时，"梅校长夫人摆地摊"在昆明流传了开来。

校长家尚且如此，教授们的生活也就可想而知了。为了贴补家用，许多教师只好把从平津仓促出逃时带出的书籍、衣物廉价出售。不久，教师们已无东西可卖。生物系教授沈嘉瑞撰文说："现在只剩下几个空箱子可卖了！"

西南联大教授陈寅恪是当时少数由教育部聘任的教授，又在中央研究院兼职，拿两份薪金，比起一般教授要高许多。面对通货膨胀、货币贬值，他也无奈地写诗感叹道："日食万钱难下箸，月支双俸尚忧贫。"

1946年9月，西南联大《观察》杂志第1卷第3期上，刊登了一份昆明大学教授的薪津及薪津实值的表格：

	生活费指数	薪津约数（元）	薪津实值（元）
1937 年上半年	100	350	350.0
1937 年下半年	108	270	249.5
1938 年上半年	115	300	260.8
1938 年下半年	168	300	178.5
1939 年上半年	273	300	109.7
1939 年下半年	470	300	63.8
1940 年上半年	707	300	42.4
1940 年下半年	889	330	37.1
1941 年上半年	1463	400	27.3
1941 年下半年	2357	770	32.6
1942 年上半年	5325	860	16.5
1942 年下半年	12619	1343	9.9
1943 年上半年	19949	2180	10.6
1943 年下半年	40449	3697	8.3
1944 年上半年	82986	9417	10.0
1944 年下半年	143364	17867	10.7
1945 年上半年	430773	56650	10.9
1945 年下半年	603900	112750	18.5
1946 年上半年	514290	141660	27.3

同期还刊登了杨西孟写的一篇短文《九年来昆明大学教授的薪津及薪津实值》。针对前面的这份表格，文中这样写道：

这篇短文的目的仅在发表附在后面的一个表格。这个表格列出三行数字。第一行是昆明自（民国）二十六年上半年至（民国）三十五年（1937～1946年）上半年的生活指数，系采用云南经济委员会设计处所编的此项指数。第二项是大学教授的薪津约数，是以联大中等薪金和四口之家的津贴为标准。惟因

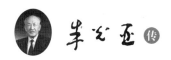

每月薪津皆在月底发给，故各月薪津皆列作下月待遇。第三行是薪津按生活费指数折合为战前法币的数目。

由表中我们可以看出，自抗战以来，由于物价剧烈上涨而薪津的增加远不及物价上涨的速度，于是薪津的实在价值如崩岩一般的降落。到(民国)三十二年(1943年)下半年薪津的实值只等于战前法币八元。由三百数十元的战前待遇降到八元，即是消减了原待遇98%。(民国)三十三年至(民国)三十四年(1944～1945年)上半年薪津实值盘恒于十元左右，这主要是因为米贴按市价计算的缘故……

大学教授以战前八元至十元的待遇怎样维持他们和他们家庭的生活呢？这就需要描述怎样消耗早先的储蓄，典卖衣物及书籍，卖稿卖文，营养不足，衰弱，疾病，儿女夭亡等等现象。换句话说，经常的收入不足，只有消耗资本，而最后的资本只有健康和生命了。但这一切我们在这里不拟加以描写。

至于这种待遇的经过，到底代表一些什么意义呢？是否含有耻辱呢？有耻辱是谁的耻辱？未必仅是一方面的耻辱吧？耻辱的真义仅是如一般人所理解的吗？这些问题我们在这里也不加讨论。

我们在这里只留下这份冷冷的数字，数字虽然不如普通语言的生动，但摆在这里可供目前和今后若干年代研究者的参考，特别是关心于社会、经济，以及政治问题的人们的参考。从这类的数字，随人的运用，可以抽译出许多意义来。

拿着薪俸的教师们的生活如此不易，学生们自然也是很清苦和艰难了。朱光亚在一篇回忆文章里这样写道：

西南联大聚集了一批又一批高质量的学生。当时全国实行统一招生，凡有志者均能报考西南联大；还有转学、借读的制度，不少其他大学的学生也慕名而来通过转学考试或借读进入西南联大。这几千名学生，少数为当地人，大多数来自全国各地。当时国破家亡，许多学生来自沦陷区和战区，经济来源困难或断绝，只能靠很有限的救济金、贷金度日。不少学生到校外兼差：做家庭教师、当售货员、当译员、搞校对等等，只要能补贴度日，他们有事就做。这些学生是在国破家亡时抱着爱国救国的志向来学习的，这是个基础，

特别是西南联大兼容并包、治学严谨，
又具有"五四"和"一二·九"的传统。
有了这样的基础，西南联大的学生中人
才辈出也就可以理解了。

进入西南联大不久，朱光亚就开始
勤工俭学。他在另一篇回忆文章里这样
写道：

1942年我转学昆明西南联大，那一
年父亲由汉口调重庆东川邮政管理局，父
亲、母亲、妹妹和弟弟又经小路越过封锁
线到重庆。此后，家庭的经济情况就逐步
下降。1942年秋季起，我在昆明除读书外，
开始在外兼家庭补习教师，补助个人生
活费用。

在国立西南联合大学读书时的朱光亚

西南联大学生出版社于1946年出版的《联大八年》一书中，有这样一段
真实的记载：

联大同学在外面兼差的，据不完全的统计，在二分之一以上。局外的人，
大概是不会了解的，而他们自己诚有难言的苦衷。有的慢说剃头洗衣成问题，
即按月伙食的一点点补贴，也逼得他们走投无路；有的除开自己而外，还得
肩负弟妹的生活负担。于是，他们不得不面临现实，以谋解决之道，而兼差
就成为他们生活的一部分。在一方面，兼差确实耗费了他们不少的时间和精力，
是无可补偿的损失；而另一方面，却可以使他们进一步去体验生活，了解社会，
把书本上学来的东西，与实际情形配合，何尝又不是一个莫大的好处？在昆
明，他们进入了各个阶层，担任其形形色色的职务。其中最普遍的当然是中
学教员同家庭教师。其他像报馆跑外勤的，金店当师爷的，电台播音的，在
电影院里作广告员或是翻译说明的，作电灯匠的，作小本经营的，机关里当
科长秘书的，作邮务员的，甚至于从前昆明鸣午炮夜炮的，莫不有联大同学。
所以有人说，联大走了，昆明或者要起一点变动，因为当鸣炮的同学"退休"

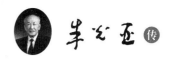

以后，昆明的午炮就一直没有准过。

虽然勤工俭学可以贴补些生活费用，但由于物价飞涨，学生们的生活依然还是很困苦的。朱光亚说："在西南联大读书的几年里，因为靠少许的生活费度日，吃饱肚子都成了大问题。"

那时，西南联大的学生食堂不供应早餐，学生得自己解决。许多同学为了节省一点儿钱，就常常不吃早餐。午、晚两餐吃的是糙米饭，菜通常是老蚕豆、老南瓜、青菜、白菜。菜里大多时候没有油，有时甚至连盐都没有，更难得吃上一次肉。就餐时，没有凳子，大家围着一张桌子站着吃。由于食堂提供的饭菜有限，吃不饱是常有的事。

诺贝尔物理学奖获得者杨振宁，当年也是西南联大物理学系的学生。他在一篇回忆文章里写道："在大食堂吃饭，头一碗饭不要装得太满，盛半碗，第二碗装得满一点，这样可以多吃一点。如果头一碗装得满，吃第二碗的时候，饭已经没有了，就吃不饱。"

这是把数学原理巧妙地应用到了吃饭上，今天读来，颇有几许酸楚和几分冷幽默的感觉。

五、"不得了"与"了不得"

西南联大的物质生活虽然清贫，但全校师生充满着活力。

1944年，著名文学家林语堂从美国归来到昆明演讲。他亲历亲闻了西南联大的许多事后，在演讲中由衷地感叹道："联大师生物质上不得了，精神上了不得！"

朱光亚清晰地记得，到西南联大报到第一天，学校发给每个新生一份铅印的西南联大校歌。拿到校歌后，他轻轻吟唱了起来，一股豪情油然而生。

西南联大成立之初，就着手编制校歌和校训，并成立了编制校歌校训委员会，聘请冯友兰、朱自清、罗常培、罗庸、闻一多为委员，冯友兰任主席。

冯友兰时任西南联大文学院院长，朱自清是中国文学系主任，其余三人都是中文系教授。其中，冯友兰是著名的哲学家，朱自清、闻一多是著名的作家和诗人。

经过几易其稿，反复征求意见，校歌歌词最后定为调寄《满江红》：

万里长征，辞却了五朝宫阙。暂驻足衡山湘水，又成离别。绝徼移栽桢干质，九州遍洒黎元血。尽笳吹弦诵在山城，情弥切。

千秋耻，终当雪，中兴业须人杰。便一成三户，壮怀难折。多难殷忧新国运，动心忍性希前哲。待驱除仇寇复神京，还燕碣。

恩格斯在《反杜林论》中，曾引用了古罗马诗人尤维纳利斯的一句名言："愤怒出诗人"。

这首诞生于抗日烽火中的西南联大校歌，激扬悲壮，充分抒发了广大师生的胸襟与宏愿。

朱光亚说，西南联大的校歌让他激动不已，每当唱起它，心底里就不由自主地激扬起一股向上的力量。

西南联大校训开始拟为"刚健笃实"，后来经过校常务委员会反复讨论，决定以"刚毅坚卓"作为西南联大的校训。

"刚毅坚卓"较"刚健笃实"的内涵更为丰富、深刻，真实反映了北京大学、清华大学、南开大学师生在"文化长征"过程中，体现出来的刚强、果敢、坚忍不拔和卓然超群的精神。这种精神成为西南联大师生的风骨。

西南联大由北大校长蒋梦麟、清华校长梅贻琦、南开校长张伯苓共同执掌，成立校务常务委员会。经三人商量，由梅贻琦主持具体的领导工作。1940年，梅贻琦在一次集会上表白心境说：

在这风雨飘摇之秋，清华正好像一条船，漂流在惊涛骇浪之中。有人正赶上驾驶它的责任，此人必不应退却，必不应畏

国立西南联合大学校训："刚毅坚卓"

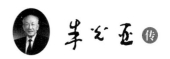

缩，只有鼓起勇气，坚忍前进。虽然此时使人有长夜漫漫之感，但我们相信，不久就要天明风定。到那时，我们把这条船好好开回清华。

教师们也是如此，以国家兴亡为己任。

西南联大教授郑天挺在其《滇行记》中说：

无私、友爱、团结，这是西南联大的优良传统，这也是能造就众多人才、驰名于中外的主要原因。在抗战期间，一个爱国知识分子，不能亲赴前线或参加战斗，只有积极从事科学研究，坚持严谨创造的精神，自学不倦，以期有所贡献于祖国。

著名数学家华罗庚当时是西南联大数学系教授。他也撰文写道：

晚上，一灯如豆；所谓灯，乃是一个破香烟罐子，放上一个油盏，摘些破棉花做灯芯；为了节省点油，芯子捻得小小的。晚上牛擦痒，擦得地动山摇，危楼欲倒；猪马同圈，马误踩猪身，发出尖叫，而我则与之同息。那时，我的身份是清高教授，呜呼！清则有之，清者清汤之清，而高则未也……在这样的环境中，埋头读书，苦心钻研。

德国哲学家雅斯贝尔斯说过："大学是一种特殊的学校，学生在大学里不仅要学习知识，更要成为一个完整的人。这既取决于学生自身的不懈努力和对自身的不断超越，更取决于大学历史传统与文化精神的指向。"

西南联大虽然建校的时间不长，但北大、清华、南开源远流长的优良传统，以及广大教师在国家危难之际展现出来的高尚情操，赋予了西南联大文化以深厚的精神内涵，它对西南联大学生有着深刻的影响。

1941年12月7日，日本海、空军偷袭珍珠港，美国太平洋舰队遭受重大损失。12月8日，美、英对日宣战，太平洋战争由此爆发。

早在1941年年初，美国政府就批准向中国派遣飞机、志愿飞行员和机械师，担负中国空防和飞越"驼峰航线"的运输任务；批准美国陆军协助中国远征军巩固滇缅路、开拓中印公路，以打破日本对中国的封锁。

太平洋战争爆发后，美国加大了对中国军队的支援，提供武器装备，开办训练班，原美国志愿航空队也正式改称为美国陆军第14航空队。来华美军日益增多，需要大批军事翻译人员。

1943 年 10 月，国民政府教育部下令，征调几所大学所有应届四年级身体合格的男生为美军翻译员。西南联大在应征之列。当时，朱光亚是三年级学生，虽然不能从军，但报国愿望不减。他写道："虽然自己仍然致力学习，但为中国远征军伤员输过血制血浆。"

抱着学成后"为国家服务""为抗战服务"的信念，未从军的学生们的学习更加用心和刻苦。

朱光亚学习用功在同学中是出了名的。当时，西南联大的图书馆座位很少。学生们为了能够抢到一个座位，常常在开馆前就去排队。朱光亚是这支队伍中的常客，抢到一个座位后，一待就是几个小时。到了晚上，由于西南联大教室里没有灯，图书馆就更挤了。有时候没抢到座位，朱光亚就在宿舍里看书。宿舍光线很暗，一个小灯泡，伴随着朱光亚度过了无数夜晚。

那时，许多学生为了看书，只好到学校附近的茶馆里，买上一杯清茶或白开水，占上一个位子，看书做题。著名作家汪曾祺当年也是西南联大学生，他曾写过一篇散文《泡茶馆——昆明记忆之一》。文中写道：

联大学生上茶馆，并不只是穷泡，除了瞎聊，大部分时间都是用来读书的。联大的图书馆座位不多，宿舍里没有桌凳，看书多半在茶馆里。联大同学上茶馆很少不挟着一本乃至几本书的。不少人的论文、读书报告，都是在茶馆写的。

当时，西南联大附近的风翥街、文林街、青云街、龙翔街、钱局街开了不少茶馆，成了学生经常去的地方。有些茶馆则是专门为招徕联大学生而开的新式茶馆。偶尔，朱光亚也会去泡泡茶馆，看书做文。

朱光亚在一篇回忆西南联大友人的文章里写道："西南联大在昆明条件很差，学生宿舍、教室很简陋，图书馆照明也不好。当地茶馆晚上有汽灯，而联大校舍中没有。很多学生便在茶馆买一杯茶，这样可以占一位子坐一个晚上，甚至一整天。"

学校放寒、暑假时，学生回家的多了，去图书馆的人就相对少了。朱光亚就利用寒、暑假，白天晚上地"泡"图书馆，专心致志地读书。朱光亚说，在西南联大的几年间，他只在 1944 年的暑假回重庆看望过一次父母，绝大部

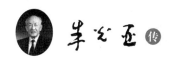

分时间都用在了读书上。

六、让人惊叹的满分

虽然是抗战时期，但西南联大对学生的学习和毕业，依然坚持十分严格的管理制度。

西南联大实行的是以"学分制"为主体，配以"选修课制"的教学管理机制。文、理、工、法商学院本科为4年，总共要修满136个学分。选课制分为必修课和选修课两种。学校明确规定，任何一门课程不及格，不能补考，必须重修。这在当时，是与其他高校不一样的。

另外，一个学生不及格的学分数达到二分之一的，就要除名；毕业时没有修满该修的学分，就不能毕业。据西南联大学生沈克琦回忆，他的一位同班同学，因为毕业时学分只差了一分，结果毕不了业，又再读了一年。

西南联大非常重视体育。大学4年都必须上体育课，并且要点名、要考试。如果一个学期的体育课有8次缺席就以不及格论处，不及格就要重修。因此，4年8个学期的体育课，一个学期都不能差，差了一个学期的体育课，你就毕不了业。这也是为了让学生有一个好的体质，可以报效国家。

西南联大的教师对学生的要求非常严格。中国科学院院士、空间技术专家王希季，当年是西南联大工学院机械工程学系的学生。他回忆说：

有一次，教机械学的刘仙洲教授出了一道题考试，并在题目的后面要求将得数准确到小数点后三位数。那个时候既没有计算器，更没有计算机，所用最高档的工具就是计算尺。而计算尺是靠数格子得出数据的，根本就不可能准确到小数点后三位数。我当时对得数准确到小数点后三位数也并不十分介意，在做这个题目时什么都做对了，小数点后的前两位数也都算对了，就是没有将得数准确地算到小数点后的第三位数，结果刘先生给这道题判了个零分。

机械学是机械系学生的必修课，按照规定，不及格者不得补考。这件事对王希季教育很大，给他留下了深刻的记忆。此后，王希季不论计算什么，都认认真真，直到将所求数据算得十分精确为止。

因此，在西南联大，一个学生要顺利地读到毕业，不下点苦功是不行的。

由于教学和考试都很严格，西南联大的学生考试能得 80 分以上的，就是佼佼者了。

1944 年考取西南联大清华大学理科研究所心理学部研究生的张世富，在《一间教室引起的思念》一文中这样写道：

清华大学一向以在教学上要求学生严格并有坚实的学识基础而闻名，这种对学生的要求，在周老师（系指时为西南联大心理学系主任的周先庚——作者注）身上有充分的体现。他布置作业和论文时都会指定一些中、英文的相关理论知识的参考书，不阅读这些参考书，很难完成作业和写好论文。每学期的考试，无法投机取巧，只有将全部课堂上所学的知识融在一起并与相关理论知识相联系，才能答出考题。考试得分，如能得 70 分便已经感觉良好，如考得 80 分以上，便会奔走相告，同学纷纷要求这位幸运儿请客。

朱光亚是"幸运儿"中的佼佼者。有一次，朱物华教授的无线电学进行年考。朱教授以严格著称，出的题也比较难，不少同学都担心这次考试能否及格。结果考试成绩公布后，竟然有一份考卷得到了满分：100 分。一时，全系哗然。

据说，在西南联大成立后，物理学系的无线电学考试还从未有过满分。

当时，西南联大公布各科考试分数时，不公布考生的名字，只公布考生的注册学号。朱光亚的注册学号常常在各

1944 年 5 月，朱光亚（前排右一）在国立西南联合大学与同学合影

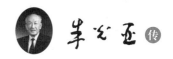

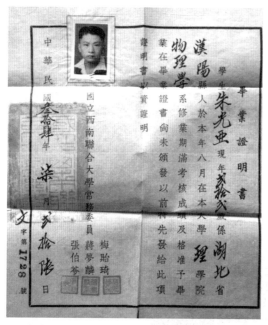

朱光亚在国立西南联合大学的毕业证明书

科考试中排名在前，已为大家所熟悉，但大家并没有把这个学号与朱光亚联系在一起。这次，这个学号居然得了满分，引起了一些师生的好奇，开始打听起这个学号的主人是谁。朱光亚由此被大家刮目相看，被同学们戏称为"小科学家"，也受到了老师们的青睐。

在这样一所大学学习，有这样一批大师指导，朱光亚如鱼得水，发奋学习，为他在物理学领域的发展奠定了坚实的基础。

杨振宁在其《读书教学四十年》一书中，曾充满感情地写道：

西南联大是中国最好的大学之一。我在那里受到了良好的大学本科教育，也是在那里受到了同样良好的研究生教育，直至1944年取得硕士学位。战时，中国大学的物质条件极差。然而，西南联大的师生员工都精神振奋，以极严谨的态度治学，弥补了物质条件的不足。

特别需要指出的是，西南联大物理学系的教授都是从国外留学回来的，他们把最新的知识带回了中国，使西南联大的物理学教学接近了世界物理学的前沿。

杨振宁曾经说过，他从西南联大教授那里"学到的物理已能达到当时世界水平。比如说，我那时念的场论比后来我在芝加哥大学念的场论要高深，而当时美国最好的物理系就在芝加哥大学"。

1945年8月，朱光亚以优异成绩从西南联合大学毕业。

第四章 学生运动

一、日本鬼子投降了

1945 年 8 月，大学毕业的朱光亚，因品学兼优，被留校聘任为物理学系半时助教。这年，他才 21 岁，是西南联大最年轻的教师。

半时助教，也就是见习助教。工作时间和工作量只有助教的一半。这里面也有考核的意思，先见习一下，看看能否称职助教工作。这样，另一半时间就可以自己安排了。当时，朱光亚还在昆明天祥中学（今昆明市第十一中学）任兼职教员。

根据西南联大 1946 年教职员名单册记录，1945 年物

1945 年 8 月，朱光亚从国立西南联合大学毕业后留校担任助教

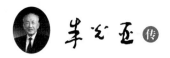

理学系应届毕业生留校任教师的就朱光亚一人。能够成为西南联大的教师，是西南联大学生的殊荣。

1945年8月，对成为西南联大教师的朱光亚来说，无疑是一个值得纪念的月份；而对世界来说，这更是一个具有划时代意义的月份。

这年的8月6日，美国在日本广岛投下了一颗原子弹。这是原子武器第一次在战争中使用。

这天清晨，美军第509空中联队的3架轰炸机，依次从太平洋的提尼安岛上起飞，直奔日本广岛。8点14分，其中一架以飞行员保罗·蒂贝特母亲的名字艾诺拉·盖伊命名的B-29轰炸机上的投弹手，按动了电钮。飞机底部弹舱开启，原子弹从弹仓弹出，扑向了广岛。飞机上的人员随即戴上护目镜。透过镜片，他们首先看到的是一颗小火星。火星瞬间扩大成为耀眼的大火球，不断翻滚着向外扩展，如熔岩一般覆盖了整座城市……

投在日本广岛的这颗原子弹，代号叫"小男孩"，爆炸当量为1.25万吨。之后，参与这次行动的美国科学家菲利普·莫里森乘飞机来到了广岛上空。他将在飞机上所见到的原子弹爆炸后的情况，给洛斯阿拉莫斯原子弹研究机构写了一份正式的简报，并将简报中的有关内容提供给了当地一家广播电台公开播出：

我们最终在广岛上空低空盘旋并且不愿相信地注视着，曾经的一座城市被夷为平地，遍是烧焦的红色……但是，在一个长夜里，并不是数百架飞机光临这座城市。一架轰炸机和一颗炸弹只是在打出一颗步枪子弹的时间内穿过了城市，就把一座拥有三十万人口的城市变成了一个燃烧的火葬场。

原子弹的巨大威力震惊了世界。对大多数人来说，他们怎么也想不明白，一颗炸弹居然可以毁灭一座城市。而对具有物理学专业知识的朱光亚来说，从中感受到了科学技术的巨大能量。他在一篇文章中写道："当时，原子弹的威力在我脑子里留下了很深的印象。"

两天后，即1945年8月8日，苏联对日宣战。8月9日零时10分，苏联150多万军队从东、北、西3个方向，在4000多公里的战线上越过中苏、中蒙边境，向日本关东军发动猛烈攻击。

苏联对日宣战，是苏联最高领导人斯大林不久前在波茨坦会议上的承诺。1945 年 7 月 17 日至 8 月 2 日，美、英、苏三国首脑杜鲁门、丘吉尔、斯大林在波茨坦举行会议。当时，纳粹德国已经无条件投降，欧洲反法西斯战争胜利结束，但在远东的对日作战还在激烈进行。会议讨论了处理战后德国问题之后，决定发表《波茨坦公告》，敦促日本无条件投降。由于苏联那时还没有对日宣战，中国是抗战的主战场，因此，美、英、苏三国首脑决定，《波茨坦公告》以美、英、中三国名义签字发表。中国未参加波茨坦会议，代替中国政府签字的是美国总统杜鲁门，他的签字为"The president of China"，即中国主席。苏联对日宣战后，即在《波茨坦公告》上签字。这样，《波茨坦公告》就成为美、英、苏、中四国共同敦促日本无条件投降的宣言。

按照美国组织原子弹试验的临时委员会的意见，在波茨坦会议上，应公开、坦诚地通知苏联，美国已经研制成功原子弹并将在日本使用。但这件事，被杜鲁门弄得遮遮掩掩、神神秘秘。杜鲁门自己在日记中这样写道：

7 月 24 日，我向斯大林提到了我们有一种具有不同寻常威力的武器。那位苏联主席对此没有特别的兴趣，他的反应只是说很高兴听到这个消息，希望我们能够很好地在日本使用。

就在 8 月 9 日苏联出兵的当天，美国又将一颗原子弹投到了日本的长崎。这颗原子弹的代号叫"胖子"，爆炸当量为 2 万吨。顷刻间，长崎这座城市也成为一片废墟，尸横遍地，惨不忍睹。

而在中国，8 月 9 日这天，中共中央领导人毛泽东发表了题为《对日寇的最后一战》的声明。根据延安总部下达的指示和命令，各抗日根据地的武装力量，对日、伪军发起了全面进攻。

美国的原子弹和苏联的出兵，如摧枯拉朽般将日本推到了灭亡的边缘。

1945 年 8 月 14 日，日本政府照会美、英、苏、中四国政府，表示接受《波茨坦公告》。8 月 15 日，日本天皇裕仁向公众宣布无条件投降。8 月 16 日，日军大本营下达"停止战斗行为"的命令，但同时又命令日军"在不得已的情况下，为了自卫可以采取战斗行为"。由于日军宣布投降又不放下武器，中国共产党领导的人民军队的反攻作战仍在继续进行。

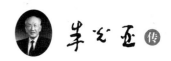

1945 年 9 月 2 日，日本代表在投降书上签字。在华日军 128 万人向中国投降。至此，中国的抗日战争胜利结束，第二次世界大战也随之胜利结束。

在此后的日子里，历史学家和记者就开始不断地争论：如果没有原子弹，这场反法西斯战争是否会以这样的方式和条件结束？

被称为"美国原子弹之父"的奥本海默这时却陷入了深深的忧虑之中。在对长崎的核轰炸几天后，奥本海默代表研制原子弹的科学家组给美国军方起草了一份最终报告。在报告中，他写道："我们坚信，没有军事对策能够充分、有效地阻止原子武器的攻击。这些装置已经很有毁灭性，它们将来的毁灭性会更大而且更加致命。没有任何国家能够防御这些新式武器的攻击。"

1945 年 8 月 7 日，美国准备对日本使用原子弹的前夜，参与这次行动决策的哈康·希瓦利埃给奥本海默写了一张祝贺便笺："亲爱的奥本海默，你很有可能是当今世界上最著名的人了……"

过了 20 天，奥本海默才回了一封三页的手写信。在信中，他对希瓦利埃说："那东西不得不做，当全世界的人前所未有地渴望和平时，它终归必须被拿到一个公开的场所。"但是，他高兴不起来，因为"就像我们所想的，情况不容乐观，在重塑世界的过程中会遇到更大的困难"。他认为，原子弹"就像第一次世界大战之后的毒气"，会给人类带来巨大的灾难。

在不久后召开的美国哲学学会上，奥本海默这样告诉大家：

我们发明了一件东西、一件最可怕的武器。世界的本质正迅速而深刻地改变着。从世界的各个角度来看，我们发明了一件邪恶的东西，而且我们还在继续这么做。它有一天可能会毁掉整个文明。

在地球另一端的中国，年仅 21 岁的朱光亚在惊叹原子弹巨大威力的同时，不会想到，不久之后，他会与这一可怕的原子武器发生联系，并从此影响了他的一生。

此时此刻，他与许许多多中国人一样，正沉浸在抗战胜利的喜悦中……

二、反对内战的呼声

胜利的喜悦很快被和平的渴望所代替。

抗战胜利后的中国向何处去？国共合作是否能继续坚持下去？这成为各民主党派、社会团体和人民大众最关注的话题。

1945年8月15日，在日本天皇宣布无条件投降的当晚，西南联大学生自治会举行了一场时事演讲会。

西南联大四位教授在会上针对国内外局势作了时事演讲。经济学系教授周新民作了题为《日本投降的影响》的演讲，政治学系教授王赣愚作了题为《新局势下的内政外交》的演讲，历史学系教授吴晗作了题为《如何制止内战》的演讲，政治学系教授罗隆基作了题为《如何走向民主团结的道路》的演讲。

其中，吴晗是著名的历史学家、中国民主同盟会员，新中国成立后出任北京市副市长；罗隆基是著名的社会活动家、中国民主同盟创始人之一，新中国成立后任中央人民政府政务院政务委员、森林工业部部长。他们四人的演讲题目，触及了当时社会最敏感的政治话题，也是广大师生最为关心的问题：反对内战和民主团结。

听演讲的大多数是西南联大的学生，也有部分教师，还有一些闻讯赶来的昆明其他高校的学生。

朱光亚刚刚被聘为半时助教，似乎还没有完全从大学生的角色里走出来，一听说学生自治会要举办时事演讲会，早早地就来到了会场。他静静地坐在台下，认真地倾听着、思索着……

中国共产党和中国国民党自成立以来，有过两次合作。

第一次国共合作发生在1924年至1927年。年轻的中国共产党与孙中山领导的中国国民党联合，发动了一场席卷全国的大革命运动：打倒列强，除军阀。合作的方式是共产党员以个人身份加入国民党，把国民党改造成为各革命阶级的联盟。当时，孙中山的夫人宋庆龄问："为什么需要共产党加入国民党？"孙中山回答说："国民党正在堕落中死亡，因此，要救活它就需要新血液。"国共合作后，组建了国民革命军，开始了北伐战争。国民革命军的先锋部队就是共产党员叶挺领导的独立团，被称为"铁军"。然而，正当北伐战争取得巨大胜利之时，国民革命军总司令蒋介石篡夺了国民党的领导权。帝国主义列强开始对他进行拉拢，不少原来属于北洋军阀和地方军阀

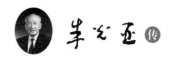

的军队也纷纷接受蒋介石的改编，国内外反动势力以蒋介石为中心集合起来。1927 年 4 月 12 日，蒋介石在上海发动了反共政变，大肆屠杀共产党人，国共合作破裂。随后，江苏、浙江、安徽、福建、广东、广西等省，相继以"清党"为名，大规模屠杀共产党员和革命群众。仅广东一地，被捕杀的共产党人就达 2000 余名。1927 年 7 月 15 日，主持国民党党务工作的汪精卫在武汉召开国民党中央常务委员会扩大会议，正式宣布同共产党决裂，持续了 3 年多的中国大革命就这样失败了。之后，以蒋介石为首的国民党政府，开始了长达 10 年的对中国共产党、中国工农红军的"围剿"。

　　第二次国共合作发生在抗日战争时期。1931 年"九一八"事变后，中日之间的民族矛盾逐步上升到主要地位，全国民众强烈要求抗日。但蒋介石提出了"攘外必先安内"的方针，坚持以主要兵力"围剿"中国共产党领导的工农红军。这项方针受到国内有识人士的强烈反对。1936 年 12 月，蒋介石来到西安，逼迫张学良、杨虎城率领部队赴陕北前线"剿共"。张学良、杨虎城反复向蒋介石进谏，要求放弃"剿共"政策，联合抗日。蒋介石听不进去，把桌子一拍，厉声说："你们现在就是拿枪把我打死了，我的剿共政策也不能变！"无奈之下，12 月 12 日，张学良、杨虎城被逼发动"兵谏"，逮捕了蒋介石，囚禁了陈诚、卫立煌、蒋鼎文、朱绍良等随行的国民党军政要员。这就是著名的西安事变。中国共产党派周恩来为代表，与张学良、杨虎城一起，同蒋介石的代表宋子文、宋美龄谈判，西安事变最终得以和平解决，蒋介石承诺：停止"剿共"，联合红军抗日。国民党与共产党之间长达 10 年的内战就此基本停止了下来。

　　1937 年卢沟桥事变后，中国的全民族抗战开始。中国共产党领导的工农红军改编为八路军、新四军，出师抗日。第二次国共合作的实现，受到了全国人民的热烈欢迎。宋庆龄为此于 1937 年 11 月发表声明：

　　共产党是一个代表工农劳动阶级利益的政党。孙中山知道没有这些领导阶级的热烈支持与合作，就不可能顺利地实现完成国民革命的使命……国难当头，应该尽弃前嫌。必须举国上下团结一致，抵抗日本，争取最后胜利。

　　抗战胜利了，坚持独裁统治的蒋介石集团，置人民大众利益于不顾，又开始把注意力放到了消灭中国共产党和国内民主势力上。

1945年5月，抗战胜利前夕，蒋介石在国民党第六次全国代表大会上明确地说：

今天的中心工作，在于消灭共产党！日本是我们的国外敌人，中共是我们国内的敌人！只有消灭中共，才能达成我们的任务。

为了实现独裁统治，蒋介石又重新捡起消灭共产党的内战方针。而经历了8年抗战的中国人民的普遍愿望，是反对内战，要求和平与民主，进行社会政治变革，发展民族经济，建设一个新的中国。

中国共产党顺应民意，力图避免内战，希望和平建国。1945年8月，毛泽东在延安干部会议上作了题为《抗日战争胜利后的时局和我们的方针》的演讲。他说：

对于蒋介石发动内战的阴谋，我党所采取的方针是明确的和一贯的，这就是坚决反对内战，不赞成内战，要阻止内战。今后我们还要以极大的努力和耐心领导着人民来制止内战。但是，必须清醒地看到，内战危险是十分严重的，因为蒋介石的方针已经定了。

内战危险虽然在即，但抗战胜利后初期，蒋介石对立即发动全面内战还有顾虑，他抛出了"谈判"的阴谋。胡绳在《中国共产党的七十年》一书中对此作了深刻分析：

经过八年艰苦抗战，付出了那样大的代价才取得胜利，全国人民普遍期待能和平建设自己的国家，发动内战是极端不得人心的。国际上，英、美、苏三国当时都表示不赞成中国发生内战。蒋介石的精锐军队在抗战期间又大多退到西南和西北地区，要迅速开赴华北和华东一时有不少困难，至于东北就更不用说了。中国共产党发出的明确警告，也使他不敢过于轻举妄动。他还需要有一段准备的时间。

正是在这种情况下，蒋介石向延安连续发出三次电报，邀请毛泽东去重庆"共同商讨""目前各种重要问题"。他的算盘是这样打的：如果毛泽东不来，可以说共产党拒绝和平谈判，把内战的责任推到共产党身上；如果来了，则可以利用"和平谈判"来麻痹共产党，诱使它交出人民军队和解放区政权，

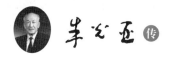
还可以争取时间，调兵遣将，部署内战。

中国共产党对争取和平有着真诚的愿望，对局势也有清醒的认识。中共中央认为，无论如何，在当时同国民党进行和平谈判是必要的：第一，由于和平、民主、团结是战后人民的强烈愿望，只要有可能，党就应当争取通过和平的途径来实现中国的进步和发展。第二，由于蒋介石的内战部署一时难以完成，党和全国人民是有可能争取实现国内和平局面的，即使是暂时的和平，也应该积极争取，这对于需要作应变准备的革命力量来说，也是有利的。第三，通过和平谈判，可以使全国人民看清楚国民党反动派究竟是真要和平民主，还是在这个幌子下实行独裁内战，这对于提高人民的革命觉悟有很大作用。

于是，1945 年 8 月 28 日，毛泽东偕同周恩来、王若飞赴重庆与国民党当局进行谈判。

年轻的朱光亚，深深地为中国的前途担忧，时时关注着在重庆进行的国共谈判。虽然当时他还不是一名共产党员，但在思想上已倾向共产党的主张，反对内战，希望建设一个和平、民主的新中国。

在西南联大期间，朱光亚结识了两位友人——王刚和许寿强。这两人当时是中共地下党员。朱光亚曾回忆说："相识王刚、许寿强等同志后，逐渐地有了更多的接触，虽然解放以后才知道他们是党员，但当时受他们的影响和教育，对反动政权渐渐地有了认识。不过，一直到大学毕业，我的单纯技术观念还是很浓厚的，一心想成为一名科学家。"

从中学起，朱光亚就立志成为一名科学家；进入大学后，这个想法就更加明确和强烈了。其实，当时西南联大许多学生都抱有这样的想法，刻苦读书，学成后报效国家。

但在面临中国向何处去这个大是大非问题时，他们的政治倾向鲜明，毫不犹豫地表达自己的意见并付诸行动。这期间，朱光亚在图书馆除了看专业方面的书籍外，常常阅读各种报刊上的时事新闻和评论，并积极参加学校进步社团组织的时事演讲会等活动。

1945 年 10 月 1 日，西南联大张奚若等 10 位教授代表全校广大师生，致电正在重庆和谈的蒋介石、毛泽东。电文如下：

日本投降，先生等聚首重庆，国人方庆外患既除，内争可泯，莫不引领企望协商早得结果，统一早成事实，新中国之建设早获开始。顾谈商逾月，外间等传关于地区之分辖有异议，军额分配有争执，而国人所最关切之民主政治之实施及代表此政治之议会之召集，传未闻有何协议。诚所传非虚，则谈商纵有结果，亦只是国共两党一时均势之获得而已，既不能满足全国人民殷殷望治之心，亦不足以克服国家目前所遭遇之困难。奚若等内审舆情，外察大势，以为一党专政固须终止，两党分割亦难为训。敢请先生等立即同意召集各党各派及无党无派人士政治会议，共商如何成立容纳全国各方开明意见之联合政府，再由此联合政府于最短期内举行国民大会代表之选举，定期召开国民大会，以制定根本大法，以产生立宪政府。必如此，一切政治纠纷乃可获致圆满之解决，而还政于民之口号乃不至徒托空言。在立宪政府成立以前，国共两党既为今日中国力量最雄厚之两大政党，先生等又为其领袖，故刷新政治、改正方向，先生等责无旁贷。今当除旧布新之际，有数事应请特别注意，并立即施行者：

十余年来，我国政权实际上操于介石一人之手。介石先生领导抗战，矢志不渝，自为国人所钦敬。惟十余年来政治上之种种弱点，如用人不当，人民利益之被漠视，以及贤者能者之莫能为助，其造因为何？诚宜及时反省。今后我国无论采用何种政制，此一人独揽之风务须迅予纠正，此其一。

十余年来，由于用人之专重服从，而不问其贤能与否，遂致政治、道德日趋败坏，行政效率日趋低落，即日本投降以来，收复区人事之布置，亦在使人惊讶失望。今后用人应重德能，昏庸者、贪婪者、开倒车者均应摒弃，庶我国可不致自绝于近代国家之林，而建国工作乃能收效，此其二。

军人干政，在任何国家、任何时代，皆为祸乱之阶。今后无论在中央或在地方，为旧军人或新军人，隶国民党之军人或隶共产党之军人，皆不应再令主政，此其三。

奸逆叛国，其罪莫逭，政府纵恻隐为怀，不将大小伪官一一加以惩处，而元凶巨慝及直接通敌之辈，绝不可使逃法外。须知过于姑息便损纪纲，忠奸不分何以为国！此其四。

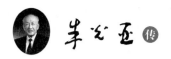

以上四者皆属今日当务之急，亦为国家根本之图。先生等领导国内两大政党，倘刷新政治改变作风之决心一经表明，目前政治上之纷乱局面可立归于澄清，而来日宪政之实施亦可大减。

这封公开电文，虽然是发给蒋介石和毛泽东两人的，但实际上是对蒋介石长期以来坚持的独裁统治进行了鞭挞，表达了西南联大广大师生反对内战、渴望和平的心愿。

三、坚强的"民主堡垒"

在反对内战的民主运动中，西南联大是一面旗帜，被誉为中国的"民主堡垒"。

朱光亚曾在一篇文章里引用了西南联大陈岱孙的一段话：

这个草创的新大学有一个传统，那就是民主与科学的传统。在那强敌深入、风雨如晦的日子里，弦歌不辍确是一回事。但更重要的是精神境界……追求民主与科学确是当时我们的共同认识和信念。

在这篇文章里，朱光亚写道：

正如陈岱孙老师所说，这种认识和信念就是大家克服种种困难的动力。不少学生还直接投身于抗战第一线，有记载的从军或离校参加抗战工作的学生就有1100多人，其中有的为国捐躯，也有许多人离校几年后再回来复学。抗战胜利后，西南联大师生对时局发展忧心忡忡，又参加到反对内战、争取民主的斗争中。

西南联大的民主运动经历了一个波浪形的曲折过程。

1946年，西南联大图书馆资料室撰写了一篇文章《八年来同学的生活与学习》。文中这样写道：

八年来联大同学的生活，变动是很大的……

这变化一方面与物价的上涨有关，一方面与整个抗战和国内政治的局势大有关联，为方便起见约可分为三个时期。

民国二十七年（1938年）到二十九年（1940年）冬为联大同学生活最快乐最活泼的一段。在这一时期的特点是集体生活使同学的生活丰富，几乎每晚上都有演讲、讨论晚会等等。每逢星期天或假日，我们经常结伴几百人几百人的出去旅行。月亮好时也会有几千人参加月亮会，听一位老教授讲故事。假如你愿意，每天晚上都容易消磨，你可以参加不同性质的丰盛的团体活动……

随着物价的上涨，同学兼差的日渐多起来，又加上整个国内局势的逆转，民国三十年（1941年）春天以后，同学大多消沉下来，少数人埋头于功课，其余的时间极无聊，整天坐茶馆打bridge桥牌，跳舞也时兴起来了。宿舍形成了无数个破布隔离的小天地，代替了时局分析政治讨论会的，是"红学"的演讲。

旅行的团体少起来，自治会选不出代表，或者即使选出来，也是默默无闻。有许多耐不住这窒息的，纷纷离开了学校。这是联大同学在生活情绪上的低潮时期。在学习上，也缺少以前的紧张蓬勃的气概。

这个时期继续到民国三十二年（1943年）方才转现曙光，同学重新又恢复到敢说敢骂的情绪，壁报活动重又兴盛，自治会的选举重又激烈的竞争了，大家重又由小圈子里走了出来。几个体育会在这时期重又活跃起来，旅行、集体观影、学生服务处的周末晚会吸引了很多人。在这个时期中尤其重大的是青年从军和译员征调，使许多从未离开学府宫墙的同学，钻进了中国现社会最阴暗的一面，让大家深深感到对于国民切身的利害，不能漠视，于是激昂的喊出民主的口号，国是宣言、五四游行、双十节纪念，都是这个口号下瞩目的表现。到今天，"民主堡垒"的名号，不但能够保持，而且有所广大。

这篇文章发表于1946年，正是国民党政府统治时期。文中所表达的内容比较隐晦，但明眼人都能够心领神会。

西南联大成立之初，全校生气勃勃。学校里有众多的社团、壁报、读书会等，学生可以自由地参加这些组织的各种丰富多彩的课外活动，抒发爱国热情，交流思想观点，发挥兴趣特长。老师中更是不乏民主人士，他们大都接受过五四运动的洗礼，民主和科学的观念深入内心。其中，由进步学生成立的群社，在社团中影响很大，成为学校坚持抗战、反对投降，坚持进步、反对倒退，坚持团结、反对分裂的重要力量。而群社中的骨干力量，大多是共产党员。

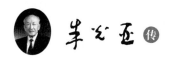

但到了 1941 年，如前面文章中所说，国内局势发生"逆转"。这个逆转就是皖南事变。

皖南事变是第二次国共合作期间，蒋介石集团坚持反共立场、有预谋的"剿共"事件。

1941 年 1 月 4 日，新四军军部及所属皖南部队 9000 余人，遵照国民党军事当局的命令并经中共中央同意，移师北上；1 月 6 日，行至泾县茂林地区，突然遭到预先埋伏的国民党军 7 个师 8 万余人的包围、袭击。在双方兵力相差悬殊的情况下，新四军英勇拼杀，血战 7 昼夜，终因弹尽粮绝，除 2000 余人突围外，大部被俘或牺牲。军长叶挺被扣押，副军长项英突围后遇害。

严格地说，皖南事变并不是国共之间的一场战争，而是蒋介石背信弃义，利用他的最高统帅地位，布置陷阱，消灭异己。蒋介石却诬称是新四军要叛变，并宣布取消新四军的番号，声称要将叶挺交军事法庭审判。

皖南事变发生后，中外震惊，国人共愤。周恩来打电话给国民党当局的总参谋长何应钦，义正词严地痛斥："你们的行为，使亲者痛、仇者快。你们做了日寇想做而做不到的事，你何应钦是中华民族的千古罪人！"

中国共产党在重庆主办的《新华日报》，冲破国民党的新闻检查，刊出了周恩来的两条亲笔题词：

为江南死国难者志哀！

千古奇冤，江南一叶；同室操戈，相煎何急？！

皖南事变的发生和周恩来充满悲愤的题词，震动了重庆和整个国民党统治区。

宋庆龄、何香凝、柳亚子等民主人士在香港发起抗议运动，并致函蒋介石和国民党中央执监委员会，反对国民党当局"围剿"新四军，要求"撤销'剿共'部署，解决联共方案，发展各抗日实力，保障各抗日党派"。

国民党元老冯玉祥发表谈话说，新四军抗日有功，妇孺皆知，此次被政府消灭，政府方面实无法挽回人民的反对。

华侨领袖陈嘉庚致电国民参政会，呼吁团结，反对蒋介石的倒行逆施。

全国文化界数百名著名人士发表宣言，反对国民党枪口对内。

国际上，苏、美、英等国也对国民党表示不满，要求中国继续抗战。1941 年 2 月，美国总统罗斯福的代表居里来华，路过香港时对宋庆龄说，他将警告蒋介石，如果继续同中共军队对立、玩弄手腕是不成的。居里到达重庆后，会见周恩来时明确表示：美国赞成中国统一，反对日本侵略。

面对国民党的"剿共"阴谋，中国共产党仍然以抗日的大局为重，坚持又联合又斗争、以斗争求团结的政策，既不妥协，也不分裂，不给破坏抗日团结的势力以可乘之机。1941 年 1 月 20 日，中共中央军委发布重建新四军军部的命令，任命陈毅为代军长，刘少奇为政委，张云逸为副军长。新四军全军改编为 7 个师、1 个独立旅共 9 万余人，继续坚持长江南北的抗日战争。

皖南事变发生后，在西南联大校园里，尽管国民党当局封锁消息，进行歪曲事实的宣传，但依然有不少师生站出来，揭露皖南事变的真相。由群社主办的《群声》壁报，刊出了"终刊号"，把中共中央革命军事委员会发言人对新华社记者的谈话，朱德、彭德怀致何应钦、白崇禧的抗议电，以及周恩来的题词等，编成一份《皖南事变剪报特辑》公布出来。在学生宿舍和教室里，也贴出了许多同样内容的剪报，把国民党顽固派倒行逆施、令亲痛仇快的行径公之于众。

国民党当局虽然处于极端孤立的狼狈处境，但并没有放弃反共立场，政治形势依然险恶。国民党当局捕杀和迫害共产党人、民主人士没有停止。

为了保护革命力量，皖南事变后，在中共云南省工委的安排下，西南联大的大部分共产党员和少数进步学生从学校撤离，分散到云南各地隐蔽了起来。进步社团、进步壁报也停止了活动。

皖南事变发生之后不久，朱光亚考入了重庆中央大学，1942 年又考入西南联大。他曾回忆说：

在大学的四年里，一年级在中大是很用功地念书，二年级到昆明后也是这样，对时局、对政治都不大过问。1943 年以后，西南联大的民主空气逐渐活跃，我开始参加学校文艺晚会、时事演讲等活动。

这与《八年来同学的生活与学习》所说的基本相似。在民主运动低潮时期，学生中大多数人心灰意冷，少数人埋头读书。朱光亚是少数埋头读书人之一。

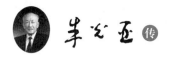

皖南事变后，国民党顽固派的高压政策，不但没有使广大中间力量同共产党拉开距离，反而更靠近了。他们中越来越多的人对共产党的政策有了认识，表示支持共产党。民主运动开始重新崛起。

据西南联大校史记载：

皖南事变后撤离学校的中共地下党员和群社社员，以后有的又陆续回校复学，另一些有组织关系或断了组织关系的地下党员和大批追求真理的青年考入联大。1943年春天，重新建立了以马千禾（马识途）为书记，齐亮、何志远（何功楷）为委员的中共地下党支部。他们团结思想进步和有正义感的同学，认真贯彻"勤学、勤业、勤交友"的方针，努力学习，热心服务，广交朋友，积极参加级会、系会、同学会、同乡会、壁报、膳团、体育会等各种社团活动，形成了许多"朋友圈子"，并组织一些秘密读书会，在同学中形成了很有影响的力量。

这一时期，联大的教授也有不小的变化。他们目睹当局在政治上独裁专制，贪污腐败，特务横行，经济上不少国民党官僚大发国难财，物价暴涨，民不聊生，对时局深为关切。闻一多、吴晗、潘光旦、曾昭抡、闻家驷等教授都先后参加了中国民主同盟和西南文化研究会的政治活动。

朱光亚也曾撰文写道：

西南联大当时在海内外获得"民主堡垒"的光荣称号，既是由于有"五四"、"一二·九"光荣传统的深远影响，也是由于有周恩来同志领导下的中共中央南方局的正确领导。中共地下党组织发挥先锋模范作用，执行南方局和云南省工委的指示，实施适应当时形势的正确领导，充分发挥了民盟以及各进步组织的作用。此外，龙云在云南主政十多年，同蒋介石有着深刻矛盾，加之南方局派代表同他接触后保持了经常联系，他对西南联大的民主运动采取了比较开明的态度。这是位于其他地方的大学所不具备的环境条件。

抗战胜利后，西南联大的民主运动进入了一个新的时期。然而，风云剧变，一场腥风血雨来临了。

四、经受血与火的洗礼

抗战胜利后，组成西南联大的北大、清华、南开三校准备返回北平、天津。由于交通工具紧张，三校在平津的校舍尚待接收、修缮，一时无法成行。于是，校常务委员会决定西南联大在昆明再续办一年。

1945年9月1日，西南联大1945~1946年度新学年开学。

不久，昆明局势发生逆变。10月3日凌晨，昆明城防司令杜聿明奉蒋介石密令，调动嫡系部队，包围了云南省政府驻地五华山和省主席龙云的威远街住所。

多年来，蒋介石想方设法排除异己，吞并地方势力，龙云一直极力抗拒。龙云对爱国民主运动持同情态度，深为蒋介石所忌恨。

抗战胜利后，蒋介石命龙云的主力部队赴安南（今越南）受降，乘昆明空虚之际，发动了这次突然袭击，胁迫龙云离开了昆明，并任命新任国民党云南省党部主任李宗黄暂时代理云南省主席，任命关麟征为云南省警备司令，实现了他对云南的基本控制。

云南政局发生的这一重大变化，使原先处于较为宽松政治环境中的西南联大和云南的民主力量，面临前所未有的严峻形势。

1945年11月1日是西南联大8周年校庆。上午，学校举行隆重的庆祝大会；下午，举行茶话会招待各界来宾和校友；晚上，校剧艺社演出话剧《风雨夜归人》。

校学生自治会和各文艺社团还联合组织了校庆周活动，举办朗诵会、歌咏会、座谈会。朱光亚是校歌咏队成员，他们在校庆活动中，激情演唱了《黄河大合唱》《民主青年进行曲》等抗日爱国歌曲。

据西南联大史料记载，歌咏队成立于1945年3月10日，它的前身是男生合唱小组，后来发展到有100多人的歌咏队。他们每周二、五晚上练习，既唱洋溢着革命豪情的抗战救亡歌曲，也唱艺术性强的抒情歌曲，还培养了一支歌曲创作队伍，在爱国民主运动中发挥了音乐的战斗作用。

校庆周期间，《现实》壁报发表了张奚若等5位教授反对内战的谈话，《生活》壁报也呼吁反对内战、争取和平，其他壁报纷纷响应。反对内战、争取

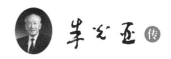

民主的呼声，一时充满西南联大校园。

11月19日，重庆各界成立了反对内战联合会，在昆明各界引起强烈反响。

11月22日，西南联大冬青社、文艺社、社会科学研究会、南院女同学会、科学青年社等15个社团联名建议校学生自治会通电全国反对内战。

接着，由西南联大、云南大学等4所大学的学生自治会联合发起，在11月25日晚举行反对内战时事演讲会，地点在云南大学至公堂，呼吁昆明各校学生参加。

云南省党政军当局闻讯后，即于11月24日召开紧急联席会议，做出"未经党政军机关批准不得集会游行"的决定，同时给云南大学施加压力，不准提供集会会场。

西南联大学生自治会征得当时主持校务工作的叶企孙教授同意，决定将演讲会改在联大图书馆前的大草坪举行。

11月25日晚，来自昆明各高校和各界的青年6000余人冲破重重阻力，在西南联大校园里如期召开反对内战时事演讲会。朱光亚也是其中一员。

这次时事演讲会不比寻常。夜幕下，虽然繁星点点、明月高挂，却弥漫着山雨欲来风满楼的气氛。由学生组成的纠察队，警惕地在会场周围巡查。

演讲会由昆明市学联主席、西南联大学生自治会常务理事王瑞沅主持。第一位演讲人走上讲台，演讲题目是《对目前中国政治的认识》。他慷慨陈词，激动地指出："内战必然毁灭中国！"顿时，全场掌声雷动。突然，校园外响起阵阵枪声，国民党军第5军的士兵包围了学校。会场出现了骚动，但很快又安静了下来。接着，第二位演讲人毫不犹豫地走上讲台，他的演讲题目是《财政经济与内战关系》。当他讲到"内战如果扩大，中国必将失去建立现代工业化国家

国立西南联合大学旧址位于今云南师范大学。图为朱光亚题词："中国历史名校国立西南联合大学旧址"。

的机会，财政经济也将趋于总崩溃"的时候，校园外又响起来阵阵枪声，但大家不置一顾，演讲继续进行。突然，会场停电了，一片黑暗。工作人员迅速点起了早已准备好的汽灯，全场顿时欢呼起来。很快，被特务破坏的电源接通了，会场重现光明。这时，西南联大著名社会学教授费孝通走上讲台演讲。他激动地高呼："不但在黑暗中我们要呼吁和平，在枪声中还是要呼吁和平！"正气凛然，震撼全场。

枪声与黑暗都没能阻止演讲会进行。混入会场的国民党云南省党部调查统计室（臭名昭著的国民党特务组织"中统"——作者注）主任查宗藩赤膊上阵，自称是姓"王"的"老百姓"，抢着上台发言，说什么"目前有人称兵作乱，此系内乱而不是内战，政府理应戡乱"。他的发言引起全场愤怒，有人当场揭穿了他的特务身份。查宗藩被纠察队带出会场。

接着，云南大学教授潘大逵演讲《如何制止内战》。演讲结束后，大会通过了反内战宣言，并致电美国政府，要求美军撤出中国。

当大家离开会场时，国民党军队已经在校园外戒严，在几条通向西南联大的主要街道口架起了机关枪，不准师生们随意通行。

西南联大的学生为国民党军队开枪威胁时事演讲会所激怒，纷纷要求罢课抗议。当晚，有的学生起草罢课通知书，有的学生在宿舍里征集罢课签名。学校用来告示上课的大钟也被学生釜底抽薪，无法敲响了。这一夜，全校无眠。

11月26日，上课的钟声没有响起，学生们罢课了。而这一天，国民党控制的《中央日报》刊登了一条中央社播发的歪曲事实的消息，说11月25日夜，昆明城"西郊匪警，黑夜枪声"，试图制造谣言，掩盖真相。

当天下午，西南联大学生自治会召开全校临时代表大会，通过了罢课决议，授权理事会成立罢课委员会，起草罢课宣言，筹备出刊《罢委会通讯》。

11月27日，昆明市学联召开各大中学校代表大会，做出全市总罢课决议，并成立了昆明市中等以上学校罢课联合委员会（简称"罢联"），选举西南联大、云南大学、中法大学、昆华女中、云大附中五校罢委会负责人组成"罢联"常委会，领导全市学生的反内战、争民主运动。"罢联"还决定由西南联大罢委会负责人王瑞沅任"罢联"主席，并由西南联大罢委会及所属各部

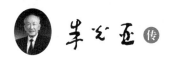

门负责处理"罢联"日常工作。

11月28日，以西南联大为首的昆明市31所大中学校宣布罢课。同时，"罢联"发出《昆明市大中学生为反对内战及抗议武装干涉集会告全国同胞书》（即罢课宣言）。罢课宣言向国民党当局提出了两部分要求。第一部分是对时局的主张和要求，主要内容包括：（1）立即制止内战；（2）美军撤出中国；（3）组织联合政府；（4）保障人民的言论、集会、结社、游行、人身自由。第二部分是对处理11月25日西南联大集会开枪事件的具体要求，主要内容包括：（1）追究开枪事件肇事者的责任；（2）取消关于禁止集会游行的非法禁令；（3）保障学生的身体自由；（4）要求中央社改正诬蔑西南联大的谣言，并向当晚参加大会的人士致歉。罢课宣言明确指出，第二部分要求得到相当结果后，才会复课。

11月28日，西南联大等31所大中学校发表了为反对内战告全国同胞书。文中写道：

当我们正在庆幸和平重临时，很不幸地，我们的国内爆发了内战！

今天，自南至北，在广大的国土上，正在进行着残酷的自相残杀的战争，这是违背人民意志的行为……这种行为谁不愤恨？谁还再能忍受？更使我们引以为憾的是美国在"不干涉中国内政"的美名之下，不断地在事实上作种种帮助中国进行内战的行为，使内战蔓延扩大，使得内战发动者毫无忌惮、为所欲为。今天，单方面的控制之下的新闻，已遮掩不了人民的耳目。中国人民坚持一个原则：国家民族的事情，只有我们人民才有权决定，想抄袭过去军阀手段，以武力消灭异己，进行内战，必然为我们人民所反对……

反对内战是人民合理的行为，是神圣的权利，然而我们昆明学生在十一月二十五日晚间，就因为举行反对内战讨论会，而被统治者以炮声枪声相威胁，用种种卑劣手段阻扰，残害人民基本要求。昆明大中学生忍无可忍，被迫于二十六日起实行罢课，为国家争和平，为人民争自由。

11月29日，西南联大教授会通过了《国立西南联合大学全体教授为十一月二十五日地方军政当局侵害集会自由事件抗议书》，给罢课学生以有力支持。

西南联大教授闻家驷还写了《当真是匪警吗？》一文，公开痛斥中央社制造谣言。

在这场血与火的洗礼中，朱光亚与西南联大广大师生一起，坚定地站在了正义和公理一边，反对内战，争取民主。

五、一二·一惨案

面对昆明学生的总罢课，云南省军政当局采取了严厉的镇压措施，成立了"反罢课委员会"，由第5军军长邱清泉任总指挥，扬言要"用武力镇压学生运动"。

11月29日，他们派出暴徒殴打上街宣传反内战的学生，并闯入云南大学、中法大学、西南联大师范学院撕毁壁报，捣毁设施。

12月1日上午11时许，在国民党云南省党部主任李宗黄的组织指挥下，军政部第二军官总队的学员100余人，冲击西南联大新校舍。在猛攻大门受阻后，他们准备向校园围墙内投掷手榴弹时，被路过的南菁中学教师于再发现。于再不顾个人安危上前阻拦，手榴弹在他身旁爆炸，头部被炸伤，当晚死亡。与此同时，另一批暴徒约四五十人，先去西南联大附中行凶未遂，又去西南联大师范学院滋事，向校门内投掷了两枚手榴弹。一名学生当场死亡，多人受伤。其中，受伤严重的学生潘琰（女）、李鲁连在被送往医院途中又遭暴徒毒打致死。下午2时，暴徒又去西南联大工学院寻衅，教授马大猷出来劝阻被殴打。

这一天，暴徒袭击西南联大。西南联大总计死难者4人，被殴打致重伤者25人，轻伤者30多人。

当天下午，西南联大召开紧急教授会，发表了谴责军政当局暴行的宣言。《罢委会通讯》也于是日创刊，刊登了《一二·一惨案实录》《向全国及昆明父老沉痛呼吁》等文章。联大学生走上街头散发，揭露国民党特务暴徒制造一二·一惨案的罪行。

12月2日上午，死难烈士遗体被安放在西南联大图书馆大阅览室。灵堂里，挂满了挽联、挽诗，悲壮肃穆。西南联大师生纷纷前来吊唁。在死难烈士遗像前，朱光亚和师生们一样，充满了对特务暴行的愤怒和对国民党政府的失望。

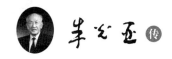

12月3日，"罢联"发布讣告，宣布自12月4日起对四烈士举行公祭。在此后的一个半月里，昆明各界人士纷纷前来凭吊，总计达15万人次，而当时昆明市人口仅为30万。

昆明学生反对内战、争取民主的斗争得到了全国的声援。重庆、成都、上海等近20个城市的学生、民主党派和各界人士，以追悼会、示威游行等方式支援昆明的学生运动。一个以学生运动为主体的反内战、争民主运动席卷了国民党统治区。

中国共产党领导的重庆《新华日报》、延安《解放日报》也发表社论和文章，鞭挞国民党特务的反民主暴行。陕甘宁边区还举行群众集会，声援昆明学生。

周恩来在延安各界青年纪念一二·九运动集会上说："我们处在新的一二·九时期，昆明惨案就是新的一二·九（1935年12月9日，北平大中学生数千人在中国共产党的领导下，举行抗日救国示威游行，要求停止内战、一致抗日，遭反动军警镇压。第二天，北平各校学生宣布总罢课以示抗议，掀起了全国抗日救国新高潮，史称一二·九运动——作者注）。"

12月4日上午，西南联大举行第四次教授会，通过了停课7天的决议，对死难学生表示哀悼，对受伤师生表示慰问，对军政当局暴行表示抗议。同时，西南联大的讲师、助教、职员以及附属学校教师也开会决定，自即日起实行罢教、罢工，直至学生复课日为止。表达了西南联大教师与学生坚定地站在一起的决心。

罢课期间，西南联大各社团组织奋勇当先。据西南联大史料记载：

罢委会宣传股组织专人把《一二·一惨案实录》和各种文告及重要宣传材料大量印发，并译成英文，寄往海外。各社团积极投入，配合宣传。剧艺社创作并演出《"匪警"》、《告地状》、《凯旋》、《审判前夕》等反内战的活报剧、广场剧，到街头、学校、工厂、农村演出。高声唱歌咏队创作并教唱《凶手，你跑不了》、《烈士们，安息吧！》、《中央社是造谣社》、《我们不买＜中央日报＞》等群众歌曲。

12月6日，昆明各大中学校教师联名发布"罢教宣言"，要求严惩屠杀无辜教师与学生的党政军负责人，以事实保证不再发生类似事件，并取消11

月 24 日地方当局颁布的非法禁令。

与此同时，西南联大教授会决定就昆明军政当局屠杀学生事件，依法向国民政府军事委员会提起公诉，控告杀人主犯李宗黄、关麟征、邱清泉等人。告诉状中写道：

缘云南省政府委员前兼代主席李宗黄，云南全省警备司令关麟征，第五军军长邱清泉等利用职务上之权利及方法，阻扰集会，妨害自由，聚众强暴，扰乱程序，滥用权利，违法杀人，加侮辱伤害于教授，施毒打轰炸于青年，败法乱纪，罪大恶极，苟不依法严惩，岂仅死者含冤，生者衔恨，实是玷辱法纪，影响人心，昆明学潮，尤难解决。

告诉状在详细列述了上述被告的违法事实及证据、涉及刑法的罪名后指出："具状人以此等人犯，罪大恶极，过去万恶军阀所不敢为者，竟贸然为之，泰然处之。苟不严惩，国将不国。"

当然，蒋介石是不会按照告诉状来处置这些人的，但一二·一惨案使重庆中央政府受到全国人民的严厉谴责。迫于正义的压力，李宗黄悄然离开了昆明，关麟征"停职""听候议处"，具体行凶人被"逮捕"。

12 月 25 日，"罢联"召开代表大会，通过了《复课宣言》，声明：为顾全大局计，在复课条件已基本得到满足的情况下，自 12 月 27 日开始，忍痛抑悲，停灵复课，待李宗黄等人得到公正惩处后，再决定出殡公葬日期。同时要求国民党当局立即停止内战，并表示全昆明 3 万多学生将继续为反内战、争民主、争自由奋斗到底！

这次反对内战、争取民主运动，是朱光亚第一次直面国民党政府的反动暴政，投身于中国共产党领导的革命洪流中。

虽然有关他在这次斗争中的具体史料不多，但新中国成立后，在朱光亚加入中国共产党时的政审中，他在西南联大时的同学、同事都出具书面材料，证明朱光亚参加了一二·一民主运动。

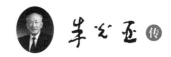

第五章 赴美求索

一、肩负特殊使命

1946年2月，朱光亚被西南联大物理学系任命为全时助教，结束了见习期。为此，他辞去了天祥中学的兼职，专心致志地当起了大学教师。

但之后不久，物理学系吴大猷教授就推荐朱光亚作为他的助手，一起去美国学习有关原子弹研制技术。这让朱光亚甚感意外。

事情要追溯到1945年岁末。当时任国民政府军政部次长的俞大维，在重

朱光亚（前排左二）在国立西南联合大学时期与同事合影

庆中美联合参谋部看到了一份关于美国原子弹研制过程的秘密文件，心中不由得产生了一些想法。

俞大维是一位专家型官员、美国哈佛大学哲学博士，后在德国柏林大学专攻数理逻辑，聆听过爱因斯坦讲授的相对论课程。1925年，俞大维撰写的《数学逻辑问题之探讨》，刊登在爱因斯坦主编的德国数学杂志《数学现况》上，成为在这本著名刊物上发表论文的第一位中国人。后来，俞大维又在德国学习军事科学，包括兵器制造、战役分析等，尤其在弹道学上颇有造诣；1933年，任国民政府兵工署署长，被授予陆军中将军衔，对当时中国的兵工现代化建设做出了诸多贡献；1944年12月，任军政部次长，军政部部长为陈诚。

俞大维与时为中国战区参谋长兼驻华美军最高指挥官的魏德迈中将私交甚笃。有一天，两人在交谈时，魏德迈问俞大维："你们要不要派人到美国学习制造原子弹？"俞大维立即将此情况向蒋介石作了汇报。蒋介石当然愿意，即命陈诚、俞大维秘密筹划中国的"原子弹计划"。

派哪些人去美国学习原子弹的制造技术呢？俞大维想到了西南联大的三位教授：吴大猷、华罗庚、曾昭抡。

吴大猷是著名物理学家，1907年9月29日生于广东高要，1928年毕业于天津南开大学，1931年获奖学金赴美国密歇根大学留学，1933年获博士学位，1934年回国后在北京大学、西南联大任教。20世纪三四十年代，吴大猷在原子多重激发态研究、氦原子双激发能态计算、原子碰撞理论模型和计算方法、慢中子与原子碰撞散射截面等方面的科学研究成绩卓著。

华罗庚是著名数学家，1910年11月12日生于江苏金坛，虽初中毕业，但靠顽强自学，用5年时间完成了高中和大学低年级的全部数学课程。20岁时，他以一篇题为《苏家驹之代数的五次方程式解法不能成立的理由》的论文轰动中国数学界。1930年，时任清华大学数学系主任的熊庆来慧眼识珠，破例让华罗庚进入清华大学边工作边学习。从1931年起，华罗庚用1年半时间学完了数学系全部课程，并自学了英、法、德语，在国外杂志上发表了3篇论文，被清华大学破格聘任为助教。1936年，他赴英国剑桥大学留学2年，主要研究数学理论中的难题，研究成果引起国际数学界注意。1938年回国后，华罗

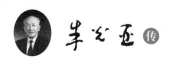

庚在清华大学、西南联大任教，并完成了第一部数学专著《堆垒素数论》。这部专著中的主要研究成果，在出版后的 40 余年间，还一直居世界领先地位。

曾昭抡是著名化学家，1899 年 5 月 25 日生于湖南湘乡，1920 年毕业于清华学堂，后赴美国麻省理工学院攻读化学工程与化学，1926 年获博士学位，同年回国，先后在中央大学、北京大学、西南联大任教。其间，他在有机理论、分子结构、无机化合物与有机卤代物、化学名词命名和统一等方面的研究颇有建树，是我国近代化学研究的开拓者。曾昭抡与俞大维还是亲戚。曾昭抡是曾国藩的嫡曾孙，俞大维是曾国藩的曾外孙。同时，曾昭抡的夫人俞大𬙋教授又是俞大维的妹妹。曾昭抡和俞大维两人是亲上加亲的关系。

物理学、数学、化学是研制原子弹离不开的三门重要学科。当时，吴大猷、华罗庚、曾昭抡是中国在这三个领域里的顶级科学家。不久，吴大猷、华罗庚、曾昭抡三人应陈诚和俞大维的邀请来到重庆，经过一番商谈，初步拟定了一份去美国学习原子弹制造技术的计划，并确定由他们三人各自再挑选两名工作助手，一同去美国学习、考察。

华罗庚挑选了孙本旺、徐贤修。孙本旺时年 32 岁，西南联大算学系（即数学系）讲师。他出生时是遗腹子，幼儿寡母，家境贫寒，13 岁时，母亲去世。他在江苏扬州中学读书时，对数学产生了浓厚兴趣。高二时辍学，衣食无着，他在码头上扛包糊口。1933 年，南开大学招生，并设有家境困难学生的特种奖学金。孙本旺以优异成绩考入南开大学数学系，受业于姜立夫教授。姜立夫是中国现代数学的开创者之一。孙本旺刻苦攻读，毕业时获得学校颁发的优秀学生金质奖章，并留校任助教。新中国成立后，陈赓大将受命组建哈尔滨军事工程学院时，孙本旺被调入该学院任数学系教授，后为国防科技大学副校长。徐贤修年长孙本旺 3 岁，也是西南联大算学系讲师。他中学时就读于浙江省省立第十中学（即温州中学），1931 年考入清华大学数学系。温州中学有着良好的数学氛围，学生把数学作为一门艺术欣赏，和诗歌、音乐相提并论。因此，温州熏陶了众多当代数学家：姜立夫、李锐夫、苏步青、谷超豪、杨忠道等人。

曾昭抡挑选了唐敖庆、王瑞酰。唐敖庆时年 32 岁，西南联大化学系助教，江苏宜兴人。唐敖庆在 1934 年毕业于江苏省无锡师范学校，任宜兴官林镇小学教师；1936 年考入北京大学化学系，后随校至昆明，毕业后任西南联大化学系助教；新中国成立后，为北京大学化学系教授，后调至东北人民大学（吉林大学前身）从事教学工作，1956 年任吉林大学副校长，是中国量子化学的创始人。王瑞酰的史料不详，在西南联大的教员和学生名册里都无此人。考虑到曾昭抡与俞大维的关系，王瑞酰有可能是兵工署方面的人员。

吴大猷挑选的是朱光亚和李政道。李政道在 1926 年生于上海，年幼朱光亚 2 岁。因抗战爆发，李政道中学未毕业；1943 年，以同等学历考入浙江大学物理系（当时，浙江大学已迁至贵州湄潭）。1944 年，因日军入侵贵州，浙江大学被迫停学。1945 年，李政道转学西南联大物理学系就读二年级，师从吴大猷教授。当时，李政道还是在读生。赴美后，经吴大猷推荐，李政道进入芝加哥大学，师从诺贝尔物理学奖获得者、物理学大师费米教授，1950 年获博士学位，1953 年任哥伦比亚大学助理教授，主要从事粒子物理和场论领域的研究。3 年后，不满 30 岁的李政道成为哥伦比亚大学建校 200 多年来最年轻的正教授。1957 年，他与杨振宁因一起发现"弱相互作用中宇称不守恒"而获得诺贝尔物理学奖。这是华人第一次获得诺贝尔奖。

吴大猷为何挑选朱光亚？朱光亚是这样说的：

我与吴大猷最初交往并不多，只在四年级时选过吴教授一门课。那时，学生和教师除上课见面外，平时是很少见面的，但他选上了我。我想，这除了我的成绩较好之外，更主要的也许是他看见我平时很老实，比较适宜。

朱光亚的这个解释比较客观。吴大猷挑选朱光亚确实是因为他学习成绩好，为人又诚恳朴实。后来，某电视台导演曾为拍摄西南联大历史专题片采访过朱光亚。在这个导演撰写的采访笔记里，记录了这样一件事：

在一个周末的早晨，凭着西南联大校友会的联络，我们幸运地得到朱光亚的邀请，到他的住所去采访他。

当朱光亚先生深情地怀念其导师时，我才知道，外界所称的"中国物理学之父"吴大猷，一般介绍他的学生只说了杨振宁、李政道，而朱光亚这位，"两弹一星"功臣，亦是他的弟子，而且是最亲近的弟子。这可能和朱光亚长期

1992年5月，朱光亚在北京与阔别40多年的恩师、著名物理学家吴大猷重逢

从事的国防科研工作的保密性质有关，也更和台湾海峡两岸的长期阻隔有关。

　　"那时候，吴大猷先生的夫人病得很重。他一面照顾夫人，一面给我们讲课。我常到他家里去听课，还背着师母去医院看病。"

　　已是鹤发童颜的朱光亚说着，眼神里仿佛又回到了青春年少的学子时光。

　　"您背着她吗？"我问。

　　"是的。师母要去医院都是我背着。那时候，哪有什么'的士'啊。抗战时期，连黄包车也很少。再说，我们住在昆明郊区，叫黄包车也很难。"

　　"那时候的师生，就像一家人。我也常在吴大猷老师家吃饭。我是穷学生，吴先生知道。"朱光亚接着说。

　　从导演记述的这个细节里，不难看出朱光亚的淳朴。但朱光亚不知道的是，吴大猷在挑选他时曾经犹豫过。作为老师，吴大猷清楚地知道朱光亚的政治倾向，担心他如果是中共地下党员的话，被国民党当局知道了，后果不堪设想。

为此，吴大猷还旁敲侧击地询问过朱光亚。最后，吴大猷还是选择了朱光亚。其原因除了爱才心切之外，吴大猷在心底里是赞同共产党的政治主张的。当时，在西南联大，绝大多数老师的政治倾向都是这样。

而朱光亚对是否跟随老师去美国，开始也有犹豫。他说："那时，正当一二·一运动之后，我对反动政府的腐败有了一定的认识，但内心想当科学家，去还是不去，比较矛盾。"

顾小英、朱明远所著《我们的父亲朱光亚》一书中是这样写的：

面对此次被选拔赴美，父亲从一开始并不是很情愿的……由于认识了王刚（中共地下党员——作者注），接受了一些进步思想，加之那时西南联大校园里的爱国民主运动正在蓬勃开展，又受到了抗日战争的影响，所以当父亲得知是国民党政府选派他去美国时，他并不准备去。后来在征求了中共地下组织的意见后，父亲又于临行前，先经南京，专程去见了已在国民政府外

1946 年 7 月 19 日，朱光亚与大哥朱光庭（左）、二哥朱光甫（右）合影

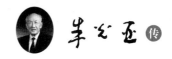

交部当外交官的大哥朱光庭，也就是我们的大伯父……父亲为此专门征求了大伯父的意见，大伯父鼓励他：不要考虑那么多，机会难得，各取所需，反正是先学技术嘛。

朱光亚的大哥朱光庭于1942年从中央大学历史系毕业后，先是在重庆南开中学当教师，后来参加国民政府外交部举办的高等考试，被录取为外交领事人员；1944年8月，进入外交部条约司工作；1948年，在中国驻美国芝加哥总领事馆任副领事；1952年，调入台湾当局驻南非外交机构。其实，自新中国成立后，朱光庭就一直为中共中央调查部工作。他的真实身份长期不被人所知，其中也包括朱光亚。

就这样，21岁的朱光亚决定追随导师吴大猷，一起去美国学习原子弹制造技术。

二、赴美前的风风雨雨

赴美前，为了增加朱光亚和李政道对原子物理与原子核物理的了解，吴大猷特意为他俩开了量子力学课。在学习中，朱光亚与李政道互相切磋、互相帮助，建立了深厚友谊，并在后来的岁月里一直延续了下来。

在这期间，吴大猷还交给朱光亚和李政道一项任务：翻译一份关于美国原子弹研究的报告。这份报告，就是俞大维在重庆中美联合参谋部看到的那份秘密文件。

这份秘密文件题为"*Smyth Report*"，翻译成中文就是《史迈斯报告》。报告的全名是《原子能的军事用途：美国政府发展原子弹的官方报告》。

美国政府通过这个报告向社会大众说明原子弹这一毁灭性武器的来龙去脉，同时，向英国、苏联、中国等几个主要同盟国说明美国研制原子弹的全盘经过。

《史迈斯报告》是美国原子弹计划即"曼哈顿计划"（Manhattan Project）主持人格罗夫斯中将授权，由参与该计划的美国普林斯顿大学史迈斯教授于执行计划过程中，在美国洛斯阿拉莫斯国家实验室撰写而成的。

美国发布《史迈斯报告》有两个用意：一是作为美国解说原子弹研制历

程的官方说明，轮廓性地公布了洛斯阿拉莫斯国家实验室研发原子弹的过程及制造原子弹的物理与化学程序；二是为参与"曼哈顿计划"的科学家提供一套介绍原子弹科学原理的标准说法，避免他们在公开场合谈论原子弹时泄露机密。

因此，《史迈斯报告》只是简要说明原子弹的物理原理，并未涉及细部的研制过程。美国政府只是想以此昭告天下，他们是靠科技力量打败日本的。

朱光亚、李政道翻译出来的《史迈斯报告》，由俞大维呈送给了蒋介石。据说，蒋介石看了这份报告后极为震撼。

与此同时，戴笠（军统局局长）也向蒋介石呈送了一份秘密情报："查美国最初研究原子弹始于一二外国物理学家，继即成立一顾问委员会，由工兵军官三人与科学家数人主持之，逐渐推进。我国似亦可先组一顾问委员会主持其事，暂隶兵工署办理，以保机密而专责成。"

为此，国民政府悄悄成立了原子能委员会，作为国防部下属的国防科技研究单位。但那时，蒋介石最关注的还是独裁统治，一心想的是如何消灭共产党及其军事力量，对学习制造原子弹技术这件事并未放在重要位置。

1946 年 5 月，西南联大举行结业典礼。在结业典礼上，梅贻琦代表学校宣布西南联大正式结束。未毕业的学生按本人志愿分别进入北大、清华、南开三校继续学习。

之后，西南联大师生陆续分批离开昆明，北返北平和天津。朱光亚因为要赴美，没与他们同行，而是回到重庆，在父母那里休息、待命。这是他 8 年之后，第一次与全家相聚在一起。

朱光亚回忆说：

1946 年年初，我即辞去天祥中学的兼职，回到联大任全时助教，并随华罗庚、吴大猷补习功课。除学习外，我们曾为军政部翻译美国政府送来的关于原子弹研究的 Smyth 报告书，这个报告 1945 年年底在美国公开发表。1946 年 5 月，我回到家中休息，本以为很快就要出国，但当时国民政府忙于复员、布置内战，军政部改为国防部，俞大维调离开，这件事就搁置了下来。

而就在 1946 年 7 月 11 日，西南联大最后一批学生离开昆明的当晚，中

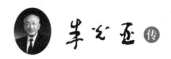

国民主同盟早期领导人之一李公朴，在昆明惨遭国民党特务杀害。

李公朴是杰出的社会教育家、坚定的民主战士，1902 年 11 月 26 日生于江苏淮安，与周恩来是同乡，李公朴早年在上海沪江大学半工半读；第一次国共合作期间，投笔从戎，参加北伐战争；1927 年"四一二"反革命政变后，愤然离开军队，次年 8 月赴美留学；1930 年回国后，投入抗日救亡运动，与邹韬奋一起筹办《生活日报》，并在史量才的支持下，创办了《申报》流通图书馆、《申报》业余补习学校和妇女补习学校。1934 年，李公朴又与艾思奇一起创办了《读书生活》杂志，发表了大量反对日本帝国主义侵略、抨击国民党反动派统治、传播马克思列宁主义基本常识的文章，对当时青年的思想启蒙起到了巨大作用，引领许多青年走上了革命道路。抗战全面爆发后，1937 年 11 月，他与沈钧儒等人筹建全国抗敌救亡总会，并在中国共产党的支持下，组织抗战教学团，到晋察冀边区进行抗战教育工作。1944 年，李公朴加入中国民主同盟，高举民主政治大旗，坚决反对内战。1946 年 2 月 10 日，在重庆举行的民主运动大会上，他被特务殴打致伤。返回昆明后，他争取和平、民主的决心更加坚定，并立誓明志："我两只脚跨出门，就不准备再跨回来！"

李公朴被暗杀的消息震惊全国。中共中央领导人毛泽东、朱德联名发出唁电："先生尽瘁救国事业与进步文化事业，威武不屈，富贵不淫，今为和平民主而遭反动派毒手，是为全国人民之损失，抑亦为先生不朽之光荣。"

1946 年 7 月 15 日上午，中国民主同盟在云南大学至公堂举行李公朴死难经过报告会。当时，西南联大教授闻一多还没有离开昆明。他从李公朴夫人处得知李公朴遇难的消息后，拍案而起，不顾众人劝阻，毅然决然地要在报告会上作演讲。

闻一多是国内著名诗人，时为中国民主同盟云南省负责人。1899 年 11 月 24 日，闻一多生于湖北浠水巴河镇一个书香家庭，1912 年考入清华大学，著有《红烛》《死水》等多部诗集。1937 年全国抗战开始后，他留须明志，发誓不到抗战胜利不剃去，深受西南联大学生爱戴。

在报告会上，闻一多大义凛然，愤怒地讲道：

这几天，大家晓得，在昆明出现了历史上最卑鄙，最无耻的事情！李先生究竟犯了什么罪？竟遭此毒手，他只不过用笔写写文章，用嘴说说话，而他所写的，所说的，都无非是一个没有失掉良心的中国人的话！大家都有一支笔，有一张嘴，有什么理由拿出来讲啊！有事实拿出来说啊！为什么要打要杀，而且又不敢光明正大的来打来杀，而偷偷摸摸的来暗杀！（鼓掌）这成什么话？（鼓掌）

今天，这里有没有特务？你站出来，是好汉的站出来！你出来讲！凭什么要杀死李先生？（厉声，热烈的鼓掌）杀死了人，又不敢承认，还要诬蔑人，说什么"桃色案件"，说什么共产党杀共产党，无耻啊！无耻啊！（热烈的鼓掌）这是某集团的无耻，恰是李先生的光荣！李先生在昆明被暗杀，是李先生留给昆明的光荣！也是昆明人的光荣！

去年"一二·一"昆明青年学生为了反对内战，遭受屠杀，那算是年青的一代，献出了他们的血，献出了他们最宝贵的生命！现在李先生为了争取民主和平，而遭受了反动派的暗杀。我们骄傲一点说，这算是像我这样大年纪的一代，我们的老战友，献出了最宝贵的生命。这两桩事发生在昆明，这算是昆明无限的光荣！（热烈的鼓掌）

反动派暗杀李先生的消息传出后，大家听了都摇头。我心里想，这些无耻的东西，不知他们是怎么想法？他们的心理是什么状态？他们的心是怎样长的？其实很简单，他们这样疯狂的来制造恐怖，正是他们自己在慌啊！在害怕啊！所以他们制造恐怖，其实是他们自己在恐怖啊！特务们，你们想想，你们还有几天，你们完了，快完了！你们以为打伤几个，杀死几个，就可以了事，就可以把人民吓倒了吗？其实广大的人民是打不尽的，杀不完的，要是这样可以的话，世界上早没有人了。你们杀死了一个李公朴，会有千万个李公朴站起来！你们将失去千百万的人民！你们看着我们人少，没有力量。告诉你们，我们的力量大得很！多得很！看今天来的这些人，都是我们的人，都是我们的力量！此外还有广大的市民！我们有这个信心：人民的力量是要胜利的，真理是永远存在的，历史上没有一个反人民的势力不被人民毁灭的！希特勒、墨索里尼不都在人民之前倒下去了吗？翻开历史看看，你还站得住几天！你完了，快完了！我们的光明就要出现了。我们看，光明就在我们眼前，

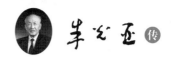

而现在正是黎明之前那个最黑暗的时候。我们有力量打破这个黑暗，争到光明！我们的光明，就是反动派的末日！（热烈的鼓掌）

......

李先生的血，不会白流的。李先生赔上了这条性命，我们要换来一个代价。"一二·一"四烈士倒下了，年青的战士们的血，换来了政治协商会议的召开。现在李先生倒下了，他的血要换取政协会议的重开！（热烈的鼓掌）我们有这个信心！（鼓掌）

"一二·一"是昆明的光荣，是云南人民的光荣。云南有光荣的历史，远的如护国，这不用说了，近的如"一二·一"，都是属于云南人民的，我们要发扬云南光荣的历史！

反动派挑拨离间，卑鄙无耻，你们看见联大走了，学生放暑假了，便以为我们没有力量了吗？特务们！你们错了！你们看看今天到会的一千多青年，又握起手来了，我们昆明的青年不会让你们这样横干下去的！

历史赋予昆明的任务是争取民主和平，我们昆明的青年必须完成这任务！

我们不怕死，我们有牺牲的精神，我们随时像李先生一样，前脚跨出大门，后脚就不准备再跨进大门！（长时间热烈的鼓掌）

穷凶极恶的特务果然下了毒手。这天下午，闻一多参加中国民主同盟为李公朴被刺举行的记者招待会后，在回到家门口时被特务枪杀。陪他回家的长子闻立鹤也受了重伤。

中国民主同盟云南省支部在闻一多复遭暗杀的紧急声明中写道：

七月十五日本同盟支部假府甬道十四号民主周刊社为李公朴同志之被暗杀事，招待新闻记者，会后闻一多同志偕其长子闻立鹤于五时四十分离民主周刊社，回返西仓坡国立西南联合大学教职员宿舍，约五分钟后甫行至宿舍门口，即被潜伏之特务暴徒若干包围狙击，闻一多同志头部胸部满是弹孔，血肉模糊，左腕并被打折，当场殒命，其长公子胸部中三弹，左右腿各中一弹，一腿已折断，生命危殆。李、闻两同志惨案连续发生，相隔不及四日，而闻一多及其长子之被刺，时间更在白昼，地点则为通衢，凶手达数人之多，并闻事先附近居民，即得暗示关门闭户，在行刺之后，暴徒复能扬长而去，无警宪追缉，此显系有组织有计划的政治暗杀行为，已毫无分辩之余地。

闻一多惨遭国民党特务杀害，在全国更加激起了抗议的怒潮。

7月17日，毛泽东、朱德即致唁电于西南联大并转闻一多家属：

惊悉一多先生遇害，至深哀悼。先生为民主而奋斗，不屈不挠，可敬可佩。今遭奸人毒手，全国志士必将继先生遗志，再接再厉，务使民主事业克底于成。特电致唁。

周恩来、董必武、邓颖超等人也发来唁电：

惊悉闻一多先生紧随李公朴先生之后惨遭特务暴徒暗杀，令郎立鹤君亦受重伤，暗无天日，中外震惊，令人捶心泣血，悲愤莫名，真不知人间何世！此种空前残酷、惨痛、丑恶、卑鄙之暗杀行动，实打破中外政治黑暗历史之记录。中国法西斯统治的狰狞面目，至此已暴露无余。一切政治欺骗，已为昆明有计划的大规模的政治暗杀枪声所洞穿，中华民国已被法西斯暴徒写下一个永远不能洗刷之污点。中国法西斯暴徒如此横行无忌，猖獗疯狂，实法西斯统治最后挣扎，自掘坟墓。中国人民将踏着李公朴、闻一多诸烈士的血迹前进，为李、闻诸烈士复仇，消灭中国法西斯统治，实现中国之独立和平与民主，以慰李、闻诸烈士在天之灵。

正在北上途中的西南联大师生闻讯后，极为震惊，纷纷发来唁电，有的人中途返回昆明奔丧。西南联大成立了闻一多治丧委员会，委托尚在昆明的黄钰生教授为主席，办理有关事宜。

闻一多的衣冠冢建在了西南联大四烈士墓前。

在重庆家中的朱光亚闻讯后，黯然失色，悲愤难抑，只能默默地在心中怀念闻一多教授。他曾撰文描述当时的心情："李公朴、闻一多被反动派杀害，旧政协的协议被撕毁，内战又起……这一切在政治上起着刺激我的作用。"

从一二·一运动到李公朴、闻一多先后遇害，朱光亚的思想发生了深刻的变化，他从心底里认为反人民的国民党政府已经气息奄奄了。

三、被美国"忽悠"了

1946年8月6日，闻一多的好友顾毓琇在美国拜访了加州大学原子研究

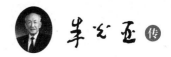

所所长欧内斯特·奥兰多·劳伦斯。

顾毓琇是清华大学工学院的创始人之一，早年于美国麻省理工学院留学，在不到 5 年的时间里，先后获得了该学院学士、硕士、博士 3 个学位。

虽说是学工科出身，但他酷爱文学，是国内著名的诗人和剧作家，先后创作了 7000 余首词曲歌赋和多部现代话剧。文人相惜，在清华大学期间，闻一多与顾毓琇成为无话不谈的知交。

闻一多遇难时，顾毓琇任教育部政务次长。他不顾个人安危，毅然参加了闻一多的追悼会。

顾毓琇拜访的欧内斯特·奥兰多·劳伦斯是美国著名的物理学家，也是世界上第一台回旋加速器的发明者。加速器是研制核武器的重要设备。他领导的辐射实验室和奥本海默领导的洛斯阿拉莫斯国家实验室，是美国研制原子弹的两个至关重要的实验室。

劳伦斯向顾毓琇表示，他愿意帮助中国建造加速器。顾毓琇立即给蒋介石写信，在告知了这个重要信息后，他对蒋介石建议道："高瞻远瞩，赐准制造原子试验器，为国家民族树科学救国、国防救国的第一百年之基。"

蒋介石终于同意了俞大维和顾毓琇两人先后提出的建议，批了 50 万美元作为研制原子弹的经费。这在当时，是一笔不小的投入了。

8 月中旬，吴大猷、华罗庚、曾昭抡率各自选定的工作助手朱光亚等几人来到了南京，办理出国等事宜。

朱光亚在一份自述材料里写道：

开始签发的护照是一般护照，是用于到预先接洽好的美国有关大学学习的，但美方没有给予入境签证，于是又进行更换护照，最后取得国防部官员名义的护照，在南京（美国驻华）大使馆取到签证。临行前，领得两年全部生活费用及来回旅费，而且，这两年期中，学校薪金由兵工署发给家中，作为安家费用（称作是向学校借用人员的性质）。

这份材料可以说明，朱光亚他们当年去美国学习原子弹制造技术，是以中华民国国防部官员的身份，学习时间为两年，属于公派出国。

1946 年 9 月初，上海，吴淞口码头。

华罗庚率朱光亚、李政道、唐敖庆、孙本旺、王瑞酰5人，搭乘美国"美格将军号"远洋军舰，前往美国旧金山。同行的还有吴大猷的夫人阮冠世。

此前，曾昭抢作为打前站人员，已提前去了美国。吴大猷因为要出席英国皇家学会举办的庆祝牛顿诞辰300周年大会，则先去英国，然后再转往美国。华罗庚推荐的助手徐贤修当时已在美国进修。

1946年9月末，经过20多天的海上航行，"美格将军号"驶抵旧金山。

朱光亚、李政道等年轻人是第一次乘坐舰船长途远行。海上的风浪、漫长的旅途，使得他们看见陆地时，激动异常。

美国诗人惠特曼写过一首诗，题为《啊，船长！我的船长！》。诗中这样写道：

啊，船长，我的船长！我们可怕的航程已经结束，

我们的船经历了惊涛骇浪，我们寻求的奖赏已经得到，

港口近了，我已听见钟声，听见了人们的欢呼……

只有经历了长途海上航行的人，才会对"脚踏实地"产生如此深切的渴望，才有着如此全新的感受。

旧金山位于太平洋与圣弗朗西斯科湾之间的半岛北端，三面环水，环境优美，是一座重要的港口城市。19世纪中期，许多华人来此当劳工，挖金矿、修铁路，并在此安家落户，占到旧金山总人口的10%以上。美国城市中最大的唐人街就在旧金山，至今已有120余年历史。

前来迎接他们一行的是吴大猷的学生杨振宁。他为他们在旧金山国际学社预订了房间。

杨振宁，1922年10月1日生于安徽合肥（今属肥西县），1942年毕业于西南联大，1944年从该校物理学系研究生毕业，导师就是吴大猷。1945年杨振宁考取清华大学公费赴美国留学，就读于芝加哥大学。这次，他是受导师吴大猷之托，专程来旧金山迎接华罗庚他们。

杨振宁与朱光亚、李政道都在西南联大物理学系学习过，只不过杨振宁是研究生，朱光亚、李政道是本科生，后来都师从吴大猷。因此，算起来他们三人属于同门师兄弟了，相见之后，彼此特别亲切。

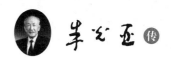

谈起这次远行，朱光亚等人应该算是一路顺利。杨振宁告诉他们，他赴美留学，先是从昆明乘飞机到印度的加尔各答，在加尔各答待了两个多月后，才搭乘运输美国士兵的海轮，经红海、苏伊士运河、地中海，再越过大西洋，最终到达了美国纽约。

旅途虽然顺利，前途却是黯淡的。在旧金山上岸后，朱光亚他们顾不上观光一下这块陌生的国土，就匆匆地前往位于新泽西州的普林斯顿大学。先行到达的曾昭抡，正在那里等着他们。

一见面，曾昭抡就告诉他们，美国政府已经做出决定，凡是与原子弹有关的研究机构，包括工厂，外国人均不得进入。曾昭抡说："想在美国学习原子弹制造技术，连门儿都没有。大家还是各奔前程吧！"

一头冷水泼了下来，把大家的"原子梦"浇灭了。朱光亚回忆道：

曾昭抡先生于（1946年）8月先行去美，因而我们抵达时，他已了解到一些情况。那时美国政府已对原子物理方面的研究机关加强控制，我们原打算直接到这些方面的研究室去学习已不可能，乃临时分别申请入学校学习。这样，我就进入了密歇根大学研究生院。不久，吴大猷先生也经过英国来到密歇根大学做研究工作。

天真的中国人被美国"忽悠"了一把。当然，美国的魏德迈将军和劳伦斯教授未必是真想"忽悠"他们，但往深里想想，美国怎么可能把他们独自掌握的原子弹制造技术教给外国呢？更何况是落后、反民主的中华民国呢？

但大家没有因此消沉，分别选择了与原子弹制造技术有关的专业继续学习。朱光亚选择的是美国密歇根大学（University of Michigan）的核物理学专业，由此开始了他在美国的留学生涯。

四、留学 4 年，成绩全 A

密歇根大学是朱光亚的导师吴大猷的母校。1931 年至 1933 年，吴大猷在该大学攻读硕士和博士研究生。

密歇根大学位于美国密歇根州，建于 1817 年，是美国历史最悠久的大学之一。主校区在安娜堡（Ann Arbor），这里风景优美，气候宜人。

密歇根大学的校区很大，占地 2600 多英亩。据说，学生在校区里要随身携带地图和指南针，否则，在上课的路上可能会迷路。

学校还有一方占地 144 英亩的植物园，花卉、树木千姿百态，且小径深幽，园里还有一条蜿蜒蜿蜓的小河。行走在这里，仿佛是在中国的江南。朱光亚在闲暇之余，经常来这里散步。

不久，吴大猷也来到密歇根大学当客座教授，从事研究工作。于是，朱光亚一边作为吴大猷的助手做课题，一边攻读核物理学博士学位。

在密歇根大学，朱光亚遇到了也在这里从事研究工作的中国科学家王承书。王承书于 1941 年至 1944 年在在密歇根大学读博，获物理系博士学位后，留校从事博士后工作。1939 年，她的丈夫张文裕在西南联大物理学系任教授；1943 年，应美国普林斯顿大学邀请，赴美从事核物理研究和教学工作。

在美国密歇根大学留学期间的朱光亚

朱光亚是在 1942 年入西南联大物理学系学习的，他和张文裕之间虽然只有一年的接触，但张文裕对勤奋好学的朱光亚还是有颇深的印象。

由于这样的渊源，异国他乡遇到故人，彼此十分亲切。王承书热情地建议朱光亚，选择有实践经验、动手能力强的青年物理学家 M.L.Wieden Beck 副教授做他的博士生导师。

王承书的建议很有见地，也是她留学的经验体会。对朱光亚这样的年轻学子，实践经验和动手能力在一定意义上比理论知识更重要。理论知识可以学（包括自学），但经验和动手能力是建

1947年，朱光亚、张文裕（左二）、杨振宁（右二）与李政道（右一）在美国密歇根大学合影

立在实践基础之上的。张文裕很赞同王承书的意见。

朱光亚接受了王承书的建议。这对他以后的事业帮助很大。新中国成立后，张文裕、王承书回国，并参与了中国的核技术事业，朱光亚和他们又成为同事。这是后话了。

朱光亚学习认真，成绩优秀，很快赢得了密歇根大学物理学系教授们的好评。特别是朱光亚每次做题的答卷上，清晰有序的公式、工整娟秀的英文，令教授们耳目一新。他的导师 M.L.Wieden Beck 副教授说：“看朱的卷子，是一件令人愉快的事情，是一种美好的享受。”他们都亲切地称这位来自中国的学生为"KY"（光亚）。

转眼到了岁末，西方的圣诞节到了，校园里越发热闹了起来。

对西方的圣诞节，朱光亚并没有特别的感觉，他喜欢的还是中华民族的春节，古朴情浓。但每一年的圣诞节正好是朱光亚的生日。这是他在异国他乡的第一个生日，没有家人的祝福，没有好友的庆生，似乎有些孤独。

1947年年初，曾昭抡、华罗庚专程来到密歇根大学，与吴大猷商议下一步工作计划。他们认为，虽然美国对原子弹制造技术控制很严，但对原子弹的研究工作不能停下来。

朱光亚曾回忆说：

1947年年初，曾昭抡、华罗庚、吴大猷三人在密歇根大学聚会商议，提出初步计划，要求再拨款项聘请其他已在美国的研究人员、购置仪器设备，并建议在国内即时筹建研究室。但是，这时（国民党）反动派政府正忙于内战，已无法顾及这些事情，因而一点反应没有。

当时，在美国还有不少中国的研究人员和留学生从事的专业与原子弹制造技术相关。比如，张文裕、王承书夫妇等人。可是，正在忙于打内战的蒋介石及其政府，对派去美国学习原子弹制造技术的吴大猷这些人，已经丢到脑后，忘记了。吴大猷他们的建议寄回国内后如石沉大海，也就不足为怪了。

到1948年两年届满时，蒋介石的国防部不再继续提供经费，朱光亚他们在国内的薪金也停发了。吴大猷、华罗庚、曾昭抡等人因为在美国从事科研工作，有课题，有经费。而朱光亚等人的学业尚未完成，还要继续攻读。好在朱光亚因为学习成绩优秀，每年都能获得奖学金，不至于衣食无着。

然而，他们的护照成了问题。在朱光亚的档案里，有朱光亚关于这方面的叙述：

我领的是官员身份的护照，在美国入境时所领到的签证也是比较自由的，但是护照本身却应每年向原发单位申请延期。1947年，我们即打算更换为学生护照。我去信到芝加哥领事馆办理这一手续略迟了一些，未能办妥，回信称必须经国内批准。这样，我不得不写信回国办理这一手续。这时，国防部办公厅人员拒绝延长，并称两年期满即应回国。所以，我就一直持过期的原有护照，直到1950年回国时为止。

如此说来，朱光亚在美国的后两年，是用过期的护照读完了博士，这也算是不幸中的万幸了。

在密歇根大学读博的4年里，朱光亚的学习成绩全是A。从1947年至1949年，他先后在《物理评论》上发表了《符合测量方法（Ⅰ）β能谱》《符合测量方法（Ⅱ）内变换》《铕的转换电子与β射线的符合（计数）》《Hf^{181}

的辐射》等多篇论文。

这些论文都属于实验核物理学的前沿课题，是朱光亚在核物理研究领域留下的年轻足迹。

1949 年 6 月，朱光亚完成了题为《用 β 射线谱仪和符合测量方法研究 Au^{198} 和 Hf^{181} 的衰变机制》的博士学位论文，并顺利通过了答辩，于 1950 年 2 月获得了密歇根大学博士学位，成为当时留美学生中在核物理研究领域最年轻的博士。

中国原子能研究院的柳文平、葛志刚，这样评价朱光亚的这篇博士论文：

朱光亚在美国密歇根大学留学期间的博士学位照

综合来看，在前人工作基础上，朱先生创造性地通过传统（改进的 β 射线磁谱仪、居里描述等）和先进方法（各种符合方法）的结合，在实验与分析基础上给出了 Au^{198} 和 Hf^{181} 核衰变纲图。这些结果今天来看仍然是非常优秀的，显示了朱先生当时在核物理前沿领域里优秀的研究工作功底。

1950 年 2 月，朱光亚获得的美国密歇根大学哲学（物理学专业）博士学位证书。

第六章 游子情怀

一、学生领袖

美国是一个民主国家。虽然在世界上，它颇为霸道，但国内的民主制度相对来说还是先进的。

在密歇根大学，朱光亚感受到了民主的氛围。特别是言论自由，大家可以发表不同的意见，即使是指责政府和总统，也不会受到干涉。这对经历了国民党政府压制民主、迫害民主人士的朱光亚来说，犹如呼吸到了新鲜空气，有种清新的感觉。

和中国的大学一样，密歇根大学也有许多学生社团组织，非常活跃。朱光亚参加了校学生合唱团，有时还客串指挥。朱光亚喜欢唱歌由来已久，从中学时就是校合唱团的成员。他的嗓音浑厚，说话时带有共鸣音。朱光亚的儿媳顾小英是文艺工作者，她说，她第一次听朱光亚讲话时，凭着文艺人的直觉，就感到未来的公公肯定很会唱歌。

朱光亚的才艺和学术上的成就，在中国留学生中颇有名气。中国学生在美国留学的比较多，在密歇根大学就有100多人，因此，中国留学生社团也不少。其中，中国留学生学生会是社团组织中影响最大的。1947年，在朱光亚入学一年后，他被大家推举为密歇根大学中国留学生学生会主席。这是朱光亚第一次在学生社团组织里担任领导职务。

1948年，留美中国科学工作者协会（简称"科协"）成立，朱光亚又被推选为中西部地区科协分会会长。

留美中国科学工作者协会的成员，大多数是在美学习技术科学和自然科学的中国留学生。根据科协第一次代表大会通过的章程，其宗旨是："一、联络中国科学工作者致力于科学建国工作；二、促进科学技术之合理运用；三、

1947 年，朱光亚（前排左一）在美国密歇根大学参加学生社团活动

争取科学工作条件之改善及科学工作者生活之保障。"

朱光亚曾回忆说：

成立科协的目的，主要是学习技术科学和自然科学的学生，彼此取得联系，进行一些关于国际大事、世界大事的学习，另一方面也希望在业务学习上互相帮助。

科协的会员，大多数是认为比较正派的同学，政治思想比较好，科协成立后也是这样要求的。开会的地点没有固定地方，有时在公园、校园的草地上，有时在同学家里，较多的是借用 CSCA（中国学生基督教联合会）的房子。在学习方面，组织了一部分同学凑了一些钱，订阅了一些报纸和书籍，如香港的《大公报》、《文汇报》，供大家阅读或传阅。

曾任北京大学副校长的沈克琦当时也在美国留学，他在 1953 年 9 月 19 日的一份证明材料上写道：

朱光亚于 1945 年在西南联大毕业，任联大助教，当时正值"一二·一"

学运高潮，朱的基本态度是进步的。1946年随物理学系教授吴大猷用伪国防部经费去美国研究原子弹，抵达后因美国加强保密未能进去而改入密歇根大学学原子物理。在美国时（1946~1950）因与进步同学接触，表现是进步的，曾担任过"中西部中国学生会"（留美中国科学工作者协会中西部地区分会——作者注）主席。这是一个比较进步的组织，据说前任主席是一位中共地下党员。朱光亚还教过中国同学唱解放区的歌曲如《东方红》等。

由此可见，留美中国科学工作者协会是一个受到中国共产党影响的进步学生社团。正因为如此，1950年朝鲜战争爆发后不久，这个组织被迫停止了活动。

当时，在美国还有一个规模很大的全国性中国留学生组织——中国学生基督教联合会，英文简称为：CSCA。

中国学生基督教联合会早期是一个宗教性的学生团体，旨在通过进行宗教性活动来联络在美国的中国留学生。中国学生基督教联合会总会设在纽约，下设三个部（按区域划分）：东部、中部和西部。东部以纽约、波士顿等地的学校为主，中部以芝加哥附近的大学为主，西部以旧金山、洛杉矶等地的学校为主。

中国学生基督教联合会每年在暑期组织夏令会，和我们国内所举办的夏令营差不多。夏令会一般为一周，每天除了进行一些宗教活动，如祷告、礼拜等，大部分时间是小组讨论，每次夏令会都有一个讨论主题。其间，也会组织一些文艺、体育活动，晚上则安排晚会或营火会。

从1946年起，中共地下党开始利用这个组织开展团结、教育中国留学生工作，一些中共党员成为这个组织的骨干分子。朱光亚说："CSCA当时在美中国学生中是一个比较活跃的、比较进步的组织。许多党员同志们在里面活动，团结并教育了一部分中国学生。"

1947年夏，朱光亚经同学介绍，参加了中国学生基督教联合会中西部地区分会举办的夏令会，此后，朱光亚成为这个学生团体的积极分子，并被推选为中国学生基督教联合会中西部地区分会主席。

朱光亚回忆这段历史时说：

一九四七年暑期，我去参加了一次中国学生基督教联合会举办的夏令会，夏令会主要讨论中国留美学生的团结问题。回校以后，正逢学校推选中国学生基督教联合会中西部地区分会领导人，我被大家推举负责这项工作。在这样一个时期里，一方面由于对美国渐渐有了一些认识，另一方面由于国内解放战争局势的发展，自己逐步受到了教育，感到中国仍是有前途的。一九四九年暑期夏令会前后，我对国内局势特别关心，对政治理论学习也开始尝试。

朱光亚在这里所说的政治理论学习的"尝试"，指的是他在美国读到了毛泽东写的《论人民民主专政》。

1948 年夏，朱光亚（左）参加在美国芝加哥附近举办的中国留学生夏令会

毛泽东的这篇文章发表于 1949 年 6 月 30 日。毛泽东在文章中明确指出：历史的经验表明，资产阶级共和国的方案在中国是行不通的。这对朱光亚来说，在思想上起到了指明方向的作用。到美国后，朱光亚曾一度有些迷惘。他在回忆文章里写道：

到美国的第一年，我埋头于书本之中，不仅不愿过问政治，对友谊性的社会活动也很少参加。第二年（一九四七年）起，我在业务上钻研的情绪逐渐低落下来。当时，我对自己的情绪是捉摸不定，觉得搞科学也不知从哪里搞起，祖国的情况不稳定下来，又如何能把科学研究搞起来呢？

这是一个爱国知识青年的迷惘。朱光亚希望用自己掌握的科学技术报效国家，但又对腐败的国民党政府失去了信心。毛泽东的这篇文章对他触动很大。

毛泽东在文章中写道：

自从一八四〇年鸦片战争失败那时起，先进的中国人，经过千辛万苦，向西方国家寻找真理。洪秀全、康有为、严复和孙中山，代表了在中国共产党出世以前向西方寻找真理的一派人物。那时，求进步的中国人，只要是西方的新道理，什么书也看。向日本、英国、美国、法国、德国派遣留学生之多，达到了惊人的程度。国内废科举，兴学校，好像雨后春笋，努力学习西方。我自己在青年时期，学的也是这些东西。这些是西方资产阶级民主主义的文化，即所谓新学，包括那时的社会学说和自然科学，和中国封建主义的文化即所谓旧学是对立的。学了这些新学的人们，在很长的时期内产生了一种信心，认为这些很可以救中国，除了旧学派，新学派自己表示怀疑的很少。要救国，只有维新，要维新，只有学外国……

帝国主义的侵略打破了中国人学西方的迷梦。很奇怪，为什么先生老是侵略学生呢？中国人向西方学得很不少，但是行不通，理想总是不能实现。多次奋斗，包括辛亥革命那样全国规模的运动，都失败了。国家的情况一天一天坏，环境迫使人们活不下去。怀疑产生了，增长了，发展了。第一次世界大战震动了全世界。俄国人举行了十月革命，创立了世界上第一个社会主义国家。过去蕴藏在地下为外国人所看不见的伟大的俄国无产阶级和劳动人民的革命精力，在列宁、斯大林领导之下，像火山一样突然爆发出来了，中国人和全人类对俄国人都另眼相看了。这时，也只是在这时，中国人从思想到生活，才出现了一个崭新的时期。中国人找到了马克思列宁主义这个放之四海皆准的普遍真理，中国的面目就起了变化了……

一九一九年，中国发生了五四运动。一九二一年，中国共产党成立。孙中山在绝望里，遇到了十月革命和中国共产党。孙中山欢迎十月革命，欢迎俄国人对中国人的帮助，欢迎中国共产党同他合作。孙中山死了，蒋介石起来。在二十二年的长时间内，蒋介石把中国拖到了绝境……

就是这样，西方资产阶级的文明，资产阶级的民主主义，资产阶级共和国的方案，在中国人民的心目中，一齐破了产。资产阶级的民主主义让位给工人阶级领导的人民民主主义，资产阶级共和国让位给人民共和国。这样就

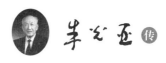

造成了一种可能性：经过人民共和国到达社会主义和共产主义，到达阶级的消灭和世界的大同。康有为写了《大同书》，他没有也不可能找到一条到达大同的路。资产阶级的共和国，外国有过的，中国不能有，因为中国是受帝国主义压迫的国家。唯一的路是经过工人阶级领导的人民共和国。

读了毛泽东的文章，朱光亚心里豁然开朗。他说：

读了毛泽东的《论人民民主专政》，思想上触动很大。当时，对社会主义革命、对阶级斗争理论知识，我知道的很少，对苏联社会主义国家实际情况也不很了解，只觉得中国共产党和解放军在领导中国人民翻身。《论人民民主专政》说的道理，中国共产党又的确做得好，因而在思想上、感情上接受了。不仅自己这样认为，和同学们讨论这些问题时，我引以力争的也是这样的理由。我对中国的前途建立了信心。

1949 年 10 月 1 日，中华人民共和国在北京宣告成立。消息传到美国，

朱光亚（前排左三）在美国密歇根大学留学期间与同学合影

中国留学生纷纷欣喜相告。朱光亚任会长的留美中国科学工作者协会中西部地区分会为此举行了庆祝会。

这一天，朱光亚和他的未婚妻商定，回到祖国去，用自己的科学知识建设新中国。

二、悄悄降临的爱情

朱光亚的未婚妻名叫许慧君，也是密歇根大学的中国留学生。

1925年7月22日，许慧君出生于广州一个书香门第。她的父亲许崇清，时任孙中山领导的革命政府广东省教育厅厅长兼广东大学（后改名为中山大学）校长。

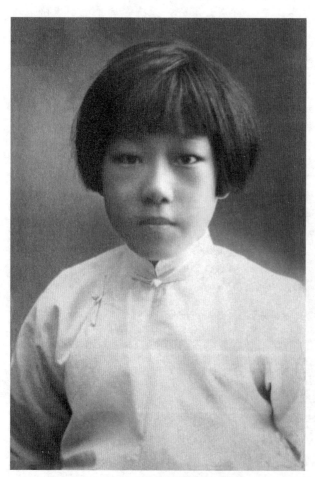

5岁时，许慧君入中山大学附属小学上学。附小设在中山大学校内，是一座马鞍形的二层楼房，名叫"平山堂"，由爱国华侨冯平山捐建。进入"平山堂"大门，迎面悬挂着一块横匾，上写"后来居上"四个大字，为国民党元老戴季陶手书。

1934年，许崇清因反对广东军阀陈济棠强制各级学校讲授"孝经"而被免职，愤然离开广州，先去了杭州，后又

20世纪30年代，在广州中山大学附属小学读书时的许慧君

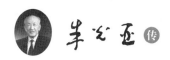

到了南京，任国民政府考试院下属考选委员会副委员长。全家随之迁往南京。在南京，许慧君入中华女中学习。

1936年，陈济棠发动两广事变失败后下野，许崇清又被任命为广东省教育厅厅长。对此任命，许崇清起初并不接受，但请辞未准。不久，全家又回到了广州，许慧君也转入广州培道女中继续学业。

1937年，卢沟桥事变爆发后，全民族抗战开始。之后，广州经常遭日本军机空袭，有时一天有数次之多。许慧君清晰地记得，那时站在大院附近的广场上，看到成群结队的日本飞机像鸟群一样扑向广州。

为躲避战难，全家先是迁到了乡下，后来又转移到了香港，住在铜锣湾金龙台许慧君的姨妈家里。许慧君的姨夫陈应荣是中国驻美国外交官。许慧君的姨妈家有6个女儿，二女儿就是后来嫁给美军"飞虎队"指挥官陈纳德将军的陈香梅。许慧君当时兄妹5人，10多个表兄弟姐妹在一起，很是热闹。在香港，许慧君于培道女中学习，这是一所教会学校，她在这里读到高一。这段时间，是许慧君在战乱期间甚为愉快的日子。

1939年，由于日军的侵略日益扩大，香港也不是久留之地了。这年夏天，全家又迁移至上海，住在了英租界许慧君的外公外婆家。

许慧君的母亲名叫廖六薇（承麓），外公廖仲舒是辛亥革命领导人廖仲恺的嫡亲兄长。

在上海，许慧君转入裨文女中学习至高中毕业。裨文女中也是一所教会学校，由美国基督教公理会传教士裨治文于1850年在上海创办，当时叫裨文女子书院，这也是上海历史上第一所女子书院。宋庆龄的母亲倪桂珍就曾在该书院就读。

那时，上海已经沦陷，外国租界犹如被沦陷区包围的一座孤岛。许慧君的小弟弟许锡挥曾撰文回忆：

我们在上海英租界生活了3年，这是抗战8年中"安居"得最久的地方。

当我们从香港乘坐的美国"总统号"船驶进吴淞口时，日本兵上船检查。第一次看到日本兵，我非常害怕，躲在母亲身边不敢动弹。轮船停泊在英国租界外滩的码头，表哥廖德莹来接我们。

入住外公外婆租下的房子，在静安寺路（今南京路）1140弄，又叫做"安登别墅"。外公外婆住一楼，九姨一家住二楼，我们一家住三楼。我很喜欢这地方，觉得很舒服，又有小朋友玩耍。

我和九姨的女儿钱天美一齐进入协进小学一年级，这可以称得上是一所"名校"。它虽然不是教会学校，但西洋文化氛围很浓。音乐课上，老师经常用钢琴弹奏欧洲古典名曲，还教我们唱英美民歌。在学校里，我很快就学会了普通话和上海话，上海话讲得与本地同学没有很大差别。

我们的行走范围局限于英法租界，原来的"华界"已被日军占据多年，我们绝对不敢去。有时，我会走近外滩的外白渡桥，望见苏州河对岸的日军哨兵，很怕。我们的学校靠近沪西的愚园路，离日军占领区不远，母亲叮嘱我们千万不要乱跑。

这里被称为"孤岛"，四周都是日军占领下的沦陷区，而孤悬一隅的这片地方却仍然"歌舞升平"。上海最繁华的地区属于英法租界，外滩、南京路、霞飞路（今淮海中路）等等都在其范围内，未被日军侵占。许多没有撤退到大后方的经济、政治、文化精英分子还集中在此地活动，甚至将其变成敌后抗日阵地。年幼的我虽然无知，但生活在这个大环境里，也多少感受到它的影响。

大姐（即许慧君——作者注）和三哥（即许锡振——作者注）常常带回一些抗日书刊，其中还有讲延安和八路军的。哥姐们在家中唱抗日歌曲，我也跟着唱，《游击队之歌》就是这时候学会的。

上海人称日本人为"东洋鬼子"，在我的周围很少人不骂"东洋鬼子"的。大家又担心这"鬼子"不知哪天也会打入租界来。

英法租界虽然"置身事外"，但日本人的强大势力时刻威胁着，就像一把吊在头顶的利剑。我们属于"抗日人员家属"，言行都要很小心，尽量不暴露与后方的关系。父亲与我们通信，他用的是保密地址"曲江犁市第四号信箱"。谈及战争和国事，多用比喻或暗语。一次接到伯父由重庆寄来的信，讲的都是家事，但大有奥秘。他写道："近来蚊子很多，日夜骚扰，不得安宁。"又说："大弟弟常打小弟弟，家内不和，令人担忧。"经母亲和哥姐解读，

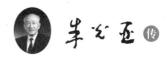

我才知道他说的是日军空袭重庆以及国共摩擦。

许慧君的大弟弟许锡振也曾撰文回忆这段历史：

到上海后，母亲首先安排我们上学，大姐（即许慧君——作者注）和二姐（即许哲君——作者注）进入裨文女中，四妹（即许智君——作者注）和五弟（即许锡挥——作者注）进入协进小学，学校离家不远，所以他们都是走读的。我进入了上海岭南分校。

抗战期间，上海租界在沦陷区的包围下，宛如一座孤岛。那里一方面是灯红酒绿、纸醉金迷的花花世界；另一方面，在党的领导下，又活跃着抗日进步力量，他们在报纸、杂志上宣传抗日，传播民主思想，团结进步力量。这两者形成了鲜明的对比。

大姐慧君在裨文女中也参加了进步活动，她是学生自治会的干部，经常带些书回家给我看，其中有些是共产党的刊物。这样，我就看到了不少毛泽东、周恩来、洛甫、博古、王明等人的文章。我们还在家里成立了"枫社"，由大姐任社长，我负责出版壁报并张贴在楼梯间。第一期的封面由大姐设计，

1941年，许慧君（前排右六）在上海私立裨文女子中学读书时与同学合影

她还为壁报写了一首诗《黄浦江水》，我写的《〈愚公移山〉读后感》也张贴了出来。

1941年夏，许慧君高中毕业，准备考大学。当时，她报考了三所大学：交通大学、圣约翰大学、沪江大学。因考试成绩优异，她被三所大学同时录取。最后，她选择了交通大学，学的是工业管理系。

太平洋战争爆发后，日本向美、英宣战。1941年12月8日，日军开进了租界，英、美驻军投降。全家又离开上海，迁往内地。许慧君去了桂林，转入广西大学化工系就读；之后，又转入重庆中央大学化工系继续读书，直至毕业。

巧的是，朱光亚也曾在中央大学就读过一年。只不过许慧君入中大时，朱光亚已转入西南联大，两人算得上是未谋面的校友。

大学毕业后的许慧君，先是在岭南大学任助教，1948年自费到美国留学，在密歇根大学药物学系攻读硕士研究生。由于是自费上学，许慧君读研期间，还在学校医院打工（当护工），补贴一些生活费用。

在密歇根大学，许慧君认识了朱光亚。许慧君回忆说：

光亚是1946年去的美国，我是1948年去的美国，在同一所学校密歇根大学研究生院攻读学位。光亚学习成绩优秀，有很强的组织能力，在中国留学生中有很高的威信，是密歇根大学中国留学生学生会主席。留学生学生会每个周末召开联谊会或座谈会。他给我的第一印象，是比较严肃，不怎么说笑。我与他比较深入的交往，是在1948年中国学生基督教联合会中西部地区分会组织的冬令会上，他是活动的组织者。在冬令会，我参加了歌咏队，光亚是歌咏队指挥。冬令会活动期间，还召开了演讲会和讨论会，介绍国内形势，回国参加新中国建设还是留在美国或者去台湾，是当时留学生讨论的中心议题。光亚积极鼓动大家回国效力，他的发言很有说服力。我十分赞同他的观点。因为有共同的爱好和相同的目标，我们回校以后就有了来往，走到了一起。

许慧君说的共同爱好指的是音乐。许慧君的母亲廖六薇喜爱音乐，特别是钢琴。许慧君童年时，廖六薇就开始教她弹钢琴。20世纪30年代在上海避难时，廖六薇还让许慧君师从丁善德学习钢琴。丁善德是中国著名的钢琴家，1937年冬，在上海创办了音乐馆，后改名为私立上海音乐专科学校。许慧君说，

1949年冬，朱光亚（左二）和许慧君（左五）在美国密歇根州安娜堡北郊，随中国留学生冬令会歌咏队参加排练

她和朱光亚都喜欢西方古典音乐。两人谈恋爱时，去的最多的地方，就是音乐厅，一起去听音乐会。许慧君写过这样一段文字：

光亚爱好古典音乐。在密歇根大学期间，我和光亚经常去听音乐会。光亚是校合唱团成员，可以拿到免费的音乐会票，这也是光亚参加合唱团的一个原因。光亚嗓音比较浑厚，是男中音。圣诞节时，校合唱团演出，由费城交响乐队伴奏，他唱男中音。回国后，特别是晚年，光亚还喜欢听京剧，每年春节前夕，全国政协都有京剧演出，他必定参加。

《我们的父亲朱光亚》一书中也有这方面的记载：

父亲喜欢艺术，特别是音乐。当年，他和生物学家邹承鲁以及其他两位同学组成过南开中学小有名气的男声四重唱小组。在美国密歇根大学读研究生时，他是密歇根大学合唱队成员。当时，他和在美国学习声乐、后来成为中国国家歌剧院女高音歌唱家的邹德华是好朋友……

父亲当年回国时，从美国带回了近百张各种各样的古典音乐唱片，包括全套美国费城交响乐团演奏、欧金·奥曼指挥的贝多芬九大交响乐。这也成了父亲和我们家的宝贝。每逢周末，偶有闲暇，父亲就会搬出电唱机，放几张唱片听。耳濡目染，我们都是古典音乐迷。这套唱片在我们家一直保存至今，就连"文化大革命"时也没有让"造反派"抄走。

而回国参加社会主义建设，就成了朱光亚、许慧君两人共同追求的目标。那时，在朱光亚眼中，许慧君是一个文静贤淑、热爱祖国的大家闺秀。朱光亚只知道她的父亲是个教育家，并不知道她还有着显赫的家世。

三、华丽家族

在广州高第街，有一个显赫的家族——许氏家族。许慧君就是这个许氏家族的后人。

作家伊妮曾著书《千秋家国梦——广州高第街许氏家族》。在该书卷首语中，她写道：

许氏家族所走过的那段最显赫的路程，恰好处于中国社会由中世纪向近代转型的整个苦难历程：从第一、二次鸦片战争，戊戌维新运动，辛亥革命，二次革命，到孙中山三次南下广东建立革命政权。这段路程历史的年代跨度大，而且牵涉到如林则徐、康有为、梁启超、慈禧、光绪、袁世凯、孙中山、廖仲恺、许崇智、许崇清、蒋介石、鲁迅、许广平等一大串历史人物，他们不管是崇高或是卑鄙，一个个都是那么有血有肉、不容忽视的角色……

许氏家族的创始人名叫许拜庭。许拜庭出身贫寒，自幼与母相依为命。清朝乾隆年间，13岁的他受雇于广州高第街一位董姓盐商。那时候，盐的贸易是清朝主要的经济支柱之一。广东沿海产盐，称为粤盐，行销广西、湖南、江西、贵州等省。成人后，许拜庭负责押运盐船。押运途中，不仅风高浪急，而且盗匪猖獗。许拜庭智勇双全，每每逢凶化吉，深得董姓商人赏识，赠予股份与之合作。后来，许拜庭独立出来，与弟弟许赓荣一起经营盐业，生意越做越大，成为高第街富甲一方的大盐商。

到了嘉庆年间，因海盗猖獗。许拜庭不仅向朝廷捐巨资以助军饷，而且组建武装船队，亲率出海剿匪，深得朝廷赞赏，嘉庆皇帝赐予他"府同知"加一级和晋封中议大夫。"府同知"在清朝时为正五品的官阶，中议大夫则是一种荣誉称号。这样，许拜庭就成为带有官阶的富商了。

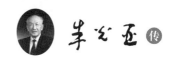

受朝廷封赠后，许拜庭选定高第街作为许氏家族永久性居住之地，大兴土木，并兴办私塾，诚聘名师教授族内子弟，培养他们走科举考试之路，开始了许氏家族由商而官的嬗递与演变。

许拜庭有10多个儿子。其中，次子许祥光20岁时参加全国会试又中进士，成为许氏家族第一个由科举走上仕途的人。1849年，在抗击英国侵略军进犯广州时，许祥光参与策划和领导了广州市民阻击英军入城，被誉为"英雄"，此事在中华书局出版的《三元里人民抗英斗争史料》一书中有详细记载。为此，道光皇帝赐予他三品顶戴，后官至广西按察使。

许拜庭的第三代子孙中，由科举走上仕途者就更多了。仅许祥光所生的10个儿子中，就有8人中举。而许拜庭的另一个儿子许礼光所生的许应骙，则是许氏家族第三代子孙中的佼佼者，他把许氏家族推向了一个新的高峰。

1849年（清道光二十九年），17岁的许应骙在乡试中一举成名，成了举人；第二年，在北京举行的全国会试中，又力挫群儒，得中第三甲第五名，被"赐同进士出身"。3年后，许应骙的堂兄许应麟（许慧君的曾祖父）也高中进士。许应骙仕途顺畅，受到朝廷重用，历任户部左侍郎、吏部左侍郎、左都御史、工部尚书等职，最后官至闽浙总督，成为封疆大臣。许应麟最后也官至浙江巡抚，在许氏家族第三代中也算是杰出人物了。

许拜庭的第四代子孙属于"炳"字辈，虽然为官者不少，但少有杰出人物出现，无论是才情与声望都比不上许应骙、许应麟。到了许拜庭的第五代子孙时，又有一批杰出人物出现，如许崇智、许崇灏、许崇清、许广平、许卓等人。

许崇智是许崇清的堂兄，12岁时（1899年）被保送到日本留学。当时，清朝政府为了强国，决定选派优秀青年出洋留学，特别是学习军事；并规定凡汉官二品以上者，可保送嫡系子弟一人。许应骙时为闽浙总督、二品大臣，就选送了孙子辈中的许崇智。

据台湾出版的《革命人物志》之《许崇智将军史略》记载，许崇智出生于1887年农历九月初十，就读于日本陆军士官学校步兵科，同学中有阎锡山、蒋方震、李烈钧、蔡锷等人。那时，孙中山正在日本进行推翻清王朝、建立共和政体的革命活动。许崇智虽然属于清朝贵族子弟，却接受了共和思想。1907 年，20 岁的许崇智归国，被清政府任命为福建讲武堂帮办兼总教习。国民党元老邹鲁在其所著《中国国民党史稿》中写道：许崇智"富于革命思想，年龄最轻，而天才开展，决心极快。既主持校务，遂于教授军事学术之余，灌输各学生以革命思想及理论"，使孙中山的革命民主主义思想在福建新军中得到广泛传播。许崇智在 1911 年 10 月加入了中国同盟会，成为辛亥革命期间发动福建起义的主要领导人。

1912 年 1 月，中华民国政府在南京成立，孙中山就任临时大总统。许崇智任师长的福建第 1 师改编为全国陆军第 14 师，许崇智任福建北伐军总司令之职。后来，袁世凯复辟，恢复帝制。许崇智追随孙中山反袁护国。袁世凯被迫下台后，北洋军阀掌权。孙中山愤而南下，于 1917 年 9 月，在广东创建革命政权，就任中华民国军政府大元帅。许崇智被委任为军政府参军长、署理陆军总长。1924 年 1 月，改组后的国民党召开第一次全国代表大会，确定了联俄、联共、扶助工农三大政策，并开始了北伐战争。这期间，许崇智先后任国民党中央军事部部长、粤军总司令，并推荐蒋介石为粤军总司令部参谋长。在组建黄埔军校时，孙中山原本是要许崇智任校长，许崇智又推荐了蒋介石。蒋介石是许崇智的盟弟，假如没有许崇智的提携，蒋介石以后能否在民国政坛上一飞冲天，就又当别论了。

辛亥革命期间，许崇智在福建发动起义时，他的堂兄许崇灏在江苏镇江也参与了反清起义。

许崇灏是许崇清的哥哥。他们的父亲许炳晎，系许应麟之子。许炳晎曾以户部郎中身份，受朝廷之命到济南帮办治理黄河，其间，生下许崇清。据说，取名"崇清"，含有黄河水澄清的寓意。许崇灏 12 岁那年，许炳晎在江西洋务局任上因病去世。许炳晎的夫人带着许崇灏、许崇清等 8 个子女回到了广州高第街。不久，许崇灏、许崇清奉母亲之名，赴武汉投奔姑丈冯启钧，并在那里进入湖北枪炮学堂半工半读。1904 年，兄弟俩又结伴来到南京，投靠任江南候补道的叔父。第二年，许崇清考取了公费留学资格，赴日本求学。许崇灏则先后进入南京武备学堂、南京陆师学堂学习，毕业后在镇江陆军（新

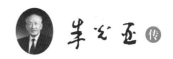

军）任职。

镇江地处江南要冲，扼长江之咽喉，抚徐淮之肩背，自古被兵家视为军事重镇。辛亥革命期间，为响应武昌起义和上海起义，许崇灏率部起事，一举攻下了镇江。之后，许崇灏又会同其他革命军，一起攻打南京。

辛亥革命成功后，孙中山在南京成立中华民国临时政府，许崇灏被任命为总统府监察处处长，后又被孙中山任命为淮军参谋长兼第3混成旅旅长。许崇灏和其堂兄许崇智一样，成为孙中山得力的军事干将。

许崇清是许慧君的父亲，1905年赴日本留学。在乘船赴日途中，他就将头上的辫子剪了，扔到了太平洋里。要知道，那时剪掉辫子，就是反对清廷，被视为"叛逆"。

在日本求学期间，许崇清的成绩一直名列前茅。有一次数学考试，老师给了他101分，以示赞赏。但日本当时有个规定，凡第一名不准给予外国人，许崇智只能屈居第二。与西方国家相比，日本此举显得小肚鸡肠了。

辛亥革命前夕，许崇清在日本加入了中国同盟会，介绍人就是著名的革命家宋教仁。宋教仁是中国同盟会的主要创始人和领导人之一，并和孙中山、黄兴一起创建了中国国民党。1913年，中华民国国会大选中，国民党大获全胜。宋教仁正欲仿欧洲"内阁制"组阁，却于3月20日遇刺身亡，幕后凶手系袁世凯。孙中山愤而言道："若有两师兵力，当亲率问罪！"

1920年8月，许崇清从日本东京帝国大学研究生院毕业后回国，原本应蔡元培之邀要去北京大学任教，但孙中山建议他先去上海、广东看看。那时，孙中山正准备在广东组建革命政府。许崇清欣然同意，此后在革命政府里出任教育委员会委员。在广东，他遇见了国民党主要领导人廖仲恺，并受到廖仲恺赏识。廖仲恺将侄女廖六薇（承籠）介绍给他。廖六薇从小跟随从事外交工作的父亲廖仲舒周游列国，深受西方教育，既贤淑温柔，又知书达理。许仲清、廖六微两人相识后，互生爱慕，于1922年春订婚。

1922年9月，廖仲恺、何香凝奉孙中山之命赴日，秘密会见苏俄代表越飞，商谈"联俄、联共、扶助工农"等事宜。廖仲恺亲自选定许崇清作为其赴日助手。为避外人耳目，廖仲恺到日本后对外界称，这次赴日是来参加许崇清与廖六薇的婚礼。当时,廖仲舒是北洋政府驻日本代理公使,廖六薇已先到了日本。廖仲恺是廖仲舒的弟弟,携许崇清到日本完婚,名正言顺。10月24日,许崇清与廖六薇在中国驻日公使馆举行了隆重的婚礼。廖仲恺特赋词《千秋岁》,为他们祝福:

节楼天际,把尽风光丽。丛菊笑,山枫醉,秋色湛蓬莱,良夜谐人事。劳月老,不辞红线牵千里。

璧合成双美,阿娇归学士。瑶瑟弄,华堂启,翩翩鸾凤集,息息心情契。齐按拍,高歌为唱千秋岁。

对此次赴日成婚的幕后任务,许崇清于1956年11月8日在《广州日报》上撰文回忆道:

1922年6月,陈炯明叛变,8月,孙(中山)先生由广州去上海,不久我也去了。俄国十月社会主义革命成功后,孙中山先生就已经看清楚俄国的

许崇清(左一)、廖六薇(右一)夫妇与廖仲恺(右二)、廖仲恺之女廖梦醒(左二)等人在日本合影

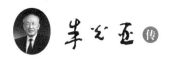

革命才是真正彻底解放人民的革命，认识到中国革命必须效法俄国才能成功。后来又和列宁取得联系，"联俄、联共、扶助工农"的思想遂一天一天成熟。孙先生到了上海，苏俄就派了代表越飞到上海与孙先生会谈。但是当时上海是帝国主义势力弥漫的地方，会谈是困难的。于是孙先生特派廖仲恺为代表，与越飞同赴日本商谈。廖仲恺建议我和他一齐到日本去，孙先生同意了。我因而有机会跟着廖先生到日本，为会谈做了一些工作。

1923年10月，孙中山决定推行"联俄、联共、扶助工农"三大政策，对国民党进行改组，并成立了领导国民党改组工作的临时中央执行委员会。廖仲恺、胡汉民、谭平山、林森、邓泽如、杨庶堪、陈树人、孙科、吴铁城9人为执委会委员，汪精卫、李大钊、谢英伯、古英芬、许崇清5人为执委会候补委员，俄共中央派来的鲍罗廷为执委会顾问。

孙中山、廖仲恺相继去世后，许崇清因厌倦尔虞我诈的官场，逐渐远离国民党政治权力核心，专心致志地从事教育工作，曾三度出任中山大学校长。

1951年2月20日，毛泽东签署的任命许崇清为中山大学校长的中央人民政府任命通知书

他第三次出任中山大学校长是在1951年2月20日，由中央人民政府主席毛泽东亲自签署任职命令。据说，新中国成立后，有关部门曾先后提名若干中山大学校长人选上报中央，毛泽东都没有批准。后来提名许崇清，毛泽东大笔一挥，同意了。

1956年，许崇清以特邀代表的资格出席毛泽东主持召开的最高国务会议。会议开始前，毛泽东环视了一下会场，然后问："都到齐了吗？"他看看名单后又说："请问许崇清先生到了吗？"许崇清答："到了。"毛泽东说："久闻大名。"许崇清连声说："不敢当，不敢当。"

1963年，许崇清被任命为广东省副省长。1969年3月14日，许崇清病逝。

　　许崇清还有一位堂妹，她就是鲁迅的夫人许广平。许广平的父亲名叫许炳杬，爱吟诗，爱喝酒，在许氏家族里不太得志。许广平8岁时入家塾学堂念书。辛亥革命爆发那年，她的母亲去世，一度由大哥许崇禧负责照料。许崇禧是留日学生，经常向许广平讲述一些新思想、新生活，还介绍她看《平民报》《妇女报》等进步刊物，养成了许广平自由不羁的性格。年幼时，许广平的父亲把她许配给了一个封建大家庭去做小媳妇。她年事稍长后，坚决反对这门封建包办婚姻，退了亲事，跟随兄长去了北京，后来考上了天津第一师范学校，与周恩来的夫人邓颖超是同学。

　　许广平参加了著名的五四运动，是许氏家族中的新女性。1922年，她以优异成绩从天津第一师范学校毕业并获得教职。但她说：当时"求知心非常迫切"，毅然舍弃工作，又考入了国立北京女子高等师范学校深造。这次选择，让她有机会认识和接近了一位伟大的人物——鲁迅。

　　当时，执掌国立北京女子高等师范学校的是鲁迅的挚友许寿裳。应许寿裳之邀，鲁迅于1921年7月到女高师兼职任教，讲授中国小说史。鲁迅是著名的文学家，他的小说与杂文当时风靡中国文化界，是广大青年学生极为崇拜的偶像。

　　许广平曾生动地回忆第一次听鲁迅讲课时的情景：

　　一个黑影子投进教室来了。首先惹人注意的便是他那大约有两寸长的头发，粗而且硬，笔挺的竖立着，真当得"怒发冲冠"的一个"冲"字。一向以为这句话有点夸大，看到了这，也就恍然大悟了。褪色的暗绿夹袍，褪色的黑马褂，差不多打成一片。手弯上，衣身上的许多补丁，则炫着异样的新鲜色彩，好似特制的花纹。皮鞋的四周也满是补丁。人又鹘落，常从讲坛跳上跳下，因此两膝盖的大补丁，也掩盖不住了。一句话说完：一团的黑。那补丁呢，就是黑夜的星星，特别熠眼耀人。小姐们哗笑了！"怪物，有似出丧时那乞丐的头儿。"也许有人这么想。讲授功课，在迅速的进行。当那笑声还没有停止的一刹那，人们不知为什么全都肃然了。没有一个人逃课，也没有一个人在听讲之外拿出什么东西来偷偷做。钟声刚止，还来不及包围着请教，人不见了，那真是"神龙见首不见尾"。许久许久，同学们醒过来了，

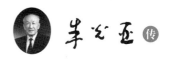

那是初春的和风，新从冰冷的世间吹拂着人们，阴森森中感到一丝丝暖气。不约而同的大家吐一口气回转过来了……

由崇拜到暗生爱慕。1925年3月11日，许广平以"一个小学生"的身份，给鲁迅写了第一封信。这封信，后来成为鲁迅亲自编定出版的《两地书》中的头一封信。在这封信里，许广平起首写道：

现在执笔写信给你的：是一个受了你快要两年的教训，是每星期翘盼着希有的，每星期三十多点钟中一点钟小说史听讲的，是当你授课时，坐在头一排的坐位，每每忘形地直率地凭其相同的刚决的言语，在听讲时好发言的一个小学生：她有许多怀疑而愤懑不平的久蓄于中的话，这时许是按抑不住了吧，所以向先生陈述……

在信中，许广平倾诉了心中对现实生活中黑暗现象的不满、愤恨和苦闷，希望鲁迅给她"一个真切明白的引导"。那时，鲁迅因对政府当局压制女师大的革命行动不满，已经愤然辞职。收到许广平的信后，他在回信中对许广平提出的问题，耐心地作了回答。由此开始了两人之间的书信来往，进而产生了爱情。这些书信大部分收集在了《两地书》中。

此后，鲁迅与许广平一起来到上海，相亲相爱地度过了10年，并生下了儿子海婴。

1936年10月19日，鲁迅因病逝世。上海各界人士组成治丧委员会，他们是：蔡元培、宋庆龄、史沫特莱、内山完造、沈钧儒、萧三、曹靖华、许寿裳、茅盾、胡愈之、胡风、周作人、周建人。

举行丧礼那天，中国共产党中央委员会和中华苏维埃共和国中央政府给许广平发来唁电：

鲁迅先生逝世，噩耗传来，全国震悼。本党与苏维埃政府及全苏区人民，尤为我中华民族失去最伟大的文学家，热忱追求光明的导师，献身于抗日救国的非凡领袖、共产主义苏维埃运动之亲爱的战友，而同声哀悼。谨以至诚电唁，深信全国人民及优秀文学家必能赓续鲁迅先生之事业，与一切侵略者、压迫势力作殊死的斗争，以达到中华民族及其被压迫阶级之民族和社会的彻底解放。

这一年，许广平还不到 40 岁。尽管鲁迅在遗嘱中对她有"忘记我，管自己的生活"的话，但她坚守着鲁迅的文化遗产和小海婴，坚强地生活着。1941 年，许广平因抗日，被驻沪日军关入狱中 76 天，受尽残酷刑罚，但绝不屈服，表现出了崇高的民族气节。

许广平出狱后，上海文化界著名作家郑振铎撰文写道：

她出狱后，双腿已不良于行，头发白了许多。她是怎样的拼着牺牲了自己的生命来保护同伴们！这是一个典型的中华民族的女战士和女英雄。

许氏家族中还有一位与许广平同时代的中华民族英雄，他就是许崇清的堂弟许卓。

许卓原名徐崇耆，字少文，1905 年生人。其曾祖父就是许祥光，祖父许应镕曾为禺山书院院长，父亲许炳蔚在晚清时任礼部四品官员。许崇耆是独子，虽说从小锦衣玉食，但憨厚真诚，天赋甚高，高中毕业后东渡日本求学。回国后，许崇耆于 1924 年秘密加入中国共产党。这年，他才 19 岁。

入党后，许崇耆改名许卓，并受党组织派遣，秘密赴法国巴黎勤工俭学。他的不辞而别，曾让许氏家族大为惊慌，一个好端端的人就这样"失踪"了。在法国，他结识了同在那里勤工俭学的周恩来、邓小平，成为中国共产党旅欧支部的骨干。

1926 年夏，许卓再次接受党组织派遣，回到国内加入了叶挺领导的国民革命军独立团，参加北伐战争。独立团在湖北连续取得汀泗桥、贺胜桥、武昌战役胜利后，许卓又被调回广州，从事秘密军事工作，参加了 1927 年 12 月 11 日的广州起义。起义失败后，他被派往广西。

1929 年夏，邓小平赴广西领导武装革命，许卓成为邓小平得力的军事助手。为领导武装起义，成立了行动委员会，成员有邓小平、张云逸、龚鹤村、许卓、韦拔群、雷经天、陈豪人、黄纺一 8 人。

1929 年 12 月 11 日，武装起义的枪声在百色城打响（史称百色起义），成立了红七军。张云逸为军长，邓小平为政委。据红军高级将领肖锋回忆说：许卓当时为红七军前敌委员会委员，1930 年 8 月后担任红七军 19 师 55 团政委，1931 年 1 月任红七军参谋长。后来，邓小平去上海向中共中央汇报工作，

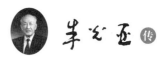

指定许卓代理红七军政委、前委书记。当时，红四军是朱德任军长、毛泽东任党代表、陈毅任政治部主任。由此可见，许卓已是屈指可数的红军高级将领之一了。

中共中央实行冒险路线，要求红七军攻打柳州、桂林等大城市，结果受到重挫。7000余人的红七军只剩下2000余人，被迫转战千里，最后到达江西，与毛泽东、朱德领导的红军会合。此后，许卓调中革军委司令部工作，任参谋处处长。

1934年1月，许卓受周恩来、刘伯承委派，担任中革军委检查团团长，赴福建革命根据地布置第五次反"围剿"斗争。在检查工作途中，他遭地方反动武装偷袭，被乱刀砍死，壮烈牺牲，时年29岁。

许慧君这一代，追随共产党参加革命的就更多了。许慧君的大弟弟许锡振，1948年在上海的交通大学读书时加入中国共产党；1949年4月25日，被国民党反动派逮捕，在狱中坚守党的机密；同年5月24日，上海解放前3天，被许家保释出狱。

应该说，许氏家族百年以来，流淌着爱国的热血。因此，在新中国成立后，许慧君与朱光亚一起选择回国，是爱国血脉的自然延伸。

四、一封公开信

决定回国后，朱光亚利用中国留学生学生会、留美中国科学工作者协会、中国学生基督教联合会等组织，通过专题演讲、座谈会等形式，介绍国内形势，引导在美中国留学生了解新中国、了解中国共产党。

当时，留美的中国学生思考得最多的，就是回国还是滞留美国，或者去台湾地区。按照朱光亚、许慧君的家庭背景，留在美国或者去台湾地区，自然会有不错的前途。但在这关键的抉择时刻，他们毅然选择了回国，参加新中国的建设，这是需要勇气的。

美国政府是反对共产主义的，而那时国民党的势力在美国也很强。选择共产党、选择新中国，会受到明里暗里的阻拦，甚至迫害。在美国东部地区工作的华罗庚曾专程来看望朱光亚等中国留学生，叮嘱他们要注意安全。

据朱明远回忆，他曾在有关档案资料和他父亲朱光亚的日记里，看到过关于那个时期的文字记载。朱明远说：

从文字记载上看，自1949年11月至12月，父亲与曹锡华等人，在密歇根大学所在的安娜堡，多次以留美科协的名义组织召开中国留学生座谈会，分别以"新中国与科学工作者""赶快组织起来回国去"等会议主题，介绍国内情况，讨论科学工作者在建设新中国过程中的作用，动员大家："祖国迫切地需要我们！希望大家放弃个人利益，相互鼓励，相互督促，赶快组织起来回国去。"他们还用《打倒列强》的歌曲旋律，自编填词创作了《赶快回国歌》，每次聚会都要齐唱："不要迟疑，不要犹豫，回国去，回国去！祖国建设需要你，组织起来回国去，快回去，快回去！"据父亲当时的日记记载，1950年元旦前夕，他们在美国举行的小型晚会上，用唱机播放了《嘉陵江上》等歌曲。大家还高唱《团结就是力量》《民主进行曲》等。《民主进行曲》这首歌曾在新中国成立初期流行全国，歌词大意为：看！我们胜利的旗帜在迎风飘扬。看！灿烂的太阳升在东方……嘿，可爱的祖国，从今要打碎封建枷锁。嘿，我们要建设新的国家。父亲回忆说，参加这个晚会的人，大都是准备返回祖国、投入新中国建设事业的。只可惜，这些弥足珍贵的日记在"文化大革命"中散失了。

1949年年末，为了动员更多的中国留学生回国参加社会主义建设，朱光亚牵头起草

1948年夏，朱光亚在中国留学生夏令会上发言

了《给留美同学的一封公开信》，分送给美国各地区的中国留学生传阅、讨论。同意者在信上署上名字。

1950年2月，在这封公开信上署名的中国留学生达到了52名。他们当中，既有从事自然科学的，也有从事社会科学的。例如，著名科学家侯祥麟当时在美国东海岸波士顿的麻省理工学院学习，他也在公开信上署了名。

由此可见，这封公开信在中国留学生中传阅之广。同时，也说明朱光亚当时在留美中国学生中具有一定的影响力和号召力，并显示出了极强的组织能力。

新中国成立后，为了广揽人才，中国共产党和中国政府通过各种渠道，动员海外人才回国参加社会主义建设。朱光亚当时虽然不是共产党员，但坚定的回国立场，反映了他强烈的爱国主义情怀。

1950年2月27日，朱光亚把《给留美同学的一封公开信》寄往纽约的留美学生通讯社。同年3月18日，《留美学生通讯》第三卷第八期全文刊登了这封信。信的全文如下：

同学们：是我们回国参加祖国建设工作的时候了。祖国的建设急迫地需要我们！人民政府已经一而再再而三地大声召唤我们，北京电台也发出了号召同学回国的呼声。人民政府在欢迎和招待回国的留学生。同学们，祖国的父老们对我们寄存了无限的希望，我们还有什么犹豫的呢？还有什么可以迟疑的呢？我们还在这里彷徨做什么？同学们，我们都是在中国长大的，我们受了二十多年的教育，自己不曾种过一粒米，不曾挖过一块煤。我们都是靠千千万万终日劳动的中国工农大众的血汗供养长大的。现在他们渴望我们，我们还不该赶快回去，把自己的一技之长，献给祖国的人民吗？是的，我们该赶快回去了。

同学们！我们来美有的一年，有的两年，有的三年五载，都是说要"学成归国"，怎样才叫"学成"呢？硕士？博士？从前硕士博士回国可以换官做，现在可不成啦。现在新中国评定工作人员的标准，百分之五十是才干，百分之四十是工作热忱，只有百分之十才是资历。老实说，博士头衔从此吓不住人了。要空头衔干什么？

第六章 游子情怀

119

你也许说自己学的还不够，要"继续充实"，"继续研究"，因为"机会难得"。朋友！学问是无穷的，我们念一辈子也念不完。若留恋这里的研究环境，恐怕一辈子也回不去了。而且，回国去之后，有的是学习的机会，有的是研究的机会，配合国内实际需要的学习才更切实，更实用。若呆在这里钻牛角尖，学些不切中国实际的东西，回去之后与实际情形脱节，不能应用，而招牌又唬不倒人，到时候真是后悔都来不及呢！你舍不得这个"机会"，为了这个"机会"你也许在学习之余，还要做苦工出卖时间与精力，还得受人歧视。也许你已得到了E.C.A.（即美国经济合作署——作者注）的救济金，也不管它以后还能继续多久，也不管它有没有政治作用，想靠它完成你"继续研究"的打算，把个人的兴趣看得太重了，太忽视了国家人民的迫切需要，这种思想太自私自利了。

你也许是学工的，留在学校里，也许在复习以往念过的课程，也许在钻牛角尖，实际工作经验则太差，朋友，你也许觉得能力不够回国干实际工作怕塌台，要想不塌台，就该早些回去，在国内现实的工厂设备材料条件之下去从事实际工作才是办法啊！不能再彷徨了，而且，我们是要从工作中学习，还怕什么"塌台"不"塌台"呢？

也许你在工厂实习，想从实际工作中得到经验，其实也不值得多留，美国工厂大，部门多，设备材料和国内相差很远，化了许多工夫弄熟悉了一个部门，回去不见得有用，见识见识是好的，多留就不值得了，别忘了回去的实习机会多得很，而且是配合中国需要，不是吗？中国有事要我们做，为什么却要留在美国替人家做事。

你也许正在从事科学或医学或农业的研究工作，想将来回去提倡研究，好提高中国的学术水准。做研究工作的也该赶快回去。研究的环境是要我们创造出来的，难道该让别人烧好饭我们来吃，坐享其成吗？其实讲研究，讲教学，也得从实际出发，决不是闭门造车所弄得好的。你不见清华大学的教授们教学也在配合中国实际情况吗？譬如清华王遵明教授讲炼钢，他用中国铁矿和鞍山钢铁公司的实际情形来说明中国炼钢工作中的特殊问题。这些，在这里未必学得到。现在回去教书恐怕再不能让你说白话，只晓得美国怎么办，

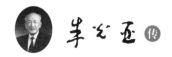

怎么办，而不知道中国该怎么办，还是赶快回去学习吧！

　　你也许学的是社会科学：政治，经济，法律。那就更该早点回去了。美国的社会环境与中国的社会环境差别很大，是不可否认的事实。由高度工业化的资本主义社会基础所产生出来的一套社会科学理论，能不能用到刚脱离半殖民地半封建社会基础的中国社会上去，是很值得大家思考的严重问题。新民主主义已经很明显地指出中国社会建设该取的道路。要配合中国社会的实际情况，才能从事中国的社会建设，才能发展我们的社会科学理论。朋友，请想一想，在这里学的一套资本主义的理论，先且不说那是替帝国主义作传声筒。回去怎样能配得上中国的新民主主义建设呢？中国需要社会建设的干部，中国需要了解中国实情的社会学家。回国之后，有的是学习机会。不少回国的同学，自动地去华北大学学习三个月，再出来工作。早一天回去，早一天了解中国的实际政治经济情况，早一天了解人民政府的政策，早一天参加实际的工作，多一天为人民服务的机会。现在祖国各方面都需要人才，我们不能彷徨了！

　　一点也不错，祖国需要人才，祖国需要各方面的人才。祖国的劳动人民已经在大革命中翻身了。他们正摆脱了封建制度的束缚，官僚资本的剥削，帝国主义的迫害，翻身站立了起来，从现在起，他们将是中国的主人，从现在起，四万万五千万的农民工人，知识份（分）子，企业家将在反封建、反官僚资本、反帝国主义的大旗帜下，团结一心，合力

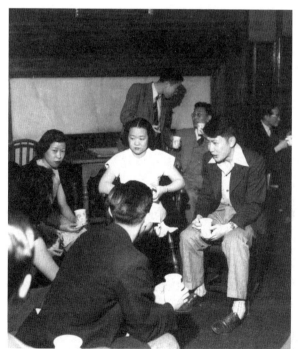
朱光亚（右一）在美国密歇根大学留学期间与同学在一起

建设一个新兴的中国，一个自由民主的中国，一个以工人农民也就是人民大众的幸福为前提的新中国。要完成这个工作，前面是有不少的艰辛，但是我们有充分的信念，我们是在朝着充满光明前途的大道上迈进，这个建设新中国的责任是要我们分担的。同学们，祖国在召唤我们了，我们还犹豫什么？彷徨什么？我们该马上回去了。

学工的，回去参加炼钢，筑路，架桥梁修河道的工作罢！现在全国大陆上的土地已经完全解放，建设工作已经展开，东北，华北，华中，华南，那里不要人？譬如说东北罢，就有不少工厂在等待着我们去，鞍山炼钢厂，沈阳机械厂，开滦煤矿……都在迫切需要人。

学农的，回去建设中国的新农村罢！回去改良品种，制造农具，开办农场罢，东北，华北，华东都已经在试办农场。回去改良农产品保存和运输的方法罢！让我们去享受祖国土壤的芳香，那里是我们的土地。

学医的，回去办医院，设诊所，训练卫生干部罢！回去改进人民的卫生环境，推广医药常识罢！你看看我们中国四万万五千万同胞中才有七千多个正式医生，父老兄弟都在渴望着我们即刻回去。

学社会科学的回去吧！新中国需要改造社会环境的干部，由小说到大，农村调查，合作社，工人福利，工业管理，银行，海关，税务，财政，文化教育，内政外交，那（哪）里没有我们工作的机会？！

学自然科学的回去吧！回去训练理工人才，推动中国的生产工作。回去普及科学教育，为中国的科学打基础。回去开创科学研究的环境，祖国需要我们！

同学们，听吧！祖国在向我们召唤，四万万五千万的父老兄弟在向我们（召唤），五千年的光辉在向我们召唤，我们的人民政府在向我们召唤！回去吧！让我们回去把我们的血汗洒在祖国的土地上灌溉出灿烂的花朵。我们中国是要出头的！我们的民族再也不是一个被人侮辱的民族了，我们已经站起来了，回去吧，赶快回去吧！祖国在迫切地等待我们！

（朱光亚等 52 名留美中国学生的签名略）

这封公开信现在读来，虽然带有那个时代深深的印记，但字里行间的爱

国情怀依然力透纸背，并充满着理性的思考。许慧君回忆说，为了写好这封公开信，朱光亚酝酿了很久，在有限的条件下，收集了许多国内资料，这在当时非常不易。

特别需要指出的是，这封公开信虽然有52位签名者，但它的影响远远超出了这个范围。不仅在美国，甚至在欧洲，读到这封信的中国留学生都异常激动。

"两弹"元勋、中国著名核科学家程开甲曾回忆说，他当时在英国留学，选择回国，就是受到了这封信的感召。熊杏林所著《"两弹一星"功勋

1950 年 2 月 27 日，《给留美同学的一封公开信》被寄往纽约的留美学生通讯社，刊登在 3 月 18 日出版的《留美学生通讯》第三卷第八期上

科学家程开甲》一书中，有这方面的记载：

1950 年 3 月 18 日，纽约《留美学生通讯》第 3 卷第 8 期上发表了朱光亚等 52 位留美学生《给留美同学的一封公开信》。信不胫而走，很快传到英国，传到程开甲的手中。它像一把火，点燃了自"紫石英号"事件以来他那颗早已激动起来的心……

公开信中发自肺腑的声声召唤，是那样的炙热，那样的扣人心弦。程开甲再也无法平静地待在国外的实验室了。

他不断地给家里人写信，给同学写信，询问祖国的情况。妻子的回信，告诉了他中国正在发生的一切；先他回国的同学胡济民的回信，更是满腔的热忱："老同学，回来吧，祖国形势真的很好，国家有希望了！"

是呀，还犹豫什么？还彷徨什么？是回去的时候了！是实现科学救国梦

想的时候了!

前面引文中所说的"紫石英号"事件,是指 1949 年 4 月 20 日,解放南京前夕,英国军舰"紫石英号""黑天鹅号""伴侣号""伦敦号"与国民党军舰一起,企图阻止中国人民解放军横渡长江。解放军愤然开炮,英国军舰受到重创,升起白旗投降。

"紫石英号"事件,让不可一世的西方列强,看到了中国共产党和中国人民解放军强大的力量,也让中国人民深受鼓舞。

第七章 回归祖国

一、不可阻挡的回国潮

1950年2月28日，即寄出《给留美同学的一封公开信》的第二天，朱光亚登上了驶往香港的"克利夫兰总统号"邮轮。邮轮从旧金山出发，途经洛杉矶、夏威夷、日本的横滨、菲律宾的马尼拉等地。

在《给留美同学的一封公开信》上签名的52人中，许多人与朱光亚一起同行。许慧君因为还有一个学期才结束学业，她与朱光亚约定，半年后回祖国去找他。

1950年2月7日，朱光亚同许慧君在美国合影

此前，朱光亚已得到通知，他获得了美国经济合作署提供的救济金，可以在美国生活和工作，但朱光亚拒绝了。他的心已经飞回了祖国。同时，他也预感到美国政府的政策正在改变，一股敌视人民中国的反共潮流正在形成，必须赶快离开，回到祖国去。

掀起这股反共潮流的始作俑者，是一位名叫麦卡锡的美国共和党国会议员。1950年2月9日，他在共和党举行的一次群众集会上，发表了蛊惑人心的演说。他说，他手中握有一份205人的名单，这些人全都是共产党和间谍网的成

员，有的人至今仍在参与制定美国国务院的政策。这犹如一颗重磅炸弹，震撼了美国政坛。

之后，在麦卡锡等反动政客的鼓噪之下，美国政府开始了一场大规模的"清共运动"，波及美国国务院、五角大楼以及其他军事单位、高等院校等许多部门。在美的中国科学家、中国留学生中的共产党员，以及在思想上倾向共产党的人，都因此受到监视乃至迫害。

其中，钱学森遭迫害事件引起了世界关注。1950年8月23日，已买好回国机票的中国科学家钱学森，被美国司法部移民归化局禁止离开美国，他托运回国的行李被美国海关扣留。9月7日，美国司法部移民归化局以莫须有的罪名将钱学森逮捕入狱。

钱学森生于1911年12月11日，1935年赴美留学，先是在美国麻省理工学院攻读硕士，后在加州理工学院师从航空理论研究权威冯·卡门攻读博士。读博期间，他攻克了一系列世界航空领域的前沿课题。其中，他提出的一个计算公式，成功解决了飞机高速飞行时机身、机翼会发生变形的数学计算难题，被世界航空界称为"卡门－钱近似公式"。1938年7月，钱学森被任命为加州理工学院航空系研究员，之后成为美国最早研制火箭、导弹的7位核心研究人员中的一员。1947年2月，钱学森成为麻省理工学院历史上最年轻的终身教授。那年，他还不满36岁。1955年9月，在中国政府千方百计的救援下，钱学森才得以回国。后来，钱学森和朱光亚成为亲密同事，并肩领导中国国防科技事业的科学技术工作。

朱光亚庆幸自己能够顺利回国。在漫长的航行途中，这些回国者经常聚在一起，畅谈对祖国的怀念和回国后的打算。朱光亚是畅谈时的中心人物，因为他收集了不少新中国的资料，交谈时让大家感到很新鲜。

有时，他们也会聚在一起唱歌，那首《赶快回国歌》是大家百唱不厌的歌曲。

而继他们之后，即1950年8月，又一批回归祖国的中国留学生和学者就不那么顺利了。他们乘坐的是"威尔逊总统号"邮轮，目的地也是香港。

1950年9月22日，新华社发布了一条题为《美政府阻扰我留美教授学生归国》的消息，其中写道：

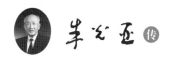

因不堪美国政府压迫而返回祖国的我国留美学生，又有一批一百一十人于本月二十日返抵广州。据谈，他们启程前曾受到美国政府多方阻拦，经过几个月的奋斗，终于乘"威尔逊总统号"邮轮离美返国，但拟回国的力学专家钱学森博士于动身前竟被美国政府扣留。当"威尔逊总统号"驶到日本横滨时，同轮返国的原子物理学家赵忠尧教授及学习理工的罗时钧、沈善炯二位学生竟又遭美国占领当局的非法扣押。

事情的经过大致是这样的：

1950年9月12日清晨，"威尔逊总统号"邮轮抵达日本横滨。一些到日本的旅客在这里下船了。这时，船上广播说，由于有旅客下船，需要调整房间，请赵忠尧、罗时钧、沈善炯三位旅客带着行李到指定房间去。

赵忠尧是核物理学家，1930年获美国加州理工学院博士学位，之后在美国从事核物理研究工作。罗时钧、沈善炯是学习理工的中国留学生。当他们到达指定房间时，等待他们的是驻日本的美国陆军部人员。他们无端地被扣留了。真实的理由，是认为赵忠尧曾在美国机密部门工作，掌握了核技术的秘密。罗时钧、沈善炯两人则是因为在加州理工学院读书，因此受到牵连。

美国陆军部人员对他们恐吓说：你们或是回美国，或是去台湾。如果不去美国和台湾，那就在日本坐牢！

赵忠尧等三人宁愿坐牢，也坚决不去美国和台湾。于是，他们被押解下船，关进了日本东京的巢鸭监狱。

当时，日本与新中国没有外交关系，而是继续与台湾保持"外交关系"。台湾当局驻日本的"大使馆"，派人到巢鸭监狱游说赵忠尧他们去台湾。时任台湾大学校长的傅斯年也发电报给赵忠尧："望兄来台共事，以防不测。"

赵忠尧回电说："我回大陆之意已决。"

赵忠尧当年是西南联大物理学系教授，也是朱光亚的老师。在从事新中国"两弹一星"事业过程中，他又与朱光亚成为同事，为中国核技术事业的发展做出了重大贡献。

钱学森、赵忠尧等中国科学家因为回国受到迫害的消息，引起了国际正义人士的关注和声援。迫于国际舆论压力，美国政府于3个月后，无奈地释

1949 年冬，朱光亚（前排右四）参加中国留学生冬令会时与同学合影

放了赵忠尧、罗时钧、沈善炯三人，但对钱学森只予以保释，依然不让他回国。

新中国成立之初的回国潮，是一个值得研究的时代现象。那时的中国，贫穷落后，百废待兴。这些在美国和欧洲工作、留学的中国学者、学生，原本有着优厚的物质生活条件和优越的工作环境，但面对祖国的召唤，却能自愿舍弃，义无反顾、百折不饶地选择了回国，从而成为建设新中国的一代栋梁。

是什么信念和力量支撑着他们做出这样的选择？中国知识分子的爱国情怀为什么这样强烈？中华民族的精神传承为什么能够延续不断？

这些问题，即使在今天，也值得我们去思考。朱光亚曾言简意赅地回答说：忠诚报国。

从钱学森、朱光亚这一代知识分子身上，我们可以感悟到其中的精髓。

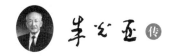

二、回到祖国的感觉真好

1950 年 4 月 1 日，"克利夫兰总统号"邮轮抵达香港。

当时的香港，还在英国的统治下。香港地处珠江以东，从公元前 214 年起就属于中国领土。

香港是一个优良的深水港，1841 年 1 月，第一次鸦片战争后被英国强占。1842 年 8 月 29 日，清政府与英国签订不平等的《南京条约》，中国把香港岛割让给了英国。1860 年 10 月 24 日，中英又签订了不平等的《北京条约》，中国割让九龙半岛界限街以南地区给英国。1898 年 6 月 9 日，英国政府再次强迫清政府签订了《展拓香港界址条例》，租借九龙半岛界限街以北地区及附近 262 个岛屿，租期 99 年（至 1997 年 6 月 30 日结束）。这是中华民族永远不能忘记的耻辱。

按照事先的约定，朱光亚在香港短暂停留，去香港大学拜访曹日昌教授。

曹日昌是中共地下党员，1948 年由英国剑桥大学毕业后任职香港大学，并受党委派，秘密联络和争取在海外的中国留学生及中国学者，回来参加新中国建设。

新中国成立前夕，就是他给钱学森写了一封信，转达了中共中央有关部门希望钱学森回国的信息。

朱光亚与曹日昌见面后，曹日昌交给了朱光亚来自北京大学的一份聘书。北京大学曾是组成西南联大的三所大学之一，因此，也算是朱光亚的母校。归国前，朱光亚给母校写信，表达了自己想到母校工作的愿望。

这封聘书由北京大学校务委员会主席汤用彤签署，聘任朱光亚为北京大学物理系副教授。当时，朱光亚才 25 岁，在北大物理系教授、副教授中是最年轻的。从中可以看出，新中国对人才的渴望和重视。

1950 年 4 月 3 日下午，朱光亚一行离开九龙后，到达深圳。那时的深圳，还是一个小渔村，却是新中国的大门。

迈进国门，大家不约而同深深地作了一次长长的呼吸。那是祖国的空气，真甜！

在深圳稍事休息后，朱光亚一行又乘车去广州，抵达时已是次日的凌晨。

朱光亚在给远在美国的许慧君的信里写道：

四月三日中午我离开九龙，到达深圳，已是晚饭时节，换车再往广州，四日清晨到广州东车站。因为警备未解除，我暂在东站旁中央酒店内中国旅行社招待所休息，到早上六点才住入安排好的太平南路新亚酒店。沿途疲乏，本拟在新亚休息，躺下去却睡不着，只得逛大街。广州的市面很冷淡，大商店都关了门，而路旁人行道上的地摊却不少。吃的东西都买得到，价钱却不低。四日那天到旅行社去买票，弄了半天也没有弄妥，最后约好五日再去。下午来了一次空袭警报（新中国成立之初，盘踞台湾的国民党空军，经常轰炸大陆的沿海城市——作者注），解除后到中山纪念堂去瞻仰，因为空防的缘故，六时以前赶回新亚，皋园也没去成。

皋园是许慧君的父母亲在广州的住所。4月5日上午，朱光亚去皋园拜访他们——未来的岳父母。

回国前，许慧君交给朱光亚一封她写给父母亲的信，实际上是一封"介绍信"，将朱光亚介绍给了她的父母和家人。

对这次见面，朱光亚颇为期待，又有些紧张，毕竟是第一次去见许慧君的父母。

1949年5月初，全国解放前夕，许慧君的父亲许崇清悄悄离开广州，去了香港。之后，他的家人也悄悄地走了。当时，许慧君正在美国读书。

事情的起因是，许慧君的大弟弟许锡振在上海的交通大学读书时，因为投身学生革命运动，上了国民党特务的"黑名单"。1949年4月25日，就在中国人民解放军即将解放上海时，他被国民党上海警备司令部逮捕。接着，国民党政府的一位大员造访许崇清，这让许崇清感到危机正向他迫近。于是，他决定脱离国民党政府，离开广州，去了香港。广州解放后，许崇清携全家从香港返回，并出任广州市人民政府委员，负责接收广州大学。

因此，在朱光亚去拜访许慧君父母时，他们也刚刚回到广州不久。

到皋园时，大门紧闭，屋内寂静无声，朱光亚以为许家人都出外躲避空袭去了。敲门后，他才得知只有许慧君的弟弟许锡挥一个人在家。许崇清因

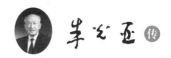

忙于接收广州大学，事务缠身，平时回来都很晚。廖六薇上街办事了。好在朱光亚与许锡挥两人都是年轻人，聊了一会儿，彼此就熟悉了。不久，廖六薇回来了。

对这次见面，许锡挥回忆说：

我第一次见到朱光亚，是广州刚刚解放不久，大约是1950年4月初。当时，他找到了我们家，敲门时，是我去开的门。只见门口站着一位20多岁的年轻人，高挑的个子，长相很威武。他自我介绍说，他叫朱光亚，从美国刚刚回来，带来了姐姐一封信。母亲看了信，信中简单介绍了朱光亚的情况，并说他们是"好朋友"关系。我母亲当时就明白了，"好朋友"这三个字，含蓄地暗示了他们之间超出了一般朋友的特殊关系。于是，我母亲热情接待了他，并邀请他在家里吃饭，我也一直陪着他。当时，朱光亚很关心国内的情况，我就详细介绍了广州被国民党飞机轰炸后的情况。我们也问他在美国怎样生活、是否习惯。他诙谐地说，除了在美国要吃西餐外，其他没有什么。大家七嘴八舌地聊着，毫无初次见面的拘束感，他给我们留下了很好的印象。

午饭后，朱光亚因为还有事情要处理，便起身告辞。廖六薇对朱光亚的印象很不错，又热情地邀请他晚上再来吃饭，见见许慧君的父亲许崇清。

20世纪50年代归国初期的朱光亚

从许家出来，朱光亚即去旅行社取火车票（广州至武汉），一看是当日晚上8点半的火车。他又急忙赶回新亚酒店退了房间，接着去火车站托运行李。这些事办完，已是傍晚，朱光亚又赶到皋园。进门时，许崇清已在家等候了。

朱光亚在给许慧君的信里，继续写道：

再到皋园时，你父亲也已回来了。谈到他的工作，解放后的一切，他的兴致都非常高。关于你申请visa的事，他告诉我说已为你写信到北京请教育部高等教育司出函，大约不久就会有回音。问明在广州方面也没有负责这方面事务的机构之后，我也就没有继续多问。哲君（许慧君之妹——作者注）已在两月前回到广州，现在中山大学图书馆英文部门服务，晚饭时也会见了。和他们谈起，大家都很关怀你在美国的情形，对于你即将归来的消息，他们都抱有很大的期望。我初以为你母亲、父亲会不赞同你即刻返国服务的计划，晤谈之后才知道所虑实为多余，正相反地，大家都在盼望你回来咧！

锡挥弟弟念高二了，今年夏天该念高三，他念的新书籍很不少，对新中国有一些认识。母亲知道了我即刻要去北京的消息后告诉我说，锡振弟弟任上海市学联副主席，前不久曾到北京参加学联代表大会，可惜时间不对，不然我可以在北京和他见面。晚宴很丰富，我吃了三碗，母亲说我吃得太少，因为锡挥每餐总要超过四碗。饭后大雨，八点半开车，七点半我辞出。母亲坚持要哲君和锡挥冒雨送我去车站，在路上我们又谈了一些美国的事情。车启行后，我一人在车上，感触很多……

从朱光亚给许慧君的信中可以看出，朱光亚第一次去许家，给许家留下了很好的印象，得到了许慧君父母和弟弟妹妹们的认可与接纳。

三、重回故乡，难舍亲情

1950年4月7日13时45分，火车到达武昌东车站。

朱光亚自1938年夏还是少年时离开武汉，已有12年之久。朱光亚不由得想起了唐朝诗人贺知章所写《回乡偶书》中的诗句："少小离家老大回，乡音无改鬓毛衰"，眼睛禁不住地湿润了。

当时，武汉三镇之间还没有长江大桥，来往要靠渡轮。下火车后，朱光亚登上由武昌至汉口的渡轮。望着滚滚奔流的长江水，儿时的记忆，顿时像放电影似的一幕幕地在他脑海里闪现。

抗战胜利后，朱光亚的父亲朱懋功随邮政总局去了南京，朱光亚的母亲万怀英带着几个孩子回到了武汉老家。1947年，朱懋功因患喉结核，回到武汉养病。除了朱光亚及其大哥朱光庭在美国外，全家得以在武汉团聚。

因为父亲患病，朱光亚的二哥朱光鼐辍学就业，担起了照顾全家的责任。

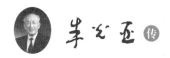
直到新中国成立后，朱懋功被安排到中南局邮电部（武汉）工作，朱光鼐才又进入中南交通大学土木工程系继续学业。

对朱光亚回来，全家人异常兴奋。朱光亚在给许慧君的信里深情地写道：

堂兄光同和他的长子，大妹光玮和弟弟光慈都来车站接我。因为来晚了一点，赶到渡轮上，他们才找到我。离家快到四年，弟弟长得又高又胖，初见时我简直不认识他了！光玮也还是那个样，只是脾气蛮了一些。他们都告了假来的，说家里还有不少人在候我。回到家看见母亲，鬓发几全白了；此外，大堂姐、三堂姐、光同兄嫂，以及六、七位侄子、侄女、外甥……大家挤满了一屋，一时真是热闹。晚饭时节父亲才回来，比以前更消瘦了，因为患过一次结核症，喉头的损害仍没复原，说起话来嘶哑不成声，初见时令人饮泪内泣，难受已极。

这次回家，有两件憾事。第一，不能在家多住些时日，我得立刻北上；第二，因为旅途的不方便，没有买什么东西回来分送给大家。离美时，本计

刚回国时的朱光亚与二哥朱光鼐（左）、弟弟朱光慈（右）在一起

划到香港后再买，到香港后才知道，由陆路走东西不能多带，馈礼更不能多买。没有法子可想，只得把为自己置购的和以前旧用的一些日常用品拿出来分送给大家。举一个例子，我随身用的钢笔现在已只剩了一支了，连我最喜欢用的一支 Esferbrook 牌旧笔都送了人，由此可见我之狼狈情形。

当亲朋好友离开后，一家人才得以坐下来，询问朱光亚工作和生活上的情况。父母最关心儿子的，除了工作和事业，就是婚姻大事了。

在给许慧君的另一封信里，朱光亚写道：

我拿出了你的相片，并且尽可能地向他们描绘了一番你的为人、性情。他们都很高兴，每逢有亲戚来看我，母亲总要拿出你的相片来给大家看。临走的时候，我坚持不过，也只得把你的放大照（加好镜框的那张）包括给我的小照片留在家里。父亲和母亲最关心的一点，除掉你的性情、为人，就是你的家庭环境。他们脑子里也还有一些门当户对的思想，虽然他们也了解这一些思想都渐渐地过去了。的确，慧，看看你家里的情形，再看看我家里的情形，我也有些心烦。生活的对照，指出不少不合谐的地方，我很担忧，你能不能忍受了许多。记得我曾告诉过你一点，我母亲是没有受过什么家庭教育的女子，性格强，家里的事情差不多全由她主持。操劳了一生，加上生育多，健康很差，而现在仍旧要每日操作。血压高，我担心将来这些病症会演变成半身不遂或中风一些恶症。父亲的身体也非常不好，上面也提到过。家里没有底子，将来怎么办？我的确不敢多想。这一些会是我们结合的障碍吗？慧，你真有勇气和我生活在一块，为这些事情费心吗？我渴望着再看见你，再有机会和你谈谈这些问题。

朱光亚的这些担忧是真实的，说明了他的坦荡和诚实。坦荡，是一种真诚，不加掩饰地把心交给对方；诚实，是一种美德，也是幸福婚姻的基础。

对朱光亚的这些担忧，许慧君在回信时明确、肯定地作了答复：她爱的是朱光亚这个人，当然，也会像朱光亚一样去爱他的家人。一切都释然了。

原本，朱光亚想在家里好好地待上几天，尽心侍候父母，尽情享受亲情的幸福与温暖。然而，一封来自北京大学的加急电报催他尽快到职任教。

这封来电的署名是饶毓泰。饶毓泰是中国著名的物理学家、中国近代物

理学创始人之一，曾任西南联大物理学系主任，也是朱光亚的老师，他对朱光亚的才华颇为欣赏。1947年，饶毓泰任北京大学理学院院长兼物理系主任；1949年，不顾国民党政府的威逼利诱，拒绝去台湾，留在了北京；新中国成立后，继续在北大任理学院院长和物理系主任。

看到昔日的恩师、今日的系主任来电，朱光亚决定立即起程。事后，他才知道，饶毓泰是因为病了，不得以，才催促他尽快赴京。朱光亚在信中告诉许慧君：

饶先生原来有胃病，最近胃病复发，仔细检查，发觉肺亦有恙，医生嘱静养三月至半年，系里老师人数本不多，加上他又病倒，所以他急得很，天天盼我能早一天来。他所教授的三年级光学和研（究生）院理论物理引论两课，都停了好久。

1950年4月10日上午，朱光亚离开武汉，乘火车赴北京。

前后算来，朱光亚在家只待了两天半。望着病中的父亲和已显苍老的母亲，朱光亚的眼睛再次湿润了。

短暂的相聚，难舍的亲情。朱光亚的心里很是歉疚。他在日记中写道："游子离家多年，如今又要远行，总是不能伺候年老的双亲，深感内疚。"

四、北大最年轻的副教授

1950年4月12日上午，朱光亚来到北京。

这是朱光亚第一次来到这个北方大都市。武汉已是春光明媚，但这里还有几许寒意。

到达北京的第二天，朱光亚就给许慧君写信。信中写道：

北京城比我想象的还大许多许多，昨天早上车由东面入城至东车站，八时三刻到达，有北大教员徐叙瑢和三位学生代表在车站伺候。徐君是我西南联大同班同学，毕业后就在北大服务，他告诉我饶毓泰老师卧病，正盼望我来协助系内的功课教授工作。我们同乘车来北大理学院，系里已为我预备好两间小房，就在理学院院内，和办公室、课室俱在一处。

当时，北大物理系位于北京一个名叫沙滩的地方。这里离故宫、北海、景山等地不远。因教学楼是红砖红瓦，大家称之为红楼。如今，红楼已成为著名的历史文物，受到国家保护。

朱光亚在信里还写道：

北大理学院都是些旧宫殿式的小平房，环境安静可爱，念书、做学问，真再好也没有了。记得我对你说过吗？我是一个爱静的人，能有一些想看的书，在一个恬静的地方住下来，我会感到很快乐的。心境静下来了，也才能踏实地做一点工作。

到北京大学理学院报到时，朱光亚给理学院带去了他在美国采购的一批用于物理实验的器材。这是他用省吃俭用节省下来的钱为学校购买的。拳拳之心，可见一斑。

报到后，朱光亚顾不上休息，就在赵广增教授的陪同下，去看望恩师饶毓泰。师生相见，百感交集。饶毓泰爱惜地让朱光亚先休息几天，再作具体的工作安排。

赵广增教授当时任北大物理系光学教研室主任、代理物理系主任，他是朱光亚在重庆中央大学读书时的恩师。中午，赵广增在自己的家里宴请了朱光亚。

午后，朱光亚去拜访了曾昭抡教授。曾昭抡是朱光亚在西南联大物理学系读书时的老师，1946年，又共同去美国学习原子弹制造技术（未果）。曾昭抡当时任北京大学教务长。

当日晚上，郑华炽教授也在家里宴请了朱光亚。郑华炽是朱光亚在西南联大物理学系读书时的恩师。他在1928年毕业于南开大学，先后留学德国、奥地利、法国，1936年应饶毓泰邀请，到北京大学物理系任教授。

历史，有时候好似一个圆圈，让一些人在圆圈的某个点相识，若干年后，又在圆圈的某个点相聚。到北大后，重新见到了这些昔日恩师，让朱光亚很是兴奋。他深有感触地写道："师长如此款待，真令我惭愧。"

1950年4月14日下午，北大物理系召开了一个有部分师生参加的欢迎会，欢迎朱光亚到北大任教。朱光亚在给许慧君的信里，写下了当时的心情：

郑华炽先生告诉我，今天下午物理系师生有一个聚会，算是欢迎会，要

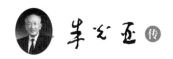

我出席。心里惶恐得很，不知道到时候该说些什么。以前也教过中学生，学生群中比我年岁大的也有；出国前在联大也教过大一的学生。只是时隔四年，现在再作人师，一切都好像有了许多变化似的。

这一两年，在工作上真要加倍地努力，上面说过，这一路来北京，感触很多，一时也真说不了。新的中国在诞生；回到家看见年轻的一群，有的加入了团（中国新民主主义青年团——作者注），有的还在努力学习，都了解了一些劳动创造世界、为人民服务的真谛，真令人兴奋。回想到当初在中学时代，理想、抱负都有一些，哪能赶得上他们？然而，另一方面，又感觉到革命过程中新生一代与衰退的一代之间的冲突日益深刻，不愉快的现象也与日俱增。感觉到自己的负荷很沉重，也感觉到还该拿出更大的勇气。

这是朱光亚当时真实的思想写照。朱光亚时年25岁，虽然是北京大学最年轻的副教授，但与那些年轻的学生一样，都是新中国成立之初的青年一代，有着梦幻般的革命理想，洋溢着积极向上的革命激情。难能可贵的是，朱光亚还有着冷静的思考，显得更为成熟。

在北大，当时许多教授还习惯穿西装，有的人还穿着大褂。朱光亚穿的是他回国后买的中山装。

这是新中国成立初期很流行的服装。当时有首顺口溜儿："一进堂屋亮堂堂，房里摆着大花床，小伙身穿中山服，姑娘身穿列宁装。"

中山装是近代中国革命先驱孙中山综合西式服装与中式服装特点，设计出的一种直翻领、有袋盖的四贴袋服装。它的领口是关闭式八字形，前门襟正中是5粒明纽扣，后背整块无缝。明口袋，左右上下对称，有盖，钉扣。上面两个小衣袋为平贴袋，底角呈圆弧形；下面两个大口袋是老虎袋，边缘悬出。

列宁装因苏联共产党领袖列宁在十月革命前后常穿而得名。它的样式为西装开领、双排扣、斜纹布上衣。列宁装本是男装上衣，但在中国被演变成了女装。双排扣和大翻领，多少带有装饰性元素，双襟下方均带一个暗斜口袋，腰中束一根布带，有助于女性身材线条的凸显。

中山装和列宁装现已成为历史的印记，但在新中国成立初期，却是青年

第七章　回归祖国

137

男女十分喜爱的流行服装。它们成为当时革命的一种象征，是20世纪50年代那个纯真时代的记忆。

朱光亚虽然是副教授，年龄却比学生大不了几岁，与学生们相处得很好，就像个和蔼的兄长。他讲的课很受学生欢迎。

北京大学物理学院教授肖庆当年是朱光亚的学生。他回忆道：

1950年4月，只有25岁的朱光亚从美国学成回国。他带着在国外采购的有关物理实验的材料赶到北京任教，成为当时北京大学物理系最年轻的副教授。在北大工作的这段时间里，朱光亚以极大的热情投入教学第一线，同时讲授光学和普通物理课程。他以一贯的认真、精细和踏实准备好每一堂课，还在教学中旁征博引，枯燥的物理学概念经他深入浅出的讲解也变得生动了。

朱光亚的宿舍，简朴、干净。最多的物品是书籍，都是朱光亚从美国带回来的。还有就是唱片，有贝多芬、莫扎特、柴可夫斯基、亨德尔等著名音乐家的。这算是最"养眼"的了，让人想起"主人"是刚从美国回来的。后来，一些喜欢音乐的学生，常常来到这里，看看书，聊聊天，欣赏着这些音乐家的作品。

朱光亚喜欢音乐，也是个体育爱好者。他从小就喜欢打篮球，到北大后，又喜欢上了打排球。许慧君回忆说：

光亚回国后，我们经常通信。记得是他在1950年6月2日给我的信中，他告诉我，今天下午物理系老师和学生比赛排球，他打的是二传手。后来，他又写信告诉我，在6月9日，物理系与植物系比赛排球，他们3局全胜。

时隔半个多世纪，许慧君教授还能如此清晰地记得这些日子。在惊叹老人的记忆力的同时，我们真切感受到了朱光亚与许慧君之间的热恋。

五、有情人终成眷属

1950年9月，许慧君完成学业后回国。朱光亚专程到广州迎接。

许慧君回国，几经周折，没有朱光亚回国时顺利。美国政府对新中国采取敌视政策，给中国留学生设置了许多障碍。

这从朱光亚给许慧君的信里可以看出。1950年4月29日，朱光亚在信

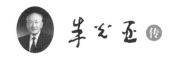

1950 年 9 月，朱光亚与许慧君（左二）、大妹朱光玮（右二）、小妹朱光瑁（右三）、姨侄毕世俊（右一）在武汉合影

中写道："发展到这种情形，不免令人为前途担忧。的确，在'民主'的国家里，'民主'两个字是要加上帽子的。你为回国问题焦虑，很使我不安。"

许慧君在密歇根大学攻读的是化学专业，取得了硕士学位，回国后被分配到北京中央卫生研究所工作。

1950 年 10 月，朱光亚与许慧君在北京登记结婚。11 月 12 日，他们在王府井的森隆酒家举行了简朴而隆重的婚礼。

王府井是北京著名的商业街，始建于清朝末年，新中国成立后，成为"京华第一商业街"。据史料记载：20 世纪 30 年代，王府井共有饭庄近 40 家，其中著名的有东兴楼、玉华台、五芳斋、森隆、东来顺、小小酒家、萃华楼等。

前来参加婚礼的都是朱光亚、许慧君的亲朋好友，总共 34 人。这当中，有许慧君的叔婆何香凝、姨母廖梦醒、舅舅廖承志、舅妈经普椿。两家父母及家人因为都在外地，没有专程前来。

何香凝是国民党领袖廖仲恺的夫人、中国民主革命的先驱和妇女运动的领袖，1879 年生于香港，1897 年与廖仲恺在广州结婚；1903 年入日本女子师范学院学习，同年结识孙中山；1905 年参加中国同盟会，并介绍廖仲恺加入该会，随同孙中山从事革命活动；1926 年当选为国民党中央执委，并任国民政府妇女部部长；1927 年蒋介石叛变革命后，辞去在国民党政府的一切职务。此后，她与宋庆龄一起，从事革命民主运动，与蒋介石独裁政权做斗争。1947 年，何香凝参与筹建中国国民党革命委员会；1949 年，出席中国人民政治协商会议第一届全体会议；新中国成立后，历任中央人民政府委员、全国人大常委

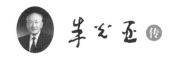

1950 年 11 月 12 日，参加朱光亚和许慧君婚礼时来宾签名的红绸布。许慧君的二叔婆何香凝在上面题写了"百年好合，祝朱光亚、许慧君新婚之喜"。廖承志、沈克琦、邓稼先、佘守宪、唐敖庆等亲朋好友也在红绸上签名。

会副委员长、全国政协副主席、全国妇联名誉主席、民革中央副主席等职。

何香凝还是一位杰出的画家，擅长中国画，担任过中国美术家协会主席。作品多为花鸟，特别是以松、梅、菊为题材的作品，享誉海内外。

在朱光亚和许慧君的婚礼上，她亲自在一幅 2 尺见长、1 尺见宽的红绸上挥毫题字："百年好合，祝朱光亚、许慧君新婚之喜"。到场的亲朋好友也都在红绸上签了名。这幅珍贵的礼物，许慧君一直保存至今。

廖梦醒是廖仲恺、何香凝的长女，廖承志的胞姐；1931 年加入中国共产党；抗战时期，任宋庆龄的秘书，负责宋庆龄与周恩来之间的联络工作，并任宋庆龄创建的中国民主同盟的办公厅主任，协助宋庆龄向海外华侨募集了大量钱款和物品，支援八路军、新四军抗战；新中国成立后，任全国人大代表、全国妇联国际联络部副部长等职，是一位杰出的社会活动家。

廖承志和经普椿是夫妇。廖承志是廖仲恺、何香凝之子，出生时，父母希望他长大后继承革命先辈的志向，为中国的独立、自由而奋斗，故取名"承志"。廖承志于 1924 年加入中国国民党；1927 年蒋介石发动反革命政变后，

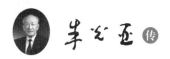

愤而脱离国民党，加入了中国共产党；1933年参加中国工农红军，抗战时期任八路军香港办事处负责人，解放战争时期任新华社社长、中共中央宣传部副部长，新中国成立后任共青团中央副书记、全国民主青年联合总会主席、中共中央候补委员等职。经普椿是著名教育家经亨颐之女。经亨颐早年留学日本，后追随孙中山投身革命。他与何香凝是多年的好朋友，在上海期间，与何香凝毗邻而居。何香凝是国画家，他是著名的金石画家。经亨颐曾任国民党中央执行委员，代理过中山大学校长。

出席婚礼并在红绸上签名的，还有后来被誉为"两弹"元勋的邓稼先。他是朱光亚在西南联大时的同班同学，前不久刚刚从美国归来。

邓稼先，1924年6月25日生于安徽怀宁，比朱光亚年长6个月。其父邓以蛰是清华大学和北京大学哲学系、中文系教授。1941年，邓稼先考入西南联大物理学系。1942年，朱光亚转入西南联大物理学系时，他们成为同班同学。1946年秋，邓稼先被北京大学物理系聘为助教；1948年10月，赴美国印第安纳州普度大学攻读核物理专业博士学位。

杨振宁、李政道、邓稼先和朱光亚，被称为西南联大物理学系"四杰"。四人中，杨振宁、李政道在美国从事科学研究，1957年，共同获得了诺贝尔物理学系奖；朱光亚、邓稼先回到新中国，为中国核技术事业做出了巨大贡献，成为中国"两弹"元勋。

在婚礼上，大家纷纷"起哄"，让朱光亚唱歌。许慧君回忆说，朱光亚当时为大家唱了歌剧《王贵与李香香》中的一段。

《王贵与李香香》是一部五幕歌剧，创作于1950年，同年10月在北京首演。该剧根据著名诗人李季的同名长诗改编，梁寒光作曲。

剧情讲的是：1930年，陕北地区，被地主崔二爷强行拉去当长工的王贵，经常帮助邻居李德瑞家砍柴、挑水，逐渐与李家女儿香香产生了爱情。崔二爷调戏李香香不成，就回家毒打王贵出气。备受折磨的王贵秘密加入了共产党领导的赤卫队，被地主发现后入狱。李香香领着游击队及时赶到，救出了王贵。然而，国民党军反攻入庄，游击队暂时撤离。崔二爷又抢走李香香，大摆喜筵，与国民党军军官们喝得烂醉。这时，游击队从天而降，俘虏了这

1950 年 11 月，朱光亚和许慧君在位于北京内务部街的家中合影

帮恶魔。王贵与李香香终于幸福地结合。

许慧君清楚地记得，朱光亚唱的那段歌词中有这样两句："不是闹革命，咱们翻不了身；不是闹革命，咱们成不了亲。"

婚礼上的这段"小插曲"，至少说明了两点：一是朱光亚确实喜欢唱歌，10 月刚刚演出的歌剧，11 月、朱光亚就会唱了；二是朱光亚选择这段唱词，借以表达了他与许慧君之间的爱情。

因此，一曲唱罢，引得大家一片掌声。何香凝等在场的长辈，个个满含笑意，颇为欣赏。廖梦醒高兴地对许慧君说："光亚脾气好，能体贴人，是一个好丈夫。"

婚后，朱光亚、徐慧君他们把家从北大宿舍搬到了东城内务部街中央卫生研究所宿舍。这里离何香凝住的地方比较近。节假日或星期天，他们经常去看望这位革命老人。

就这样，朱光亚和许慧君开始了在北京的美好生活。

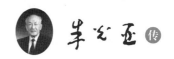

第八章 激情燃烧

一、揭露美帝的科学檄文

朱光亚到北京大学工作后不久，世界局势发生了重大变化。这就是 1950 年 6 月 25 日，朝鲜内战的爆发。

朝鲜原本是一个统一的国家。1910 年 8 月，日本迫使朝鲜（大韩帝国）签订《日韩合并条约》，正式吞并了朝鲜半岛，设立朝鲜总督府，开始了对朝鲜的殖民统治。

1945 年 9 月 2 日，第二次世界大战结束时，根据同盟国协议，在朝鲜以北纬 38 度线为界，作为美国和苏联两国军队分别接受日军投降的临时分界线。分界线以北为驻朝苏军受降区，以南为驻朝美军受降区。两个受降区，埋下了朝鲜一分为二的祸根。

1948 年 8 月和 9 月，朝鲜半岛南北地区先后成立了大韩民国和朝鲜民主主义人民共和国，朝鲜由此分为两个有着独立主权的国家。之后，苏军和美军分别撤离。当时，朝鲜半岛总人口约为 3000 万，三八线以南的人口约 2100 万，三八线以北的人口约 900 万。

南、北朝鲜分别建国后，两军对峙，扩军备战，都想统一国家。

1950 年 6 月 25 日夜，三八线上乌云密布，狂风大作，暴雨如注。忽然间，不知何处一声枪响，划破夜空。顿时，南北双方军队对射，继而炮声隆隆，朝鲜战争由此开始。

战争初期，朝鲜人民军占了优势，开战只三日，便一举攻下了大韩民国首都汉城（现首尔）。眼见局势对韩国不利，6 月 27 日，美国总统杜鲁门发表声明，宣布武装干涉朝鲜内战。美国国家安全委员会据此做出了三项决定：一是立即向韩国提供武器弹药，并撤退美国侨民；二是出动海、空军支持韩国军队作战；三是出动第七舰队进驻台湾海峡。之后，杜鲁门又操纵联合国，组成了以美国为首的"联合国军"，登陆朝鲜半岛。战局由此发生逆转。

朝鲜战争的爆发，引起了世界极大的反响。新中国刚刚成立，人心思定。面对邻国燃起的战火，各种论调纷起，各种谣言纷起。特别是美国拥有原子弹，在一部分人中间，产生了"恐美""恐核"的心理。盘踞在台湾的蒋介石，也蠢蠢欲动，想乘机反攻大陆。

这时，朱光亚以敏锐的眼光和丰富的专业知识，撰写了一篇题为《原子能和原子武器》的文章，说明原子弹的原理及如何防御，并呼吁大家行动起来，反对原子战争。

在这篇文章中，朱光亚开宗明义地写道：

自从美帝国主义发动了对朝鲜的侵略战争以来，国际的局势骤然紧张。美帝国主义侵略的战火已经威胁着我国的东北，威胁着我们祖国的安全。由于在第二次世界大战中，原子武器——原子弹曾经被美帝使用过，加上美帝对原子弹夸张的宣传，使有些人一想到战争，立刻会不自觉地想到了原子弹，想到了原子弹的威力。原子弹这个残忍的杀人武器似乎已经成了战争的象征。战争贩子们也正利用这种人们对原子武器不了解，对原子弹惧怕的心理进行着他们无耻的宣传，对人民展开着神经的攻击。在这个全世界和平受着严重威胁的时候，我们坚决保卫和平，我们的使命是极其重大的。这个时候，我们不能也决不允许慌乱，我们不能也决不允许惧怕。要首先击退这一个战争贩子对我们的神经攻击，戳穿一些特务匪徒所散布的关于原子弹的谣言，我们必须仔细地分析一下原子武器的性质，及它在战争中能起的作用，以及战争贩子们为什么要利用原子武器来做他们神经攻击战的工具。

之后，朱光亚从科学家们是怎样发现原子能的、原子能在工业运用上的远景、原子弹是怎样做成的、原子弹带来了什么、氢弹的秘密、我们为什么要反对原子战争6个方面，进行了科学而通俗、深刻而明了的阐述，将政治、科技、军事、历史及现实有机地融合在一起。

通观全篇文章，可以感觉到，朱光亚是个具有政治观的科学工作者。他在文章中明确指出，美国为什么"要在日本投下原子弹，这个决定不是为了

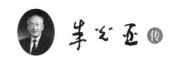

军事的目的，而是为了政治上、外交上的目的"。

他引用了美国共产党领袖福斯特撰写的著作《世界资本主义的末日》中的话：

第一次投的原子弹并不一定是为了打败日本，而主要是为了阻止苏联在管制战败的日本上取得真正的发言权（美国确是这样做的），同时也为了宣传美国将在华尔街统治战后世界的计划中使用原子弹。

他引用了英国物理学家勃兰开特撰写的著作《原子能的军事与政治后果》中的话：

原子弹的投掷与其说是第二次世界大战的最后的一个军事行动，不如说是冷战开始后的第一个重要行动。

他还引用了美国政府自己撰写的报告中的话：

广岛及长崎被选作投弹目标乃是由于这两个城市的居民活动集中和人口稠密的原因。

于是，朱光亚在文章中最后写道：

由这些分析我们不难看出，原子弹并不能决定战争的胜负。它仅仅能用来袭击不设防的和平城市，屠杀城市的居民，破坏城市文化建设。这也说明了为什么战争贩子们要进行无耻的宣传，宣称原子弹的威力至高无比，制造恐惧。我们现在看来，这些恐惧是完全不必要的。

只有全世界人民做了真正的主人，这个关于原子能的辉煌的科学成果才会被用来为人类增进幸福。不过，帝国主义存在一日，战争贩子存在一日，人民的安全就会受到严重威胁，原子能的和平建设事业就不能实现。正因为原子武器只是一个残忍的毁灭人类、破坏人类文化的凶器，我们要坚决地反对它的使用；正因为原子能在和平建设事业上有着无限的远景，我们要加强保卫和平、消灭战争贩子的决心，争取原子能和平运用的及早实现。

朱光亚撰写的这篇文章，由北京大学油印后，在校内外广为散发，在当时的局势下，起到了非常积极的宣传和教育效果。中央人民广播电台还专门到北京大学采访了朱光亚，播送了有关原子弹的专题节目。

后来，朱光亚将这篇文章进一步修改和扩展，撰写成一部专著，由商务

朱光亚著

原子能和原子武器

商务印书馆

1951年5月，朱光亚所著《原子能和原子武器》由商务印书馆出版

印书馆于1951年5月出版。这是新中国成立后，第一部系统介绍并论述原子能和原子弹的学术著作。

二、战火烧到了鸭绿江

由于美国的武装介入，朝鲜战场的局势发生了变化。

1950年9月15日，美军在朝鲜半岛的仁川登陆，遏制了朝鲜人民军的攻势，截断了朝鲜人民军南进部队的退路。美军不仅收复了汉城，而且全线进抵三八线。

杜鲁门在白宫召集会议，商讨以美军为首的"联合国军"是否要越过三八线，继续向北进攻，帮助韩国统一朝鲜全境。

以国务院政策计划室主任保罗·尼采为代表的一方认为："跨越三八线向北进兵，极可能招致中国或苏联出兵反击，则朝鲜内战将演变为中美大战、苏美大战，或中苏美大战。且因朝鲜紧邻中、苏，又多山地，如因北进引发中苏美对抗，必对我不利。"

而国防部部长马歇尔、参谋长联席会议主席布雷德利、"联合国军"总

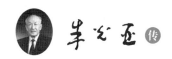

司令麦克阿瑟等军方人士一致认为：因仁川登陆成功，反败为胜，已克复汉城，收复了失地，累计消灭朝鲜人民军约30万，尚有3万余人退过三八线以北地区。如不乘胜追击，一旦朝鲜元气恢复，必东山再起，卷土重来。为南朝鲜安全与远东战略布局考虑，"联合国军"必须乘势跨越三八线，帮助南朝鲜统一朝鲜全境。

杜鲁门赞同军方的意见，最后决定以参谋长联席会议的名义，授权麦克阿瑟指挥"联合国军"，立即向三八线以北地区进兵。

1950年10月初，"联合国军"悍然越过三八线，并把战火烧到了中国东北边境的鸭绿江边。

"联合国军"越过三八线后，朝鲜民主主义人民共和国政府和朝鲜领导人金日成通过外交途径，希望苏联和中国出兵援救。

苏联领导人斯大林由于担心出兵会引起第三次世界大战，只愿意提供武器装备方面的援助。而新中国刚刚成立，百废待兴，美国又是世界头号强国，是否出兵相助并与美国直接较量，不仅需要深远的谋略和超常的胆魄，也要有极大的勇气，敢于担当援朝战争一旦打响，新中国将会面临的危险和种种困难处境。

唇亡齿寒。毛泽东认为，面对美军入侵朝鲜，并将战火烧到鸭绿江边，中国决不能袖手旁观。他愤然地说：

自1840年以来，百余年间，西方列强欺我落后，屡出兵攻打我们，先是鸦片战争，继之是英法联军战争，而后是中法战争、甲午战争、中日战争。除中日战争外，皆是我国战败，割地赔款，受尽屈辱。我年轻时曾立下誓愿，若能参与国是，决不再容忍列强欺我！

如今美国不但入侵朝鲜，向鸭绿江进逼，威胁我国东大门，且美机屡炸东北，美国舰队又在台湾海峡耀武扬威，阻我解放台湾，甚至宣称"台湾地位未定"。是欺负人嘛！是欺负我们没有飞机、没有坦克、没有军舰、没有原子弹嘛！

此前，1950年9月30日，中国中央人民政府政务院总理兼外交部部长周恩来就已发出严正警告：

中国人民热爱和平，但是为了保卫和平，从不也永不害怕反抗侵略战争。中国人民决不能容忍外国的侵略，也不能听任帝国主义者对自己的邻人肆行侵略而置之不理。

10月3日，中国政府通过印度驻华大使转告美国：朝鲜事件应该和平解决，朝鲜战争必须立即停止。如果美军企图越过三八线，扩大战争，我们不能坐视不顾，我们要管。

毛泽东和中共高层领导经过反复研究，审时度势，决定出兵朝鲜，帮助朝鲜民主主义人民共和国抗击美国侵略者。

10月8日，中央人民政府革命军事委员会主席毛泽东发布命令，组建中国人民志愿军，任命彭德怀为志愿军司令员兼政委。

10月19日，中国人民志愿军跨过鸭绿江。

10月25日起，中国人民志愿军在彭德怀的率领下，同长驱直入的以美军为首的"联合国军"开战。抗美援朝战争由此打响。

战争的局势再次发生逆转。"小米加步枪"的志愿军接连战胜了拥有现代化武器装备的美军和韩国军队。原先叫嚣打到鸭绿江边过圣诞节的不可一世的美军，不得不停下了进攻的脚步，向后撤退。

面对不利的局势，1950年11月30日，杜鲁门在一次记者招待会上，发出了威胁性的恐吓：

《纽约时报》记者安东尼·莱维罗：总统先生，进攻满洲（指中国东北地区——作者注）是否有赖于在联合国的行动？

总统：是的，完全是这样。

《纽约时报》记者安东尼·莱维罗：换句话说，如果联合国授权麦克阿瑟将军向比现在更远的地方推进的话，他会这样做吗？

总统：我们将采取任何必要的步骤，以满足军事形势的需要，正如我们经常做的那样。

《纽约每日新闻》记者杰克·多尔蒂：这是否包括使用原子弹？

总统：这包括我们拥有的任何武器。

《芝加哥每日新闻》记者保罗·利奇：总统先生，你说的"我们拥有的

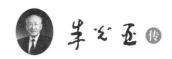

任何武器"，是否意味着正在积极考虑使用原子弹？

总统：一直在积极考虑使用原子弹。我不希望看到使用它。这是一种可怕的武器，不应将其用之于与这场军事入侵（原文如此——作者注）毫无关系的无辜的男人、妇女和儿童——而如果使用原子弹，就会发生那样的事。

合众社记者梅里曼·史密斯：总统先生，我想再回到刚才提到的原子弹的问题上。你说在积极地考虑使用原子弹，我们清楚地理解了你的意思了吗？

总统：我们一直在积极地考虑，史密斯。这是我们的一种武器。

国际新闻社记者罗伯特·狄克逊：总统先生，你刚才说这有赖于联合国的行动，这是不是意味着除非联合国授权，否则我们便不能使用原子弹？

总统：不，完全不是那种意思。对共产党中国的行动有赖于联合国的行动。战场上的军事指挥官将改变武器的作用，正如他以前常常做的那样。

美国总统杜鲁门的这番话，表达了三个意思：一是美国准备侵入中国东北地区，二是美国准备在战场上使用原子弹，三是使用原子弹不必经过联合国授权。这在全世界引起了极大的震动。舆论纷纷认为，这意味着麦克阿瑟这位朝鲜战场上的美国司令官，可以随心所欲地对中国使用原子弹，以挽救常规战争中的不利局面。

英国记者伦纳德·莫斯利撰写的人物传记《马歇尔》中记载了这件事：

杜鲁门讲话也走了火。在一次记者招待会上，有人问总统是否会在朝鲜使用原子弹来挽回局势，他坚持说，他不会排除使用美国军火库里的任何武器的可能性，这在全世界引起了一片惊慌。英国首相克莱门特·艾德礼急忙飞抵美国，向来采访的每个新闻记者宣布，英国决不会同意使用原子弹。美国政府向他保证说，那只不过是总统的一次失言。总统为了进一步说清问题，发表了一项公开声明：

总统希望确保有关使用原子弹问题的回答不致误解……当然，自从朝鲜战争爆发以来，一直在考虑这个问题，（但）必须强调指出，根据法律规定，只有总统有权批准使用原子弹，而总统至今并没有作出这样的批准。

杜鲁门并没有告诉艾德礼，事实上他已经把使用原子弹的决定权交给他所信赖的乔治·马歇尔部长了，而马歇尔已把此事透露给他的朋友伯纳德·巴鲁克。

虽然直至朝鲜战争结束，美国迫于国际舆论压力，最终没敢使用原子弹，但对新中国的领导者来说，这是当时必须面对的现实。

同时，这也从另一个侧面证明了，朱光亚关于原子弹的见解具有敏锐的政治判断力。因此，抗美援朝战争开始后，朱光亚也成为学校里被大家关注的人物。特别是青年学生，经常围绕着他，交谈有关朝鲜战争和原子弹方面的情况。据朱光亚之子朱明远介绍，当时，王府井新华书店还在宣传橱窗里，展示了朱光亚在课堂上向学生们讲授原子弹知识的大幅照片。

而北京大学党委和物理系领导，也把朱光亚视为可以信赖、可以依靠的知识分子，加以重点培养。

三、赴农村参加土改

在进行抗美援朝战争的同时，中共中央根据党的七届三中全会的部署，从 1950 年冬开始，在解放区广大农村进行土地制度的改革。

进行土地革命是中国共产党建立之初的革命宗旨之一。长期以来，中国农村的大部分土地掌握在少数地主手里，广大农民少地或无地，只得租种地主的土地。他们把全年收获量的一半以上作为地租缴给地主，还要无偿地为地主服各种劳役，并受商人和高利贷者的盘剥。这种土地制度是中国封建制度的根基所在。获得土地，是贫苦农民祖祖辈辈以来的梦想。中国共产党领导的土地革命，就是依靠贫农、雇农，联合中农，限制富农，保护中小工商业者，消灭地主阶级，变封建半封建的土地所有制为农民的土地所有制。

早在 1924 年，孙中山就提出了"耕者有其田"的革命主张，但真正实现这一主张的是毛泽东领导的中国共产党。1928 年，毛泽东建立井冈山革命根据地时，就制定了《井冈山土地法》。1947 年，中共中央在西柏坡制定了《中国土地法大纲》。1950 年 6 月，中央人民政府颁布《中华人民共和国土地改革法》。该法第一条总则就是："废除地主阶级封建剥削的土地所有制，实行农民的土地所有制，借以解放农村生产力，发展农业生产，为新中国的工业化开辟道路。"

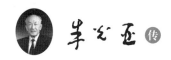

《中国共产党的七十年》一书中有这样一段话：

土地改革是一场激烈的阶级斗争，必须贯彻党的群众路线，依靠贫农、雇农，团结中农，把广大农民充分发动起来，使他们在打倒地主阶级的斗争实践中提高觉悟程度和组织程度，真正相信自己的力量，实现当家作主。党反对不发动群众，用行政命令方法把土地"恩赐"给农民的"和平土改"。同时，党又指出对群众运动不能放任自流，必须把放手发动群众同用党的政策去武装群众、引导群众结合起来。为了加强领导，党训练了大批干部，组成土改工作队，深入到农村工作。党还在城乡各界人民中进行宣传教育，并吸收许多民主党派人士和知识分子去参加或参观土地改革，形成城乡最广泛的反封建统一战线。

1951年年初，朱光亚作为北京大学的教师代表，随参观团赴湖南参观土地改革。

湖南是毛泽东的故乡，也是中国土地革命运动发源地之一。1927年3月，毛泽东深入湖南农村，写就了著名的《湖南农民运动考察报告》，提出了中国革命的中心问题就是农民问题。

这次参观，对朱光亚触动很大，他写道：

1951年初，我到湖南去参观土地改革运动，受了一次生动的阶级斗争教育，使我对中国革命斗争的意义与前途有了较深的认识与体会，同时也认识到中国革命斗争的力量源泉是无限的。这次参观，收获很不小，但主要是认识提高了。当时，我的感情还是知识分子的感情，自己还是或多或少地置身于斗争之外。

安排朱光亚去湖南参观土地改革，是学校党组织对朱光亚有意识地进行培养，通过接受教育提高对共产党的认识，建立对劳动人民的感情。那个时代，知识分子前面被冠以"资产阶级"，也就是资产阶级知识分子，需要用无产阶级思想去改造他们。当然，能进入参观团的知识分子，都是具有一定社会知名度或者是改造得比较好的知识分子，朱光亚应该属于后者。

1950年8月，朱光亚加入了中国民主同盟。

中国民主同盟，简称民盟，1941年在重庆成立。当时的名称是中国民主政团同盟，参加者有中国青年党、国家社会党（后改称民主社会党）、中华民族解放行动委员会（后改称中国农工民主党）、中华职业教育社、乡村建设协会、全国各界救国联合会等政治团体。第一任民盟主席为中国民主主义教育家黄炎培。

1944 年 9 月，中国民主政团同盟改称中国民主同盟，由团体会员制改为个人申请参加，成员主要由从事文化教育以及科学技术工作的高、中级知识分子组成。朱光亚在西南联大读书和工作期间，西南联大的许多教授都是民盟成员。民盟成立后，积极响应中国共产党提出的建立民主联合政府的号召，是当时学生民主运动的主要参与者和支持者。1947 年 10 月，国民党政府宣布民盟为"非法团体"，民盟地方组织和民盟成员转入地下斗争。新中国成立后，民盟以中国人民政治协商会议通过的《共同纲领》为自己的政治纲领，接受中国共产党领导，积极参加国家事务管理，成为与中国共产党通力合作、肝胆相照的参政党。

朱光亚说，从内心深处，他早就有了加入中国共产党的愿望，但当时觉得自己还不够入党条件，所以就先加入了中国民主同盟。

1951 年夏，朱光亚又被选入土改工作团，到大别山地区参加土改。这次，朱光亚在大别山工作了两个月，由原先的参观者成为参与者。

大别山位于安徽、湖北、河南三省交界处，东视南京，西隔武汉，是长江、淮河的分水岭。大别山是著名的革命老区、中国工农红军第四方面军的诞生地。1947 年，刘（伯承）邓（小平）大军千里跃进大别山，重新开辟了大别山根据地，为人民解放军全面转入战略进攻奠定了基础。

在大别山，朱光亚随土改工作团深入乡村，访贫问苦，分田分地，第一次真真切切地感受到了处在社会底层的劳动人民的生活疾苦，认识到了中国共产党为什么是为人民大众谋幸福的政党。他曾这样谈道：

我到大别山一带，随工作团工作了约两个月，对我的帮助是巨大的，使我对党如何在过去领导中国人民进行斗争，中国革命的艰苦性、长期性如何，中国人民的敌人是如何的惨无人性，中国革命斗争为什么要走武装斗争道路，中国革命力量的源泉等等，有了比较深入的认识。除了认识之外，我对劳动

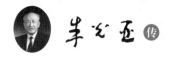

人民的感情也有了提高，在工作中，觉得自己不再像参观土改运动时那样置身之外，而是在经受磨练，工作做得也比较深入，特别是对想加入共产党的信念又进了一步。

投身在革命斗争的洪流中，朱光亚的思想认识有了进一步的提高，这是他人生成长过程中一个重要的节点。

第九章 战地日记

一、板门店开启停战谈判

朱光亚赴大别山参加土改工作团时，朝鲜战场的局势正在发生重大变化。

中国人民志愿军自 1950 年 10 月入朝参战，到 1951 年 6 月，8 个月时间，累计发动 5 次战役，收复朝鲜民主主义人民共和国全部失地，共歼"联合国军" 23.4 万人。两军战线在三八线附近拉锯，战局逐步稳定了下来。

而美国自 1950 年 6 月 25 日出兵朝鲜，到 1951 年 6 月，已苦战一年，先后折兵几近 10 万，耗去战争物资数千万吨，其侵略行径遭到世界爱好和平人士的谴责，英、法等盟国亦有怨言，美军将士的厌战心理严重。

两军对峙在三八线。美军朝鲜战场前线部队最高指挥官、第 8 集团军司令李奇微致电华盛顿，请示是否要再次跨越三八线，向中国人民志愿军发动进攻。

美国总统杜鲁门召集国家安全委员会成员开会商议，参加会议的有国务卿艾奇逊、国防部部长马歇尔、参谋长联席会议主席布雷德利、中央情报局局长史密斯等 10 余人。

国务卿艾奇逊认为，美军"应在三八线止步，停止进攻，争取与中国人谈判，和平解决朝鲜争端"。他详细分析道：

首先，朝鲜这场战争已使我国元气大伤。只八九个月时间，我军伤亡便几近 10 万，物资损耗以千万吨计数。眼下因朝鲜战事，军费开支已达 450 亿美元，明年还将增至 550 亿美元。常备军亦成倍扩充，达 200 余万。若战争持续下去，或扩大到中国全境，消耗还会增加。然我国虽付出重大代价，苏联却在一边看热闹，安然无事。我与中国恶战，不论胜负，徒损我国实力，使苏联坐大。

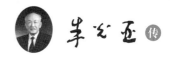

其次，我军虽近日略占上风，收复三八线以南失地，却是在三八线以南作战。该地区地势平坦，又靠近我方基地，利于海、空军活动，也利于我机械化部队发挥优势。若战线北移，再在北朝鲜境内作战，则山高林密，地形复杂，并靠近中国东北，敌方供应线缩短，我方供应线拉长，必攻守易势。那时，我军重蹈清川江、长津湖之战覆辙，亦未必可知。

清川江、长津湖之战，是中国人民志愿军入朝后发动的第二次战役。该战役自1950年11月25日发动，至12月24日结束，歼"联合国军"3.6万人，收复朝鲜民主主义人民共和国全部失地（襄阳城除外），全线进至三八线。

艾奇逊特别强调道：

目下我军在朝鲜与中国志愿军拼杀，牺牲惨重，欲求军事胜利已是无望。苏联却利用我用兵朝鲜之际，在欧洲坐大。如今苏联在欧洲所拥师团数量，已数倍于我与欧洲盟军的总和。长此以往，欧洲必失。欧洲若失，便危及我国安全根本。是故从大局出发，须设法与中国人谈判，争取尽早从朝鲜抽身摆脱危局。

艾奇逊的观点得到了包括杜鲁门在内的与会者的认同。会议决定，由杜鲁门发表声明，呼吁进行朝鲜战争停火谈判。

根据杜鲁门的指示，艾奇逊在散会后，立即又召集国务院、国防部、参谋长联席会议三部门的代表开会，共同草拟杜鲁门声明初稿，择日发表。初稿大意是：美国愿意以三八线为界实现停火，由交战双方谈判解决朝鲜问题，并暗示"联合国军"将放弃武力统一朝鲜的计划。

同时，参谋长联席会议也给"联合国军"总司令麦克阿瑟发了一份电报，通报了即将发表的杜鲁门声明的内容，并要他为停战谈判预做准备：在此期间，美军将不得越过三八线。这份电报的部分内容写道："国务院将很快草拟一项总统声明，由于南朝鲜大部分地区业已肃清敌人，一般认为在使用重兵挺进三八线以北之前，应进一步通过外交努力达成停战协议。决定做出外交反应和使重新进行谈判成为可能，都需要一定时间。"

麦克阿瑟这个美国人很狂妄。他对清川江、长津湖之战的失败一直耿耿于怀，认为美军已重新占据了优势，可以报一箭之仇，捞回面子了。接到电报后，他心中大为不满，暗忖道，如果总统声明发表，美军便不能重新越过三八线，清川江、长津湖两战之辱何时能雪？于是，他反其道而行之，抢在杜鲁门发表声明之前，亲笔起草了一个声明，以"联合国军"总司令名义在报纸上发表。声明大意是说：中国没有现代工业，没有海、空军，单凭人海战术，难与美军抗衡。美国拥有精良的武器装备和海、空军优势，又有原子弹，打败中国只是举手之劳。如今，美军已挫败了中国的人海战术，稳操胜券。如果中国不识时务，不接受"联合国军"统一朝鲜的要求，美国将使用海、空军和一切武器，把战争扩大到中国沿海和内陆，直到中国在军事上全面崩溃。

英国记者伦纳德·莫斯利说，麦克阿瑟的这份声明意在告诉中国："不要理会华盛顿和联合国，来同我进行谈判吧。当你来谈判时，你要爬着过来。这是一份最后通牒，他肯定知道中国人绝不会接受。"

麦克阿瑟的这个声明公开发表后，在世界上引起了强烈反响。英、法两国政府向美国政府提出抗议，认为麦克阿瑟未经英、法同意，便胡乱发表不符合联合国精神的声明，堵死了谈判之路；并问美国，麦克阿瑟的声明是代表个人还是代表政府？

中国政府愤怒谴责麦克阿瑟威胁要进攻中国，称美国在为扩大战争做舆论准备。

杜鲁门则是大为恼火。和谈声明还未发表，便被麦克阿瑟"搅"了。

艾奇逊请示杜鲁门怎么办？杜鲁门无奈地对艾奇逊说："此时再发表总统声明，岂非是自我嘲弄，让人以为我国政府出尔反尔，决策乱成一团？"

后来，杜鲁门回忆说，他当时已决定要撤麦克阿瑟的职，并指示助理国防部部长罗伯特·洛维特以参谋长联席会议的名义发一份电报，用命令的口气通知麦克阿瑟：

总统命令你注意他于1950年12月6日下达的命令。鉴于1951年3月20日已把（联合国决定在朝鲜谋求停战）情况告诉你，你以后的任何声明均须符合12月6日的命令。

总统还命令，如果共产党军事领导人要求在战场上停火，你应该立即向参谋长联席会议报告，请求指示。

半个月后，杜鲁门再次召开国家安全委员会会议，决定解除麦克阿瑟的职务，并由总统召开记者招待会公开宣布解职令。解职令说，因麦克阿瑟不能全心全意支持美国政府的政策和联合国的政策，决定解除其各项职务，即远东盟军总司令、远东美军总司令、远东美国陆军总司令、"联合国军"总司令，由李奇微接替麦克阿瑟的所有职务。

停战谈判又被提上了美国政府的议程。这次，不是发表总统声明，而是通过美国普林斯顿大学教授凯南，私下向苏联驻联合国代表马立克传递了美国愿意开启停战谈判的信息。凯南是位"苏联通"。马立克将此信息报告给莫斯科后，苏联政府又转告给了中、朝两国政府。毛泽东、周恩来与朝鲜领导人金日成、苏联领导人斯大林几番商谈，达成共识，决定接受美国的谈判要求。

1951年6月23日，苏联驻联合国代表马立克遵照中、朝、苏三国政府授意，在联合国新闻部发表了题为《和平的代价》的广播演说：

全世界各国人民都认识到和平对人类具有最巨大的价值。

自从牺牲了千百万人类生命的第二次世界大战结束以来，到现在还不满六年；而用这样高的代价得来的和平又受到威胁了……

美国和依赖美国的其他国家对朝鲜的武装干涉就是这种政策的最生动的表现。苏联、中华人民共和国和其他一些国家曾经一再提出了和平解决朝鲜冲突的建议。战争之所以仍在朝鲜进行，完全是因为美国始终阻挠接受这些和平建议……

苏联将继续奋斗以巩固和平，制止另一次世界大战。苏联人民认为，维护和平事业是可能的，朝鲜的武装冲突——目前最尖锐的问题——也是能够解决的。而要做到这一点，就必须各方有和平解决朝鲜问题的意愿。苏联人民认为，第一个步骤是交战双方应该谈判停火与休战，而双方把军队撤离三八线……

我认为，为了确保朝鲜的和平，这个代价不算太高。

两天之后，即6月25日，中国的《人民日报》在头版显著位置刊登了苏联驻联合国代表马立克发表演说的新闻，并配发了题为《朝鲜战争的一年》

的社论，对马立克的演说内容做出了表态，实际上是对美国释放的谈判信息做出正式回应。这篇社论说：

本月二十三日苏联驻联合国代表马立克发表广播演说，再一次提出了和平解决朝鲜问题的建议，我们中国人民完全赞同这个建议。这是给予美国的又一次考验，看它是否接受以往的教训，是否愿意和平解决朝鲜问题。

中国人民志愿军参加朝鲜的反侵略战争，其目的就在于求得朝鲜问题的和平解决。所以即在此后，中国人民仍然主张以和平方式解决朝鲜问题，并曾不止一次地表示支持其他国家关于和平解决朝鲜问题的合理建议。

美国却依然幻想依靠它的武力来征服全部朝鲜，进而威胁我国东北，因此，使所有这些和平解决朝鲜问题的努力归于失败。

毫无疑问，作为和平解决朝鲜问题的第一个步骤，马立克的提议是公平又合理的。

社论明确表达了中国愿意与美国和平解决朝鲜问题。同日，美国总统杜鲁门也在美国田纳西州发表演说，在对美国政府武力干预朝鲜问题的立场进行辩护后表示："愿意参加朝鲜问题的和平解决"。

6月29日，美国国家安全委员会经过杜鲁门的批准，向远东美军总司令李奇微发出了一份指示，并要求他一字不差地执行。以下是指示全文：

奉总统指示，你应在（6月）三十日，星期六，东京时间上午八时，经广播电台将下述文件向朝鲜共军司令发出，同时向新闻界发布：

我以联合国军总司令的资格，奉命通知你们如下：

我得知你们可能希望举行一次会议，以讨论一个停止在朝鲜的敌对行为及一切武装行动的停战协议，并愿适当保证此停战协议的实施。

我在你们对本通知答复以后，将派出我方代表，并提出一个会议的日期，以便双方代表会晤。我提议这样的会议可在元山港一只丹麦伤兵船上举行。

联合国军总司令、美国陆军中将　李奇微（签字）

7月1日，彭德怀、金日成分别以中国人民志愿军司令员和朝鲜人民军最高司令官名义，联名复电：

"联合国军"总司令李奇微将军：

你在本年六月三十日关于和平谈判的声明收到了。我们受权向你声明，我们同意为举行关于停止军事行动和建立和平的谈判而和你的代表会晤。会晤地点，我们建议在三八线上的开城地区。若你同意，我们的代表准备于一九五一年七月十日至十五日和你的代表会晤。

朝鲜人民军最高司令官　金日成

中国人民志愿军司令员　彭德怀

之后，双方经过多次协商，确定从 1951 年 7 月 10 日起，在朝鲜开城举行停战谈判。

停战谈判并不顺利，双方谈了一个多月，没有任何进展，且摩擦不断。其主要原因，是"联合国军"总司令李奇微不愿以三八线为停火线。

李奇微原先是美第 8 集团军司令官，直接参加了对中国人民志愿军和朝鲜人民军的作战。从军事角度考虑，他对"联合国军"首席谈判代表、美国海军中将乔埃说："三八线并无军事意义。我军进至三八线，无险可守，敌方可随时跨线进攻。以军事安全计，停战线须划到涟川、金化、杨口以北，方利我军固守。"

乔埃在地图上比画后说："将军是要求夺占三八线以北 1 万平方公里土地为我所有？我料对方必不同意。"

李奇微道："你只管谈判，坚持以涟川、金化、杨口为停战线，不必理睬三八线。对方若不同意，我自会请范佛里特将军用枪炮逼对方同意。"范佛里特即接替李奇微任美第 8 集团军的司令官。

对李奇微的企图，彭德怀早有警惕。他认为："美方请求谈和，是因武力不能达到目的，并非其自愿放弃侵略。若其力量增强，或谈判桌上亦不能达到目的，必重新用兵向我进攻。打时想和，和时想打，打打谈谈，边谈边打，此是敌人一贯伎俩。若要恢复和平，在军事上挫败敌人进攻、争取胜利是第一要务。"

果不其然，1951 年 8 月，"联合国军"共计 10 万余人、飞机数百架，向朝鲜人民军防线发起进攻，中国人民志愿军随即发起反攻。这场战斗下来，

"联合国军"的意图并没有得逞。

恼羞成怒，李奇微利用"联合国军"的空中优势，下令出动上千架飞机，对三八线以北直至鸭绿江，纵横数百公里的地区进行狂轰滥炸。之后，发动秋季攻势，集中50万大军，再次向三八线以北地区全面发起攻击，也未能得逞，无果而终。

无奈之下，李奇微只得重新回到谈判桌上。但他提出，谈判地点不能设在中朝控制区内的开城，要求在双方战线之间，另寻一个中立地点作为谈判会场。于是在双方协商后，板门店成为新的谈判会址。

板门店乃是一个小村落，只有几间草房。板门店往西北10公里是开城市区，往南10公里是"联合国军"代表团驻地汶山。

双方达成协议，规定以板门店的会谈小屋为圆心，划半径1000码的圆形区为会场区；板门店南北两端通汶山和开城的公路沿线为双方通道区，两侧各200米范围内，双方停止敌对活动；汶山城区和开城城区划为中立区，两个中立区皆为圆形，半径3公里；双方飞机不得飞越会场区、通道区、中立区，会场区的安全由双方军事警察负责。

1951年10月25日，朝鲜停战谈判移至板门店复会。一场漫长的、斗智斗勇的马拉松式谈判，由此开始。

1952年春，为了取得朝鲜停战谈判的胜利，中央决定从国家机关、高等院校等部门抽调一批政治上可靠、英语水平又高的优秀人才，作为翻译赴朝参加停战谈判。从北京大学选调了两人，一人是年届半百的钱学熙教授，另一人就是朱光亚。这年，朱光亚27岁。

二、入朝途中遭敌机轰炸

1952年4月，朱光亚踏上了赴朝的征程。

两年前，即1950年4月，朱光亚还刚刚从美国归来。

选调朱光亚参加朝鲜停战谈判，除了他政治可靠、英语水平高之外，据说，还因为朱光亚具有原子弹方面的专业知识，可以为中方谈判代表团提供有关专业咨询。

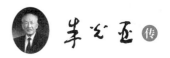

赴朝之际，朱光亚初为人父。1952年1月14日，他的长女朱明燕在北京出生。孩子出生时，那一瞬间，朱光亚感觉到自己的肩上，从此有了一份沉甸甸的家庭责任。但国难当头，朱光亚义无反顾地舍小家、顾大家。

刚接到赴朝调令，组织上叮嘱他对外要保密。在收拾行李时，许慧君问他："到哪里去？"朱光亚含蓄地说："到东北打老虎去！"话虽不多，但许慧君心中已明白，这是要上朝鲜战场。

朝鲜战争爆发后，朱光亚就撰写了《原子能和原子武器》一文，用自己的笔投入了战斗，但他没有想到，一年后会真真实实地走上战场。他在日记中写道："这是我第一次经受战火的严格考验。"

在参加朝鲜停战谈判过程中，朱光亚写下了珍贵的战地日记。这本日记，朱光亚一直保存着，直至他去世后，秘书才在他的办公室里发现。这是一本黑色的日记本，上面记载了朱光亚在朝鲜战场上的生活和工作情况。

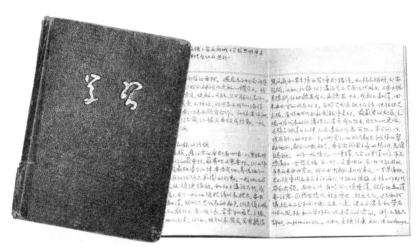

朱光亚的朝鲜战地日记

据日记记载，1952年4月22日下午5时，朱光亚一行10多人，登上北去的列车；4月23日上午11时到达沈阳，入住中央军委一个招待所。

在日记中，朱光亚写道，沈阳火车站外广场上，有一座苏军解放沈阳的纪念塔，塔上是一辆坦克。可能是因为要入朝的缘故，这辆带有战争色彩的坦克，令他印象十分深刻。当日晚上8点，朱光亚一行又乘坐列车去安东（今丹东），这一路比较艰辛。

在 4 月 24 日的日记里，朱光亚这样写道：

去安东的车挤得很，分小组上车找座位的办法失败，不过，挤来挤去，也睡了一会。清晨六时到达安东。安东是辽东省首府。在第一招待所住下，招待所内有不少国际友人，好像都是老大哥。午饭后仓促上车出发，夜行军，天未亮前赶到平壤大使馆。

辽东省于 1949 年 4 月 21 日经东北人民政府批准设立，由现辽宁省的大连市、丹东市、营口市及宽甸、桓仁、岫岩地区组成，省会安东。1954 年 6 月 19 日，中央人民政府决定撤销辽东省、辽西省，合并设立辽宁省。朱光亚的日记中提到的"老大哥"，是指苏联友人。新中国成立初期，把苏联称为"苏联老大哥"。

朝鲜战争时期，美国利用空中优势，经常对我进行狂轰滥炸，为安全起见，一般都选择在夜间行动。朱光亚所提"夜行军"，在当时是极为正常的安全措施。

朱光亚的日记里，对这次夜行军没有详细记载，但从同行人员的有关回忆中，我们可以了解到这一路的艰辛和危险。

与朱光亚一起赴朝参加停战谈判的翻译共有十几人。其中，有位名叫过家鼎的同志，他在一篇回忆文章中写道：

1952 年春，抗美援朝战争进入了阵地战的胶着状态，形势仍十分严峻。从 1951 年 7 月开始的停战谈判仍在继续。这是当时我国外交战线上的头等大事。国家需要选派一批政治上可靠的外语干部到板门店这个敏感地区从事谈判翻译工作。1952 年 4 月，我从上海复旦大学外文系调到北京参加"五一"节外宾接待工作，到北京后不久便荣幸地被选中去板门店参加停战谈判，时年 21 岁。

同行的有十几个人，当时互不相识，其中就有刚从美国回来的核物理学博士朱光亚。我们这个队伍中，年纪最大的是 50 岁的清华大学教授赵诏熊和北京大学教授钱学熙。年纪最轻的是我和冀朝铸、邱应觉。冀朝铸是侨居美国多年的哈佛大学本科生，邱应觉是马来亚（马来西亚西部的旧称）归侨。

当时，我们国内尚未形成一支专业的翻译队伍，但有不少英语水平高的人。

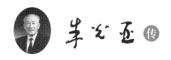

我们这批人来自各行各业，有教授、副教授、讲师、助教、医生等。选上我们，是因为组织上认为我们这些人政治上可靠，同时又具备一定的英语水平，对朝鲜停战谈判能有所贡献。

我们这一群互不相识的人在北京集合，穿上了新发的中国人民志愿军棉军装，只带了最简单的随身行李，从北京坐火车经沈阳到达安东。沿途看到，人民安居乐业，建设事业欣欣向荣。从安东跨过鸭绿江，眼前便似换了天地。那是一片废墟，美国侵朝战争已将朝鲜北方的城镇夷为平地，没有一座完好的房屋。我们从新义州出发，连人带铺盖一起上了一辆军用敞篷大卡车。朱光亚和我们共十几个人挤在一起，铺盖就是我们的座位。卡车沿着崎岖的山路前进，一路冒着美国飞机轰炸扫射的危险。朝鲜人民军和中国人民志愿军战士沿途站岗放哨，一遇敌机盘旋，便鸣枪发出防空警报。白天，卡车开开停停，天黑后便加速行驶，大部分路程是在夜间行进的。途中，美国飞机在我们车前扔下了照明弹，司机立即停车，让我们大家都跳下车趴在路旁的斜坡上。美机在我们车前车后扫射了一阵便飞走了。我们便拍去身上的泥土，立即上车继续前进，终于平安到达了开城中国人民志愿军停战谈判代表团的所在地。

冀朝铸在其回忆录《从红墙翻译到外交官》一书中，也有这方面的记载：

1952年4月，突然得知组织批准我去朝鲜时，我非常高兴……

我们得到通知，要作为中国人民志愿军停战谈判组的成员赴朝鲜开城。这以前停战谈判有一段时间进展得很不顺利，但现在又开始有一些进展了，所以志愿军代表团非常需要能够讲英文的人员……

我们先坐火车去边境上一个叫安东的地方。到达时看到那里明显处于战时状态，到处可以看到军人和军用卡车，街上还有不少苏联飞行员，然后我们跨过鸭绿江，乘一辆军用卡车向平壤开进。

朝鲜地势多山，风景优美。行进途中，天很快就黑了，只能看见卡车车灯放出的光芒。我们坐的卡车满载着各种物资，我们十几个人等于是坐在物资上面。经过一个朝鲜小镇时，听到有人用朝鲜语大叫"兵机！兵机！"，意思是"飞机！飞机！"。我们刚刚离开那个小镇，就看到美国战斗机轰炸扫射这个镇子，镇子里火光熊熊，把附近的地区都照亮了，所幸我们已经安全上路，没遇到危险。

我们继续向南开进，车灯也调暗了。偶尔听到一声步枪响，这意味着附近也许有敌机，也许有敌军活动，这时我们就关上车灯，放慢速度，在黑暗中继续向前。但车灯只能关上一二分钟，因为实在太黑了，如果不打开车灯，很可能翻车。

在黎明快来临时，一架美国战斗机不知什么时候突然飞出来，向我们的卡车俯冲，并用机枪扫射。我们可以清楚地看见曳光弹把车前的天空都照亮了。幸好那时卡车正要拐弯，必须减速，这样美军飞行员没有算准卡车的速度，我们也就没有被击中。如果不是有那个拐弯，我现在可能就写不了回忆录了。卡车司机当时马上踩刹车，我们赶紧跳下来藏在路沟里隐蔽……

到达平壤后，朱光亚等人在中国驻朝鲜大使馆休整一天。根据朱光亚日记中的记载，1952你4月26日凌晨5时，他们一行离开平壤，继续前行，于上午11时30分到达开城。与他们一起同行的还有志愿军文工团。

从平壤到开城，一路上还比较顺利。冀朝铸在其回忆录里写道：

当我们到达平壤时，到处都是残垣断壁、碎砖破瓦。我们爬入地下防空洞，在洞里休息了一天一夜，第二天早晨坐卡车去开城。之前，我方已通知了"联合国军"司令部，说一辆飘着一杆大红旗的大卡车，载着几名中国人民志愿军人员，要去开城参加停战谈判。前一夜遇到的飞机扫射事件使我们很担心。尽管敌方保证说按照双边协议不会攻击我们，但我们也知道，敌人经常不守信用。志愿军代表团总联络官柴成文上校的妻子有一次也是坐着插着一杆大红旗的吉普车从平壤去开城，也是预先通知了"联合国军"司令部，但还是受到了敌机袭击，腿部受了伤。如果这类事件发生了，我们就会要求在板门店召开一个紧急会议，双方就会互相指责。但据我所知，从来就不会有什么人真正认罪。

到达开城后，朱光亚作为志愿军停战谈判代表团中的光荣一员，正式投入到了停战谈判工作中。

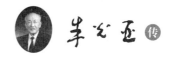

三、难以忘怀的战场生活

与平壤的遍地瓦砾成为鲜明对比，开城虽然也遭受战火摧残，但还有几间完整的房子。这几间房子就显得格外珍贵。志愿军停战谈判代表团的大多数同志，都住在开城城外约 1 英里的一个山谷中的小村里。

冀朝铸回忆说：

这个山谷里有一块开出的地，搭起几间木制房子，当志愿军的秘书处。晚上我们睡在一条小溪对面的几间草房子里，是当地的贫农特意为我们腾出来的。这个地方正好在"三八线"上，气候和纽约、北京差不多，冬冷夏热，春秋两季比较舒适。但物质条件和这两个城市大不一样，办公的地方冬天有一个取暖的炉子，在贫农的草房里，冬天什么取暖设备都没有，所以夜里我们虽穿着所有的衣服，还戴着棉帽子睡觉，耳朵还是会冻伤。冬天也根本不可能洗澡，只有当天气渐渐转暖后，才可以在附近的溪水里洗澡。

从早春到晚夏，草房里总有许多跳蚤和蚊子。我就开玩笑，管草房子叫跳蚤动物园，管那些一群一群的很大的蚊子叫美国的 B-52 轰炸机。所幸的是我们有蚊帐，能挡住"B-52"的轰炸，但不能挡跳蚤。尽管天气很热，我每晚睡觉时都把衬衣扣得紧紧的，掖到裤腰带里，脚上还穿上长袜，为了避免手上被咬，连手上都套着袜子。但每天早上起来，我的脸和脖子还是被咬得发红。

过家鼎也回忆说：

我们一开始住在朝鲜老百姓的家里，办公室也设在朝鲜老百姓为我们腾出的房子里。朱光亚就和我住在一间屋子里，睡在一个大炕上。我们从北京来的人都不习惯，躺在炕上，总睡不好觉。后来，经安排，我们每人都改睡一张行军床。我和朱光亚仍然住一间房子。朱光亚曾对我说："小过，你晚上常说梦话，说的是英文。"其实，我是在梦中背诵所记的英文词汇。

被选调来参加停战谈判的中方翻译人员，基本上都是在国外生活过的高级知识分子。其中许多人，如朱光亚、冀朝铸等人，都还刚刚回国不久。国内的生活条件与国外的生活条件相比，自然有着很大差距，更何况是在朝鲜战场上呢？但这些从国外回来的知识分子，没有一个人叫苦。在朱光亚的日记里，充满着革命乐观主义的气息。

到开城后不久，就是五一国际劳动节。朱光亚在日记里这样写道：

五月一日，开城的老百姓和人民军开运动会庆祝五一，学生们唱歌、赛跑，兵士们踢足球，妇女们荡秋千，人很不少，也真是热闹。下午代表团开纪念会，杜平主任作了报告。晚上文艺晚会，大家都觉得"阿妈妮"歌剧很不错。昨日，魏科长谈到北京的五一节，说明年该可以回到北京过五一了吧。的确，我们就该作这样长久的打算。今天下午纪念会上，司机排的一位代表说："美国鬼子拖，我就给他干个20年，回家干什么？"工人阶级的先进性就表现在这里。

朱光亚在后来的一份思想汇报中写道：

初去开城参加工作时，是抱着临时思想的，以为工作三五个月就会回来的。由于工作性质的特殊，出国前的学习期间里，领导上未具体说明情况。到了朝鲜后，情况了解了一些，国际局势也急剧地起着变化，首先要求我们的就是建立长期思想，对于我来说，这也是第一次比较严格的考验。

从中可以看出，朱光亚由美国回来后，很重视自己的思想建设，那时候叫"思想改造"。因此，开城的艰苦生活条件，对朱光亚没有丝毫影响，他还做了长期工作的思想准备。

到朝鲜后，朱光亚收到了妻子许慧君寄来的第一封家信。这封家信，述说了亲人的思念，还告诉了朱光亚一个噩耗：朱光亚的父亲朱懋功去世了。

朱光亚写道："到朝鲜后，收到家里的第一封来信，就带给我父亲去世的消息。尽管很悲痛，但当时我仍能很快地克服自己的情绪，严格地要求自己，百倍地努力工作。"由此可见，朱光亚对自己要求很严格。

对朱光亚他们来说，虽然英语水平都很高，但参加停战谈判还是第一次，而且是在硝烟弥漫的战场。刚开始，大家都高度紧张，但慢慢地就适应了。

过家鼎回忆说：

我们的代表团设在板门店附近双方协议的中立区内，一般来说，应该是比较安全的。我们的住所周围炮声隆隆，美国飞机经常在我们头上盘旋，在远处扔下炸弹。谈判开始时，美方曾一再违反协议，制造破坏谈判的事件，

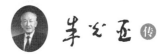

朱光亚等人每天晚上拉着防空帘在微弱的灯光下工作，一旦防空警报响起，就迅速躲入防空洞。图为板门店停战谈判早期搭建的帐篷。

如在中立区内枪杀我军事警察和轰炸我代表团驻地。经我方坚持斗争和抗议，中立区内基本上能够保证安全。不过，我们要时刻保持警惕，加强各种安全措施。晚间实行灯火管制，我们要拉上防空窗帘，在微弱的灯光或烛光下工作到深夜。夏夜，尽管天气十分闷热，我们也不能拉开窗帘透气。有时，敌机深夜飞越我们的驻地上空。我们一听到空袭警报，就要抱着文件和公文包，跑到房后的防空洞里躲避一会儿，等警报解除后再出来继续睡觉或工作。开始时，我们对这样的生活环境和工作条件不太适应，但过了一段时间也就习惯了。天热了，晚饭后，夕阳西下，我们三三两两散步来到山顶，席地而坐，看着远处炮战发出的火焰，意识到战斗还在激烈地进行，谈判尚需时日。

朱光亚的日记里，有关这方面的记载不多，只在5月13日的日记里提到："平壤开来的代表团车辆受敌机袭击，朝方牺牲一同志，今日下午开了追悼会。"

他的日记，记载的大多是有关谈判工作和翻译工作的情况，有许多是理性的思考，这大概是他从事科学研究工作的特点吧。但从中，我们可以清晰地看到，朱光亚是一个十分出色的翻译。

四、极为出色的英语翻译

朱光亚在志愿军停战谈判代表团担任的职务是外文秘书和高级译员。其工作任务，主要是搞笔译，负责将代表团秘书处起草的中文发言稿译成英文，并负责会议记录的档案整理。后来工作熟悉了，朱光亚有时也会被安排去谈判会场当翻译。

过家鼎回忆说：

我们的任务主要是搞笔译，就是将秘书处起草的发言稿由中文译成英文，由朝方同志译成朝文。这些稿子大部分都在谈判中使用，与对方（"联合国军"方面，实际上是美方）谈判时，我方的发言由朝中方面的首席代表南日大将用朝文念出，接着念出译好的英文。我和冀朝铸等人经常去板门店出席会议，因为我们还要负责速记美方的发言。朱光亚等同志则在开城总部，除了负责发言稿的翻译外，还要将报务员所听记下来的外文电讯译成中文，并用复写纸刻写数份供领导参阅。朱光亚同志还负责将板门店谈判开始以来的会议记录整理归档。我们和他一起工作时，他把我们口诵的内容一一记录下来，整理成通顺的文字并进行归档，不仅可供领导阅读，而且成为历史档案。这项工作是十分烦琐的，但他对待工作的态度认真负责，从不懈怠，周围激烈的战火激励着他更加发奋努力。他思维清晰，逻辑性强，沉静睿智，谦虚谨慎，给我留下深刻印象。虽然他是一位副教授，与我们刚出校门的学生不一样，但他从不要求特殊待遇。我们只知道他是一位留学归来的物理学博士，哪曾想他胸怀大志，日后为振兴中国的核物理学事业作出了贡献。

从过家鼎的回忆中，可以了解到，朱光亚在朝鲜停战谈判工作中，作为一名翻译人员，还担负了翻译之外的许多工作。而对翻译工作，朱光亚更是兢兢业业、善于总结、力求完美。

翻译工作在停战谈判工作中非常重要。曾长期在联合国工作的外交部退休干部杨冠群，当年也在中国人民志愿军停战谈判代表团工作。他在《世界

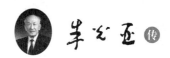

知识》杂志 1999 年第 18 期上撰文，回忆了这段历史：

朝鲜停战谈判一开始就面临一些棘手的技术安排问题。

首先是地点问题。谈判要有个地方，哪怕有顶帐篷，也可挡风遮雨。还要有桌椅、照明、供暖等设备。至于桌椅如何摆法、双方如何进出，联络官们也要费不少口舌。

其次是语言问题。谈判双方分别是美国与朝鲜和中国。经过协商，双方同意在大会上仅用英语和朝语，在谈判桌上，仅摆联合国旗和朝鲜国旗。

同语言紧密相连的是记录问题。一般，国际会议都有秘书处，负责会议行政安排，包括会议记录。当时双方敌意正浓，朝中方面无意同美国人搞什么"联合秘书处"。在那个年代里，电子设备还不普遍，也排除了使用录音机的可能。这就是说，双方各自记录，而且只能用人工。

停战谈判的斗争十分尖锐，双方的字字句句都要仔细琢磨。我们的对手是美国人，而且美方的朝语翻译也不足信，因此朝中方面决定会上主要记英语，且要逐字记录，以求精确和完整。特别是掌握谈判过程的朝中领导人都没有参加现场谈判，因此，记录就显得更重要了。

做英文逐字记录就要有英文速记员。对美国人来说，英文速记员俯拾皆是。可是，我们一时去哪里找呢？考虑再三，唯一的出路是自己培养。于是，设法从上海买到几本翻印的英文速记书。不少懂英语的年轻同志便兴致勃勃地学了起来。

美国速记员几个人轮流作业，十分钟换一次班。回去休息时，即把速记符号转成文字。散会时，全部记录基本就绪。我方则是二人同记，由于技术一时不过关，只能普通字与速记符号并用，还需利用朝语发言或翻译的间隙补遗。这样，记完一次时间较长的会议，已头昏脑胀。回来还须相互核对记录内容，以求精确，若是对不出来，再找参加会议的翻译和参谋助一臂之力。

杨冠群撰写这篇文章，时间是在朝鲜停战谈判 40 多年以后。而在朱光亚的日记里，当时就详细地写下了他对如何做好翻译和记录工作的思考。

在 1952 年 5 月 14 日的日记里，朱光亚写道：

五月十四日 翻译与记录的经验

只有一些零碎的经验。应注意的原则有四条：（一）重视我们的工作，认识工作的严重性、严肃性及重要性。（二）工作中的纪律性，必须严格遵守纪律，要忠实地、客观地记录或传达，不得有任何超出范围的行动。一般地说，不与对方人员随便交往，随便讲话。如对方讲话太快，或对方翻译错了，则一般地须提请代表提出，要求对方重复或再翻译。我们只是代表的助手。（三）克服主观主义。我们身为知识分子，有一技之长，常常自以为是，主观。犯错误多半是由此而来。例如，我方代表发言，究竟听清楚没有，如果未懂而装懂则错误。如稍有犹豫，即需发问。又如，记录对方讲话是不是有任何暗示，不要主观来猜测，仔细听其原文，再听其中文或朝文翻译，回来再与旁的同志对正。有时是因为能力不够，但往往是主观。有时也可以由新闻报道来对。最严重的是则为，主观以为代表的话讲得不漂亮或不恰当，自己加以更改，这样不但违反纪律，而且违反工作真实性。宁可问一下，或与别人的对正一下。（四）密切地团结朝方，诚恳地帮助他们。朝方人力较缺乏，要学习国际主义的精神，克服自高自大。

工作一般情况：（一）笔译。大会的笔译工作，事先准备好一些发言稿，有一些一定要用的，有一些可能用的，多半在半夜内写出，我们由中（朝）文翻成英文，一早准备好。早上领导同志有民主讨论会，可能改稿，这样工作即忙，容易出错。有些文件，有时可以慢慢译。从容地翻译，要注意：① 熟悉情况，联系历史、联系左右。过去如何讲，现在不会别开生面、另来一套，使文字漂亮如带有个人风格，如文学作品，但这是不必需的。例：不能允许的，impermissible。又如，交换俘虏，敌人用 exchange 商业字，我们就不用，用"交接站"recephon and delivery，则不是换，不是一对一的。若用 exchange，则跟敌人走。又例，军分线的三十天的期限，我们的观点是第二项议程讨论内即确定，以后要改即为 revise，不用 modify，或 adjust，是指现在就肯定，即或以后修正时可能全改，但就法律眼光来说，是 revise。又例，"朝鲜谈判是朝鲜问题和平解决的第一步"，这"一步"是指整个问题中的"一步"，即 of，而 lswand，则分为两段。以上是"立异"。此外是"求同"，如"替换"replacement，"补充"replenishment，是立异。"求同"，则如对方有提案，我们提出对案，

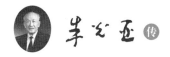

则小的地方可以用敌人的字、措辞。翻时要参考我方中文提案，对方英文原提案，及其中文译稿，三件对看。②翻译要忠实，原文如何，过去如何翻的，都要忠实。不要换过去用过的。甚至对于句子的结构、分段都保持原文形式。为什么？因为有三个文字，大会中念朝文，念到一句断了，而翻时念到这里还未断，则不好。③一大部分有规律可循，但时有新字，则必须慎重，用一字轻重是否恰当。一般来讲，笔译工作都是集体创作，有问题则提请领导同志考虑。宁可慎重一些。尤其是中文成语，四六句，不好翻，则将英文句子意义说给领导同志考虑。④要清晰，清楚，不可能发生误解。至于临时改，则比较麻烦一些，重要的要细心、耐心、镇静，要校对。愈是逼得紧，愈是容易出错。外国文字翻成中文，易犯的毛病是，翻成的不像中文，但一般地须使其像中国话，使领导同志能够了解。（二）口译。要有自信，要胆大心细。可以慢一点，或者把领导同志的话写下来，想一想，再翻。不要性急。事先做一些准备工作，了解一下过去历史，讨论的问题，过去用过什么字，等等，先有些了解。领导发言时，先作记录，记录时抓要点。翻译时附带作记录。要练习记录。口语，不如笔译要求那么严格。此外，还要替敌人作翻译，敌人的翻译是不可靠的，很差。会场中英文是主要文字，敌人依靠的就是我们的英文。敌人的发言，我们至少要摘要的翻给领导同志听。或者是作修正，说明美国人发言原意。人多可以分工，否则一人兼作。但思想上要警惕，即认为英文重要，认为英文为主要语言，但思想上要认识是朝、中文为主。口译，另外一方面仍旧要谨慎，尽可能避免改。改一些文字上的东西，不改也可以。重要的关键讲错了，再改，很难堪的。但重要的，真错了，可一定要改，不仅是文字上的错，是关键的错，当时发现当时改，事后发现事后改，可以找对方的记录。有时，话短，气势汹汹，就要快，代表讲一句，就翻一句，要胆大。情绪上，是立场，要有足够的认识、足够的感情，与代表感情融合起来。要随时摸索代表谈判的气氛，婉转、决断、发脾气、笑嘻嘻等。一般地，是严肃的，不带任何表情的。（三）记录。敌人只记英文，而且是机械化的。日子久一些，学一点速记。原则：讲什么文，记什么文，回来再整理、再翻译。自成一派，搞一些象形文字，记下一套成语。最关键的字一定要记下来，动词、形容词一般讲都比较重要。若记漏了，可以参考一下对方的中（朝）文翻译。不要有依赖心理，尽可能把自己的一份搞得最完整。敌方发言中的方案或论点可以会后要原稿但若是谩骂，则不要。我们通常只给未改过的方案、发言稿。回来后的整理，过程中等于做一次翻译工作。记录整理时，要注意标点、如何分段，加引号是引用的话。记录时要眼观八方，对方有无表情，发言是打字稿上念出来的，还是铅笔稿，铅笔稿是谁送进来的，可以了解一些内部的情况。甚至于注意对方是不是带来一些准备好的东西未拿出来。记录要建立一规定的格式，时间、休会、出席人、来

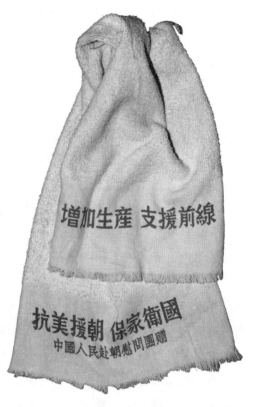

朱光亚使用过的中国人民赴朝慰问团赠送的毛巾

往的人等。要养成习惯。要完整，有头有尾。其次要正确，不要太欧化，要像中文，而且要清晰。口语中真正多余的、累赘的，翻成中文时可以去掉。会场口译，有时参谋发言，也要作笔译。翻译，要作记录，也要做情报工作。此外，翻译还要配合宣传斗争。翻译人员要特别注意保密：如不与对方交往，对方对发言要求解释，不应解释；若有修改，可提醒领导同志不给对方；不要丢掉东西在会场；念修改稿不要让对方知道。

　　这篇日记，两千来字，今天读来，犹如一篇研究翻译工作的论文，极为震撼。

　　从中，可以看到年轻的朱光亚身上，具有多方面的优点：工作极为认真，善于思考、善于总结，富有大局观，政治意识强等。这些潜质，也决定和说明了朱光亚之后的人生发展走向，绝非偶然。

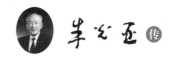

五、谈判桌上的激烈较量

停战谈判，虽然没有战火硝烟，却胜似战场。两阵对垒，较量激烈。

中国派往朝鲜直接领导停战谈判工作的是李克农、乔冠华。据楚云所著《朝鲜战争内幕全公开》记载：

根据杜鲁门发表田纳西州讲话及李奇微 6 月 30 日致函中朝战地司令官等事态，毛泽东断定朝鲜停战谈判已是势之所趋，一面频与志愿军司令部联络，指示如何复文，一面又考虑调派得力干部负责谈判。周恩来出计道："有现成二人可负责停战谈判。"正要说那二人名字时，毛泽东挥手道："且不要说破，我二人各写他们的名字，看能否对上。"说完，毛泽东以左手半遮，右手提笔，在白纸上写了几个字。周恩来也取过一支笔，写几个字。两张纸条并拢：毛泽东的字龙飞凤舞，不拘一格；周恩来的字，雄浑遒劲，方方正正。风格虽然迥异，内容却全一样，皆是上写李克农三字，下写乔冠华三字。对罢纸条，二人相视大笑。

此细节是历史真实还是艺术虚构，未考证。但李克农、乔冠华确是中国共产党内杰的出人才，选择他们两人直接领导朝鲜停战谈判工作，无疑是知人善任。

李克农，1899 年 9 月 15 日出生于安徽巢县，1926 年加入中国共产党；红军时期，先后任中华苏维埃临时中央政府国家政治保卫局执行部部长、红一方面军政治保卫局局长、红军工作部部长、中共中央联络局局长；抗战时期，先后任八路军、新四军驻上海、南京、桂林办事处处长，八路军总部秘书长，中共中央社会部副部长、部长；解放战争时期，还担任过北平军事调处执行部中共方面秘书长。新中国成立后，任外交部副部长、中央军委情报部部长；1953 年起，任中国人民解放军副总参谋长、中共中央调查部部长；1955 年，被授予上将军衔。

乔冠华，1913 年 3 月 28 日出生于江苏建湖县，1929 年考入清华大学哲学系，1933 年赴日本东京帝国大学继续攻读哲学，并参加革命活动；1935 年又赴德国图宾根大学留学，1936 年获哲学博士学位；1937 年全国抗战爆发后，毅然回国参加抗日救亡运动，1939年加入中国共产党，1942年到重庆《新华日报》工作至抗战胜利；1946年随周恩来到上海参加中共代表团工作，后赴香港任新华社香港分社社长；新中国成立后，任外交部外交政策委员会副主任；1950年10月，作为顾问，随中华人民共和国特派代表伍修权出席联合国安理会，控诉美国对中国领土台湾的武装侵略；后来，曾多次随同周恩来、陈毅出席国际重要会议。1970年后，乔冠华先后任外交部副部长、部长。

杨冠群介绍说："凡是在志愿军停战谈判代表团工作过的人都知道，代表团的领导人是'101'和'102'。'101'又名'李队长'，'102'则是'乔指导员'的代号。"

在1952年5月2日的日记里，朱光亚写道："李队长找赵、钱、谢和我去谈话，由老齐引导。他很关心我们的情况，关于目前的局势，他也说了很多。"赵，即赵诏熊，清华大学教授；钱，即钱学熙，北京大学教授。

过家鼎的回忆文章中也写道："领导停战谈判的李克农同志（被称为'李队长'）和乔冠华同志（被称为'乔指导员'）经常来看望我们这些知识分子，特别是清华和北大的两位老教授（赵诏熊和钱学熙）及朱光亚博士。"

李克农、乔冠华主持停战谈判，主要是在幕后领导。公开出席谈判的中朝方面代表团由5人组成：首席代表为朝鲜人民军南日大将，朝方谈判代表为李相朝、张平山，代表朝鲜人民军；中方谈判代表为邓华（后由中国驻苏联大使馆武官边章五接替）、解方，代表中国人民志愿军。邓华时任志愿军第一副司令员，解方时任志愿军参谋长。

美方及"联合国军"、南朝鲜的谈判代表也为5人。首席代表是美国远东海军司令官乔埃中将。另4人为：美第8集团军副参谋长霍治少将，代表美第8集团军；美远东空军副司令克雷奇少将，代表"联合国空军"；美远东海军副参谋长勃克少将，代表美国海军；南朝鲜第1军军长白善烨少将，代表南朝鲜军方。

双方谈判的第一项内容，就是划定军事分界线。中朝方面要求以三八线为军事分界线，实现停战；美国和南朝鲜方面要求以两军实际接触线为军事分界线，即在三八线以北，最近处距三八线38公里，最远处距三八线53公里。

板门店停战谈判会议现场

　　双方互不退让，对峙了20多天。后来，中方代表团在李克农、乔冠华主持下，经过认真分析，认为虽然美军在三八线以北占了1.2多万平方公里土地，但我方也在三八线以南，占了开城、延安半岛、瓮津半岛及沿海数十座岛屿，总面积亦近1万平方公里。为了早日实现和平，可以同意以现有军事接触线为军事分界线。此意见报毛泽东、金日成后得到批准。

　　中朝方面的诚意，赢得了国际舆论的好评，认为中国和朝鲜是真诚希望和平。1951年11月22日，谈判双方就以军事接触线为停战线达成了原则协议。接下来，双方就战俘交换问题进行谈判。

　　这项谈判，更为艰难，谈了几个月都没有结果。朱光亚参加停战谈判时，战俘交换是谈判最重要的议题。朱光亚在1952年5月12日的日记里写道：

　　战俘的安排问题。按照国际惯例，双方收容的战俘，在停战后一定时期内送还对方。本身应不存在什么问题，只是一些技术上的问题，但至今谈了五个多月，原则问题仍未解决。

根据1929年缔结的《日内瓦公约》，战争结束或达成停火后须遣返全部战俘。1949年，《日内瓦公约》进行修订，又加入了要求尽快遣返战俘的内容。该公约第118条规定："实际战事停止后，战俘应即予释放并遣返，不得延迟。"

美国是1949年修订后的《日内瓦公约》的签字国。虽然美国国会在朝鲜战争结束后才批准此公约，但在朝鲜战争爆发后，美国就宣布将遵守《日内瓦公约》。中华人民共和国和朝鲜当时不是《日内瓦公约》签字国，但在战争开始后也先后宣布遵守此公约。因此，尽管《日内瓦公约》对朝鲜战争双方都没有法律约束力，但由于双方都声明遵守该公约，战俘遣返问题似乎不应该成为停战谈判的障碍。

谈判开始时，中朝方面对遣返战俘提出的意见是：在停止军事行动后的3个月内，双方应分批全部交换战俘。

对此，毛泽东和斯大林都比较乐观。1951年11月14日，中国在给苏联的有关通报战俘遣返情况的电报中说："估计这一问题不难达成协议。" 11月19日，斯大林在回电中也认为："你们在交换俘虏问题上的立场是完全正确的，并且这是敌人很难反对的。"

但没有想到，美国和南朝鲜提出了不同意见。美方首席代表乔埃先是提出"双方战俘应照一比一原则对等遣返"，即是说，中朝方面每遣返1名"联合国军"战俘，"联合国军"方面便遣返1名中朝方面战俘。由于"联合国军"收容的中朝方面战俘大大多于中朝方面收容的"联合国军"战俘，这显然有失公允，而且违背《日内瓦公约》原则。之后，乔埃又提出"自愿遣返"，他说："虽然《日内瓦公约》中有无条件全部遣返战俘一条，但也必须考虑战俘意愿。贵军战俘中愿遣返者约为7万人，余皆向往自由世界，不愿遣返。出于人道主义原则，我们不能将不愿遣返的战俘移交贵方。"这依然是不对等交换战俘，战俘是不是愿意遣返，全由美国说了算。

美国在战俘问题上公然违背《日内瓦公约》的规定，是出于国际政治、国内政治以及西方价值观等多重考虑，并且涉及台湾问题。当时，美国与中

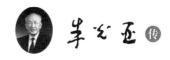

华人民共和国没有外交关系，只承认台湾的蒋介石政府。美陆军心理战作战处处长麦克卢尔就提出，由于台湾在法律上是中国的一部分，因此，将志愿军战俘遣返台湾在字面上并不违反《日内瓦公约》。而美军心理作战部门的实际工作人员大部分来自台湾，台湾当局驻南朝鲜"大使"邵毓麟就任"中国心战部指挥官"。他们在志愿军战俘中做策反工作，动员他们投向台湾反共。

自此，双方谈判代表每日争论战俘遣返问题，各执一说，不能达成协议。朱光亚在1952年5月31日的日记中写道：

队长（即李克农——作者注）找我们去谈话，要我们开动脑筋，提意见。目前的僵局如何打开？敌人的"自愿遣返"是早就打定了主意的，四月二十八日方案提出后（即乔埃提出的"自愿遣返"方案——作者注），杜鲁门、艾登等之流即公开发言支持。不是数字的问题，敌人也不在真的扣人，说句玩笑话，我们的战士送到蒋、李匪帮（蒋即蒋介石，李即当时的南朝鲜总统李承晚——作者注）处正好送他们的命。这是一个政治斗争！敌人阵营最近有点动了，几个办法：①英国政府的组织大公无私的法庭，《泰晤士报》透露的，给骂了回去；②印度尼赫鲁的双方各"走一大步"，也给骂了回去；③加拿大等的所谓组织共同调查委员会；④谈判桌上的，非军事区内"再甄别"。这一些无非都是"自愿遣返"。又说，直接和中国政府谈，但又怕台湾、对日和约等，受不了。打吧，又打不了。前天在南面山头上的接触，敌人十二辆坦克来，给打坏了六辆，最后三十几个尸首都无法拖回去。我们在前线的工事，战术就在消灭敌人。我们是可以打的，不怕打的，但是打能解决问题不……最近，英国、加拿大对战俘问题已不满意，"你牵走了牛，要我们来拔橛子"？加上日本的民主运动，西欧的人民的斗争，李承晚的摇摇欲坠，真是千疮百孔。看看敌人，看看自己。我们的政策：过去是团结进步，争取中间，孤立顽固；现在要迈进一步，要依靠进步，团结中间，分化顽固！如分化美、英，哪怕是两秒钟也是好的。我们的和平外交政策：另起炉灶，一边倒，发请帖，互通往来，互通有无。这一些，就在团结中间，分化顽固。最近，要动员广大舆论来向敌人在战俘问题的无理主张上展开攻势。我们要掌握情况，坚持原则，把握时机，注意影响。看问题要全面，避免主观、性急、面子，以及小资产阶级意识。目前，战略也就是策略。

从中可以看出，朱光亚的这些思考，已经超出了翻译工作，难能可贵。

六、炮火之中的理论思考

朱光亚的这些战略思考，体现了他的理论素养。在朱光亚的战地日记里，记录了他学习政治理论的诸多体会。

1952年7月1日是中国共产党诞生的纪念日。朱光亚在这天的日记里写道：

党的三十一周年生日。下午庆祝会上，队长转达了党中央的指示，要学习经济建设，学习理论。每人自己订学习计划。"没有时间就挤，不懂就钻。"这是毛主席的话。

朱光亚制订的学习计划是什么，在他的日记里没有具体记载，但就日记里记载的内容看，他的理论学习主要是结合朝鲜战争进行的。

7月16日，朱光亚在日记里，写下了对"国际主义与民族主义"理论学习的思考：

认真的学习，并以下列具体要求作为检查学习成果的标准：一、划清无产阶级国际主义与资产阶级民族主义的界限，了解国际主义的意义及重要性，认清民族主义、世界主义以及民族偏见的反动性与落后性。二、认清真正爱国主义与国际主义的关系。三、联系自己思想上、工作上、作风上及一切行动中自觉与不自觉的各种民族主义情绪的表现，深刻的检查分析产生的根源。四、结合本身的工作以国际主义、爱国主义的精神订出克服民族主义思想情绪，加强与友邦的合作及团结的办法。

7月19日，朱光亚在日记里，就"资产阶级民族主义的民族观"这一理论问题写道：

民族问题是与阶级问题相联系的，民族的斗争是与阶级的斗争相联系的。阶级的分析：统治阶级若是资产阶级，则它们处理问题是以它们这一阶级的利益出发的。对于无产阶级，则是以劳动人民的利益出发的。那么，对于小资产阶级，对于阶级意识模糊的"超阶级"的知识分子而言，他们考虑民族问题，考虑民族的利益，会犯一些什么样的错误呢？

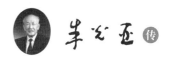

从这段话可以看出，朱光亚的理论学习，一是注意联系实际、联系自己，二是善于思考、提出问题。

7月20日，朱光亚在日记里继续写道：

过去蒋介石的"民族至上"，是不是就是他的垄断"民族"名义，出卖民族利益的幌子？由资产阶级的建立在资本主义剥削的阶级基础出发，它的民族主义关于民族问题的纲领和政策：①在国内，自己一小撮集团的利益说成是民族的利益，因而剥削劳动人民，压迫其他民族，但仍可以用什么"民族利益"的幌子来欺骗人民。②在国外，压迫和剥削其他民族，扩展殖民地统治。发展到最高形式，就是帝国主义的掠夺。

7月22日，朱光亚在日记里又写道：

全世界无产阶级的利益是一致的。此话究竟应该怎样具体了解？①无产阶级不剥削人，所以不会去侵略其他的民族。为什么有不剥削人的阶级？由资产阶级的立场与世界观"人不为己，天诛地灭"来看，当然就会提出这样的问题来。这和社会主义、共产主义社会中人们爱劳动是一种习惯和美德，由资产阶级的观点来看也是不可理解的一样。②无产阶级不能在人类社会上保存任何人压迫人的制度，否则，就不能使自己得到解放。因此，较①更进一步，还要坚决反对民族压迫……

为什么以前幻想美帝国主义有任何好意给予中华民族真正的独立、和平、民主以援助？是不认识帝国主义？资产阶级本质？还是根本不认识阶级斗争？

7月23日，朱光亚又把思考这个理论问题的目光，瞄向了世界。他在日记里写道：

印尼的民族解放运动进行得怎样了？那儿有解放区吗？希腊，由于铁托的背叛工人阶级（原文如此——作者注），似乎受到了影响，革命受到了挫败，现在的情况究竟怎样？南斯拉夫现在的情况如何？西班牙佛朗哥的情况如何？北欧的丹麦、瑞典、挪威都属于美帝的仆从国范围之内？这些国家内部的工人阶级情况如何？芬兰呢？（我的地理、历史常识太差了！）

7月24日，朱光亚在日记里还写道：

真正的爱国主义，乃是对于数千年来世代相传的自己祖国、自己人民、自己语言文字以及自己民族的优秀传统之热爱。尊重其他民族的平等，同时希望世界人类优秀的理想在自己国内实现，主张各国人民的亲爱团结，这也就是国际主义。中华民族的优秀传统是些什么呢？勤劳与勇敢是中国人民的优秀品格。富于革命性也是我们的光荣传统。有崇美思想的人，认为中国人"落后"，说话要说英文，根本就谈不上爱国主义。是"奴仆者的自傲精神"？是贱视自己民族的世界主义者？

朱光亚的理论素养较高，还在于他平时很注意读书、读报。在朱光亚的日记里，也有大量这方面的记载。

5月15日的日记里，朱光亚就新闻报道写下了自己的思考：

新闻工作怎么做？会上一个拳头，会外一个拳头。会外的就是要动员全世界舆论来打击对方……公报是秘书处的工作。怎样起作用？有时透露记者为媒介，东京的早上广播有时很重要。敌方汶山，Nuelcols搞的。东京则是Clark总部，华盛顿则为美国首府消息。由三处新闻可以看矛盾、动态等。另外，英国亦有其主张，法国AFP亦然，加拿大亦然。我们的对敌斗争，需要了解整个局面……另外一个因素，是世界舆论，世界人民，包括美国人民在内，可以起促进作用。如北京广播，也包括敌人阵营内的舆论，如现在英、法、加拿大对美国现在政策不满意。英、法对扩大战争害怕，英有香港、马来亚、印度问题，法有越南问题。这些矛盾虽不是主要的，但是可以利用的……如俘虏问题，（美）先不同意交换材料，又要先交换重伤病俘虏，受驳斥。交换材料，新闻上大胜利，利用一俘虏新闻记者（指美联社记者——作者注），攻击敌人的"新闻自由"。我们宣传我们的俘虏政策，敌人也利用以之安定人心。行政会议，如何发表消息？不透露也不成。敌人先破坏协议。我们通过敌人的评论来打击敌人。

10月12日的日记里，他写下了读李达《大量吸收知识分子》一文的体会：

作为一个人民教师，在积极方面，他必须站在工人阶级的立场，深刻地懂得中国社会从新民主主义阶段进到社会主义、共产主义阶段的发展规律，领导学生学习马克思列宁主义和毛泽东思想，在今天为实现新民主主义而努

力，在明天为实现社会主义、共产主义而努力；他必须领导学生发扬爱祖国、爱人民、爱劳动、爱科学、爱护公共财物的公德；他必须领导学生精通自然科学和技术，以服务于工业、农业和国防建设；他必须应用辩证唯物论和历史唯物论的观点，教导学生研究和解释历史、经济、政治、文化及国际事务；他必须教导学生以"为人民服务的文学艺术"，启发人民的政治觉悟，鼓励人民的劳动热情；他必须具体地灵活地运用理论与实际相一致的教学方法，使学生所学的东西能切合于目前新民主主义建设的需要。

作为一个人民教师，在消极方面，他必须肃清自己所曾感染过反动思想的影响——封建的、买办的、法西斯主义的思想，反苏、反共、反人民的思想，崇美、亲美、恐美的思想，与敌人的思想划清界限；他必须克服资产阶级思想——个人主义、作客思想、雇佣观点、技术观点、超阶级超政治观点等，与资产阶级思想划清界限。

1952年11月7日是俄国十月革命35周年纪念日。朱光亚在这天的日记里，记载了他的读报体会：

今日是伟大的十月革命三十五周年。

读十月十九日人民日报《集体与个人》、苏联文学报7/5社论。

一个人，由协同一致的工作、共同的目标和共同的任务联系起来，就形成为一个集体。我们的社会主义社会是由许许多多集体组成的，而整个社会主义社会则是建设共产主义的人们的统一的团结一致的集体。集体主义的原则，是我们生活中的最重要的原则之一。

对每一个苏维埃人的命运，社会都是非常关心的。我们为他的成就而高兴，为他的失败而不安，对他的私生活我们也是不能不关心的。我们问他为自己的集体作了什么，我们以同样的坚持性要求集体留心每一个人的需要……

一个诚实的苏维埃人用不着害怕集体干涉他的生活。关切的、委婉的干涉总是给他带来好处。在教育子女方面、家庭成员的相处方面、生活的组织方面给予他以指导和支持。一个诚实的苏维埃人是以坦白的心胸乐意向自己的集体报告自己的一切事情的，无论是生产、工作或学业，无论是社会活动或家务。所有这些事情是彼此不可分割地联系在一起的，是紧密地交织在一起的，如果仅从某一个方面去判断一个人，那就会对他形成不全面的不正确的看法。

在这篇日记里，朱光亚还引用了高尔基的一句名言："爱儿女，这是连母鸡也会的。但是善于教育他们，却是一个伟大的国家的事业，这种事业需要才干和广泛的生活知识。"他深有感悟地写道：

培养人的共产主义道德，是每个集体都有责任经常从事的。这不仅仅是责任，这是巨大的荣誉。教育幸福的人们，即共产主义社会的建设者，乃是一个愉快的事业。马卡伦柯写道："我们的共产主义伦理道德应该是替千百万人的幸福着想，而不仅仅为'我的'幸福着想。""在我们的每一个行为中，都应该贯穿着一种为了集体、为了总的胜利和总的成功的思想。"

在朱光亚后来的教学生涯中，他将这些理论认识，自觉地运用到了实践中。

七、谈谈打打未有时

朝鲜停战谈判是个漫长的过程。谈谈打打，打打谈谈。谈判过程中，有时候是唇枪舌剑，有时候是对峙无言。

对峙无言，是美方首席代表乔埃想出的一种谈判时施加压力的"战法"。

刚开始谈判时，双方唇枪舌剑，互不相让。后来，美方改变了"战术"，当我方首席代表发言后，乔埃拒不发言，弄得会场一片沉默。

柴成文（时任志愿军停战谈判代表团秘书长——作者注）、赵勇田所著《板门店谈判》一书中写道：

这是乔埃有意安排的一种"战术"，以表示他们顽强的坚决态度。他的助手们也一个个抽烟，不抽烟的，有的用笔在写着或画着什么，有的抬着头望着我方，似乎在说："看你们怎么办？"我们的代表都很沉着，邓华和解方、张平山都不抽烟，只是静静地坐着，李相朝低着头用红色铅笔在画什么。

一分钟、两分钟，一小时、两小时过去了，时间越长，对方的口越是张不开，自然随着时间的推移，他就更无法打破僵局了，无可奈何，只好任凭它沉默下去。

在"静默"将近一小时的时候，坐在参谋席位上的柴成文，按照分工轻

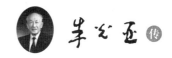

轻地离开了会场，回到离会场仅有百米之远的"工作队"的"前指"（这是李克农为及时了解会场情况临时在那里工作的一间民房，同时在那里的还有乔冠华和中朝文翻译安孝相）向李队长作了汇报。李克农听了以后说，就这样"坐"下去。柴成文回到会场后写了"坐下去"三个字交给解方，他看了看顺手传给了邓华、南日、李相朝和张平山。

这场"静坐"，一直僵持了 132 分钟。最后，对方不得不提出："我建议休会，明天上午 10 时继续开会。"

此后，对峙无言成了谈判时经常出现的局面。

对峙无言的时候，双方代表正襟危坐，怒目相视，抽烟喝茶，摆弄铅笔，写字涂画，既不发话，也不退场。

在《我们的父亲朱光亚》一书中也有这方面的描述：

由于谈判陷入了僵持阶段，久而久之，双方都练出了耐心和坐功，甚至需要忍受较长时间的沉默。这里有一个插曲，就是由于双方在保持沉默时都是一言不发，中方人员看着美国人一支接着一支地吸香烟、一口接着一口地吐烟圈，于是也相互递烟，父亲也就是在此时学会了抽烟和吐烟圈。父亲后来在回国后，一直保留了抽烟的习惯。有一次，在核武器研究院开会，当会议中间短暂休会时，父亲抽空点燃一根烟，并吐出一连串又圆又大的烟圈，令在一旁看到此景的青年技术员禁不住好奇地问父亲，怎么会有这样高的吐烟圈技巧。父亲不禁哑然一笑，幽默地告诉他说：这还要归功于板门店谈判。当时中、朝代表与美国佬谈判，常常是双方一言不发，你看着我，我看着你，静坐一两个小时后，宣布下一次开会的时间就散会了。为了打发时间，我就学会了抽烟。美国佬从鼻子里喷烟，还从嘴里吐烟圈出来。我们的谈判代表也如此对之，而且吐的烟圈一次比一次多、一次比一次大，停战谈判成了吐烟圈比赛。美国佬谈判谈不过我们，吐烟圈也吐不过我们呀！

对峙没有成功，美方又想出了"到会即提休会"的花招，以阻挠谈判的正常进行。当时，设在板门店谈判会场的帐篷两侧各有一门，双方代表各自出入自己一方的帐篷口。美方代表夹着文件包懒洋洋地步入帐篷，不待坐稳便提出"建议休会"，然后就起身退出会场。

对谈判过程中发生的斗争，朱光亚在 1952 年 6 月 20 日的日记里写道：

不要寄托在希望与幻想上。①自力更生。战场上与会场上。战场上力量的增长，会场上，理直气壮与理屈词穷，说理与组织力量。②依靠人民的力量。③争取中间。④分化敌人。坚持原则，耐心说理；留有余地，见机而行。

果不其然，在拖延谈判的同时，不久前刚刚接替李奇微担任"联合国军"总司令的克拉克，又捡起了"武斗"的法宝。他同他的参谋班子谋划了一个"八点行动计划"：

轰炸水丰发电站，

轰炸平壤，

轰炸平壤至开城的供应线，

轰炸北朝鲜所有大大小小的目标，

"释放""反共"战俘，

中断谈判，

增强李承晚军，

施放调用台湾蒋介石军队计划的烟幕。

1952 年 6 月 23 日，美国空军出动 590 余架次飞机，轰炸了中朝边境鸭绿江上的水丰发电站以及长津、赴战、虚川等地的电力设施。

7 月 11 日，又出动 746 架次空军飞机，再次轰炸了平壤。美军自侵朝以来，一直把平壤当作重要的轰炸目标，政府机关、学校、医院、民居早已荡然无存。克拉克指挥的这次轰炸，只不过是对已成废墟的平壤再倾泻注一批钢铁而已，政治目的大于军事目的。

而"八点行动计划"中的所谓"释放""反共"战俘，就是把俘虏的北朝鲜战俘移交给李承晚政府。

与此同时，在板门店，美方代表不断提出"休会"，蓄意阻扰谈判正常进行。9 月 28 日，美方单方面宣布休会 10 天。10 月 8 日，美方再次升级，单方面宣布无限期休会。谈判陷入破裂的边缘。

板门店冷冷清清，战场上就开始"热闹"了起来。

美国人的信条是以实力说话。在会场上没有得到的，他们就想在战场上

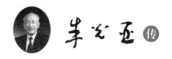

得到，以"战场"压"会场"。

实施克拉克的"八点行动计划"之后，美军开始了接二连三的地面攻击行动。10月14日，美军在金化以北的上甘岭地区，发动了自1951年秋季攻势以来最大的一次战役，称为"金化攻势"。

上甘岭，位于中国人民志愿军中部战线战略要点五圣山（金化以北）南麓，阵地突出，直接威胁着美军金化防线。如果上甘岭失守，志愿军整个中部战线便有全线崩溃的危险。

美方调集了美军第9军1个师、李承晚军2个师、"联合国军"2个营以及18个炮兵营、1个坦克营又5个坦克连，共计兵力6万余，大炮300余门、坦克170多辆，出动飞机3000多架次，对上甘岭由志愿军两个连防守的约3.7平方公里的阵地，持续发起攻击，共倾泻炮弹190余万发、炸弹5000余枚。

志愿军的防守兵力是两个加强连，在266门大口径火炮协同下，以坑道为防御依托，英勇顽强地抗击"联合国军"接连不断的进攻。阵地丢失了，重新夺回来；部队打没了，前赴后继。上甘岭战役中，志愿军先后参战的部队达4万余人。

上甘岭战役自1952年10月14日至11月15日，前后历时43天，战斗激烈程度前所罕见。在"联合国军"的狂轰滥炸下，上甘岭阵地的山头被削低两米，成为一片焦土，但依然如钢铁般稳固。最终，这次战役，以中国人民志愿军取得辉煌胜利宣告结束。

据官方公布的统计资料，在上甘岭战役中，志愿军将士阵亡7100余人、伤8500余人，共计伤亡15600余人；美国、南朝鲜为主的"联合国军"共计伤亡25000余人。志愿军击落、击伤"联合国军"飞机270余架，击毁坦克14辆，击毁、击伤大口径火炮61门，创造了世界军事史上的奇迹。

美军陆军第2步兵师5117团上校指挥官约翰·马丁，在后来回忆朝鲜战争时这样说：

在朝鲜的这段时间里，我终于懂得了什么是真的无法战胜！

我参加的太平洋战争中，与日本军队交手，已经不是第一次的事情了。日本军队的进攻与防御，虽然表面上看似十分凶猛，实际上却是一种无助的歇斯底里的最后发作!

　　而在朝鲜战争时期,我看到了另外一支完全不同的亚洲军队——中国人民志愿军。这是一支依靠"精神力量"的武装,一次又一次挫败美国将军们制定的"宏伟计划"。他们难以对抗,兼顾了"无畏与鲁莽"的特征;装备很差,大多数都是二战时期日本军队遗留的武器,到后期才装备了约13个师的苏式装备。然而,对比日本军队,他们却是一支具有强悍冲杀力量的队伍。日本军队所具备的一切,中国军队完全具备;而日本军队不具备的,却正好是中国军队最难以征服的特性。

　　秋季反攻之前,中国军队对于我们与联合国其他军队,采取了类似歼灭中国前政府军的手段——"分割包围,逐一消灭"。但是,中国前政府军,无论是能力还是装备,都不可能与我们来比较。我们的一个步兵团遣出,会有约一个联队的战术空军、100门至300门的远程精确打击火炮的协同支援,大多数参战的美国军队都是来源于前次战争的"剩余产物"。而中国军队只有间断性的地面炮火支援,同时还必须躲避我们的空军打击。因此,中国在这个阶段采取的"包围战术"根本不可能实现,我们获得了秋季战役的前期短暂胜利。

　　但是,中国军队很快调整了自己的战术。他们到处跑动,利用我们与联军之间部队行军速度差的缺陷,制造消灭我们的战机。而我们恰恰忽略了这一点,通常情况下,我们经过空军侦察发现中国军队后,便会以正规编制作战序列快速开往。但是,我们的联军部队前进速度并不能与我们同步,因此,这在局部造成了十分适合中国军队作战习惯的"单兵团冒进"……

　　在这次战争中,我们品尝了"耻辱"的味道。麦克阿瑟的确是一个出色的将领,但是,他把与日本人作战所获得的经验与见识,运用到中国人身上,这是极端错误的。日本军队不能与中国军队比较,前者是在一种近乎疯狂自杀的理念驱使下作战,他们无所谓战术和装备,只要敢于自杀就可以。但后者则是为了体现自己的战术价值而去拼杀,虽然他们的伤亡很大,但是,能够在极端落伍的装备下击溃一支完全进入"装甲合成化"理念的世界军队,这对于他们来说可能更加"荣耀"。

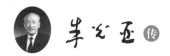
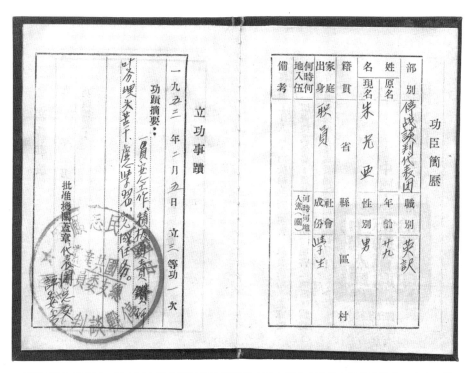

1953 年 2 月 5 日，经中国人民志愿军停战谈判代表团中国共产党总支委员会批准，朱光亚荣立三等功一次

由于美国无限期拖延朝鲜停战谈判，中国代表团领导决定，先将一部分同志撤回国内待命。

回国之前，谈判代表团进行工作总结，并对先行回国的同志进行评定和开展批评与自我批评。

根据朱光亚的日记记载，1952 年 12 月 20 日、22 日这两天，召开了翻译小组的民主生活会，彼此间开展了批评与自我批评。

民主生活会上，大家对朱光亚的基本评价是：

重视政治学习，积极要求进步，能够把革命利益放在个人利益之上；

工作一贯认真负责，思想周密，并且有计划性；

胸襟坦白，对自己要求严格，注意接受同志们的批评；

虽然是学物理的，翻译不是本行，但能刻苦钻研，提高业务能力，获有良好成绩。

同时，也对朱光亚存在的问题提出了批评，主要是两点：一是爱"面子"，有自卑感；二是比较拘谨，不敢大胆提出不同意见。

在新中国成立初期那个年代，知识分子虽然受到党和国家的重视，但属于被团结、被改造的对象。朱光亚的自卑感和拘谨，是那个时代大多数知识分子的通病，也是那个时代"左"倾思想在他们身上打下的印记。

对大家提出的意见，朱光亚认真地进行了反思。在日记里，朱光亚诚恳地写道：

要检查自己的工作，斗争性很差，高级知识分子间要开展批评与自我批评，要反对"无原则的团结"，自卑感是不应该有的！

1953 年 1 月，朱光亚等人奉命回国。

一起回国的其他同志，在北京受到外交部领导的热烈欢迎后，都在家休整待命。而朱光亚则因另有新的任务，征衣未洗，就直接奔赴长春，投入到新的战场——东北人民大学。

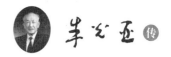

第十章 重执教鞭

一、调任东北人民大学

东北人民大学，即现在的吉林大学，位于吉林省长春市。

1952 年 10 月，为适应大规模的、有计划的社会主义建设需要，根本改变旧中国学校设置和分布的不合理局面，中共中央、国务院决定在全国范围内对高等学校进行院系调整。

全国院系调整的总方针是："以培养工业建设人才和师资为重点，发展专门学院，整顿和加强综合性大学。"

东北地区是新中国重要的工业基地。根据中央的统一规划，决定将原先属于财经、政法性质的东北人民大学，改建为一所综合性大学。这是新中国成立后，中国共产党创建的第一所综合性大学。

东北人民大学的前身是东北行政学院，1946年 10 月，成立于东北解放区首府哈尔滨。东北

东北人民大学校部图书馆大楼

行政学院由东北行政委员会直接领导,东北行政委员会主席林枫兼任院长。

最初,东北行政学院是以培养新政权的工作干部为目的,用于建立和巩固东北根据地。

1948年5月,中共中央东北局和东北行政委员会决定,将拥有较多师资力量的哈尔滨大学与东北行政学院合并,改称东北科学院,仍由林枫兼院长。东北科学院主要是培养新政权所需要的专门人才,为全东北的解放准备干部。

1948年11月,东北全境解放后,东北科学院迁至沈阳,并复名为东北行政学院。院长仍是林枫兼。这时的东北行政学院,设有行政、教育、司法3个系和1个师范部。师范部是接管原沈阳专科学校后改设的。

1950年3月31日,东北人民政府决定:东北行政学院更名为东北人民大学。更名后的东北人民大学仍然以培养财经、政法等高级专业人才为主。

1952年10月,根据中央高教部的规划,东北人民大学以综合性大学的架构进行创建。

新建的东北人民大学分为文、理两大科,理科设立了数学、物理、化学3个系,文科设立了中文、历史、法律、经济、俄文5个系。其中,理科3个系是白手起家,从零开始。据吉林大学物理系系史记载,根据《关于全国高等学校1952年的调整设置方案》确定东北人民大学要建立物理系时,全校600多名教师中,没有1人是学物理专业的,建立物理系所需的实验仪器、图书资料、实验室也一概没有。

要把东北人民大学建成综合性大学,最为迫切的是增强师资力量。中央高教部从北京大学、清华大学、燕京大学、北京师范大学、辅仁大学、大连工学院、东北工学院,抽调了一大批专家学者到东北人民大学任教。其中,不乏国内知名学者。比如:著名数学家王湘浩,1950年就在代数论方面有创造性发现和证明,引起国内外学者广泛注意,被定名为"格隆瓦德—王定理";著名文学家杨振声、冯文炳两位教授,早在五四运动时期就已成名。

朱光亚、许慧君夫妇,就是在这期间被中央高教部选调去东北人民大学任教的。朱光亚被聘任为教授,时年28岁。

当时,东北人民大学物理系共有6名教授、3名副教授、3名讲师以及

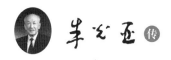

12 名助教，全部由外校调入。6 名教授是：余瑞璜、霍秉权、朱光亚、郑建宣、高墀恩、吴式枢。

余瑞璜，物理学家，早年毕业于中央大学，曾在清华大学任教，师从著名物理学家吴有训教授，后留学英国，抗战爆发后回国，在西南联大任副教授、教授。1955 年 5 月，当选为中国科学院首批学部委员（院士）。

霍秉权，物理学家，早年毕业于中央大学，1930 年留学英国，1935 年回国后任清华大学教授、西南联大物理学系教授，是朱光亚的老师。1956 年 5 月奉命参与筹建郑州大学，后任郑州大学副校长。

郑建宣，物理学家，早年毕业于武昌大学，1933 年留学英国，1936 年回国后任广西大学数理系主任、理工院院长，1951 年后任大连工学院教授。1958 年 4 月，奉命参与重建广西大学，并任副校长。

高墀恩，理论物理学家，早年在福州协和大学、燕京大学物理系学习，1947 年留学美国，1950 年回国，在燕京大学任教授。

吴式枢，物理学家，毕业于上海同济大学工程系，1947 年留学美国，1951 年回国后在大连工学院任教授。1955 年后任东北人民大学物理系副主任、主任，1980 年当选为中国科学院院士。

在这 5 名教授中，除了吴式枢比朱光亚年长 1 岁外，其余的皆为朱光亚的前辈，有的还是他在西南联大读书时的老师。

当时，国内物理学人才奇缺。北京大学物理系在 1952 年全国高等学校院系调整后共有 10 名教授、副教授，而东北人民大学物理系就有 9 名教授、副教授，仅少于北京大学 1 人。可见，中央人民政府对创建东北人民大学的重视。

1952 年 10 月，除朱光亚外，东北人民大学物理系的教师全部到位。据《吉大物理系发展概要》（第一卷）记载：

1952 年 10 月 23 日根据东北人民政府教育部的任命，学校公布余瑞璜为物理系主任；并指定朱光亚为代系主任。

参与该《概要》编写工作的邵炳珠介绍："'代系主任'一职，并不是系主任外出时，临时代理系主任工作。因为当时没有系副主任编制，朱光亚是以代系主任的名义，履行系副主任职责。"

朱光亚从朝鲜回国之前，许慧君已先于他调到东北人民大学化学系任教。

朱光亚在 1952 年 11 月 22 日的日记里写道："十一月十二日慧君写的信，已经是由长春寄出的，她什么时候到长春的呢？我十一月二十二日收到这封信。"

能够和许慧君相聚，并且在同一个学校工作，是朱光亚十分向

在东北人民大学执教期间，朱光亚、许慧君夫妇合影

往的。12 月 17 日，朱光亚在日记里抄录了苏联诗人史杰潘·施企巴乔夫的一首诗：

爱情必须双方珍惜，

随着年代岁月。

恋爱不是长板凳上的叹息，

也不是月前花下的散步。

有泥泞，也有雨雪——

既然得一辈子共同生活。

恋爱仿佛一首美好的歌，

可是好歌却不容易谱写成功的。

《我们的父亲朱光亚》一书里，有这样一段记述：

父亲被看作是年轻有为的核物理学家，作为骨干力量从北京大学抽调到东北吉林，他和母亲一起以极高的工作热情来到那里。作为留美的化学专业硕士，我们的母亲也有着自己的专长和专业，而且在基础化学特别是感光化

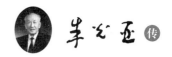

学领域也是有名望、有科研成果的，但她从来都是支持父亲的事业的，在这方面，她一直是以父亲的事业为重。所以，每每我们的父亲有工作调动，她都紧随其后。

1953 年 1 月，朱光亚赴东北人民大学报到。到任不久，作为代系主任的朱光亚，同时又被任命为物理系普通物理教研室主任。

在东北人民大学，朱光亚进一步展现了他的魅力、才华和敬业精神。

二、身穿军装的"帅哥"

朱光亚的到来，在东北人民大学引起了不小的轰动，缘由在于朱光亚是从朝鲜战场上回来的。

1951 年 4 月 11 日，《人民日报》发表了作家魏巍撰写的报告文学《谁是最可爱的人》。作者饱含深情地报道了抗美援朝战场上，中国人民志愿军战士可歌可泣、惊天动地的英雄事迹。

在《谁是最可爱的人》的开头，作者充满感情地写道：

在朝鲜的每一天，我都被一些东西感动着；我的思想感情的潮水，在放纵奔流着；我想把一切东西都告诉给我祖国的朋友们。但我最急于告诉你们的，是我思想感情的一段重要经历，这就是：我越来越深刻地感觉到谁是我们最可爱的人！

谁是我们最可爱的人呢？我们的部队，我们的战士，我感到他们是最可爱的人。也许还有人心里隐隐约约地说：你说的就是那些"兵"吗？他们看来是很平凡、很简单的哩。既看不出他们有什么高深的知识，又看不出他们有什么丰富的感情。可是，我要说，这是由于他跟我们的战士接触太少，还没有了解我们的战士：他们的品质是那样的纯洁和高尚，他们的意志是那样的坚韧和刚强，他们的气质是那样的淳朴和谦逊，他们的胸怀是那样的美丽和宽广！

接着，作者深情讲述了 3 个既各自独立，又珠联璧合的动人故事，泣天地、感鬼神，深刻展现了志愿军战士生命的意义和灵魂的高尚。这是全文的主干。

最后，作者在文章的结尾写道：

亲爱的朋友们，当你坐上早晨第一列电车走向工厂的时候，当你扛上犁耙走向田野的时候，当你喝完一杯豆浆，提着书包走向学校的时候，当你安安静静坐到办公桌前计划这一天工作的时候，当你向孩子嘴里塞着苹果的时候，当你和爱人悠闲散步的时候，朋友，你是否意识到你是在幸福之中呢？你也许很惊讶地看着我："这是很平常的呀！"可是，从朝鲜归来的人，会知道你正生活在幸福中。请你们意识到这是一种幸福吧，因为只有意识到这一点，你才能更深刻了解我们的战士在朝鲜奋不顾身的原因。朋友！你已经知道了爱我们的祖国，爱我们的伟大领袖毛主席，请再深深地爱我们的战士吧，他们确实是我们最可爱的人！

《谁是最可爱的人》发表后，在全国广大人民中激起了强烈的共鸣。"最可爱的人"成为中国人民志愿军的代名词，影响了几代人。以至于今天，我们也充满感情地把中国人民解放军将士称为新时代"最可爱的人"。

毛泽东读了《谁是最可爱的人》后批示："印发全军。"

朱德读后连声称赞："写得好！很好！"

周恩来在1953年召开的第二次全国文代会上讲话时，竟推开了讲稿，对着话筒大声说："在座的谁是魏巍同志，今天来了没有？请站起来，我要认识一下这位朋友，我感谢你为我们子弟兵取了'最可爱的人'这样一个称号。"

可以想象，当穿着志愿军军装的朱光亚走进东北人民大学校园时，他会引起怎样的轰动！在当时的东北人民大学，朱光亚是第一个从朝鲜战场上归来的人。在大家的眼里，他就是一个最可爱的人。

特别是朱光亚的任命，是先公布了一段时间后，大家才见到其真人。因此，在朱光亚到任之前，大家都是只闻其名、未见其人，只知道有位教授是从朝鲜战场上回来的，更增添了

朱光亚担任中国人民志愿军停战谈判代表团秘书处英文翻译时使用过的搪瓷口杯

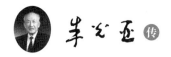

几多神秘感。

吉林大学原副校长温希凡，当时任物理系秘书兼系党支部书记。他回忆说：

朱先生从朝鲜回来到长春时，是我去火车站接的。一同去接站的，还有朱先生的夫人和化学系的党支部书记。

朱先生从车厢走下来时，给我的第一个印象，用今天的话说，就是一个"大帅哥"。高高的个子，身穿着志愿军的军装，外套一件黄色的棉军大衣，仪表堂堂，又温文尔雅，帅极了！

吉林大学原副校长丁肇中，当年是朱光亚的学生。他回忆说：

当时听说我们系的朱老师，是从朝鲜战场上归来的，大家都非常崇拜。朱老师讲课讲得很好，我们很喜欢听。上课的时候，朱老师穿着一身志愿军的军装，很帅的。我们都想听朱老师讲讲他在朝鲜战场上的经历，有的同学提出了这个要求。朱老师没有讲，是个很谦虚的人，但他给我们唱了《金日成将军之歌》。

朱光亚之子朱明远也回忆说：

父亲最喜欢那件志愿军军大衣，一到冬季，总把它披在身上。在核武器研究所工作时，秘书胡干达曾好奇地问父亲，你怎么会有这么一件军大衣？父亲自豪地说：你不知道吧，我曾经是中国人民志愿军的一员，参加过朝鲜停战谈判，当英文翻译。"文化大革命"期间，父亲穿着这件军大衣去新疆核试验场。一位青年技术人员好奇地问父亲："朱院长，你这件军大衣是从哪里弄来的？"当时，除了军人，各行各业的人都特别喜欢穿军装，穿军装是"文化大革命"时期的一种时髦。这位技术人员误以为父亲也像"文化大革命"中的那些人一样，弄件军装穿穿赶时髦。父亲回答说："这件军大衣是参加板门店谈判发给我的，跟了我10多年了，又暖和又合身！"

朱光亚对志愿军军装的由衷喜爱，浓缩了他的特殊情感。一件棉军大衣，见证了他在朝鲜战场上的生活、工作，这是他一生中值得自豪的经历。

1953年6月29日，指挥上甘岭战役的志愿军第15军军长秦基伟受邀到东北人民大学作报告，受到全校师生热烈欢迎。

秦基伟15岁参加红军，曾任红四方面军师长，抗战时期任八路军游击支

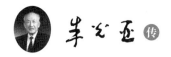

第十章 重执教鞭

195

队司令员，解放战争时期任太行军区司令员、第二野战军第 3 兵团 15 军军长。上甘岭一战，威震世界。美军司令官范佛里特感叹道："想不到小小的上甘岭，竟变成联合国军的凡尔登。"

在秦基伟之后，朱光亚也受邀在学校作了一场有关朝鲜战争形势的报告。遗憾的是这场报告没有文字记录留下，

朱光亚抱着女儿朱明燕在吉林省长春市住所阳台上合影

但朱光亚作为学校的政治明星已是事实。

朱光亚在东北人民大学期间，除担任物理系代系主任、普通物理教研室主任之外，还兼任过中国民盟东北人民大学委员会副主任委员、中华全国青年联合会委员、吉林省青年联合会副主席、长春市青年联合会主席等职务，并被选为长春市人民代表。朱光亚当时的社会声望和影响力由此可见。

三、"我们热爱朱老师"

朱光亚虽然是物理系代系主任、普通物理教研室主任，并担任了不少的社会职务，但他主要的工作精力，依然放在了教学上。

在物理系，朱光亚主讲基础课，课程主要是普通物理学、热学、原子物理学，并负责指导学生的毕业论文。

当时，中央高教部下发了《高等学校教师教学工作量和工作日试行办法》，其中有一条规定，就是对超额完成教学工作量的教师发给超额工资。

据《吉大物理系发展概要》（第一卷）记载，1955 年 10 月 13 日，东

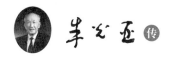

北人民大学教务处公布了
1954~1955 学年物理系完成
超额教学工作量教师名单：

朱光亚　超额 115.5 学时

余瑞璜　超额 106.0 学时

杨恒智　超额 39.0 学时

金汉民　超额 37.7 学时

　　从这份名单可以看出，全物理系只有 4 位教师超额完成教学工作量。而据 1954 年 1 月的物理系教师名册，全系共有 30 名教师担负教学工作，超额完成教学工作量的只占 10.3%。其中，又以朱光亚超额完成的教学工作量最高。

　　《吉大物理系发展概要》（第一卷）还记载，

东北人民大学 1954 至 1955 学年《教师担任超额教学工作量报告表》记载：朱光亚在当年的教学工作中累计超额工作 115.5 学时

朱光亚当时的教学工作量为 4 学时 / 周。超额完成的 115.5 学时，相当于他半年多的工作量。

　　朱光亚不仅完成的教学工作量居全系第一，而且教学质量很高，特别是满怀着爱心去教学生，深受学生爱戴。

　　1955 年 4 月 30 日的东北人民大学学报《东北人大》上，刊登了一篇题为《我们热爱朱老师》的文章。作者潘守甫，是物理系的学生。文章不长，但充满感情：

　　物理系一年级的每一个同学，都特别尊敬、热爱朱光亚教授。朱老师一年来耐心地教导我们，使我们每一个同学从内心里感到这种深厚、真挚的师生感情，是多么珍贵和动人。

　　朱老师是一个谦虚、俭朴、学识渊博的人。朱老师一向能以自己的实际行动来影响同学，使同学不仅从他那里获得丰富的学识，也能受到新道德品质的教育。

朱老师的谦虚、诲人不倦地对同学负责的精神一再地感动了我。记得有一次习题课，朱老师把一个概念讲的稍有些模糊，但同学认为还很好。下课后，老师就写了一张更正补充的条子给了我们。那上面写着正确的讲法，又写道："我考虑的不周到，以后要注意，请同学原谅。"这话深深地刺激着我，使我想到我是多么放肆，多么无知。朱老师都如此谦逊、肯学，对于一个学生——刚开始学点东西的学生，有什么理由不埋头钻研，而轻率自满呢。

朱老师常以严格的批评来教导那些华而不实、骄傲自满、不肯努力钻研的同学。记得在学习总结报告时，对存在不正确学习态度的同学进行了严厉的批评。使我在暗中觉得学习是为着人民、为着社会主义建设事业，而决不是为了个人或其他，因此对自己就不能有任何的迁就和放松。

一年来，朱老师不仅以辛勤的劳动，教给了我们不少知识，而且

1955年4月30日，《东北人大》第4版刊登了东北人民大学物理系学生潘守甫撰写的文章《我们热爱朱老师》

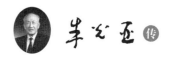

以自己优良的品质熏陶着我们。我们很高兴生活在这样一个充满着友谊、幸福的学习环境里。我们一定努力学习，锻炼自己成为一个合乎规格的人才。一定不辜负人民对我们的期望和老师对我们孜孜不倦的培养。就让我们在集体中得到更多的锻炼，获得更丰富的学识吧！我们愿为祖国的科学、教育事业贡献出自己的力量！

这篇写于近60年前的文章，今天读来，依然真实感人，让我们仿佛看到了当年栩栩如生的朱光亚。

新中国成立初期，急需大量社会主义建设人才。高校扩招，一大批学生进入高校。其中，有考试录取的，也有保送入学的。据东北人民大学物理系档案记载，1953年入学该系的新生141名，1954年入学新生就增加到了215名。

这些新生的基础知识参差不齐，朱光亚特意安排了答疑时间，对他们进行有针对性的辅导。当年撰写《我们热爱朱老师》的潘守甫，现在已是吉林大学教授，他回忆说：

朱老师一周给我们安排二小时个别答疑时间，多在星期五晚上7点到9点。去答疑的同学特别多，尤其是几位朝鲜族同学。1954年那个时候，延边地区朝鲜族学生学汉语就像我们学俄语、英语那样，汉语基础都比较差，上课听讲很困难。本来物理就难学，两个困难加在了一起，就更难了，答疑时要问的问题特别多。汉族同学听着他们问的那些问题，都有些不耐烦，可他们还一个劲儿地问，有时汉族同学都有意见，闹矛盾了。但朱老师总是仔细回答，耐心讲解，直到同学满意为止。但因问的同学太多，每次答疑都拖得很晚才能结束，经常是到了晚上11点多钟。朱老师家离教学楼有两站多地，每次答疑结束，班干部都要送朱老师回家，他总是不同意，实在不行，就离开他一个距离，尾随他回家。当时，同学们都很感动。

教学每经过一个月左右，朱老师都要借上习题课的机会，用一节课时间作一次测验小考。考卷他拿回家批改。测验的目的是了解这一段教学过程，有哪些重要知识同学掌握得不好。他在下次上课时，就把多数同学测验中出现的"通病"拿出来作分析，找出犯错的原因，告诉大家该如何正确解决，对同学们帮助很大。个别同学犯的错，朱老师就在考卷上用红色钢笔一一指明犯了什么错、正确的结果是什么，并告知为什么会犯此错。所以，每次小考大家都有收获。

1953 年入学的新生中，有一位名叫刘家政的女生，她是志愿军回国战士，经过短期的文化课集训，然后考入东北人民大学的。对这些学生，入学的分数有一定的照顾，因此，基础知识相对更差些。

刘家政回忆说，她在阶梯教室上第一堂普通物理课时，看到穿着志愿军军装，肩上挎着一个小黄布军挎包，有着高高的鼻梁，两眼炯炯有神，面带微笑的年轻教授走上讲台，教室里立即就安静了下来，大家都用崇敬的目光望着他。旁边的同学悄悄地告诉刘家政，他就是从朝鲜战场回来的朱光亚教授，她一下子就感到特别的亲切。

同样，对这位来自志愿军的女学生，朱光亚也有一种亲切感。由于刘家政的数理化基础知识底子差，上课听讲能力比较弱，一堂课下来，能听懂20% 就算好的了。朱光亚就特意安排一位助教对她进行重点辅导，并指定班里学习成绩最好的一位男生来帮助她。在上晚自习课时，朱光亚也经常到她的小班里，给予具体的指导。不久，她的学习走上了轨道，成绩逐步提高。她回忆说：

有一次期末考试，首先是口试，题目是《用唯物论和唯心论的观点谈热素论》。面对一排正襟危坐的老师，刚开始我有些紧张，当看到朱老师给我投来鼓励的目光，我立即平静了下来，最后得了个满分。

紧接着是笔试，题目是《单摆定律》，我很快就把公式列出来了。这时，朱老师正好走到我的座位边，看了我列出的公式，很高兴，就拿起笔在我卷子的右上角快速地打了个 5 分，当时采用 5 分制。

我站起来，轻轻地对朱老师说："朱老师，您先别给我打分，我怕计算不好。"

"你把公式都列出来了，难道还算不出来吗？用计算尺呀。"朱老师有些惊讶地望着我。

我不好意思地对朱老师说："计算尺我还没有学会，我用笔算，一定把它算出来！"

然后，我就算了起来。一页纸一页纸地算，草稿纸算了一大摞，可每次

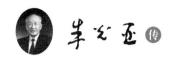

算出的结果都不同。一小时过去了，两小时过去了，同学们都交卷走了，都到吃午饭时间了，我还在算。

"怎么样？还没算出来啊？"冷不丁一个声音吓了我一跳，抬头一看，是朱老师，他连午饭都没有去吃，就一直守着我。我当时既感动又羞愧，泪水登时就流了下来。

朱老师鼓励我坚持算下去，终于我将正确的答案交到了朱老师手上。

朱老师语重心长地对我说："物理这门科学和数学有着紧密的关系，一个小数点错位就差十万八千里。你聪明，也非常努力，但你的计算能力这么差是我没有想到的。如果都像你这样蜗牛似的计算速度，我们国家的建设何时搞上去？你要尽快把数学赶上去！尽快把计算尺学会！"

我当时像战士一样，立正，向朱老师行了一个军礼，说："报告首长，坚决完成任务！"

这时，朱老师拿起笔，把原来的5分划去，改为4分，稍顿，又在"4"字的右上角添了个加号。

朱老师说："给你这个加号，是因为你的诚实和坚持不懈的精神。科学来不得半点儿虚假和懈怠。"

朱老师关心学生、平易近人、严谨而又风趣的教学风范，我终身难忘，受益匪浅。

朱光亚当年的学生张在宣回忆说：

我是1953年考入东北人民大学物理系的，朱光亚老师是物理系代系主任兼我们班主任，担任我们年级普通物理学主讲。

入学后，他和系主任余瑞璜老师要求我们热爱物理专业，树立远大的理想，为建设伟大的祖国，立志做一个优秀的物理学家。这影响了我的一生，我一辈子就从事物理学的研究和教学。

朱光亚老师是我学习物理学科的启蒙老师，也是我学习的榜样。他深入浅出、生动地讲课，把我领进了物理学大门。在普通物理学、力学教学中，科里奥莱力的概念和角动量原理不易理解，为了使学生学好，他亲自带领青年教师制作了示范教具，在课堂是采用形象化演示的方法来帮助我们学习，印象深刻，至今难忘。

刚入大学，我们还不掌握大学的学习方法。朱老师坚持启发我们，要认真学习，独立思考，多看参考书。当时，还没有中文的参考书，只有俄文原版书；由于我在上海念小学和中学时学的是英文，到大学第一外语虽然选的是俄语，但啃俄文原版物理书还是很困难。但当我知道朱老师也是组织青年教师一边自学俄文，一边翻译俄文原版普通物理学并进行备课的经历时，启发了我克服困难的勇气，我也一边学俄文，一边啃俄文原版参考书。

为了培养学生的科学研究和创新能力，在朱老师和系主任余瑞璜老师支持下，由普通物理教研室和学生会组织了物理系第一个学生科研小组，确定研究的课题为：光学费涅尔（Fresnel）衍射现象的研究。我积极响应朱老师和学生会的号召，报了名，成为学生科研小组的一员。

科研小组热情很高，第一学年的暑假，大家放弃休息，在实验室做科研。有的动手用碳弧、纳光灯和汞灯做实验用的光源。有的做单狭缝、双狭缝和圆孔屏，并创造性地用自行车破内胆的橡皮，设计和加工了一个圆孔直径可变的圆孔光栏，可以观察可变圆孔的光学衍射现象。我们自己动手建成了费涅尔衍射现象的实验装置，在进行了大量的实验观察和研究后，发现了光学衍射的一些规律，撰写了学术论文，受到了朱老师和余老师的表扬，并将我们撰写的论文修改后，推荐发表在了东北人民大学《自然科学学报》创刊号上。

虽说朱光亚是教授，又是物理系和教研室的领导，但年龄其实比那些大学生也大不了多少。在课堂上，他是老师；在课堂下，他就是兄长。张在宣还回忆说：

朱老师与我们学生在课余时间也相处得十分和谐。他经常在下午下课后，与我们一起进行体育锻炼，打篮球，他篮球打得很好，还一起跳集体舞。令我至今难忘的还有一件事：在大学一年级的时候，俄语系有一位同学肺部动大手术，急需2000毫升血液。当时系团总支号召我们义务献血，我积极响应报了名，一共选了4名同学，每人献血500毫升。朱老师知道后，特意叮嘱我要注意休息，好好保养。

从朱光亚当年学生的这些回忆中，可以感受到，朱光亚深受学生爱戴是名至实归。

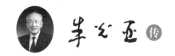

四、师恩情深三院士

春华秋实。

朱光亚当年悉心教授和亲自指导的学生中，许多都成为我国物理学领域的业务骨干。特别是其中有三位后来成为中国科学院院士，并与朱光亚保持了一生的师生情谊。

这三位院士是：曾任北京大学校长、国家自然科学基金委员会主任的陈佳洱，曾任四川材料研究所总工程师的宋家树，以及曾任中国工程物理研究院上海激光等离子体研究所所长的王世绩。

陈佳洱在朱光亚80岁生日时，撰写了一篇题为《我心中永远的老师》的文章，表达了他对朱光亚的敬爱：

朱光亚先生是我国"两弹一星"的著名元勋，也是我国核科学教育事业的一代宗师。我这辈子因有幸成为朱光亚老师的学生而感到幸福和自豪。

1952年因院系调整，我由大连理工大学（即大连工学院——作者注）转到吉林大学即当时的东北人民大学上大学三年级。1953年，光亚老师教我们年级原子物理学，接着又于1954年指导我做毕业论文。1955年，我由吉大调入北京大学物理研究室工作，又是在朱老师的指导下，逐步走上原子能科技教育事业的道路。

我记得刚转入吉林大学时，当时的学校正处于创建的早期。国家从北京大学、清华大学等校调来一批著名的物理学家，创建东北人民大学物理系，光亚老师就是其中的一位。

那时，同学们都听说他是从北京大学来的原子核物理专家，是系里当时最年轻的教授，又是全国青联委员，而且曾作为中国人民志愿军英文翻译参加举世闻名的板门店朝鲜停战谈判，为国家立下了功勋。所以在班上同学们眼里，他是我们一心想学习的又红又专的榜样。同学们都怀着十分尊敬和诚挚的心情，来聆听他给我们开的原子物理学课程。

当时的物理系因处于初创期，老师的教学工作任务都是十分繁重的。尤其是光亚老师，不仅要给我们讲原子物理课，还要亲自编写讲义、上辅导课并为我们答疑，同时还要担任一年级的力学和热学课的全套教学任务。面对这么繁重的任务，他夜以继日，全力以赴，倾心教学，忘我工作。他虽然在科学上有很高的造诣，但是为了给我们讲好一堂课，往往要精心准备一个礼拜。所以每一堂课，他都讲得那么透彻精彩，板书又写得工整飘洒。

听他的课程真是一种享受，比听其他什么都更吸引人。例如，他给我们讲量子论时，从一些历史背景娓娓道来，引导学生跟着他思考历史上提出过的种种问题。比如：什么是黑体辐射，原有理论和实验之间出现了哪些矛盾，当时提出了哪些假设，普朗克是如何思考的，他提出的量子论能解决什么问题、当时遭到哪些反对等等。这种启发式的教学引得课堂上高潮迭起，学生们都听得入神了。

光亚老师不仅课讲得好，而且教学工作做得非常深入细致。他在课后总要亲自到班上来，鼓励同学们提问。他对每一个问题，都听得十分认真，有时甚至用符号把学生提问的要点记在黑板的边上，然后逐一讲解。为了帮助学生把握正确的思路和学习方法，他还常常反问学生，或评点学生的提问。总之，光亚老师不仅悉心向我们传授科学知识，还十分注重教我们怎么思考、怎么学习。因此，他的课给了我极为深刻的印象，影响深远，终身受用。

光亚老师热爱教育，热爱学生。记得在带我做《盖格—缪勒粒子计数管》的毕业论文时，需要用很细的钨丝，还有一些特殊真空封胶等，当时这些在国内都没有。为保证我能做好论文，光亚老师就把他从美国带回来的很珍稀的材料，都拿来给了我。为了教育和培养好学生，他什么都可以拿出来，这种奉献精神是我一生不能忘怀的。

1953年7月，朱光亚在东北人民大学对学生陈佳洱（左）进行原子物理学课程口试

光亚老师治学十分

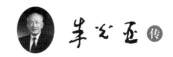

严谨，在他面前，容不得半点儿差错。记得在带我做毕业论文时，他不仅要求我每隔一定时期报告工作进展，还要把阅读文献的笔记交上去，由他审阅批改。他看得很细，有不少我因粗心写错的符号或错误理解的意思，他都画上红线，帮助我纠正过来。

当我进入论文实验阶段，他更是常来检查有关实验的状况和实验记录数据，或不时仔细地看我的操作。在那双锐利的目光面前，任何差错或疏漏都逃不过。我也常常因而看到自己的许多不足而加倍努力地学习。正是在他的言传身教下，我在学习如何治学的道路上得到了较大进步。

光亚老师虽然看上去表情很严肃，但他为人十分和蔼，对学生不仅关心他们的学习，也关心他们的思想进步和成长。我们班上或系里团总支组织的一些活动，如学习劳动模范王崇伦等，只要请他，他常常是有求必应。活动中，他总是有说有笑地与我们打出一片，风趣地用他自己的阅历和故事为我们指点做人的迷津……

光亚老师在为人、治学、处事等方面树立的光辉榜样是我一辈子都学不完的，他永远是我心中严谨、和蔼可亲的老师！

宋家树也撰写了一篇回忆文章：《我最敬重的老师》。文中写道：

我一直把朱先生看作我最敬重的老师，这不仅因为50年前在大学听过他讲课，更主要的是从20世纪60年代初参加我国核武器技术攻关以来，都是直接或间接地在他指导下工作。他那种深谋远虑的思考习惯、极端认真和谨慎的工作作风，对我一生的影响很大。可以说，无论在教室里还是走出校门之后，朱先生一直都是我的老师。

1953年，朱光亚教授来到东北人大（现吉林大学）物理系。当时，物理系正当创业时期，面对几百名学生，要开设三个年级的几十门课程，任务十分繁重。他在承担教研室管理工作的同时，还主讲两门大课：力学与热学和原子物理学。

我当时是物理系三年级学生，对朱先生讲授的原子物理学很感兴趣。他不仅讲课，还亲自上习题课、辅导答疑、批改作业、测验考试。他为了给学生作辅导答疑，时常工作到很晚；还印制了"答疑卡片"：学生可以把问题写在卡片上，交由老师作书面回答。许多同学至今保留着当年朱先生给他们的答疑卡片。

我还保留有他所作的《质量与能量》的科学报告记录，那是我第一次听到如此深刻而有趣的科学演讲，至今难忘。在朱光亚等老师忘我奉献精神的感染下，创业者们人人意气风发，为创建国内第一流的物理系而奋斗。老师们的谆谆教诲，以及踏踏实实做学问的方法使我毕生受益。

王世绩院士在1952年考入东北人民大学物理系，1955年转入北京大学。朱光亚是他的授业恩师。在转入北京大学后，以及后来在核物理研究领域，王世绩都得到了朱光亚持续的指导和帮助。

一位大师的门下，走出了三位中国科学院院士，在中国科学界传为佳话。

五、倾心扶助青年教师

东北人民大学物理系创建时，虽说从北京大学、清华大学等重点高校抽调了一批知名教授，但以青年为主体的助教教师队伍的基础还是很薄弱。

1953年8月1日，朱光亚以系代主任名义，主持撰写并签发了《关于培养青年教师工作的总结》，对青年教师的培养工作进行了认真细致的分析。

这份《总结》一开始就写道："物理系共有教师24人，其中有青年助教11人，约占半数，而11人中过半数又系三年毕业，初次参加工作。因此，积极培养青年教师为完成教学工作并为今后物理系设置专业专门化的重要环节之一。"

朱光亚认为，在物理系建系工作基本就绪，各课教学工作顺利进行之时，应立即着手布置青年教师的进修计划及培养方向的研究拟订。如何开展这项工作，朱光亚提出了两条原则，他称之为两个口号：

(1) 有今天，亦有明天。因为教学工作繁重，除了普通物理课程、理论课程的辅导工作以外，还必须抽调人力建立各实验室并准备高年级课程，而物理系教师力量不是很充足，所以，完成当前的教学工作任务仍为主要任务。但是，尽管当前的教学任务是主要的，也还是要适当地考虑到下一步的发展，考虑到明年、后年的工作。这样，就须把当前的工作与培养计划和培养方向适当地结合起来。这就是我们的第一个口号："有今天，亦有明天"。

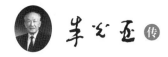

（2）工作第一，提高第二。每一个青年助教同志的培养方向大致确定以后，就要求每人制订切实可行的进修计划。在制订进修计划时，要求每人能抽出一定时间（每周不少于6小时）作为进修时间，或者听课，或者阅读指导老师所指定的书籍。但是，切要以不妨碍当前教学任务的完成为原则。这就是我们的第二个口号："工作第一，提高第二"。

从这两个口号的提出，可以看出朱光亚在培养青年教师上，既讲辩证法，又深谋远虑。

在这份《总结》里，朱光亚还详细制订了一份物理系青年教师培养计划，明确了每一位青年教师的培养方向，确定了每一位青年教师的指导老师（由教授、副教授担任），并要求每一位讲师也要制订自己的进修计划。

在扶助、培养青年教师上，朱光亚身体力行，言传身教。

朱光亚讲课讲得很好。吉林大学物理系教授金汉民回忆说："我与朱先生曾经共事了一个学期。他的讲课有一个特点，思路清晰，条理非常强，而且通俗易懂。在我们物理系，他是讲课讲得最好的。"

余崇智教授于1953年在东北人民大学物理系任教。他回忆说："我和朱先生也一起工作了一个学期。当时，朱先生主讲普通物理学大课，还辅导一个小班。他讲课有几个特点，60多年过去了，我都记忆犹新。一是他备课非常认真。他的教案

1954年，朱光亚教授（右二）、郑建宣教授（右一）、苟清泉教授（左二）在东北人民大学审查青年教师冯致光（左一）的试讲

做得很细致，而且在课前，还经常找我们这些青年教师讨论教案，听取大家的意见。二是他讲课非常重视表演实验，只要实验室有可以表演的实验，他都要拿到大课堂上由我们表演。"

潘守甫教授回忆说："朱老师讲课很注重实验演示。有一次讲完角动量守恒，他用茹科夫斯基凳做表演实验。一位辅导老师站在转凳上，两臂平伸，手握哑铃，朱老师亲自推着转动。"

当年朱光亚的学生吴代鸣教授回忆说："原子物理这门课很不好学，老师教起来很难，学生要听明白也很难。但朱先生讲这门课时，讲得明明白白，而且引人入胜，显示出朱先生在核物理上有很深的造诣。"

当时任物理系秘书的温希凡回忆说：

物理系上课分大班和小班。当时，大班主要是基础课，由教授或副教授主讲；小班是习题课，一般由助教讲。为了提高青年教师讲课水平，朱先生跟我说，他要带一个小班，上课时间放在周五，每次习题课由他这个小班先上，安排助教都去旁听，然后再由助教在他们各自带的小班上课。朱先生是想通过言传身教，帮助青年教师提高教学水平。由于朱先生讲课讲得很好，他的这个小班，每逢周五上课时，青年教师都主动地去听。

朱先生讲课讲得好，不仅是他的学术水平高，还在于他备课非常认真。他交代我，每次他讲大课后，要将学生做的笔记收上来。他通过看学生们记的笔记，了解学生对他讲的课理解了多少，然后下次在小班讲习题课时，根据学生们的理解情况，可以有针对性地再讲。如此敬业，在当时是很难得的。

对待学生的考试，朱先生也是一样的尽心。当时一个年级的学生有210多人，口试时要一个一个进行。有一次，有门课口试之前，朱先生找我去谈话，了解这些学生中，哪些学习比较用功、哪些学习能力比较差、哪些学生是工农兵调干生、哪些学生比较爱玩等等。这样，他在口试中可以具体情况具体分析。

潘守甫教授也回忆说：

1954年，全国高校普遍扩招。东北人民大学物理系原来一个年级最多招5个班，150多人，1954年扩招了7个班，210多人，因此，助教也不够用了，

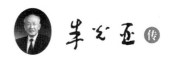
于是补充了一些刚毕业的年轻教师。本来，讲大课的教授是不负责讲习题课和答疑的，但朱老师为了培养年轻教师，主动承担了一个小班的习题课和答疑，我们班有幸被选为朱老师教习题课的示范班。每次朱老师给我们上习题课时，所有年轻的教师都自带板凳，坐在教室最后一排，和我们一起听朱老师讲解习题的解题和计算方法。这些年轻老师照样记笔记，都特别认真。

朱老师上课历来特别认真，他事先都写好讲稿，稿纸上还有不少用红色钢笔写的提示、要点和需要特别要向学生交代的重点及注意的内容。学生们都能从朱老师的讲课中受到很多启发，也学到了如何学习物理知识的方法。我毕业后留校任教，我曾问过这些年轻教师，他们听朱老师上课的心得。他们都说，听朱老师上课非常受益，无论是授课和人品，都受到很大教育。

朱光亚除了上示范课外，还要求青年教师在讲授习题课之前，必须写出习题课讲稿，由他亲自审定。

吉林大学物理学院档案室，保存了1954年由朱光亚亲自审定的26份习题课讲稿。在这些习题课讲稿中，可以看到，朱光亚都作了十分认真的审阅、修改。大到授课内容，小到计算差错，他都一一予以纠正，有不少修改篇幅，甚至比原稿还长。

如编号为"1954.11.19"的习题课讲稿。该习题是关于汽车在一般公路上等速行驶，在斜坡下驶时引擎的功率计算。编写该习题讲稿的授课老师只是列出了一个解法的公式。朱光亚审改后，不仅改正了公式计算中的一些错误，还用红笔补充道：

题目内未明确提出摩擦力的问题，因此首先要引起学生注意，本题是有摩擦力的。

如果没有摩擦力（指滚动摩擦而产生的阻力，当然不是指滑动摩擦，因为没有滑动摩擦的话，车轮就转不起来，车子也不可能前进），则车子就必然加速度下驶，而不会关了引擎而仍然等速下驶。

既然有摩擦力，所以必须考虑它。

既然有摩擦力，而题目未明确指出摩擦力或摩擦系数是多大，则必然是由题目其它条件可以求出其大小的。

这样，就可以引导学生了解等速下驶的一步，主要在于告诉我们摩擦力（或摩擦系数）的大小。

因此，可以考虑将此题分步骤来做。以上是第一步。第二步再求曳引力 F。最后再求功率 W。当然，也可以在讨论时提问把步骤弄清楚，解题时可以由同学一次解出。

本题牵涉到单位换算，因此必须强调先列出公式，用符号，然后再代入数字。

再如编号为"第五次 4"的习题课讲稿。该习题是：站在非常光滑的冰面上的射手用步枪作了一次水平射击后，将以多大的速度 V 运动？编写该习题讲稿的授课老师也只是列出了一个解法的公式。朱光亚审改后用红笔补充道：

实际上这题的情形并不是孤立系统，因为射手和子弹都受地球引力。但外力是垂直的，对水平方向的运动无影响（这一点要在课堂上提到的）。

解此题时要注意单位。

这是一个动量守恒定律的题目，特别要着重动量的方向。如果只从大小来看，放枪以前都未动，放枪以后都动起来了，因此大小是不守恒的。同学可能在这一点上发生模糊的。联系这一"反坐"实例，希望能解决这一点。

又如编号为"第七次 1"的习题课讲稿。该习题是两个质量不同的球在速度、方向相同时作正碰撞，求碰撞后球的速度：（a）设球是完全非弹性的；（b）设球是完全弹性的。朱光亚在审定时补充写道：

如果在大班讲授时已讲到完全弹性碰撞和完全非弹性碰撞的意义，则本题可作为典型例题。

如果作为典型例题，本题由教师作解时可以贯彻先用符号、后代入数字的工作方法。

最好不引用恢复系数来讲解弹性和非弹性的问题，因为这样超出了本题的范围，容易把重点模糊了。

可以考虑这样讲法：完全弹性碰撞和完全非弹性碰撞是两个极端，当然也有介乎两者之间的情况，即两个球碰撞后既不是粘在一块，但也不是分开

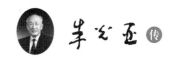

以后机械能守恒，而是分开跑，机械能也有一部分转变成为热能。这时两个球的形状都会有些改变，也就是说，两球碰撞时彼此相挤，使球改变了形状，做的功变成了热。

本题所用符号最好和书上、课堂上所用符号一致。

又如编号为"第七次2"的习题课讲稿。这是一个讨论题，讨论的题目是：什么是相对速度。授课老师只简单地写了4行字，而朱光亚在审定时补充了16行字。

又如编号为"第五次3"的习题课讲稿。朱光亚连讲稿中一个公式运算时，出现的6.8‰的计算误差都仔细地纠正过来了。要知道，当时的计算工具是手拉的计算尺。

从朱光亚对这些习题课讲稿的审定、修改中，可以看到他在扶助青年教师上倾心倾力，不仅用心良苦，而且学风严谨、一丝不苟。

六、物理系的"内当家"

温希凡回忆说："东北人民大学物理系建系时，里里外外工作很多。系主任余瑞璜主外，主要忙于跑北京高教部和省里；朱光亚主内，主要负责系里的教学工作，是物理系的'内当家'。他们两个人，一个主外，一个主内，搭配得非常好。"

新中国建立初期，由于缺乏执政经验，各行各业都"以苏联为师"，教育界也是如此。

1952年10月27日，中央高教部颁发的《全国高等学校各专业统一的教学计划》中明确提出："要系统地移植苏联的教学模式"，连学生的作息时间也要照搬苏联高等院校的"8150"制，即每天学习8小时、体育锻炼1小时，每周学习和开会不超过50小时。

而物理系创建初期的24位教师，无一人熟悉苏联的教育模式。特别是几位教授都是从英美留学归来的，让他们从已经熟悉的英美教育模式，转变为还很陌生的苏联教育模式，从思想上到教学上都有一个艰难的适应过程。

首先是教材。根据中央高教部的规定，凡是有苏联教材的课程，必须采用苏联教材。当时，物理系开设的 10 门课程中，普通物理学等 6 门采用苏联教材，理论力学等 4 门根据苏联教材编写讲义或提纲。由于当时苏联教材的中译本较少，在朱光亚的领导下，全系教师自力更生，一边自学俄语，一边进行俄语教材翻译。

有了苏联教材，如何施教也是一个难题。据东北人民大学物理系档案记载，1953 年 10 月至 12 月，在朱光亚主持下，先后召开了 7 次教材研究会。每次教材研究会，朱光亚都亲自撰写会议纪要。

在第一次教材研究会上，朱光亚提出要结合中国物理学的发展情况来授课。他在纪要中写道：

关于第一题，介绍中国物理学工作情况是必需的。汉朝时代，由两竿影子距离即可测地球多大。需进一步了解，收集材料。

如何说明古代物理学的成就就是由实际需要而生？中国的古代历法是很容易了解的：农时需要。但有一些东西则很不清楚，如墨子的光学，阳燧取火也是一个好例子。

关于速度概念，要着重速度概念引入的必要性，这样才能较好地解决大的问题。如何联系实际来讲匀速运动的速度概念？生产中的例子是否有恰当的？

在第三次教材研究会上，朱光亚提出要运用实例来说明物理概念。他在纪要中写道：

①关于所提出的第二题，主要在分清离心力与惯性离心力。实例有：车上的泥，伞上的水滴，火车轨道倾斜，离心节速器可以考虑表演给同学看。

②向心力与离心力是否一个为主动，一个为被动？作用力与反作用力是同时发生的，向心力与离心力亦然。主动、被动只是从原因来看。

人在车中转弯时倒，倒是保持惯性，既无向心力亦无离心力。若拉住，则同时发生向心力、离心力（由不动观察者看来）。由动的观察者看来，就是平衡问题，同时受两力，一为拉的力，一为惯性力。

在第四次教材研究会上，主要讨论苏联物理学教材中《功与能》这一章。朱光亚在纪要中提出了自己的看法。他认为：

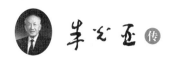

①功的概念，应由实际出发说明如何产生，但又须说明与生理上的了解不同，即机械功不同于做工，"花了力气"。困难之点在于讲负功！

②能量概念：为什么先讲一般的？再讲力学系统的能量？能的守恒与转换定律是大量实验事实的概括，应由中学基础简单回忆讲起，概括了，得到一般的、抽象的东西，再说明其哲学意义。然后再着重讲力学，因而要分析力学系统的能量，这样就不能先讲后者，再讲一般的概念。

③为要讲明动量守恒与机械能守恒，必须在课堂上举例，如弹簧力作功，球的中心碰撞。通过课堂作业则可熟悉这两定律。

此后，朱光亚还专门撰写了《关于功与能的定义的几个问题》的学术文章，约1.5万字，发表在1954年5月号的《物理通报》杂志上。文章开宗明义就写道：

功与能的概念是物理学中极其重要的基本概念，也是教员感到不容易讲授的概念。特别是，围绕着能的概念，目前正在进行着唯物主义和唯心主义的激烈的斗争，而捍卫唯物主义并向学生进行马克思列宁主义世界观的思想教育是我们教师必须担当的责任，这就使得我们有必要来深入地钻研它们的内容，以求能做到更正确地运用辩证唯物论的观点来讲述这些概念。

透过这些会议纪要，可以清晰地看出，在采用苏联教材问题上，朱光亚显示出了一定的灵活性，坚持从教学效果出发，而不是一成不变地照搬苏联模式。

1953年7月15日，朱光亚撰写了一篇题为《学习马克思列宁主义与学习苏联的一点体会》的文章，发表在《东北人大》上。文章中写道：

要掌握苏联教材的精神实质，必须提高我们的政治理论学习，因为马克思列宁主义的政治理论是苏联教材的灵魂。在我们学习苏联普通物理学教材与提纲的过程中，我们就已初步地体会到这一点。首先，我们感觉到，整个提纲或者整套教材构成一个完整的科学系统。苏联的普通物理是分为力学、分子物理、电磁学、光学、原子物理五个部分来讲授的。显然，为了使普通物理学的教学工作能在两年半的时间内分为五个步骤来进行，这样的划分是必要的。但是，这样划分的五个部分并不是分割开来的、孤零零的东西，而是前后有着密切联系的一个整体。在过去旧型大学里我们所习惯的一套教学系统并不是这样的。在那里，普通物理学似乎是一个杂货铺，里面的货色有时确是琳琅满目，而有时内容贫乏，无异于高中物理课程的一个再版。而在短短的一年里学完这一课程以后，我们就将力学、热学、电磁学、光学、原子物理学等分开来逐年"深入"和"专门化"。虽然不能说这样分割开来的各个部门之间毫无联系，然而，事实是每一个部门自成一个系统，"深入"既有限，"专门化"也谈不上，而且学完这些课程以后所得到的仍是一些支离破碎的知识，对物质世界的各种基本物理性质仍然不能具有一个整体的、逐步深入的了解……

显然，要能对苏联教材的这一完整的科学系统有真正深入的了解，要能掌握这些教材的精神实质，就必须提高我们的马列主义政治理论水平。

能够有机会系统地学习马列主义政治理论，对于我们来说是一件很幸运的事。事实已经表明，祖国大规模有计划的经济建设已经开始，祖国的一切都在突飞猛进地向前发展。祖国目前的新民主主义建设事业和必将随着来到的社会主义共产主义建设事业，需要大批的"德才兼备、体魄健全、具有高度共产主义觉悟"的青年干部来担当。而作为人民教师的我们，首先必须用马克思列宁主义和毛泽东思想来武装自己，彻底批判教学、研究以及在其他各方面工作中所余留下来的非无产阶级思想，才能完成人民所交予我们的重大而光

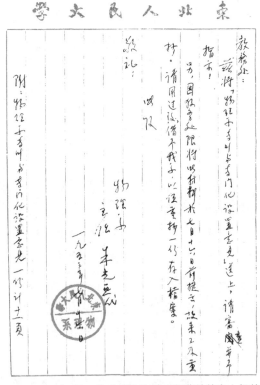

1953年7月，朱光亚为物理系起草并签字上报的《物理系专业与专门化设置意见》报告和手稿首页

荣的任务……

由这一点联想到自己的教学工作，发现自己常常容易犯的毛病之一，就是忘掉整体，忘掉现象与现象之间的联系，考虑问题不全面。如上面所说的，普通物理学的各部分知识的构成是一个完整的科学系统，每一个题目都是它的有机构成部分，讲授时就必须把它当成整体的不可分割的部分来看，注意前后的联系，这样不仅能抓住每一个题目的重点，也能够掌握住各个阶段的教学目的，使同学们所得到的不是一些片断的知识所凑集起来的总和，而是彼此相互联系的整体。我肯定了这一点，认识了自己教学工作中所存在的一个缺点，也就明确了今后工作中应该努力的一个方向。

由此可见，朱光亚抓教学工作，不仅仅是就材施教，而是具有马克思主义的哲学观，善于从大处着眼，坚持理论联系实际，坚持以教学实效为目的。

东北人民大学物理系从零开始，经过朱光亚等创业者的努力工作，短短几年，就初具规模，并立足于国内高校同行前列。

第十一章 入党夙愿

一、提出入党申请

1953 年 10 月 8 日，朱光亚向东北人民大学物理系党支部递交了加入中国共产党的申请书。申请书中写道：

自从 1950 年 4 月我到北京大学工作之日起，党就热情地关怀着我，不断地教育我，使我逐渐认识共产党是工人阶级的斗争事业，是党的最高纲领，中国共产党——这一支中国工人阶级的最先进的队伍，领导中国人民取得了革命的胜利，还只是走完"万里长征的第一步"，最终目的是在中国实现共产主义。共产主义是一个伟大而艰巨的事业，还需要千百万人忘我劳动和坚决的、长期的斗争才能实现的。因而，从那时候起，我就逐步地建立了信念，要争取加入到这支强大的队伍里来，为共产主义事业的实现贡献出自己的一切力量……

现在，在人大工作半年多以后，通过工作，我再一次地体会到我所从事的工作的重要性。目前，党已领导我们投入了为实现祖国工业化、逐步过渡到社会主义去的伟大斗争。工作是艰巨的，在我们的工作中贯彻党的政策、方针和路线是需要坚定的信念、不屈不挠的意志、高度的原则性和辛勤的、忘我的工作的。我自己觉得还有不少缺点，我还要继续加强学习，但是，我认为我应该向党表示我的决心，提出我的入党申请，请求党来考验我、进一步锻炼我。如果我的请求一时还不能实现，我将决不会因而松懈我的斗志，因为我相信党一定能为我指出更明确的努力方向，指引我继续向前迈进。

加入中国共产党是朱光亚的夙愿。早在西南联大求学期间，他就对中国共产党有了一定的认识，并参加了由中国共产党领导的学生爱国运动。在美国留学期间，他又在中国共产党员的影响和帮助下，在留美学生社团组织里

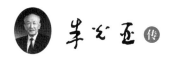

积极从事爱国宣传；新中国一成立，就高举爱国大旗，号召广大留学生回国参加社会主义建设。

特别是在朝鲜参加停战谈判工作期间，代表团大多数成员都是共产党员，与他们朝夕相处，使朱光亚进一步萌生了加入中国共产党的愿望，并在入党问题上进行了反省。他在1952年8月23日的战地日记里这样写道：

八月二十三日（星期六）团小组学习入党问题。

怎样正确认识入党问题？组织上入党？思想上入党？是不是满足于做一个好的团员（或盟员等）就算了？申请若不准应该如何看法？

我过去在入党问题上的思想活动：

1949年年底，回国前，自以为"进步"，想到入党问题。

1950年春，回国后，①朋友们入了党，而且鼓励我，别人入了，我也追求入党。由个人光荣出发，进步出发。②旁听党小组学习会、申请入党会。王树芬同志申请入党未成，感觉党太严厉，因而畏缩不前，对党不了解。

这以后一方面追求进步，学习、业务工作及其他工作；一方面畏缩不前，未建立正确的认识，由个人出发，不是由革命需要、建立革命人生观出发。由个人出发，个人主义基本是原封未动。鼓励是有的，结婚后廖梦醒同志的鼓励；参加土改。

1951年春，参加党小组学习生活。检查思想入党，认识到一些同志入党，过去都有过错误动机。联系自己，认识自己的错误。

这次参加工作（朝鲜停战谈判代表团翻译工作——作者注），努力方向，要求在这次工作中锻炼自己，争取入党。①认识阶级斗争、认识对敌斗争的重要性，对自己工作问题的再一次认识。②未提出申请，以为工作时间太短，申请不方便（材料困难，盟员身份问题），领导上或者对自己的了解不够。

从这篇日记里可以看出，朱光亚在回国之前，已经有了加入中国共产党的想法，但由于对中国共产党还缺乏深入的了解，以及个人这样那样的顾虑，因此，迟迟未正式提出入党申请。

到东北人民大学工作10个月后，朱光亚郑重地向物理系党支部递交了入党申请书。这固然反映了他的思想认识有了提高，对自己有了信心，也与物理系党支部对他高度信任有关。

温希凡当时是物理系党支部书记，他回忆说：

朱先生当时是民盟成员，属于民主党派人士，但实际上，我们党支部已视他为党内同志。一方面，这是因为他刚从朝鲜战场归来，是大家爱戴的中国人民志愿军；另一方面，也是最主要的原因，是他的政治立场、政治信仰，积极向党组织靠拢，以及他高昂的工作热情，受到党组织高度信任。当时，党支部研究和部署重要工作时，都先同朱先生商量，征求他的意见，朱先生接受和认可了，我们再向系主任余先生通报。

在朱光亚的档案里，存有一份《非党积极分子登记表》，是朱光亚在东北人民大学工作期间由物理系党支部主持填写的，时间是1953年5月2日。在党支部委员会意见一栏里，写着："同意作为党的培养对象"。这也佐证了温希凡上述介绍的真实性。

在朱光亚当时的一个学习笔记本里，也记录了他被确定为党的培养对象后，参加了多次的党课学习。

1953年5月8日，朱光亚参加党课学习。在学习笔记里，他联系自己今后的努力方向写道：

注意理论、思想、组织的修养，提高我们的思想水平，提高我们分析问题的能力，提高政治上的敏感性，这样，就能辨别原则和非原则的问题。

健全组织生活，展开批评，有经常的，有战斗力的，真正有生气，关心周围的事物，对新事物要有敏感性；关键在批评与自我批评这一武器。党的利益放在第一位。

反对忽视政治倾向，反对成为学究式的共产党员。每一个党员对任何事情都有责任的，要挺身而出和所有不良倾向进行斗争。发挥高度的原则性。必须扩大我们的视野，要看到各方面的问题。

1953年5月29日，朱光亚参加党课学习。在学习笔记里，他又联系工作实际写道：

群众路线是我们党的根本政治路线和根本组织路线。不要只把它看成是工作方法问题。

在东北人民大学执教期间，朱光亚（前排中）与物理系普通物理教研室的同事们在新物理教学楼（红楼）前合影

由党的性质来看，党是工人阶级的政党，有马列主义指导。马列主义的哲学观，是了解世界并要改造世界，即要行动，因而与群众不能分开。

由党的目的来看，最终是实行没有阶级、没有剥削的社会。要实行这一共产主义社会，一定要和广大群众联合在一起，不依靠群众，就做不到的……

要贯彻群众路线，思想上要养成的观点：

一切为人民群众，全心全意为人民服务的观点。党内的革命先烈牺牲流血，以及以后的艰苦奋斗，都是为了人民的利益。为人民大众，不是为哪一个人，或哪一个小团体的利益，否则就是错误的。联系工作实际，就要考虑对人民大众有无利益，不要强调兴趣，不能强调个人前途。以群众作幌子也是不对的。

一切要向人民群众负责任的观点。工作上要不犯错误,少犯错误。工作方式方法要正确,使得人民事业的利益不受到损害。要求是如此,但政策、工作若有一点不正确,则应如何?要诚恳地进行批评,切实改进。不是一人或一小单位面子好看不好看,而是为了群众的利益。

对党负责与对人民负责是一致的,而不是对立的。真理的最高标准,是以广大人民的利益为衡量标准。在一般工作上,言"向上级负责","向领导负责",也是一致的。若工作中发现"上级"、"领导"有不正确的地方,对人民利益会有损害,要提出意见,按组织程序提,不应当自由主义乱放炮。

相信群众自己能解放自己的观点。人民群众解放自己是自己的事,自己觉悟起来。不论党是如何正确,必须与群众结合,否则就不能变为物质力量。所以要相信群众、依靠群众。党员还是少数人,不靠广大群众,则不能完成任务。不靠群众自觉自愿,主观搞一套,就费力不讨好。在学校工作中亦如此。要善于依靠群众,党员、团员的作用在看见道理,把道理说清楚,使群众自觉自愿去做。

从这些历史材料里,可以清晰地看出,朱光亚是努力地按照共产党员的标准要求自己,使自己能够成为一名合格的共产党员。

二、好事多磨

对朱光亚的入党申请,物理系党支部十分重视。

1953年11月23日,即在朱光亚递交入党申请书一个多月后,物理系党支部召开支部委员会,对朱光亚的入党申请进行了认真讨论,一致同意吸收朱光亚入党,并据此向校党委上报了题为《中共东北人民大学党委物理系支部委员会对朱光亚同志入党问题的意见》的专题报告。

该报告中这样写道:

朱光亚同志于1945年8月于昆明西南联大物理系毕业,1945年9月任西南联大物理系助教(并兼天祥中学教员),1946年9月出国,入美国密歇根大学研究院学习,1950年4月回国,任北京大学物理系副教授,1952年4月赴开城参加朝鲜停战谈判代表团秘书处工作,1953年1月经中央高教部分配

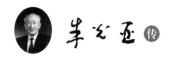

来东北人民大学物理系工作。

该同志于 1950 年 4 月回国后，在党的教育下，阶级觉悟有了提高，对共产党有了明确的认识，对共产主义也有了一些体会，因而从思想、行动上开始靠近了党，并迫切要求党对其进行教育与帮助。北大党委会从 1951 年 9 月开始，就有意识地对其进行教育与培养。

来人大后，在工作上一贯是积极负责的，并能向支部谈一些自己的思想情况，以及在工作中遇到的一些问题。1953 年 6 月口头上向我支部温希凡同志提出入党要求，此后对党的靠近更加主动了。表现在常常向支部汇报思想情况，以及物理系、盟小组（民主同盟物理系小组——作者注）的工作情况。经过党的教育和自己的不断努力，阶级觉悟有了进一步的提高，于 1953 年 10 月 8 日向党支部提交了入党申请书。

经过党的教育，特别是经过土改、镇反（即镇压反革命运动，新中国成立初期，同抗美援朝、土地改革并称为三大运动——作者注）、三反（即新中国成立初期，在党政机关工作人员中开展的反对贪污、反对浪费、反对官僚主义运动，简称"三反"运动——作者注）、五反（即新中国成立初期，在私营工商业者中开展的反对行贿、反对偷税漏税、反对偷工减料、反对盗骗国家财产、反对盗窃国家经济情报运动，简称"五反"运动——作者注）等一系列的政治运动，以及他亲自参加了抗美援朝斗争，在各方面均是受到了一定的锻炼，初步的建立起共产主义人生观。从到校后近一年来的工作中，也说明了该同志的觉悟是较高的，表现在：

（一）工作积极，学习努力……（报告具体列举了三个方面，省略——作者注）

（二）认真领会并积极贯彻党的政策……（报告具体列举了三个方面，省略——作者注）

（三）对人诚恳和蔼，在群众中有一定威信……

在他身上几乎看不到小资产阶级和一般高级知识分子所具有的浮躁之气和高傲作风。不仅在和年老教授谈问题时表现虚心、和蔼，而且与青年助教讨论问题时也是踏实、虚心。

其次，朱光亚同志对系的工作存在的问题和同志们存在的缺点，一般都能提出善意的批评。就是说，他不仅能联系群众，而且又能在政治上团结群众。在原则性的锻炼上，较三反前已有很大进步和提高。因此，在教师、学生中的威信是较高的。例如：此次选举出席区人民代表大会的代表候选人名单公布后，我系吴式枢教授和龙志云同志讲："代表候选人名单，为什么没把朱先生提上？！"讲师唐立寅同志也讲过："朱先生真行，学问好，政治好，又有领导能力，这样的教授很少啊。"

但朱光亚同志还存在一些缺点，主要表现在：在作风上、情绪上还不够十分开朗；考虑问题虽较稳重、细致，但有时表现过于踌躇。这里面可能表现为：有一定的顾虑，即在某种程度上还有些考虑个人的得失。

报告最后的结论意见是：同意接受朱光亚入党。

新中国成立初期，新旧社会交替，对申请加入中国共产党的人员的政治审查非常严格。

东北人民大学党委对朱光亚的入党申请也很重视，组织有关部门对朱光亚进行了政审。经过内查外调，东北人民大学人事处出具了《关于朱光亚同志的历史情况的意见》。《意见》中写道：

据现有中共北京市委统战部王刚同志（党员，是朱在西南联大时的同学），我在美国地下党员陈秀霞（现在中央外交部工作），西南联大地下党员杨德新（现在东北工学院任教），北大沈克琦、徐叙，中国民航公司曾仲瑞，南开大学物理系主任江安才，均一致证明该人是进步的，没有政治问题。故按现有材料及其表现，认为无政治问题。

但因其大哥朱光庭在北美洲国民党领事馆工作，大嫂陈道惠亦在北美，故应加强教育并注意双方有无联系。

自新中国成立以后，一直到改革开放后的一个时期里，因受阶级斗争观念和极左思想影响，海外关系被看成是一个"问题"，会影响到入党、提干、参军等。这对今天的国人来说，很难理解，但那时就是如此。

之后，又对朱光亚的海外关系进行了调查，并出具了《关于朱光亚同志海外关系的调查报告》。《调查报告》中写道：

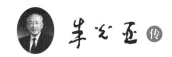

关于朱光亚同志海外关系问题，经向武汉市江岸区公安分局上海路派出所及有关方面进行了解……迄今还没有发现有根据的可疑情况。

又是内查外调，又是考察，这样，朱光亚的入党问题拖了一年多，还未获得上级党委批准。这里所说的上级，不仅仅是东北人民大学党委，还包括中共长春市委组织部。

按照当时的任命程序，东北人民大学教研室一级主任、副主任的任命，都是上报东北人民政府教育部批准后才正式公布的。像朱光亚这样的担任系

1954 年，朱光亚怀抱女儿朱明燕，与岳母廖六薇（左一）、妻子许慧君（左二）、妻妹许智君（左三）在吉林省长春市住所阳台上合影

领导职务的高级知识分子，他的入党问题当然也不是东北人民大学党委就可以自行决定的。

根据东北人民大学和长春市委有关档案记载，朱光亚的入党申请迟迟未获批准的主要原因，并不是他的海外关系，而是他的民盟盟员身份。

1954 年 10 月，物理系党支部在给东北人民大学党委组织部的一份请示里，这样写道：

关于朱光亚同志的入党问题，是由物理系支部委员会在 1953 年 11 月 23 日讨论通过的。按党委指示，须呈请市委同意后才能在支部大会上进行讨论。在此期间，经党委，市委组织部、统战部再三研究，均未提出最后的肯定性的意见。

近据中国民主同盟长春市支部王明月同志（中共正式党员）说，前些日子王去市委时，亦曾与宣传部的范处长及统战部的同志谈及朱的入党问题，并云：市委对此问题，将再作出并将提出最后的肯定性的意见。

朱的入党问题，从提出申请到现在，已近一年了。因此，请党委能在最近向市委作一请示为盼。

东北人民大学党委此后即向长春市委组织部作了请示，同意对朱光亚的入党问题再进行研究。1954 年 12 月 31 日，物理系党支部召开支部委员会，再次研究和通过了朱光亚的入党申请。1955 年 1 月，物理系党支部在给校党委的报告里写道：

根据市委组织部、校党委的指示，物理系支部委员会对朱光亚同志的入党问题，又进行了研究和讨论。根据该同志一年来的表现，对物理系支委会于 1953 年 11 月 23 日所通过的《对朱光亚同志入党问题的意见》又作了若干补充和修正。现将 1953 年 11 月 23 日、1954 年 12 月 31 日所通过的两个文件一并呈上，请审核并转呈市委。

1955 年 2 月 19 日，东北人民大学党委对朱光亚的入党问题进行了讨论，通过了朱光亚的入党申请。东北人民大学党委组织部的一份文件这样记载：

因朱光亚在我校时，为民盟东北人大区分部委员，当时市委考虑到我党和民主党派的关系，故未作肯定的批复。1954 年秋，市委再次指示我校，对

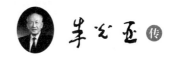

朱的入党问题作进一步研究。经物理系支委会研究，仍认为可以吸收朱光亚入党。党委亦于 1955 年 2 月 19 日第二次讨论了朱的入党问题，并通过了接收朱光亚为候补党员的决议。之后，呈请市委审批。

这次，长春市委组织部仍然没有肯定性意见，朱光亚入党再次被搁置。

三、提拔未获批准

尽管在入党问题上一波三折，但朱光亚并没有因此而消极，在教学工作上依然尽职尽责。

1953 年 9 月，中央高教部在北京召开综合性大学会议，着重研究了综合性大学的方针任务、教学改革和知识分子政策。

根据这次会议的精神，东北人民大学全面修订了各专业的教学计划和各门课程的教学大纲，并加强了科学研究工作。

吉林大学校史记载：

当时的科研还处于初创阶段，从形式上看，有结合教学与生产的专题研究，以教学问题为中心的小型科学讨论会，创造性的编写教材，撰写科普文章等。据 1954 年统计，专题科学研究 134 项，教材 17 种，科普文章两篇，共计 153 项。主要成果有：朱光亚教授的《原子物理教材》，唐敖庆教授的《分子内旋转问题》，杜若君教授的《过渡时期的政权问题》，杨振声教授的《水浒的艺术性》，刘丹岩教授的《关于过渡时期的基本经济法则问题》等。

教学改革是一项既复杂又敏感的工作，需要智慧和勇气。根据学生考试工作中反映出来的问题，朱光亚撰写了一份有关考试工作的总结，提出了自己的思考：

由考试成绩来看同学们在学习方面所存在的问题：

1. 学习负担过重。平时负担重，以致未把课程消化，考期内复习不完，成绩不好。这种情形以物二（物理系二年级——作者注）最突出。物三（物理系三年级——作者注）同学学习负担，平时也比较重。就物二而言，考期内考五门，负担比较重。由于平时负担重，考期就拉长了，但拉长了以后，学生到后来精疲力尽，也考不好。

2.一部分同学学习态度不够端正。各班都有这样的情形，物一（物理系一年级——作者注）也许显得突出一些。就物一而言，工农学生都考得比较好，但一部分同学是高中正式升上来的，有基础，但不用功（或是自高自大，或是对自己要求不高、懒于学习，或是根底差但好胜），以致考试不及格或只得了及格评分。由于学习态度不够好，考试时也有少数学生"变相争分"，即考完评分后不离开考场。

3.独立工作能力差。一般而言，答题都比较形式；联系实际、分析现象的问题往往是答不好的；计算题，则遇见平时未见过的，虽不难，多数也做不好。这些地方都表现出独立工作能力差。

4.忽视实验问题。物三同学在这一点上表现较突出，一般对实验方面的问题都答得不够好。物二也有这样的情形。这反映出同学喜欢抠理论，抠什么思想方法。物三同学事后谈，认为系不设理论物理专业课似乎很遗憾。

5.留级生问题、重点同学问题、基础问题……

由考试成绩来看教学工作方面所存在的问题和缺点：

1.教学方法上

①同学平时消化不良，这就反映出对同学平时学习的指导工作没好好做，也就是没有做好同学的自学指导工作。

②同学对实验方面的知识不够重视，一方面，在讲课时对这些方面强调得还不够；另一方面，表演实验少，实验课内容缺乏，就更容易造成这样的结果。原子物理课程特别是这样，既无表演，又无原子物理实验，这些方面的东西，同学的印象自然就不深刻了。

③习题课效果还不够好……培养独立工作能力方面，效果还不是令人满意。总结少，事后督促检查少，以致有一部分同学习题课上或课外作业上犯的错误仍带到考试中来了。家庭作业的批改方面，事后检查督促也做得很不够。

2.讲课质量上

①同学答题较形式，这就反映出讲课方面也比较教条。这一点，对外系开的课特别要注意。

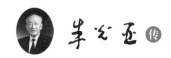

②由考试过程中反映出个别部分交得代不够清楚（许多课程已详细整理了这样的材料，这里不再重复）。

3. 今后改进办法

①提高讲课质量。

②加强对同学自学的指导，要研究重点答疑和辅导的办法，以提高效果。特别要重视政治思想教育与专业教育结合问题，对学生全面负责。

③重视实物教学，逐步补充内容，尽量利用现有教具，提高实验课质量。

④提高习题课质量，注意多联系实际问题，提高同学分析问题的能力。

由于东北人民大学是新中国成立后，在原东北行政学院基础上重新组建的综合性大学，数学系、物理系、化学系等理科的教授、副教授大多是海外留学归来的知名学者，而校长等学校一级领导都是早年参加革命的老干部，

1954 年 7 月 17 日，朱光亚（第一排右四）等教师与东北人民大学暑期数学系和物理系毕业生合影

彼此之间难免不太适应，也出现了一些矛盾，特别是在执行党的知识分子政策上，存在的问题比较多。主要反映在：教师没有得到应有的尊重，不注意发挥教师在学校工作中的主体作用；领导干部的工作作风不够民主，工作方法有一些欠妥。例如有一个系的党支部书记为了做思想工作，私自拆看一位教授的私人信件。

1954年春，朱光亚怀抱长子朱明远在吉林省长春市住所阳台上合影

为了解决这些问题，1954年11月，中央高教部派出了一个由20多人组成的调查组，深入东北人民大学调查研究，广泛听取干部和教师的意见。

物理系党支部书记温希凡在座谈会上发言说："学校贯彻知识分子政策不稳，对非党教师不尊重"。他还举例说："派汽车，朱光亚的爱人生孩子（即朱明远——作者注），不给出车，但机关行政干部的科长就可以坐汽车。"

经过深入调查，调查组召开大会，由中共高教部李云扬司长作报告，公布了他们的调查结果和意见。报告说：

东北人民大学是东北最高学府之一，也是新中国成立后我党自己建立的第一所综合大学，因此中央对她的投资是很大的，投入党的力量也是很强的；抗战前（参加革命）的干部有5位，处级以上的干部有15至20位，科长级干部有40多位，在党的力量方面在全国大学里是属于强的。中央投资东北人民大学和北京大学是并列的，甚至有时是比北大还多，因为考虑到她是新型大学，是站在东北经济建设的前线，配合全国的经济建设。东北人民大学是

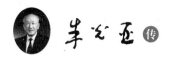
党自己办起来的，如果垮台，就影响党的威信。

报告肯定了东北人民大学创办以来取得的成绩，也严肃指出了在教学改革中存在严重的缺点和错误。在执行党的知识分子政策方面，报告认为："学校已经意识到问题的严重性，已着手解决。学校的检查文件基本上是对的，但未抓住主要问题，对科学家的作用估计不足，对知识分子的特性强调的多，而对团结的出发点不明确。"

东北人民大学党委在《关于知识分子政策的总结报告》中也进行了反思，报告中特别说道："发展党员有关门主义倾向，几年来在老教师中只发展了一名（朱光亚），也未经上级批准。"

中央高教部调查组工作结束返京后，东北人民大学针对存在的问题，开始着手改进，并在干部配备上进行了调整。

1955年1月10日，东北人民大学党委报请长春市委：

我校为了巩固检查工作的成果，及进一步改进今后工作，拟任物理系教授朱光亚兼副教务长；物理系教授兼系主任余瑞璜兼研究部主任……

长春市委批准了有关任免事项后，东北人民大学党委又于1955年2月3日报请中央高教部：

我校自高教部检查组进行检查工作后，即开始酝酿改进学校工作，加强学校组织机构，现将已确定的名单报上请批示：

（一）物理系教授朱光亚兼任副教务长；

（二）物理系教授兼系主任余瑞璜兼任研究部主任……

1955年3月11日，李云扬司长致函东北人民大学副校长刘靖，称："关于余瑞璜任研究部部长、朱光亚任副教务长问题……拟于最近提交我部党组讨论，俟党组决定后正式任命。"

1955年5月20日，中央高教部正式下达了《关于匡亚明等同志任命问题》的通知。通知称：

匡亚明同志任你校校长，业经中央四月二十七日同意，行政任命手续另行办理，请先行到职。其工资暂按原工资（即在上海实得货币数）发给。

刘靖同志一时不能出院，请匡亚明同志正式到职工作，容后再参观。

我部同意余瑞璜任你校研究部长，请先行到职，任命通知书另行发给。朱光亚先生因另有调动，暂不任命。

1955 年 5 月 24 日，东北人民大学发出校长《通告》：

接高等教育部五月二十日电示，朱光亚教授另有任用，不能任副教务长之职。

而此时，朱光亚已经离开长春，赴京领受了一项事关国家强盛的重要任务。

第十二章 另有任用

一、中南海领袖拍板

朱光亚的"另有任用",与 1955 年 1 月 15 日中共中央书记处会议做出的一项重大决策有关。

这一天,中共中央主席毛泽东在他的办公处——中南海丰泽园,召开中共中央书记处扩大会议,专题研究发展我国原子能事业。

出席会议的中共中央领导人有:刘少奇、周恩来、朱德、陈云、彭真、彭德怀、邓小平、李富春、薄一波等人。

地质部部长李四光、副部长刘杰,中国科学院物理研究所所长、核科学家钱三强列席会议。

会议一开始,毛泽东便开门见山地对李四光、钱三强说:"今天,我们这些人当小学生,就原子能有关问题,请你们来上课。"

李四光是中国著名的地质学家,1889 年 10 月 16 日,出生于湖北省黄冈县回龙山街下张家湾一个贫寒的私塾教师家庭。

李四光原名李仲揆,自幼学习勤奋,聪慧过人。1902 年,他 14 岁时,赴武昌报考新学堂,在填写报名表时,误将姓名栏当成年龄栏,写了一个"十四"。他发觉填写错了,便把"十"字加上几笔,改成了"李"字,可是"李四"这名字实在太俗,会被人笑话。正在为难之时,他看见报名处大厅里挂着一块匾,上书"光被四表"四个大字,灵机一动,就在"李四"后面加了一个"光"字。从此,李仲揆就成了李四光。

1904 年 7 月,李四光因学习成绩优异,被选派赴日本公费留学,进入日本大阪高等工业学校舶用机关系。舶用机关即船用机械;1913 年 7 月,又赴英国留学,在伯明翰大学学习采矿专业,后转入地质系;1920 年秋回国,次年 1 月应蔡元培之邀，任北京大学地质系教授。此后，他又创立了中央研究院地质研究所。李四光一生专注于中国地质研究，成果丰硕，是中国地质力学的创始人。

新中国成立后，他被任命为中国科学院副院长，院长为郭沫若。1952 年 8 月，地质部成立，他又被任命为地质部部长。这次进中南海，李四光带来了一块铀矿石。

铀，是实现核裂变反应的主要物质。它最先是由德国矿物化学分析家克拉普罗特（M.H.Klaproth）于 1789 年发现的。恰好当时天文学家发现了天王星，克拉普罗特就将自己发现的这一新物质以天王星命名。天王星英文名的第一个字母为"U"，中国就将它音译为"铀"。

根据核物理学的研究，一个铀 – 235 原子核裂变时释放的能量，比煤燃烧时一个碳原子释放的能量大 4878 万倍。

因此，铀矿的勘查与开采，是一个国家能否独立自主发展原子能事业的重要前提。

1984 年出版的《当代中国的核工业》一书中，有这样的记载：

我国发现铀矿物比较晚，始于本世纪三十年代。一九三四年，地质工作者张定钊曾用分光分析法鉴定赣南钨、锡、铋、钼等矿中含有铀元素。接着在一九三八年，地质工作者张更生在广西富贺钟地区的冲积砂内，采得独居石、钍石等矿物。

一九四三年五月，前中央研究院地质研究所南延宗与前资源委员会锡业管理处的田遇奇等，在广西钟山红花区黄羌坪发现铀矿物。这是我国首次发现的铀矿产地和铀矿物。同年八月，南延宗和吴磊伯重返矿区复查，认为铀产于花岗岩内之伟晶花岗岩脉中，铀矿附存于锡、钨矿体，其矿量有限，但附近花岗岩体内是否有铀矿体，尚不知道。在旧中国，地质人员寥寥无几，虽然从三十年代起，多次发现铀矿点，但未被国民党当局所重视，因而也没有进行进一步的勘察工作。

新中国成立后，中国共产党和人民政府十分重视地质事业。一九五四年，地质部在综合找矿中，第一次在广西发现了铀矿资源的苗头。国务院第三办

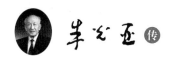

公室副主任、地质部副部长刘杰等，向毛泽东、周恩来作了汇报。毛泽东详细地询问了勘探情况，并一定要亲自看一看铀矿石。于是刘杰等选配了铀矿石标本送到他的办公室。毛泽东看了显得很兴奋，一边用探测器测量着矿石，一边对汇报的人说："我们的矿石还有很多没被发现嘛！我们很有希望，要找！一定会发现大量铀矿。"又说："我们有丰富的矿物资源，我们国家也要发展原子能。"

在中南海的这次中共中央书记处扩大会议上，毛泽东的开场白说完，周恩来就提出建议，请李四光、钱三强在介绍情况之前，先给参加会议的中共中央领导人演示一下，让他们对铀矿石有个感性认识。

只见刘杰将一块铀矿石放在了桌子上，然后拿出一个外形类似钢笔摸样的盖革计数器，靠近铀矿石，立即发出了"嘎嘎"的响声，靠得越近，响声越大，拉开距离后，响声又变小了。有几位中共中央领导人还好奇地亲自上前做起了试验，效果一样，大家登时欢笑了起来。

演示结束后，李四光和刘杰就对我国铀矿资源的情况进行了汇报。他们说，经过一年的普查，在西北、中南和华东地区发现了 200 多处放射性异常点，已经确认有远景的矿点 11 处。可以确信，中国一定有丰富的铀矿资源，能够为将来大力发展原子能工业服务。

接着，由钱三强讲解核科学知识及相关情况。

钱三强，1913 年 10 月 16 日出生于浙江绍兴一个书香门第，其父是中国著名的国学大师钱玄同。

钱三强出生时，钱玄同给他取名钱秉穹。中学时代，同学们看他身体强壮，学习成绩好，品格优秀，便送给他一个绰号："三强"。钱玄同觉得这个绰号很好，就给他改名为钱三强。

1932 年 9 月，钱三强考入清华大学物理系，毕业后任北平研究院物理研究所助理员。1937 年 7 月，他考取法国巴黎大学镭学研究所研究生，指导老师就是世界著名的核物理学家约里奥－居里夫妇。钱三强在 1940 年获法国国家科学博士学位；1944 年，被任命为法国国家科学研究中心研究员。

在镭学研究所期间，他不仅目睹了地球上第一次核裂变，而且在伊莱娜·约

第十二章　另有任用

233

里奥－居里夫人带领下，师生合作，验证了有关核裂变的一系列完整试验，并在试验中发现铀和钍受中子打击后可以得到"镧"的放射性元素。也就是说，他们发现了铀和钍的裂变反应。他们的这一发现，后来被众多科学家证明和认可。这个重大发现，使人类对原子核科学的研究进入了新的时期。

1948年夏，钱三强回国；9月，受北平研究院聘请，组建原子学研究所，并任研究所首任所长。虽说是所长，但研究人员寥寥无几。当时，南京中央物理研究院也设立了一个原子核物理实验室，科技人员只有5名。它们是旧中国仅有的两个核科研机构。

1950年5月，这两个研究机构合并，成立了中国科学院近代物理研究所。这是新中国第一个核科学技术专门研究机构。首任研究所所长是吴有训，钱三强为研究所副所长。1951年3月，吴有训调任中国科学院副院长，钱三强便接任研究所所长之职。

钱三强在给中共中央领导人讲解时，先从肉眼看不见的原子讲起。此前，周恩来嘱咐过他，一定要讲得通俗易懂。他这样讲解道：

原子的直径只有一厘米的一亿分之一左右，如果把一个原子放大到100亿倍，它就像一个直径一米的圆球。通常一个只有芝麻粒那么大的小东西，里面有万亿个原子。后来研究发现，原子还不是最小的，它本身的构造很复杂，像个小小的"太阳系"，每个原子中间有个微小的"太阳"，这就是原子核。原子核更是小得惊人，打个比方：假如把一个原子放大到像怀仁堂礼堂那样大，那么其中的原子核，就像一粒黄豆放在礼堂中央……

简略讲完这些科学知识后，钱三强又挂出两张示意图，开始介绍原子弹和氢弹的基本构造。他说："先从铀矿中提炼出铀，再把铀形成固体，加工成两块半球形浓缩铀－235（或钚－239），外面包上一层中子反射体，放在弹壳里，用高能炸药引爆，使两块半球型铀发生链式反应，这样，原子弹就爆炸了。"

在陶纯、陈怀国撰著的《国家命运》一书里，对钱三强讲解后中共中央领导人的热烈讨论，有一段比较详细的记述：

有人点头，有人摇头，有人看着图在沉思。

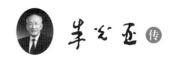

毛泽东突然说："你们让我跟苏联人谈的那个反应堆和加速器是干什么用的？"

钱三强说："它们是进行原子能研究的基础，简单地讲，就是通过反应堆和加速器来研究、摸索和掌握核能释放的规律。二战时，美国轰炸纳粹德国的军事目标，首先摧毁的就是纳粹德国的重水核反应堆。美国人最担心的是纳粹德国先于他们造出原子弹，炸了反应堆，也就毁了纳粹德国的核计划。"

毛泽东又问："我们自己没办法搞吗？"

钱三强说："能搞，但需要花很长时间。除了理论上要学习、掌握之外，我们目前的工业水平太低，制造也是一个难题。"

毛泽东点点头："好，先不说难题，氢弹好像和原子弹有点关系吧？"

钱三强说："是的，简单地说，就是在原子弹的外面，包围相当数量的重氢或超重氢，利用原子弹爆炸的高温，使重氢或超重氢发生热核反应，达到氢弹爆炸。"

毛泽东道："这么说，原子弹又是氢弹的基础了？"

钱三强说："也可以这么说。"

毛泽东显然想让钱三强为众人答题，问道："那你再给我们说说，为什么有了原子弹还要搞氢弹呢？"

钱三强于是说："投在日本长崎的原子弹相当于两万吨 TNT 当量，苏联请彭老总去看的那一颗是 4 万吨，10 万吨、20 万吨的还能做，但因为材料的关系，再做（更大的），体积就太大了。美国的第一颗氢弹是 1040 万吨（当量），大约是广岛原子弹的 800 多倍。"

众人一阵惊叹声。

钱三强说："当然，不仅仅是威力大小的原因，还有杀伤力的方式不同。氢弹的杀伤力主要是冲击波和光辐射，没有原子弹那么大和那么持久的放射性污染，也许这是使用者对自身安全的考虑吧。"

毛泽东看看众人笑道："今天，我们都是学生，不要我一个人提问题嘛，你们也说说。"

彭德怀说："主席，我看我们也别问什么问题了，给三强同志省点力气。

三强，我就想知道，估计也是在座的人最想问你的，我们的科学家能不能把原子弹搞出来，要多久？"

钱三强没有回答，看着毛泽东："主席，回答彭老总之前，我先问个问题好吗？"

毛泽东点点头。

钱三强说："主席，我们国家是不是下决心要搞原子弹？"

毛泽东微笑道："我一个人说了不算啊……老彭，你的意见呢？"

彭德怀立即道："当然要搞！"

毛泽东点点头，然后看着刘少奇。

刘少奇说："我赞成搞。我的意见还是要尽量争取苏联的帮助，有人帮就能快一点，省点事。不帮，我们就自己搞。"

毛泽东一一朝与会的领导人看去。

朱德一拍桌子："要搞！过去我们打仗有蒋介石给我们当'运输大队长'，以后没有这样便宜的事了，必须自己动手。有备无患嘛，搞了不用也得搞，不然，没法踏踏实实过日子。"

周恩来说："综合我国目前的情况，集中力量，突破原子弹，带动整个原子能事业的发展，是个好办法。我建议中央，对搞原子弹早下决心。"

邓小平也说："我的意见，无论从我国面临的现实威胁，还是从民族利益考虑，原子弹都必须搞！"

陈云举手道："我投赞成票。"

彭真、李富春、薄一波都举起了手。

所有人都看着毛泽东。

毛泽东深深地吸口烟，说："出兵朝鲜，我想了三天。要不要搞原子弹，我想了三年。结论是两句话：一、原子弹一定要搞；二、既然要搞，那就早搞。我们国家发现了铀矿，也训练了一些人，现在是时候了，该抓了。只要排上日程，认真抓一下，一定可以搞起来！"

其实，当年美国用原子裂变的火球将人类带入核时代时，毛泽东于1946年8月在延安的窑洞里，就对原子弹有着深刻的见解。他对美国著名记者安

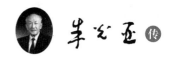

娜·路易斯·斯特朗指出："原子弹是美国反动派用来吓人的一只纸老虎"。
近20年后，另一位美国著名记者埃德加·斯诺问毛泽东："您真的认为原子
弹只是纸老虎吗？"毛泽东给他进行了认真的解释："这就是马克思主义的
唯物辩证法，从两个不同的方面认识事物。原子弹可以杀人，这是一只真老虎。
但是，只要全世界人民团结起来，彻底反对原子弹，那么，它就成了纸老虎。
纸老虎是一种修辞手法。"

怎样反对原子弹？1951年，新中国成立初期，师从居里夫人的女儿约里
奥-居里夫人的中国留学生杨承宗回国时，约里奥-居里夫人托他带一句话
给毛泽东：

你回去告诉毛泽东，你们要反对原子弹，就必须有自己的原子弹。原子
弹也并不是那么可怕。原子弹的基本原理也不是美国人发明的。

要不要搞原子弹，毛泽东说他想了3年，是非常真实的心里话。

这天，中共中央书记处扩大会议一直开到晚上7点多。会后，毛泽东留
大家吃晚餐。餐厅里摆了3张四方桌，每桌上了6个普通的家常菜。李四光、
钱三强被安排与毛泽东一桌。平常不太喝酒的毛泽东，这时端起了一杯葡萄酒，
站起来，大声地说："为中国的原子能事业，干杯！"

这一声"干杯"，标志着中国制造原子弹的史诗性"大戏"，从这一天起，
正式拉开了序幕。

这一声"干杯"，也决定了朱光亚从此与中国原子能事业紧密地融合在
一起。

二、普及原子能基本知识

中共中央书记处扩大会议召开之后半个月，即1955年1月31日，周恩
来总理主持国务院全体会议，研究部署原子能事业的发展工作。在会上，周
恩来讲了一段很重要的话：

这是一件很好的事情。过去我们在这方面没有基础，（中国）科学院懂
得一些，我们就不懂。曾经请李四光部长、钱三强所长给我们讲过几次，也
只能看懂文件上的名词……对新中国来说，这是个新问题。现在是原子能时

代，原子能不论用于和平或用于战争，都必须懂得才行。我们必须要掌握原子能的基本知识。在这方面，我们很落后……帝国主义叫嚣原子战争，我们要把它戳穿，应该使全世界的人民知道，原子能如果为和平建设服务，就可以造福人类，如果为战争服务，就是毁灭人类。如果连对原子能的认识都不够，哪里有信心和勇气来制止原子战争、促进原子能的和平利用呢？美国想用恐怖吓倒我们，但是吓不倒我们。

从积极的方面说，我们要使广大人民了解原子能，要进行广泛的教育和认真的工作。从消极方面说，的确有可能造出一种力量来反对使用原子武器，因为现在美国和苏联都掌握了原子武器……你用我也用，战争就无法进行了。

接着，周恩来提出，要在全党、全国人民中进行有关原子能的科学教育。

1955年2月2日，中国科学院召开有关科学家参加的座谈会，成立了原子能通俗讲座宣讲委员会，钱三强为这个委员会的组织委员。

两天后，即2月4日，钱三强在全国政协礼堂进行首场演讲，出席听讲的大多是人民共和国的部长和将军们。

钱三强从爱因斯坦的相对论讲起，引入到原子结构；从原子弹的构造，又讲到氢弹的原理。在不到两个月的时间里，钱三强共作了132场演讲。这个演讲搞后来扩充成《原子能通俗讲话》一书出版。同时，中国科学院还出版了由赵忠尧、何泽慧、杨承宗主编的《原子能的原理和应用》。

而朱光亚于1951年由商务印书馆出版发行的《原子能和原子武器》一书，这时也成为大家推崇的科普读物。

朱光亚在《原子能和原子武器》一书中，分6个部分对原子能和原子武器进行了通俗易懂的阐述。

第一部分的标题是《科学家们怎样发现原子能的？》。书中写道：

原子武器是利用原子能为基础而做成的武器。谈到原子武器，我们必须首先分析一下原子能的性质。

我们也许听到过能量这一个科学名词，不过，这一个名词究竟代表着什么意义，我们或许还不十分清楚。其实，它与我们日常生活所发生的关系是非常密切的……

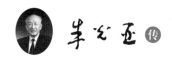

自从我们的祖先发现了火以来，能量的来源已经有过许多次的改进。我们发现了木材、煤炭、煤气、酒精、石油、汽油，这一些燃料的燃烧可以供给我们能量。不过，能量的另外一个极其巨大的来源是直到19世纪的末年才被科学家们发掘出来的。这一个伟大的发现可以追溯到1896年，在那一年，法国科学家亨利·柏克勒尔和全世界人民所敬爱的庇耶耳和玛利·居里夫妇发现了放射性元素。

原来，在构成物质的极小的单位——原子里面，正贮藏着几乎是取之不尽、用之不竭的能量宝藏。物理学告诉我们，物质是由原子所组成的。原子是极小极小的东西。我们可以用这样一个比喻来想象它的大小：我们随便从地面捡起一个小石头块，假使我们要数一下这石头块里面原子的数目的话，我们将会发现这个数目将要比人类有历史以来所一共生产的麦子的颗粒的数目还要多。

这样小的原子，实际上又是由更小的单位所组成的。在最轻的一种原子——氢原子里面，有一个比较重的小球，称为原子核，它带着正电。围绕着原子核有一个比较轻的，带着负电的电子在旋转。这个情形很像地球围绕着太阳旋转一样，地球好比是电子，太阳好比是原子核。

原子的种类有许多。在另外一种比较重的氦原子里，原子核外面有两个电子，而中心的原子核又是由四个小球堆砌而成的。这四个小球里，有两个带正电，和氢原子的原子核一样；另外两个不带电，叫做中子，它的名字好像说明它的电性是中和了的。这一种中子，以及我们所举的氢原子、氦原子，在原子能的现象里占有极重要的位置。其他较复杂的原子的构造也是一样，只是原子核外面的电子的数目更多一些，原子核更重一些，不过原子核里面，也只有带正电的氢原子核和中子，没有其他的东西……

放射性元素是最重的一些元素，譬如像居里夫人所发现的镭、铀，都是放射性的。这是什么意思呢？这就是说，镭或铀的原子核会忽然间自己破裂开一个小口，放出一些带电或者不带电的东西来。带电的东西中，有氦的原子核，称为 a 射线；也有只带一个电子的，称为 β 射线；不带电的东西中有穿透力极强的电磁波，称为 r 射线。这一些射线都是以极高的速度跑出来，也就是说，它从原子核里带出了极大的一部分能量来，这种能量就是我们所称的原子能。

随着一个惊人的发现之后，全世界的科学家们都在实验室里加强了他们的研究。事实很清楚地指出：假如我们能够掌握一种能量并且加以应用的话，我们在为人类增进福利的工作上所能作的贡献将会是巨大的……

原子能，这个复杂的、高深的、还不为大众所了解的现代科学知识，被朱光亚如此通俗易懂地表述出来，这不是一般专业科技工作者能做得到的。

第二部分的标题是《原子能在工业运用上的前景》。在这部分里，朱光亚采用数字清晰地说明了这个问题：

首先，我们可以由以下的几个数字来看出原子能的巨大无比和它将带给我们的无限的工业远景。一公斤铀－235完全分裂所产生的能量，约相当于3000吨煤燃烧所放出的能量，换句话说，原子能要比燃烧煤所放出的能量大到好几百万倍。如果我们用铀－235分裂所发生的能量来发电，又假定这样的做法所收到的效率只有10%的话，则一公斤铀－235可以在一天之内连续不断地发出10^5千瓦的电力。这真是一个惊人的数字。

之后，朱光亚较为详细地阐述了"要达到将原子能利用到和平建设事业上来，还有一些技术上的问题必须克服"。

第三部分的标题是《原子弹是怎样做成的？》。在这部分里，朱光亚从两个方面进行了阐述，一是原子弹研究的历史，二是原子弹的制造。对原子弹的制造，朱光亚这样写道：

在原子弹的制造工作里，技术上的问题也有不少。能量仍旧是经过链锁作用的方式放出来的，不过，不像原子堆的情形，这里的链锁作用要愈快愈好，也就是说要在极短的时间内使几乎全部的铀原子都同时分裂，这样，就会产生强烈的爆炸。要使链锁作用进行得快，就要使分裂所产生的中子的数目急速地增加。这就发生了所谓临界体积的问题。假若铀块太小的话，中子由铀块跑出去的可能性就大一些，中子数目的增加就不能很快，爆炸的现象就不可能发生。一定要铀块的体积大过一定的体积，中子由铀块里跑出去的可能性大大地减小了，中子数目的增加就能很快，爆炸的现象就能发生。这个一

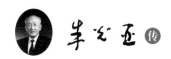

定的体积，就称为原子弹的临界体积。

　　在原子弹里，可能是两个半圆球形的铀块分放在炸弹的两端，每个半球形铀块的体积都小于临界体积，但是，假若这两个半球形突然合在一处，临界体积就被超过了，炸弹也就爆炸了。假设原子弹的最上端有一个钟表定时装置，由于钟表在固定时刻内引起了普通炸药的爆炸，将上面的半球形铀块推下，使和下面的半球形铀块聚合，原子弹就会爆炸了。

　　在书中，朱光亚先是从理论上概要讲述了原子弹的制造和爆炸原理，之后又明确指出，原子弹的实际研制过程将是很难很难的。朱光亚写道："美国在原子弹的制造上花了4年多工夫，共用去约12亿美金，才造出1945年在广岛和长崎投下的两颗原子弹。所以说，原子弹是一种价值极其昂贵的武器。"

　　第四部分的标题是《原子弹带来了什么？》。在这部分里，朱光亚引经据典，认为美国掌握原子弹，并不完全出于军事目的，而是为其政治、外交服务，用来对其他国家进行恐吓、讹诈。

　　第五部分的标题是《氢弹的秘密》。在这部分里，朱光亚指出：

　　其实，早在原子弹诞生以前，由氢原子凝合成为氦原子可以放出巨大的原子能来的这一事实，早已为科学家们所发现。太阳的能量就是靠这种能量供给的。在太阳的内部，不是一大块煤球在燃烧，也不是铀元素在分裂，却是轻的氢元素在继续不断地凝合为氦元素。由这种原子核变化所产生的原子能更大一些，一公斤的氢比一公斤的铀所能发出的原子能要大8倍的样子。但是这种变化要在极高的温度下才能发生，太阳的中心部分的温度相当于2500百万摄氏度，在那里，这种变化的条件是具备的了。

　　要制造氢弹，也有一些技术上的问题须要解决。可以想象得到的是，我们可以用原子弹来做引子，由它的爆炸先产生极高的温度，再使它周围的氢元素发生像太阳内部的那一种变化。所以说，氢弹的结构大体将会是这样的：中心有一颗用铀分裂做基础的原子弹，周围有大量的轻的元素混合物，包括氢，或者还会有其他的元素，像锂元素等。

　　这一种更高度爆炸性的武器并没有制造出来。在目前这个时候，杜鲁门宣布出它的制造消息来，完全是一种新的骗术……

朱光亚在这里所说的杜鲁门宣布的消息，是指 1950 年 2 月，杜鲁门在公开场合正式宣布："我已命令原子能委员会继续研究各种类型的原子武器，其中包括氢弹或超级炸弹。在制造新型炸弹和原子武器方面，和其他工作一样，将按我们的和平与安全的全面计划进行。"

杜鲁门此言一出，立即引起了舆论的普遍关注。爱因斯坦忧心忡忡地评论道：

最初被看作是警告措施的军备竞赛，现在却带有歇斯底里的性质。对手们急切地改进着大规模毁灭性武器，并以相应的保密屏障对此加以掩盖。如果这样继续下去，那么大气将被放射性毒化，因此地球上的一切生命被消灭将变得在技术上完全可行。事情这样发展下去之所以可怕，就是因为它是一种难以避免的趋势。每一步都是前一步的必然结果，最后越来越明显地看出可能导致全面的毁灭。

约里奥 - 居里也指出：

氢原子弹，在理论上有可能，但至今尚未制造成功。假如美国可以制造，其他国家也可以制造。这里并没有存在着像制造原子弹时似的技术上的先进或落后的问题。

果然，在杜鲁门宣布要制造氢弹之后，苏联也立即行动了起来，并于 1953 年 8 月 12 日，率先成功爆炸了第一个热核装置。苏联《红星报》报道说："氢弹的效应与 1883 年克拉卡托岛的火山爆发相当，约 40 万吨 TNT 当量。"美国《纽约时报》记者考尔报道说，苏联这颗氢弹是空投的。当天，美国航空巡逻队在亚洲上空取得了放射性粒子的试样，在化验室进行了分析。结果表明，苏联人已经握有"干炸弹"了。而美国的第一颗可投掷氢弹，直到 1954 年年初才问世。

第六部分的标题是《我们为什么要反对原子战争？》。在这部分里，朱光亚明确提出：我们反对原子战争实际上是第一步，我们的斗争就是反对侵略战争。只有全世界人民做了真正的主人，这个关于原子能的辉煌的科学成果才会被用来为人类增进幸福。

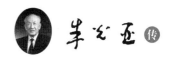

科学家们的科学讲座和撰写的科普读物，让更多的人知道了原子能这个新鲜事物，增强了中国发展原子能事业的信心。同时，也让更多的人知道了有一位名叫朱光亚的核科学家。

三、最迫切的是人才

普及原子能知识，这只是面向大众进行的科普教育。而要发展原子能事业，最最需要的是大量的专业人才。

当时，新中国的核物理人才极度匮乏。中国科学院近代物理研究所成立之初，才有"十几杆枪"。钱三强认为，只有把全国的人才联合起来，形成一股力量，才能把核物理研究搞上去。

他首先想到了浙江大学物理系主任王淦昌和清华大学物理系教授彭桓武，热忱邀请他们到中科院近代物理研究所工作。

王淦昌年长钱三强6岁，1907年5月28日，生于江苏常熟支塘镇一个名叫枫塘湾的小乡村，父亲是名中医。王淦昌于1920年入上海浦东中学读书，1925年考取清华大学首届本科生，1930年赴德国柏林大学威廉皇家化学研究所留学，1934年获哲学博士学位。1936年秋，他应浙江大学校长竺可桢邀请，到该校物理系任教，1942年任物理系主任。

彭桓武，1915年10月6日出生于吉林长春县一个小官僚家庭；1930年6月，随父兄前往北平，在汇文中学就读高中；1931年9月，以第七名成绩考入清华大学物理系；1938年，赴英国留学，从事理论物理研究；1940年，获哲学博士学位；1941年，在爱尔兰都柏林高等研究所做博士后；1943年，担任爱丁堡大学理论物理卡内基研究员；1945年，获爱丁堡大学科学博士学位；1947年回国，并在1949年任清华大学物理系教授。

1951年3月，中国科学院近代物理研究所领导机构进行调整。中华人民共和国中央人民政府政务院任命钱三强为研究所所长，王淦昌、彭桓武任副所长。

钱三强为研究所确立的工作任务是："以原子核物理研究为中心，充分发展放射化学，以便为核能的应用创造条件。在确保上述任务的同时，相应开展核理论和宇宙线的研究。"这些任务，涉及的主要是先导性、基础性、前瞻性方面的核科学研究工作。

要完成这些科研任务，原有的"十几杆枪"肯定是不行的。钱三强想方设法"招兵买马"。经过几年的努力，他先后从全国调集了一批核专业人才，这些人都是当时中国顶尖的科学家。

1953 年 10 月，中国科学院近代物理研究所改名为物理研究所。到了1955 年，中国科学院物理研究所已从成立之初的十几个人，增加到了100 多人。

王淦昌说："中国核物理有了钱三强的组织领导，团结了全国核物理学界，他的功劳很大。"

但是，仅有这些人才依然是远远不够的。当年美国制造原子弹时，制订了一个庞大的研究计划——"曼哈顿计划"。仅在"曼哈顿工程区"工作的科技人员就有 15 万人。为此，组建核技术科研队伍和管理队伍、培养新中国自己的核科技人才，也就成为当时非常迫切的重要任务。

1955 年 1 月 15 日，中共中央书记处扩大会议召开之后，中央有关部门采取了多项措施：

一是由刘杰、张劲夫、钱三强、黄松岭、李元相、唐宗愚、蒋南翔、江隆基等人组成领导小组，以加强对培养原子能事业技术人才工作的领导；

二是在北京大学筹建物理研究室，专门从事核物理人才的培养；

三是在苏联和东欧的中国留学生中，挑选与核事业相近专业的百余名学生，改学核科学与核工程技术专业；

四是由中国科学院物理研究所派遣科研和工程技术人员赴苏联实习，学习核反应堆、加速器的原理和操纵及其仪器制造与使用；

五是为了加强对核科研与核工业建设的领导，由中共中央发出专门通知，从各地方、各部门、军队抽调有较强组织能力和管理水平的领导骨干到核事业的各条战线上工作。

由谁来负责筹建北京大学物理研究室呢？钱三强想到了 3 个人：浙江大学副教务长胡济民、北京大学教授虞福春、东北人民大学教授朱光亚。

胡济民，1919 年 1 月生于江苏如皋，1937 年由江苏南通中学毕业后考入

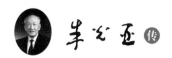

浙江大学化学系，大学二年级时转到物理系，教授他近代物理课的老师就是王淦昌。1942年大学毕业后，胡济民被留在物理系当助教；1945年留学英国，先是在伯明翰大学学习，导师奥里芬特（Oliphant）是参加美国原子弹研制工作的科学家之一，后又由奥里芬特介绍，到伦敦大学麦赛（Massey）教授处做研究生，专攻核物理；1948年获伦敦大学哲学博士学位；1949年9月回国，被浙江大学聘为物理系副教授，不久又被任命为浙江大学副教务长。当时，杭州刚刚解放，他是该市第一批从海外归来的科学家之一。

虞福春，1914年12月生于上海；1921年，进北京第十小学就读；1927年，考入北京著名的男四中，从初一至高二，考试成绩一直名居班上第一；1932年，考入北京大学物理系；1936年大学毕业后，考入中央研究院物理研究所任助理研究员；1939年夏，应北京大学物理系主任饶毓泰邀请，赴昆明西南联大物理学系任助教，后任讲师，直至1946年4月；1946年5月，赴美国俄亥俄州立大学物理系攻读研究生，1949年6月获哲学博士学位，随后在美国斯坦福大学物理系做博士后研究工作，并与另一位博士后W.G普洛克特合作，共同发现了核磁共振谱线的化学位移和自旋耦合劈裂，在世界科技发展史上留下了记录；1951年回国，被聘为北京大学物理系教授。

朱光亚是当时新中国为数不多的青年核科学家，与钱三强曾有过一面之交。1950年，他在北京大学工作时，专程去中国科学院拜访过钱三强，给钱三强留下了深刻的印象。

在朱光亚于1950年4月13日给许慧君的信中也有记载：

昨日午后见着曾昭抡先生，他每天早上在教务方面处理事务，下午到系内来工作，积极精神，令人敬畏。今天早上又去会见校长汤用彤先生，他们知道我已到校，都很高兴。（中国）科学院方面，我预备明天去拜访钱三强先生，征询他对工作方面的意见。今天去（中国）科学院研究计划局，看见了联大同学陆君，和他谈起那面的情形，才知一切初创，许多问题都仍旧没有解决，最严重的当然仍是人事问题。

朱光亚这里所说的"人事问题"，就是缺少专业人才。

1955年5月16日，胡济民、虞福春、朱光亚三人应钱三强之邀，在北京第一次相聚。之后，他们开始了北京大学物理研究室的筹建工作。

据北京大学技术物理系史料记载：

1955年5月16日，钱三强邀请胡济民、虞福春、朱光亚三人，在他的中关村寓所会谈。钱三强首先传达了中央及高教部关于设立物理研究室、培养原子核物理专门人才，以及进行一定的有关的科学研究工作的意图，然后就筹备工作交换了意见。这是筹建物理研究室的第一次筹备会议。

会议决定，为了抢时间，先不管"物理研究室"的归属，在物理所先成立一个"6组"，由胡、朱、虞三人进行筹备工作。办公地点设在物理所的所长个人办公室。他们就用"科学院物理所6组"的名义在市场购买书籍和仪器，通过科学院以6组名义对外订货和订购图书。同时也以6组名义通过科学院基建处建设教学实验大楼和宿舍等（后来中关村的北大技物楼，中关村19、24、25、26宿舍楼及食堂）。

7月4日，党中央在国务院三办副主任刘杰报告的批示中指出："大力培养核子物理以及相配合的各类专业人才是极其重要的"，"高等教育部党组应通盘筹划"，"要克服困难，争取在今后几年内培养出大批干部来"。同时，按照周恩来总理指示，高教部党组决定在北京大学和兰州大学各设立一个物理研究室作为培训中心，并决定在北京大学和清华大学设置相关专业，以培养从事原子能的科学研究工作和工程技术人才。

1955年8月1日，高等教育部根据中央的指示精神，正式下发《高教部关于在北京大学设立物理研究室的通知》。《通知》内容如下：

一、为了和平利用原子能的研究工作，兹决定在北京大学设立物理研究室，并任命胡济民为物理研究室主任，虞福春为副主任。

二、决定从各校物理系三年级选拔学生一百名，于本年暑假后转入北京大学物理研究室进行培养。

三、物理研究室的工作，责成江隆基副校长直接领导。

四、物理研究室系保密性的研究机构，对外应严守秘密，不准接纳外宾参观；北京大学有关系和教研组的教师需参加物理研究室工作者应经审查批准。

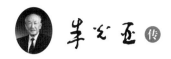

在这个《通知》里，作为主要筹建人之一的朱光亚，在物理研究室没有领导职务。

在东北人民大学，朱光亚是物理系代主任并拟任命为副教务长，而调到北京大学物理研究室后，只是作为业务骨干担负教学工作，这似乎有些"低就"了。但朱光亚没有丝毫的意见和不满，而是国家利益至上，全身心地投入到了工作中。这种品质难能可贵。

四、辛勤耕耘，喜结硕果

北京大学物理研究室组建初期，实行的是多重领导体制。在北京大学技术物理系系史里，有这样一段文字：

北京大学物理研究室由高教部领导，该室与国务院三办及中国科学院物理研究所的工作关系问题，高教部党组提出并经国务院三办刘杰副主任同意：凡有关核专业设置、招生计划、培养目标、教学计划与大纲的制定、办学经费资助等方面的问题，均由国务院三办归口指导；凡有关专业实习、技术资料、专用设备的订购和党政管理干部调配等方面的困难，均由国务院三办所属有关机构和中国科学院物理所协助解决。

（1955年）8月13日，高教部党组向国务院二办主任林枫、三办主任薄一波并周总理，提交了《关于筹建核子物理训练机构的情况和若干待解决问题的请示报告》。在请示报告中详细汇报了关于筹建核物理训练机构、专业教学工作的准备、基本建设和干部配备等情况。这个报告是先前由黄松龄（教育部副部长）邀请江隆基、胡济民、虞福春、朱光亚和钱三强，听取胡济民汇报筹备工作，并对今后工作问题交换了意见后向中央写的报告。周总理于9月14日对此报告做了"拟同意。即送陈云副总理阅后交一波同志主办"的批示。

因此，请示报告中提出的许多问题，在8-9月间就迅速得到落实。关于校舍问题，在国务院三办批准建设的北京大学物理研究室大楼建成之前，先借用中国科学院化学研究所新建大楼的第二层作为教室和实验室开展教学活动；教职员工宿舍由中国科学院物理研究所帮助解决；学生宿舍由北京大学设法解决。采取各种措施，以中央组织部名义迅速调集教师，除最早（1955

年5月中旬）调来的胡济民、虞福春、朱光亚3人外，5月下旬调来北大的孙亦梁准备放射化学课，6-7月间从东北人民大学（现吉林大学）调来青年教师陈佳洱并马上派他到外地招生，随后8-9月间又调来复旦大学一级教授卢鹤绂和北大物理系讲师、系秘书孙佶，北京师范大学讲师张至善、浙江大学讲师吴季兰等骨干教师及夏松江、王克镇、叶文祥、秦仲诚等一批新毕业的大学生。这些教师全部先集中北京大学物理研究室，创办核物理和放射化学专业，取得经验后再分出全套建制调往兰州大学，组建兰州大学物理研究室（后来由于情况变化没有分出全套建制调往兰州大学）。

国务院三办是国务院第三办公室的简称，由薄一波任主任、刘杰任副主任，负责核科技领域的统筹规划、核工业的发展和建设等管理工作。

1955年8月初，国务院第三办公室与高教部商定，在北京大学物理研究室建立"技术干部培训班"，以对1955年和1956年分配到国家建委建筑技术局工作的300余名应届大学毕业生，进行核物理、放射化学、辐射防护等原子能专业的技术培训。国家建委建筑技术局是1955年7月1日新成立的机构，主管有关核技术装备建设的工作。

8月6日，根据国务院三办的报告和中共中央组织部的决定，由国家建委建筑技术局抽调韩增敏任北京大学物理研究室党总支书记兼副主任，并负责该局在北京大学举办的"技术干部培训班"工作。

1955年9月，北京大学物理研究室在中国科学院化学研究所大楼正式开学。第一批学生共有99名，是从北京大学、东北人民大学、复旦大学、南京大学、南开大学、武汉大学、中山大学的物理系四年级学生中选调来的。

当时开设的核物理专业课程，没有现成的教材，都是教师们克服困难，在极短时间内现编的教学讲义。比如，胡济民教授开设了量子力学课，虞福春教授开设了记录质点课，朱光亚教授开设了原子核能谱学课，卢鹤绂教授开设了中子物理、加速器两门课，孙佶讲师开设了原子核理论课，孙亦梁、吴季兰两位讲师开设了放射化学课，张至善讲师开设了核电子学实验课，陈佳洱助教开设了核物理实验课。这些课程的教材都是授课教师编写的。还有部分课程是请北大物理系和其他系的教师开设的，如电子学、宇宙射线、哲学、

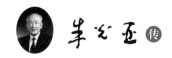

核科学家摇篮

1995年，朱光亚为祝贺北京大学技术物理系成立40周年题词："核科学家摇篮"

俄语等课程。

朱光亚讲的课给学生们留下了深刻印象。核试验基地原司令员钱绍钧曾是朱光亚的学生，他回忆说：

我与朱先生相识是在20世纪50年代中期在北京大学物理研究室，即现在的北京大学技术物理系，那是我国建立的第一个原子核物理专业。他是教授，我是四年级学生。他给我们讲授原子核能谱学，这在当时还是一门处于迅速发展中的前沿科学，没有现成的教材。由于他在国外就直接从事这方面的研究，特别是在原子核能谱的实验研究方面做出了高水平的工作，加以他精心备课，他的讲课总是深入浅出，引人入胜，很受学生的欢迎。因此，他在我们学生和青年助教中威信很高。当然，除了有学问、课讲得好等原因外，还因为他当过志愿军，参加过抗美援朝战争中板门店谈判的工作，这对当时的年轻人来说可是很了不起的经历。那时，他经常参加各种学术会议，还访问过苏联。每次回来，他都会给我们作报告，介绍国内外核科学技术的发展动向，鼓励我们要为发展中国的原子能事业树立雄心壮志。

相比教学和教材编写，筹建核物理实验室的工作更难。胡济民教授的夫人钟云霄也是北京大学的教授，她曾撰文回忆说：

当时的物理研究室，除将胡济民调来外，还从国内各高等学校调来虞福春、朱光亚、卢鹤绂等几位著名教授，以及孙佶、张至善、陈佳洱等一批中青年骨干教师，国务院第三办公室选派了韩增敏、胡文亮、白晨曦等党政干部来加强领导。培养原子能人才的任务很紧，要求当年就招生。新组成的物理研究室，一方面有上级的大力支持，另一方面有大家的团结一致，马上从全国各大学物理系三年级挑选了99名优秀的大学生，只争朝夕地培养起第一批学员来。

培养核物理的学生，不但要开出有关原子核的课程，还要建立核物理实验室。讲课比较好办，几位教授包括胡济民就能担负起来，用深广的基础知识找到一些参考资料就能给学生讲课，要排出核物理实验就比较麻烦，当时国内连做放射性实验必须用的有机玻璃都还不能生产。为了核物理实验与科学研究必需的装备，1955年9月，胡济民再次随同周培源、蒋南翔为首的代表团去苏联参观、订货，并顺便在苏联的各实验室要回了不少有机玻璃。

筹建核物理实验室的任务，交给了陈佳洱为首的几位青年教师。

陈佳洱，1934年生于上海，1954年在东北人民大学物理系毕业后，原本想报考北京大学物理系研究生。但因为陈佳洱学习成绩十分优异，他被爱才心切的物理系主任余瑞璜教授挽留了下来。

在东北人民大学期间，朱光亚是陈佳洱的导师。朱光亚调北京后不久，经他推荐，陈佳洱也被调至北京大学物理研究室。陈佳洱说，这次调动圆了他的北大梦。他回忆说：

1955年5月初，朱先生因国家需要，调入北京大学参加我国第一个原子核科学技术教育基地——北京大学物理研究室，即今天的北京大学核科学与技术研究院的创建工作。同年6月，在他的建议下，我也调入北大，工作至今。

我到北大后，他交给我的头一项任务就是负责筹建核物理教学实验室，并要求我带领几位刚毕业的助教，尽快地开出一套我们自己都从未做过的8个核物理实验，这是一个不可想象的艰难任务。不仅因为时间紧，更难的是这些实验我们都从来没有做过。

北京大学技术物理系系史记载：

当时核科学的教学仪器和实验设备极端缺乏，国内没有现成的仪器设备，而且由于美国实行禁运，我们也无法从国外进口。这些核仪器设备，除几位留学归来的教师外，物研室许多教师也没见过，有的只是在期刊、广告上见过照片或听人说过。尽管困难重重，但物研室的年轻教师和物研室工厂的工人师傅，同心协力，自己动手研制最必需的核电子学和核探测仪器、G-M计

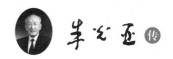

数管和碘化钠晶体等。他们在几个月时间内，用双手制造出教学实验所需要的几十台仪器设备，满足了第一批学生的核电子学与核物理实验训练的教学需要。

朱光亚是这些年轻教师幕后的指导老师。陈佳洱回忆说：

我有幸再次得到作为物理研究室创建人之一的朱光亚老师的领导和指导。我还清楚地记得，有一次在做核子计数管工作性能的实验时，在经过多次失败和改进之后，示波器上终于显示出自制计数管的"死时间"时，猛然听到背后有人称赞说："图形很漂亮！"我回头一看，是朱老师。当时，我非常兴奋，高兴得把所有的疲劳都忘记了。在朱老师的耐心帮助下，我们核物理实验组按期完成了任务。

在朱光亚为培养核物理人才而辛勤耕耘时，他加入中国共产党的申请也终于获得批准。

1956年4月3日，物理研究室党支部大会通过了吸收朱光亚加入中国共产党的决议。入党介绍人是物理研究室主任胡济民和朱光亚的学生陈佳洱。

在入党志愿书上，朱光亚深情地写道：

中国共产党是马克思列宁主义的政党，她的党员都是以共产主义事业为终身的奋斗目标的。目前，党正领导全国人民建设社会主义，在朝着消灭剥削、落后与贫困的历史大道前进。党有坚定的信念，毫不犹豫地认为共产主义事业是一定会胜利的。例如最近党向知识分子和全国人民发出了向科学进军的号召，而且立刻着手采取了措施。党是以科学的马列主义作为其指导思想的，这思想正是无止境的力量源泉。

朱光亚这里所说的"立刻着手采取了措施"，应该指的就是发展原子能事业。

1956年6月28日，中共北京市委组织部正式批准了朱光亚的入党申请："同意入党，候补期一年，自1956年4月3日算起。"

1956年9月30日，北京大学物理研究室自己培养的第一届原子物理专业的学生毕业了。这批学生以及1957年毕业的第二届原子物理专业学生，相继被分配到了原子能技术研究单位，成为我国原子能事业的新生力量。

与此同时，因原子能技术研究工作的需要，朱光亚被调离北京大学物理研究室，到中国科学院物理研究所第二研究室担任副主任。

朱光亚的这次调任，好比投笔从戎，从教学岗位转到了科研一线，由教书育人的教师，成为核科技战线上冲锋陷阵的战士。

第十三章 肩负使命

一、规划·机构·主帅

朱光亚的这次调任，说起来，仍然与中央当时一系列的重大决策有关。

1956 年 1 月 25 日，毛泽东在最高国务会议上说："我国人民应该有一个远大的规划，要在几十年内，努力改变我国在经济上和科学文化上的落后状况，迅速达到世界上的先进水平。"

1956 年 1 月 30 日，周恩来在全国政协二届二次会议上也发出号召："向现代科学技术大进军！"

根据毛泽东的指示，周恩来召集国家计划委员会、中国科学院和有关部门领导开会，决定制定从 1956 年到 1967 年的 12 年科学技术发展远景规划。

1956 年 3 月，国务院成立了科学规划委员会，国务院副总理陈毅任主任，李富春、郭沫若、薄一波、李四光任副主任，中国科学院常务副院长张劲夫任秘书长。

国务院科学规划委员会成立后，立即组织全国 600 多位科学家和科技工作者，按照周恩来提出的要求，即"按需要和可能，把世界科学最先进的成就尽可能介绍到我国来，把我国科学事业方面最短缺而又最急需的门类，尽可能迅速补足起来，根据世界科学已有的成就，来安排和规划我国的科学研究工作，争取在第三个五年计划末，使我国最急需的科学技术能够接近世界先进水平"作为指导思想，制定科学技术发展规划。

经过约半年时间的反复研究和讨论，制定了《一九五六 —— 一九六七年科学技术发展远景规划纲要（草案）》（简称《十二年科学规划》）。

《十二年科学规划》共提出了 57 项重要的科技任务，其中有 12 项被列为重点任务。在 12 项重点任务中，列在最前面的 5 项都是国防科技发展项目，它们是：原子能技术、喷气与火箭技术、半导体技术、电子计算机技术、自动控制技术。

在当时，原子能技术就是原子弹的代名词，火箭技术就是导弹的代名词。在《十二年科学规划》正式对外公布时，原子能技术和火箭技术这两项研究任务，因其高度机密性而被隐去。

从中可以看出，在当时的国家总体科技发展规划中，国防科技是国家科技发展的重点。而发展原子能技术，又是国防科技发展规划中的重中之重。

朱光亚参加了《十二年科学规划》的制定工作。他在一篇学习笔记里写道：

未参加科学规划制定工作之前，的确难以想象其规模之大的。尽管现在看起来搞这一工作，当时不是搞得尽善尽美，但是，党领导科学家们进行了这一工作，初步解决了极其复杂而艰巨的规划任务，不能不是党的伟大力量的体现。八大（1956年9月召开的中国共产党第八次全国代表大会——作者注）的决议里肯定而明确地指出了当前的主要矛盾，并指出了党应如何领导全国人民解决这一矛盾的努力方向，许多新的问题、新的任务都逐步提到日程表上来了，也包括了向科学进军在内。这一点，不仅给我以极大的鼓舞，也给了我很深的教育。再具体一点说，原子能事业的发展迅速，要求之高，也是我所想象不到的。事实上，投身于这一事业之中，反倒有些惶恐的感觉，也就是说，觉得应该搞，也希望我们中国能搞起来，但一旦要求自己投入，反而会有"如何得了"的感觉。从这些地方深入检查一步，觉得党是从实际出发来看问题的，分析了客观实际的情况，认识了需要与可能，觉得这样做是合乎发展的需要的，于是我有决心将这件事情做好。

1956年4月25日，毛泽东在中共中央政治局扩大会议上作题为《论十大关系》的报告。毛泽东说："我们现在还没有原子弹。但是，过去我们也没有飞机和大炮，我们是用小米加步枪打败了日本帝国主义和蒋介石的。我们现在已经比过去强，以后还要比现在强，不但要有更多的飞机和大炮，而且还要有原子弹。在今天的世界上，我们要不受人家欺负，就不能没有这个东西。"

周恩来在中共中央召开的一次关于知识分子问题的会议上，也深刻地指

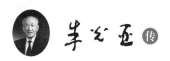

出："科学技术新发展中的最高峰是原子能的利用。原子能给人类提供了无比强大的新的动力泉源，给科学的各个部门开辟了革新的远大前途。"

为了保证原子能事业尽快、有序、规范地发展，1956 年 7 月 28 日，周恩来向毛泽东、中共中央呈报了题为《关于原子能建设问题》的报告。在报告中，周恩来提出了成立原子能工业部的建议。

1956 年 10 月，邓小平代表中共中央找聂荣臻谈话，征求他对工作安排的意见。邓小平说："对你的工作安排，中央设想了三个方案：一是，中央决定调陈毅同志专搞外交，他分管的科学技术工作由你来抓；二是，彭真同志因工作太忙，中央想让他免兼北京市市长，你过去在彭真之前当过北京市的市长，现在让你官复原职；三是，你继续主管军工生产和部队装备工作。三个方案由你选择。"

聂荣臻当即表示："我不想当市长，对科学技术工作，我倒很感兴趣。我们国家太落后，也迫切需要开展这方面的工作。军工生产和武器装备工作与科学技术有密切关系，可能的话，将来兼顾也可以，但还是请中央决定。"

邓小平也很果断，立即表态："那就这样定了，我上报中央批准后任命。"

聂荣臻，开国元勋，1899 年 12 月 29 日生于四川省江津县吴滩场。辛亥革命后，蔡元培、吴玉章等人发起留法勤工俭学运动，号召有志青年到欧洲学习先进的科学技术，寻求革命真理。毛泽东也是积极倡导者，曾亲自组织和护送湖南的革命青年到上海，去法国勤工俭学。

1919 年 12 月，20 岁的聂荣臻成为这支队伍中的一员，乘坐法国邮轮"司芬克司号"，从上海杨树浦码头起航，远赴法国。

在法国，一批杰出的中国青年聚集在了一起。他们当中的许多人后来成为中国共产党的重要领导人，如：蔡和森、赵世炎、周恩来、李富春、邓小平、陈毅、聂荣臻、蔡畅、刘伯坚等人。

1925 年，聂荣臻回国。从北伐战争到南昌起义，从红军长征到抗击日寇，从创建晋察冀抗日根据地到决战华北，他屡建功勋，成为中华人民共和国十大元帅之一。

从青年时代开始，聂荣臻就有个夙愿：科技强国。他在回忆录中这样写道：

我经常在思考：中国人民多少年来都是在一种矛盾的状态中痛苦地挣扎着，这就是一方面地大物博，人口众多，另一方面统治者腐败无能，科学技术又极端落后。从鸦片战争到新中国成立，其间列强入侵，领土被瓜分，军阀混战，使中国成为一个百年沉疴的病人，被称为"东亚病夫"。新中国的成立，已经为科学技术的发展开辟了光明的前景，这种落后状态不能再继续下去了。

正是基于此，聂荣臻自告奋勇，要求担当领导全国科技工作的重任。

1956年11月16日，全国人大常委会第五十一次会议决定，任命聂荣臻为国务院副总理。当日，周恩来在国务院第四十次全体会议上宣布：聂荣臻分管国家自然科学和国防工业、国防科研工作。

在这次全国人大常委会会议上，还同时通过了一项决议：成立第三机械工业部，任命宋任穷为部长，刘杰、刘伟、雷荣天、钱三强为副部长。

第三机械工业部就是周恩来提议成立的"原子能工业部"。1958年2月，第三机械工业部改为第二机械工业部；1982年5月，国务院机构改革时，第二机械工业部又改名为核工业部。

宋任穷是周恩来亲自挑选的一员大将。

宋任穷，原名宋韵琴，1909年7月生于湖南省浏阳县一个贫穷的农民家庭；1926年入党，从此跟随毛泽东闹革命；从湖南农民运动到创建井冈山革命根据地，从中央苏区五次反"围剿"到红军二万五千里长征，从抗日战争到解放战争，屡建功勋；新中国成立后，被授予上将军衔。

1954年，宋任穷任中共中央副秘书长、中共中央组织部副部长、解放军总干部部第一副部长。他协助罗荣桓元帅（总干部部部长）主持中共中央军委总干部部的日常工作，在选调优秀干部建立与充实解放军各总部和各军兵种机关，组建各类军事院校，安排大批军队干部转业、复员支援国家建设等方面，特别是在建立与完善适应我军革命化、现代化、正规化建设的干部管理制度和法规方面做出了卓越贡献。周恩来挑选他来担任领导原子能事业的部长，正是看中了他在干部管理工作上的能力和经验。

中央做出的这一系列重大决策，清晰地显示出一条脉络：制定原子能技

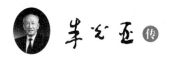

术的长期发展规划，建立领导原子能事业的国家职能部门，聂荣臻挂帅统管全国科技工作。

有了立足长远的发展规划，有了统管原子能事业的国家职能部门，有了杰出卓越的主帅和主将，发展中国原子能事业就有了根本的保证。接下来，就是科学技术工作者大显身手，在核科技战线上冲锋陷阵了。

二、"这个事太重要了"

宋任穷上任后不久，就去找中国科学院常务副院长张劲夫。张劲夫回忆说：

为了搞原子弹，中央专门成立了二机部，宋任穷任部长。我到（中国）科学院工作后的一天，宋大哥打电话说要到我家拜访我。因为搞原子弹，主要靠科学院原子能研究所（即物理研究所）。为了工作的方便，中央决定把这个所整建制交给二机部，但是对外还叫中国科学院原子能研究所，名义上由科学院和二机部双重领导。

宋大哥光顾寒舍，就是要来谈科学院怎么支持二机部、帮助二机部的。他紧紧握住我的手说："劲夫，这个事太重要了，你要帮助哇！其他部门，我也希望它们来支持，主要靠科学院哪！"我说，没有问题。这是中央的任务，是国家的任务，也是科学院的任务。第一，我把原子能研究所全部给你。另外，科学院其他各研究所凡是能承担二机部的研究任务的，我们无条件地承担；如果骨干力量不够，还需要调一些人去，我们再想办法。比如，邓稼先是学物理的，从美国留学回来，是科学院数理化学部的学术秘书。吴有训副院长兼数理化学部的主任，日常工作就靠邓稼先负责，这个同志你要，我也给你。

钱三强也去找了张劲夫。张劲夫回忆说：

宋任穷来访以后，钱三强从苏联访问回来了。三强没调二机部以前，当过科学院的学术秘书长。科学院代表团第一次访问苏联，他是代表团团长。钱三强是著名的核物理学家，他访问苏联回来很快就找到我。他来的时候气鼓鼓的，说："张副院长，我对你有意见！"我说："什么意见？"他说："对你们的科学规划有意见，你们搞了一个'四项紧急措施'，怎么没有原子能措施？这是非常重要的事情啊，你怎么没有搞哇！"

我说:"三强,原子能的事,是搞原子弹哪。这是国家最绝密的大事,是毛主席过问的大事啊!另外要搞绝密的单独规划。"他当时最关心的是从科学院调些人去,怕我们不重视,不愿意给人。我说:"只要我们能做到的,尽量支持你。你这个原子能研究是中央的任务,是第一位的任务,比'四项紧急措施'还重要。'四项紧急措施'是为你服务的啊!"

我这么一讲,他说:"我懂了,我懂了。"

钱三强说:"我还想从科学院调几个人。"我问:"哪几个人?"他说,我还要更多的人,因为还要成立核武器研究所搞设计。另外,还要搞电子显微镜的人,仪器要大大加强,才能承担原子弹研制任务。当时,搞电子显微镜的人,科学院只有李四光的女儿李琳。三强说:"我想调李琳。"李琳当时在上海冶金陶瓷所,掌握一台电子显微镜。我说,李琳我可以给你,我另外培养搞电子显微镜的,先为你服务。问题是我还要把她的家庭工作做好,不然夫妻分开,不好嘛。三强又要求调科学院的学术秘书邓稼先同志去,后来,稼先同志在原子弹与氢弹的研制中起了很大作用。另外,科学院的院刊编辑汪容到原子能所理论组彭桓武那里,搞核物理理论研究。又将王承书调到二机部,她工作很出色,作出了重大贡献。

后来,三强说,我还想要些人,最重要的是要沈阳金属所的副所长张沛霖,我也同意他带一批人去了。张沛霖的功劳是把铀变成金属。氟化铀原来是气体,要把它变成反应堆元件需做大量的工作,这是沈阳金属所承担的。张沛霖对金属锆有研究,他后来当了总工程师。

三强后来又找我说,科研任务还需要很多仪器,特别是光学仪器,例如高速摄影,还要调科学院的一些人去。我说,这个问题要和长春光机所王大珩先生商量,他是所长。后来决定让副所长龚祖同带一批科技人员到西安建立西安光机分所,主要为二机部的工作服务。因为二机部好多工作单位在西北一带,要什么仪器,提出来让西安光机所研究制造,比较方便。

三强提出的要求,我们科学院几乎全部答应了。

钱三强不仅从中国科学院调人,也把朱光亚从北京大学物理研究室"挖"了过来。

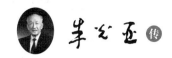

　　1955 年，是钱三强将朱光亚从东北人民大学"挖"到了北京大学物理研究室；一年后，又是钱三强将朱光亚"挖"到了中国科学院物理研究所。

　　当时，要将朱光亚从东北人民大学"挖"来时，钱三强对朱光亚说，你是搞核物理的，应该"归队"。

　　最初是搞核物理教学，现在是搞核物理科研，相比之下，这次"归队"犹如投笔从戎。1946 年 9 月，朱光亚漂洋过海去美国留学，就是为了学习制造原子弹，现在可以说是如愿以偿了。

　　1956 年 12 月，中国科学院物理研究所与代号为"601 厂"的原子能技术科研基地合并，对外名称仍然沿用中国科学院物理研究所。

　　"601 厂"位于北京西南郊房山县（现为房山区）坨里地区，它是国家建委建筑技术局建设的反应堆和加速器科研基地。该科研基地在 1955 年 11 月破土动工。

　　合并后的中国科学院物理研究所共有科研人员 258 人、工程技术人员 99 人，所长依然是钱三强。

　　朱光亚任副主任的中国科学院物理研究所第二研究室，室主任由钱三强兼任，第一副主任何泽慧，副主任还有力一、连培生。

　　何泽慧是钱三强的夫人，1914 年 3 月 5 日生于江苏苏州，祖籍山西灵石。1932 年高中毕业后，她赴上海参加高考，第一志愿报的是浙江大学，第二志愿报的是清华大学。

　　何泽慧回忆说："考浙江大学的人 800 多，我报考的是物理系，他们取的只有我一个女生，你说我的运气好不好？（报考）清华大学人多而且特多，一共有近 3000 人，清华的希望小得不得了！"然而，就是她最不抱希望的清华大学，也被她考中了。总共录取了 28 人，她是其中之一。

　　两所大学都给何泽慧发了录取通知书，她选择了清华大学物理系。清华大学是国内名校，对学生的要求非常严格。毕业时，物理系这届学生只有 10 人顺利毕业，何泽慧是第一名；而在这 10 人中，就有钱三强。

　　1936 年，何泽慧去德国留学，钱三强此后去法国留学，学的都是核物理专业，并双双获得博士学位。留学期间，由于第二次世界大战爆发，他们之间失去联系。直到 1943 年，德国与法国之间可以通信了，他们才建立了联系。

1945 年春，钱三强给何泽慧发出了他平生第一封求爱信。当时，由于是战争期间，德法之间的来往信件不能封口，而且仅限于 25 个字（法文）。钱三强的求爱信简而明了：

经过长期通信，我向你提出结婚要求。如能同意，请回信，我将等你一同回国。

何泽慧的回信也是 25 个字（法文）：

感谢你的爱情。我将对你永远忠诚。等我们见面后一同回国。

1946 年春，何泽慧来到法国巴黎。4 月 8 日，钱三强、何泽慧在中国驻法领事馆办理了婚姻登记，领取了结婚证书。

约里奥 – 居里夫妇出席了他们的婚礼。约里奥 – 居里先生致辞说：

令人怀念的比埃尔、玛丽·居里夫妇，曾经在一个实验室中亲密合作；以后，我和伊莱娜又结为伴侣。事实证明，我们这样的结合，其效果非常之好。亲爱的钱先生、尊敬的何小姐，我们的"传染病"，今日又传给了你们。我和伊莱娜共同祝福你们家庭美满，祝愿你们亲密合作，在科学事业上取得令举世振奋的丰硕成果。

约里奥 – 居里夫妇的祝福成了现实。婚后的钱三强、何泽慧在法国居里实验室，共同打破了关于铀核"二分裂"的结论，发现并证明了铀核"三分裂""四分裂"的现象。这一发现改写了科学史上关于核裂变的理论。

新闻媒体相继报道了钱三强、何泽慧夫妇的伟大发现，称他们是"中国的居里夫妇"。法国一家报纸以大字标题，这样报道他们的发现：

中国的"居里夫妇"，发现原子核新分裂法，为原子研究开辟新天地，物理学大师均赞不绝口。这对来自中国的青年夫妇是核物理学家钱三强与何泽慧。

截至今日，物理学界只知铀核攫得一中子时，可以分裂为二。钱氏夫妇利用特制的照相版，浸以铀盐，使之受中子射击，经过适宜的显影之后，将该照相版置于显微镜下观察，由钱氏观察之结果，看到其中有三条线出于一点，由此证明了铀核的"三部分裂"。

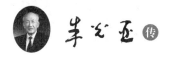

　　"三部分裂"中，两核较重，一核较轻，轻者射程特别长，在空气中可达一天。钱氏夫妇进一步实验，证明较细的粒子不稳定，而带放射性。

　　"三部分裂"时，较之"二部分裂"铀核产生的能量略大。这对于未来的原子能研究及实际应用，可发生影响。而后，何氏又发现铀核"四部分裂"现象。钱氏夫妇之成绩，实为原子能物理开一新途径。

　　1948年夏，钱三强、何泽慧回国。

　　与朱光亚同为研究室副主任的力一，1913年10月9日出生于北京，祖籍福建永福（今永泰）；1930年至1935年，先后在唐山交通大学、上海交通大学、清华大学、北京大学学习；1937年3月入党，1938年到延安的抗日军政大学和中共中央组织部训练班学习；1940年后，在中共中央财政经济部工业处、陕甘宁边区政府工业局、中共中央军委通信局电器修造厂任秘书、科长、主任等职；1955年，任国家建委建筑技术局副局长；1956年，国家建委建筑

20世纪60年代，朱光亚与岳父许崇清（右三）、岳母廖六薇（右二）、妻弟许锡振（右一）及妻子许慧君（左二）、长子朱明远（左三）在北京合影

技术局与中国科学院物理研究所合并后，任第二研究室副主任、物理研究所副所长。

另一位副主任连培生，1943 年毕业于西南联合大学机械工程系，是朱光亚的校友；1947 年留学英国，1948 年回国；新中国成立后，任重工业部、第一机械工业部工程师；1955 年赴苏联莫斯科理论与实验物理研究所实习，1956 年回国，调任物理研究所第二研究室副主任。

在这几位副主任中，朱光亚时年 32 岁，是他们当中最年轻的。从他们的简历中可以看出，只有何泽慧在核技术研究上已事业有成。选调朱光亚任第二研究室副主任，是钱三强为了加强科研力量而采取的措施。而对朱光亚来说，这是他又一次重大的人生转折。

三、主持核反应堆技术研究

中国科学院物理研究所第二研究室又名中子物理研究室。

中子是构成原子的基本粒子之一，英文为 neutron。

原子最早是哲学上具有本体论意义的概念。古希腊时代，著名思想家德谟克利特指出，从星球到岩石，乃至指甲等宇宙万物，都是由原子组成的。他认为，原子是小到既看不见，又摸不着，以致称不出重量来的微粒。它是一个坚硬、实心，而不可能再分割的球体。因此，原子的古希腊名就是 a-toms，即"不可分"的意思。

经过 2000 多年的科学探索，科学家们通过无数次实验，证实了原子的真实存在。在之后的许多年间，科学家们一直在探索原子的秘密。19 世纪晚期至 20 世纪初期，物理学家发现了亚原子粒子以及原子的内部结构，由此证明了原子并不是不可分的。科学家们发现，原子的质量集中于一个很小且带正电的物质中，这就是原子核。原子核也称核子，它由带正电的质子和电中性的中子组成。

1938 年，科学家们又发现，利用中子轰击铀原子核，会使后者发生裂变反应，分裂成为两块具有中等质量数的裂变碎片，同时释放出大量的能量和两、三个中子。这些中子，在适当条件下，又会使其他铀核分裂，如此延续下去，

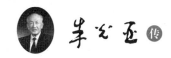

即形成自持的链式反应（或称连锁反应），使越来越多的铀核参加到裂变反应中来，从而释放出具有实用价值的原子核能。这一发现，为核能的应用奠定了基础。同时，这也正是核武器运作的原理。

为了使核裂变释放能量能有控制地进行，以便为人类所利用，就必须建立一种装置，使在其中的铀既能维持链式反应，又能人为地控制反应的快慢。1942 年，在意大利科学家恩里科·费米的指导下，美国芝加哥大学建成了世界上第一个这种装置。由于最初的这一装置是用起慢化剂作用的石墨砖堆起来的，当时就叫它为"反应堆"。以后不使用石墨的这类装置，也沿用其名。

反应堆的设计和制造，是一门综合性很强的工程技术。1955 年 4 月 27 日，苏联政府同中国政府签订了关于苏联援助中国发展原子核物理研究与和平利用原子能的协定。该协定规定，由苏联帮助中国建造一座功率为 7000 千瓦的研究性重水反应堆和一台 2 兆电子伏特的回旋加速器。

加速器是一种使带电粒子增加速度（动能）的装置，可以用于原子核试验、放射性化学、放射性医学、放射性同位素的制造等。

朱光亚当时所在的中国科学院物理研究所第二研究室，承担了配合苏联援助建造重水反应堆装置的任务，同时着重进行反应堆技术研究。

对苏联，朱光亚并不陌生。1956 年 5 月 14 日至 22 日，朱光亚同王淦昌、朱洪元一起在苏联莫斯科出席第一届全苏高能粒子物理会议。回国后，他们三人联名撰写了《参加全苏高能粒子物理会议纪要》，发表在《物理通报》1956 年第 9 期上。

在向苏联学习的问题上，朱光亚有着比较清醒的认识。他在 1957 年的一篇学习笔记里写道：

建设社会主义，对我们来说，是一个新的课题，其中有许许多多的问题要求我们解决，而解决这些问题既不能用实验主义的办法（旧眼光来看新事物，就会犯错误），也不能教条主义，例如硬搬苏联或其它兄弟国家的经验。这时，就必须要用马列主义作为指针，并结合我国的实际。毛主席和党中央的领导，就是这样的在解决我们建设社会主义的一切问题的，这一些既令人感到兴奋，也让我受到很大鼓舞，因而也更迫切地希望自己能在马列主义的修养上得到不断地提高。

朱光亚能够自觉地用马克思主义哲学思想指导自己的科研实践，在当时的科学家队伍里非常难能可贵。也正因如此，朱光亚身上具有的这种潜质，使他在科学研究的道路上，思路更加开阔。

在他研究反应堆的工作笔记里，有许多这方面的记载：

堆停下来几分钟或更长时间，其反应性如何变化？运行人员应很好的知道这种计算。

控制棒在中心或旁边，其对反应性的作用是不一样的。

控制棒插入的深度，其对反应性曲线的影响也是不一样的，是先快后慢……

开堆进行了实验测定之后，把数据求出，补充到讲义中去，最后定稿，即成为一本较完整的参考资料，为以后工作、培训或实习之用。

其次，理论组应该考虑的第二个工作，就是建立一个堆工作情况的计算小组。

这样的小组，在苏联都是很强的理论家组成的，就我们的情况而言，可以是较低水平的人加以培训，一般而言，应有两个较强的人领导。一个偏重于物理计算，一个偏重于热工计算，下面再有三个中学毕业生作具体会计式的计算就行了。

如果决定由中学毕业生来搞，可以先拟出一个工作规程，列出具体公式，他们代公式计算即可。公式简单一些。精确的计算，只有在计算本身就是一项科学工作的情况下才有必要。

这一小组，事实上，一方面起着会计组的作用，即整理并保存整个堆的档案材料，由操纵员记下帐，每日交给这一小组来进行整理和计算。发生的事故，如哪一工艺管道损坏了，也都要记下来。另一方面又起着出纳组的作用，科学人员、放化人员要取出控制棒文件，都必须经过出纳组，他们精确知道各控制棒的历史情况，因而可以做到要什么给什么。

还应当指出，这一小组的计算所得结果与实际仍会差许多的。对石墨堆而言，在每吨燃耗200克时是符合的，到了300-500克时已不符合了。对重

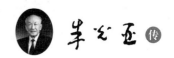

水堆而言，在每吨燃耗400克时，误差会达到15%–20%。实际上所燃耗的总要略小于计算值。

从中可以看出，朱光亚能够善于结合中国实际开展科学研究工作。

1958年春，由苏联援助建设的我国第一座实验性重水反应堆和回旋加速器先后建成。

1958年6月13日，反应堆达到临界，标志着可以正式投入使用。《中国军事百科全书》对临界质量的定义是：

临界质量（critical mass），在一定条件下实现自持的链式裂变反应所需的核裂变材料的最小质量。含有临界质量裂变材料的系统通常称为临界系统。

临界质量的大小取决于系统中中子的产生、吸收、泄漏等因素。对给定的裂变材料种类，质量越多，链式裂变反应的发展就会越激烈。这是因为泄漏出去的中子数目与系统的表面积成正比，而产生的中子数目则与系统的体积成正比。当系统的三维尺寸增大时，体积比表面积增长得快，从而使相对的中子泄漏变小。裂变材料的质量大于临界质量的系统，称为超临界系统，反之称为次临界系统。临界系统中的中子总数随时间保持不变。超临界系统中的中子总数随时间呈指数增长，次临界系统中的中子总数随时间呈指数减少。

临界质量与系统的裂变材料种类有关（略）。

临界质量还与系统的裂变材料几何形状有关（略）。

临界质量还与系统的裂变材料密度有关（略）。

临界质量与系统的结构材料、中子慢化材料及其几何配置也有关（略）。

可见，临界质量是核工程中有重要实用意义的概念。

1958年7月1日，《人民日报》发表消息：实验性重水反应堆和回旋加速器建成；同时宣布，中国科学院物理研究所改名为中国科学院原子能研究所。

《人民日报》的消息这样写道：

建设在北京郊外的我国第一座实验性原子能反应堆和回旋加速器正式移交生产。这座原子堆的正式运转日期是1958年6月30日，它是实验性重水型，热功率为7000千瓦至10000千瓦。同时建成的回旋加速器有能力把α（阿尔法）粒子加速，使 α 粒子能量达到 2500 万伏特。从加速器发出的每秒 34000 千米速度的粒子，已经被用来进行原子核物理研究。

为我国第一座实验性重水反应堆和回旋加速器的建成，国务院决定在建设现场举行隆重的移交生产典礼。为此，原子能研究所成立了 7 人小组，具体负责这项工作。朱光亚是 7 人小组成员之一。

1958 年 9 月 27 日上午，移交生产典礼隆重举行。参加典礼的党和国家领导人有陈毅、聂荣臻、林伯渠、张闻天、吴玉章、徐特立、谢觉哉、李济深、郭沫若、黄炎培、陈叔通等人。国务院副总理聂荣臻在验收合格证书上签字并发表重要讲话。

核反应堆按用途分为：

研究试验堆，用来研究中子特性，利用中子，对物理学、生物学、辐射防护学以及材料学等方面进行研究；

我国第一座重水反应堆

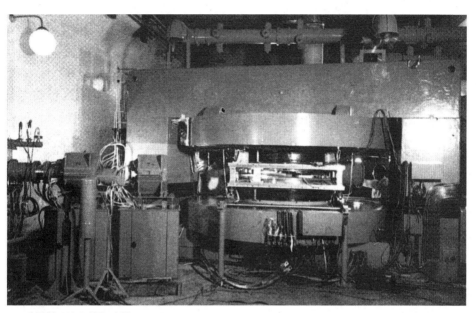

我国第一台回旋加速器

生产堆，主要是生产新的易裂变的材料铀－235、钚－239；

动力堆，利用核裂变所产生的热能，广泛用于舰船的推进动力与核能发电。

实验性重水反应堆就属于研究试验堆。该堆建成后，朱光亚指导技术人员开展了核物理实验，并撰写发表了《研究性重水反应堆的物理参数测定》等研究论文。

在建设实验性重水反应堆的同时，朱光亚受命主持设计、建造我国第一座轻水零功率装置（"东风一号"）。

重水反应堆是以重水作为慢化剂和冷却剂，轻水反应堆则是以普通的轻水作为慢化剂和冷却剂。两者相比较，重水的中子吸收截面小，允许采用天然铀燃料。它的特点是临界质量较大，中子通量密度较低。如果要减小临界质量和获得高中子通量密度，还可以用浓缩铀代替天然铀。由于轻水能吸收中子，使反应堆中的中子浓度降低，轻水反应堆中的核燃料需要更高程度地浓缩以达到临界质量，才能为持续反应提供保证。

在主持设计轻水反应堆期间，朱光亚还受聘担任了清华大学工程物理系

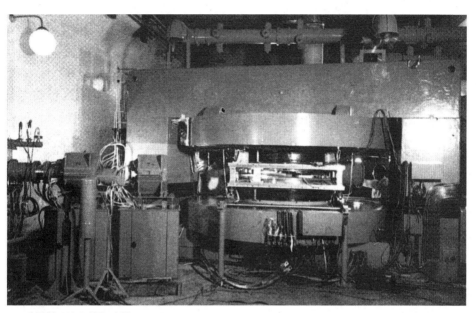

核反应堆专业的顾问。

清华大学物理系教授郑福裕回忆道：

1958年，朱光亚先生受聘，成为清华大学工程物理系核反应堆专业的顾问。同时，他还在中国科学院原子能研究所主持核反应堆物理实验和理论研究，尽管工作繁忙，仍然十分关心我校核反应堆专业的建设。当时我们白手起家，一间实验室也没有。朱先生得知这一情况，立刻主动联系原子能研究所，接受我们教研室的蒋祖行、盛菊芳同志在该所实习，并参加反应堆物理实验研究工作。这样的研究工作，在当时绝对是尖端中的尖端、机密中的机密，相关工作人员要经过非常严格的政治审查，进入单位要持有特别出入证，还要经过三道警卫门岗的严密盘查。为达成此事，朱先生做了许多工作，终于为我们争取到了这次难得机会，使我们获得了宝贵经验，明确了奋斗目标，对我们建设实验室大有裨益。

1958年秋，朱先生为我们专业的三个班开设了"核反应堆物理实验"专业课（代号"405"）。作为工程物理系的首届毕业生，我刚一毕业就有幸成为朱先生的助教，听课学习兼辅导教学。"405"课是全新课程（欧美无此课），国内首次开设。当时，我们只有苏联莫斯科工程物理学院"405"课的教学大纲，既无教材，又无实验（当时，清华没有开设实验的条件，也没有核反应堆装置），主要资料就是第一次日内瓦和平利用原子能会议文集。在这种情况下，为培养核专业人才，朱先生从繁重的日常工作中挤出时间，义无反顾地来到清华上课。当时，他家住房山县原子能所，离清华很远，每周来清华一次，道路不好走，汽车单程都要一个多小时，早晨8点上课，一讲就是一上午，课间还要回答学生提出的问题，十分辛苦。有一次，他晚上来到清华，专门为学生集体答疑，之后便住在静斋招待所。那会儿的住宿条件很差，室内没有卫生间。他不挑剔，也不提任何要求，总是一切从简。

朱先生学识渊博，治学严谨，备课非常认真，每讲一课，都要花费大量时间查阅文献资料。他讲课条理清楚，逻辑性强，内容生动丰富，同学们都非常喜欢。他不仅给学生传授先进的科学知识，耐心回答他们在建设实验室过程中所遇到的种种问题，还将宝贵的实践经验倾囊相授。他总是亲自拟选

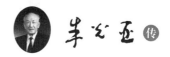

练习题、考试题，工作认真细致、一丝不苟。

朱先生为人谦虚，平易近人，丝毫没有大学者的架子。我这个助教刚毕业，对辅导教学毫无经验，朱先生便耐心指导我如何做。他要求我深入到学生中间，广泛听取他们的意见和建议，以便及时答疑，同时还鼓励我大胆主动地开展工作。

在生活细节上，朱先生也表现出了高风亮节。当时，学校每月都发放专家顾问费（每月60元），但朱先生从未领取。后来，财务科将这一情况通知教研室领导，吕应中主任立刻派我将几个月的顾问费一齐给朱先生送过去。谁知朱先生坚决不收，后经我一再解释，这是学校方面对顾问表达的谢意，他才勉强收下，并一再嘱咐我，回校转告吕应中先生，下不为例。

就是在科研、教学兼顾的情况下，1959年2月24日，由朱光亚主持的我国第一座轻水零功率装置建成并达到临界。

我国第一座轻水零功率反应堆

《当代中国的核工业》一书中对此评价道：

1958年，原子能研究所成立了反应堆物理实验组，承担了研究性重水堆的物理启动任务。1959年2月，原子能所在朱光亚领导下，自行设计、制造和安装了第一座轻水零功率装置，并进行了一些实验工作，为掌握研究性重水堆物理实验技术跨出了第一步。

第一座轻水零功率装置的研制成功，是我国核研究技术的一项基础工程，意义重大。实际上，它为我国自行设计、建造核反应堆跨出了关键性的第一步。

第十四章 担当重任

一、"应该动起来了"

在研制、建造核反应堆的同时，原子弹的研制工作也开始摆上了党和国家领导人的议事日程。

1957 年 9 月，聂荣臻在宋任穷、刘杰、钱三强陪同下，来到实验性重水反应堆和回旋加速器建设现场参观。

在这里，朱光亚第一次与聂荣臻近距离接触。之后，他与聂荣臻建立了长达 30 多年的交往。

朱光亚在一篇怀念聂荣臻的文章里深情地写道：

我于 1950 年春从美国回到祖国参加社会主义建设，亲身经历了新中国科学技术事业的发展历程，有幸在核工业技术领域接受聂荣臻元帅的直接领导，多次聆听他的教诲，目睹他的风范，使我深受教益。

参观完后，聂荣臻与宋任穷、刘杰、钱三强在建设指挥部关门进行交谈。

聂荣臻说："一堆一器的建设已经有眉目了，今年建成运行起来，我看没问题。其他的工作应该动起来了。"聂荣臻说的"其他的工作"，指的就是原子弹研制工作。

宋任穷回答："我们一直说原子弹有两个牛鼻子：一是铀，二是研究。现在铀矿找到了，核工厂该建了。另一个是研究，这一块，主要是三强同志负责。"

钱三强说："聂帅，现在该是把力量集中起来的时候了，核武器研究所的牌子该挂起来了！"

聂荣臻指了指建设指挥部的房门说："研究所要成立，但牌子不能挂。"

钱三强立即笑着说："对，还得悄悄干！"

刘杰接着说："核武器研究所放在北京不合适，还有未来的核试验基地，这两个基地得找个远地方、大地方。"

钱三强说："边找边干。纯理论，包括一些小的试验，可以在北京先动起来。以后待研究所地址选好了，建起来了再搬过去。"

聂荣臻赞同地点点头。

几天后，即 1957 年 9 月 7 日，聂荣臻率中国政府工业代表团乘专机赴苏联，就国防新技术援助问题进行谈判。聂荣臻任团长，宋任穷、陈赓任副团长，成员有钱学森、李强、刘杰、国防部五部部长万毅、通信兵部主任王诤、二机部副部长张连奎等人。此外，还聘请了 13 名火箭、原子能、飞机、电子等方面的专家、教授当顾问，加上工作人员共 31 人。

新中国成立后，中国政府曾向苏联政府提出，希望在国防新技术方面给予援助。

1954 年 10 月，苏联领导人赫鲁晓夫、布尔加宁率苏联政府代表团参加新中国成立 5 周年庆典。在中南海颐年堂，中苏双方领导人进行了会谈。

赫鲁晓夫问："你们对我方还有什么要求？"

毛泽东说："关于这方面的事，双方的专家们天天在接触和交谈。他们相互协作，交换意见，协商解决问题，事情能办通。"

毛泽东接着说："我们对原子能、核武器感兴趣。今天同你们商量，希望你们在这方面对我们有所帮助，使我们有所建树。"

赫鲁晓夫没有想到毛泽东会提出这个要求，愣了一会儿说："搞这个东西太费钱了。我们这个大家庭有了核保护伞就行了，无须大家都来搞它。我们的想法是，目前你们不必搞这些东西。"

后来，由于国际形势的变化，苏联政府对毛泽东提出的这个要求的态度有了松动，同意在原子能技术和平利用方面对中国进行援助。这次，聂荣臻率代表团去苏联，是想在原子能、火箭、航空技术等方面得到苏联进一步的援助。

1957 年 10 月 15 日，中苏两国政府签订了《中华人民共和国政府和苏维埃社会主义共和国联盟政府关于生产新式武器和军事技术装备以及在中国建

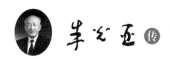

立综合性的原子工业的协定》，简称《国防新技术协定》。

根据核协定，苏联政府同意在原子能工业、导弹、火箭武器、航空新技术以及导弹与核试验基地建设诸方面，对中国进行援助；并答应在 1957 年年底至 1961 年年底，为中国提供原子弹教学模型和技术资料，提供 P-2 导弹样品和有关技术资料。

有了苏联的援助，中国的核武器研制工程正式启动了。

1958 年 1 月 8 日，第三机械工业部成立第九局，调派李觉任局长。九局的工作职能，就是具体负责核武器的研制和组织工作。

李觉，时年 43 岁，西藏军区副司令员兼参谋长，少将军衔，因在体检时发现患有心脏病，正在北京协和医院住院休养。

李觉参加革命前曾在大学读过书，在当时的中国将军队伍里，算是为数不多的高级知识分子。他说："自己有好鼓捣的特点，做过炮弹和电雷管，能说几句洋话。"

有一天，陈赓去医院看望他，有些神秘地告诉他："老李，好好休养。过几天，部队准备欢送你。"

李觉一愣，问："是不是我要改行到地方工作？"

陈赓笑而不答。

没几天，组织上通知他去第三机械工业部部长宋任穷的办公室一趟。

坐在宋任穷面前，李觉有些忐忑不安。

宋任穷望着他，开门见山地说："你跟我一样，脱军装，搞国防工业。"

尽管有思想准备，但真要脱下军装，李觉还是感觉意外。他把手搭在左耳上说："宋部长，你说什么？我耳朵不好，听不见。"战争年代，李觉的左耳曾被炮声震伤过。

见此，宋任穷笑了，说："你少跟我来这一套，装什么聋？"接着，宋任穷大声地说："跟你不用打哑谜了，调你来是党中央的决定，让你专门负责搞原子弹！"

这可是李觉做梦都想不到的事。他后来回忆说：

1957 年夏，我回北京治病，准备做手术。有一天，陈赓来看我，一见了面，他那个人是很客气的，说："老李，你怎么样？"我说我回到内地，能吃能喝能睡的，没啥事。他有些神秘地告诉我，过几天，军队要欢送你。我问他干什么事情，到哪里去？他不告诉我，就拄着拐杖笑着走了。几天后，宋任穷找我，说你的工作，中央有考虑，让你搞工业。我一愣，说没听清楚。宋任穷又大声说，让你去搞核武器。我说，没这个知识、没这个经验哪。他说，在工作中学习，组织大家干啊。我当时是军人，没有办什么手续就来干这个了，手续到1958年秋才办。我当时想，这个担子太重了！

1993年，李觉在接受《中国核工业报》记者采访时，又深情地谈起这件事：

我是幸运的，历史挑选了我。当我知道了（周）总理和宋任穷部长这样器重我后，我把整个的身心都交给了原子弹事业了。我只念过一年大学，日本人打来了，书念不下去了，我在部队里凭着高中课本上的一点知识造过炸弹。有一回，缴了日本鬼子的一门炮，没有炮弹，我找了几个工人师傅自己造，结果造出来了。我对宋任穷部长说，我不信原子弹只有美国、苏联能造出来。宋部长说，这说明我们选对了！总理要的就是你这股劲！

就这样，李觉成为三机部九局第一任局长。宋任穷为他选配了两个副局长当助手，一个是吴际霖，另一个是郭英会。

吴际霖毕业于华西大学化学专业，曾在阎锡山部队当过军官，参加革命后加入中国共产党，到了延安，主要从事军工生产。郭英会曾担任过周恩来的军事秘书。

九局成立后抓的第一项大事，就是筹建核武器研究所（对外称北京第九研究所，即九所）。李觉回忆说：

我国核武器研制机构组建于1958年初，我有幸长期参与主持这方面的工作，和同志们一道，完成了党和人民交给的任务。

50年代中后期，我国核工业建设全面展开，核武器研制事业便提到党中央、国务院的议事日程。此后不久，二机部报请中央批准成立九局，由我任局长，吴际霖、郭英会任副局长，负责筹建研究原子弹构造的设计院、生产和装配原子弹的工厂、试验原子武器的靶场、储存原子弹的仓库等工程项目。

九局成立伊始，从部机关选调了几位干部，租借了西苑旅社几间房，着

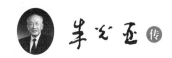

手考虑 1958 年的全面工作。我们局里几位负责人商量，试验场和仓库，是统帅部管的事，还是由军队管为好。宋任穷部长同意这个意见。1958 年春，我随同宋部长到军委副主席、国防部长彭德怀的住处汇报。彭总表示同意，要我们找总参谋长黄克诚办。黄总长很干脆，立批照办。

1958 年 6 月 21 日，毛泽东在中共中央军委扩大会议上的讲话中指出：

还有那个原子弹，听说就这么大一个东西，没有那个东西，人家就说你不算数。那么好，我们就搞一点。搞一点原子弹、氢弹，什么洲际导弹，我看有十年工夫完全可能的。

毛泽东的气魄无人可比。会后，原子弹的研制工作就紧锣密鼓地启动了起来。

二、三条战线同时展开

原子弹研制工作，先是从组建研究机构、建设研制生产基地和试验基地三条战线同时展开。

根据中苏两国政府签订的《国防新技术协定》，苏联政府答应在 1957 年年底至 1961 年年底向中国提供原子弹教学模型和技术资料。

对此，周恩来产生过疑问，他对宋任穷说："时间很模糊呀。57 年底至 61 年底，4 年，这个时间概念有问题。"

宋任穷回答说："总理说的是，聂帅也提出最好有个确切的时间，但对方始终没有同意。理由是：一、我们翻译、熟悉资料需要时间；二、原子弹样品的存放条件苛刻，要看我们建好的库房是否符合要求再定。"

其实，这是苏联预设的一个"活口"。但当时，中国也无可奈何，只能把自己的工作往前赶。

1958 年 7 月，核武器研究所在北京筹建。当时的主要任务是接收并消化苏联提供的原子弹教学模型和有关技术资料，以及调集和培训技术人员。

核武器研究所筹建时，连个正规的办公场所都没有。特别是要接收苏方的技术资料和原子弹教学模型，不是建几间房子就可以解决的。参加筹建工作的李嘉尧回忆说：

　　1958 年 5 月，我从沈阳一机部的一个设计院调到了二机部。在北京报到后，和许多调动的人一样，具体到哪里去不知道。一开始，让我去苏联，同苏联专家一起搞我国西北某核工厂的初步设计，行装都收拾好了。但有一天，二机部常务副部长刘杰找我，说你不用去苏联了，去九局报到，担负新的任务。九局比较保密，在部里那座大楼的最高一层。到九局后，吴际霖跟我说，你作为九局的代表，参加接受原子弹模型的小组。原以为等苏联的通知一到，就可以去接受了，但苏联专家说我们的储存条件不够。这倒也是，那么尖端的东西，拿过来还没有一个合适的放处。专家要求盖仓库，仓库的图纸是苏联保密专家画的，前边一个大厂房，有一个吊车一个坑，后边八间房子，这是他画的草图，再由设计院设计施工图。李觉找了万里，万里当时是北京市常务副市长，结果用几十天就抢建起来了。我那时作为九局代表在工地负责这件事。盖完之后请苏联保密专家来看，专家看了，说这怎么行，仓库外面没有围墙。核武器研究所大院按设计要求，本身就有围墙，我们就按专家要求，又在仓库外面建了个小围墙，把仓库圈起来，再请他来看。他又说你这地面不行，你是土路怎么行呢，会把东西颠簸坏的。我们把地又重新改成水泥地。地改好后请他来，他说窗户也不行，普通窗户不行，保密条件不够，要装铁栏杆。等这些做完了，他说专列快发过来了。那是 1958 年 8 月份，可到了 10 月份还不来。再问他，他说你等着吧。

　　就这样，在有关部门的大力支持下，用了不到 3 个月的时间，就建成了核武器研究所办公楼以及用于储藏原子弹教学模型和技术资料的房屋设施，但苏联的承诺没有兑现。

　　核武器研制生产基地即生产和装配原子弹的工厂，在李觉的领导下，组成了选址小组，先后在四川、甘肃、青海三省选点。

　　因为核武器研生产制基地属于绝密的军事禁区，不仅占地大，需要具备一定的水、电、交通等条件，还要尽量与世隔绝，经过比较，最后选定了青海省海晏县的金银滩。

　　1958 年 7 月，中央批准在金银滩建设核武器研制生产基地，代号"221"工程。李觉回忆说：

青海核武器研制生产基地，位于青海省海北藏族自治州海晏县金银滩草原

"221"选定在青海的金银滩，占地1100余平方公里，西临青海湖，是水草丰茂、人迹罕见的盆地，平均海拔3200米，高寒缺氧，无霜期很短，没有铁路和公路相通。在这样一个地方搞建设，是很困难的。二机部党组很关心。青海省委也很支持，委派副省长薛克明负责，组成由省人委、计委、公安等有关部门负责人参加的小组，协助办理和解决移民、地方建材、生活供应、劳动力和警卫等问题。为方便工作，我被增补为青海省委常委。在建筑工业部的支持下，从西北工程局和兰州第9设备安装公司选调部分职工，加上青海省支援的河南省支边青年数千人，组成104建筑公司和103安装公司4处，担负"221"建设，从1958年11月开始施工。九局组建"221"筹建处，实行现场领导。

据《国家命运》一书记载，当时，上海电影制片厂刚刚拍摄了一部电影，名为《金银滩》，里面有一首歌曲："高山上跑马啊云里穿，要找凤凰到金银滩。"核武器研制生产基地定点在金沙滩后，这部电影就被悄悄禁映了。一直到现在，这部影片的拷贝，仍然封存在电影厂的仓库里。

与核武器研制生产基地同时建设的还有核试验基地。根据分工，核武器研制基地由二机部负责建设，核试验基地由军队负责建设。为此，中共中央军委任命时任解放军第3兵团参谋长的张蕴钰为基地司令员，直接领导核试验基地的筹建工作。

聂荣臻之女聂力所著《山高水长》一书里记载道：

1958年2月，父亲与彭德怀、黄克诚等听取核试验基地选址遵循的原则等汇报后，父亲与中央军委和总参领导要求有关部门加快基地选址勘察和建设，并请来陈赓商谈负责核试验基地的领导人选问题。陈赓是第三兵团的老司令员，对兵团参谋长张蕴钰的工作能力了如指掌，尤其是他参与指挥震惊世界的上甘岭战役表现出色。陈赓认为张蕴钰是一位精干细致、工于谋划的领导。父亲接受了陈赓的建议，于是向中央军委推荐当时在大连负责与苏军进行防务交接的张蕴钰，担任核试验基地司令员。

中央军委接受了这个推荐，并决定以河南商丘步兵学校机关为基础组建基地机关，由该校政委常勇为基地政委。随后，由基地政委常勇、试验勘察大队长张志善带领勘察大队，根据军委和有关部门以及苏联专家对试验专区的布局要求，到青海西部、内蒙古自治区西部、新疆维吾尔自治区东南部和甘肃西部进行艰苦的实地勘察。勘察小组提出，爆心在甘肃敦煌西北方向140公里，指挥区距敦煌80公里，生活区距敦煌10公里处的地方建设基地的方案。按照苏联专家的意见，试验场区最大试验功能为2万吨梯恩梯当量。基地司令员张蕴钰听取汇报后，他又亲自到实地进行察看，认为在敦煌附近地区建设试验场不合适，不能进行较大当量的核试验。

张蕴钰是一位具有远见卓识的将军。他认为，在敦煌附近地区建设核试验场不合适。首先是这里地形狭窄，无法进行大当量的核试验；其次是高空风的下风方向，有敦煌等较大的城市，有可能会受到放射性污染。应该另选一个更理想的核试验场。随后，他亲自带队，经过反复勘察、比较，认为在新疆维吾尔自治区的罗布泊地区，建设核试验场更为合适。

从地图上看，罗布泊西北地区，有一片东西长百余公里、南北宽60余公

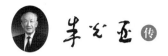

中国核试验基地位于新疆维吾尔自治区罗布泊西端

里的戈壁，地形平坦、开阔，自北向南倾斜。北有天山山脉的博格达峰和它的支脉库鲁克山，南有塔克拉玛干大沙漠和阿尔金山。经过实地勘察，在直径 300 公里范围内，没有具备开采价值的矿藏，基本没有居民。地形、地质等条件符合核试验要求，可以进行多种方式、不同规模的核试验，是个得天独厚的核试验场。

之后，中共中央军委工程兵司令员陈士榘、总参装备计划部部长万毅也先后到罗布泊考察，得出了相同的结论。

1959 年 2 月，陈士榘、万毅、张蕴钰联合向中央打报告，建议把罗布泊西北地区作为核试验场。同年 3 月，中央批准了他们的意见。

三、塔姆院士的推荐

《国防新技术协定》签订后，苏联派出了一批技术专家援华，帮助中国掌握原子弹、导弹等先进国防技术。

派往二机部的是一个三人专家小组。组长叶夫根尼·涅金，是苏联原子能研究院副院长、理论物理学家；组员加弗里诺夫，是苏联原子能研究院实验物理学家；组员马斯洛夫，是苏联原子能研究院装配厂总工程师。

涅金曾于1996年回忆说：

我和加弗里诺夫、马斯洛夫三人小组是1958年7月到中国的，派遣我们去北京工作的是中型机械制造部的一位局长。他私下里对我讲，我们与中国的关系很好，他们想造原子弹，我们应该告诉他们原子弹是怎么造的。苏联方面还决定让中国人了解1951年试验的原子弹的制造过程。在我们看来，1949年苏联根据美国图纸制造原子弹的方案已经过时了，但苏联领导人也不允许专家将更先进的制造原子弹的方案告诉中国人。

当时担任苏联专家翻译的是九局工作人员朱少华，他回忆说：

三位苏联专家到北京时，天气比较热，有些不太适应。他们三个人在一个大房间里办公，整天光着膀子，只穿着一条小裤衩，背后开了电扇吹着。

第二天一上班，涅金马上就要见(九)局领导，我就带他去找吴际霖副局长。把他们双方一介绍，涅金就说我是原子能研究院理论部的，学理论物理的，是理论部的负责人。加弗里诺夫是实验物理学家，马斯洛夫是装配厂的总工程师。涅金说，我们这次来有两个目的：一个是介绍原子弹模型，尽管模型和资料随后才会运来，但先要给领导一个概念。第二就是要进行核武器研究，当务之急是要确定一个科技负责人、一个总工程师，这两个人缺一不可，希望能尽快配备。此外，他要参观一些研究机构，看看中国的技术水平；也要参观一些军工厂，看看制造水平。吴副局长听了之后，表示欢迎，说这事还要向部里请示。

很快，苏联专家小组被安排去参观了一些研究所和机械厂。参观后，苏联专家说，没想到你们的工厂有这样高的水平，我们对你们估计低了。你们的机械制造水平相当高，我们苏联有些厂子还不如你们。

在参观研究所时，加弗里诺夫特别向钱三强提出，要把朱光亚调来从事原子弹研制工作。

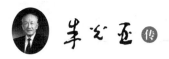

这让钱三强和九局的领导很惊讶：苏联专家怎么知道朱光亚这个人呢？

朱光亚之子朱明远介绍说：

据当时任苏联专家翻译的霍广盛先生回忆，父亲调入核武器研究所之前，还有一段小插曲。1958年，苏方根据中苏"国防新技术协定"派专家来华。其中，科学调查组有组长涅金、实验物理学家加弗里诺夫和马斯洛夫。加弗里诺夫是苏方指派，作为二机部九局的科技顾问，准备在华长时间工作。在原子能所，加弗里诺夫向二机部副部长钱三强提出请原子能所给予九局科研支援的要求，特别是要给几个有才干的科学工作者。

当钱三强爽快地同意他的要求后，加弗里诺夫很高兴，又提出"想见一见朱光亚同志"的要求。钱三强解释说："很遗憾，今天是礼拜天，他回城里去了。如果能等到明天，还是可以见到他的。"苏联专家耸一耸肩膀，表示遗憾。

加弗里诺夫是个办事认真、急性子、有着犹太血统的俄罗斯人。他第二天上班以后，就急匆匆地向九局副局长吴际霖汇报原子能所之行，并且提出："应当调朱光亚来工作，一定得让他来。"

吴际霖听后，颇感意外地问："您怎么知道有一个朱光亚，并且对调他来这么感兴趣？"

加弗里诺夫认真地解释说："朱光亚在1956年4月曾经到过莫斯科，物理学家塔姆院士接见过他。在我出国前，塔姆院士向我推荐朱光亚，说他是一位有头脑、能力很强、有才华的青年科学家。"

曾任国防科工委科技部百科编审室副主任的宋炳寰也回忆说：

当年，为了进一步争取苏联援助我国建设核工业，经周恩来总理批准，以刘杰为团长的中国原子能代表团赴苏联谈判。朱光亚作为这个代表团的10名科学顾问之一，于1956年4月初到达莫斯科。

在与苏方正式谈判之前，朱光亚和代表团其他成员一起，在莫斯科、基辅等地参观了许多研究所、高等院校和工厂，以便尽可能多地了解和增加有关核科学技术方面的感性知识。每到一处，朱光亚都聚精会神地听讲解，仔细观看，对没听得十分清楚的地方和自己思考到的一些问题，很虚心地向苏方求教，还认真地做笔记。每天晚上，在参加完代表团的碰头会以后，他还在住所仔细回顾、深入思考当天的学习收获，并整理当天做的笔记。

在参观、学习告一段落后，代表团同苏联科学家讨论了中国原子核物理科学规划和加速器类型的选择问题，朱光亚还与代表团的科学顾问们一起参加了相关商谈。

在苏联期间，通过学术交谈，朱光亚的求知欲望给年逾花甲的苏联物理学家 H.E. 塔姆院士留下深刻印象。他认为，朱光亚是一位挺有头脑、有才华的科学家。塔姆院士曾在 1937 年与苏联物理学家 N.M. 弗兰克，共同对苏联物理学家切伦科夫于 1934 年发现的高速带电粒子在透明物质中传递时放出蓝光的现象做出了理论解释，3 人共同获得了 1958 年的诺贝尔物理学奖。

吴际霖立即把加弗里诺夫的建议向二机部党组作了汇报。部党组很重视，指示九局要将朱光亚调来。可朱光亚所在的中国科学院原子能研究所不放，

1956 年，朱光亚作为中国原子能代表团顾问之一，随刘杰团长等人赴苏联考察、访问。图为代表团成员在莫斯科合影留念。右一为刘杰，右三为朱光亚，右四为王淦昌，左一为赵忠尧，左二为何泽慧。

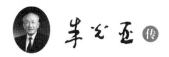

几经协商，在钱三强等部领导做工作的情况下，才勉强松口，但不同意转工作关系，并提出"让朱光亚在两个单位同时挂职，每星期在两家各工作3天"。

当时任核武器研究所秘书的胡干达回忆说：

朱光亚当时比较年轻，原子能研究所不愿意放。我听李觉他们议论，先过来工作，关系可以不要转，原子能所方面的工作，朱光亚可以兼顾一点。按照方案，一家工作三天。为了有连续性，星期一早晨我们派车，把朱光亚接到核武器研究所工作，星期三晚上送回去。朱先生来了以后，也是白天黑夜地干，许多时候，星期三根本回不去。

1958年7月15日，涅金、加弗里诺夫、马斯洛夫在二机部部长宋任穷的办公室，给二机部部长宋任穷，副部长刘杰、袁成隆、钱三强，九局副局长吴际霖、郭英会上了一堂课，分别讲了原子弹的原理、结构和设计。李觉因在外地出差没有参加。

讲课开始前，涅金提出，不要做记录，你们大致有个概念就行了。

当时担任翻译的朱少华回忆说：

介绍会安排在宋部长的办公室。涅金一开始就提出来，说不要记，你们有个大致概念就行了，因为将来苏联不仅要运来原子弹模型，还要提供有关资料，并派专家来华帮助中国制造原子弹。实际上，这么一个复杂的工程，你叫他们三个人一天都给讲完，是不可能的，只能简单讲讲结构、原理什么的。介绍当中，涅金在黑板上画了一点图，随后就擦了。我因为既要翻译，要想全记下来根本来不及。中间，他又提过一次不要记。说实在的，最后大家也就不怎么记了，也记不下来。完了之后，涅金又提出，记录了的会后一定要收回。宋部长就有些不高兴了，说我是二机部的部长，由我负责。会后，吴际霖找我，说尽快把这些资料都整理出来，特别是画的那些图。我面对这些零散记录，真不知从何下手。因为对会议内容不熟悉，无法追记。硬着头皮整理了一份不像样的材料，交给了保密室。其实，做这种翻译，我不是行家里手。我是从总参作战部来的，搞战役训练的，跟王尚荣部长当过两任苏联专家的翻译，我怎么会懂得这些呢？我不懂，专家倒是也很耐心，知道翻译不明白，就给你解释是哪几个俄文字。

对这次听课，刘杰回忆说：

涅金他们三个人刚来的时候，并没有准备详细地讲这些问题。他只是先看一看我们准备得怎么样、保管原子弹样品的仓库怎么样，然后准备提供我们原子弹教学样品。这时，我们提出请他介绍一下核武器，以便更好地履行新技术协议。他说我找个时间来做一个介绍，你们负责人参加，人不要多。当时参加的人有我们几个部长，搞技术的钱三强同志和吴际霖、郭英会，才六个人。他讲的时候，我说你最好有个书面资料提供给我们。他说没有，只能做一个简单的介绍；又说讲的时候，不要记录，弄得很紧张的样子。他在黑板上画结构图，讲一些基本的原理，数据是很少的。当时他虽然不让记，实际上我们都记了，特别是钱三强和吴际霖记得更多一些。三位苏联专家在中国期间，关于原子弹研制的讲课仅此一次。听完课以后我们就凑，把专家讲的东西凑起来。当时钱三强同志讲，这些东西跟资本主义国家披露的基本原理是一样的，只不过详细一些。

朱少华的记录，以及几位听课人的记录，都很不完整。最后，宋任穷决定，由朱光亚负责，将这些分散的记录，进行汇总和重新整理，搞成一个完整的材料。

刘杰回忆说：

涅金介绍完了以后，我们再问他问题的时候，他就避而不答了。我问他，你既然帮助我们搞原子弹，那么氢弹，你是不是也可以说一说呢？他说这个不着急，以后总会有的。我们就一心一意地盼他能够早给原子弹样品和技术资料。后来，我们迟迟接不到这个东西。我们说，他不给，我们就自己干。首先把苏联专家讲的东西汇总起来，由朱光亚同志把它添添补补，弄成一个完整的东西。

李嘉尧参加了材料的汇总、整理工作。他回忆说：

三个苏联专家给部里领导讲课，朱少华当翻译，我们都不知道，那可是最高秘密啊。我是后来看了他们的笔记才知道的。部里交给朱光亚一个任务，到部里去把那次讲课的资料拿来，看看有多少参考价值。我们到部保密室借了资料，然后到朱光亚的办公室整理。根据各人不同的记录，理论计算方面

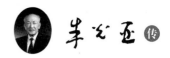

的由邓稼先搞，工程技术方面的我来搞，把大家记的东西尽量系统化，搞完整。因为我们也不懂，他本子上写多少就是多少。朱光亚汇总和审查后，还加了个序言，作为一个完整的资料。对于这个资料，我的评价是起到了引路的作用。

当时，大家最盼望的，是苏联答应提供的原子弹教学模型和制造原子弹的有关资料什么时候能运到，可谓是望眼欲穿。

四、毛泽东就是不松口

1958年8月，苏联原子能利用总局派往中国的总代表索洛维也夫在中方物资供应局局长姜涛的陪同下，检查了刚建成的用于存放原子弹教学模型的仓库，基本认可。

姜涛就问索洛维也夫，那么何时可以将原子弹教学模型运来？索洛维也夫回答说，这要等他向莫斯科汇报后才能定。大约过了4个月，索洛维也夫通知姜涛，莫斯科发运的原子弹教学模型和相关资料已经到达西伯利亚，可以准备去满洲里接运了。

姜涛满心欢喜，但他没想到这只是个虚假的通知，厄运才刚刚开始。他回忆说：

到了12月份，索洛维也夫通知我说，莫斯科发运的模型和资料已经到达了西伯利亚，要我们准备去满洲里接运，他也同我一起去。索洛维也夫说，他带一个助手和翻译，要我也带一个翻译，一共五个人。为了行动保密，火车票都由索洛维也夫安排使馆买好了。一切准备妥当，就在我们动身的前一天夜里，索洛维也夫却通知我，说是西伯利亚气候太冷，不能发运，不去接了。这是第一次接运未成。到了第二年的二三月间，索洛维也夫又通知说，莫斯科准备发运，要我们去接，并再次由他负责买火车票。但又是在动身的前一天晚上，他通知说不去了，说是没有发检验证明，不能发运。这是第二次没有接成。又过了两个来月，索洛维也夫紧急通知说，货已到边境，我们的火车票都买好了。当时，我与刘杰他们议论，看样子这次像是真的发运了。我们心里也都很高兴。但等到动身前一天，索洛维也夫打电话说，明天不去了。我问他什么原因，他说，斯拉夫斯基部长感冒病了，无人签字，不能发。

这是第三次没接成。后来就石沉大海，什么都没有了。

当然，索洛维也夫的所谓"理由"其实都是借口，其背后真实的原因是苏联最高领导人赫鲁晓夫变卦了。

赫鲁晓夫在晚年撰写的回忆录里，披露了其中的秘密：

我们的专家建议我们给中国人一枚原子弹样品。他们把样品组装起来并装了箱，随时可以送往中国。这时，我们负责核武器的部长向我作了汇报。他知道我们同中国的关系已经恶化到了不可挽回的地步……

我们专门开了一次会，决定该怎么办。我们知道，如果我们不给中国送去原子弹，中国人一定会指责我们违背协议，撕毁条约等等……最后，我们决定推迟给他们送去样品的时间。

涅金在其回忆录里也写道：当时，原子弹的样品和资料确实已经装车待运，停在某个离中国不远的车站上，只等莫斯科下令。可是有一天，党的领导接到请示后非常愤怒："什么原子弹？运到哪里去？你们怎么了？都疯了？不要运，快点告诉他们，立即将所有材料销毁。"这样一来，材料销毁了，那列专列开走了，警卫人员也撤走了。

让赫鲁晓夫做出停运原子弹样品的决定，是因为苏联想通过援助达到其政治和军事上的企图没有得逞，中苏两国的政治关系开始恶化。

这要从1958年春说起。这年的4月18日，苏联国防部部长马利诺夫斯基元帅致函中国国防部部长彭德怀。信函中说：为了指挥苏联在太平洋地区活动的潜艇，迫切希望于1958年至1962年期间，在中国境内，由苏联与中国共同建设一座大功率的长波发报无线电中心和一座用于远程通信的特种收报无线电中心。资金可主要由苏方承担。

毛泽东、刘少奇、周恩来、彭德怀等中央领导人反复研究了这封信函的意图。毛泽东认为：这封信给我们出了一个大难题。不同意，必伤和气，尤其是苏联帮助我们在前。可是，我们不可能拿原则、拿主权去讲这个和气。我们的原则是不和任何国家搞军事同盟；现在困难不搞，将来强大了也不搞。主权问题更是半点不能含糊。

最后，中共中央决定，由彭德怀于6月10日复函马利诺夫斯基，表示：

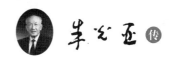

中国政府同意建设长波电台，欢迎苏联在技术方面给予帮助，但一切费用由中国承担，建成后，所用权归中国，使用权归中苏两国共有；并建议中苏两国政府就此签订一项协议。

长波电台的问题还没有谈妥，苏联驻华大使尤金又突然求见毛泽东。1958 年 7 月 21 日，毛泽东在中南海和尤金见了面。周恩来、彭德怀等人当时也在场。

双方稍事寒暄后，尤金就说："我今天来拜见主席同志，有一件重要的事情。赫鲁晓夫同志让我以他的名义向您提出，为了应对台湾海峡的紧张局势，希望同中国商量，我们双方建立一支共同潜艇舰队。"

毛泽东十分敏感，立即问："又是共同，建在哪里呀？"

尤金说："我们已经试制出很先进的新型潜艇，这种潜水艇就是为了在太平洋对付美国第七舰队的。但是，苏联的自然条件不能充分发挥新型潜艇的作用。中国的海岸线很长，条件很好，因此，希望在中国的某个地方建立一支共同的潜艇舰队。"

那时，新中国的海军刚组建不久，还没有潜艇舰队。所谓"共同潜艇舰队"，其实就是苏联的潜艇舰队。毛泽东有些愤怒了，问尤金："你们是什么意思？为什么要这么个搞法？要搞，首先要明确方针，是我们办，你们帮助，还是只能合办？不合办，你们就不给帮助。你们得说清楚。"

此前，苏方曾多次向中方谈到建设现代海军的重要性，建议中方向苏方订购先进的海军装备。据此，1958 年 6 月 28 日，周恩来给赫鲁晓夫写信，希望苏联在中国海军建设方面给予新的技术援助。没想到，苏联的援助就是要建立"共同舰队"。

尤金解释不清楚。毛泽东恼火了，就说："你讲不清，请赫鲁晓夫来讲！"

尤金离开后，彭德怀气愤地说："电台架在我们岸上，潜艇驻在我们港口，天天在我们的海底转悠，这叫什么事？"

周恩来也说："一个联合电台，一个联合舰队，中国的海防就不在自己手里了。请神容易送神难，一旦进来，再想让他走，就没那么容易了。"

尤金回到大使馆后，立即给莫斯科发电，转告了中国领导人的意见。得到回电后，尤金再次求见毛泽东。

第二天，尤金和毛泽东在中南海再次见面。

尤金还是解释头一天的谈话，一再表示：建立联合舰队的目的是为了对付美国，建立长波电台的目的是指挥潜艇舰队，而且都必须在中国建。

对苏联的真实目的，毛泽东洞若观火，那就是以对付美国为名，行控制中国之实。毛泽东严厉地对尤金说："要讲政治条件，连半个指头都不行。你们可以说我是民族主义……如果你们这样说，我就可以说，你们把俄国的民族主义扩大到了中国的海岸……"

毛泽东一个劲儿地追问："苏方的真实想法究竟是什么？你告诉我！"

尤金回答不出来。毛泽东再次严厉地说："不行！这个问题，我们必须弄清楚。如果你讲不清、不便讲、讲了不算，请你转告赫鲁晓夫同志，我请他来讲。"

尤金只得再次给莫斯科发电。赫鲁晓夫决定亲自到北京与毛泽东当面谈。

7月31日，赫鲁晓夫来到北京。这是中苏双方最高级别的会谈。

会谈一开始，赫鲁晓夫就埋怨尤金没说清楚，然后又重复了一遍大体上是尤金说过的话。他讲了差不多有半个小时。毛泽东不高兴地打断了他："赫鲁晓夫同志，你讲了很长时间，还没有说到正题。"

赫鲁晓夫有些尴尬地说："我们只是有这个想法，想跟你们商量，就是建一个共同舰队，再有一个长波电台进行指挥。"

毛泽东板着脸，严肃地问："请你告诉我，什么叫共同舰队？"

赫鲁晓夫支支吾吾地说："共同嘛，就是共同商量商量的意思……"

毛泽东更不高兴了："什么叫共同商量？我们还有没有主权了？你们是不是想把我们的沿海地区都拿去？你们拿去算了！"

赫鲁晓夫继续解释道："毛泽东同志，我们没有这个意思，不要误解。我们在家里已经商量过了，现在是和中国同志商量，就是要共同加强防御力量……"

毛泽东不依不饶："你这个意思不对，你们明明是搞联合舰队！"

第一次会谈没有结果。接着，又进行了第二次会谈。不管赫鲁晓夫说出

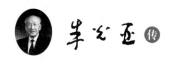

什么理由，毛泽东就是不松口。赫鲁晓夫皱了皱眉头说："没想到引起你们这么大误解，这就不好商量、不好办了。"之后，他想了想，又建议："毛泽东同志，我们能不能达成某种协议，让我们的潜水艇在你们国家有个基地，以便加油、修理、短期停留？"

毛泽东立即断然拒绝："不行！"并说："我不想再听到这种事！"

赫鲁晓夫也有些愤怒了，说："北约在互相合作方面没什么麻烦，可我们之间竟然连这样的一件事情都不能达成协议。"

毛泽东仍然回答："不能。"

赫鲁晓夫不高兴地说："不同意就不同意吧，我们不提这个建议了。"接着，他又说："为什么要这样误解我们呢？毛泽东同志，你是知道的，我们是对你们做出了许多援助的。"

毛泽东的态度有些缓和，但还是坚定地说："这是另一个问题，是另一个问题。在我们最困难的时候，苏联人民给了我们宝贵的援助。滴水之恩，当涌泉相报，我毛泽东和中国人民都不会忘记的，但友谊和主权不能混为一谈。其他问题都好说，主权不行。"

4天的中国之行，赫鲁晓夫一无所获。十几年后，赫鲁晓夫在其回忆录里这样写道："我记得很清楚，1958年毛泽东是如何断然拒绝了我们要求在军事合作方面的努力的。我不明白他为什么这样动怒，他始终也没有允许我们在中国建立潜水艇基地。"

毛泽东为什么不同意？他说："英国人、日本人，还有别的许多外国人已经在我们国土上待了很久，被我们赶走了。我们再也不想让任何人利用我们的国土来达到他们自己的目的了。"

赫鲁晓夫黯然离开了北京。中苏关系也由此投下了深深的阴影。苏联驻华使馆人员显然更清楚中苏关系今后的走向，他们对苏联核专家说："赫鲁晓夫同志走了，你们也该收拾行李了。"

五、莫斯科传来不好的消息

1959年5月，苏联答应提供给中国的原子弹教学模型，经过三番五次的反复，最终还是没有运来。

这期间，中国的核科技、核工业建设已取得良好开端，铀浓缩工厂、核燃料元件厂、原子能联合企业等首批重要工程，以及核武器研制基地、核试验基地已陆续开始建设。

宋任穷、刘杰通过苏联顾问向苏联主管部门提出，希望将原子弹教学模型和生产原子弹的技术资料尽快提供给中国。苏联主管部门的答复是：中方提出的意见有道理，也有必要，但因为需要对原先的协议进行补充、修改，所以应由中国政府向苏联政府提出，并希望由宋任穷率代表团前往苏联谈判，解决相关的问题。

1959年6月下旬，以宋任穷为团长的中国政府代表团正准备启程前往莫斯科，莫斯科却传来了一个不好的消息。

周恩来总理的秘书通知刘杰，立即到总理办公室看一份绝密文件。刘杰问：是什么文件？秘书没说。

刘杰很快到了周恩来办公室，一看，是一封苏共中央致中共中央的信函，落款日期为1959年6月20日。这封信函是苏联驻华大使馆参赞苏达利柯夫于6月26日交给周恩来总理的。信函的大致内容是：

中国二机部部长要求现在就把原子弹的样品和设计炸弹的技术资料转交中国，这个要求的提出正赶上日内瓦会议在拟定禁止试验核武器的协议，正赶上（苏联和美国）政府首脑会议即将召开。考虑到西方国家如获悉苏联将核武器的样品和设计的技术资料交给中国，就很有可能严重地破坏社会主义国家为争取和平与缓和国际紧张局势所作的努力，因此，在目前条件下，只能暂缓向中国提供原子弹的样品和技术资料。将来如何共同行动，两年以后看局势发展再定。

刘杰从周恩来办公室回来后，立即向二机部党组进行了汇报。二机部党组研究后认为：很明显，苏方是以和美国总统艾森豪威尔他们谈判停止核试验为由，用这个名义来推迟给我们的援助。再联系到那个原子弹教学模型迟迟不到的事，看来从这封信函开始，苏联对我们给予援助的可能性就不大了。

宋任穷将二机部党组研究的结果向聂荣臻作了汇报。聂荣臻说："他不给，

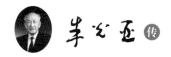

我们自己干！"

宋任穷又问："但眼下这个问题怎么处理呢？那是苏共中央给中共中央的信啊。"聂荣臻说："这个问题要请示中央后定。"

接到苏共中央的信后，中共中央政治局也进行了认真研究。大家觉得，这是苏联准备停止援助、单方面撕毁《国防新技术协定》的信号。

1959年7月2日，中共中央政治局扩大会议在庐山召开。这次会议主要是对当前形势、今后任务以及一些具体政策进行研究。

会议期间，聂荣臻让宋任穷、刘杰、万毅一起上庐山，就苏联的信函进行具体研究。

宋任穷回忆说：

当时，中央正在庐山召开政治局扩大会议，我没有去。聂老总说，等庐山会议结束的时候，让我们到庐山向他和彭老总汇报。会议预定7月14日结束，让我们7月14日到。可我们一到庐山，彭老总在会议上受到批判了。会议没有按期结束。

我向彭老总和聂老总作了汇报。彭老总由于在受批判，听完我们的汇报后，没有讲什么意见。聂老总说，苏联不给，我们就自己搞。我说，我们一方面自己搞；一方面要说他们不履行合同，继续向他们要。当时，我还带了一份由刘杰亲笔代中央草拟的给苏共中央的复信稿。

刘杰回忆说："到庐山以后，我们反复地研究，要不要复信、复信怎么复、要不要提出反对的意见、应该持什么态度。我们考虑了几种可供选择的方案，并主张派代表团赴苏联就有关问题进行谈判。"

之后，宋任穷等人向周恩来作了汇报。在请示要不要给苏共中央复信时，周恩来说："中央研究过了，我们不理他那一套。"

梁东元所著《596秘史》一书里，记载了刘杰的一段回忆：

从庐山回到北京后，我们感到这个形势的发展非常严峻，虽然对于原子弹援助，苏联当时采取的态度不是断然的不给，但是这个时候我们不得不向深了来考虑。宋部长说，天要下雨，娘要嫁人，这都是我们奈何不得的，但我们得准备一把伞啊。意思就是说，我们现在面临的不仅仅是原子弹的问题，

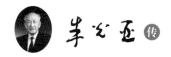

第十四章　担当重任

291

连核工业的问题都有可能停止援助，要做好应急准备。所以，就根据这个情况做了全面的部署，考虑怎样来加紧有关工业的建设。那时，许多工程正在设计和建设，最大的问题是我们建设的速度和苏联设备的供应，苏联供应什么设备，我们自己搞什么设备？我们面临的中心问题是如何以加紧建设来催促他们的设备，因为他们不是有个借口吗，说你们的建设还早呢，你们的建设还需要很长的时间，不要着急。第二个问题就是设备，我们一桩桩、一件件催他们交付。最紧张的时候，我天天都问满洲里进来了哪几台设备。那时有一个供应局，一个姓金的女同志专门管这件事，天天上班就到我们办公室，报告说今天进来了哪套设备，已经到了这个程度。我们在各个施工现场也采取了有力措施，抓建设进度。

在这个非常时期，苏共中央有可能撕毁协议和中止援助的情况，中方知道的人仅局限在高层范围，还没有向下面传达。在中国的那些苏联专家，当时也不是很了解自己政府的意图。

宋任穷回忆说：

利用这段时间差，我们迅速采取了两个行动。一是抢建主工艺厂房，搞好设备安装条件，催促苏方履行合同，交付设备；二是组织科技人员采取同苏联专家一对一或几对一的方式，开展友好活动和对口学习，像挤牛奶一样，千方百计把苏联专家的技术学到手。

与此同时，我们也抓紧开展自己的研究工作，组织朱光亚、邓稼先、陈能宽等科学家，带领一批新毕业分配来的大学生，自己动手，从头摸起，进行自己的理论研究和科学实验工作。另外，还组织了一些关键技术的攻关工作。这样就赶在赫鲁晓夫还没有撕破脸皮，把中苏矛盾公开化之前，做好了应变的准备。

六、苏联终于摊牌了

1959 年 9 月 15 日至 28 日，赫鲁晓夫访问美国，同美国总统艾森豪威尔在离华盛顿 100 多公里的总统别墅戴维营进行了 3 天会谈，并发表了会谈公报。

这次会谈，是赫鲁晓夫上台后，苏美两国首脑的第一次会晤。有记者问：

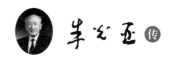

"赫鲁晓夫先生，您在美国15天，都与美国人谈了什么？"赫鲁晓夫回答："和平、友谊！"

9月30日，赫鲁晓夫在回国途中，再一次来到了北京，参加中华人民共和国成立10周年庆典并进行国事访问。

当天晚上，在中南海颐年堂，中苏双方进行了会谈。中方出席的领导人有：毛泽东、刘少奇、周恩来、朱德、林彪、彭真、陈毅、王稼祥等人；苏方有赫鲁晓夫、外交部部长葛罗米柯和驻中国大使尤金等人。

会谈一开始，就充满了火药味。

赫鲁晓夫说，通过对美国的访问，我认为美国人、艾森豪威尔总统是爱好和平的，而现在世界上却有一股势力是反对和平的。由于美国支持台湾的蒋介石政府，我们苏联是你们的盟友。我们的想法是缓和国际紧张局势，消除战争。

接着，赫鲁晓夫话锋一转，说："可是，你们在去年突然对金门进行炮击。这种行动只能加剧紧张气氛，并可能导致世界大战的爆发。"

周恩来立即反驳："赫鲁晓夫同志，您去年来，我们就讨论过这个问题。我们为什么炮击金门，您应该很清楚。"

赫鲁晓夫说："是的，我知道你们的想法，但是解决问题的办法有很多。"

这时，毛泽东说话了："赫鲁晓夫同志，我想知道，如果你们苏联有一个地方分裂出去了，您，你们的党、政府、人民会怎么办呢？"

赫鲁晓夫回答说："我们有过这样的历史。俄国十月革命胜利后，在远东的国土上曾经建立了一个远东共和国，列宁就承认了它，但是后来又回归了苏联。为什么中国在台湾问题上不走这条路呢？"

毛泽东把脸沉了下来，冷冷地说："您的意思是，我们允许台湾分裂，承认它是独立在中国之外的一个国家？"

赫鲁晓夫点点头："以后再让它回归中国嘛。"

毛泽东坚决地说："办不到！您说的那个远东共和国，我不了解。但我知道，无论是以前的俄国，还是现在的苏联，无论是敌人，还是朋友，凡事关领土的问题，你们可是从来不客气、不手软，寸土必争，半点都不吃亏的！

关于台湾问题,我们的态度是明确的;这是我们自己的事情,我们自己来解决。"

碰了"钉子"的赫鲁晓夫,又换了个话题:"艾森豪威尔总统请我转告你们,希望你们把扣押的8名美国人尽快放了。"

周恩来说:"不是扣押,而是我们在我国东北地区俘获的8个空降特务。赫鲁晓夫同志,请您转告艾森豪威尔:他的话,您已经告诉我们了。我们会按照我国的法律来处理这件事情的。"

之后,赫鲁晓夫又谈到了中印边界争端问题。

印度主张的边界线,就是由英国非法划定的"麦克马洪线"。根据这条边界线,把一直由中国管辖的大片领土划给了印度。当时,美英等西方大国帮助印度政府在联合国内四处游说,而中国在联合国的合法席位还在台湾的蒋介石手中。中国本希望同属社会主义阵营的苏联在联合国说句公道话,但在1959年9月9日,赫鲁晓夫访问美国之前,苏联政府不问是非曲直,就中印边界争端公开发表了一个声明,偏袒印度,指责中国。这是赫鲁晓夫在访美前特意向美国"示好"。

这让中国非常不满。现在,赫鲁晓夫又提出这个问题,并说:"中国是好斗的公鸡,让苏联很难办。"

这下,中国领导人都愤怒了。陈毅一拍桌子,站了起来,说:"不让我们说,不让我们争,你是什么意思?12万多平方公里的领土,你让我们屁都不放一个,拱手相让吗?不是我们让你们难办,是你们太霸道,欺人太甚了!"

会谈不欢而散。

第二天就是10月1日。上午,在天安门广场如期举行了国庆10周年盛大庆典活动。毛泽东与赫鲁晓夫等中苏领导人在天安门城楼上检阅了受阅部队和群众游行队伍。

在天安门城楼的休息室里,赫鲁晓夫冷冷地对毛泽东说:"关于生产原子弹的事,我们是不是把专家撤回去?"毛泽东不卑不亢地回答:"我们可以自己试试,这对我们也是个锻炼。"

10月2日下午,中苏双方领导人在中南海颐年堂继续会谈。会谈气氛依然充满了火药味。

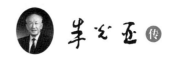

赫鲁晓夫又谈到了美国俘虏问题。他十分蛮横地大声吼道："这8个美国人，你们一定要释放，要释放！"

毛泽东的回答就是两个字："不行。"

赫鲁晓夫责问："为什么不放？"

毛泽东说："中国是有法律的，他们就得受到中国法律的制裁。"

赫鲁晓夫说："必须释放！我已经答应了艾森豪威尔让你们放人，你们必须释放！"

毛泽东说："你不能替我们做这个决定。"

赫鲁晓夫突然一拍桌子："如果你们有钱，那你们就养着他们吧！"说完，他站了起来，拿起面前的礼帽，走了。

赫鲁晓夫这一走，预示着中苏两国的友好关系从此走向破裂。

主管国防科学技术工作的聂荣臻当时也在场，他清醒地意识到，赫鲁晓夫走了，苏联不可能给中国原子弹的样品和技术资料了。中国接下来要做的，就是未雨绸缪，拿出我们的应变之策。

七、出任原子弹技术领导人

面对苏联政府这一系列作为，毛泽东指示：要做好两手准备。

周恩来则明确提出：苏联不给，我们就自己动手，从头摸起，准备用8年时间搞出原子弹。

宋任穷在二机部党组会议上说："聂帅不是说毛主席让我们做好两手准备吗？苏联那只手，我们管不着。我们自己这只手得干了，干起来再说！"

当时，二机部九局、核武器研究所、西北核武器研制生产基地对外是三个机构，对内就是一个领导班子，即九局的局长李觉，副局长吴际霖、郭英会。

宋任穷认为，在这个领导班子里，缺少一个抓原子弹研制的科学技术领导人。他找到钱三强，要他推荐一位。

钱三强经过认真思考和反复比较，郑重地向组织上推荐了朱光亚。他对宋任穷仔细讲述推荐理由后说："由朱光亚辅佐李觉是最合适的。"

1959年7月1日，宋任穷等二机部领导找朱光亚谈话。宋任穷非常严肃地对他说："光亚同志，我们想请你到核武器研究所参加领导原子弹研制工作，你看怎么样？"

朱光亚平时很沉稳，轻易不喜形于色，但听到宋任穷的问话后，一瞬间愣住了，不知怎么回答，激动之情溢于言表。那是他青年时代漂洋过海去追求的梦想啊！

朱光亚是知道苏联有可能停止援助内情的人。他毫不犹豫地表示：国家需要之际，自己当竭尽心力，为中国原子弹的研制贡献出全部的知识和力量。

不久，朱光亚正式调入核武器研究所，并被任命为研究所副所长。这年，他35岁。

钱三强晚年曾把推荐朱光亚作为选拔科技帅才的一个成功范例。他这样写道：

他（指朱光亚——作者注）还属于当时科技界的"中"字辈，年仅三十五六岁，论资历不那么深，论名气没有那么大。那么，为什么要选拔他？他有什么长处呢？第一，他具有较高的业务水平和判断事物的能力；第二，有较强的组织观念和科研组织能力；第三，能团结人，既与年长些的室主任合作得很好，又受到青年科技人员的尊重；第四，年富力强、精力旺盛。实践证明，他不仅把担子挑起来了，很好地完成了党和国家交给的任务，做出了重要贡献，而且现在已经成为我国国防科学技术工作的能干的组织者、领导者之一。

1959年7月1日，朱光亚被钱三强推荐为负责原子弹设计最后产品的科学技术领导人，调任二机部核武器研究所副所长

胡干达是当时核武器研究所的秘书，他回忆说：

那时九所（即核武器研究所）的行政领导是李觉为核心，吴际霖和郭英会是他的左、右手。李觉善于抓大事。吴际霖经常起着一个大管家的作用，特点是细心、谨慎，他不像郭英会那么急躁。郭英会是部队型的，工作抓得

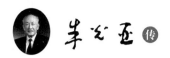

有步骤、有检查。吴际霖当时的担子很重,他还是九局的临时党委书记。他侧重抓组织管理,包括机构怎么设置、怎么运行。那时,三个机构一块牌子,青海金银滩叫前方,北京九所叫后方。因为金银滩海拔3200多米,生活条件恶劣,技术干部调来以后马上去那里是很困难的,所以,在北京西北郊搞了一摊,技术干部来了有一个落脚的地方,可以先做一些科研生产的前期工作,以及技术性的工作,这些具体工作都是吴际霖、郭英会抓。像室主任一级的人调来的时候,吴际霖都要亲自到招待所去看,李觉也去看。包括一些老的技术工人,他们也都要去看。

朱光亚是科研方面抓总的一个人。朱先生是1959年下半年来的。朱先生刚来的时候,郭英会叫我给他安排好生活。郭英会交代说,你就跟朱先生住在一块儿。吴际霖也把我叫过去,说新到一个领导同志,副所长朱光亚。我说,我都安排好了。

那时有个好传统,学术思想比较活跃,刚毕业的大学生可以跟大专家争论。那时候经常要讨论问题,天天谈到很晚,有时太晚了,我还得去催。每天是朱先生先睡下以后,我才能睡。为了不影响他休息,他起来以后,我才能起来。他的习惯是睡得很晚,起得也相对晚一点儿。我过去的习惯是早起早睡,现在,我只好服从朱先生的生活节奏了。有段时间跟朱先生住在一块儿,因为每天时间很紧张,我给他把洗脸水弄好以后就睡觉,住了相当长的时间没有说过话。后来因为北京经常刮风,有两天,我没有擦桌子。朱先生说,桌子上怎么有那么多土啊?因为朱先生很爱干净。我就解释了一下,说这两天比较忙。他很和气、很婉转地说,擦这个桌子的时间可能还是会有的。所以,我后来经常要擦一到两遍。冬天的时候,我看见他穿一件志愿军的棉服,我就问,朱先生你是不是到朝鲜参加过志愿军?他就给我讲那段时间的事情。他参加过抗美援朝战争的停战谈判,主要负责秘书处的英文翻译。

胡干达还回忆说,苏联专家当时认为李觉、吴际霖、郭英会等领导基本上都是行政干部,提出要挑一个技术上与他们对等的人对话。朱光亚上任后,作为主抓科学技术工作的副所长,与苏联顾问打交道就更多一些,他的办公室隔壁就是苏联顾问的办公室。

1958年9月，以涅金为首的三人专家组被提前召回国内。后来取而代之的是一位名叫列捷涅夫的专家，由他续任九局顾问。

列捷涅夫是苏联核武器研究院的科学家，从事超高压下物质可压缩性的研究，也就是研究原子弹即将爆炸的瞬间内部核部件的状态。他的苏联同事介绍说，列捷涅夫不好交际，性格内向，工作起来看似不紧不慢，却有解决最困难，最复杂问题的能力。

这样一位专家，他的理论知识和经验对中国同行来说是非常需要的。可是，他到中国后，常常是沉默寡言。关于原子弹制造方面的工作，他只是指定了几本苏联出版的有关原子弹方面的基础性著作，要求大家阅读，理由是先把理论基础打好了，具体研究工作下一步再说。

显然，这不仅仅是性格问题，更是出于政治上的原因。于是，刘杰等人把列捷涅夫称为"哑巴和尚"。

中国有句古话，叫"远来的和尚会念经"。现在，来了位不念经的"哑巴和尚"，这让大家很无奈。朱光亚就想了一招儿：逼"哑巴"开口。

九局工作人员朱少华回忆说：

列捷涅夫来到九局以后，提出他来的目的就是要配备人员，组建队伍，同时还提出几条具体的要求：第一，中国的技术人员大都不懂俄语，将来要从苏联来很多专家，甚至包括一般的技术人员和工人，手把手教中国制造原子弹，那么，不会俄语，交流起来就很困难，因此，要组织已经调来的人学习俄语。第二，已经来的那些大学生要学一本书，叫《流体力学》，是苏联出版的。第三，当时已经调来的一部分技术人员，应该重新返回工厂实习。

列捷涅夫和前面的加弗里诺夫几个人相比，不论是态度还是性格，都不太一样，寡言少语的。他提出来让我们的人学俄语，读一本书，返回厂子实习，这样一来的话呢，不是人人都有事儿干了嘛。当时，还真都照他说的办了。他自己就在屋子里坐着，什么也不干。所以，大家给他起了一个绰号叫作"哑巴和尚"。这时候，正是"大跃进"的后期。他不是天天在办公室没事儿干吗？就叫翻译给念报纸，听了这个新闻、那个新闻，他也说三道四，觉得很好笑。

吴际霖和郭英会都找过我，问这个专家他现在干啥呢，说得想个办法。

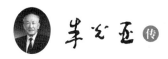

他确实也没干啥。这时候，宋任穷部长来了，搞了个交底活动，就是向技术骨干交底，实际上就是苏联可能停止援助的底。然后，朱光亚又一个个找这些技术骨干谈话，分别根据他们研究和承担的任务，要他们找几个问题，从浅到深，从小到大，主动找苏联专家询问，这是逼着"哑巴"开口，叫"挤牙膏"。这可把我们翻译都忙坏了，今天安排你，明天安排他。对列捷涅夫来说，反正你要谈人员配备、一般业务等方面的问题，他都说，但要是具体谈到哪一个核心问题，他就不说了，只是说你现在先把俄语学好就行了。所以，这一段工作基本上是停滞的。

请来的和尚不念经，想去苏联取经也受冷遇。在列捷涅夫来之前，九局曾应苏联中型机械工业部邀请，组织了一个参观团去苏联访问，由万毅、郭英会带队。朱少华是随团翻译。他回忆说：

到了莫斯科机场，发现冷冷清清，苏方没有一个人到机场来迎接。到机场接我们的是中国驻苏联大使馆商务参赞李强，还有个武官叫什么我忘了，把我们接到大使馆。请我们来，为什么不接我们、不招待我们，而让我们到大使馆去住？我们当时感到莫名其妙。郭英会副局长就和我唠叨，怎么回事儿？这怎么回事儿？我说，那谁知道，你问谁啊？我们住下后就等吧。等了几天以后，苏联原子能总局来了一个人，带我们到莫斯科郊区去参观一个研究所，跟我们的研究所相类似，不是很现代化。郭副局长一看这个，就说这也不咋样嘛，像个旧庙。这个所的领导给我们介绍了一下他们所的任务和组织机构，领我们到几个研究室转悠转悠，就那么简单地看了一看。

后来，又去参观了杜布纳原子能联合研究所，还参观了它的两个军工厂，那确实是走马观花地看一看。万毅对苏联人说，咱们谈一谈吧。他们说，看一看就行了，意思就是不愿意谈。郭英会提出想看一下加弗里诺夫等几位专家，并说涅金临走时讲了，他将来还要到九局任科技顾问，我想见一见他。对方说，他们不去中国了，要换一个人。当时还不知道他们的葫芦里卖的什么药，换就换吧。

在莫斯科的时候，还让我们去看了一个试验场。令人奇怪的是，他们竟然只派了一个少校来陪同。夜里12点钟乘了一架军用飞机，就坐了我们几个人，飞行了两个多小时，半夜两点多钟到了。到了也没有吃饭，就把我们送到招待所，谁也不理。郭副局长就把我找去，几个人研究，咱们所处的位置在什么地方？飞的是什么方向？这谁能搞清楚啊，半夜三更上了飞机，东南西北都搞不清楚。接下来看试验场，肯定是有原子弹爆炸的地方。但是，他有两三个，这到底是哪一个呢？我们只好说算了，明天再说。万毅就叫我要地图，说咱们现在什么地方？这让我半夜上哪儿弄这地图啊。我们这一趟莫斯科跑下来，确实没有什么收获。从中就可以看出来，中苏两党、两国的关系，从上层已经出现问题了。

八、要下决心搞尖端技术

1960 年 1 月，中共中央政治局扩大会议在上海召开。

聂荣臻在会上作了发言，认为苏联很有可能在不长的时间内，终止对中国在经济、国防和科学技术方面的援助。他说：

米格 -21 飞机和导弹的技术资料，苏联都卡住不给了。看来，靠苏联援助肯定靠不住了。苏联为了保持领先地位，加上对中国不放心，所以在国防新技术方面加紧限制的情况，已经越来越明显。我们已经摸清了他们的基本意图，就是在尖端武器装备的科学研究上，使中国与它保持相当的距离，只同意我们仿制苏联即将停产甚至已经停产了的装备。总之，他们是想长期使中国停留在仿制阶段，处于依附地位。

1960 年 2 月 4 日，经二机部党组批准，朱光亚任核武器研究所党委五名常委之一，主管科研、生产工作。

1960 年 3 月，朱光亚代九局起草了《1960 年工作计划项目（草案）》。这个草案明确了九局 1960 年的基本建设、科研机构、干部培训、生产准备等工作计划与进度要求。

1960 年 7 月，朱光亚代九局起草《九局开展工作情况的报告》上报二机部。该报告汇报了半年多来研究、设计、试制原子武器所取得的进展，提出了 1960 年下半年必须研究的 6 个重点科研课题。该报告经修改后，又作为《二机部党组关于研究和设计原子武器的情况报告》上报中央，毛泽东、刘少奇、

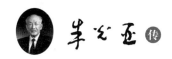

周恩来、邓小平批阅了这份报告。

1960年7月16日，苏联政府正式照会中国政府，宣布自1960年7月28日至9月1日，召回全部在中国工作的专家和顾问。

同时，苏联政府单方面撕毁了两国政府签订的12个协定，终止了343项专项合同和257个科学技术合作项目，并要中国归还在朝鲜战争期间购买苏联武器装备欠下的350亿元债务。

接到苏联政府照会后，国务院副总理李富春于7月18日赶到北戴河，向正在那里的毛泽东汇报。

毛泽东等中央领导人对苏联的背信弃义已经早有心理准备。听完李富春的汇报后，毛泽东既不震惊，也不生气，而是意味深长地说了几句话：

要下决心搞尖端技术。赫鲁晓夫不给我们尖端技术，极好！如果给了，这个账是很难还的。

事实上，苏联政府照会未到之前，苏联专家已经开始悄悄撤离。特别是核技术方面的专家，走得最早。

1960年6月上旬，"哑巴和尚"列捷涅夫等人借口回国避暑就已离开了。7月6日，在北京核工程设计院工作的专家离开。7月8日，在西北铀浓缩厂的专家离开。到8月23日，来华帮助中国进行核工业、核技术工作的233名专家全部撤离中国，并带走了重要的图纸、资料。

虽然苏联政府无情地撕毁了协议，但许多苏联专家与中国同行建立了一定的友谊和感情，他们是抱着遗憾离开中国的。

西北铀浓缩厂的苏联专家离开前，纷纷下车间向大家告别。总工程师诺尔尼斯基告别时说："我们的上级把我派来，现在又突然把我调回去，好像上帝在安排我一样。但我不相信上帝，很遗憾，不知这是怎么回事，只有我们的最高领导才知道。过去都是按计划办事，早知道这样，培训工作是可以赶一赶的。现在，我回去了，但心的一半还在这里。"

苏联驻中国的原子能总顾问扎吉江离开中国时，陈毅、宋任穷、刘杰去机场送行。扎吉江激动地说：

中国人的格瓦拉（脑袋）是很聪明的，你们很早就有过四大发明，你们一定会成功。只要有人，有科学技术力量，苏联没有援助的东西，你们自己可以搞出来。那些东西其实也没有什么了不起。

1960年9月，中苏两党在苏联举行高级会谈。中方团长邓小平在发言中说：

中国共产党、中国人民将永远感谢苏联党、国家和人民曾经给予我们的支持和帮助。但是，中国共产党永远不会接受父子党、父子国的关系。你们撤走专家，中断协定，给我们造成了困难和损失，影响了我们国家建设的整个计划和外贸计划，这些计划都要重新进行安排。中国人民准备吞下这个损失，决心用自己双手的劳动来弥补这个损失，建设自己的国家……

苏联专家走了。宋任穷召集各部门领导人开会，发誓要带领大家，自力更生搞出中国的"争气弹"来。他激动地说："空气动力学，有了'气'，就有'动力'。苏联人不给我们技术，我们憋着一股气，一定要搞出原子弹来！"

在二机部，在研究所，在工厂车间，大家把"发奋图强"的"奋"改成了"愤"，书写成标语，贴在了墙上。

朱光亚也召集核武器研究所各科研组组长开会。在会上，他详细地介绍了现有的技术资料，阐述了研制原子弹的目的和要求。他说：

由于苏联人撕毁了合同，我们的研究工作必须建筑在自己工作的基础上，这些资料仅仅作为我们开展工作的一条参考线索。原子弹是世界上已经有了的东西，它的规律已经被人们所掌握，对于我们来讲，只是没有做过、没有经验而已。大家要开动脑筋，献计献策。只要我们破除迷信，辛勤工作，就一定会把原子弹研制出来。我们应当努力研制出爆炸力强、用核材料少、体积和重量小的原子弹。但是，我们当今的一切努力，均以"响"为目标。只要我们能完整地设计、制造出一个来，那么向高级发展便具备了重要条件。

客观地说，宋任穷所作的是政治动员，朱光亚则从一个科学家的视角，提出了自力更生研制原子弹的战略目标和技术途径，是任务动员或者说是军事动员。

后来，参加这次会议的技术人员，把朱光亚的这次讲话称为"朱光亚'交底'"。

就在宋任穷带领大家准备大干一场的时候，他的工作有了新的调动。刘

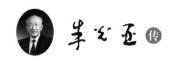

杰回忆说：

正是在这个时候，宋任穷同志对我讲，他的工作要调动，调到东北局做书记。那时，中央重设大区，让他做东北局书记。我一听，觉得非常突然。二机部机关自 1956 年迁入三里河办公楼，我们俩始终合用 2 楼 4 号房间，我们办公在这里，部党组开会也在这里，既是办公室，也是会议室。这么做，不是由于办公用房紧张，而是有利于商量、研究工作，有利于我们之间和党组之间的团结合作。另外，我们对面办公也是勤俭办一切事业精神的一个行动。正因为我们长期在一个长桌办公，思想、感情经常沟通，彼此很熟悉，所以我就对他说，现在这个时候调你走，你是不是可以再说一说不要走啊。

宋任穷说，他其实也不愿离开二机部，不愿到东北局当那个第一书记的。他向聂总、贺龙元帅和罗瑞卿同志都说过，我对这个有感情了，还是干原子能事业吧。他们当时也不希望他走。最后又去书记处找邓小平和彭真，小平同志说，毛主席已经定了，不要再提了。

临走前，周恩来找宋任穷谈话，问：你走了以后，这二机部的工作由谁来接替？宋任穷推荐了刘杰。后来报到毛泽东那里，毛泽东也认为由刘杰接替宋任穷比较合适。

刘杰，河北威县人，参加过一二·九学生运动；1948 年，担任察哈尔省委书记，时年 33 岁；后任河南省委副书记、地质部副部长。他为人低调，有学者风度，在新中国早期的地质工作和铀矿探寻中，发挥了重要作用。

去东北赴任前，宋任穷与二机部的同人告别。他动情地握着钱三强的手，故作轻松地说："三强，我这个'穷鬼'走了，可你这个'钱'还在呀！有你在就不怕，我相信一定能干成。"

苏联专家走了，具体领导原子弹研制工作的九局，肩上的担子就更重了。而这时，九局副局长郭英会患病入院，李觉、吴际霖、朱光亚成为实际上的领导核心，大家称他们为"三驾马车"。其中，李觉抓总体大事，常常往返于部办公大楼、核武器研究所和西北核武器研制生产基地之间；吴际霖、朱光亚主抓科研管理、生产和行政工作。

苏联在撤走专家时曾说："离开我们，估计你们 20 年也造不出原子弹。"

中国人不信这个邪!

　　1959年8月,二机部曾向中央提出研制原子弹的设想:3年突破,5年掌握,8年适当储备。当时,苏联还没有完全撕毁协议。现在,情况明朗了。刘杰、钱三强和李觉、吴际霖、朱光亚等人研究后,进一步明确了原子弹研制立足于自身的方针,即自己研究、自己试验、自己设计、自己装备,并对研制工作进行了分解,确定了研制工作分为3个阶段:1961年前,创造条件,全面探索;1962年,掌握基本原理和关键技术;1963年,完成原子弹设计。

　　1990年,钱三强回忆1960年苏联撤走专家、撕毁协议时自己的心情,他说:

　　我很清楚,这对于中国原子核科学事业,以至于中国历史,将意味着什么。前面有道道难关,而只要有一道攻克不下,千军万马就会搁浅。真是这样的话,造成的经济损失且不说,中华民族的自立精神将又一次受到莫大创伤……

　　但是,历史的进步是客观存在的。中国已经改朝换代了。尊严和骨气,再也不是埋在地层深处的矿物。

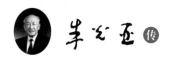

第十五章 攻坚克难

一、重起炉灶再开张

核武器研究所成立之初，根据苏联专家的意见，设立了理论、实验、设计、生产4个大部。其中，理论部、实验部的主任分别由邓稼先、陈能宽担任。

邓稼先是朱光亚在西南联大时的同班同学，1948年10月赴美国印第安纳州普度大学核物理专业攻读博士，1950年8月获博士学位，1950年9月回国，在中国科学院近代物理研究所任助理研究员，1954年任中国科学院数学物理化学部学术秘书，1956年4月加入中国共产党。

1958年，核武器研究所成立后，李觉找到刘杰、钱三强，说："现在最需要的是找一位能够担任理论部主任的科学家，因为，核武器理论研究是核武器研制工作的先导。这个主任的业务要能力很强，一般强都不行。"

钱三强笑呵呵地对李觉说："这个人，两年前我已经给你准备好了。"

刘杰、李觉都愣了，问是谁。

钱三强说："邓稼先！"

宋任穷任二机部部长时，曾向中国科学院常务副院长张劲夫"要人"，张劲夫那时就推荐过邓稼先。

邓稼先在美国师从著名核科学家哈德尔，回国后，与别人合作撰写的《辐射损失对加速器中自由振动的影响》《轻原子核的变形》等论文，为我国核理论研究做出了开拓性贡献。

邓稼先的夫人许鹿希回忆说：

那天，钱三强把邓稼先找到他的办公室，异常神秘地说："小邓，我们国家要放个'大炮仗'，准备调你去参与这项工作，怎么样？"

稼先登时就明白了，这是要让他参加原子弹的研制。事情太过重大，他

1966 年 10 月 1 日，邓稼先（中）与钱学森（左）、朱光亚在北京天安门城楼上参加国庆观礼

一时有些惶恐不安，愣在了那里。

　　这天晚上，稼先失眠了。我有些担心地问他："你今天是怎么了？"

　　他说："没什么，我要调动一下工作。"

　　我问去什么地方，他说不知道。我又问去干什么，他说不知道。我问那你要去多长时间，他还是说不知道。

　　最后，他对我说："你不要问了。组织上决定要我去做一件事情，我的生命可能就要献给它。倘若把这件事情做成了，我一生过得就会非常有意义。为了做好这件事情，即使献出我的生命，也是值得的。"

　　虽然他没有告诉我这是一件什么事情，但我知道一定是一件事关国家前途的大事。

　　陈能宽是金属物理学家，1923 年出生，1946 年毕业于交通大学唐山工程学院矿冶系，1947 年赴美国耶鲁大学物理冶金系留学，1949 年获硕士学位，1950 年获博士学位，1955 年回国，任中国科学院应用物理研究所研究员。

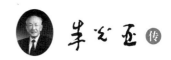

1960 年，他受组织委派，去苏联考察了 3 个月，回来后不久，就被调入核武器研究所。

陈能宽的夫人裴明丽回忆说：

那是 1960 年的夏季。有一天，能宽从单位回来，吞吞吐吐地对我说："我要走了，要走很长时间。"

我感到很奇怪，平时，他说话不这样躲躲闪闪的。他沉吟片刻后，又字斟句酌地说："如果组织上让我去一个你找不到、我也不能跟你联系的地方工作，你会理解吗？"

那时候，我们的组织纪律观念都很强。他不说，我也不再深问，只是说："如果是组织需要，我没有意见。"话是这样说，但泪水还是忍不住流了下来。后来，我才知道，他是去搞原子弹了。

陈能宽说，当时，妻子虽然没说什么，我也十分不舍，但重任在肩，必须选择与妻子分开。他回忆说：

从苏联回来后不久，李觉局长和钱三强、朱光亚约我谈话。李觉说："陈能宽同志，调你来二机部，是想让你参加一项国家重要的机密工作。我们国家要研制一种'新产品'，我们想让你负责爆轰物理工作。"

我当时就猜到了这个"新产品"是什么了。我很激动，搞原子弹，真是太好了！可我不是搞这个专业的呀，我就说："我学的是金属物理，搞过单晶体，可从来没搞过原子弹啊！"他们都笑了，说："我们中国人谁搞过原子弹？谁也没有。可是，我们就是要把它造出来。"

苏联专家走后，朱光亚经过认真分析，并在其他有关领导的支持和共同主持下，决定对核武器研究所的机构设置进行调整，取消原先的 4 个大部，设立理论物理、爆轰物理、中子物理和放射化学、金属物理、自动控制、弹体弹道、非标准设计、建筑设计 8 个研究室和 1 个加工车间。应该说，这是一个具有战略性的机构调整，更加有利于原子弹研制工作的开展。

机构设置调整了，但要自力更生地开展原子弹研制工作，最紧迫的依然是人才，是能够顶替苏联专家的高端人才。为此，在中央有关部门的大力支持下，朱光亚协助李觉和钱三强，从全国选调技术人才，充实核科研力量。

首先是要选调能够顶替苏联专家的高级人才。王淦昌、彭桓武、郭永怀、程开甲相继被调入核武器研究所，并担任了研究所副所长。

王淦昌、彭桓武是钱三强当年筹建中国科学院近代物理研究所时，特别"挖"来担任副所长的。现在，钱三强又想到了他们，又把他们从中国科学院"挖"来，当了核武器研究所的副所长。

王淦昌在中国科学院物理研究所主要从事基本粒子的研究。早在1942年1月，他就在美国《物理评论》上发表了题为《关于控测中微子的一个建议》的论文，引起了实验物理学界的极大重视。美国物理学家阿伦按照王淦昌论文中的思路进行实验，很快发表了实验报告《一个中微子存在的实验证据》。1947年，王淦昌又发表了《建议探测中微子的几种方法》，提出了更新颖的探测思想，被物理学界称为"王－阿伦"方法。后来，又有美国物理学家莱因斯和考恩按照"王－阿伦"方法探寻下去，终于发现了中微子，并因此获得了诺贝尔奖。

1956年9月，王淦昌作为中国全权代表来到苏联，出席杜布纳联合原子核研究所第一次成员国全权代表会议。杜布纳是苏联的一座小城，建在这里的联合原子核研究所，由苏联、中国等11个社会主义国家的成员组成。研究所安装着一台当时世界上非常先进、能量很高的加速器。

会后，王淦昌留在了研究所工作，任高级研究员，并领导一个实验小组开展高能物理实验研究。1959年1月，王淦昌被选为该研究所副所长。1960年，王淦昌宣布，他领导的实验小组发现了反西格马负超子，这项重大科研成果轰动了核物理学界。

著名科学家杨振宁后来评价说："联合原子核研究所这台加速器上所做的唯一值得称道的工作，就是王淦昌先生及其小组对反西格马负超子的发现。"

彭桓武在1935年毕业于清华大学物理系，比钱三强早一届，算是钱三强的师兄了。1938年，彭桓武赴英国爱丁堡大学留学，导师是量子力学理论奠基人之一马克斯·玻恩。玻恩是德国人，彭桓武是他的第一个中国学生。在留学期间，彭桓武获得了两个博士学位。

1947年，彭桓武回国，拒绝了国民党政府中央研究院的邀请，选择了去

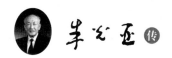

云南大学任教。1949年1月，北平和平解放。5月，他欣然接受了严济慈的邀请，回到北京在清华大学物理系任教。

1955年10月至1956年4月，彭桓武以中国特派实习生身份，赴苏联学习核反应堆理论。从苏联回来后，他承担了培养中国第一代核反应堆人才的任务。1957年6月，他又受命参与建设中国原子能反应堆工程。

1961年4月1日，受中央委托，新任二机部部长刘杰紧急约见王淦昌。

刘杰开门见山地对王淦昌说："王先生，今天请您来，想让您做一件重要的事情，请您参加领导原子弹的研制工作。"

接着，刘杰郑重地向王淦昌传达了中共中央关于自力更生研制原子弹的决定。

刘杰说话时，王淦昌一直在静静地听，没有插话。但他的内心里，已是激动万分。

刘杰挥了挥捏紧的拳头，用坚毅的目光注视着王淦昌说："有人要卡我们，中国人要争这口气！"

王淦昌后来回忆这次谈话时，这样写道：

我静静地听着，心里很不平静。党的信任，人民的重托，自己几十年来的追求、期望，都落实到我将要接过的这一副沉沉的担子上。我有很多话要说，但当时我只说了一句话："我愿以身许国！"

同一天，钱三强与彭桓武也进行了谈话。谈话地点是中国科学院原子能研究所彭桓武的办公室。

同样是开门见山式的谈话。钱三强对这位多年的挚友说："桓武，有件重要的事告诉你，中央决定派最好的科学家加强原子弹的攻关。我推荐了你，组织上决定调你去核武器研究所顶替苏联专家的工作。"

那时，彭桓武还不是中国共产党党员。钱三强回忆说，当时，他还准备讲一番大道理，比如要以大局为重，比如你本来可以在你熟悉的领域里继续有所建树，但现在国家需要你等等。可是，话到了嘴边，就变成了一句话："你有什么困难吗？"

彭桓武回答说："没有。三强，这件事总要有人来做，国家需要我，我去。"

第十五章　攻坚克难

309

没有豪言壮语。犹如当年彭桓武决定从英国返回中国时，有人问他："为什么回国？有什么理由吗？"他回答说："回国不需要理由，不回国才需要理由！"

谈话结束后，刘杰、钱三强分别要求王淦昌、彭桓武在三天之内到新单位报到。

1961年4月4日，王淦昌、彭桓武相继到核武器研究所报到。

郭永怀、程开甲两位科学家，已先于王淦昌、彭桓武调入核武器研究所，在苏联专家撤离后被任命为副所长。

郭永怀是钱学森推荐的。原子弹研制涉及多种学科，需要各方面的优秀人才。其中，力学是不可缺少的。当时，中国最顶级的力学科学家就是钱学森。他曾向钱三强表示，如果原子弹研制工作需要，他可以担当这项任务。但那时，钱学森已受命领导导弹研制工作。导弹和原子弹并称为"两弹"，研制"两弹"是两项同等重要的国家任务。于是，钱学森推荐了郭永怀。他对钱三强说："我看，郭永怀完全可以胜任。他学术上造诣很深，作风正派，工作扎实。"

郭永怀是钱学森的挚友，1909年4月，出生于山东荣成一个贫寒之家，1935年毕业于北京大学物理系，1940年赴加拿大多伦多大学应用数学系留学并获硕士学位，1941年到美国加州理工学院研究可压缩流体力学，1945年获得博士学位。在加州理工学院期间，他与钱学森相识并成为挚友。

1946年9月，受美国康奈尔大学邀请，郭永怀任该大学副教授，后任教授。在美国康奈尔大学，接触机密科研资料需要填写一张表格，上面有一项："如果发生战争，是否愿意为美国服兵役？"郭永怀写了一个大大的"不"字。于是，他失去了接触机密科研资料的资格。

1953年，郭永怀重返加州理工学院。这时，钱学森因为要求返回中国已被软禁。不久，郭永怀的夫人李佩遭受美国司法部移民归化局无理审讯了1年多，郭永怀也被禁止离开美国。

1956年9月，郭永怀夫妇终于冲破阻挠返回祖国。回国前，为了避免美国当局制造麻烦，郭永怀把多年来撰写的科研论文和教学讲义一把火烧了，许多人为之可惜，这可是他多年的心血啊！李佩曾想阻止："何必烧了？回

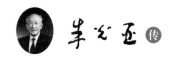

国后还有用。"郭永怀淡淡地说："省得他们找麻烦，反正这些东西都在我脑子里了！"

回国后，郭永怀受钱学森邀请，担任了中国科学院力学研究所副所长，所长是钱学森。

钱学森的推荐得到二机部党组批准，钱三强亲自登门找郭永怀谈话。当钱三强说请他参加原子弹研制工作时，郭永怀只问了一句话："什么时候过去？"钱三强答："越快越好！"之后，郭永怀就从中国科学院消失了。

程开甲，1918年8月生于江苏吴江一个商人家庭。中学时期，他就显示出数学天赋，能够轻松自如地将圆周率背诵到小数点之后60位数，将1~100平方表倒背如流。1937年秋，程开甲考入浙江大学物理系，束星北、王淦昌、陈建功、苏步青等大师当时都在该系任教；大学毕业后留校，从事基本粒子研究；1946年，赴英国爱丁堡大学留学，师从著名科学家马克思·波恩。奥本海默、福克斯、海森伯以及彭桓武都曾是波恩的学生。1948年，程开甲获哲学博士学位后，任英国皇家化学工业研究所研究员。

1950年夏，程开甲返回祖国。离开时，波恩亲自将他送到火车站。回国后，程开甲先是在浙江大学任教；1952年全国高等院校调整时，又被安排到南京大学，负责创建金属物理研究室。

1960年夏，一纸命令，让程开甲去北京报到。李觉告诉他："调你来，是想让你参加原子弹的研制。"

程开甲一下子愣了，说："我可是一点心理准备都没有。"

李觉说："这是国家最高机密。包括你所在的南京大学领导都不知道。是钱三强同志推荐的你，最后批准的，是总书记邓小平。"

开始，程开甲是以借调的名义到核武器研究所工作，后来才正式办了调动手续，并被任命为副所长。

这样，在朱光亚被任命为技术副所长之后，核武器研究所又增添了4位技术副所长。其中，王淦昌、彭桓武、郭永怀是朱光亚的前辈，程开甲也比朱光亚年长6岁。朱光亚是最年轻的副所长，但作为研究所党委常委中唯一的科学家、研究所最高技术领导人，他的地位举足轻重。

除了这几位负责技术领军工作的科学家之外，1960年至1962年，二机部又先后从全国调集了200多名高、中级科学技术人员到核武器研究所工作，当中不乏年轻有为的佼佼者，如周光召、陈能宽、龙文光、王方定等人。

1992年12月，彭桓武在一篇回忆文章里，回忆起这段历史时写道：

苏联撤专家扔下乱摊子，我国决定自力更生，我们又去顶替苏联专家……老实说，我也觉得我比我顶替的专家干得好……当然还有一些年轻一点的中国专家比我干得更好。干事，人才很重要，每个先行的人都带动几个年轻一点的后来人，而有些后来的人发展和贡献比先行的人还要大。后来居上是个规律，是可持续发展的保证，也是未来的希望所在。

朱光亚也曾撰文回忆说：

1959年6月，赫鲁晓夫撕毁协议，来信拒绝向我国提供原子弹教学模型和图纸、资料，并于1960年撤回全部在华专家。这吓不倒中国人民。党中央决定完全按照独立自主、自力更生的方针发展我国的核武器。

核武器研制是一项综合性很强的大科学工程，需要有多种专业、高水平的科学与工程技术人员通力协作。事实上，早在1958年，二机部领导即着手准备科技人才，由当时在中国科学院原子能研究所工作的理论物理学家邓稼先主持一个学习班，带着一群刚从大学毕业不久的年轻人，对原子弹的理论进行探索、研究。苏联撕毁协议后，1960年初，王淦昌、彭桓武以及中科院力学研究所的郭永怀三位著名科学家被调到核武器研究所任副所长。中央还批准，从中国科学院和有关部门、地区选调了程开甲、陈能宽、龙文光等105名高、中级科学研究与工程技术人员到核武器研究所。1961年，北京大学教授、理论物理学家周光召到核武器研究所兼职工作……

1960年10月，核武器研究所调整机构，成立理论物理、爆轰物理、中子物理、放射化学、金属物理、自动控制、弹体弹道等研究室和一个加工车间，在北京因陋就简地开展研究工作。

这样，经过重起炉灶、广招人才，中国原子弹研制的基本阵容就此确定了下来。

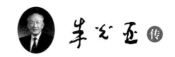

二、上马还是下马

正当原子弹研制工作重起炉灶再开张时，一场暴风雨降临了，国防工业和国防科研部门对"两弹"（原子弹和导弹）是上马还是下马发生了激烈争论。

1961 年 1 月，中共中央召开八届九中全会。会议针对国民经济比例严重失调、国家遭受严重自然灾害等情况，确定了"调整、巩固、充实、提高"的"八字方针"。

1961 年 9 月，中共中央召开工作会议，根据中共八届九中全会确定的"八字方针"，做出了《关于当前工业问题的指示》。《指示》指出：现在，再不能犹豫了，必须当机立断，该退的坚决退下来，把工业生产和基本建设的指标降到确实可靠、留有余地的水平上。在今后 3 年内，执行"八字方针"必须以调整为中心。如果不下这个决心，仍然坚持那些不切实际的指标，既不能上，又不愿下，我们的工业以至整个国民经济就会陷入更被动、更严重的局面。

国防工业、国防科研系统自然也面临调整。其中，"两弹"要不要调整、是上马还是下马，成为争论的焦点。

1961 年夏，在北戴河召开的国防工业、国防科研系统工作会议上，这场争论达到了高潮，事关"两弹"的前途和生死。

主张"两弹"下马的理由，一是强调苏联的援助没有了，"两弹"的技术高度复杂，仅仅依靠我国尚不发达的工业和落后的科技力量，是难以造出原子弹和导弹的；二是"两弹"花钱太多，会影响国民经济和其他部门的发展。

主张"两弹"下马的同志，不仅有经济领域和工业系统的一部分领导，甚至还有些是相当级别的高级干部。显然，在困难面前，这些同志对中国自行研制"两弹"的信心动摇了。有的人说："不能为了一头牛，而饿死一群羊。"这样的意见得到了许多人的赞同。

主张"两弹"不能下马的同志则据理力争。聂荣臻的秘书范济生回忆说："当时的气氛搞得很紧张。坚持'两弹'下马的人，和坚持继续攻关的人，互不相让，各说各的理。有时开着会，就吵起来，桌子拍得啪啪响。"

对这场事关"两弹"命运的争论，中央非常关注。毛泽东当时正在杭州，他让秘书打电话转告聂荣臻："中国的工业技术水平比日本差得很远，我们应取什么方针，值得好好研究。"刘少奇也说："原子能工业的现状究竟如何，是上好还是不上好，是否把情况摸清楚以后再定。"

按说，搞原子弹是毛泽东亲自拍板的，并得到了中共中央政治局的批准。但在这个特殊的调整时期，面对上马还是下马，做出正确的决策，的确需要慎重考虑，特别是要进一步进行深入细致的调查研究。

刘杰说："1961年春夏的日子多难熬啊！毛主席、周总理的餐桌上几个月不见油水，连国家的领导人都吃不好饭了，这困难就太大了。在一些领导人的心中，疑问、忧虑随岁月的艰难而增长。不能说这些考虑以及下马的主张是完全没有道理的。"

时任总参谋部作战部参谋、后来担任第二炮兵司令员的李旭阁也说："不要认为主张下马的人就没有道理，那是不对的。当时，我们国家的老百姓饿死了多少人！饭都没得吃，在'大跃进'等极左思潮影响下，社会生产力遭到严重破坏，各种困难堆积如山。这种情况下，搞经济的领导人主张等经济稍恢复以后再上，这不是没有道理的。"

作为国防科技战线统帅的聂荣臻，自然处于这场争论的中心。他一边认真听取双方的意见，一边深入进行调查研究。在此基础上，他坚定地认为，"两弹"不能下马。他指出：近程地地导弹已仿制成功。自行设计的中近程导弹正在进行研制。原子弹也在探索性研究试验工作的基础上，开始了基本理论和关键技术的攻关。因此，只要齐心协力，加上政策、措施得当，经过艰苦的努力，争取3年或再长一些时间内，突破"两弹"技术是完全可能的。

为此，他向中央呈送了《关于导弹、原子弹应坚持攻关的报告》。这份报告的起草者之一、原国防科委副主任刘西尧曾撰文回忆：

1961年夏，聂荣臻副总理把我和国防科委计划局的同志找到北戴河，那时我已兼任国防科委副主任。他要我们起草了一个"两弹"要继续上马给中央的报告。他的意见受到毛主席的重视和支持。

1961年10月，聂荣臻副总理根据中央军委的意见，又派张爱萍和我在当时的二机部部长刘杰等陪同下，到二机部所属主要单位去调查研究，我国能

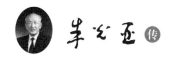

否自力更生地制造出原子弹？什么时候可以爆炸我国的第一颗原子弹？这是我第一次直接接触核武器研制的核心机密。

我们一行在湖南，看了两个矿山，其中一个已经开始出铀矿，一个即将投产，都是地下开采……

在西北先看了一个浓缩铀厂。"大跃进"期间，毛泽东为推动该厂早日建成投产，发出了"四海之内皆兄弟，一定要把苏联同志看做自己人"的指示，极大地鼓舞了帮助我国建厂的苏联专家。他们在我们职工的影响下，一起鼓足干劲加油干，积极地向他们的政府催要设备、材料。到苏联政府撤退专家时，该厂的主要设备、材料已基本到齐，只要再解决一点零配件，就可以开工生产，为我们赢得了时间……

我们到地处青海高原的原子弹研制基地了解情况时，李觉、赵敬璞、吴际霖等正在海拔3200米的地方头顶青天，脚踏草原，日以继夜地领导建设……

在那个基地开始建设以前，二机部就在北京附近简易的棚子里开始了原子弹的研制。我们奉命去了解时，他们已经掌握了制造原子弹的基本原理，正在进行一系列部件的试制、试验工作，只剩下一个技术关键问题，正从两个途径研制中，且专家们认为这两个途径都有成功的把握。我凭自己懂得的一点科技知识判断，也同意这个看法……

经过近一个月的仔细调查研究，我们得出结论，经过二机部和有关各方面同志们几年的努力，核工业建设和原子弹的研制都有了较大的进展，只要进一步抓紧时间，加强组织协调技术攻关，安排好所需的配套件的研制、供应，两三年内，即最迟在1964年，实现我国第一颗原子弹的爆炸是可能的。

与刘西尧、刘杰一起参加调研的张爱萍，时任中国人民解放军副总参谋长兼国防科委副主任。陈毅曾问他："你主张上马还是下马？"张爱萍坚决地说："这还用问！为什么下马？要饭还要有根打狗棍呢！"

接受这个调研任务时，张爱萍有过犹豫，他说："我只是个初中生，我只知道山药蛋，根本不懂什么科学技术，更不懂什么原子弹。"

为了做好这次调查研究，他决定拜师学艺，学习原子弹的基本理论。据陆其明、范敏所著《张爱萍与"两弹一星"》一书记载：

张爱萍找的第一个老师，是核武器研究所副所长、核物理学家朱光亚。

这天上午，张爱萍驱车来到了坐落在北京花园路的核武器研究所，找到了朱光亚。

朱光亚见进来的是张爱萍，马上迎了上去。

朱光亚一边倒茶一边说道："张副总长，请坐。"

朱光亚从一个文件夹里取出一份材料，说："很抱歉，不知道您来，事先也没有准备，我先把所里的一般情况给您汇报一下吧。"

张爱萍马上摆摆手，说："不！不！我今天不是来听汇报的，而是向你请教来的。"说着，他就从口袋里掏出了本子和钢笔。

朱光亚一听，又是摇头又是摆手，说："张副总长，是开玩笑吧？向我请教？别这么说。"说着，继续翻着材料。

张爱萍："真的，我真的是来向你请教的。"

张爱萍立即向朱光亚介绍了中央决定由他组织调查，然后再确定原子弹是下马还是上马的问题。

张爱萍诚恳地说："要我调查，可是我只知道山药蛋，不懂什么原子弹。我这是临时抱佛脚，来求你这尊大菩萨了。"

朱光亚恍然大悟，连声说："不敢当，不敢当。"

张爱萍："你是核物理专家。你讲得太深，我也听不懂，只请你讲讲原子弹的 A、B、C。"

朱光亚："那好。张副总长，请您定个时间。"

张爱萍："这里只有老师和学生，没有什么'长'。至于时间，还是听老师安排。"

朱光亚："不！还是请您定。"

张爱萍："那好，要是你能安排得开，我们现在就开始，行吗？"

朱光亚又连连摆手："您也太急了，总得给我一点时间准备准备嘛。"

张爱萍："你是大科学家，我是小学生，还用什么准备？请开讲吧。"

于是，授课开始。朱光亚从原子弹的基本结构一直讲到它的爆炸威力。

张爱萍则边听边记，时而还提问请教。一个讲得认真，一个学得认真，

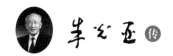

两个"认真"加在一起，转眼间就到了中午。临走时，张爱萍还向朱光亚要了几本有关原子弹的书。

这次讲课，张爱萍受益匪浅，同时，也让他对朱光亚有了良好的深刻印象。后来，张爱萍常常说，在核武器方面，朱光亚是他的第一位老师。他们由此结为挚友，两人间的友谊伴随了他们的后半生。

对聂荣臻呈送的报告和张爱萍、刘西尧的调查报告，中共中央非常重视。毛泽东、刘少奇、周恩来、邓小平、贺龙、罗瑞卿等中央领导人阅后，都表示支持"两弹"要继续上马。毛泽东还专门做出指示："在科学研究中，对尖端武器的研究试制工作，仍应抓紧进行，不能放松或下马。"

对中央领导人的态度，刘杰十分清楚，他回忆说：

陈老总（陈毅）遇见我就问："刘杰，你什么时候交货啊？我现在等得头发都要白了。"他还说，我这个外交部长，没有原子弹，腰杆子就不硬啊！要争取时间哪！陈老总临走了还叮咛我：你好好想想，世界各国看中国两件事，一是粮食，一是原子弹。搞不出原子弹，别的都是空的。

那时，美国不断在推断中国什么时候核爆炸。周总理也不止一次在开会时对我说："刘杰啊，什么时候能核试啊，第一次核试验什么时候进行啊？"

有一次，我去向林彪汇报，林彪的态度非常坚决，说："原子弹一定要搞下去，一定要响，就是用柴火烧也要把它烧响了。"

我们应该为中共中央、毛泽东的正确决策庆幸。在关于"两弹"是上马还是下马发生激烈争论时，有一种意见认为可以把原子弹研制工作暂时搁置起来，等到国家经济状况稍好一些之后再说，可以推到第三个五年计划期间进行。如果真是这样，那"三五"计划恰好到了"文化大革命"时期，那么历史的进程将会又是一个什么样子呢？

聂荣臻去世后，范济生写过一篇题为《青松挺直，丰碑永存》的回忆文章。其中写道：

实践再次证明了聂总高瞻远瞩的英明论断。"两弹"研制的成功，对带动国民经济发展、振兴国威军威、改善和提高我国国际地位起了巨大作用。假如当时"两弹"下马，或放慢发展速度，零打碎敲，那么，国家克服了严重困难，接着又是十年浩劫，我国国防尖端科学技术要取得现在众所周知的辉煌成果，是难以想象的。

三、承上启下的"瓶子口"

尽管"两弹"是上马还是下马，经历了一场暴风雨般的争论，但处于暴风雨中心的核武器研究所，反而显得很平静，并没有受到下马论的影响。大家专心致志地埋头苦干，为研制原子弹竭尽心力。

原子弹研制是一项综合性很强的大科学工程。《辞海》的解释为：大科学，亦称"大科研"。与"小科学"相对。指由大规模的集体进行的科学研究方式。具有项目规模庞大、结构复杂和多学科协作等特点。是现代科学研究的一种重要方式，对科学发展有重要作用。出现于 20 世纪 40 年代。研制原子弹的曼哈顿工程、研究登月飞行的阿波罗计划等科学活动都是用大科学方式进行的。

我国的原子弹研制，自然也必须采用大科学的方式，由科学家群、技术人员群在统一领导、统一组织、统一规划下，共同进行科学研究活动。

1942 年，美国组建洛斯阿拉莫斯国家实验室时，奥本海默开始认为只要6 名物理学家和 100 多名工程技术人员就可以了；但到了 1945 年，实验室已拥有 2000 多名文职研究人员和 3000 多名军事研究人员，其中包括 1000 多名科学家。

苏联专家撤走后，经过采取积极有效的应对措施，到 1962 年，核武器研究所基本形成了具有一定规模的科学家群和技术人员群。虽然远远不及美国的洛斯阿拉莫斯国家实验室的规模，但已经是聚集了当时国内一流的科学家。

在科学家群中，王淦昌主管核武器爆轰物理研究，彭桓武主管核武器的理论研究，郭永怀主管核武器研制的实验和武器化工作，程开甲主管状态方程及爆轰物理的理论研究。邓稼先、周光召、陈能宽、龙文光、王方定等一大批科学家，担当了研制工作中各领域的技术带头人。他们被戏称为核武器研究所的各路"诸侯"。

朱光亚不是"诸侯"。那么，朱光亚在中国核武器研制工作中扮演的"角

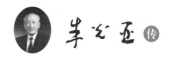

色"和所起的作用是什么呢？

担任过中国工程物理研究院院长的胡思得院士说：

在高层决策领导岗位，从技术的角度看，我个人认为他起着诸葛亮式的重要作用。

核武器理论研究所科技委原主任郑绍唐研究员说：

如果把理论部主任邓稼先比作"中国的汉斯·贝特"，那么，那时作为主管科研工作的领导，朱光亚可以被称为"中国的奥本海默"。

诸葛亮是运筹帷幄的战略大师，奥本海默是曼哈顿工程的总设计师。用这两个人来形容朱光亚在中国原子弹研制工作中的地位和作用，颇有相通之处。

20世纪60年代初，朱光亚、许慧君夫妇在北京合影

中国工程物理研究院的前身就是核武器研究所，该研究院党委宣传部在题为《深切缅怀朱光亚先生》的文章里这样写道：

核武器研制是涉及众多学科的大科学工程，包括理论、设计、生产、冷热试验、测试等各个方面，需要科技人员通力协作，需要全国方方面面大力配合。无论是在长城脚下的工地，还是在一望无垠的戈壁、草原，无论是在简易工棚里的生产操作车间，还是在紧张的试验现场，朱光亚以其深厚的科学功底、卓越的科研组织领导才能，运筹帷幄、指挥若定，使整个组织像一台精密的机器，各项工作协同有效地运转起来。他仿佛是在用手中的笔，指挥着千军万马的科技大军奋勇向前，指挥着这个合唱团的各个声部合唱出最悦耳的旋律。

这是较为贴切的评价。然而，朱光亚不这样认为。他说：

在中国核武器早期研制工作中，我所起的作用，犹如一个瓶子口。上面的方针和下面的意见，都要经过我这个"瓶子口"来承上启下，有的还要经过筛选、过滤，摘其主要归纳上报。

这当然是朱光亚的谦虚之词。无论是他的上级领导和学术前辈，还是他的同事、下属和学生，朱光亚为人谦逊、低调是大家一致公认的。

作为核武器研制的技术总负责人，朱光亚所做的工作和所起的作用绝不是"瓶子口"这么简单。

参与制订并亲自撰写科研计划和规划，这是朱光亚最主要的工作。当时，在核武器研究所，李觉负总责，吴际霖、郭英会两位副所长主抓行政，五位技术副所长中，王淦昌、彭桓武、郭永怀、程开甲各管一摊儿技术业务，只有朱光亚处在高层科技决策的岗位上，起着总设计师、总规划师、总协调师的作用。

1962年8月，中央工作会议在北戴河召开。会议期间，中央领导人对原子弹研制进展情况十分关心，多次听取刘杰的汇报，热切期望早日制造出原子弹，增强我国的军事力量和国际政治地位。聂荣臻还特别指示全国科研部门要加强同二机部的合作，拧成一股劲儿，共同完成任务。

从北戴河回来后，1962年9月，刘杰与钱三强、李觉、吴际霖、朱光亚

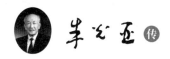

等人经过认真研究，认为：

经过 1961、1962 两年自力更生的实践和艰苦工作，我国核工业建设和核武器研制有了很大进展。到 1962 年下半年，铀 -235 生产线各个环节的技术难关，大都已经突破和掌握；各项工程所需的配套设备、仪器、仪表，大都已经试制出来；整个铀 -235 生产线的建筑安装工程已经完成 80% 以上；原子弹的力量设计、结构设计、工艺设计都已陆续开展；实现原子弹爆炸的一些关键技术，已开始被突破和掌握，整个研制工作已经由量变开始发生局部质变，通往胜利的道路已经看得比较清楚。形势发展需要提出一个新的目标和规划。

据此，朱光亚执笔，拟就了《关于自力更生建设原子能工业情况的报告》。《报告》明确提出：争取在 1964 年，最迟在 1965 年上半年爆炸我国第一颗原子弹。

这份报告经二机部党组讨论通过，并决定以二机部党组的名义正式向毛泽东并中共中央呈报。在正式上报时，该报告的标题改为《1963、1964 年原子武器工业建设、生产计划大纲》，就是著名的"两年规划"。这也等于是二机部党组向毛泽东、中共中央立下了军令状。

为了进一步分析论证"两年规划"的可行性，1962 年 9 月，在集体讨论的基础上，二机部党组决定由朱光亚主持制订实现"两年规划"的具体工作计划。

1962 年 9 月 14 日，朱光亚亲笔撰写出了《第一种试验性产品的科学研究、设计、制造与试验工作计划纲要（草稿）》及两份附件。当时为了保密起见，我国第一颗原子弹装置以"第一种试验性产品"来代替。

这份《计划纲要（草稿）》的正文长达 19 页，共分六大部分。两份附件，分别是"第一种试验性产品"的具体进度计划与核爆炸试验拟分步进行的具体考虑。

在《计划纲要（草稿）》的最后部分，朱光亚这样写道：

我们认识到，计划所规定的工作量是巨大的。无疑地，还有许许多多的困难需要局、所全体人员去努力克服。但是，只要我们紧紧依靠部党组的领导与各兄弟单位的大力支持，全体工作人员团结一致、同心协力、严肃认真、紧张活泼地进行工作，实现上述计划指标仍是完全可能的。

在征求了有关同志对《计划纲要（草稿）》（含附件）的意见后，朱光亚经过进一步的修改和加工，又将《计划纲要（草稿）》（含附件），分拟成《原子弹装置科研、设计、制造与试验计划纲要及必须解决的关键问题》和《原子弹装置国家试验项目与准备工作的初步建议与原子弹装置塔上爆炸试验大纲》两份文件。其中，最重要的修改，是将"核爆炸试验拟分两步进行"独立了出来。

朱光亚这样陈述道：

上述第一种试验性产品的科研计划，是以空中核爆试验为前提，但并不排斥将核爆炸试验分成两步来进行，即第一步做地面甚至地下爆炸试验，第二步做空中爆炸试验。

就第一种试验性产品的核爆炸试验的科研要求而言，由于是头一次，先进行地面试验是更有意义的，因为这样将有利于安排更多的，能直接阐明产品动作规律的试验。

这两份文件在中国核武器发展史上被称为"纲领性文件"。朱光亚曾在一篇回忆文章中这样写道：

1962年9月，根据当时核武器研究、试验，核材料生产等已取得的进展，以及西北核武器研制基地和核爆试验场建设等状况，二机部部长刘杰与核武器研究所李觉、吴际霖等领导同志研究提出争取在1964年，最迟在1965年上半年爆炸我国第一颗原子弹的"两年规划"。这是一项重大决策。为进一步分析研究其可行性，我们组织编写了《原子弹装置科研、设计、制造与试验计划纲要及必须解决的关键问题》与《原子弹装置国家试验项目与准备工作的初步建议与原子弹装置塔上爆炸试验大纲》。前一文件是阶段性总结分析报告，对我国在当时科学和工业基础薄弱的条件下很快完成第一颗原子弹装置的研制起了重要作用。后一纲领性文件是对下一步工作的全面部署，明确提出了将核爆试验分两步走：第一步先以塔爆方式，第二步再以空投方式进行的方案。后来的实践证明这是一个切实可行的方案。它不但使我国第一颗原子弹爆炸的时间提前了，更重要的是能安排较多的试验项目，用来监测

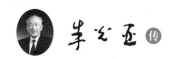

原子弹动作的正常与否，检验设计的正确性。这个大纲在第一颗原子弹研制及试验中也起了重要的作用。

胡仁宇也曾撰文介绍说：

由朱光亚副所长主持编写的这两份文件，对前一阶段核武器研制工作做了科学的总结分析，由此明确提出要实现规划，在技术上最关键的问题就是尽快实现聚合爆轰试验，掌握核材料压缩规律，以及解决中子点火部件的可靠动作问题。并对下一步原子弹研制工作进行了全面的安排部署，明确提出核爆炸试验分两步走的方案，第一步先做地面爆炸试验，第二步再做空投爆炸试验。并在附件中详细列出科研、设计、制造、试验工作共51项进度计划与要求，整个安排有条不紊。实践证明，这些分析和部署是符合实际、切实可行的。这几个凝聚群体智慧的文件，对当时很快突破原子弹技术起了非常重要的指导作用，被誉为纲领性文件，也充分显示了朱光亚对研制工作各个环节科学技术问题的深刻洞察力和系统管理的出色组织才能。

正如一篇纪念朱光亚的文章评价的：

朱光亚由于精通业务知识，又为人谦虚、诚恳，善于综合各方面意见并最终做出科学判断，他不但受到长辈科学家和年轻研究室主任、青年科技人员的普遍尊重、积极支持和配合，而且，他也与党政领导干部密切合作、沟通，使得整个研究所就像一台精密机器，协调高速地运转起来。

四、向周恩来汇报工作

1962年10月，中共中央政治局召开会议，听取国务院国防工业办公室关于原子能工业生产、建设与核武器研制情况的汇报。

汇报中特别讲到，由于原子弹技术的复杂性和高度综合性，靠二机部一个部门很难完成任务，需要全国各方面的配合。主持会议的刘少奇（时任中华人民共和国主席兼国防委员会主席）当即指出：各方面的配合很重要，中央要搞个委员会，以加强这方面的领导，现在就搞，否则就耽误了。你们提出个方案和名单，报中央批准。

1962年10月30日，中共中央书记处书记兼国务院国防工业办公室主任

1962年9月13日，朱光亚（右一）与大哥朱光庭（左二）两家人在北京共度中秋佳节时合影

罗瑞卿大将根据中共中央政治局的决定，向中共中央呈送了关于成立中共中央专门委员会（简称"中央专委"）的报告。报告中引述了二机部"两年规划"的设想，建议成立中共中央专门委员会，以加强对原子能及尖端事业的领导。

11月2日，中共中央总书记邓小平在报告上批示：拟同意，送毛主席、刘（少奇）、周（恩来）、朱（德）、彭（真）核阅退（罗）瑞卿。

11月3日，毛泽东批示："很好，照办。要大力协同做好这件工作。"

11月17日，刘少奇主持召开中共中央政治局会议，认真讨论了二机部上报的"两年规划"。会议认为：经过努力，即使在1965年搞出原子弹来也是好的。

在这次会议上，刘少奇宣布：成立中共中央专门委员会领导原子能事业。中央专委由15人组成，国务院总理周恩来任主任委员，国务院副总理贺龙、李富春、李先念、薄一波、陆定一、聂荣臻、罗瑞卿，以及国务院和中共中央军委有关部门负责人赵尔陆、张爱萍、王鹤寿、刘杰、孙志远、段君毅、

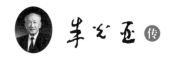

高扬任委员。中央专委是一个权力机构，主要任务是加强对原子能工业建设与核武器研制、试验工作的领导。

当天下午，周恩来主持召开中央专委第一次会议。会议决定设立中央专委办公室，作为日常办事机构，由罗瑞卿兼办公室主任，赵尔陆兼常务副主任，张爱萍、刘杰、郑汉涛兼副主任。

11月29日，周恩来主持召开中央专委第二次会议，听取刘杰的工作汇报。针对原子弹研制面临人才、设备短缺的问题，会议当即决定加强二机部的科学技术力量以及各级党组织和行政机关的领导力量，并限令各有关部门、部队、高等院校和科学研究院所于12月底以前，为二机部选调人员和仪器设备。这次选调，各类人员近500名。其中，科学技术人员197名、大学生216名、党政干部25名、医务干部29名。所调仪器设备1108台（套）。

12月4日，周恩来在中南海西花厅主持召开中央专委第三次会议，重点审议二机部上报的"两年规划"。

会上，首先由刘杰、钱三强汇报原子能工业生产、建设的进展和"两年规划"、原子弹研制等情况；朱光亚作补充汇报，并着重就原子弹装置的设计作了介绍。这是朱光亚第一次参加中央专委会议，也是第一次面对面地向周恩来汇报工作。

朱光亚时年38岁，风华正茂。当他准备发言时，周恩来亲切地招呼道："请光亚同志坐到前边来！"

朱光亚坐到周恩来对面，既激动又紧张。他调整状态，用略带南方口音的普通话汇报起来。他的汇报，阐述清晰，观点明了，特别是涉及高技术方面的介绍，通俗易懂，在回答相关技术性问题时，科学准确，给与会领导留下了深刻印象。当朱光亚汇报完后，周恩来高兴地赞许说："很好！很好！核武器研究所的同志们作了艰苦的努力，党和人民是清楚的。"

这次会议开了整整一天。中午，周恩来留大家吃饭。会议室后面的小餐厅里，摆了两张大圆桌。每张桌子上都有一大盆烩菜，里面是白菜煮豆腐和几个肉丸子；四周是几碟咸菜和烧饼。朱光亚被安排与周恩来同桌。坐在朱光亚边上的是余秋里，时任石油工业部部长。他对朱光亚说："这是总理倡导的国务院传统饭菜，既有营养又方便。"

会议结束时，周恩来特意握着朱光亚的手说："请你回去告诉研究所的同志们，（毛）主席和中央领导同志感谢你们！人民感谢你们！你们要不懈地努力。"

第一次参加中央专委会议，朱光亚深受教益，记忆也异常深刻。1999年4月17日，在周恩来百年纪念研讨会上，他深情地讲道：

中央专委成立后，在1962年12月初召开的第三次专委会议上，由刘杰、钱三强同志汇报原子能工业建设和原子弹研制"两年规划"及进展情况，我作了补充。汇报完后，周总理作了重要讲话，概括起来是科研工业要遵循的四个要点，共十六个字，即"实事求是，循序而进，坚持不懈，戒骄戒躁"。后来成为指导"两弹一星"事业的一条重要原则。它虽然带有一定的时代烙印，但也揭示了科学研究工作的特点，具有普遍指导意义。当时的中国，虽然在政治上纠正了"大跃进运动"不从实际出发、不尊重客观规律、急躁冒进的错误，但在具体问题上，人们仍怕犯右倾保守的错误，"左"的影响远没有消除。在这样的背景下，周总理说：实事求是，既是思想方法，又是指导原则。要认识客观规律，也不能怕失败。在科学实验中，有时必须经过失败，甚至多次反复，才能成功。要循序而进，想超越阶段跳过去也不行。还要坚持不懈。做任何事，靠突击是不行的，只能在有一定可能性时才突击。无论成功或失败，都要戒骄戒躁。略有成绩就骄傲起来固然不好，急躁也容易犯错误。我们大可在现有的工业基础上，自力更生，立足于全国，搞出一点名堂来。

据史料记载："中央专委在从成立到我国第一颗原子弹装置爆炸成功之前的这段时间内，共召开了9次会议，讨论解决了100多个重大问题。"

这些会议，朱光亚大多参加了。李觉回忆说："每次向中央专委、周总理汇报工作，朱光亚几乎都参加。在技术上，他能给总理讲清楚。汇报之前，他要做大量的准备工作。"

李觉还回忆说："20世纪60年代，重大的、向中央呈报的文稿、研制规划、计划都出自他（朱光亚）手。"

翻阅核武器研究所1961年至1962年的科技档案，存有许多由朱光亚撰

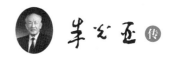

写或仔细修改及批阅的技术文件和工作文稿。这些文件和文稿，多数至今还属于保密范围，不能公之于众。但留驻于字里行间那工整流畅的笔迹，以及细致到数据、术语乃至标点符号的修改，让我们仿佛看到了朱光亚当年伏案工作的情景。

中央专委的成立以及中央专委采取的强有力举措，使中国的原子弹研制驶上了快车道。

第十六章 横空出世

一、移师金银滩

"两年规划"经中央批准后，二机部加快了原子弹的研制进度。

1963 年年初，位于青海金银滩的核武器研制生产基地初具规模，具备了科研、生产、生活的基本条件。二机部党组决定，从 3 月起，将集中在北京的核武器研究所的科研人员陆续迁往核武器研制生产基地。

虽说核武器研制生产基地具备了基本的科研、生产、生活条件，但其实

1963 年，青海核武器研制生产基地的生活工棚

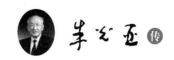

也就是搭起了一个可以开展科研工作的"台子"，困难依然很多，特别是生活条件十分艰苦。

据资料记载，金银滩海拔3200余米，属于高寒缺氧地区，人走路快一点儿就会感到胸闷。因为气压低，煮的饭是夹生的，喝的水是不开的。这里的年平均气温在零下4摄氏度，5月份有时还会下雪，入冬后更是一片冰天雪地，最低气温可达零下30多摄氏度。由于基地建设是先科研、后生活，首先抢建的是科研设施和生产线，然后才是宿舍。不少人员去后，住的还是土坯房和大帐篷。

搬迁之前，李觉等研究所领导分别找有关人员作思想动员。朱光亚主要与青年科技人员谈心，他告诉他们：青海草原已经为青年科技工作者搭好了展示才华的舞台，在那里大有用武之地。

刘杰部长还特意请来张爱萍为核武器研究所的科研人员和干部、职工作动员报告。动员报告会在北京铁道干部学校礼堂举行。

刘杰对张爱萍说，金银滩这个地方，高原缺氧，冬天寒冷，常人很难适应；加上现在国家遭遇自然灾害，饭都吃不饱，去那里就更苦了。有些同志形容那里是"西出阳关无故人"、"春风不度玉门关"，你得给大家鼓鼓劲儿。

张爱萍素有军中儒将之称，既尊重知识分子，也了解知识分子。他走上讲台，还未开口，下面就掌声四起。他摆摆手说："先别鼓掌，我可是来动员你们到古代'充军'的地方去啊！"

别致风趣的开场白，又引来一阵热烈掌声。张爱萍接着说：

我先吟诵两首唐诗给大家听听：

渭城朝雨浥清尘，客舍青青柳色新。

劝君更尽一杯酒，西出阳关无故人。

黄河远上白云间，一片孤城万仞山。

羌笛何须怨杨柳，春风不度玉门关。

这是1300多年前盛唐时期王维与王之涣的诗，你们应该大多读过。听说你们现在议论最多的，是这两首诗的最后两句："西出阳关无故人"和"春风不度玉门关"。是不是这样啊?

大西北,我去过。玉门关,又叫小方盘城,在戈壁滩上。那里一片茫茫,人迹罕至。这个地方苦不苦?当然苦!所以,王之涣在1300多年前就说是非常困苦荒凉的地方,连春风也过不了玉门关。就是1300多年以后的20世纪60年代,由于遭到严重自然灾害,那里还是很苦的。因此,有些同志怕去了不适应,影响研制原子弹,这也是很自然的,可以理解。不过,也绝对不是像王维所说的"西出阳关无故人",连一个人也见不到。根本不是那么一回事!1958年,解放军工程兵部队就已经进驻那里,开辟、建设核试验基地、导弹发射基地和储存器材的仓库基地了!他们正等待着你们,正准备欢迎你们呢!他们已经为你们建了宿舍和实验室,你们的生活条件,要比他们去的时候好多了!你们说是不是呀?

至于王之涣在诗中说的"春风不度玉门关",无疑也早已成为历史了。工程兵部队早已把"春风"带出了玉门关。经过三四年的开辟、建设,那里的环境得到很大改变。你们这批科技精英去了,那里的"春风"会变得更加和煦、更加温暖。

过去有句俗话说:"知识分子手无缚鸡之力"。这里,我要把它改成"知识分子有擎天之力!"你们这些知识分子,不,你们这些大知识分子,到了那里,将要亲自制造倚天长剑——原子弹。到那时,我们祖国必将处处是和煦、温暖的春天!

我相信,在你们中间,可能有不少人读过百回长篇小说《封神演义》这本书。这是明代一个叫陆西星的道士所作。内容是反映商末政治纷乱和武王伐商的历史故事。我从小就喜欢读这本书。《封神演义》的作者陆西星极富想象力,敢于标新立异,讲了很多神话,什么来无影、去无踪呀,什么千里眼、顺风耳呀,什么撒豆成兵、移山倒海呀等等。可是这些故事,有的已成为现实,有的正在成为现实,有的将要变成现实。

同志们,你们现在所从事的,就是把神话变为现实的工作。将来,我们的国家和人民也会把你们封为神的。我建议你们好好读读这本书,这对你们这些科学家是会有很多启发的。这里,我再读王昌龄的《从军行》。王昌龄

的《从军行》原诗有七首，我这里只读第二首：

青海长云暗雪山，孤城遥望玉门关。

黄沙百战穿金甲，不破楼兰终不还。

接着，张爱萍简略介绍了诗的大意：青海的云层笼罩着雪山，远远天边的孤城就是玉门关。百战沙场的铁甲虽已磨破，不灭敌人绝不回还！介绍完，张爱萍又开始吟诵起这首诗。没想到，当张爱萍刚吟诵到"青海长云暗雪山，孤城遥望玉门关"，科学家们异口同声地一起朗诵起来："黄沙百战穿金甲，不破楼兰终不还！"

这是科学家们受到激励后吼出的出征誓言！全场的气氛，瞬间达到了高潮。

张爱萍也激动了起来，大声说：

最后，我要宣布两件事。第一件事，两位老帅——陈毅和聂荣臻，为了改善你们的生活，以他们个人的名义，向各大军区募集了一批粮食和副食品，正运往西北途中。我要宣布的第二件事是，中央决定派我和你们一起去西北。我打前站，会后就走。我向你们表示：我愿当你们的服务员，做好你们的后勤保障工作。

全场掌声雷动。朱光亚回忆说，当时，他看了一下手表，张爱萍的讲话前后才10分钟，但给人们以强大的震撼力。

曾亲历这次会议的中国工程物理研究院陈俊祥回忆说：

我国核武器研制是在60年代初国民经济暂时困难的情况下上马的。党中央号召为民族争一口气，造出"争气弹"（原子弹）。那种意志集中、同心协力的程度，是我国历史上罕见的。回忆我们事业的初期，可以说艰苦到了极点。生活困难时，伙食标准是所谓的"2611"，即每月26斤粮，每餐一个馒头、一角钱干菜汤。缺乏营养，大多数同志身体浮肿，上楼梯两手扶栏杆，蹲厕所两眼冒金花。就是在这种情况下，大家还主动加夜班。郭英会副局长采取强硬措施，规定晚10点钟收保密包，撵大家回去睡觉。可是，有的同志躲在厕所里看书，有的在被窝里打着手电看书……

1963年，基地初具规模。我们在北京的同志就要求去"前方"，把参加草原会战看作是一生的光荣。大家顾虑的不是离开温暖的家、离开北京城，而是生怕离开这个战斗集体。当时，张爱萍将军的动员只花了 10 分钟。他领头吟唱唐诗，把"西出阳关无故人"改为"西出阳关有故人"，把"春风不度玉门关"改为"春风已度玉门关"。然后，这位将军慷慨激昂地朗诵《从军行》的"黄沙百战穿金甲，不破楼兰终不还"。顿时，全场一片热血沸腾。我们第一任院长李觉激动得站了起来，大声呼喊："走啊！"

1963 年 4 月 2 日，毛泽东、周恩来、邓小平等中央领导人在北京人民大会堂亲切接见二机部的科学家代表。朱光亚等 78 名同志受到接见。这是中共中央为他们出征壮行。接见时，邓小平代表中共中央下达了动员令。

有关这次接见，朱光亚这样写道：

记得 1962 年 11 月中央批准研制原子弹的"两年规划"后，我们进入了突破原子弹技术的冲刺阶段。当时尽管已经掌握了原子弹的基本理论和一些关键技术，但是要实现两年内爆炸我国第一颗原子弹的目标，仍有很大难度，大家压力很大。1963 年 4 月，二机部召开专业会议，小平总书记与毛主席、周总理等中央领导同志一起接见了会议代表。小平同志对核武器研究所的代表说："研制原子弹的计划，党中央和毛主席已经批准了。路线、方针、政策已经确定，现在就是你们去执行。你们大胆去干，干好了是你们的，干错了是我们书记处的。"这几句铿锵有力、温暖人心的亲切话语，表达了中央对核武器研制人员的信任和关怀，让我们感到极大的鼓励和鞭策，使大家卸下了思想包袱，全身心地投入到研制、试验工作中，对加快核武器研制进程起了重大促进作用。随后不久，小平同志和彭真、陈毅、聂荣臻等党和国家领导人先后到北京核武器研究所视察、指导工作，并从人力、物力、技术支援等方面，为我们协调解决了很多科研、生产中遇到的实际困难。

不久，肩负着人民共和国神圣使命的核科技人员与家人依依惜别，踏上了西去的征程。

鉴于研制原子弹属于国家绝密工程，参与人员上不告父母，下不告妻（夫）儿。他们去了哪里，家人都一概不知。

当时，刘杰认为，研制原子弹是国家绝密工程，需要有一个代号，以便

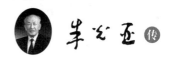

于保密。他回忆说：

1963年5月中旬，在考虑用什么做第一颗原子弹的研制代号时，我和李觉、吴际霖、朱光亚都不约而同地想到了"596"这个数字。"两年规划"制定以后，当时就考虑第一颗原子弹应该以什么命名。我考虑，赫鲁晓夫从1959年6月毁约停援，还蔑视我们，说离开了他们的援助，中国20年也研制不出原子弹。我们深感民族自尊心受到了伤害，就以这个日期——"596"作为代号，就是要求大家奋发图强啊。你不给我们，看我们能不能干出来！

此后，"596"这个代号，犹如一面旗帜，感召着大家，鼓舞着大家，向前、向前！

二、站得高，看得远

金银滩的环境虽然艰苦，但在春暖花开之际还是很美丽的。一望无垠的草原上，盛开着一丛丛美丽多彩的野花，充满着令人向上的勃勃生气。

此前，为了加强对原子弹研制工作的技术领导，李觉、吴际霖、朱光亚及有关科学家商量后，决定在核武器研究所下设置4个技术委员会。

产品设计委员会。主任委员吴际霖，副主任委员龙文光，委员肖逢霖、苏耀光、疏松桂、周毓麟、谷才伟。

冷试验委员会。主任委员王淦昌，副主任委员陈能宽，委员邓稼先、钱晋、周光召、李嘉尧、何文钊。

场外试验委员会。主任委员郭永怀，副主任委员程开甲，委员陈学增、赵世诚、张宏钧、秦元勋、俞大光。

中子点火委员会。主任委员彭桓武，副主任委员朱光亚，委员何泽慧、胡仁宇、赖祖武、黄祖洽、陈宏毅。

对朱光亚来说，作为李觉的助手，他担负着原子弹技术的全面领导工作，现在还要具体领导研制点火中子发生器的科技攻关，肩上的担子就更重了。

原子弹的点火装置，称为点火中子发生器，也叫点火中子源，它是核武器的关键部件之一。

爱因斯坦曾经预言：用中子轰击核原子，可能引起核爆炸。这后来被科学家证实。这也是原子弹实现核爆炸的基本原理之一，即在核裂变材料到达超临界状态时，注入点火中子，从而引起剧烈的链式反应，使裂变核材料燃烧起来，释放出巨大的能量。

《中国军事百科全书》对"核爆炸装置"有一段解释：

核装置通常由核部件、高能炸药爆炸系统、核点火部件及相应的结构部件等组成。核部件由核材料成形加工并适当组装而成；高能炸药爆炸系统由高能炸药、炸药引爆组件、雷管等组成，其功用是通过起爆高能炸药后产生很高压力，压拢或压紧核裂变部件，使之达到超临界状态，发生链式裂变反应，形成核爆炸。但这种链式裂变反应还需有点火中子去触发，产生点火中子的部件即核点火部件，称为中子发生器。

朱光亚在中国科学院物理研究所工作时，任中子物理研究室副主任，对中子的研究有厚实的基础。在担任核武器研究所副所长后，他推荐年轻的胡仁宇承担组建中子物理和放射化学实验室（三室）的重任。这次研制点火中子发生器的攻关任务，主要就由该实验室承担。

胡仁宇回忆说：

自朱光亚主任1959年7月调入核武器研究所担任科技领导人以来，我一直在他的直接或间接领导下工作。

研究所草创之初，我还只是一个在读研究生，一个没有独立完整地完成过一项科研任务，也没有发表一篇论文的28岁年轻人。面对白手起家创建中子物理和放射化学实验室的任务，到底需要研究哪些科研领域？需要掌握哪些技术和设备？需要培养怎样的专业人才？这些问题一直困扰着我，唯恐有负国家重托，完不成任务。

突破"两弹"技术的草原大会战时期，我所在的三室承担了包括准确确定铀材料的临界质量、保证产品的临界安全、研制点火中子源和制备脉冲中子源等工作，怎样才能保质、保量、按时完成任务，不因自己工作的失误而拖延第一次核试验的时间？

经过一段时间的摸索，虽然开始有点眉目，但仍感到对任务的重点把握不住，内心存在很多困惑，有些不知所措。我就带着自己思想上的困惑多次

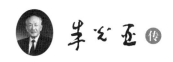

向朱主任求教。他不厌其烦地向我交代今后面临任务的内容，指导我应该怎么做，使我获益匪浅。他还告诉我，当遇到重大科技问题时，要学会将其化解为基础研究问题，多向老科学家和同事们请教。

为了加强研究力量，他还亲自点将，抽调了一批年轻科技人员来承担临界实验和脉冲中子测量等方面的工作，并嘱咐我们这批30岁上下的年轻人在工作中要多互相支持、多讨论、多商量，要发扬技术民主，对学术问题做到畅所欲言、集思广益，这样才能弥补个人学识、经验的不足，避免出现重大差错。在我们讨论一些重大科技问题时，他经常亲临指导，并及时做出决策。有一次讨论时，他特别强调，我们的科研工作与中国科学院有所不同，做实验一定要取得足够精确的数据，制备部件一定要做出合格产品。

经过努力，在老一辈科学家指导下，我们这批从大学毕业不久的年轻人，建立了有关实验室和一批仪器、设备，完成了突破原子弹任务所必需的次临界实验、制备点火中子源、脉冲中子源和r射线测量等任务，不仅锻炼了队伍，还为以后的持续发展打下了良好的基础。

中国科学院原子能研究所化学实验室，也参与了点火中子发生器的研制任务。其中有位名叫王方定的年轻技术员，是钱三强亲自点的将。

有一天，钱三强把他叫到自己的办公室，问："你听说过氚化铀吗？"王方定说："我知道。氚化铀小球是原子弹引爆装置的核心部件，该部件又称为点火中子源。"

钱三强满意地点点头，接着对王方定说："现在，我想告诉你，国家把研制原子弹点火中子源的任务，交给了我们所。任务重，时间紧，所里决定成立攻关小组，我提议由你负责这项任务。"

钱三强又说："做这个，有一定的放射性危险，你怕吗？"王方定坚定地说："我不怕！"

钱三强转身打开一个保险柜，从里面拿出一个梨形的、黑乎乎的石英瓶子，举到王方定面前，神秘地说："这是我1948年回国时，我的老师约里奥·居里夫人送给我的一点放射源，成分是镭，其中含有铋-210、钋-210衰变产物。放了10多年了，一直没舍得用，现在交给你，可以用到最需要的地方了！它只有几个居里，你们做理论设计用。中子源用的要比这个大上百倍，必须在反应堆里提取。你们好好干，快点搞出来！"

从那以后，王方定带着几个年轻人，不分昼夜地工作。他回忆说：

在研制期间，朱光亚、彭桓武、王淦昌三位科学家经常来指导我们的工作。每次来，他们都问得非常详细，并认真做记录。记得有一次，朱先生独自前来，还闹了一场误会。当时，他站在门紧闭着的实验室外，由窗口向里瞧。新来的大学生罗德勤正在做实验，一抬头，看到一个陌生人正向室内专注地看着，就立即警觉起来。他马上停止实验，脱掉防护手套和工作服跟了出去。只见那人向科研大厅走去，他马上打电话给我。当他把来人的外表特征讲完以后，我就笑了，我告诉小罗："那是朱副所长！"

为了尽快研制出点火中子源，朱光亚把核武器研究所和原子能研究所有关研制人员分成三个小组，分别采用三种方法去做实验，称之为"三种思路齐头并进"。

对这三个小组的工作进展，朱光亚都亲自了解情况、听取汇报和提出问题，并要求每个小组详细写出工作总结。研读完三个小组的工作总结后，朱光亚

1963年9月13日，出席中国科学院原子能研究所学术委员会第一次会议的人员合影（第四排左五为朱光亚）

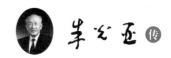

就提出：先按其中最有希望的一种办法做；另外两种办法则由何泽慧指导继续做下去，作为技术储备。

当用第一种办法做出好征兆样品后，就由王方定操刀做放射性剂量分析。这是一项具有危险性的工作。放射性物质一旦泄露，在场人员就有可能受到沾染。王方定没有想到，在做放射性剂量分析的时候，朱光亚不仅来到实验室，还站在他背后看着他操作。回忆起这段往事，王方定感慨地说：

朱先生身着实验服站在我身边，长时间地看着我做实验，不仅鼓舞我一个人，也使在场的全体工作人员深为感动。

三种思路齐头并进，出现苗头集中突破，对后两种思路穷追不舍，并作为后续突破工作的技术储备的决策，把高层管理者的重要作用表现出来了。特别是后两种思路的成果，在多年之后的新的研制中又派上了大用场，朱先生真是站得高、看得远！

在攻克点火中子源的同时，朱光亚还亲自主持了核材料的临界、次临界实验。与核材料打交道，首先就要了解它的"脾性"，即掌握核材料临界、次临界的数据。

当时由于我国核材料的勘探尚处于初级阶段，有关核材料的临界、次临界数据自然也是空白。朱光亚兼任研究室主任，率领研究室人员白手起家，从制定方案、研制实验装置、探索实验方法、验证临界参数到研究宏观中子参数测量，先后组织了上千次实验，终于掌握了宝贵的临界、次临界安全数据。

可以说，点火中子源与核材料临界、次临界实验，是原子弹研制的两项基础性工作。

三、张爱萍赋诗相赠

1945年8月，美国在日本广岛、长崎投下的两颗原子弹，一颗取名为"小男孩"，是枪法铀弹；另一颗取名为"胖子"，是内爆法钚弹。

"枪法"和"内爆法"是实现超临界状态的两种方法。据《中国军事百科全书》相关条目介绍：

原子弹的设计原理，是使处于次临界状态的裂变装料瞬间达到超临界状态，并适时提供若干中子触发链式裂变反应。超临界状态可以通过两种方法来达到：一种是"枪法"（gun method），又称压拢型，即把2～3块处于次临界状态的裂变装料，在化学炸药爆炸产生的高压力推动下迅速合拢成为超临界状态。另一种是"内爆法"（implosion method），又称压紧型，即用化学炸药爆炸产生的内聚冲击波和高压力压缩处于次临界状态的裂变装料，使其密度急剧升高，达到超临界状态。与枪法相比，内爆法可少用裂变装料，因而被广泛采用。

我国第一颗原子弹的设计，采用的是技术上比较先进的内爆型，裂变装料采用的是铀–235。其爆炸过程是：引爆控制系统在预定时间或条件下发出引爆指令，使高能炸药起爆。炸药的爆轰产物推动并压缩反射层与核装料，使之达到超临界状态。点火中子发生器适时提供若干"点火"中子，于是，核装料内发生链式裂变反应，并猛烈释放能量。

其中，爆轰试验在原子弹研制中是非常重要、不可缺少的阶段。它主要有两个目的：一是验证原子弹的理论设计，对部件进行动态考核，从理论与实验的结合上来完成和完善理论设计；二是通过试验来解决原子弹研制中的一些关键问题，摸索产品设计的基本规律和各种参数的设计方法，解决理论计算无法解决的问题。

1963年5月，朱光亚起草了进行爆轰试验的有关技术文件，提出由低到高，逐步过技术关。先在地面上进行一次静态聚合爆轰试验，然后再进行动态聚合爆轰试验。这被称为原子弹研制过程中两次关键性的聚合爆轰试验，由于不涉及核爆，又称之为冷试验。

为了掌握爆轰试验技术，摸清原子弹的内爆规律，王淦昌、郭永怀、陈能宽、邓稼先、钱晋、周光召等科学家做了大量前期实验工作，先后进行了上千次爆轰试验。

爆轰试验不能在城市里做。开始，是在河北怀来县的燕山深处选择了一块试验场地。这里原是工程兵的一个试验靶场，爆轰试验场地占用的只是其中的一角。为了方便起见，大家给它起了一个代号："17号工地"。

爆轰试验场的生活、工作设施很简陋：一座碉堡、几排土坯房、十几顶

朱光亚在位于河北省怀来县的工程兵试验场筹建了第一个爆轰试验场。图为科研人员开展爆轰试验。

军用帐篷。野外爆轰试验工作的艰苦可想而知。

朱光亚经常深入这里，了解工作进度，听取工作汇报，并与王淦昌、陈能宽一起，提出了爆轰试验"三部曲"：每次的试验课题都要详细调研，经过认真论证后，写出设想方案；在执行方案过程中，要有工作计划；完成试验后，要写出工作总结。

陈能宽回忆这段历史说：

1960年6月，我从中国科学院调到二机部核武器研究所二室，在光亚的直接领导下从事原子弹的研制工作。

我知道任务和较为具体的工作内容后，既感到光荣，又很感知识不足。我原是学物理冶金和金属物理的，对搞原子弹所需要的核物理知识，以及要求我转行主攻的有关炸药、爆轰方面的知识，都是外行。我向光亚同志求教应如何开始工作。他一方面传达上级精神，说要自力更生，以任务为纲，摸着石头过河，边干边学，干成学会；另一方面，他指出，要发扬学术民主，发挥科研人员的积极性，组织集体攻关。对我影响最大的是，光亚严于以身作则，对于多学科的新知识和技术，都能学在专业人员的前面。那时，包括光亚在内的老科学家，无不谦称自己搞原子弹是外行，彼此之间切磋琢磨，学风十分可贵。

我和同事们在长城脚下的17号工地白手起家，两年内进行了上千次爆轰试验，初步带动了有关炸药和加工工艺以及光、电测试等技术攻关。光亚经常冒着刺骨寒风，与老一辈科学家不时赶到试验场地，观看、指导试验。记得当时缺乏爆轰试验测试技术手段，光亚听说后，建议用唯象的研究方法过技术关，对我很有启发。我体会到，原子内爆是个新的科学技术领域，也是机密性很强的技艺诀窍的综合。光亚要求我们必须在研究方法和思想方法等多方面，要有所创新，既要注意逻辑思维分析，也要注意形象思维分析。

我还记得有一次，光亚率领钱晋教授等人到西安参加、指导我们与兄弟单位的协同工作。我也去了。当时，我们均40岁不到。有一晚同看一台秦腔戏，光亚为我们讲起"狸猫换太子"的剧情，兴高采烈，一点儿不是一般人说的"寡言少语"。

1963年到青海金银滩后，光亚又多次指导我们进行大型爆轰试验。他与李觉、

1962年，朱光亚（第三排左二）与陈能宽（第二排左一）、许慧君（第三排右一）、钱晋（第一排左一）等人在西安骊山参加火工品会议时合影

吴际霖、王淦昌、邓稼先、周光召等人都去了，他们都实实在在地进入角色。光亚因为积累了各方面情况，所以能够写出超脱性、综合性的报告。

在多次爆轰试验的基础上，李觉、吴际霖、朱光亚等人研究后决定，进行第一次缩小尺寸（1：2）的全弹（未装铀芯）聚合爆轰试验。

1963年12月5日，北京人民大会堂福建厅。周恩来主持召开中央专委第七次会议，贺龙、聂荣臻、李先念、薄一波、罗瑞卿、张爱萍、刘杰等委员以及钱三强、李觉、朱光亚到会。

刘杰首先汇报了原子弹研制工作进展情况，并报告了准备在近期进行一次聚合爆轰试验：按原子弹尺寸，做一个缩小一半的模型，除了没有铀裂变材料，其他一切都是真的。试验的目的，一是检验原子弹的点火中子源能否产生足够多的中子，二是检验原子弹的理论设计方案是否正确。

因为专业术语太多，尤其是中子点火源，许多领导同志听不太懂，搞不清是什么东西。周恩来就请朱光亚详细介绍一下。朱光亚形象地讲道：

是这样，人们都知道，点燃鞭炮需要的是明火，引爆一枚炸弹，需要雷管，倘若没有明火和雷管，就无法使鞭炮和炸弹炸响。那么，搞响一枚原子弹，需要什么呢？爱因斯坦讲过，如果用中子轰击核原子，就可能引起核爆炸。但是具体在什么条件下、什么压力、什么温度，需要多少中子，不会有人告诉我们，只有靠我们做爆轰出中子的试验。倘若没有足够数量的中子，即使造出原子弹来，也只是个哑巴，它不会响的。

众人听后频频点头，基本都明白了。

刘杰又补充说："通过试验得到的数据，将决定我国第一颗原子弹能否在预定时间内炸响，所以，这次爆轰试验非常非常重要！"

周恩来问："试验准备得怎么样了？"

李觉回答："准备得差不多了。"

贺龙一敲烟斗："那还等什么？还不抓紧干！"

李觉说："在等一样东西。"

贺龙问："什么东西？"

李觉说："就是刚才说的——中子点火源。它是原子弹引爆装置的核心部件。原子弹组装时，要把它和铀部件放到一起。"

周恩来问："要等到什么时间？"

刘杰、李觉把目光转向了钱三强、朱光亚。朱光亚虽然是中子点火委员会副主任，但在这场合，他不便回答，就望向了钱三强。

钱三强沉默片刻后，突然大声地说："指日可待！"

1963 年 12 月 24 日，聚合爆轰试验车队浩浩荡荡地奔赴试验场区。李觉、吴际霖乘坐的吉普车行驶在车队最前面。陈能宽坐在小卧车里，小心翼翼地怀抱着用棉毯包好的试验部件。原子弹主体部件则由一辆吉普车运载。为了减轻震动，李觉特意将自己办公室里的两个沙发垫搬来，垫在了主体部件下面。

王淦昌、彭桓武、郭永怀、朱光亚、邓稼先、周光召等人都早早地来到了试验现场。

这次聚合爆轰试验凝聚了科研人员多年的心血，大家异常兴奋和激动。

一切准备完毕，全体人员进入掩体，陈能宽下达了"起爆"命令。只见火光冲天，地动山摇，巨大的火球翻滚着向上升腾……

示波器上，闪出了蓝色光亮。

40 分钟后，测试底片被冲洗出来：向心爆轰波理想，点火装置点火成功！

这标志着原子弹研制有了重要突破，只要装上核部件，我国第一颗原子弹就能进行总装了。

朱光亚执笔撰写了这次原子弹缩小尺寸聚合爆轰试验的总结报告。

青海核武器研制生产基地爆轰试验场

1964 年 6 月 6 日，又进行了全尺寸（1∶1）聚合爆轰试验。试验获得圆满成功。它表明我国原子弹的理论设计、结构制造、加工能力、试验测试等方面都取得了实质性进展，距爆炸第一颗原子弹仅一步之遥了。

中央专委发来贺电。张爱萍当时正在核武器研制生产基

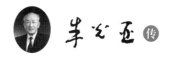

地视察，亲临了这次试验。兴奋之余，他赋诗一首，赠予朱光亚及核武器研究院全体同志。诗云：

祁连雪峰耸入云，草原儿女多奇能。

炼丹修道沥肝胆，应时而出惊世闻。

陈能宽后来撰文回忆说：

1964 年 6 月 6 日，当张爱萍检查青海核武器研制生产基地时，适值爆轰冷试验成功。爱萍同志很有感想，赋诗赠朱光亚同志及核武器研究院全体同志……

1966 年以后的大动乱中，许多东西都丢了，爱萍将军遭遇浩劫，这首诗的命运，只能是依稀留在人们胸中。后来，我为了写《东方巨响的启示》一文，有幸得到张爱萍来信和当面指示。经他审阅，认为上述《诗赠光亚同志并转核武器研究院全体同志》中的文字，基本上是如实的。

四、宜早不宜迟

1964 年 3 月，二机部党组决定，撤销九局，将九局与核武器研究所、青海核武器研制生产基地合并为中国核武器研究院（对外称第九研究院），李觉任院长，吴际霖、朱光亚、王淦昌、彭桓武、郭永怀等人任副院长。

1964 年 4 月 11 日，中央专委召开第八次会议。会上，周恩来提出，要抓紧做好第一次核试验的一切准备工作。

会后，朱光亚主持拟定了《"596"装置国家试验大纲》。《大纲》对第一次核试验的试验目的作了阐述："最后检验'596'装置的动作性能，测定其威力、效率（有效作用系统）以及各种核物理、放射化学参数，验证其理论与技术设计。"

根据二机部于 1962 年 9 月向中共中央呈送的报告中提出的研制计划，第一颗原子弹爆炸试验争取在 1964 年，最迟在 1965 年上半年进行。

据聂力撰写的《山高水长：回忆父亲聂荣臻》一书记载：

（1962 年）10 月 10 日，他（聂荣臻）同国防工办主任、总参谋长罗瑞卿大将，副总参谋长兼国防科委副主任张爱萍等人一起，听取二机部部长刘杰、九所

（核武器研究所）副所长朱光亚汇报关于第一颗原子弹爆炸试验的规划设想。他指出：有这样一个目标有好处，可以更大地调动各方面的积极性，协调各方面的力量。现在主要是如何搞响的问题，采用什么办法都行，将来再考虑装到运载工具上的问题。父亲还提出：第一颗原子弹最好在 1964 年炸响，因为那一年是建国 15 周年。

据此，刘杰、朱光亚在向聂荣臻的汇报中提出：1963 年完成模拟试验；1964 年第二季度完成实物爆轰实验；1964 年 8 月底在核试验基地进行演练，完成首次核试验准备工作。

从聂荣臻那里回来后，朱光亚根据聂荣臻、罗瑞卿以及二机部党组的有关指示，对原先的研制计划进行修改、补充后，拟制了《九局第一种试验性产品的科研、设计、制造与试验工作的计划纲要及必须解决的关键问题》。这里说的"试验性产品"就是原子弹。该计划明确提出：争取在 1964 年第三季度进行国家试验，15 个月完成技术设计，21 个月完成基本准备；并分 5 个时间段，列出了应完成的研制、试验各主要项目，及完成这一计划必须创造的人力、物力、场地等条件。该计划报二机部党组批准后，成为原子弹研制工作的又一份纲领性文件。

对中国研制原子弹，美国一直高度关注，并想方设法阻挠。1963 年，美国从情报中获知，中国的原子弹研制正在接近成功，这引起美国高层不安。美国、苏联还有英国在核武器上的垄断地位，受到了前所未有的挑战。于是，一种默契在它们之间形成。

1963 年年初，美国总统肯尼迪捎信给赫鲁晓夫，建议举行削减核武器会谈，禁止在大气层进行核试验。不久前，肯尼迪在美国国家安全会议上说：禁止核试验的主要意义，在于阻止其他国家，尤其是中国发展核武器。

原本对削减核武器会谈不感兴趣的赫鲁晓夫，此时心有灵犀，觉得应该认真考虑美国总统的建议。他对苏联外长葛罗米柯说："举行削减核武器会谈，也许是一件一举两得的事。我们可以向全世界表明，苏联人民是爱好和平的。条约如果谈成了，也许还能阻止中国生产核武器。我们先讨论一下，看看可以向美国佬做出多少让步……"

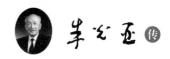

1963 年 7 月 25 日，莫斯科。苏联、美国、英国三国代表经过会谈，签订了关于禁止在大气层、外层空间和水下进行核试验的条约。

这个条约也称为部分禁止核试验条约，其真实意图显而易见。俄罗斯核问题专家克鲁普诺夫在一篇文章中这样写道："冷战时期，苏美争夺世界霸权的同时，都在极力遏制中国在国际上的影响，也就是说，谁都不希望中国强大。苏中分裂后，赫鲁晓夫也想寻求美国的支持，以便打击中国，不愿意看到这个邻居迅速强大起来，对苏联构成真正的威胁。"

曾有记者问他："这么说，部分核禁试条约，主要是针对中国？"

克鲁普诺夫回答："应该说，部分核禁试条约是美苏会谈的重要成果。（苏、美、英）三家联合暂停地上、水下核试验，一方面是为了遏制中国和法国的核武器研制，另一方面则是为了相互遏制对方在核竞争上的优势。美苏两家可以说是既斗争又联合。自从有核武器以来，这是第一个重要条约。三个有核国家虽各怀心思，但在遏制中国强大这一点上，却是一致的，这就是国际政治。"

消息传到北京。周恩来对毛泽东说："赫鲁晓夫公开讲，必须对富有野心的中国人施加压力，让他们遵守条约的规定；并且采取联合措施，从各种渠道阻止中国得到一切有关核武器的技术。"

毛泽东说："帝国主义和修正主义虽然各打各的小算盘，但在对付我们上，变得一致了。"

周恩来说："主席，这个条约不包括禁止地下核试验。也就是说，美、苏、英三国，可以继续通过地下核试验发展核武器，而中国等国家进行一般性核试验发展核武器的权利被剥夺了。我看，这个条约不仅不能减少核战争威胁，反而大大增加了核战争的危险。"

毛泽东问："我们搞原子弹，能搞地下核试验吗？"

周恩来回答，他已经专门找过二机部专家论证，在目前条件下，中国还不能进行地下核试验。我们的第一次核试验只能在大气层进行。

毛泽东生气地说："欺人太甚！三家条约，想让我们停下来，没那么容易！我们要发表声明，揭露这个条约的歧视性；指出其目的，在于巩固核大国的垄断地位，束缚别人的手脚。"

毛泽东接着又说："中国的原子弹100年也要造出来，有什么办法？没有那东西，人家就说你说话不算数！"

从毛泽东处回来后，周恩来指示刘杰，组织有关人员对美、苏、英签署的部分禁止核试验条约进行分析，为我国政府的严正声明提供资料。

刘杰把这个任务交给了朱光亚。朱光亚当即组织有关人员进行分析、研究。在研究中，朱光亚认为：

美、英、苏三国在大气层的核试验已经试验够了，主要的资料，他们已经得到，已经不需要在大气层中试验了，可以转入地下继续核试验，继续生产，大量储存，向盟国扩散。因此，三国条约草案是几个核大国企图垄断核武器，企图通过这个条约捆住中国的手脚，限制我国独立自主发展自己的核力量。

当日中午，朱光亚组织撰写的研究报告就上报给了周恩来。在朱光亚的主持下，还为《人民日报》撰写了题为《停止核试验是个大骗局》的文章。

不久，新华社播发了《中国政府声明》——

苏联领导人讲不出什么道理为三国条约辩护，就诉之于诬蔑中国，1959年，为了向美国送礼，苏联领导人就拒绝向中国提供制造核武器所需的技术资料了。但是我们为了顾全大局，一直没有讲这件事情，甚至在兄弟党之间也没有讲。如果不是苏联领导人伙同美帝国主义压迫中国承担义务不生产核武器，我们本来是不准备讲的。

在苏联领导人看来，整个世界和全人类的历史，都是围着核武器在转的。因此，他们紧紧抱着自己的核武器，唯恐旁人拿去，唯恐旁人也有，打破他们的垄断地位，他们的神经很紧张。他们把中国对三国条约提出的原则性的批评，说成是中国想要原子弹而不得。

中国不是很穷、很落后吗？是的，很穷、很落后。据苏联领导人说，中国人喝大锅清水汤，连裤子都没得穿，怎么有资格生产核武器呢？

苏联领导人嘲笑中国落后，未免太早了。他们也许说得对，也许说得不对。但是，不管怎么样，即便一百年也造不出什么原子弹，中国人民也不会向苏联领导人的指挥棒低头，也不会对美帝国主义的核讹诈下跪……

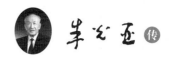

中国表明了坚定的决心，但美国并不甘心。

1964年8月下旬，美国中央情报局在一份秘密情报分析中，向白宫报告说：根据新拍摄的太空照片，现在有充分的理由认为，中国西部一个可疑的设施，是一个能在两个月内投入使用的核试验基地。

9月15日，美国国务卿腊斯克、国防部部长麦克纳马拉等人在午餐会上，研究了如何联合苏联阻止或打击中国核计划的方案。

美国国防部设想了四种打击中国核设施的方式：第一，由美国进行空中打击；第二，由盘踞在台湾的蒋介石当局派战机空袭；第三，在中国内部雇用特工进行破坏；第四，空投蒋介石当局的行动小组进行攻击。

美国中央情报局认为：在中国研制核武器的现阶段，摧毁他们的核工厂并且使人们看来像是发生了一次原子事故一样，这在技术上是可能的。只用高能炸药而不用核武器，就可以完成一次"外科手术式"的打击。

9月28日，美国《星期六晚邮报》称："总统和他的核心顾问们原则上都认为，必须不惜一切代价来阻止中国成为一个核国家"，并扬言要"使中国共产党在核方面'绝育'"。

美国中央情报局原工作人员索普斯后来说："美国情报机构已经确切地知道中国两个主要原子工厂的地点，这种工厂是非常经不起袭击的，连一枚高爆炸弹都经不起。因此，要使中国在核方面'绝育'，在技术上是一个容易的问题，只要几声相当小的爆炸声就可以成功。政治－战略问题则是一个困难问题。"

就在美国一些政府机构和政客对中国进行"核绝育手术"的论调甚嚣尘上的时候，中央专委于9月16日、17日连续两天召开第9次会议，研究中国首次核试验问题。二机部领导，中国核武器研究院李觉、朱光亚等主要领导列席会议。

张爱萍首先发言。他代表核武器研制、试验部门向中央专委提出了早试和晚试两个方案。早试，即定于10月至11月之间进行试验；晚试，则要推迟到1965年开春以后。

会上，罗瑞卿讲了一个情况：据公安部报告，9月12日出版的美国《商业周刊》讲,要搞我核基地。罗瑞卿接着说:"我们分析,这是他们的一贯做法,先试探一下,看我们的反应。"

周恩来讲道:

最近一段时间,对我动手的迹象、说法很多,他们对我们的情况大体是掌握的,动手的说法不是空穴来风,不论是真是假,我们都要做好充分准备。我们如果现在进行核试验,美国可能来轰炸,但不管它怎样轰炸,我们都得试验。赫鲁晓夫说我们搞不出来,美国人也说我们不行,我们终于搞出来了,我们搞出来的目的就是为了打破核垄断。假如我们不做试验,那么,他们就会讲我们不行,我们怕,所以我们必须搞试验。即使遭到帝国主义的破坏,也在所不惜。至于试验的具体时间嘛,还要仔细研究。

会上,产生了两种意见:一种意见是早响,最好安排在10月份炸响。另一种意见是晚响,先抓紧三线建设,择机再试验。

周恩来说:"如果考虑到三线建设好,那要推迟到1970年左右炸响。"

罗瑞卿说:"今年试也好,明年试也好,后年试也好,都是一样的,你无非是引起一番骚动而已。我认为,现在就应该试。真要等到1970年,我们这些人就退休了。"

贺龙说:"我同意早试。"

聂荣臻说:"我也认为应该早响。"

最后,周恩来总结道:"这个问题,等我向主席和少奇同志汇报后再定。"

几天后,中南海。周恩来将这两种方案当面向毛泽东汇报。毛泽东思索良久,说道:

你们想得很细,有道理呀。帝国主义不希望我们搞成原子弹,修正主义也不希望我们搞响。他们怕嘛!以后中国就更不好欺负了……要我看,原子弹是吓唬人的,不一定用。既然是吓唬人的,就早响嘛!

一锤定音!

五、核试验技术的开创者

与核武器研究院并肩作战的还有核试验基地。

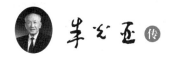

曾任中共中央政治局常委、中央军委副主席的刘华清说过："我国发展核武器有两支队伍，一支是研制队伍，一支是试验队伍。两支队伍互相信任、互相支持、互相帮助、互相促进，这才保证我国的核武器能以较少的投入和较少的试验次数取得这么高的水平。"

1958年4月，中共中央军委决定组建核试验基地。

1959年3月，国防部正式批准在新疆罗布泊地区建设核试验场。

1959年6月，总参谋部下达命令，核试验部队对内称为"中国核试验基地"。

1959年11月，中共中央书记处批准了《核试验基地建设方案》。其主要任务是提供核试验的各类技术、工程和生活保障，研究核武器效应和战争条件下核武器的使用与防护，进行核武器使用演习等。这些任务的拟定，基本参照了苏联核武器试验靶场的模式。

1962年，核试验基地建设初具规模。但由于受苏联模式的影响，基地的核试验技术研究力量明显薄弱。

在"两年规划"酝酿过程中，刘杰、钱三强、李觉、朱光亚等人认为，要在1964年爆炸我国第一颗原子弹，必须兵分两路：一路人马是从事核武器研制的技术人员，集中精力搞好核装置研制；另一路人马提前进行核试验技术攻关。朱光亚建议，核试验技术的攻关任务可以交给核试验基地完成。

1962年5月12日，国防科委召集二机部、核试验基地和有关单位开会，朱光亚作为核武器研究所的技术负责人参加了会议。会议要求，核试验基地技术部尽快按照研究所的性质、规模组建；并明确核试验技术研究所的任务是：研究国家核试验的内容、理论、方法和技术，研制试验控制和测试仪器，分析、处理测试数据等。

5月23日，李觉、朱光亚和国防科委二局的胡若嘏、核试验基地司令员张蕴钰等领导又专门开会，就如何开展核试验技术研究工作再次交换意见。

会上，朱光亚详细地提出了核试验的项目与任务及核试验技术研究所的专业设置与规模；围绕第一次核试验的技术准备，提出了核试验技术研究所近几年的任务；并认为在试验任务期间，核试验技术研究所应该成为国防科委组织核试验方面的参谋部。这些建议受到了与会人员的充分肯定和赞同。

10 月 16 日，张爱萍召集钱三强、朱光亚等人商定，在核试验技术研究所组建期间，核试验基地技术部的工作由二机部统一规划、具体组织。会后，朱光亚结合同钱三强、程开甲等人讨论的意见，执笔起草了《关于迅速组织某项目基地所属研究所并安排国家试验各项准备工作的建议》。

在《建议》中，朱光亚对研究所的组成、技术骨干的选调、党政领导的配备、现有青年技术干部的科研与培训，以及研究所的选址与筹建、近期任务与外部协作安排等问题提出了具体意见；对我国第一次核试验的技术准备，乃至建立中国特色的核试验技术体系提出了方向性意见。

曾先后担任中国核试验基地司令员的范如玉、刘国治在一篇回忆文章中写道：

朱光亚作为我国核武器研制的科学技术领导人，参与了应该建设一个什么样的核试验基地和许多关于核试验技术发展的重要决策，奠定了我国独立自主地发展核试验技术体系的基础……

1962 年 10 月，朱光亚亲自起草了《关于迅速组织某项目基地所属研究所并安排国家试验各项准备工作的建议》……

《建议》不仅为国防科委和中央军委做出组建核试验技术研究机构等重大决策提供了重要的科学依据，而且解决了基地研究所专业应当如何设置、学科应当如何建立、核试验准备工作中需要解决哪些关键技术等重大问题，对于建设一个什么样的核试验基地具有非常重要的指导意义。《建议》经钱三强审阅后，于 10 月 25 日转报国防科委。10 月 30 日，张爱萍主持国防科委办公会议研究，同意了这一《建议》，会议之后即向军委聂荣臻副主席进行了报告。12 月 30 日，总参谋部决定组建基地研究所。1963 年 7 月 12 日，基地研究所在国防科委机关召开成立大会，聂荣臻元帅、张爱萍副总参谋长、钟赤兵和刘西尧副主任、二机部核武器研究所朱光亚副所长和基地常勇政委等参加了会议。

基地研究所边组建边工作。1962 年 11 月，即根据国防科委 10 月 30 日办公会的决定，抽调核武器研究所副所长程开甲主持基地研究所技术工作，原子能研究所的吕敏、忻贤杰、陆祖荫也先后调来，开始了核试验理论、方法

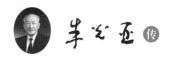

和工程技术研究。不久，北京航空学院董寿莘、哈尔滨工业大学孙瑞蕃被调来参加这一工作。之后，按照程开甲提出的要求，中组部、总政治部从全国全军各研究所、高校抽调了24名专家和技术骨干，分别担任各研究室的主任、副主任，他们在基地科研试验发展中，成为各个学科专业的带头人。

研究所领受的第一项任务就是拟定我国第一颗原子弹装置试验的技术总体方案。根据"两年规划"和朱光亚主持编写的两个纲领性文件及《建议》，程开甲带领吕敏、忻贤杰、陆祖荫等人反复研究，于1962年11月26日提出了《关于第一种试验性产品国家试验的研究工作纲要》（草稿），同时提出了《急需安排的研究课题》，共安排研究项目45个、研究课题96个。从此，围绕第一颗原子弹试验的准备，基地的科研试验准备工作全面展开。张蕴钰司令员在回忆这一情景时说："这是基地科研工作的开始。"

依据程开甲提出的技术方案，研究所的科研任务涉及了核试验总体、核试验安全、核武器性能诊断、核武器效应参数测量、核试验控制和核试验技术保障等，基本奠定了我国核试验技术体系。这样，基地的任务就不仅仅是承担试验靶场的工程建设、技术勤务保障和核爆炸条件下作战演练了，而且更重要的是赋予了基地全面地、系统地进行核试验技术研究的任务，使基地成为完成我国第一次核试验的重要技术力量，使我国的核试验一开始就有了一个较高的起点。

现在回想起来，组建基地研究所开始是为了完成我国第一颗原子弹试验的技术准备，而它的诞生及其发展的意义却非常重大而深远，关系到建设一个什么样的核试验基地，以及能否建立我国独立自主的完整的核试验技术体系。也正是有了这样的需要及已经形成的技术基础，1978年，国防科委党委常委决定：核试验基地为我国核试验技术总体单位。

正是40多年前，朱光亚等一批领导人高瞻远瞩，打破苏联专家设置的框框，决定组建基地研究所，使我国有了一支专门从事核试验技术研究的专业队伍。同时也正是朱光亚等为研究所选配的一批杰出的技术领导人的出色工作，我们才能够全面地、系统地研究核试验技术的发展，建立起我国完整的核试验技术体系，从而大大推动了我国核武器技术的发展。

朱光亚也谈道：

在"596工程"之前，有苏联老大哥的帮助，那时候的规划中没有核试验技术研究所。实施"596工程"后，1962年，中央决定尽快实现原子弹爆炸，让核武器研究所集中精力首先把原子弹搞出来，同时组织一支专门从事核试验技术研究的队伍，这才决定组建核试验技术研究所。

打破苏联框框，组建核试验技术研究所，这是贯彻实施自力更生方针的许许多多事例中重要的一件。这件事做得对不对呢？回答当然是肯定的。那时，在国外协议被撕毁，在国内工业技术还比较落后，又经历了三年暂时困难的情况下，如果不是动员全国各方力量大力协同，组建了好几支专业队伍分工合作攻关，就很难设想在短短几年之后能成功地爆炸我国第一颗原子弹。现在看来，这个决策是非常对、非常正确的。

1964年4月，李觉、朱光亚远赴戈壁，在核试验基地及核试验场区进行了为期9天的实地考察。

他们先乘火车，再乘汽车，行程上千公里，对沿途的铁路、公路及站台转运、

1963年7月12日，参加中国核试验基地某研究所成立大会的人员合影（前排左起第17人为朱光亚）

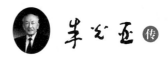

气象、历年气候变化等情况，进行了详细调查。

在核试验基地，他们听取了张蕴钰司令员关于工程进展、后勤保障等情况的介绍；深入到核试验场区进行调研，考察了核试验场区指挥中心设施及简易机场，并召开了用于原子弹试验的铁塔装置的技术会议。

针对实地了解到的情况和存在的问题，朱光亚重新起草了《对试验铁塔技术要求的初步意见》。其中，对塔顶工作间的面积、通风与保温、通信保障、简易吊车、电源、照明、防雷击设备、信号灯等环节，都事无巨细地提出了具体要求；对原子能装置的运输方案，进行了修改和补充。

在运输方案中，朱光亚细致到：哪一路段需要空运，在空运过程中要注意什么问题；哪一路段需要陆运，在陆运中行驶什么路线，翻越天山时要注意什么事项等等。他还提出，参试人员进入核试验场区，一定要了解空运路线有什么问题，最好不要坐飞机。

这次考察，为即将进行的核试验做了若干基础性的前期准备工作。

六、细之又细，严之又严

1964年8月23日，经中共中央军委和总政治部批准，成立了中共首次核试验委员会。成员如下：

书　记：张爱萍

副书记：刘西尧

委　员：成　钧　张震寰　张蕴钰　李　觉　朱光亚　毕庆堂

　　　　颜吉连　谭善和　朱卿云　张殿臣　刘柏罗　程开甲

　　　　徐　斌　贺格非　史进前　程　诚　刘忠惠　邓易非

　　　　郝　苏　张志善　张　英　胡若嘏　任中咸　张　超

　　　　王义忠　于清河　范志赤　程尚友　吴际霖　刁筠寿

　　　　乔献捷　苑化冰

常　委：张爱萍　刘西尧　成　钧　张震寰　张蕴钰　李　觉

　　　　朱光亚　毕庆堂　朱卿云　张志善　程开甲　邓易非

首次核试验党委常委就是核试验场区的最高指挥部。

中共中央军委还批准成立了由68人组成的首次核试验委员会。张爱萍任主任委员，刘西尧、成钧、张震寰、张蕴钰、李觉、朱光亚、程开甲、毕庆堂、朱卿云任副主任委员。王淦昌、彭桓武、郭永怀、邓稼先、陈能宽等科学家均为该委员会成员。

核试验委员会下设试验部、司令部等12个部。朱光亚被任命为试验部副部长兼第九作业队副队长。第九作业队由核武器研究院参加首次核试验的人员组成，队长为李觉。

在首次核试验党委会上，张爱萍讲道："我受中央和军委委托，来组织这次试验。气象保障由总参谋部、兰州军区、新疆军区共同负责，通信保障由总参通信部和国家邮电部共同负责，安全防护保障由防化兵部负责，空勤保障由空军负责；后勤保障由总后勤部负责。我们务必按照中央的要求，大力协同，确保原子弹爆炸成功！"

张爱萍在这里点到的单位，都是首次核试验的保障单位，真正的主角还

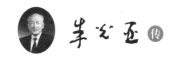

是核武器研究院。

核武器研究院也成立了首次核试验委员会。主任委员李觉，副主任委员朱光亚。

1964 年 8 月初，青海金银滩。中国第一颗原子弹开始在核武器研制生产基地总装。李觉、朱光亚亲临现场直接指挥。张爱萍、刘西尧也特意从核试验场飞赴金银滩。

装配开始前，张爱萍、刘西尧在李觉、朱光亚陪同下，看望了全体装配人员。

张爱萍亲切地说："你们来自五湖四海，为了一个共同目标：第一颗原子弹！现在，你们要像父母爱护婴儿那样爱护它呀！"

刘西尧补充说："你们就像接生员，婴儿要出生了，娇嫩得很，要细心、再细心！"

装配大厅，宽敞明亮。原子弹的各种零部件，静静地躺在那里。

安全线外，张爱萍、刘西尧、李觉、朱光亚、郭永怀、邓稼先、周光召等人坐在指挥台前。

现场总指挥吴际霖一声令下："总装——开始！"

装配人员走向各自岗位，紧张有序地开始对原子弹进行总装。

原子弹总装按计划要进行 3 天。第三天，张爱萍等人又来到了装配大厅。当我国第一颗原子弹总装完毕时，张爱萍情不自禁地站了起来，一边鼓掌，一边大声地说："祝贺同志们！这个产品是雕刻出来的，是千千万万人用自己的双手、生命，雕刻出来的！"

青海核武器研制生产基地的原子弹组装车间

在场的领导、科学家和装配人员都激动得流下了热泪。张爱萍接着又深情地说："谢谢同志们！我们有了原子弹，应该自豪，不要流泪，应该高兴啊！"

1964年8月26日，核试验委员会组织所有进入核试验场的参试单位和人员，进行了一次模拟条件下的预演。除了没有动用真正的原子弹，其他各个环节都与真实的核试验相同。

8月31日清晨，一个仿真原子弹从井底（地下装配间）徐徐升到地面上，装进巨大的吊篮里。

张蕴钰、李觉、朱光亚等领导和专家站在不远处，密切注视着。

陈能宽一吹哨子，操作手按下电钮，卷扬机启动。吊篮在卷扬机的带动下，稳稳地升上了塔顶。

铁塔顶上，十几名技术人员将"原子弹"安置在顶部的小屋里。

一切就绪，所有人员分批次撤离。

张爱萍等核试验委员会主要成员都集中在距爆心20公里的主控室。核爆炸就由这里控制。在十几秒的时间里，这里的控制系统要分秒不差地启动上千台仪器。

控制核爆炸的系统有三个开关：k1、k2、k3。当第三个开关（k3）按下后，核爆就进入读秒，然后起爆。

"零"时到了，张震寰下达指令：发k1……k2……k3……

操作员依次按下三个开关。当按下第三个开关时，坐在一旁的张爱萍敏锐地看到，仪表上的指针抖动了一下。除了他，没有人注意到这个细节。

读秒声中，张震寰大声地喊道："起爆！"

之后，张震寰向张爱萍报告："总指挥同志，预演结束，一切正常。"

在场的人都露出了喜悦的笑容。这时，张爱萍来到操控台前，指着仪表盘说："刚才打开第三个开关时，仪表上的指针抖动了一下。它为什么抖动？"

没有人回答上来。张爱萍又问："为什么打开前两个开关，没有抖动？"

还是没有人回答。张爱萍严肃地说："仪表指针抖动会不会影响起爆？会有什么后果？"

这时，程开甲走上来说："张副总长，我们马上检查。"

张爱萍提出，现在就检查，我在这儿等。

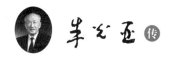

技术人员打开仪表盘，仔细地进行检查……

过了好一阵，原因查到了，是有一个焊点没有焊实。张爱萍一听，腾地站了起来，指着墙上的 16 字标语说："严肃认真、周到细致、稳妥可靠、万无一失，这是周总理教导我们的。做到了吗……你们想过没有？如果照此起爆，可能会发生难以意料的后果！"

虽然批评的是核试验技术研究所的同志，但这件事，朱光亚从中深受教育，获益匪浅。后来，他写道：

周总理提出"严肃认真，周到细致，稳妥可靠，万无一失"的方针；张爱萍、刘西尧主持的试验指挥部坚决贯彻执行，并发出了"一定保响、基本保测、确保安全"的号召，接着，又提出了"不放过一个问题，不带着问题试验"的要求。在许多重大问题上都做了两手准备，在某些环节上定了保险系数，留有必要的余地。试验前组织预演，反复查缺点、补漏洞，力争把一切可以预见的、应该回答的问题都予以解决，保证一次成功。

张爱萍气呼呼地大步走了。张震寰、张蕴钰、程开甲等人木然地站在那里。事后，程开甲主动作了自我批评，以此警示大家，不要放过技术工作上的任何一个细小疑点，真正做到万无一失。张蕴钰也在核试验基地干部大会上，要求大家举一反三，吸取教训，把工作做细、做扎实。

9 月 23 日下午，中共中央军委办公厅会议室。周恩来召集贺龙、陈毅、罗瑞卿、张爱萍、刘杰、刘西尧等人开了一个极秘密的会议。

会议开始时，周恩来要求，与会者不要在笔记本上作记录。经他批准，由时任总参作战部参谋兼首次核试验委员会办公室主任的李旭阁列席会议作记录。

根据李旭阁的记录及有关资料记载，会上，主要由周恩来讲。他首先传达了毛泽东的指示，然后说：

既然决定早试，那就按 10 月份早试的方案进行。张爱萍、刘西尧赶赴试验现场组织指挥；刘杰留北京主持二机部、国防科委组成的联合办公室，负责北京与试验场的联络，并负责组织有关核工厂的关键技术资料、仪器设备的安全转移，防止敌人轰炸把我们的家底都毁了；陈毅组织外交部做好对外宣传工作的准备。如果敌人袭击，一定要保护好我们的专家、核研制基地、重要的核工厂。保密问题，尤为重要。上梁不正下梁歪，你不注意，下面的人就乱来。这方面，我历来注意，是在白区搞地下斗争养成的。我保密柜的钥匙都是我亲自保管。给毛主席的信，信皮都是我亲自写，不要人代，已成习惯了。希望你们对家里人也不说，不要一高兴就说出去。对谁都不能讲。

周恩来特别交代陈毅："你在接见外宾时，可不能讲啊。"陈毅一口答应。

接着，又发生了让张爱萍"掏口袋"的事。据李旭阁所著《原子弹日记》记载：

这个重要会议还没有结束，张副总参谋长站了起来，向周总理告假，说今晚外交部安排一个外事活动，要提前告退。

总理仰起头来，对外交部的有关人员说，下不为例。告诉乔冠华，以后再不要安排爱萍同志的外事活动。

张爱萍副总长站起身来，刚准备离去，周总理突然从沙发上站起来，说爱萍留步。

我见总理走了过去，堵住了张爱萍的去路。周总理关切地说，爱萍，你带核试验文件了吗？

张爱萍摇了摇头说，总理，没有带啊！

周总理指了指张爱萍的衣兜，说搜一搜，看看里边有没有字条。你参加外事活动，首次核试验的只言片语都不能带出去。

我第一次感受到了周总理的处事缜密。在周总理的督导下，张爱萍真的将自己几个衣兜都掏了一遍。没有搜出什么，总理才如释重负地说："保密无小事啊！首次核试验除了中央政治局常委外，书记处也只有彭真知道，范围很小。一旦泄露出去，就会捅破天的。我上次小病，传得很广，外国媒体也议论纷纷。我爱人（邓颖超）是老党员、中央委员，她就不知道我们要搞核试验，我从不对她讲。"

在座的人员喟叹，总理保密观念如此之强，真是一代楷模。

关于这一点，邓颖超在纪念周恩来90诞辰时回忆说：我国第一颗原子弹爆炸前，他（指周恩来）也向我保密。事先，我一点儿也不知情。

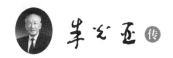

会议结束时，周恩来要求李旭阁转告张爱萍，为了确保核试验场与北京之间的联络保密，应规定出一些暗语和密码来。这事在《原子弹日记》里也有记载：

暮霭涌起，会议室的光线渐次暗淡下来。将所有预想的事情都布置完了，总理向坐在后排的我招了招手说，李参谋，你过来。

我从后排站了起来，走到总理跟前询问道，总理有什么指示？

从沙发上站起身来的周总理，对我说……到了马兰（核试验基地所在地——作者注）后，你们与中央联系，全部用暗语密码，今晚就制定与北京通话的暗语。北京也就是我、贺（龙）总、罗（瑞卿）总三人抓。你回去向爱萍副总长报告。

晚上，张爱萍副总长参加外事活动回来，我报告了总理的指示。张爱萍副总长说，旭阁，按总理的指示办。

随后，我与二机部办公厅主任张汉周、二机部部长刘杰的秘书李鹰翔、国防科委的处长高建民一起编暗语。因为首次核试验的原子弹是圆形，大家同意，将原子弹取名为"邱小姐"，将装原子弹的平台叫"梳妆台"，连接火工品的电缆像头发一样长，叫"梳辫子"。我写完后，当天晚上便送给了张爱萍，密码对照表上规定：正式爆炸的原子弹密语为"邱小姐"，原子弹装配为"穿衣"，原子弹装配车间，密码为"住下房"，吊到塔架上的工作平台为"住上房"，原子弹插火工品，密码为"梳辫子"，气象的密码为"血压"，起爆时间为"零"时。有关领导也有相应的代号。张副总长看了后连声说："旭阁，你们编得好，既形象生动又隐秘难猜。"

9月24日，朱光亚与吴际霖赶到金银滩，对原子弹各部件再次进行严格的测试和检查。

9月29日，原子弹起运。吴际霖、朱光亚向北京报告："邱小姐已上轿。"

原子弹分两部分装运。大部分部件由专列火车运抵乌鲁木齐。最关键的部件则由另一专列运至西宁后，再由经过保温改装的伊尔-14运输机运往核试验基地。

根据周恩来的指示，装运原子弹的专列被定为一级专列，享受国家元首的最高警卫规格。

当时，共生产了两枚完全相同的原子弹。代号分别为：596-1 和 596-2。

596-1 作为正式试验用，596-2 作为备份。如果 596-1 没有试验成功，再试爆 596-2。

原子弹运抵乌鲁木齐后，596-1 直接运往核试验基地。596-2 开始时在乌鲁木齐待命。张爱萍等人研究后认为，乌鲁木齐不利隐蔽，决定转运至核试验基地附近。

一切就绪。中国第一颗原子弹爆炸开始进入倒计时。

七、文武之道，一张一弛

1964 年 10 月 4 日，596-1 运抵核试验基地。

各有关参试单位根据分工，开始进行最后的准备工作。

核试验基地司令员张蕴钰介绍：

首次核试验参试单位有 26 个，共 5000 余人。基地研究所的力学测量、光学测量、核测量、理论计算、自动控制等主要科室以及基地的气象、通信、警卫、防护、后勤勤务等单位全部参加了试验。加上各类保障人员，共万余人。进场的技术物资有 50 多种 1100 多吨、后勤保障物资 20 多类 3.2 万多吨，共动用火车皮 1100 多节、汽车 1200 多台，行驶 1850 多万公里，等于绕地球463 圈。

在戈壁滩上搞后勤工作，可用一个"难"字概括。这里除了日月寒暑风沙，一无所有。然而，就是在这样一个环境中，要保障万余人的部队搞核试验，首先要解决吃、住问题，其次要解决与试验有关的其他一系列问题，最后要解决运输问题。

基地研究所和二机部核武器研究院负责测量设备的安装调试。参加试验的测量项目分为力学、光学和核测量 3 大类，近千个测量点，分布在数百平方公里的地域里。现场安装调试工作是很复杂的，工号小、项目多、布点广、工作量大、技术力量不足。由于许多仪器经过长途运输的震动，加上场区高温、干旱和风沙的影响，需要反复进行环境的适应性试验。

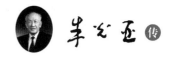

　　参加效应试验的单位有总后勤部、空军、海军、炮兵、装甲兵、通信兵和工程兵等。效应物有飞机、坦克、火炮、通信设备、工事、地雷、生物以及医药、食品、海水、油料等，共 8 大类 21 个项目。它们被布放在猫耳洞里和露天。布放在露天的，面向爆心或背对爆心，有的采用防护措施，有的不加防护，有的被染上了不同的颜色。

　　空军在基地开设了指挥所，出动飞机 14 架，担负驾机取样、剂量侦察、放射性样品运输和空中摄影等任务。机组和参试人员反复协同演练，飞行 270 多架次，每个环节、每个动作都做得准确无误。担负场区周围空中警戒任务的空军雷达营，也于 5 月底进场。

　　这样大规模的核试验是一个庞大的系统工程。如何让各系统协调、统一地运转，极为重要。作为核试验委员会试验部副部长的朱光亚，协助张爱萍、刘西尧做了大量细致、有效的工作，并制定了"五定"岗位责任制，即按照参试人员各自承担的任务，定职务、定位置、定动作、定关系、定人员。这就做到了千军万马各司其职、有条不紊。

　　10 月 8 日，张爱萍派出专机，将还在北京的王淦昌、彭桓武、郭永怀、邓稼先这四位科学家接到核试验场。

1964 年 10 月，张爱萍（前排左三）、朱光亚（前排左四）等人在核试验场区欢迎参试人员入场

万事俱备，只欠东风。这个"东风"，就是天气。

核试验对气象条件的要求极为严格。爆炸"零"时的选择，既要考虑到地面的天气情况；也要考虑到高空风的风向，以免吹到印度和苏联等周边国家；同时，还要考虑到爆炸后烟云经过的区域不能有降雨等。

10月9日上午，张爱萍主持召开首次核试验党委常委会。朱光亚作为常委，参加了这次具有历史意义的会议。会上，综合各有关单位的气象预报，拟定第一颗原子弹正式试验时间在10月15日至20日之间。

常委会结束后，张爱萍即派李旭阁在第二天乘专机赴京向周恩来报告。这是周恩来事先与张爱萍约定好的。

李旭阁的《原子弹日记》里记载道：

10月9日

离首次核试验的"零"时，只剩最后一周了。

罗布泊的天气仍令人捉摸不定。时而晴空万里，时而沙暴肆虐，黄沙铺天盖地。气象成了首次核试验指挥部最揪心的事情。

张爱萍一行离开北京时，周总理亲自交代，以后罗布泊与北京之间就用专线暗语密码联络；现场的事情，由张副总长拍板，若有重大决策，爱萍你就不要回来了，文件送回来就行，我再呈报主席。

1964年10月9日，首次核试验指挥部根据场区的天气预报，建议正式试验时间选在15至20日之间。

张爱萍副总长授意，让我起草了一份上报毛主席和周总理的关于首次核试验准备工作和试验"零"时的绝密报告。

在帐篷里写了一个下午，晚上又继续加班。

10月10日

凌晨3时，我将首次核试验的准备工作情况及试验时间的绝密报告抄好后，送到张爱萍总指挥的帐篷里。张爱萍坐在箱子上签署后，仰起头来说，李旭阁，你飞一趟北京，将这份绝密报告呈送总理和主席……

李旭阁的这次飞行不很顺利。先是吉普车在前往马兰机场的路上，一个车胎跑没了，差点儿翻车。

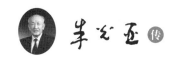

到达机场时，已是黄昏，被告知伊尔-14军用飞机飞不了夜航，只得飞至包头，换乘空军紧急调来的另一架里-2飞机，到北京西苑机场时，已是深夜11点了。

二机部部长刘杰正等在飞机旁，接了李旭阁递上的绝密报告后说："总理还在中南海等着看呢！"

周恩来审阅后，当即将报告直送毛泽东和刘少奇。

10月11日，毛泽东、刘少奇批准了这个报告。林彪、邓小平、彭真、贺龙、聂荣臻也都圈阅同意。周恩来亲自打电话给张爱萍，转告了中央的指示。

10月12日上午，张爱萍再次召开首次核试验党委常委会，向大家传达了经中共中央批准的首次核试验时间安排和周恩来总理、罗瑞卿总参谋长的有关指示。

会上，大家异常兴奋，纷纷摩拳擦掌，准备决战。会议一结束，朱光亚就忙着赶回去，却被张爱萍拦下了，说："光亚同志，请留一下，还有任务要完成呢！"

朱光亚一愣，紧张了起来："什么任务？"

张爱萍哈哈一笑："游楼兰！"

楼兰在历史上曾是西域的一个小国，由于地处古丝绸之路要冲，是当时新疆罗布泊地区的军事、贸易重镇。汉朝时期，楼兰国为了自己的生存，依附匈奴，与汉朝为敌。公元前77年，楼兰国被汉朝所灭。之后，汉朝军队在此屯兵垦荒。

星移斗转，沧海桑田。原来草盛水丰的罗布泊，因塔里木河改道，成为炎热干旱、风沙肆虐的大漠戈壁。楼兰也因此成为短墙残壁、无人居住的古城。

4年前，张爱萍视察核试验基地时，张蕴钰曾要安排他去楼兰古城遗址看看。张爱萍没有同意，说不炸响第一颗原子弹，绝不去楼兰。

向来一言九鼎的他，今天却破天荒地"食言"了。

原来，张爱萍发现，大战在即，大家都处于亢奋、紧张状态，特别是科技人员，个个神情严肃。

深谙文武之道、一张一弛的他，决定给大家减减压。此前，他已指示核试验基地政治机关："要利用休息时间，广泛开展文娱活动，组织大家打打球、唱唱歌。文工团要组织几支演出小分队，深入基层，帮助开展文娱活动。"

在中央批准了核爆时间后，张爱萍决定亲自陪同科学家们去楼兰古城遗址游览，为这批大科学家们减减压。他把朱光亚留下后，又安排参谋将王淦昌、彭桓武、郭永怀、邓稼先、陈能宽等科学家接来。随同一起游览的，还有张震寰、李觉两位领导。

大漠行车，空旷无垠，虽可率性行驶，但满地沙碛，一路颠簸不已。

到了楼兰古城，科学家们走下车后，每个人的脸仍绷得紧紧的，不时还互相耳语，交谈着有关原子弹爆炸的话题。

张爱萍望着他们，笑着说："今天，我们不谈核爆，只是游览楼兰古城，玩儿它个痛快！"

张震寰、李觉也附和着说："对！今天就是要痛痛快快地玩儿。"

众科学家的脸上露出了笑容。

张爱萍说："我当向导，走。"

大家随之紧紧跟上。

张爱萍领着科学家们围着楼兰古城遗址观看着、介绍着，真的当起了导游。

张爱萍博学多才。他先指着一望无边的沙海介绍起了罗布泊。罗布泊，蒙古语谓罗布诺尔，意为"汇入多水之湖"，地处新疆塔里木盆地之东，面积达 3000 多平方公里，是我国内流区最大的咸水迁移湖。接着，他又指着眼前的短墙残壁介绍起了楼兰古国的兴衰历史，并说汉朝的使臣张骞就曾取道于此。谈兴所至，张爱萍吟起了唐朝诗人李白的诗句："愿将腰下剑，直为斩楼兰！"

现存的楼兰古城遗址，呈正方形，边长 330 余米。城墙高约 4 米，用泥土、芦苇、树枝相间修筑。城东北部为寺院区，中部偏西南为官署区，西部和南部为住宅区。城中偏北处，有座高约 20 米的烽火台，与城西北方向约 5 公里处的另一座烽火台遥遥相望。烽火台附近有一座粮仓。城中心紧靠古河道的北侧，有一座木结构的建筑，这就是当年楼兰国统治者的宫殿。与其对应的古河道南侧，有三间用土坯建造的房屋，屋顶已塌，后人称之为"三间房"。

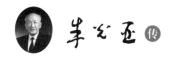

在这里，考古者挖掘出了大量木简和文书。"三间房"成一列，在其两侧是由芦苇和泥巴糊成的墙，保存完好。城内地面高低不平，到处都能见到当年建房子所用的木料，木质坚硬，至今都未腐烂。木料上还有清晰可见的纹路，时过千年，依然历历在目。

行走在楼兰古城，仿佛走进了一段千年的历史长河中，大家感慨不已。

沙土里有不少卵石，色彩斑斓，形状各异。科学家们童心使然，纷纷挑拣了起来。

张爱萍朝西南眺望，突然想起了什么："对了，那边是和田河，和田盛产玉石。这里的卵石说不定与和田玉有关呢！"说着，他也蹲下拣了起来。

他发现了一块晶莹剔透的卵石，递给了朱光亚："这块怎么样？"

朱光亚："很漂亮！"

张爱萍："那就送给你，留个纪念。"

接着，他又发现了一块形似笔筒的卵石，走到了王淦昌面前："王老，你看这个漂不漂亮？"

王淦昌接过来，仔细把看，连声赞叹："太漂亮了，太漂亮了！"

张爱萍："你喜欢，就送给你了。"

张爱萍还把精心挑拣的两块卵石送给了郭永怀、彭桓武。

其间，张爱萍还不时举起照相机，为科学家们照相。

夕阳西下，大漠戈壁披上了"黄金甲"。

张爱萍带着科学家们走到了楼兰古城城外，欣赏起"大漠孤烟直，长河落日圆"的塞外美景。

朱光亚走在了大家的后面，望着张爱萍在落日余晖下的瘦长身影，从心底里敬佩："这才是举重若轻的大将气魄和风度！"

八、罗布泊巨响

1964年10月14日上午，张爱萍召开首次核试验委员会会议，进行气象会商，确定第一颗原子弹的具体爆炸时间。

国家气象局、总参气象局与核试验基地气象站的各路专家经过认真讨论，认为 10 月 15 日、16 日为好天气，可以试爆。

张爱萍按照毛泽东确定的"早响"原则，提出了倾向性意见："若是大家没有不同意见，那就把试爆日期定在明天——15 日 15 时。如何？"

与会者一致表示同意。

就在这时，列席会议的核试验基地气象预报员朱品德鼓足勇气站了起来，说："我提供一个情况，今天——14 日晚上有可能起大风，阵风可达每秒 14 至 16 米。"

众人大吃一惊。张爱萍将目光转向了来自北京的气象专家们。气象专家解释道，朱品德此前提出过这个意见，但大家分析后认为"可能性很小"。

张爱萍的表情严肃了起来，说："朱品德同志的意见提得好！第一，在科学技术面前，不适用'少数服从多数'原则，只服从真理！第二，提出不同意见，可以打开大家的视野，把事情办得更好。朱品德同志，你再详细谈谈。"

朱品德说，他是搜集了近几年来试验场区周边气象站（台）的气象资料，再根据目前测量的数据，进行分析研究后得出这个判断。他还与周围气象站（台）交换过意见，有一个气象站也有同样的看法。

张爱萍沉思片刻，说："这样吧，下午再进行一次气象会商。现在，各气象部门回去认真研究。"

中央专委办公室副秘书长刘柏罗回忆说：

核爆前夕，大家都跟着气象专家紧张，他们当然更紧张。张爱萍是总指挥啊，每天都组织会议，每天都听气象汇报。那时候，气象预报没有现在这么好的条件，又有卫星啊又有什么的，完全靠搜集有关的资料，每天都收听各国的气象报告。气象要看几个方面：一个是大的范围，全球性的；一个是试验场区的。场区费了好大劲，白天、晚上不停地收集，包括西安、北京、兰州、乌鲁木齐的气象。把这些信息集中起来分析，主要是怕飘到外国，再就是怕飘到试验区，假如一爆炸，马上来个转向风，就吹到人群里去了。所以，必须按正常要求的，向上，向东。

下午 4 时，张爱萍召开首次核试验党委常委会，经过气象会商，最后确定 10 月 16 日进行正式核试验。

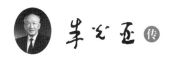

会议一结束，张爱萍就给留守北京协调指挥的刘杰打电话："邱小姐16日出嫁。"

过后不久，刘杰回电话说："周总理同意16日出嫁，具体时间视情况自行决定。"

接到北京的指示后，大家立即行动了起来。

首先就是装配原子弹。李觉、朱光亚亲临现场指挥，带领第九作业队对原子弹进行装配。地下装配间就在离铁塔不远处。张爱萍、张蕴钰、王淦昌、邓稼先等人也在现场观看、指导。

具体负责装配工作的是第九作业队主控站工作队，队长为蔡抱真、吴文明。

蔡抱真是核武器研究院装配室副主任。他回忆说："当时参加核试验的有几千人，但是，真正能亲眼看到原子弹的只有几百人，而亲手摸过原子弹的只不过一二十人，我是其中之一。第一颗原子弹是个两人合抱那么大的铝合金球体，里面主要是由浓缩铀、烈性炸药和金属构件组成，还要插上几十个引爆雷管。去马兰后，我们在主控站的工作队一共有12人，由我和装配车间副主任吴文明带队。我们的任务是在基地现场最终装配好596-1。"

在596-1所有部件中，最核心的部分就是用铀-235做成的两个半球。按设计要求和试验程序，要将这两个半球从弹体预留孔装进弹体中心部位，密语称之为"投篮"。

胡仁宇介绍说："在装配过程中，关于内球的东西，是要特别小心的。万一掉在地上了，凹进去一点，变形了，那可不得了。"

实验部副主任方正知介绍说："装配车间里有铀-238这个球，因为试装配的时候要看看公差什么的。它不能够用铀-235，这个球材料太贵了，如果不小心把它碰坏了一点儿，这可不得了。所以，在试装配过程中，都要用铀-238这个球来试装配，等到正式做试验的时候，就必须把铀-235这个装进去。如果你装错了，整个试验就报废了，引爆以后就成为化爆，不是核爆了，这是非同小可的事情。所以，我们实验部唐孝威他们想出了一个鉴别铀-235和铀-238的技术，这个很关键。当时，我看了，他最后确实是把铀-235这个球装进去了。然后，还要等陈能宽再亲自认可，看装进去的到底是不是铀-235。"

我国第一颗原子弹试验装置被吊装到试验铁塔上

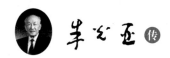

"投篮"是特别危险的。因为两块高浓缩铀部件合拢成整体时，已达到次临界状态。在合拢时，距离越缩短，计数器的嗒嗒声就越密集，大家的心都抽紧了。次临界状态可谓惊心动魄，因为再往前走一步，一超临界，就会产生核反应，也就意味着毁灭。

李觉、朱光亚坐镇指挥，使装配人员心里犹如吃了一颗"定心丸"。

"投篮"成功后，大家稍微松了一口气。接下来，是装点火中子源。当点火中子源由操作手准确无误放在了两个铀−235半球之间时，气氛一下子轻松了起来。

原子弹装配完毕后，经张爱萍、刘西尧、张震寰、张蕴钰、李觉、朱光亚6人分别签字，由装配间工房吊出，准备吊上铁塔。

铁塔高102米。张蕴钰撰写的《回忆我国第一颗原子弹爆炸试验》一文中记述：

在核试验所有工程中，质量要求最高的是爆心铁塔工程。为了确保首次核试验稳妥可靠，并取得更多的测量数据，中央专委确定采用静态试验，将核装置放在102米高的铁塔上引爆。因此，铁塔成为一个关键建设项目。铁塔是无缝钢管结构的自立式塔架，有8467个构件，包括起吊、空调、电气3个设备系统……

（1964年10月）14日19时19分，原子弹安全吊上铁塔，场区各方面工作处于待命状态。

张爱萍再次向北京报告："邱小姐已经坐在梳妆台前。"

张爱萍、刘西尧、李觉、朱光亚站在铁塔下，注视着那颗凝聚着千万人心血的原子弹，心潮澎湃。

忽然间，刮起了大风，经测量，风速达每秒16米。朱品德的预报被证实了。大家心头不禁一紧。

李觉、朱光亚忙向张爱萍报告，事先已经有预案，对原子弹采取了紧固措施。

张爱萍的目光露出满意和欣赏。

10月15日凌晨，经气象会商，当日14时以后，风速将减小到每秒6米以下，符合核爆条件。

张爱萍、刘西尧商量后决定：10月16日15时为核爆"零"时；并报告了北京，得到了周恩来的批准。

李觉、吴际霖、朱光亚、陈能宽带领大家，对原子弹的安装调试进行最后的复查。

夜幕降临，负责测试工作的唐孝威拨通了设在铁塔下的第九作业队临时指挥部的电话。

唐孝威回忆说：

那天深夜，我们的测试工作完成后，我给现场指挥部打电话报告。原是向值班人员报告，没想到接电话的是朱光亚副院长。他听完报告后，又叮咛道，再认真核查一下，塔上的小电源是否接通。朱副院长工作非常细致，既善于从大处着眼，又非常注意细小环节。我们现在经常说，细节决定成败。朱副院长当年就是这样，对工作中任何一个环节，他都亲力亲为。

其实，在关键的最后几天里，朱光亚一直坚守在现场指挥部，常常夜不安寐。

10月16日凌晨4时，李觉代表第九作业队向首次核试验委员会呈上报告：

试验委员会：

产品塔上安装和测试系统第三次检查均已完毕，安装质量符合试验技术要求，系统动作正常，插接雷管前的准备工作已经完成，拟于十月十六日六点半开始插接雷管，特此呈报，请批准。

第九作业队李觉

首次核试验委员会批复：同意；并由张爱萍、刘西尧、成钧、朱光亚、朱卿云、张震寰、张蕴钰签字。

插接雷管是原子弹试爆前的最后一道工序。这里所说的插接雷管，不同于往炸药里插雷管。它是将多路雷管的导线，平行地垂向地面插入导管。由于它形似维吾尔族姑娘的辫子，故插接雷管的密语就是"梳辫子"。

接到李觉的报告后，张爱萍即向北京报告："16日6时30分，邱小姐开始梳辫子。"

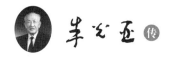

由于事关重大，张爱萍、刘西尧、核试验基地司令员张蕴钰都亲临现场。

张爱萍亲切地望着李觉、吴际霖、朱光亚三人，说："开始吧！"接着又问："三把钥匙都带上了没有？"

张爱萍问的"三把钥匙"，一把是起爆台的钥匙，另外两把是变电房和变压器控制站的钥匙，分别由张蕴钰、陈能宽、李觉掌管。

当时，核武器研究院有个规定，就是插接雷管时，必须带上起爆台的钥匙。因为有钥匙在身边，插接雷管时就不可能启动起爆台装置，这也是为了确保安全。

张蕴钰拿着起爆台的钥匙，和李觉一起，陪同插雷管人员上了铁塔。

上塔插接雷管的人员共有6人：队长陈常宜、副队长张寿齐、叶钧道，他们3人负责将雷管安装在原子弹上，并与同步装置接线；贾保仁负责传送雷管和检查编号，并做好记录；赵维晋、耿春余两人负责导通。

虽然平时操练了多遍，但真正要给原子弹插接雷管，操作人员不免还是很紧张。李觉就安慰他们说："不要紧张，我们与你们在一起。你们看，总指挥张（爱萍）副总长、朱（光亚）副部长也在塔下陪着你们呢！"

李觉回忆说：

插雷管时，一方面要自行检查，另外还要交互检查，完了以后都得签字。之后，对整个系统进行导通。插雷管的过程一共用了差不多4个小时，每插一个都要检查，看是否插到底了。如果插不到底，就很可能产生不了一个比较好的球形内聚波，破坏这个球面波的对称性。彭桓武在青海基地时就对陈常宜说过，如果这次要不响的话，是你们雷管没插好。因为理论部的计算证明是没有问题的。"596"出厂前夜做过冷试验，出中子出得很好，证明整个核装置的理论设计、装配、加工等等都是不错的。那么，从理论到试验都没有问题，试验如果真失败了，雷管没插好是最大的可能。雷管如果出问题，主要会出在两个方面：一是雷管本身瞎火，二是没有插到底。对于雷管本身会不会瞎火的问题，出厂以前都做了可靠性试验，一个批次的几千个雷管几乎都打光了，考验雷管的可靠性。然后，对所有雷管都用X光照相，看看内部有没有缺陷，把怀疑有问题的雷管再挑出来做试验，证明了不存在质量问题，最后才留下来这么几个，准备"596"正式试验用。插雷管用了好几个小时，主要是保证要插到底，要检验，还要量高度。事先都计算好了尺寸要求，雷管插进去之后，在外边可以量尺寸是多少，都有记录。

雷管插接完后，朱光亚、吴际霖、陈能宽又登上铁塔进行检查、验收，最后签字确认。

10月16日10时30分，首次核试验进入清场程序。

张爱萍、刘西尧以及王淦昌、彭桓武、郭永怀等科学家，进入了距离铁塔60公里的白云岗指挥所。

张蕴钰和李觉对爆心周围核心部位作了检查后，也一同乘车去指挥所。临离开前，张蕴钰将起爆台的钥匙交给了留在主控站的张震寰，李觉将另外两把钥匙交给了有关人员。留在主控站的还有邓稼先、程开甲等人。

核武器研究院工作人员徐邦安回忆说：

清场工作组织得十分严密，通过岗哨时都逐一点名，查对车号，绝不能由于工作疏忽而使人员受到伤害。九队绝大部分人员撤到开屏，距爆心大约有60公里的一个参观点。那是一片平缓的高坡地，视野开阔，在场区方向竖起一面红旗，指示爆心方向。高坡上有几个高音喇叭，可以直接转播主控站的动态和报时信号。九队主要技术领导都撤到主控站，集中在走廊顶头有六个瞭望孔的观察室内。我陪同领导在这里等待"零"时。大家的心情既兴奋又紧张。当时，不少人问邓稼先有把握没有。邓稼先光是笑，不回答，只是一个劲儿地吸烟。有时问得实在躲不过去了，他就挤出一句话：反正能想到的问题全想到了。

朱光亚和吴际霖是最后撤离铁塔的。离开前，他们又深情地眺望四周，极目所见，所有效应物都静静地展开在地面上，犹如大战前的战场。

10月16日12时，周恩来给刘杰写了一封信：

刘杰同志：

在12时后，当张爱萍、刘西尧回到指挥所时，请你与他们通一次保密电话，告知无特殊变化，不要再来往请示了，"零"时后，不论情况如何，请他们立即同我直通一次电话。

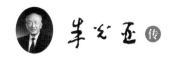

周恩来

十月十六日十二时

时间一分一秒地过去。核爆"零"时就要到了。忽然，李觉发现朱光亚不在指挥所，就着急地问："光亚副院长到哪里去了？光亚呢？"

李觉虽然是参加过长征的老革命，又比朱光亚年长许多，但对朱光亚十分关爱和尊重，平时称呼朱光亚向来不提姓。

刘西尧听见后也着急起来，吩咐赶紧去找。

原来是朱光亚、吴际霖撤离铁塔后，小车司机情急之下走错了路。朱光亚后来回忆说：

我和吴副院长离开主控站后撤时，司机走错了方向，因此整个过程没有看全。当我们还没有赶到指挥所观察山头时，原子弹就爆炸了。我们立即停下车，转过身来，看着正在升腾的蘑菇云，不禁潸然泪下。18年前，（我）曾想在美国寻的梦，今天实现了。中国人终于有了自己研制的原子弹！

张蕴钰在回忆文章里写道：

当我们来到指挥观察所的时候，离"零"时已不到20分钟了。张爱萍对我说："K1指令已经发出。"

这时，炊事员送来了作午饭的包子，老远就闻到了香味，但吃到嘴里一点感觉也没有。大家的表情都异常严肃。

"K3"指令发出后，仪器设备进入自动化程序。9、8、7、6……读秒的声音让我感到了一种无法形容的感动。我屏住呼吸，戴着防护眼镜的头低着，等待着最后时刻的降临。

那种可怕的寂静，一直延续到读秒的"零"时过后，随即被一道强烈的闪电打破了。紧接着传来了一阵我从未听到过的轰鸣声。专家们根据闪光、火球和蘑菇烟云的景象，判定是核爆炸。

最初的欢呼声来自西侧参观的人群。他们激动地呼喊着，跳跃着，洒着泪拥抱在一起，把帽子抛向了天空。

这时，我看见朱光亚走了进来，和刘西尧紧紧拥抱，他们都很激动。我走了过去，向他们表示祝贺。

1964 年 10 月 16 日 15 时，我国第一颗原子弹在新疆罗布泊爆炸成功

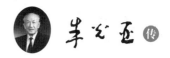

张爱萍立即拿起通向周恩来总理的专线电话，声音有些颤抖："报告总理，原子弹已经爆炸成功！"周总理反问了一句："怎么证明是核爆炸？"

尽管我们和所有专家都认定是核爆炸无疑，却无法准确回答。正在这时，防化兵开设的有线遥测站最早测得了地面放射性沾染数据。从而，不仅仅从宏观上，更主要的从科学依据上确认了首颗原子弹爆炸成功。张爱萍再次向周总理报告："根据多方面证实，确实是原子弹爆炸，很理想，很成功！"

此时，"零"后的各项工作按照预定计划及行动方案，紧张而有序地进行着。爆后1分钟，炮兵连向蘑菇云发射取样炮伞。爆后7分钟，辐射侦察第一梯队向爆区开进。1小时后，伊尔-12飞机携挂取样器飞入放射性烟云中取样。随即，各种测试数据源源不断地从各个测试点飞向指挥部。

经过专家和有关工作人员计算分析，根据火球发光时间、冲击波超压、烟云高度、地面剂量率等部分数据和宏观景象，足以证明是核爆炸。我国第一颗原子弹试验真的成功了！

不久，一份详细的文字报告经多方专家之手，由张爱萍和刘西尧签发，于17时50分报给了设在北京二机部的试验办公室，然后由刘杰部长报告给周总理。报告特别分析了爆炸的梯恩梯当量，证明与设计值基本一致。

这天晚上，核试验基地举行庆祝宴会。张爱萍、刘西尧等首次核试验党委常委成员与科学家们开怀畅饮。

李旭阁回忆说：

到晚上开庆祝酒会时，大家敬酒啊喝酒啊，兴奋得很。我后来还写了一篇文章讲道，连平时不大喝酒的朱光亚也喝得步履蹒跚，走路都让人扶着。朱光亚看了文章后说，他那不是光喝酒喝的，他一天没吃饭，没睡好，累的，所以他让邓稼先扶着他走。反正当时大家都兴奋得了不得，在那儿玩啊闹啊，拿碗大口喝酒。大家都很高兴啊，久久郁积在心中的盼望、紧张、辛劳，随着"596"核爆炸成功，一下子释放出来了，轻松了。

朱光亚后来说，那一天，是他平生第一次喝醉了。

1964 年 10 月 16 日，我国第一颗原子弹爆炸成功后，前线指挥部全体人员合影。前排左起依次为：王茹芝、张蕴钰、程开甲、郭永怀、彭桓武、王淦昌、朱光亚、张爱萍、刘西尧、李觉、吴际霖、陈能宽、邓稼先。

九、庄严的承诺

周恩来将原子弹爆炸成功的消息报告给了毛泽东。毛泽东指示："先不要对外公布，等外电报道证实后，我们再公布。"

日本首先作了报道。他们是从地震波和高空烟云放射性含量的测量中判断出来的。

美国的反应很快。总统约翰逊得知中国第一颗原子弹爆炸后，立即取消了周末休假，紧急召开国家安全会议。随后，约翰逊发表声明，攻击性地说：

"中国的核爆炸是世界历史上最不幸的时刻之一"。同时，他又酸溜溜地说："不能过高估计这次爆炸的军事意义"，"中国只不过爆炸了一个小东西"，"是个粗糙拙劣的装置"。

其实，中国爆炸的第一颗原子弹，无论设计理念、制造水平还是爆炸效果，都超过了美国、苏联、英国、法国第一颗原子弹的水平。

朱光亚在一份反映美、英、法三国初期核试验水平的资料中写道："连美国原子能科学家也不得不承认，我国这次（首次）核试验已超过了美、英、法初期核试验的水平。"

第十六章　横空出世

377

　　与美国颇带敌意的态度相比，法国显然冷静得多。蓬皮杜总统说："顷刻之间，中国在世界上的地位发生了变化。不得不承认中华人民共和国的那一天，为期不远了！"

　　有意思的是，这一天，从苏联传来了一条消息："赫鲁晓夫下台了。"

　　而许多友好国家则纷纷致电向中国祝贺，认为中国打破了美、苏等大国的核垄断，是对保卫世界和平的重大贡献。

　　当天晚上，北京人民大会堂演出大型音乐舞蹈史诗《东方红》。毛泽东、刘少奇、周恩来等党和国家领导人出席观看。在接见演职人员时，周恩来兴奋地宣布："我国在西部地区爆炸了一颗原子弹，成功地进行了第一次核试验！"全场顿时欢声雷动。

　　10月16日23时，中央人民广播电台向全世界播送了中国第一颗原子弹爆炸试验获得成功的新闻公报：

　　新华社北京十六日电　新闻公报

　　一九六四年十月十六日十五时（北京时间），中国在本国西部地区爆炸了一颗原子弹，成功地进行了第一次核试验。

　　中国核试验成功，是中国人民加强国防、保卫祖国的重大成就，也是中国人民对于保卫世界和平事业的重大贡献。

　　中国工人、工程技术人员、科学工作者和从事国防建设的一切工作人员，以及全国各地区和各部门，在党的领导下，发扬自力更生、奋发图强的精神，辛勤劳动，大力协同，使这次试验获得了成功。

　　中共中央和国务院向他们致以热烈的祝贺。

　　同时，《人民日报》印发了套红号外，并发表了《中华人民共和国政府声明》：

　　一九六四年十月十六日十五时，中国爆炸了一颗原子弹，成功地进行了第一次核试验。这是中国人民在加强国防力量、反对美帝国主义核讹诈和核威胁政策的斗争中所取得的重大成就。

　　保护自己，是任何一个主权国家不可剥夺的权利。保卫世界和平，是一切爱好和平的国家的共同职责。面临着日益增长的美国的核威胁，中国不能坐视不动。中国进行核试验，发展核武器，是被迫而为的。

中国政府一贯主张全面禁止和彻底销毁核武器。如果这个主张能够实现，中国本来用不着发展核武器。但是，我们的这个主张遭到美帝国主义的顽强抵抗。中国政府早已指出：一九六三年七月美英苏三国在莫斯科签订的部分禁止核试验条约，是一愚弄世界人民的大骗局；这个条约企图巩固三个核大国的垄断地位，而把一切爱好和平的国家的手脚束缚起来；它不仅没有减少美帝国主义对中国人民和全世界人民的核威胁，反而加重了这种威胁。美国政府当时就毫不隐讳地声明，签订这个条约，决不意味着美国不进行地下核试验，不使用、生产、储存、输出和扩散核武器。一年多来的事实，也充分证明了这一点。

一年多来，美国没有停止过在它已经进行的核试验的基础上生产各种核武器。美国还精益求精，在一年多的时间内，进行了几十次地下核试验，使它生产的核武器更趋完备。美国的核潜艇进驻日本，直接威胁着日本人民、中国人民和亚洲各国人民。美国正在通过所谓多边核力量把核武器扩散到西德复仇主义者手中，威胁德意志民主共和国和东欧社会主义国家的安全。美国的潜艇，携带着装有核弹头的北极星导弹，出没在台湾海峡、北部湾、地中海、太平洋、印度洋、大西洋，到处威胁着爱好和平的国家和一切反抗帝国主义和新老殖民主义的各国人民。在这种情况下，怎么能够由于美国暂时不进行大气层核试验的假象，就认为它对世界人民的核讹诈和核威胁不存在了呢？

大家知道，毛泽东主席有一句名言：原子弹是纸老虎。过去我们这样看，现在我们仍然这样看。中国发展核武器，不是由于中国相信核武器的万能，要使用核武器。恰恰相反，中国发展核武器，正是为了打破核大国的核垄断，要消灭核武器。

中国政府忠于马克思列宁主义，忠于无产阶级国际主义。我们相信人民。决定战争胜负的是人，而不是任何武器。中国的命运决定于中国人民，世界的命运决定于世界各国人民，而不决定于核武器。中国发展核武器，是为了防御，为了保卫中国人民免受美国发动核战争的威胁。

中国政府郑重宣布，中国在任何时候、任何情况下，都不会首先使用核武器。

中国人民坚决支持全世界一切被压迫民族和被压迫人民的解放斗争。我们深信，各国人民依靠自己的斗争，加上互相支援，是一定可以取得胜利的。中国掌握了核武器，对于斗争中的各国革命人民，是一个巨大的鼓舞，对于保卫世界和平事业，是一个巨大的贡献。在核武器问题上，中国既不会犯冒险主义的错误，也不会犯投降主义的错误。中国人民是可以信赖的。

中国政府完全理解爱好和平的国家和人民要求停止一切核试验的善良愿望。但是，越来越多的国家懂得，核武器越是为美帝国主义及其合伙者所垄断，核战争的危险就越大。他们有，你们没有，他们神气得很。一旦反对他们的人也有了，他们就不那么神气了，核讹诈和核威胁的政策就不那么灵了，全面禁止和彻底销毁核武器的可能性也就增长了。我们衷心希望，核战争将永远不会发生。我们深信，只要全世界一切爱好和平的国家和人民共同努力，坚持斗争，核战争是可以防止的。

中国政府向全世界各国政府郑重建议：召开世界各国首脑会议，讨论全面禁止和彻底销毁核武器问题。作为第一步，各国首脑会议应当达成协议，即拥有核武器的国家和很快可能拥有核武器的国家承担义务，保证不使用核武器，不对无核武器国家使用核武器，不对无核武器区使用核武器，彼此也不使用核武器。

如果已经拥有大量核武器的国家连保证不使用核武器这一点也做不到，怎么能够指望还没有核武器的国家相信它们的和平诚意，而不采取可能和必要的防御措施呢？

中国政府将一如既往，尽一切努力，争取通过国际协商，促进全面禁止和彻底销毁核武器的崇高目标的实现。在这一天没有到来之前，中国政府和中国人民将坚定不移地走自己的路，加强国防，保卫祖国，保卫世界和平。

我们深信，核武器是人制造的，人一定能消灭核武器。

同一天，周恩来总理还致电世界各国政府首脑，转达我国政府关于召开世界各国首脑会议讨论全面禁止和彻底销毁核武器的建议。

已是午夜时分，核试验基地依然无法平静下来。张爱萍、刘西尧、李觉、

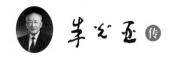

我国第一颗原子弹爆炸成功

我国政府发表声明，郑重建议召开世界各国首脑会议，讨论全面禁止和彻底销毁核武器问题

新华社北京十六日电 新闻公报

一九六四年十月十六日十五时（北京时间），中国在本国西部地区爆炸了一颗原子弹，成功地实行了第一次核试验。

中国核试验成功，是中国人民加强国防、保卫祖国的重大成就，也是中国人民对于保卫世界和平事业的重大贡献。

中国工人、工程技术人员、科学工作者和从事国防建设的一切工作人员，以及全国各地区和各部门，在党的领导下，发扬自力更生、奋发图强的精神，辛勤劳动，大力协同，使这次试验获得了成功。

中共中央和国务院向他们致以热烈的祝贺。

新华社北京十六日电 中华人民共和国政府声明

一九六四年十月十六日

一九六四年十月十六日十五时，中国爆炸了一颗原子弹，成功地进行了第一次核试验。这是中国人民在加强国防力量、反对美帝国主义核讹诈和核威胁政策的斗争中所取得的重大成就。

保护自己，是任何一个主权国家不可剥夺的权利。保卫世界和平，是一切爱好和平的国家的共同职责。面临着日益增长的美国的核威胁，中国不能坐视不动。中国进行核试验，发展核武器，是被迫而为的。

1964 年 10 月 16 日，《人民日报》号外刊登了我国第一颗原子弹爆炸成功的消息

张蕴钰以及王淦昌、彭桓武、郭永怀、程开甲等科学家们，无人入眠，仍坐在收音机旁，一遍又一遍地收听着新闻公报和《中华人民共和国政府声明》。

张蕴钰在回忆文章里写道：

10 月 16 日 24 时，这一天最后的钟声响了，我仍旧坐在那台老式的收音机旁，反复收听《中华人民共和国政府声明》："中国在任何时候、任何情况下，都不会首先使用核武器。"这使我想起 1945 年 7 月 16 日，美国在洛斯阿拉莫斯地区爆炸第一颗原子弹后发出的公报，公报称："有一座装有大量烈性炸药和烟火的军火仓库发生了爆炸。"直到 20 天后的 8 月 6 日广岛十几万人葬身火海，阿拉莫斯的核试验才不成其为秘密。中国从首次爆炸原子弹开始就慷慨地承担"不首先使用核武器"的义务，至今还没有哪个国家有这样的胆识和自信。

朱光亚虽然喝酒喝得有些醉了，但头脑还是很清晰。他泡了一杯茶，点

燃了一根烟，坐在办公桌前，撰写起首次核试验工作总结。

这是张爱萍交代的任务，因为过几天，中央有关领导要听取第一颗原子弹试验的情况汇报。张爱萍没有想到，朱光亚会连夜撰写。

1964年12月17日，周恩来在三届全国人大一次会议上作《政府工作报告》。他激昂地讲道：

我们能不能自力更生地攀登科学技术高峰，这不仅在国外而且在国内，都是有人怀疑的。但是，随着我国第一颗原子弹的爆炸，现在应当是扫清一切自卑感的时候了！

我国首次核试验的爆心

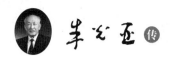

第十七章 风雨征途

一、谋定而动，再战告捷

1964 年 10 月 23 日，即我国第一颗原子弹爆炸成功后的第七天，张爱萍在核试验基地召开专题会议，研究布置原子弹空投试验。成钧、李觉、朱光亚、张蕴钰等有关单位的领导参加。

原子弹空投试验，是朱光亚制订的原子弹试验计划的第二步。

从严格意义上说，原子弹塔爆试验只是证明我们研制成功了原子弹，但要使原子弹成为武器，首先就要使其成为可以机载的核航弹。

核航弹又称核航空炸弹，顾名思义，就是用航空器携载投放的、装有核战斗部的炸弹。

核航弹主要由核爆炸装置、引爆控制系统以及带稳定翼的弹体组成。结构上大致可分为头部、中段、后体和尾部四部分。头部和后体为电子装置，主要有解除保险开关、闭锁器、引信装置、传感器、点火装置、电源、电接插件等；中段为核爆炸装置；尾部一般为圆锥状或后体部分的延伸，配装不同形状、尺寸和横截面的尾翼及各种类型的减速机构或降落伞。

美国、苏联在原子弹试验成功之后，首先发展的就是核航弹。而我国在研制原子弹初期，就已经把核航弹作为既定的研制目标。

根据朱光亚组织制定的研制计划，核武器研究院在进行第一颗原子弹理论设计、爆轰试验的同时，对很多工作诸如核航弹的弹体设计、气动力学实验、弹体引爆控制系统设计与实验等，已经同步进行了。

从 1960 年开始，在郭永怀副院长具体指导下，由弹体弹道研究室主任龙文光挂帅，先后设计了三种核航弹壳体的气动外形模型，并进行了风洞试验。1961 年至 1962 年年底，进行了两次空投模型弹试验。1963 年，在空军协助下，又进行了引爆控制系统的飞行试验。同年 12 月，在西北综合导弹试验基地成功进行了第一枚试验弹的空投试验。

可以说，这种战略谋划，使我国核武器发展做到了未雨绸缪、有章有法。

据核武器研究院有关史料记载，在研制核航弹过程中，朱光亚还就若干研制项目提出了具体的指导性意见。

例如，核航弹空投试验，需要建立遥测站。朱光亚对遥测站的面积、室内高度、温度、电源、通风、接地装置和站内人员配置等都提出了具体要求；并对遥测站的工作任务，提出："从产品脱离挂钩与机舱后，自动控制系统的主要参数与动作程序都要如实记录下来，以便对产品的各种性能做出肯定的结论。"

对遥测站归属问题，朱光亚指出："首先要明确遥测的内容是什么，如果大部分都是我们的内容，请核试验基地研究所负责就不合适了。因此，第一设计部应首先将遥测内容与要求提出来。"

进行核航弹空投试验，还要对飞机及机上投弹系统进行改装和改造。这些工作，不仅核武器研究院要投入研制力量，还涉及空军和中国科学院。为此，朱光亚亲自对飞机改装的任务报告进行修改，对于设计方案、协作技术要求、机上遥测系统等提出了指导性意见，并特别指出，机上遥测系统要增加机外遥测天线和高频放大器系统。

1964 年 11 月 12 日，张爱萍、刘西尧回到北京，在中南海西花厅向周恩来汇报第一颗原子弹爆炸情况。

当汇报到有关原子弹空投试验的准备工作时，周恩来高兴地说："你们抓得还很紧啊，我也正要同你们谈这件事情。中央有个打算，1965 年，就要试验核航弹。"

周恩来还语重心长地说："我们国家的核试验不要多，要少一点，搞一次试验就要取得很多资料，要做到一次试验、全面收效。将来，要结合试验，进行军事上的战术演习。要进一步加强核试验中的场外放射性沉降的监测工作。地面沉降点要增加。空中要布置在正东、东南、东北三条线上，并在高、中、低不同的高度上用飞机拦截取样。"

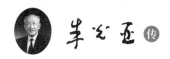

接着，周恩来对张爱萍、刘西尧说："第二次核试验——原子弹空爆试验，仍由你们分别担任正、副总指挥！"

从周恩来处回来后，张爱萍、刘西尧分别与二机部、核武器研究院和空军进行研究，并于12月10日以总参谋部、国防科委的名义，向周恩来总理并中央专委、中共中央军委呈送了《关于空中核爆炸试验方案的报告》。

这份《报告》仍然由朱光亚负责起草。《报告》明确提出这次试验的任务是：验证原子弹在动态情况下的技术性能；测定原子弹的爆炸威力；为改进原子弹设计提供数据；同时，根据战术要求进行比较全面的效应试验。《报告》还明确提出：完成原子弹空爆试验一切准备工作的最后期限为1965年5月1日。

1965年3月20日，周恩来主持中央专委会议，研究核航弹空投试验准备工作。李觉、朱光亚和空军有关部门负责同志，先后汇报了核航弹研制及飞机改装情况。

我国第一颗核航弹是以596—2核装置为基础，进行改进设计，给它配上航弹弹壳和引爆控制系统，由空军的飞机通过空投实施核爆。

在汇报过程中，周恩来仔细询问了影响空投试验成败的各种因素，提出了一个个"怎么办"。比如：

核航弹挂上飞机后，在飞行过程中，气象发生变化，不能正常进行空投试验时怎么办？

飞行正常，但核航弹空投不下来时怎么办？

飞机带弹返回机场过程中，弹体会不会意外脱钩？如果脱钩了怎么办？

这一个个"怎么办"，让朱光亚他们一时难以拿出妥善解决的方案。这时，周恩来就宣布暂时休会，各有关单位回去作进一步研究，有了满意答案后再复会。

周恩来最后强调指出：

这次试验一定要准备好，要吸取上次核试验的经验，要更周到、更细致、更妥善地做好全面安排。在效应试验上，要搞清楚在空中、地面、地下各种条件下杀伤和破坏的威力半径。总之，凡是通过试验应该得到的数据和资料都要得到。中国反对核讹诈和核威胁，我们不主张搞几百次核试验。因此，

我们的每一次核试验都要从军事、科学、技术的需要出发，都要做到一次试验、全面收效。

周恩来的言传身教对朱光亚影响很大，使他深受教益。朱光亚曾撰文写道：

周总理作风严谨，历来重视科研生产的质量和安全，强调质量第一是个政治问题。特别是1964~1965年进行我国第一、第二次核试验期间，他对做好各项工作提出了严格要求，经整理概括成为"严肃认真、周到细致、稳妥可靠、万无一失"16字方针，并在后来成为历次核试验和各种重大科研试验实施时必须遵循的方针。周总理不仅要求大家这样做，他自己首先身体力行。每次核试验前听取汇报，他总是要仔细地询问可能影响成败的各个关键环节，而且要求我们把各种不利或意外情况考虑周到，并设想多种预案，做到万无一失。他多次语重心长地告诫我们，搞试验关系重大，绝对不能有一丝一毫的马虎。我们国家还很穷，做什么事情，都要考虑周到，略有失误，都会加重人民的负担。

为了使周恩来提出的一系列"怎么办"有个满意、科学的答案，中央专委会议结束后，朱光亚立即组织有关科研人员，对核航弹进行多种形式的环境振动试验，并在空军的协作、配合下，进行了弹体适应飞机运载环境试验。一系列试验证明，核航弹结构可靠，引爆系统和遥测系统正常，可满足运载和空投的技术要求。中央专委复会后，批准了核航弹按计划进行空投试验。

执行空投任务的机组共有6人：第一飞行员李源一，是飞行团副团长；第一领航员于福海、第二飞行员刘景新、第二领航员张公祥、通信员孙兴富、射击员韩惠安。另外，还安排了一个预备机组：第一飞行员徐文宏、第一领航员赵承业。两个机组同时

我国开展早期核试验期间，科研人员和官兵将精密仪器运到核试验基地场区

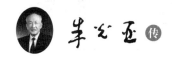

进行高标准的空投训练。

第二次核试验的效应单位由首次核试验的 26 个增加到了 30 个，效应项目也由首次的 21 项增加到了 81 项，效应物总共达到了 17152 件。其中，海军首次效应试验只是舰艇舱室，这次是"051"驱逐舰上层建筑，并且增加了快艇、潜艇指挥台和防波堤、钢筋混凝土码头等。

这次效应试验还有两个特点：一是效应物的布点方案都是根据战术背景设置的，二是安排了原子弹空爆以后带有战术背景的演习。

核航弹原计划安排在 5 月 8 日进行空投试验，但这一天，核试验场区的高空风突然由西北风转为东北风，不符合试验条件的要求。如果进行试验，将会对核试验场区造成污染。张爱萍将此情况报告周恩来后，周恩来当即决定："暂停试验，转为待命。"

根据气象会商，核试验指挥部决定核航弹空投试验定在 5 月 14 日 9 时 30 分进行。

5 月 14 日 8 时 13 分，第一飞行员李源一驾驶载有原子弹的图 –16 轰炸机起飞。

9 时 26 分，第一领航员于福海向核试验指挥部报告：发现靶标，距靶标 50 公里。

张爱萍迅即发布命令：确保投弹精度，一切按规定程序办！

李源一迅速打开自动驾驶仪后，将飞机交给了第一领航员于福海，说："我和大刘（第二飞行员刘景新）一定把高度、速度保持好，你放心大胆地瞄准。"

于福海很快用光学瞄准镜瞄准了靶标："航向 270 度，偏流负 2 度，中间风修正 80 米，按规定高度、速度和原子弹的标准落下时间，计算结果，用 34.8 度的投弹角。没有发现靶标有偏离的趋势。"

机组其他人员也分别作了报告。李源一："速度好，偏流对，飞机平稳！"刘景新："航向和高度都很准确！"第二领航员张公祥："于福海求出的投弹角数据和我计算的一致。原子弹温度正常，设备良好！"

9 时 45 分，图 –16 轰炸机第二次进入靶标上空，情况和第一次一样。根据飞行空投方案，为确保投弹精度，飞机必须三次进入靶标上空。

执行我国第一次核航弹空投爆炸试验任务的图-16轰炸机

图-16轰炸机第三次进入。通信员孙兴富呼叫地面指挥员："请示进入靶场上空投弹。"

地面指挥员、空军副司令员成钧回答："可以进入靶场上空投弹！"

投掷原子弹的关键时刻到了。飞机转弯进入靶标上空，一直俯在瞄准镜上的于福海挺了挺上身。

投掷原子弹的时间定在10时整。

投掷前7分钟。于福海："打开投弹总开关！"

射击员韩惠安复诵着："打开投弹总开关！"复诵毕，他马上在程序表上划去了这一项。

投掷前3分钟。于福海："接通原子弹弹上电源！"

投掷前1分20秒。于福海果断地下令："打开自动投弹器！""打开弹舱！"

9时59分10秒。于福海操纵着瞄准具，使观测角和投弹角准确重合，电路接通。

原子弹脱钩而出。飞机突然减轻了重量，猛地向上蹿了一下。

于福海从瞄准镜里望去，只见一颗乳白色的、在阳光下闪闪发光的原子弹向靶标坠落下去。他连续观察了10秒，十字标线仍然死死地压着靶标，没有丝毫偏移。

李源一急切地问："怎么样？"

于福海答："没问题，肯定能投进去！"

李源一高兴地下达命令："立即关上遮光罩！返航！"

图-16轰炸机加大油门，以每小时450公里的速度离开原子弹爆炸中心。

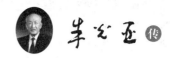

于福海回忆道：

我们刚把座舱玻璃上用来防止光辐射的遮光罩拉闭，就感觉闪来一道耀眼的强光。强光持续了四五秒钟。我再也忍不住，摇开遮光罩看了一眼。哇！靶标上空出现了一个巨大无比的火球，犹如一个太阳落在了地上。此刻，靶标看不见了，机翼下成了汹涌壮阔的火海。灰白色的浓烟从火海中翻滚而出，飞速升腾。

根据初步测量的结果，原子弹爆炸高度约 500 米；爆心投影点距靶心135 米，方位 232 度；爆炸威力大于 3 万吨 TNT 当量。

之后，经各种测试获得的检验结果证明：我国第一颗核航弹空投试验获得圆满成功！

1965 年 5 月 14 日晚，毛泽东批准了新华社编发的题为《中国又一颗原子弹爆炸成功》的新闻公报。新闻公报称：

一九六五年五月十四日十时（北京时间），中国在本国西部地区上空，爆炸了又一颗原子弹，成功进行了第二次核试验。

这次核试验，是继一九六四年十月十六日爆炸第一颗原子弹之后，中国人民在加强国防、保卫祖国安全和世界和平方面的又一个重大成就……

中国进行必要而有限制的核试验，发展核武器，是为了对付美国的核讹诈和核威胁，是为了消灭核武器。在中国爆炸第一颗原子弹的时候，中华人民共和国政府已经发表声明，全面阐明了我们对核武器的根本立场，并且具体建议召开世界首脑会议，讨论全面禁止和彻底销毁核武器。

从那个时候以来，美国仍然继续发展和大量生产各种核武器，并且进一步对中国和全世界进行核讹诈和核威胁。中国发展核武器，完全是为了防御。中国绝不首先使用核武器。中国人民衷心希望核战争永远不会发生。中国政府和中国人民将一如既往，继续同全世界一切爱好和平的国家和人民一道，坚定不移地为全面禁止和彻底销毁核武器的崇高目标而共同奋斗。

5 月 30 日中午，中共中央、国务院、中共中央军委为参加两次核试验的功臣举行庆功酒会。请柬上有国务院总理周恩来的亲笔签名。

酒会开始前，党和国家领导人周恩来、邓小平、贺龙、陈毅、聂荣臻、罗瑞卿等人与功臣们亲切合影。

北京人民大会堂新疆厅洋溢着欢快的乐曲。周恩来坐在主桌的中央，他的左、右两旁分别坐的是钱学森和朱光亚——中国"两弹"（导弹、原子弹）事业的科技主帅。

新疆是蘑菇云升起的地方。周恩来选择在新疆厅宴请核试验功臣，足见其深意。

朱光亚曾回忆说：

我当时留在青海基地"看家"，是乘专机从西宁去北京参加5月30日接见的。5月30日12时，我们刚刚步入人民大会堂新疆厅，就受到周恩来总理、邓小平书记、陈毅元帅、贺龙元帅、聂荣臻元帅、罗瑞卿大将等许多中央领导同志以及国务院、解放军各总部有关负责同志的欢迎。

周总理一边和我们一一握手，一边歉疚地说："大家辛苦了！去年10月本来应该和大家见面的，因为忙，延迟到现在，真对不起。这次空爆成功，计划圆满完成，老总们很关心，都要来见见有功之臣。"

陈老总朗声笑道："是喝庆功酒啊！"

合影后，老总们在欢笑声中招呼我们入席。每一张饭桌前都有一位中央领导人陪同就餐。我们在亲切、和谐、欢畅的气氛中感受到党中央对国防科学技术事业的高度重视，以及对这条战线上科技人员的亲切关怀。

周总理即席讲话，勉励我们继续努力学习马列主义、毛泽东思想，群策群力，戒骄戒躁，再接再厉，为攀登下一个高峰，尽快掌握氢弹技术，加强国防、保卫和平做出更大的贡献。

二、"二七风暴"

要使原子弹成为进攻性的战略武器，必须有特别的运载工具，如轰炸机、导弹、潜艇等。

核航弹的试验成功，标志着我们掌握了运用轰炸机投掷原子弹的核战略手段。但与导弹、潜艇相比，把后两者作为运载工具就更具核威慑力。

其实，早在1963年7月，当美、苏、英三国签订《关于禁止在大气层、

外层空间和水下进行核试验》条约时，中央就制定了战略性的应对之策。

1963年9月3日，聂荣臻在听取刘杰、刘西尧、钱三强、朱光亚等人关于原子弹研制工作情况汇报时指示：我们装备部队的核武器，应该以导弹为运载工具。这作为我们的主要发展方向，着重搞战略导弹用的核弹头。

之后，朱光亚就与邓稼先一起，在进行原子弹理论设计的同时，组织部分科研人员进行缩小型原子弹的研究，重点是要与我国研制的中近程导弹相匹配。

1963年12月5日，中央专委会议又确定：地面核试验应放在第一位，按原计划抓紧进行，并继续完成空投试验的准备工作。把地下核试验作为科研设计项目，立即着手安排。核武器的研究方向，应以导弹头为主、空投弹为辅。

1964年2月，聂荣臻又指示：二机部核武器研究院要抓紧时间开展小当量核弹头的研究、设计工作，要尽快与国防部五院协商拟订"两弹"结合协作的要求。

同年3月，朱光亚组织拟订了核弹头试验、工艺定型、工程进度及对外协作等项目的研制计划。

1964年9月16日、17日，我国自行研制的中近程导弹连续三次发射成功。第一颗原子弹爆炸试验也将在同年10月进行。在此期间，周恩来召开中央专委会议，研究"两弹"结合工作。周恩来充满感情地说："'两弹'结合，二机部负责原子弹头，七机部负责导弹。从今天起，'二七风暴'要刮起来了！"参加会议的钱学森、朱光亚不禁注目相视，神情严肃。作为导弹、原子弹的技术负责人，他们更能领会"二七风暴"的含意。

1964年12月21日，"两弹"结合试验方案论证小组，正式向中央专委和国防科委提交了关于"两弹"结合试验的总体方案。

"两弹"结合，并不是把原子弹、导弹简单地组合在一起就行了。

在导弹和原子弹相继问世的初期，科学家们并没有想到把这两者结合在一起，组成有实战价值的导弹核武器。

这一方面是因为，初期的原子弹，其重量和尺寸都大大超过了当时导弹的运载能力。如美国于 1945 年 8 月投在日本广岛的原子弹，直径 28 英寸，长 120 英寸，重 7000 磅；投在长崎的原子弹，直径 60 英寸，长 128 英寸，重 1 万磅。而当时的导弹最多只能携带 1800 磅的弹头。另一方面是，初期的导弹，制导的精度很低。如当时由纳粹德国最先研制的 V–2 火箭，飞行 130 英里，就要偏离目标 5 英里以上。

1951 年，事情发生了变化。这一年，美国用飞机空投方式试验了一种可用作导弹弹头的小型原子装置，这使美国对研制导弹核武器发生了兴趣。于是，美国空军制订了一项神秘的研制计划，调集了大批科研人员，经过 7 年的努力，于 1958 年研制成功了世界上第一枚由战略导弹与核弹头配套组成的导弹核武器——"雷神"中程导弹。

因此，中国的"两弹"结合，要做好三方面的工作，同时在两条战线上并肩进行。

一是研制适合导弹运载的核弹头。朱光亚组织邓稼先、陈能宽等科学家经过严密论证后认为：用于"两弹"结合的核弹头，以第一颗原子弹的结构为基础，缩小尺寸，减轻重量，并要满足核弹头在飞行过程中特殊的环境条件。

二是研制可以装载核弹头的中近程、中远程导弹。我国的导弹研制工作主要在钱学森领导下进行。

三是解决"两弹"结合的协调和配套问题。把核弹头与导弹组合在一起，成为能够作战的导弹核武器，这里面还有许多新的技术问题需要解决。

核武器研究院保存的有关缩小型原子弹弹头及与导弹结合的大量技术档案，由于保密原因，我们无法公开其具体内容，但从这些技术档案，足见当时攻关的艰难。据有关人员介绍，在许多技术文件里，都留有朱光亚的手迹——工整的蝇头小字，密密麻麻，从技术思想到研制规划，从科研攻关到具体环节，饱含着他的心血。

对于运载核弹头的导弹，决定使用新研制的改进型中近程地地导弹，射程达到 1000 公里以上。

1966 年 6 月 30 日，改进型中近程地地导弹在西北导弹发射试验基地进行首次发射试验，周恩来亲临发射场。发射试验获得圆满成功。

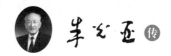

　　与此同时，缩小型核弹头也已研制成功。由于核弹头是由导弹运载，其工作环境与飞机空投又有很大不同。导弹飞行过程中的恶劣环境与再入大气层的特殊环境，对核弹头提出了更为严格的要求。

　　而将导弹与缩小型核弹头结合在一起，对核与航天两家来说都是一个新课题。

　　张爱萍当时曾请教国防部五院专家谢光选："两弹"各自有什么特点？

　　谢光选说："仅从导弹发射的程序而言，要经过几十道工序，所以，人们都喜欢称它为'啰唆君'。而原子弹呢，仅从保管而言，它怕冷、怕热、怕湿、怕燥，还怕电子干扰，所以，人们都喜欢称它是'娇小姐'。因此，'啰唆君'和'娇小姐'很难结合在一起。"

　　国防部五院专家武俊华也曾撰文回忆说：

　　原子弹是导弹上最娇气的乘客，它所住的房间——弹头密封舱要十分舒适。要有"沙发"：要减震、缓冲，可"沙发"又不能太软，否则便不能承受它沉重的身躯产生的惯性力，并可能和壳体发生碰撞，这是绝不允许的。要有空调：温度要保持在一定范围内。温度得当，不能过大过小。

　　除此以外，导弹起飞后的冲击、振动，弹头再入大气层的高过载，发动机和激波产生的噪声和脉动压力，运输过程中的冲击、振动等，则是导弹固有的环境条件，原子弹必须能够承受。

　　这就是说，"两弹"结合，必须相互迁就、各自调整。为此，在钱学森领导下，对导弹加大了减震设计和密封舱的调温。在朱光亚领导下，加强了原子弹对导弹环境适应性的设计。

　　而对毛泽东、周恩来等党和国家领导人来说，他们考虑更多的是进行导弹核武器发射试验时人民的安全。

　　用导弹运载核弹头在本国的国土上进行热核试验，这在世界核武器试验史上没有先例，连美国都从未敢在它的国土上进行这种试验，因为它面临的问题极为严峻：导弹核武器在飞行过程中，随时可能发生意外情况。

　　那么，不进行这样的试验又行不行呢？科学家们认为，采用地面各种环境的模拟试验与核爆试验，都不能完全模拟飞行过程中的真实状态，起不到对"两弹"结合的综合检验作用；如果采用飞行"冷试验"方式（即导弹上只配置模拟弹），就不能综合检验核弹头在飞行过程中的真实状态。只有采用全射程、全威力、正常弹道、低空爆炸的试验方式进行热核试验，才能既达到试验目的，又符合实战要求。

这就需要"两弹"结合试验绝对可靠。为此，周恩来多次召开专题会议进行研究，提出：增强导弹的可靠性和改进导弹的安全爆炸系统，以确保导弹按预定轨道飞行，在预定弹着点正常启爆；万一在飞行过程中发生意外，确保弹体及时炸毁，而核弹头不发生爆炸。

根据核武器研究院档案记载，为落实中央领导人的指示，朱光亚主持领导了包括核弹头振动、碰撞、坠地、自毁、燃烧等一系列异常状态下的模拟试验，确保核弹头在解除保险后，即使出现异常，也不会发生核爆炸。

1966年9月末，在正式进行"两弹"结合热核试验之前，先进行了一次装有模拟核弹头的"两弹"结合发射试验。钱学森、李觉、朱光亚、张震寰等人第一次聚集在西北导弹发射试验基地。

这次试验获得圆满成功。之后，又进行了两次装有化学炸药的冷试验、一次检验核弹头自毁系统的试验，三次试验都很成功。

1966年9月5日，李觉、朱光亚与钱学森及国防科委、二机部、七机部、西北导弹发射试验基地、核试验基地等有关单位的领导，一起向聂荣臻汇报"两弹"结合飞行试验准备工作情况。

聂荣臻听取完汇报后说："'两弹'结合飞行试验不能因为文化大革命而停下来，要防止有些人思想不集中而影响产品质量，导致试验失败。试验前要进行一系列质量检查，不光'两弹'本身，还有外单位的协作，主要是各种仪表，都要仔细检查。导弹核武器飞行经过的红柳园，试验时，一万三千多居民必须疏散，一切工作停下来，以防万一。"

1966年10月20日，在北京人民大会堂福建厅，朱光亚参加了由周恩来主持召开的有关"两弹"结合试验的最后一次中央专委会议。

会议首先听取了张震寰及有关研制单位关于冷试验结果和热试验准备工作的汇报。

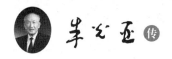

周恩来说:"这次热试只许成功,不许失败,一定要百分之百地完成。"

他强调说:"从领导到每个人都要更加细心,保证地面上没问题,操作中不出问题,坚决消灭掉人为的差错。""凡想到的问题都要检查到,一切缺陷都要弥补好,要做到所有检查结果都没有问题,尽最大努力使试验获得成功。在该做的都做好了之后,也要敢于冒一定风险。无限风光在险峰啊,要沉着地打好这一仗。"

时任中共中央军委副主席的叶剑英补充说:"这次试验搞成功,在国内外将引起很大震动。过五关斩六将,热试这是最后一关,一定要检查得更仔细,连一个螺丝钉都要检查到,提出100条、若干条方案,坚决杜绝疏忽大意。"

聂荣臻接着说:"我深信,我们的科学家、工程技术人员和基地的工作同志,都具有高度的负责精神。听了各方面的汇报,我认为我们的设计工作做得是扎实的。我们自己研制的中近程地地导弹已经多次试射,具有良好的可靠性,发射成功率是经得起考验的。再说,为了使我们国家的导弹能够真正成为具有强大作战威力的武器,也必须进行实弹结合试验。"

周恩来、叶剑英、聂荣臻讲完话后,会议出现了短暂的沉默。大家都沉浸在领会中央领导人讲话精神的思索中。

聂力在《山高水长:回忆父亲聂荣臻》一书中,对此后发生的情况有一段比较详细的描述:

该说的都说了,会场一时陷入沉默。周恩来环顾四周,好像在问:"谁去主持这次注定会惊心动魄的试验呢?"

也许他盼望着,有人能主动请缨。

这时,父亲(聂荣臻)镇静地说:"为了使同志们增强信心,使各项工作力争做到万无一失,我决心到现场去主持这次试验。"

说完,他以恳切的目光盯着周恩来。

周恩来满意地点点头:"有聂老总去亲自主持,我们更感到放心了。"

人们鼓掌。会场的气氛一下子变得轻松了。

临了,周恩来讲了一句极富哲理的话:"精神的原子弹转化为物质的原子弹,物质的原子弹证明精神原子弹的威力。"

人民日报 号外

1966年10月27日星期四

我国发射导弹核武器試驗成功

导弹飞行正常，核弹头在预定的距离，精确地命中目标，实现核爆炸

中共中央、国务院和中央军委向参加核试验的解放军指战员、工人和科技人员等热烈祝贺，高度赞扬他们活学活用毛主席著作取得的新成就

1966年10月27日，《人民日报》号外刊登了我国发射导弹核武器试验成功的喜讯

父亲记住了这句话。以后的岁月里，我多次听他说起这句话。他认为，周总理总结得太好了。

1966年10月24日晚，毛泽东听取了周恩来、叶剑英、聂荣臻关于导弹核武器发射试验准备情况的汇报。当汇报到一切准备工作已就绪时，毛泽东高兴地说："谁说我们中国人搞不成导弹核武器，现在不是搞出来了吗？"接着，他又再三叮咛："一定要认真、充分地做好准备，要从坏处着想，不打无准备之仗。"

10月25日上午，聂荣臻乘专机飞往西北导弹发射试验基地。

当天下午，聂荣臻在基地听取钱学森、李觉、张震寰、李福泽（西北导弹发射试验基地代司令员）等人的汇报，并传达了毛泽东、周恩来的有关指示。

10月26日上午，试验指挥部召开会议，确定10月27日9时为导弹核武器发射"零"时，并得到了周恩来批准。

当天下午，核弹头与导弹在发射阵地进行对接。聂荣臻亲自坐镇指挥。

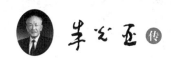

出于安全考虑，大家劝聂荣臻离开。他干脆拉了把椅子坐了下来，说："你们不怕危险，我有什么可怕的！"

10月27日9时，我国第一枚核导弹腾空而起，直插苍穹。

9分钟后，核弹头在新疆罗布泊预定弹着区、预定高度成功实现核爆炸。

聂荣臻在给中央的报告中这样写道：

在自己国土上用导弹进行核试验，并且一次就百分之百地成功，这在国际上是一个重大创举……

从第一次核爆炸到小型化核弹头，美国用了十三年（1945—1958），苏联用了六年（1949—1955），我们只用了两年。

就在这一年，中国组建了自己的战略导弹部队——第二炮兵。

三、集中力量，探索氢弹原理

"两弹"结合发射试验获得圆满成功后，朱光亚又马不停蹄地投入到组织领导氢弹原理试验工作中。

氢弹是利用原子弹爆炸的能量点燃氘、氚等轻核的自持聚变反应，瞬时释放巨大能量的核武器，又称聚变弹或热核弹。

氢弹的杀伤破坏因素与原子弹相同，但威力比原子弹大得多。原子弹的威力通常为几百吨至几万吨梯恩梯当量，氢弹的威力则可大至几千万吨梯恩梯当量。

在我国第一颗原子弹爆炸成功后，周恩来主持召开了一次中央专委会议，提到了研制氢弹的问题，并请朱光亚给与会者讲一讲氢弹的有关知识。

朱光亚讲道：研制氢弹是一项比研制原子弹更为复杂的尖端技术，它们的基本原理大不一样。原子弹是靠原子核一连串的裂变，由此释放出巨大的能量，叫作核裂变；而氢弹则恰恰相反，它是把两个原子核聚合成一个原子核，在聚合的同时，释放出巨大的能量，叫做核聚变。用一个通俗的比方来说，原子弹是用中子当火柴，去点燃裂变材料，引起爆炸；而氢弹则是用原子弹当火柴，去点燃聚变材料，引起爆炸。对氢弹来说，原子弹只不过是一根火柴头……

朱光亚简明扼要的介绍，既充满科学知识，又通俗易懂。与会者发出了轻微的惊叹声。

周恩来接着说："氢弹的威力是原子弹不可比拟的，研制氢弹绝不是在制造原子弹的基础上再提高一步就可以了。现在美苏装备的，实际上都是氢弹，对不对？"

刘杰回答："是的。"

周恩来说："所以，我们得加快氢弹的研制嘛！"

刘杰汇报说，早在1960年，他和钱三强就安排中国科学院原子能研究所的黄祖洽、于敏带着一批人，对氢弹理论进行了预先研究。在原子弹理论方案搞出来后，又安排彭桓武、邓稼先、周光召他们带着队伍，转向氢弹的理论攻关。但说实话，还没有大的进展，毕竟氢弹比原子弹复杂得多。

周恩来说："是啊，如果说，我国原子弹的理论设计还有苏联专家的一点帮助，给我们起了引路作用，那么，氢弹技术的研究，对我们完全是一片空白。当我们没有原子弹时，有人笑话我们20年也造不出来。现在，他们又说我们有了原子弹不算什么，离有氢弹、洲际导弹还很遥远。这话没错，但我们呢，就得要争这口气！前两天，我对外国记者说，氢弹技术、运载技术当然很复杂，但我们一定会掌握的！"

他接着问刘杰、刘西尧："关于氢弹，你们说实话，什么时间拿出来？"

刘杰想了想，回答："我们认为，3年到5年，才能爆炸氢弹。"

周恩来立即说道："3年到5年，太慢了，要快！你们尽快研究提出加快氢弹研制的计划，要把氢弹的理论研究放在首要位置上，并注意处理好理论和技术、研制和试验的关系。"

不久之后，即1965年1月，毛泽东在听取国家计委关于远景设想规划时指出："敌人有的，我们要有，敌人没有的，我们也要有，原子弹要有，氢弹要快。"

于是，研制氢弹成为核武器研究院在原子弹爆炸成功后，一项非常紧迫的艰巨任务，事关国家命运。

1965年1月，原子能研究所的黄祖洽、于敏等31人奉命调入核武器研究院，

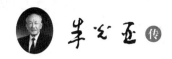

与邓稼先领导的理论研究队伍会合，一起从事氢弹理论探索和研究。

1965年2月3日，由朱光亚执笔起草的二机部《关于加速发展核武器问题的报告》呈送给了周恩来。这个报告提出：一方面抓紧原子弹武器化工作，装备部队；另一方面，尽快突破氢弹技术。周恩来召开中央专委会议，讨论批准了二机部的报告，并要求：通过1965年和1966年的试验，完成原子弹武器化；尽快突破氢弹技术，力争于1968年进行氢弹装置试验。

当时，核武器研制生产基地在青海金银滩。核武器研究院理论部考虑到研究工作的需要，把工作据点放在了北京。核武器研究院党委常委决定，由朱光亚主持，与彭桓武副院长、理论部邓稼先主任一起，领导氢弹原理的探索工作。

1965年2月，朱光亚主持召开氢弹研究规划会。刘西尧、李觉到会。彭桓武、邓稼先、周光召、秦元勋、于敏、周毓麟、黄祖洽、彭非、何桂莲等科学家出席。

这次规划会，最后确定了氢弹理论研究的工作计划：第一步，突破氢弹原理；第二步，完成重约1吨、威力为100万吨梯恩梯当量的热核弹头设计，力争在1968年前实现首次氢弹空爆试验。在此期间，为积累聚变反应实验数据，拟先安排一次含有热核材料的原子弹试验。

刘西尧撰文回忆说：

第一颗原子弹试验成功，周总理立即指示要加快氢弹的研制。有关氢弹，除北京房山的原子能研究所1960年就开始了热核聚变的理论研究，积累了一些数据外，其他一点资料也没有。二机部党组决定把该所研究热核聚变理论的黄祖洽、于敏等同志的小组集中到核武器研究院以邓稼先为首的北京的理论设计部，他们在突破氢弹原理中作出了重要贡献。核武器研究院理论设计部除邓稼先外，还有秦元勋、周光召、周毓麟等一批物理、数学专家。核武器研究院副院长彭桓武也是搞理论的，长期在理论设计部和他们一起工作。

做事要先抓龙头。二机部是核事业的龙头，搞核武器，核武器研究院是龙头，理论设计部又是核武器研究院的龙头。要研制氢弹，要在理论设计上首先突破才行。因此，我们首先把重点放在核武器研究院的理论设计部，也就是邓稼先、于敏他们那里。同志们形象地把这个想法、做法称为"龙头三次方"。当时，为了完成航弹的制造和小型化的设计试制，核武器研究院的领导很忙，要到草原去（青海金银滩），就把核武器研究院主管技术的副院长朱光亚留了下来，和彭桓武、邓稼先等一起探索氢弹原理。

首先从哪里抓起的问题解决了，接着就要解决研制出一个什么样的氢弹的问题。在开始抓氢弹时，二机部党组提出了"两年准备，保证低水平的，争取高水平"的方针。当时有两种意见：一种是先搞低水平的，再搞高水平的；另一种是，一开始就瞄准高水平。前者保险可以做出来，但是不能上导弹的弹头。

经过反复研究，我们一致认为，低的方案虽然唾手可得，但不仅不能装上导弹头，形成真正的威慑力量，而且高低方案之间，无内在联系，实现了低的方案后，还得从头再去攻高的方案，这样既延误时间，又浪费人力、物力、财力。高的方案虽然需要我们花点时间去探索，但它们是外国人已经实现了的东西，不存在什么还没有突破的科学技术问题，只是我们还没有掌握。专家们坚信，外国人能够做出来的事，我们也一定能够做出来。正在这时，周总理又向我们发出了学习毛泽东的实践论、矛盾论，以辩证唯物主义思想为指导，加快氢弹研制的指示。中央和中央专委的思想，核弹就是要上导弹头，我们都是知道的。于是大家一致下定决心，为我们研制的第一颗氢弹确定了一个目标，当量要达到和超过一百万吨梯恩梯，重量不得超过一吨，简称"1100"。尽管在此期间，有的同志有些担心怕"欲速不达"，大家也毫不动摇。

目标确定了，工作方向自然就明确了。1965年8月，朱光亚代二机部起草了《关于突破氢弹技术关键问题上的工作安排》，提出氢弹研制工作的重点是理论技术与核燃料生产问题，而且必须十分重视通过科学试验积累经验和掌握第一手资料，因此在进行氢弹试验之前安排几次核试验是必要的。

之后，朱光亚与彭桓武、邓稼先、于敏等人一起，组织核武器研究院理论部的科技人员对氢弹的理论设计进行探索性研究。

理论设计离不开计算。当时，中国科学院自行研制的两台10万次计算机，一台在北京，另一台在上海。这是国内当时最先进的计算机了。朱光亚决定

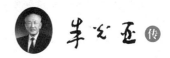

兵分两路，组织两路人马，同时在北京、上海两地进行攻关。

在上海进行攻关的技术带头人是理论部副主任于敏。于敏生于1926年，家境贫寒；1944年考入北京大学工学院电机系，由于痴迷于物理学，两年后转入理学院物理系；1951年调入中国科学院近代物理研究所，专心从事原子核理论研究。在之后的岁月里，他的研究成果赢得了物理学界的高度评价。钱三强称赞道："于敏填补了我国原子核理论的空白！"彭桓武评价道："于敏的工作是开创性的。他的成果完全是靠自己的努力取得的，因为当时国内没有人懂原子核理论。"尤其是于敏没有出国留学的经历，是新中国自己培养起来的杰出科学家，在当时的科学家队伍里，是为数不多的佼佼者。

对氢弹的理论设计，开始提出了两个设想，但上计算机运算后都被否定了。之后，北京、上海两路人马都着手酝酿新的设想。在上海的于敏等人领先一步，探寻并提出了新的设想设计方案。在北京的邓稼先随后也赶到了上海。在他们两人的领导下，氢弹新的理论方案进一步完善，并经过计算机运算得到了验证。

1965年12月，朱光亚、吴际霖召开专题会议，组织科技人员对于敏等人提出的新的理论方案进行研讨。刘西尧、李觉出席。会议最后确定："突破氢弹，按两手准备，以新理论方案为主。"会后，朱光亚组织起草了《关于核武器科研、生产两年规划的请示》，经刘杰、刘西尧、李觉阅批后，以二机部党组名义上报中央专委。这个请示重点汇报了突破氢弹的技术关键及试验安排。

刘西尧回忆说：

1965年年底，我接到邓稼先从上海打来的电话，说他们的理论设计方案在计算机上已经验证可行，要求立即付诸实施。在征得刘杰同意后，即由朱光亚召集全院有关专家和领导会议，讨论实施方案。会上除个别同志有疑虑外，都表示赞成，对实施中的技术难题，进行了认真的讨论研究，作出了具体的产品设计方案。其中，一个关键性的技术难题是由实验部的同志解决的。为实现这一方案，决定组织三次核试验：第一次是检查热核材料性能，验证我们对热核材料性能的理论计算是否与实际符合；第二次是验证理论设计是否可行，即我们是否真正掌握了氢弹原理，这实际上就是一次氢弹试验，只是热核材料装料少，当量小而已；第三次则是全当量的氢弹试验。

正当氢弹研制试验工作快马加鞭、有条不紊地进行时，"文化大革命"开始了。

"文化大革命"造成了全国动乱。中央和地方的许多党政领导干部受到批斗，党政机关工作普遍瘫痪，文化、教育、科技等领域的专家学者受到冲击和迫害，工农业生产陷于混乱。

国防科技战线也未能幸免。张爱萍被关押，刘杰、钱三强被批斗。在青海的核武器研究院，虽然远离政治中心，但也风声鹤唳。造反派"踢开"党委闹革命了。副院长吴际霖被打成了"三反分子"，遭到造反派扣押，人给打得不成样子。王淦昌、彭桓武、邓稼先、陈能宽、周光召等科学家也受到批判，基本都"靠边站"了。李觉、朱光亚虽然也受到了冲击，但还能忍辱负重地坚持主持工作。

1966年11月，在核试验基地检查导弹核武器试验情况的聂荣臻，在李觉、张蕴钰的陪同下，视察了氢弹原理试验准备情况。之后，他给周恩来发了一封电报，大意是："进行氢弹原理试验的准备工作进展很快，11月下旬可全部完毕，力争在12月或明年1月进行试验。否则明年2月以后，基地的气候条件会变坏，基地的工作也不好安排。"

聂荣臻这里所说的"气候条件"，其实有更深的含意，他更担心的是"政治气候"。因为自"文化大革命"爆发以后，国防科研生产面临着前所未有的困难。

核武器研究院包括所属的核武器生产工厂，受青海省"文化大革命"的影响，也成立了持两种不同观点的群众组织，一个叫"草红总"，另一个叫"革联总"。这两个群众组织又与北京的造反派组织有着密切联系。他们各自打倒、批斗了一批领导干部，两派之间还进行过武斗。一派占据了发电厂，另一派占据了自来水厂，各自控制着电源和水源，使科研生产受到严重干扰。

李觉离开核试验基地时，聂荣臻再三交代：回去后，无论如何要稳住青海核武器研制生产基地的局面，氢弹原理试验不能推后。李觉表示，只要还

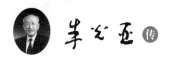

有一口气，就得把这口气用到氢弹试验上。李觉当时已兼任二机部副部长，核武器研究院的领导工作更多地由朱光亚负责。

1966年11月16日至24日，朱光亚排除造反派的干扰，在青海核武器研制生产基地主持召开氢弹科研生产汇报会。这次会议，对氢弹装置的理论设计方案、试验测量方案及加工生产情况进行了全面检查，并对下一步的研制生产工作进行了部署。

会后，由于担任核武器研究院理论部领导的邓稼先、周光召已"靠边站"了，朱光亚又代邓稼先、周光召执笔撰写了氢弹装置初步理论方案。

12月初，朱光亚返回北京，向刘杰、李觉汇报氢弹原理试验准备工作情况。汇报中，朱光亚讲道：经过动员和教育，核武器研制生产基地的广大科技人员和职工认识到这次氢弹原理试验的重大意义，生产热情和积极性是高涨的。正式试验用的核装置力争在12月20日以前完成全部加工生产工作，待命起运。

刘杰、李觉听后，肯定和赞扬了朱光亚所做的工作；赞同会议所做的全面安排，并请朱光亚代二机部起草《关于氢弹头"初级"试验准备工作情况的报告》，于12月9日上报给了中央专委。

朱光亚代二机部起草的这份报告共分4个部分。第一部分简明介绍了氢弹的设计原理、研制试验情况，以及在研制中遇到的主要技术关键问题和解决的结果；第二部分汇报了氢弹装置的加工生产进展情况、进度安排、出厂运输安排；第三部分介绍了氢弹装置的一些数据，并对理论预计的核爆威力上下限幅度较大的原因作了分析；第四部分主要对氢弹原理试验可能出现的情况进行了说明，他特别写道：

由于我们在研制上还缺乏经验，这次核试验也仍然存在有成功与失败两种可能。这是因为，对所遇到的主要技术关键问题解决的深度也还是不够的，还可能有尚未被我们理解的东西。而这些问题在目前看来，还必须通过核试验来求得可靠的答案。正如毛主席教导的，目前我们对这次核试验的认识，还只是"整个认识过程的第一阶段"，"这时候的精神、思想（包括理论、政策、计划、办法）是否正确地反映了客观外界的规律，还是没有得到证明的，还不能确定是否正确"，因而必须"把第一个阶段得到的认识放到社会实践中去，看这些理论、政策、计划、办法等等是否能得到预期的成功"。

从朱光亚起草的这份报告，可以看出尽管在"文化大革命"的疯狂年代，许多人都"头脑发热"，但他依然能坚持冷静的科学求实精神，运用毛泽东哲学思想指导科研工作，正确对待成功与失败，不怕承担责任。

12月11日下午，周恩来在北京人民大会堂福建厅主持召开中央专委会议，专题研究二机部呈送的报告。会上，先是刘杰作总体工作汇报，接着由朱光亚就氢弹的关键技术问题作汇报。朱光亚以二机部的那份报告为提纲，结合氢弹装置结构示意图，向与会者作了详细汇报。周恩来、聂荣臻、叶剑英等中央领导人听后十分满意。

周恩来在讲话中特别说道："二机部《关于氢弹头"初级"试验准备工作情况的报告》写得很好，是高举毛泽东思想伟大红旗的。"并问朱光亚："这个报告是你起草的吧？这个报告要多印几份送军委各位副主席。实践证明：只要发动广大群众，善于应用毛主席的哲学思想，指导我们的生产和科学实验活动，就能够战胜一切困难，就能不断前进，取得更大胜利。"

中央专委会议结束后，李觉、朱光亚就赶赴核试验基地，参与组织指挥氢弹原理试验。前往核试验场的还有王淦昌、彭桓武、郭永怀、陈能宽、周光召、于敏等科学家。他们虽然正受到造反派的批判，但依然坚持在科研试验第一线。

深冬季节的罗布泊，气温已达零下20多摄氏度。在空旷的戈壁滩作业，虽然身着皮大衣，头戴长毛帽，脚穿大头皮鞋，还是感到奇冷难耐。

试验前夕，聂荣臻抱病亲临核试验场。李觉、朱光亚、张震寰、张蕴钰等人到机场迎接。在他们身后，是核试验基地和参试单位的两派群众代表。

张蕴钰告诉聂荣臻，两派群众组织平时互相较劲，写对方的大字报，搞大鸣大放；但一旦进入工作状态，还能够以核试验大局为重，相互配合，暂时还没有影响到正常工作。

聂荣臻忧心忡忡地说："军委命令，部队不搞'四大'，可是很多单位已经不听招呼了。这样下去，怎么行呀！"

12月28日12时，用于氢弹原理试验的核装置在罗布泊成功爆炸。测试结果表明，关键项目获得的数据与理论设计预估的数据相符，氢弹原理试验

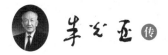

取得圆满成功。

聂荣臻授权，由朱光亚负责审改有关这次核试验的新华社新闻稿。在审改时，朱光亚在原稿标题《我国又成功地进行了一次核试验》的"核试验"前面，特意加上了"新的"两字。公开发表时，新华社这篇文稿的标题为《我国又成功地进行了一次新的核试验》。加上"新的"两字，表明中国进行的这次核试验，已是一次含热核材料的"核聚变"试验，意义十分重大，"身在其中"的人更能体会到。

1966 年 12 月 28 日，朱光亚（中）和聂荣臻（左）在中国核试验基地

四、响在法国人之前

氢弹原理试验获得成功后，聂荣臻在核试验基地召开了由有关单位领导和科学家参加的氢弹试验座谈会。

会上，朱光亚汇报了 1967 年氢弹试验计划和地下核试验的初步打算。科学家们一致认为，氢弹原理试验的成功，是中国氢弹技术的重要突破，它表明氢弹设计的路子是正确的。下一步应采用这个原理，争取在 1967 年 10 月 1 日之前，进行一次百万吨级全威力的氢弹空爆试验。大家还认为，这次试验应采用飞机空投方式进行。

中国第一颗原子弹爆炸试验采用的是塔爆方式，第二颗原子弹爆炸试验才采用飞机空投方式。现在，第一颗氢弹爆炸试验一开始就采用空投方式，这在世界核试验史上还是一个创举，它反映了中国的核科学家们对已经掌握的氢弹技术充满了自信。美国于1952年、1954年爆炸的第一、第二颗氢弹，采用的都是地面爆炸方式，直到1956年第三颗氢弹爆炸试验时才采用空投方式。这是因为氢弹的爆炸当量要比原子弹大上几百倍，从弹体下落的轨迹，到投弹高度、飞机退出线路、机舱投弹设备的改装等一系列技术问题，都远比原子弹复杂许多。

聂荣臻听后总结说："这些设想待我报告中央，再作最后决定。总之，不论遇到什么困难，1967年，必须引爆氢弹，而且越快越好。"

1967年1月3日，聂荣臻回到北京。回来后，他就遭到北京航空学院红卫兵的大会批判。在北航的操场上，红卫兵搭起了一个批斗台，挂着"火烧聂荣臻"、"万炮齐轰聂荣臻"等大幅标语。

聂荣臻身穿棉军大衣，戴着大棉帽，在秘书的搀扶下登上台。他对红卫兵们说："我愿意把我身上的缺点错误烧光，那样，我可以更好地为党工作。你们有人说要烧焦我，可别烧焦啊！烧焦了，我就没法工作了。"

被红卫兵折腾了大半天，聂荣臻才得以脱身。回到家后，他的心脏病又犯了。

而与此同时，朱光亚与彭桓武、邓稼先、周光召、于敏等科学家一起，带领科技人员为全威力氢弹的理论设计方案呕心沥血。

经过不分昼夜的工作，一个月后，理论设计方案基本成型。按照这个进度，在1967年10月1日前炸响氢弹是没有问题了。听到这个消息，在青海核武器研制基地的李觉、王淦昌、郭永怀、陈能宽等人大为鼓舞，加紧了氢弹研制生产的准备工作。

就在这时，一则消息让核科学家们不安了起来。在陶纯、陈怀国所著的《国家命运》一书里，这样记述道：

有一天，彭桓武抱着一摞外文报刊来到理论部大办公室。周光召问他，有什么新发现。他说："西方媒体都在猜测，法国什么时候爆炸氢弹。我猜测——

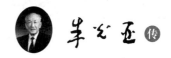

法国很有可能会在 1967 年爆响氢弹。"

邓稼先一听，有点急了："这么说，法国有可能抢在我们前面？"

彭桓武说："很有可能。"

众人面面相觑。邓稼先等人找到朱光亚，提出，我们的试验时间应该提前。于敏也建议说，我们应该争取响在法国前面。大家都提出，能不能向中央反映一下。

朱光亚有些犯难，因为原定计划是 1967 年 10 月 1 日前炸响，各单位都是按照这个时间表来进行的。

彭桓武说："我们抓紧点，7 月 1 日前炸响，怎么样？"

众人七嘴八舌议论，纷纷叫好。朱光亚表示，如果能响在法国前面，那一定是件有意义的事。计划提前至 7 月 1 日之前，光我们着急不行，还要国防科委、核试验基地、空军等方方面面都同意才行。他会尽快把这个设想报告部里，然后报告国防科委和聂帅。

不久，周恩来主持召开了一个小规模的中央专委会议，专题审议核武器研究院提出的这个设想。聂荣臻出席。国防科委副主任张震寰汇报说，国防科委在与二机部、核试验基地、空军等单位仔细研究后，建议批准在 1967 年 7 月 1 日前，进行这次氢弹爆炸试验，争取响在法国前面。

周恩来问："荣臻同志，你的意见呢？"

聂荣臻回答："我完全同意。"

根据朱光亚主持起草的我国第一颗氢弹试验方案，这次核试验采用轰 –6 甲型飞机为运载工具，空投带降落伞的核航弹（氢弹），预定在距地面 3000 米高度上空爆炸。按照理论设计，这颗氢弹的爆炸威力在 150 万吨至 300 万吨梯恩梯当量之间。张震寰说，目前，各有关方面的准备工作正加紧进行，总的看，进展顺利。

周恩来最后总结说："那就定下来，7 月 1 日前炸响。这次试验威力大，爆炸点高。确保投弹飞机的安全和试验场区内外的安全，是保证试验成功的重要环节。"

为实现在 7 月 1 日前炸响氢弹，中央专委会议结束后，朱光亚就赶往青海核武器研制基地，于 2 月 12 日至 17 日，主持召开氢弹空爆试验任务科研生产会议，对氢弹研制生产计划进行了调整和安排。

2 月 22 日起，又接着召开核武器研究院 1967 年科研生产计划会议，对原先制订的核武器"两年规划"进行调整和修改。留在北京的彭桓武、邓稼先、周光召、于敏等人也来到青海核武器研制基地参加会议。

2 月 23 日，青海西宁市发生两派组织大规模武斗，死亡 100 多人。核武器研制基地设在西宁的技工学校也有一部分学生卷入这次武斗事件，导致人员伤亡。消息传到金银滩，基地两派群众组织之间的对立也因此加剧，有可能发生大规模的武斗。

情况十分危急。朱光亚断然将会议叫停，立即向国防科委作了汇报。朱光亚对这段历史有过一段回忆：

西宁发生大规模武斗时，我们的会议才进入第二天。这一情况向北京国防科委报告后，聂帅非常重视，他意识到如不采取断然措施，核武器研制基地的科研生产及氢弹研制准备工作必然要受到影响，蒙受巨大损失，科学技术人员也要遭殃。当天，聂帅向周总理作了汇报并提出实行军事管制的建议，周总理同意聂帅的建议。第二天，聂帅指示将与会专家尽快转移到安全地区，并由空军司令部派出一架专机去西宁，把参加会议的科技专家接到北京。

《国家命运》一书里，对此有一段更为详细的记述：

2 月 23 日，西宁市发生了死亡一百多人的大规模武斗……

那几天（核武器研制）基地正在召开氢弹试验前的一次重要会议，事关氢弹研制，尤其是几乎所有的著名核科学家都在那里，如果出了乱子，后果不堪设想。

聂荣臻得到国防科委报告，心急如焚，直接来到人民大会堂找到周恩来，提出，如不采取断然措施，核武器研制基地科研生产、氢弹试验准备工作，必然要受到影响，蒙受巨大损失，科技人员也要遭殃。

周恩来问："你有什么考虑？"

聂荣臻答："就近调一个团，立即对那里实行军事管制。"

周恩来思考一阵，点点头。

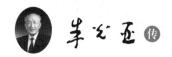

聂荣臻又说:"还要请空军马上派一架专机去西宁,把参加会议的核科学家全部接回北京。"

周恩来同意,并说:"专机到达之前,先把专家转移到市区安全的地方。"

聂荣臻说:"正在转移。"

周恩来点点头,拿起桌子上的红色电话机,直接给空军司令员吴法宪打电话,让他马上派飞机到西宁接人。

第二天,专家们乘坐的专机平安抵京后,聂荣臻才稍稍放下心来。

而在北京,这时也发生了一件捅破天的大事。在 2 月的一天夜里,核武器研究院一批与氢弹有关的绝密资料,被二机部的造反派装上汽车拉走了。

聂荣臻闻讯后,当即命令北京卫戍区司令员傅崇碧:"要千方百计想尽一切办法把材料搞回来!"

傅崇碧立即指派副司令员刘光普负责,组织了 100 多人,连夜分乘 10 多辆汽车四处去追讨。他自己则在作战值班室坐镇指挥。

傅崇碧后来回忆说:"这中间,聂老帅几乎是每过一个小时打次电话,问:材料追回来了没有?他都没有睡觉,不停地过问这个事情。我说还没有,还没有音讯。一晚上他就问了 4 次,亲自打电话。最后快到天明了,把这些材料追回来了,给他报告了。他很高兴,说:这些材料无论如何要严格封闭起来,不能让造反派乱动。"

青海和北京发生的这两件事情,让周恩来下了决心:必须采取强有力措施,保证核科学家们有一个相对稳定、安全的工作环境。

3 月 2 日,聂荣臻召集刘杰、李觉、朱光亚等人开会,强调指出:科学家对技术问题要敢于坚持真理,不要怕,不能被造反派所左右,否则要犯错误。召开计划会议,把近期、远期的任务安排一下,这很好。核试验和有关的会议,不能让造反派把持,也不能让他们知道得太多,该保的密一定要保。计划会议可以吸收一些专家、技术人员、工人参加,这就是走群众路线。计划会议安排在京西宾馆,以国防科委、国防工办的名义召开。

3 月 4 日,周恩来、聂荣臻在北京中南海接见了核武器研制基地两派群众组织的代表。接见开始后,聂荣臻宣布了一个决定:核武器研制基地是我们国家极为重要的地方，担负着国家十分重要的研究设计和试验任务。最近的事态发展，使正常的科研生产秩序受到影响，工厂的安全受到威胁。国务院、中共中央军委对此十分关切。经周总理批准，国务院、中共中央军委决定对核武器研制基地实行军事管制。别人不得夺权，不准串联。"文化大革命"运动，只准在8小时工作以外时间进行，违者将受纪律处分。

接着，周恩来讲话。他说：革命群众间，对某些问题有不同意见和争论，这是不可避免的、正常的。但这是人民内部矛盾，一定要采取团结—批评—团结的方式，做好工作，实现大联合。我希望研制基地的广大群众、干部，在军管小组领导下，坚持贯彻抓革命、促生产的方针，搞好基地当前十分重要的研究设计与试验任务。科学家是我们国家的宝贝，他们当然也有缺点，但你们不能随便冲击他们、批斗他们，更不能随便抄家。眼下，氢弹研制、生产正是关键时候，一切都离不开科学家，一切都应以这项工作为重。据说，法国就要进行氢弹试验了，我们怎么办？只能是快马加鞭，争取抢在法国前面。

3月8日至31日，国防科委、国防工办在北京京西宾馆召开核武器研究院1967年科研生产计划会议。

会议前期，朱光亚就过去几年的工作回顾、当前面临的形势与任务、1967年的工作安排向大会作了工作报告。作报告前，朱光亚先后征求了王淦昌、彭桓武、陈能宽、李英杰、邓稼先、俞大光、胡仁宇、何文钊、吴永文等人的意见，对报告提纲作了修改和补充。在报告中，朱光亚讲道：

我国导弹核武器试验的成功，使我们在导弹核武器研制上取得了初步经验。随后的氢弹原理试验成功，标志着我们在氢弹关键技术上有了一个初步的突破。从发展阶段上看，应该认为，从1967年起，我国核武器研制工作已经开始一个新的阶段。新阶段的任务，就是要为全面贯彻执行毛主席给我国核武器研制工作所制定的"原子弹要有，氢弹也要快"这一伟大战略方针而奋斗。

会议后期，朱光亚又分别召开了几次小范围会议，就即将进行的氢弹爆炸试验、氢弹新原理试验，以及与中程、中远程、洲际导弹相结合的热核弹头等工作，与科学家们进行业务探讨和计划安排。

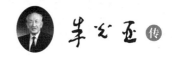

4月5日，朱光亚向聂荣臻当面汇报了这次计划会议的情况和今后的任务安排。

回来后，朱光亚主持起草了《关于1967年核武器研制与试验工作安排意见的报告》，并以核武器研究院的名义上报二机部党组。该报告就下一步核武器研制工作，提出了具有前瞻性的安排意见。

朱光亚起草的这个报告得到了二机部和中央专委的高度肯定，认为这是我国在氢弹技术关键问题上有了初步突破后，核武器研制工作进入新的发展阶段时，对我国核武器研制、试验工作做出的新部署，是又一个重要的纲领性文件。

5月9日、6月12日，中央专委先后两次召开会议，研究讨论氢弹空爆试验的准备工作。

在6月12日的会上，周恩来最后宣布说："我国第一次全当量的氢弹试验，在政治上有重大意义；在军事上，它将使我国的核武器技术进入一个新的发展阶段。要求6月20日以前，做好各项准备工作，待命试验。"说完后，周恩来又望着聂荣臻说："聂老总，我还想请你去一趟罗布泊，可以吗？"

聂荣臻庄重地站了起来："总理，我义不容辞！"

会后，朱光亚立即赶往核试验基地，参与组织领导中国第一颗氢弹空爆试验。

6月16日，聂荣臻亲赴核试验场。他在听取核试验基地司令员张蕴钰、核武器研究院朱光亚等人汇报后，根据气象状况，决定在6月17日进行氢弹空爆试验。

执行氢弹空投任务的是空军徐克江机组。

张蕴钰回忆说：

1967年6月17日上午8时，担任空投任务的空军徐克江机组，驾驶轰-6型飞机从机场按时起飞，开始了氢弹空投试验。飞机到达靶标上空开始投弹时，由于心情紧张，弹未能投下。机组人员请求再投一次，指挥员发出"要沉着，不要紧张"的口令，徐克江驾着飞机，平稳地绕场一周。8时20分再次投弹，氢弹脱钩，降落伞按程序正常开伞，带着氢弹在预定高度爆炸。碧蓝的天空立即出现强烈闪光，随后形成核爆炸火球；火球熄灭后，形成迅速上升并向四周扩展的草帽状放射性云团，徐徐与地面被吸起的尘柱相接，形成蘑菇云。

由于爆炸震波受到大气层的反射折回地面，形成冲击波远区聚焦，在距爆点400公里处都能听到连续不断的爆炸声。在爆点以西250公里处还能看到闪光火球和清晰壮观的蘑菇云，爆点以东420公里处也看到了火球，门窗受到震动。

望着眼前的壮观景象，大家激动得欢呼起来。凭经验和直觉，试验成功了！这时各种速报数据源源不断地向指挥所传来，我即向聂帅作了汇报。爆后2分钟，发射取样火箭，并出动歼-6型飞机取样，取得了供分析氢弹参数

我国第一颗氢弹空投爆炸试验场景

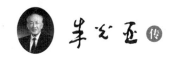

用的放射性微粒样品。当聂帅得知这次氢弹爆炸威力为300万吨梯恩梯当量时，非常高兴，连声说："够了，够了。"

朱光亚也非常感慨。氢弹爆炸成功后，他在一篇文章中写道：

从原子弹到氢弹，按其原理试验的年、月间隔比较，美国是7年3个月，英国是4年7个月，法国是8年6个月，苏联是6年3个月。中国从1960年底开始探索氢弹原理；1964年10月原子弹试验成功后，氢弹攻关力量得到加强，只用了2年2个月，于1966年底就成功进行了氢弹原理试验，实现了毛泽东主席提出的"氢弹也要快"的要求。

1967年6月17日，《人民日报》喜报刊登了我国第一颗氢弹爆炸成功的消息

中国成功爆炸第一颗氢弹的消息震惊了世界。

英国《星期日泰晤士报》称："中国在通向完全核地位的道路上前进的速度又一次使西方专家们大为惊诧。它的一颗氢弹爆炸的实现，比预估的早了6个月到1年的时间。中国由原子武器到制造热核武器所用的时间，比任何其他国家都短，现在已经追上了法国。"

法国为此受到了很大的刺激。法国第一颗原子弹是在1960年2月爆炸的，而到了1967年，法国的氢弹技术尚未过关。据说，中国第一颗氢弹爆炸成功的消息公布后，法国总统戴高乐把原子能总署的官员叫来，质问是什么原因致使法国氢弹迟迟不能成功，而让中国人走到了前面。戴高乐为此还拍了桌子。直到 1968 年 8 月，法国才成功爆炸了第一颗氢弹。

1967 年 7 月 7 日，毛泽东幽默地说："我们发展核武器的速度超过了美国、苏联和英国，现在在世界是第四位"，"这是赫鲁晓夫帮忙的结果，撤走专家，逼我们走自己的路，要发给他一个一吨重的勋章"。

周恩来后来也对美国友人埃德加·斯诺的夫人说："不光氢弹，整个核武器我们还在试验阶段。试验速度比较快，其中一个原因还得感谢赫鲁晓夫，是他撕毁了在原子弹方面同我们签订的协定，是他在 1959 年撤回了在中国的全部专家，迫使我们自力更生解决问题。所以，1964 年比我们原来预估的提前爆炸了第一颗原子弹。但那么凑巧，正好成了把赫鲁晓夫送下台的一个礼物。赫鲁晓夫（10 月）15 日下台，第二天我们第一颗原子弹试验成功。这肯定是巧合。"

虽然说我国第一颗原子弹爆炸与赫鲁晓夫下台是巧合，但在某种意义上是唯物辩证法的胜利。

五、艰难前行

1967 年 6 月 30 日，中国第一颗氢弹爆炸成功后不久，聂荣臻召集李觉、朱光亚、彭桓武、郭永怀、邓稼先等人开会，布置核武器下一步的研究工作，并提出要加强三线建设。

据《当代中国的核工业》记载："我国首次核试验成功后，铀—235 生产线已经建成，但钚生产线尚在建设中，还构不成完整的核燃料循环体系，亟须尽快将钚生产线建设起来。同时，由于我国核试验的成功，打破了核大国的垄断，我国同核大国在核领域的斗争变得更加尖锐、突出。例如，国外就有人公开叫嚣，要对中国的核工厂实行'绝育手术'。为了防止帝国主义的突然袭击，亟须调整核工业的战略布局。"

所谓调整战略布局，就是在三线地区进行核工业建设。其中，在四川地

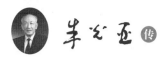

区建设核武器研制基地。

7月6日，李觉、朱光亚、彭桓武、郭永怀等人向聂荣臻汇报重组核武器研究院方案。聂荣臻指出：核武器方面，因为生产的数量不会多，研究与生产可以合在一起，由研究院抓

位于四川的核武器研制生产基地科研区

总。

8月16日，国防科委批准由李觉、郭英会、朱光亚等9人组成核武器研究院生产临时领导小组，李觉任组长，郭英会、朱光亚、邓稼先任副组长，统管核武器研究院在北京、青海、四川三地的生产和行政工作。

当时，全国正处于"文化大革命"动乱时期。特别是1967年1月，首先在上海，然后在全国掀起了一场由造反派夺取党和政府各级领导权的狂暴行动。

核武器研究院由于处于军事管制状态，还能在全国内乱中保持几分相对的安定。就是这样，各级领导机构也受到了严重冲击，影响了正常的科研生产工作。

1967年3月至11月，毛泽东、周恩来、叶剑英、聂荣臻等中央领导人，向核工业系统的主要生产工厂、科研单位、建设工地签发了22份电报；其中，周恩来签发了11份。电报均明确指出，这些单位的"文化大革命只能在业余时间进行"，各个群众组织必须"按行政单位调整改组"，"不准夺权"，"不准停产"，"不准串联"，"不准武斗"，"保证工厂绝对安全，保证工厂稳定生产"。同年6月至8月，中央又三次派出调查组，到青海核武器研制基地了解情况，维持正常的科研生产。

根据朱光亚之前主持制订的1967年科研生产计划，在第一颗氢弹爆炸成功后，还要进行一次探讨氢弹原理的新的核试验。

对朱光亚等核科学家们坚持的这一科研方法，聂荣臻非常赞成。他说：理论与试验要紧密结合，互相促进。

12月10日，周恩来主持召开中央专委会议，研究探讨氢弹新的原理试验有关问题，并听取了朱光亚的专题汇报。

12月25日，周恩来再次召集会议，进一步听取核武器研究院关于新的氢弹原理试验准备工作的情况汇报。李觉、王淦昌、朱光亚、彭桓武、邓稼先等人出席。周恩来说：你们敢于大胆试验，勇气是好的。失败是成功之母。

1968年年初，随着"文化大革命"的深入开展，全国形势更趋恶化。核武器研究院生产临时领导小组组长李觉等老干部不断受到造反派冲击，已不能正常工作。主持科研生产的朱光亚孤掌难鸣，焦急万分。

1968年1月15日，朱光亚向国防科委呈送了一份书面报告，提出急需加强核武器研究院领导力量，建立新的临时院领导班子，统率北京、青海、四川三地的工作。在报告中，朱光亚写道："三地工作没有统一部署，就处在无人管理的脱节状态。从核武器研制基地、北京向XXX（核武器研究院在四川的三线建设工地代号——作者注）过渡的计划与组织安排和制定三地的统一科研生产规划、兄弟院厂之间的技术协作等问题，都急需国防科委委派人组织领导，如果继续拖延下去，势必影响全年度科研任务的完成。"

1月26日，国防科委决定，暂由胡若嘏、刁筠寿、朱光亚、郭英会、孙孟亭、陈能宽、梁志7人组成核武器研究院临时领导小组。胡若嘏时任国防科委二局（核技术局）局长。

不久，解放军政治学院政工教研室主任武世鸿奉调参加核武器研究院临时领导小组工作。武世鸿是1937年4月参加革命的军队干部。

虽然成立了临时领导小组，但核武器研究院的政治形势并没有因此好转。武世鸿在其回忆录中写道：

九院（即核武器研究院）原属二机部领导，"文化大革命"期间划归国防科委领导。九院党的机关和政治机关都被造反派打倒瘫痪，又成立了一个院临时领导小组。军人参加的有科委二局局长胡若嘏和我。我们主要负责政

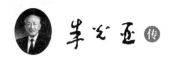

治工作，保证科研生产任务圆满完成。

我到九院工作不久，造反派就开始对我和胡若嘏同志挑衅闹事。有一次，老胡同打字室的造反派一起学习毛主席著作，说错一句话，被造反派揪住不放，包围起来批判。我到食堂吃饭没有看到老胡，才知道他被揪斗了。我到打字室给他解围，故意批判他晚上加班熬夜，眼睛都看不清字了，把毛主席著作上的字都念错了，应该批评，应该接受教训。他作了检讨，大家才原谅了他。但没过几天，他又被科委造反派揪回科委，说他是地主阶级的孝子贤孙。院临时领导的小组军人只我一个人了。有一次早饭后，我被造反派围在院子中间，问我"以聂荣臻为核心的党委领导的提法对不对？"我说，这种提法应该说是对的，各级党委都有书记，如党中央就是以毛主席为核心的领导。他们认为我的看法不对，是聂荣臻的保皇派。我说，毛主席说党委就是一班人，书记就是班长，班长也就是这个班的核心。看来他们对我的回答暂时找不到毛病了，就又提出，听说你参加过山西新军青年抗敌决死队，决死队归阎锡山管辖，那你就是阎老西的兵了。我说，你们读过毛主席的著作没有，回去看一看毛主席对这些武装是怎么论述的、怎样评价的。山西新军是中国共产党领导的地下武装，戴的阎锡山的帽子，用的阎锡山的武器装备，但它只听共产党领导，抗日最坚决。他们无话可说，有的人就提出，你问我们看过毛选没有，是看不起我们造反派。

从这段回忆中可以看出，在当时的动乱环境下，军队干部尚且要受到造反派攻击，更何况地方老干部和科技干部呢？他们的命运更糟糕。据《当代中国的核工业》一书记载："文化大革命"期间，西北核武器研制基地科室、车间以上干部的80%，高、中级科技人员的90%受到迫害。可以想象，在这种情况下，朱光亚主持核武器研制试验工作该有多难。

为了维护安定，保证核武器研究院的科研生产正常进行，经中共中央军委批准，由国防科委从全军选调一部分团以上干部到核武器研究院工作。这在当时是迫不得已的权宜之计。

1968年9月22日，国防科委正式下达通知：为了加强核武器研究院领导，同意由萧泽泉、王荣、武世鸿、李月坤、王俊峰、朱光亚、刁筠寿7人组成院临时领导小组，统一领导全院科研业务工作。

在这个临时领导小组里，军队干部占了大多数。朱光亚是唯一的科学家，也是前几届领导班子保留下来的唯一成员。对这些军队领导干部来说，他们的主要任务就是保持稳定，为科技人员创造一个相对良好的科研环境。而有关核武器的科研生产，主要还得靠朱光亚来领导。

10月初，武世鸿、朱光亚率军队选调干部来到青海核武器研制基地。在基地大会上，武世鸿传达了国防科委领导的有关指示后，向大家介绍了新领导班子的组成以及军队选调干部的分配任职情况；朱光亚则对1968年必须完成的核试验任务作了部署，并对各有关科研生产单位提出了具体要求。

大会结束后，武世鸿、朱光亚就被数十人包围了。这批人说，他们代表核武器研制基地2000多名河南籍职工，要求院临时领导小组批准他们成立一个业余豫剧团。

"文化大革命"真是无奇不有、见怪不怪了。武世鸿就问他们，到青海大草原是来研制生产原子弹、氢弹，还是来唱河南梆子戏的？

在那个时候，提出唱戏的要求还算是好的了，但如果各地区的职工都要成立地方特色的剧团，那么基地就乱套了。武世鸿就推脱说，这个问题等革命委员会（当时的权力机构——作者注）成立后再决定。

站在一旁的朱光亚则是一言不发。在"文化大革命"期间，朱光亚就是埋头抓核武器的科研生产，对"文化大革命"中的事情基本不参与、不过问、不表态，给大家留下了沉默寡言的印象。

12月，根据朱光亚制订的研制计划，进行了一次氢弹新的原理试验。

12月28日，新华社发布新闻公报称：1968年12月27日，我国在西部地区上空，又爆炸了一颗氢弹，成功地进行了一次新的热核试验。

一年之内成功爆炸两颗氢弹，令世界瞩目。新华社新闻公报转引毛泽东的话说：

我们不能走世界各国技术发展的老路，跟在别人后面一步一步地爬行。我们必须打破常规，尽量采用先进技术，在一个不太长的历史时期，把我国建设成为一个社会主义的现代化强国。

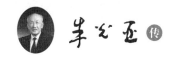

六、点燃地下核火

氢弹爆炸成功之后，朱光亚又着手进行地下核试验的准备工作。

地下核试验，是指核爆炸装置埋在地下一定深度的核爆炸试验。地下核试验有平洞和竖井两种主要方式。前者是利用地形，开掘一条特殊设计的长坑道，在坑道内放置核爆炸装置和各种探测器，按照特殊的方案回填堵塞之后，实施核爆炸。后者是将核装置和各种探测器一起吊置于大口径竖井底部，回填后实施核爆炸。美国、苏联等国的地下核试验都是先以平洞方式取得经验，尔后再发展到竖井方式。

曾任核试验基地副司令员的张英撰文回忆说：

我国提出地下核试验的问题，是在1963年。这年7月25日，美、英、苏三方在莫斯科签订了《关于禁止在大气层、外层空间和水下进行核试验条约》。这个条约的实质是防止中国获得核能力。为此，我国政府发表声明，揭露这一骗局。随后，周恩来总理指示第二机械工业部和国防科委，就地下核试验的有关问题进行研究。

遵照周总理指示，1963年9月，二机部和国防科委就我国进行地下核试验问题作了初步的探讨研究。接着，中央专委于同年12月作出决定，在抓紧第一颗原子弹试验准备工作的同时，把地下核试验列为科研设计项目，并责成二机部和国防科委提出地下核试验的具体方案。

根据中央专委和国防科委指示，（核试验）基地于1964年2月28日向国防科委报送了关于地下核试验准备工作的报告。基地从1965年4月7日开始开掘山洞。10月21日，山洞打成。到12月底，又完成了大部分测试工程和混凝土被复工程。仪器设备的安装调试在坑道中穿插进行。

为了检验测试技术方案的可行性和工程的可靠性，基地于12月18日向国防科委提出了进行化（学）爆试验的报告。经国防科委批准，12月底进行了第一次化（学）爆试验。化（学）爆试验的最主要目的是检验安全方案是否可行，检验坑道的自封和回填堵塞技术，防止核爆炸产生的高压气体冲出坑道造成"放枪"或"冒顶"。时隔不久，我们又进行了第二次化（学）爆试验。

正当我们加紧地下核试验准备的时候，中央于年底调整了核试验计划，决定首先拿出经过实际飞行考验的核弹头，并集中力量进行氢弹技术攻关。1966年1月11日，中央专委正式通知，暂停地下核试验。

虽然试验暂停了，但基地对地下核试验的工程和技术准备却一刻也没有停止。除完成了地爆主坑道及其洞外测试用的工程外，先后进行了6次模拟化（学）爆试验，并成立专门班子对试验方案、安全方案和控制测试等仪器设备，反复进行了论证和改进。

氢弹试验成功后，地下核试验被再次提到议事日程上。1967年10月底至11月中旬，国防科委召开了首次地下核试验技术工作会议。朱光亚与王淦昌、程开甲、邓稼先等科学家出席。会上，就首次地下核试验的目的、测试项目、工程要求等问题进行了深入讨论。会后，朱光亚根据会议的研究意见，对首次地下核试验的工程技术设计和测试项目做了具体的安排。

李觉、郭英会、朱光亚他们几人研究后决定，由王淦昌负责首次地下核试验的技术工作。

12月，一个瑞雪初晴的下午，周恩来主持召开会议，专门听取朱光亚、王淦昌关于地下核试验准备工作进展情况的汇报。

周恩来听取汇报后指示：“我们的试验是有限的，要在有限试验中得出多项数据。我们要掌握核试验的主动权，不仅要掌握大气层核爆的规律，而且要掌握地下核爆的规律。我们有限的核试验完全是为了防御。”

对周恩来关于“要在有限试验中得出多项数据”的方针，朱光亚非常重视。此后，在安排核试验计划时，他都千方百计地在试验中安排更多的技术项目和测试项目，用于验证理论设计、校正数值模拟方法和参数，尽可能实现“一次试验，多方收效”。

在王淦昌的主持下，用于地下核试验的原子弹装置理论设计方案搞出来了。朱光亚立即组织有关人员对下一步的实验方案、测试原理、实验项目进行讨论，一一研究决定了下来。接下来，就是组织科研生产。

王淦昌曾回忆道：“那时的青海核武器研制基地，已近乎瘫痪。科研室

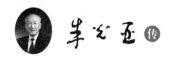

人迹寥寥，宿舍区冷冷清清，加工车间铁将军把门，汽车队马放南山，连食堂的烟囱都不冒烟了。"组织科研生产谈何容易！

朱光亚和王淦昌召集各部门、各单位开会，一遍又一遍地动员、说服大家："咱们不能因'抓革命'而影响工作，地下核试验是比什么都重要的'国家试验'啊！"

王淦昌后来说：

这些同志真不错，很能理解我们的心情，也愿意为国家的强盛多作贡献。他们都陆陆续续地回到了工作岗位。别看他们各派群众组织之间对立情绪很大，双方辩论起来，唇枪舌剑，互不相让，但工作起来，谁都不谈"运动"，全身心地投入工作，而且合作得都很好。我真佩服他们，也喜欢他们，他们爱国，事业心强，都是好样的。

经过两年的含辛茹苦、努力奋斗，第一次地下核试验的准备工作基本就绪。

1969 年 8 月 10 日，周恩来主持地下核试验准备情况汇报会。朱光亚汇报了第一次平洞地下核试验的目的、核装置及研制加工情况，张英汇报了地下核试验现场的准备情况。

会上，周恩来特别指示：一定要注意安全，防止"冒顶"或放射性物质沿坑道向外冲出来等意外事故，切实做好安全防护的准备工作。

9 月 13 日，中共中央军委遵照周恩来的指示，要求第一次地下核试验的准备工作，必须在 9 月 15 日前全部完成。

9 月 15 日，在朱光亚主持下，用于平洞核爆试验的核装置在主坑道爆室内安装完毕，并由技术人员对平洞内的阻力、消波作用、洞外环境等因素再次进行认真分析，确认符合核爆条件。之后，张英、王淦昌、赖祖武等人又深入坑道，进行最后的检查。这些工作都做完后，经核武器研究院与核试验基地双方认可同意，工程兵开始进行回填，封堵坑道。

在这一天，周恩来先后三次打来电话，询问有关情况，并问道："一周时间的回填能不能再提前一些？"言下之意，是希望地下核试验能够提前。

而就在这之前不久，苏联正阴谋策划对中国进行核打击。据后来披露的史料，情况大致是这样的：1969 年 8 月 20 日晚，苏联驻美国大使多勃雷宁接到了苏联最高领导人勃列日涅夫打来的电话后，紧急约见美国总统国家安全事务助理基辛格。两人在华盛顿的一家酒店见了面，多勃雷宁转达了苏联方面的意见："中国对苏联的战争挑衅，已经到了我们无法容忍的地步。面对'黄祸'入侵，苏联准备对中国战略目标做一次外科手术式的核打击，以便一劳永逸地消除中国对世界和平的威胁。我奉命征求贵国对这一行动的意见。"

所谓"中国对苏联的战争挑衅"，当然是苏联的诬蔑之词。当时，中苏关系十分紧张。苏联领导人在政治上不断加强反华的同时，还在中苏边界部署重兵，挑起边界的武装冲突；派军队进驻蒙古人民共和国，在中蒙边境部署带有核弹头的中远程导弹，以便有朝一日摧毁中国的导弹试验基地、核试验基地及其他一些战略设施。

基辛格听了多勃雷宁的话后，十分惊骇地望着这位苏联大使说："不是开玩笑吧？这个计划太可怕了，大使阁下。"

多勃雷宁也是神色紧张，他接着说："阁下，请听我讲完。我们保证只攻击军事目标，绝不伤及无辜生命。核当量的施放肯定会控制在一定限度之内，不会造成环球大气污染，也不会破坏生态平衡。希望美国能予以理解，我们认为，这是符合我们两国共同的战略利益的……"

基辛格久久不发一言。告别时，基辛格说："我本人现在对此无可奉告，但是请大使相信，我会立即报告总统。"

当时的美国总统是尼克松。得到基辛格的报告后，尼克松立即在白宫召开了国家安全委员会紧急会议。会议决定：除了明确地回绝苏联外，还得想办法把苏联的企图告知中国，以避免巨大灾难的来临。

用什么方式告知中国？有两个途径：一是由媒体披露，二是由美国驻波兰大使通报给中国驻波兰大使。

8月28日，美国《华盛顿明星报》刊登了一则消息，标题十分醒目：苏联欲对"红色中国"做外科手术式的核打击。报道中说："据可靠消息，苏联欲动用中程导弹，携带几百万吨级的核弹头，对中国酒泉导弹基地、罗布泊核基地，以及北京、长春等重要战略目标发动外科手术式的核袭击。"

美国为什么要把苏联即将发动核打击的消息透露给中国？据有关史料记

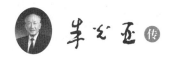

载：尼克松入主白宫不久，就发生了苏军入侵捷克斯洛伐克事件（1968年8月，苏军闪电式入侵捷克斯洛伐克——作者注）。之后，尼克松访问欧洲。在法国，戴高乐总统对尼克松说，美国也好，欧洲也好，有一点，我们必须明白，最大的敌人并不是"红色中国"，而是苏联。中国一旦被怀有野心的苏联打败，发生另外一场捷克斯洛伐克事件，那么，西方的灾难也就临头了。

这次得知苏联欲对中国进行核打击，美国最担心的就是中国成为下一个捷克斯洛伐克。

《华盛顿明星报》刊出消息后，周恩来认为，无风不起浪，这则消息不会是空穴来风。陈毅、叶剑英、徐向前、聂荣臻四位老帅判断，如果苏联动手，发动核袭击的时间可能在中国国庆节之际。为防万一，应取消国庆节群众集会，党和国家领导人也不要在天安门城楼亮相。

毛泽东淡淡一笑，说："原子弹很厉害，但鄙人不怕。苏联要扔原子弹，那位尼克松总统很紧张呀，我可不紧张。国庆节不搞集会，就是让人家笑我

我国早期地下核试验场景

们有点怕嘛。我还是要上天安门。"这就是毛泽东的性格。

毛泽东后来又说："他们让我们紧张，我们可不可以也放它两颗？吓唬一下他们嘛。"

周恩来报告说，原本计划最近要进行两次核试验（地下平洞核试验和氢弹空爆试验）。毛泽东指示，不要早，也不要晚，国庆节前几天就挺合适，但是不要发公报，一来避免刺激他们，二来让他们摸不清底细。

9月19日，中共中央军委批准由赵启民、白斌、廖鼎琳、杨焕民、郭子谭、朱光亚、董仁7人组成领导小组，组织领导核试验。在这个领导小组里，朱光亚是唯一的核科学家，是核试验现场的主要指挥者。

9月23日零时15分，一阵剧烈的震动像波浪一样，从核试验场传来，我国首次地下平洞核试验取得成功。

张英写道："没有强烈的闪光，没有震撼人心的惊雷，但人们从那压抑沉闷的声音中，感受到了它力量的巨大。"

9月29日，在罗布泊核试验场，一架空军战机又成功空投了一枚氢弹，爆炸的火光和蘑菇云冲天而起……

一周之内连续进行两次核爆炸，这在中国核试验史上绝无仅有。

中国接连进行两次核试验之后，一反常态，像什么事都没发生一样，保持沉默。

美联社发表评论说：

中共最近秘密进行两次核试验，其相隔时间之短及秘而不宣的反常做法，都充分表明，他们在这一时刻进行核试验，并非为了得到某种成果，而很可能是临战前的一种演习和检测……

10月1日，毛泽东等党和国家领导人登上天安门城楼，兴致勃勃地检阅了游行队伍。

10月4日，新华社才发布了一则简短消息：

正当全国亿万军民热烈庆祝伟大的中华人民共和国成立二十周年的光辉节日的时刻，一九六九年九月二十九日，在我国西部地区上空，成功地进行了一次新的氢弹爆炸；在此之前，在一九六九年九月二十三日，我国还成功

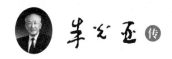

地进行了首次地下核试验……

之后，核试验基地对这次地下核试验的坑道及爆室进行开挖和钻探，在爆心附近挖到了玻璃体，并发现一条子坑道出现了扩孔。

见到玻璃体，说明这次地下核试验是成功的；而出现扩孔，就有可能造出核泄漏。朱光亚闻讯后，立即与程开甲、周清波等人，踩着乱石，躬着身子，钻入狭窄的坑道进行实地查看。

这是非常危险的。且不说坑道内的温度高达 40 多摄氏度，随时都可能发生塌方，而且万一发生核泄漏，就会遭受核辐射。朱光亚冒着这些危险，深入到爆心附近，观察核爆炸产物、岩体分布、泄漏等情况。科学家这种大无畏的献身精神，令人敬佩和感叹！

第十八章 不负重托

一、委以重任，步入高层

1969 年 4 月 1 日，中国共产党第九次全国代表大会在北京召开。

这距 1956 年 9 月召开的中国共产党第八次全国代表大会已有 13 年。应该说，这在一定程度上反映了当时党的政治生活不正常。

党的九大召开时，全国总共有党员 2200 多万人，各省、自治区、直辖市党委以至基层党组织，都还没有恢复或建立，绝大多数党员还没有恢复组织生活。因此，党的九大代表不可能从选举中产生，而是由中央和各地革委会党的核心小组协商推选出来的。

这就使得林彪、江青等人得以乘机把他们帮派体系的许多人塞进党的九大代表中，造成党的九大代表在组织上严重不纯。

在周恩来等人的努力下，一批老干部、老党员、老英模和科学家，也被推选为党的九大代表。他们是当时党的政治生活中的正能量。

李四光、钱学森、朱光亚作为科学家代表，不仅参加了党的九大，而且被推选为 176 人组成的党的九大主席团得成员。

李四光、钱学森与另一位大科学家竺可桢，曾在 1964 年 2 月 6 日，被毛泽东请进中南海促膝畅谈，深得毛泽东的欣赏。

李四光、钱学森两位科学大家，一个是中国地质领域的学术泰斗，另一个是中国航天事业的开拓者，为许多人所熟识。相比之下，朱光亚算是这两位科学大家的晚辈，从事的工作又是非常之绝密。他的名字，对当时的许多人来说很陌生。但在周恩来眼中，朱光亚是中国核科技事业的大功臣。

党的九大选举产生了 170 名中央委员和 109 名中央候补委员。李四光当选为中央委员，钱学森、朱光亚当选为中央候补委员。

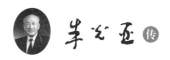

党的九大结束后，朱光亚又连续来往于青海核武器研制基地与罗布泊核试验场，忙于组织和指挥核武器的研制与核试验工作。

有一次，在从青海飞往罗布泊核试验基地的途中，因飞机故障发生险情。时任核武器研究院临时领导小组成员的武世鸿回忆说：

我和朱光亚、王淦昌副院长等十几人乘空军的伊尔—14飞机赴新疆核试验基地。机上有飞行大队长和通信主任保障护航。我们上机后，大队长介绍了飞机性能、飞行速度、高度、气候、到达时间，要我们放心休息。由他和通信主任护送，我也就放心了。

但是飞机快到达酒泉上空时，通信主任从驾驶舱内出来，大队长问他怎么样了，他说差不多了。我一听"差不多"三个字就感到不对味儿，如果是回答飞机上的问题，就更不应该。于是，我问他们什么事差不多了。开始，他们吞吞吐吐，不愿意直接回答，我就有点儿不高兴。我说："不管发生什么问题，你们必须向我报告。飞机上坐着我国的核物理学家，他们是我们的国宝，必须保障他们的安全。"他们告诉我，飞机与地面失去联络，前面就是大戈壁滩，如果与地面失去联络后继续飞行，容易迷航。我问大队长，如果联系不上怎么办？他说，酒泉机场是个大型飞机场，咱们坐的小型飞机可以强迫着陆。我一听就紧张起来了。不久前飞机失事，牺牲了一位著名科学家，如果强迫着陆不成功，再出了事故，造出不可挽回的损失，怎么向（国防）科委和党中央交代！我怕飞行大队长、通信主任和机组人员着急，忙乱中出错，安慰他们做好驾驶员的思想工作，万一通信接收机修不好，只好在酒泉机场降落，但必须做好降落的思想准备和技术准备，切勿手忙脚乱。经过测试，未与地面取得联系，就决定强迫着陆。我怕几位科学家着急，事先未向他们打招呼。飞机绕机场数圈后，安全地降落在跑道上，压在我心头的大石头总算落了地。谢天谢地，首先感谢我们的驾驶员。我向机组人员敬了礼，感谢他们智勇双全。我要求大队长写请功信为机组人员请功。但我一看到那个通信主任就火冒三丈，我问他，你连个通信机器都检修不了，你跟我们来干什么？平时你官僚主义，既不懂技术，又不负责任，出发前不认真检查，你太叫人失望了！我命令他继续检修通信设备。我先请朱光亚等科学家到招待所休息，然后叫警卫员搬来椅子，坐在机场监视着那位通信主任检修机器。他上飞机后没几分钟，不知摸了通信接收机的什么地方，就与地面接收机联络上了。他坦白地说，平时很少检修通信设备，出了事故又紧张得慌了手脚，找不出事故原因，感到十分内疚。事故排除了，我们还要同机飞行。为了稳定他的情绪，我安慰他好好研究总结一下经验教训。我告诉他，天有不测风云，人有旦夕祸福。马克思在天之灵，保佑我们幸免于难。既然已经平安无事了，好好接受教训就是了。第二天，我们顺利地飞到了新疆核试验基地。

武世鸿在这里所说的因飞机失事牺牲的著名科学家，就是核武器研究院副院长郭永怀。

1968年12月5日，在罗布泊核试验场执行完任务后，朱光亚、王淦昌、郭永怀、陈能宽、邓稼先等人准备回北京。原本安排他们一起坐火车走，郭永怀因有事，坐飞机先走。当天，由保卫人员乘汽车将郭永怀护送到兰州，再从兰州乘夜班民航飞机飞北京。

飞机抵达北京上空时，因大雾弥漫，能见度低，降落时坠落在机场外的草地上，机毁人亡。

同时遇难的共有40多人。郭永怀牺牲时，怀里还紧紧抱着一个装有核技术文件的保密包。

郭永怀的离去，令周恩来极度悲痛，他说："我再次强调，以后我们国家重要的科学家，尽量不安排坐飞机，更不要集中乘坐飞机。"

几天后，朱光亚等人回到北京，闻听噩耗，万分悲痛。他们结伴来到郭永怀的寓所，看望、慰问郭永怀的夫人李佩。

李佩坚强地对他们说："永怀说过，他对自己的选择，不会后悔。如果有来世，我相信，他还会选择这个职业，选择和你们各位做同志、做兄弟、做战友，一起为国家干事情！"

众人眼里，都是热泪滚滚。

在核试验场，朱光亚尽管已当选为中共中央候补委员，但依然如同过去一样，与大家同甘共苦。曾任核武器研究院科技委秘书长的华欣生回忆道：

1969年9月，朱光亚在戈壁滩与我们一起为即将进行的核试验做准备工

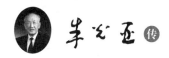

作。一天下午，狂风大作，天昏地暗，飞沙走石，无法辨认东西南北。我们在核试验现场只能临时停工，紧急返回驻地。但是，风沙模糊了方向，汽车窗玻璃也被完全打毛，看不清前行的道路。我们只能三五人手挽手组成人墙，引领汽车慢慢地向前开。回宿营地仅8公里的路程，我们足足走了4个多小时。回到宿营地，看到帐篷被掀了顶。大家折腾到大半夜，在帐篷里缩成一团过了夜。朱光亚等院领导也和我们一样，同甘共苦。唯一优待他们的是帐篷内多了一个尿壶，算是照顾他们不至于晚上为了方便而走出帐篷。

20世纪70年代的朱光亚

　　1970年1月22日，周恩来主持中央专委会议，研究"两弹"结合"冷试验"的准备工作。自1966年10月27日成功发射带有核弹头的导弹核武器，并在预定区域实施核爆炸后，"两弹"结合工作进入了一个新阶段，就是导弹核武器由试验转为定型。

　　在这次会上，钱学森与朱光亚分别汇报了"两弹"结合下一步的工作准备情况与存在的问题。周恩来听完汇报后说："搞尖端要精确、要快，要不断提高、不断前进。"

　　3月29日，中共中央军委下发文件，重新组建地地导弹定型委员会，任命张翼翔为主任委员，封永顺、钱学森、王挺、朱光亚为副主任委员。定型委员会办公室设在第二炮兵。这里所指的"地地导弹"，就是"两弹"结合的导弹核武器。

　　1970年6月12日，经毛泽东批准，中共中央军委任命钱学森、朱光亚任国防科委副主任。

7月8日，国防科委党委常委办公会议决定：由朱光亚主管核武器、核材料、核动力的科学研究和发展工作。

由此，朱光亚成为国防科委领导核科技事业方面的科技主帅。

二、核"蛟龙"下海

1970年7月15日、16日，朱光亚首次以国防科委副主任的身份，参加了由周恩来主持召开的中央专委会议，听取核潜艇核动力陆上模式堆提升功率专项工程汇报。

核潜艇，全称应该叫核动力潜艇。1954年1月21日，世界上第一艘核潜艇在美国柯罗顿市下水。这是人类第一次使用核动力，利用核反应堆作为机器传动的能源。

美国为这艘核潜艇起了一个富有文学色彩的名字——"鹦鹉螺号"。

"鹦鹉螺号"的外形和色泽像一支巨大的雪茄烟，不过，这支"雪茄"一头大、一头小。"鹦鹉螺号"全长90米，核动力装置占了全艇约一半长。它的航行速度比普通潜艇快一倍多，若以每小时30海里计算，可以连续潜航50多天。这个数字意味着它可以从海底穿越任何一个大洋，并且连续穿越5次，而不需要"加油"，不需要上浮"透气"。更重要的是，核潜艇配上核导弹后，就可以从海底的任何一处发射核导弹。因此，核潜艇就是一个不易被发现、不易被摧毁的"海底发射井"。

核潜艇的出现，标志着核动力世纪的到来。这是人类历史上具有划时代意义的新纪元。1957年，苏联也研制成功了核潜艇。

1958年6月13日，由苏联援助建造的我国第一座原子能反应堆正式建成并投入运转。

6月27日，聂荣臻即向中央和毛泽东等人呈报了一份绝密报告——《关于开展研制导弹原子潜艇的报告》。报告不长，但言简意赅。全文如下：

德怀同志、总理并报主席、中央：

我国的原子能反应堆已开始运转，这就提出了原子能的和平利用和原子能动力利用于国防的问题。关于和平利用方面，科委曾开过几次会进行研究，

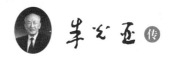

已有布置。在国防利用方面，我认为也应早作安排。为此，曾邀集有关同志进行了研究，根据现有的力量考虑到国防的需要，本着自力更生的方针，拟首先自行设计和试制能够发射导弹的原子潜艇，待初步取得一些经验以后，再考虑原子飞机和原子火箭等问题，初步安排如下：

一、41 型潜艇的资料为基础，先设计试制 XXXX 吨的原子潜艇，接着再设计 XXXX 吨的，前者争取在 1961 年 10 月 1 日前下水。

二、拟以罗舜初、刘杰、张连奎、王铮四同志组成一个小组，并指定罗舜初同志任组长，张连奎同志任副组长，筹划和组织领导这一工作。

三、分工：

（1）总体布局和要求由海军提出，统一总体设计工作。

（2）船体、主辅机、电机、仪表以及工艺设计由一机部负责。

（3）原子动力堆由二机部负责。

（4）战斗导弹由五院负责。

四、生产基地，从保密和安全考虑，上海不太合适，拟应放在 XXXX。建议 XXXX 今年继续动工，并补充原设计不足，争取在 1960 年初建成，以便承担上述任务。

关于设计和试制原子潜艇问题，二机部刘杰同志曾与该部苏联专家谈过，专家表示，他个人愿意大力支持。

以上是初步安排和建议，当否请批示。敬礼

聂荣臻

1958 年 6 月 27 日

第二天，周恩来就在这份绝密报告上作了批示："请小平同志审阅后提请政治局常委批准，退聂办。"

第三天，邓小平批示："拟同意。主席、林（彪）总、彭真于阅后退聂（荣臻）。"并特别在报告中关于研制核潜艇处批注了"好事"两字。当天，毛泽东即圈阅同意。

聂荣臻在报告中所说的苏联专家，由朱光亚负责与他们沟通。朱光亚写有一本工作笔记——《科学顾问谈话记录》。在这本笔记里，朱光亚详细地记录了与苏联专家交谈有关原子弹与核潜艇的情况。

从笔记记载的内容看，在原子弹方面，涉及具体的技术问题比较多，交谈的内容也比较深入；而在核潜艇方面，相比之下就很单薄了。其实，这也很好理解。苏联在 1957 年才研制成功第一艘核潜艇，这是它最新的科技成果，怎么可能马上就教给中国呢？就是苏联专家愿意教，当时也不敢、不会透露更多内容的。

在朱光亚的这本笔记里，记载了 1958 年 7 月 4 日苏联专家与他的一次有关核潜艇的谈话：

从链式反应发现以后，除武器以外，各国科学家都注意如何和平利用原子能。关于和平利用过程，经过几个阶段，今日不谈，今日只着重谈如何用于船舰上、潜艇上。

1942 年起，在资本主义国家，特别是美国，就注意动力应用，特别是船舰、潜艇。据目前美国情况，已用于潜艇，此外还有巡洋舰、航空母舰，每年计划生产 3 至 4 艘。英国也准备建造核潜艇，同时其它方面的潜艇也停止生产，转到这方面来。其它，西德等国也在研究一般原子船舰、潜艇。资本主义国家如此注意这一点，是由于：

自卫、进攻、破坏交通，潜艇在第一次世界大战都起到了显著的作用，5% 时间在水下。第二次世界大战，采用了柴油发电机、电池、电瓶，水下时间增长了，到 20%。由于航空事业的发展，潜艇作用逐渐消失，即由于科学技术发展，反潜艇技术有了进展，就要求水下时间更长一些，以增强本身防卫能力。水上航行，采用柴油发电机；水下航行，则采用电池，这是大家都知道的。要使用柴油发电机，就需要氧气，在水下就不可能（目前还未解决）。在二次大战以后，英、德等国工作人员也在研究如何在水下使用柴油发电机，可以解决，但潜水深度只能达潜望镜深度，可以吸入空气，但这未解决本身防卫问题，因为空中袭击就不可能防御。另外，英国也在工作，用封闭气体回路，其中有浓缩氧气。这种新型的，潜水深度就可以大一些，比西德好，但水下航行时间仍小于 20%。这是第一个问题。

第二个问题，航速过去 10 至 12 海里，现在设计亦在 20 海里，水下航行

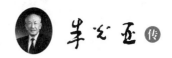

距离 200 至 300 海里，现在已达到 600 海里，这样就使其失掉战斗作用。

因此，当原子动力发展以后，就引起注意，使之真正成为潜艇。显然，其优点是很多的：燃料供应上、充电都不需要；一次装载，可用一年半到二年时间。

1947 年，美国已宣布着手研究可用于船上的堆（核反应堆）。

堆的体积，本身不能过大，要求活性区传热表面效率更高一些。要求防热，在高温下有抗腐蚀能力。材料的传热性能不应降低。慢化剂本身不应吸收中子。防护材料，保证安全，尺寸小，防御性高。

1949 年，美国研制的潜艇用的反应堆，是非均匀水堆，还有冷却系统。另外，为试验潜艇结构，作了 Stand, 是球形的，半径 38 米，高度相当于 18 层楼；其中充以海水，把潜艇结构放在其中试验之，加压力，使其工作条件如在深海中一样。1953 年，这一试验工作结束，即开始建潜艇，并安装堆。

之后，苏联专家就美国核潜艇的动力装置、核燃料、反应堆的防护等基本情况进行了介绍，最后谈到：要造核潜艇，就要培养专业干部，建立设计机构、科研机构等，还要有一系列工业部门配合。

从朱光亚与苏联专家的谈话记录中可以看出，苏联专家介绍的主要是潜艇的发展历史、核潜艇的优势、美国建造核潜艇的有关情况，其中，涉及了一些技术方面的问题。应该说，这个谈话，对我们研制核潜艇，在起步时有一些启发，但作用不大，具体到核潜艇怎样研制，基本上就没有涉及。

赫鲁晓夫来华参加新中国成立 10 周年庆典时，曾对毛泽东说："核潜艇的技术太复杂，你们搞不了，花钱也太多，你们不要搞"，并拒绝提供研制核潜艇的技术援助。中苏关系破裂后，毛泽东发誓说："核潜艇，一万年也要搞出来！"

当时，根据中央决策，以海军为主组建总体设计分组，以二机部为主组建核动力设计分组，对外称造船技术研究室。

1958 年 9 月，二机部决定，核动力设计组由二机部设计院和中国科学院原子能研究所联合组建，组长由刚从苏联归来、参加过军用核生产堆联合设计的赵仁恺担任。

　　1959 年 2 月 24 日，朱光亚主持设计、建造的我国第一座轻水零功率装置建成并达到临界质量，跨出了我国自行设计、建造核反应堆的第一步。这也为核潜艇反应堆的研制工作提供了技术支持。

　　1960 年 6 月，原子能研究所在彭桓武等专家的指导下，提出了《核潜艇动力方案设计（草案）》，对核潜艇动力装置的堆型、主要技术参数等有了初步的设想构思，为以后的研究工作打下了一定的基础。

　　1961 年 7 月，中共中央军委批准成立了海军舰艇研究院，刘华清任院长，并把与核潜艇总体设计、装备研制相关的研究院所划归其麾下。

　　1962 年，我国国民经济遭遇严重困难。为了集中资源发展优先项目，1963 年 3 月，中央专委决定，核潜艇工程为原子弹项目"让道"，暂时下马，但保留了一支 50 多人的、以核动力研究为主的技术队伍，继续从事核动力装置和潜艇总体等关键项目的理论研究与科学实验。

　　1963 年 8 月，经中央专委批准，原子能研究所反应堆研究室与海军舰艇研究院核潜艇技术研究室合并，成立潜艇原子能动力工程研究所，简称核动力研究所。

　　1964 年，我国第一颗原子弹爆炸成功，这为核潜艇的研究带来了新的契机。

　　1965 年 3 月 20 日，周恩来主持召开中央专委会议，批准核潜艇工程重新上马，列入国家重点计划，并将核动力研究所划归二机部建制，要求二机部于 1970 年建成核潜艇陆上反应堆。

　　建造核潜艇，首先要解决的就是如何将核裂变的能量在可控范围内转化为核动力。钱三强、彭桓武、朱光亚、彭士禄、赵仁恺等核科学家都认为，我们没有搞过核动力装置，缺乏核动力装置研制、试验和运行经验，而要验证核动力装置的设计，摸索可控核裂变的规律，包括考验核材料、核设备等，都必须先建造核动力堆。为了保证安全，在建造潜艇核动力堆之前，应先建造一个陆上核动力堆。彭士禄说："美国、英国、法国等国都曾建有核潜艇陆上模式堆，这不是没有科学道理的。这样做，不是盲目照搬外国的做法，而是按科学规律办事。"

　　1970 年 4 月 28 日，我国自行研究、设计的核潜艇陆上模式堆建筑安装

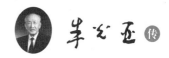

任务完成。工程指挥部当即决定，从 5 月 1 日起开始试车。试车调试和"冷"、"热"临界试验的结果表明，整个陆上模式堆工程质量很好，反应堆全部控制系统性能优良，能安全、可靠地开堆和停堆。

所谓临界试验，在反应堆理论中，是指反应堆的一种物理状态。在此状态下，堆内产生的中子数和失去的中子数正好相等，亦即达到了动态平衡，反应堆能稳定地维持自持链式反应。

7 月 16 日的中央专委会议结束后，陆上模式堆于 7 月 17 日凌晨 2 时开始进行提升功率试验。试验期间，周恩来专门派去工作组，与提升功率试验运行小组一起跟班作业，并三次亲自打电话了解作业情况。而作为国防科委副主任的朱光亚，更是密切关注整个试验工作进程，及时进行指导。7 月 30 日，试验达到满功率，各项性能指标都符合设计要求。这为我国第一艘核潜艇的建造打下了可靠的基础。

我国自行研制的第一艘核潜艇

《中国核潜艇50年大事年表（1958—2008）》，简明扼要地记载了此后的工作进展：

1970年7月17日凌晨2时，我国核潜艇陆上模式堆开始提升功率；7月30日，试验达到满功率，宣告艇上模式堆正式建成。

9月，我国第一艘弹道导弹核潜艇开工建造。因为国际环境险恶，军情急迫，中央决定我国第一艘弹道导弹核潜艇加快建造。

1970年12月26日，中国第一艘鱼雷攻击型核潜艇顺利下水，并开始进行其他设备安装工作。

1971年7月1日，中国首次实现了在核潜艇上以核能发电，进行主机试车和动力装置联试的初步考核。

8月23日，中国第一艘鱼雷攻击型核潜艇起锚进行航行试验。到1972年4月，共出海试验20余航次，累计航行几千海里，完成了绝大部分试验项目。

中国由此成为世界上少数几个能独立设计、建造核潜艇的国家。

三、临危处置核险情

1970年，朱光亚在江西庐山仙人洞留影

1970年8月5日，朱光亚参加周恩来主持召开的中央专委会议，汇报了下一步将进行的三次不同类型核试验任务的准备工作情况。对此，周恩来特别指示：核试验的准备工作要平行进行，把力量组织好。

首先进行的是战略导弹核弹头试验。9月22日，经中共中央军委批准，由赵启民、朱光亚、马宁、白斌、廖鼎琳组成核试验领导小组。

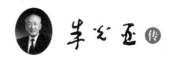

10月5日，在周恩来主持召开的中央专委会议上，朱光亚详细汇报了这次核试验核弹头的重量、威力，以及试装过程、运输安排、投弹飞机、取样飞机、试验场区等工作准备情况。

这时的朱光亚，已经负责核武器研制、核武器试验的全面领导工作。10月14日，战略导弹核弹头试验获得圆满成功。

接着进行的是较小型氢弹引爆弹原理性试验。它是朱光亚在核武器研究院工作时，组织开展的核武器探索性研究项目。这次核试验采用强—5型飞机仰甩投核弹的方式，是一次全新的核试验。

1970年12月15日，周恩来主持召开中央专委会议，听取朱光亚等人关于这次核试验的准备工作情况汇报。在听取汇报过程中，周恩来仔细询问了可能影响核试验成败的各个关键环节，还问是否把各种不利因素和意外情况都考虑到了。他在讲话中语重心长地告诫大家：核试验关系重大，绝不能有一丝一毫马虎。我们国家穷，做什么事，都要考虑周到。略有失误，都会加重人民的负担。

会后，朱光亚立即组织核武器研究院、空军、核试验基地研究落实周恩来上述指示。

就在这时，核武器研究院在青海研制基地进行了三次与这次核试验有关的爆轰出中子试验，都没有测到中子。朱光亚对这一情况十分重视。经过认真研究，国防科委向周恩来并中央专委呈送报告，提出推迟进行这项核试验。

12月23日，周恩来在该报告上批示：必须进行好爆轰出中子试验和飞机带弹着陆试验。周恩来的这个批示非常重要，而且很有远见。爆轰出中子试验是核爆的基本前提，而带弹着陆试验是预防意外情况出现的安全措施。

12月26日，国防科委党委常委召开办公会，认真讨论周恩来的指示。此前，经中共中央军委批准，建立了国防科委临时党委常委，由11人组成，朱光亚是其中之一。

会后，朱光亚一方面要求核武器研究院从多方面查找并认真分析爆轰试验没有测到中子的原因；另一方面，立即组织人员研究强—5型飞机带弹着陆安全性试验方案，并做出试验安排。

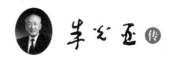

核武器研究院多次召开学术讨论会，分析爆轰试验没有测到中子的原因，寻找可能还没有被认识到的某些因素，提出了进一步改进设计的技术途径。后来，在不断改进中，经过10余次爆轰出中子试验，找到了解决办法。接着，核武器研究院修改了较小型氢弹的理论设计方案，工程设计按照理论设计提供了试验用的核装置。同时，核武器研究院也对飞机带弹着陆安全性试验进行了充分论证，同空军一起制定了试验方案，并进行了多次带弹（装有模拟的试验件）着陆试验。在做这些工作时，朱光亚不仅总体把关，而且进行技术指导。

1971年9月8日，朱光亚参加由周恩来主持召开的中央专委会议，审议核试验任务准备工作情况。会上，时任核武器研究院理论设计研究所副所长的周光召汇报了引爆弹的研制情况，时任空军工程部外场部部长的张开帙汇报了强—5型飞机仰甩投核弹的准备情况。

当张开帙汇报到核弹脱钩后，由于受气流影响，可能不能及时脱离飞机，准备采用推脱装置时，周恩来再次提出核弹投不掉怎么办？张开帙回答："为了能保险地把核弹投下去，铺设了三条投弹线路，即正常投弹线路、应急投弹线路，还有超应急投弹线路，并且在推脱装置上安装了两个燃爆管，因此，是可以保证把核弹投下去的。"

听了张开帙的说明后，周恩来又问："万一投不掉怎么办？"张开帙回答，解决办法只有两个：一是为了不带弹着陆，飞行员在预定的安全投弹区跳伞，把飞机与核弹都摔在安全投弹区；另一个是突破禁律，带弹着陆。张开帙接着说，带弹着陆要冒两种危险：一是着陆时飞机在跑道上可能被摔，二是着陆时核弹掉在跑道上。排除这两种危险的办法，一是靠飞行员的沉着和技术，在跑道上不摔飞机；二是增加一个锁死弹钩的装置，即锁死装置。万一在空中投不下核弹，就命令飞行员按一下按钮，把弹钩的开放机构锁死，保证着陆时不会由于震动等原因自动掉弹。

听到这里，周恩来露出了满意的笑容，说："张开帙同志，什么事情都要考虑'万一'的情况。只要我们准备了'万一'，就不会措手不及了。"

这让朱光亚深受教益。为了落实周恩来的指示，经过进一步论证后，很

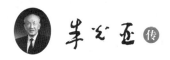

快在强—5型飞机上加装了弹钩锁死装置。

在此期间，还同时安排了一次以武器性能试验为主要目的的核试验，两次核试验任务的准备工作交叉进行。朱光亚统筹兼顾，科学指挥，使这两次核试验的准备工作有条不紊。

1971年10月，朱光亚赴青海核武器研制基地检查落实这两次核试验的准备工作情况，强调要抓好产品质量，确保试验成功。之后，他又赶赴核试验基地检查核试验场区的准备工作情况。

1971年11月12日，在周恩来主持召开的中央专委会议上，朱光亚详细汇报了这两次核试验的计划安排、试验方式、试验目的、试验准备工作完成情况。周恩来对朱光亚事必躬亲的工作态度和工作作风，历来非常欣赏，他关切地问道："每次试验，朱光亚同志一个人去，你的助手怎么样了？"

以武器性能试验为目的的核试验进行得比较顺利。11月13日，朱光亚飞赴核试验基地，组织领导这次核试验。在基地，朱光亚组织了两次综合预演。

11月14日，经周恩来批准，成立了核试验领导小组，由赵启民、朱光亚主持领导小组工作。

11月15日，朱光亚签发了核试验产品运输情况报告。

11月17日，朱光亚签发了《请求地面核试验"零"时》报告，报国防科委党委常委。

11月18日，朱光亚亲临核试验场，组织指挥核试验，任务取得圆满成功。

11月23日，朱光亚主持召开核试验场区各参试单位领导会议，对较小型氢弹引爆原理试验进行了工作部署。

之后，朱光亚在核试验现场工作了近一个月，检查核试验产品质量，指导核试验测试系统联调，帮助解决核试验场区存在的技术问题。

12月22日，朱光亚在核试验场区组织了第一发遥测弹空投试验和全场区控制、测试系统联试。

12月23日，朱光亚通过保密电话向周恩来报告："核试验准备工作将于12月27日就绪，拟安排核武器研究院、空军、核试验基地的同志26日来京汇报。"

12月27日,周恩来主持中央专委会议,听取朱光亚等人关于核试验准备工作的汇报,并报毛泽东批准,同意以12月30日13时为这次核试验的"零"时。

12月28日,朱光亚等人返回核试验基地。

12月30日,全场区待命实施核试验。

按照事先商定的分工,朱光亚同兰州军区空军司令员杨焕民在马兰机场空军指挥所掌握核试验全面工作,核试验基地司令员白斌、政委廖鼎琳等人在核试验场区主持这次核试验。济南军区空军副司令员王定烈担任马兰机场空军指挥所指挥员,空军某师师长宋占元担任投弹飞机塔台指挥员。驾驶强—5型飞机执行核弹投弹任务的,是飞行团团长、彝族飞行员杨国祥。

这天上午,核武器研究院科研人员将正式试验用的核弹运抵飞机临时机库——一座乳白色的充气橡皮保温房,交给空军军械人员挂入强—5型飞机弹舱。

杨国祥对飞机和挂弹的弹体、装置进行认真检查后,在预定时间里驾机起飞。

飞机沿预定航线准时到达核试验场区上空,按规定程序进入仰投核弹的准备。杨国祥拉起飞机,按下投弹按钮,但核弹在弹舱内纹丝不动。

意外情况出现了!

杨国祥回忆道:

1971年12月30日,我乘车到机场,走到隐蔽飞机的白色充气橡皮房子里,两次检查了已携带好核弹的强击机,科研人员再次认真检查了飞机腹部的核弹,一切都良好。核武器研究院的一位领导把打开核弹保险的钥匙递给我,并说:"请你打开吧。"我没有接,轻轻地对领导说:"还是您亲自打开吧!"他点了一下头,马上蹲到飞机底部,打开了核弹第一道保险。

飞机在12时20分起飞,核弹将在下午1点整准时爆炸。起飞时间一到,宋占元师长根据指挥部命令,即下达起飞命令。随即,一颗绿色信号弹划过长空。我一听到起飞命令,即加大油门,把两台涡轮喷气发动机加到最大功率,增速、拉起、爬高……

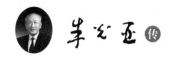

飞机离靶标9公里处，我一拉驾驶杆，机头仰起来，飞机向空中冲刺。仰度到45度时，我马上用力按下了投弹按钮，并迅速转飞回来，但没有按预先计划的那样把核弹投掷下去。这意外让我一怔，但不紧张，瞬间，脑际闪过"为什么没有投下？"我立即迅速检查了所有电门开关，证明操作没错。我马上向塔台报告："天山！天山！XXXX没有投下，请求应急投！"

塔台回答："同意应急投。"我说："明白。"我重新校正航线，距靶标9公里处，再次拉起飞机，按下应急开关，核弹仍然躺在弹舱里。

此时，朱光亚、杨焕民在机场指挥所一边密切注视着飞行情况，一边向国防科委指挥所报告。而周恩来也在中南海他的办公室等候这次核试验的消息，当接到国防科委保密电话的报告后，立即指示：要沉着，再来一次。

杨国祥驾机第三次进入靶标上空，并使用超应急系统再次投弹，仍未成功。此时，载弹飞机剩余油量已不允许进行第四次投弹了。周恩来立即下达命令："由现场指挥员临机处置，怎么安全怎么办！情况这样紧急，不能由北京决定了。"

周恩来的指示，意味着把指挥权全部交给了这次核试验现场的最高指挥员朱光亚。

面对突发险情，朱光亚没有一丝慌乱，镇定沉着。凭着对核弹性能的深刻了解，以及此前已作过飞机带模拟弹着陆试验，技术方案得到了检验。于是，朱光亚与杨焕民商量后，共同做出决定：飞行员驾机返回机场带弹着陆。

周恩来得到报告后说："要相信飞行员的处置能力，一定要保证飞机安全着陆。"肯定了朱光亚、杨焕民做出的这一决定。

于是，塔台指挥员命令杨国祥使用弹钩锁死装置，把核弹牢牢锁死在飞机弹舱里。

虽然此前已进行过带弹着陆试验，但那毕竟是模拟弹。现在可是真正的核弹，万一发生意外，后果不堪设想，大家都捏了一把汗。

时任国防科委导弹局参谋的宋炳寰，当时随朱光亚在核试验场区。他回忆说：

朱光亚副主任和杨焕民司令员一起在机场的空军指挥所掌握飞机返航着

陆的情况。此时，核试验基地指挥部命令机场和其周围的人员都进入防空洞，并在机场拉响了警报器。当有人劝朱光亚副主任进防空洞时，他说："用不着进防空洞，没事的。"

朱光亚的镇定沉着，让本来很紧张的气氛，有了一些松弛。他静静地坐在指挥所里，思考着飞机带弹着陆后，怎么把核弹安全地卸下来、如何检查核弹投不下来的原因等问题。

为了避免不必要的牺牲，杨焕民司令员决定：在机场跑道边的塔台指挥车上，只留下宋占元师长和唐志敏指挥飞机带弹着陆。唐志敏是空军派驻马兰机场负责这次核试验航空工程技术的轰炸机处处长。杨焕民自己和朱光亚副主任依然坚守在指挥所。

宋占元师长担任塔台指挥员已有上千次，有着丰富的处置特殊情况的经验。他迅速确定了飞机着陆指挥方案，当飞机接近有效联络距离时，他拿着话筒向飞行员呼叫："杨国祥，我是宋占元，我在塔台上，机场天气很好。你要沉着、冷静，再检查一下挂钩是否确实锁死，一定要保证一次落地成功。"扬声器里立刻传出杨国祥坚定、简练的回答："明白！"接着，宋占元命令杨国祥直接进入四转弯着陆，并发出一连串具体的操作指令："注意检查襟翼、起落架"，"注意调整速度"！

杨国祥回忆说：

我按规定的航线返航。飞机飞临机场，高度30米、15米……我全神贯注，准确地做着每一个着陆动作，心里想着只能成功，不能失败。飞机距地面6米时，我缓缓地向后拉杆。飞机稍稍仰起头，下降速度也慢了起来。距地面1米，飞机开始平飘。紧接着，飞机又开始下降……终于，两个主轮"哧"的一声接地了。我放出了巨大的阻力伞，使飞机刹车，飞机终于安全地停下了。

13时50分，飞机携带核弹安全着陆，大家的心里犹如一块大石头落了地。

朱光亚立即向国防科委北京指挥所报告。坐镇北京指挥所的国防科委副主任罗舜初，非常激动地拿起直通周恩来办公室的电话："报告总理，载弹飞机已安全着陆，飞行员和弹体都安全！"

一直守在电话机旁的周恩来，轻轻地吐了一口气，深情地说："处置得当，

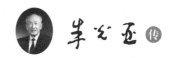

很好！感谢核试验现场的同志们！"

这是中国空投核弹试验中唯一一次带核弹着陆，它既暴露了工作中存在的问题，也考验了核航弹及飞机携带核弹飞行的安全可靠性。朱光亚在 1997 年 1 月 31 日接受中共中央文献研究室、中央电视台电视文献纪录片《周恩来》摄制组采访时说：由于我们遵照周总理的指示，预先认真地做了出现"万一"的准备，所以，那次带弹返航着陆是很平安无事的。那次试验，得到了一个副产品，就是我们做了一次真正的带核弹着陆的试验。

携带核弹的强—5 型飞机着陆后，朱光亚在给国防科委北京指挥所打完电话后，又接着给守在空军北京指挥所的张开帙打了个电话。他向张开帙问道："飞机安全着陆后，现已停在了机场的边远地方。现在准备把核弹从飞机上卸下来，转入装配厂房。考虑到飞机机身可能会有静电，为了安全地卸下弹来，需要注意什么问题？"

在场的人听到朱光亚打给张开帙的电话后，无不由衷地从心里感到敬佩。飞机安全着陆，大家悬着的心都放了下来，纷纷沉浸在欢笑中，击掌相庆。而朱光亚却能以科学家的冷静、细心，想到了飞机机身可能有静电这个不被人注意的细小问题。

张开帙告诉朱光亚："一、检查机轮接地线接地没有；二、用测试仪器检查飞机是否带电。"张开帙向朱光亚解释说："因为接地线接地了，飞机归来如果带电，着陆时就会被放光。即使因为飞机内部各种电路导通的搭铁线接触不好，有的部位尚存静电，也可以采用接地线放电。这些工作做完后，就可以放心地卸弹了。"

与张开帙通完电话后，朱光亚同杨焕民组织核武器研究院和空军的同志对飞机与核弹的外壳进行了初步检查，并要求他们对飞机与核弹都要采取安全措施。

随后，朱光亚主持会议，研究把核弹从飞机上卸下来的工作程序和必须进一步采取的安全防范措施，要求有关各方工作人员做好弹、机分离的准备。会议结束时，朱光亚又叮嘱道，还要安排好工作人员就餐。

朱光亚的细心和温情，再一次让大家深受感动，仿佛一股暖流进入了心扉。

会议结束后，朱光亚顾不上休息，又在现场指导工作人员严格按程序检查和实施弹、机分离工作，直至核弹从飞机弹舱安全卸下后，运回到了核武器研究院在机场附近的装配厂房里。

之后，朱光亚又组织有关单位的人员查找故障原因，进行模拟试验，使故障现象多次重现。初步判定核弹甩不出来，问题出在燃爆管引线短路，致使燃爆管未能爆炸，而引线短路，与燃爆管外的钢套管密封螺栓拧得松紧有关。

当天晚上，朱光亚一方面指示核武器研究院对卸下来的核弹进行检查，另一方面又召集有关单位人员开会，并将参加会议的人员扩大到了空军的空勤和地勤人员。这次会议，只有一个议题：对燃爆管进行讨论分析。

在会上，朱光亚提出了两个问题："为什么正式试验所用的两个燃爆管上天前是好的，而上天后就出了问题？""燃爆管引线短路是哪些因素引起的？"

经过讨论，大家认为，燃爆管这次出现的故障情况，可能与飞机飞行时空中温度与地面温度的差别有关。第二天，朱光亚就组织力量对燃爆管进行加力试验和高、低温试验，同时，又组织研制部门研究提出燃爆管引线电路和燃爆管固定方法的改进方案。

在北京的周恩来，这时也指示空军派出专机，将国防科委有关专家、燃爆管研制生产单位的工程技术人员及空军的张开帙送往核试验基地，一起参加故障分析。

这些人到达现场后，在朱光亚与核试验领导小组统一领导下，进一步对核弹未甩投下去的原因进行了反复检查和实验，排除了设想到的、有可能造成故障的多个疑问。

最后，是在访问参加这次核试验的空军军械人员时才发现了问题。原来，军械主任出于好心，在正式带核弹试验时，为了保险，把弹架上的一个关键性的小螺钉多拧了一下，却忘记了拧完后应测量电阻值这一工序。根据了解到的这一情况，按他的操作程序作了实验，炸弹架就是不开钩。

造出故障的原因找到了。朱光亚再三强调，科研试验一定要严格按规定的程序进行，好心也能酿成大错。

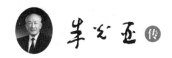

1972年1月3日至5日，朱光亚签发三份报告呈报国防科委。内容是：关于核弹未成功甩投的原因分析和拟采取的改进措施，请示重新执行这项核试验任务的时间，关于这次核试验的投弹程序和特殊情况处置意见。

经周恩来批准，同意再次进行核试验。为了确保这次核试验万无一失，在正式试验前，朱光亚指示，安排杨国祥驾机进行了一次甩投训练弹和一次甩投模拟弹飞行训练，两次均获成功。

1972年1月7日14时，杨国祥再次驾机起飞，执行核试验甩投核弹任务。杨国祥回忆道：

这天中午，天气骤变，雪花飞扬，褐色的云层覆盖在机场上空，戈壁风沙从西袭来。我登机前，司令员再三嘱咐："天气复杂，要谨慎小心。"

登机、滑行、起飞，我完成了一系列驾驶动作，转弯、俯冲、增速、打开时统开关、拉起机头。上仰到45度时，我用力按下了投弹按钮。顿时，飞机剧烈震动。当时，我明白，核弹投下去了。

随即，强烈的光辐射、猛烈的冲击波、巨大的轰鸣声，撼动了罗布泊。天地间迅速升起了一柱滚滚的蘑菇云。核弹爆炸成功了！

这是我国核试验历史上，第一次用超声速战斗机投掷核武器，是一个具有里程碑意义的伟大事件。

四、周恩来说：朱光亚太忙了

这次核试验获得成功后，朱光亚并没有沉浸在喜悦之中。他组织有关人员研究和总结燃爆管与推脱装置质量问题的初步经验教训，并委托空军参试人员就质量问题起草一份总结报告。

1972年1月9日，核试验领导小组在核试验场区召开扩大会议，对核试验任务进行初步总结。会上，朱光亚再次强调，每一次试验任务后，都要及时进行总结，成功的经验要总结，失败的教训更要总结，以利再战。

会后不久，空军参试人员撰写的《关于燃爆管与推脱装置的初步经验总结》就呈送给了朱光亚。朱光亚对这份报告作了认真阅改。1月13日，朱光亚以核试验领导小组名义，起草了给国防科委并空军的电报稿，转报了这份初步经验总结报告。在电报稿中，朱光亚特别指出：

我们认为，这份总结里指出的问题，在我们工作中的其它方面，例如弹的研制、控制与测试技术，也是不同程度地存在的。因此，我们已要求核武器研究院、核试验基地研究所等单位认真总结自己的经验。目前，现场正在准备执行XXX任务，各级领导必须十分重视这些经验和教训，在工作中切实作出改进。强—5飞机已经过XXXX任务的初步考验，证明其性能是好的。但是也有值得注意研究改进的地方，特别是在投弹设备和技术方面还比较落后，和甩投核武器的要求不相适应。我们很希望有关单位能在科研规划中考虑安排必要的科研试制项目，为研制更先进的武器装备，加强国防建设，而共同奋斗。

电报发出后，引起了有关方面的高度重视。受国防科委党委常委委托，朱光亚留在核试验基地，继续组织指挥将要进行的又一次核试验。

这次核试验任务有一个重要科研项目，就是在核爆后发射火箭穿越火球取样。为避免出现上次核试验的问题，朱光亚指示成立了多个"三结合"试验小组：飞机带弹着陆试验小组、火箭穿火球试验小组、飞机安全论证小组和降落伞包装检查小组，通过试验和论证，掌握可靠的数据。

核试验基地研究所研究员、中国取样火箭主要研制者杨吉纯回忆说：

从我国第一次氢弹试验开始，到最后一次氢弹试验结束，我和火箭取样打了近20年交道。我们火箭取样组与火箭设计院通力协作，历尽坎坷，奋发图强，先后研制出多种型号取样火箭，共执行了15次大气层核试验的核爆炸烟云取样任务，为核试验做出了贡献。

1966年春节后刚上班，室主任陆祖荫推门进来，二话没说，就给我下达命令："明年，氢弹试验上马，火炮取样下马，火箭取样上马。杨吉纯，你就负责火箭取样。"还没等我明白过来是怎么一回事，他就把一份机密资料往我的办公桌上一放，说："你把这份资料好好看看，再研究研究，然后写一份火箭取样的可行性报告交给我。"

军人以服从命令为天职。可是，我对火箭和取样的知识几乎等于零，只能硬着头皮上。后来，由于参加"四清"运动，这项研究工作暂时停了下来。

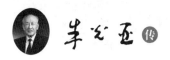

1966 年 7 月，火箭取样小组正式成立，组长陈敦厚，组员是我和李伟亮。大家戏称我们为火箭取样"三剑客"，可我们三人连火箭是什么样子都没有亲眼见过。

我们研制的第一枚取样火箭叫"和平—3 号"。1967 年 6 月 17 日第一颗氢弹成功爆炸后，我们立即发射了好几枚"和平—3 号"取样火箭，回收后将取样样品送到实验室进行放射性化学分析，结果只取到了很少的数据。负责放化分析的领导生气地说："你们是怎么搞的，才取得这么一点点东西，是不是把火箭都打到空洞里去了？"所谓空洞，是指蘑菇云中心，那里的放射性浓度最低。

首次火箭取样不尽如人意。经过分析研究后，我们将原先的降落伞开放式取样改为取样器密闭式取样；将"和平—3 号"火箭去掉一级发动机，在其头部装上一个火箭取样器。改进后的取样火箭取名为"和平—4 号"。1968 年 12 月 29 日，在又一颗氢弹爆炸试验中，我们发射了两枚"和平—4 号"取样火箭，结果又惨遭失败。原因是为了获取高浓度样品，我们一味追求早打，在爆后 40 多秒就发射火箭取样，结果伞绳、伞衣烧坏，取样器爆炸。

后来，我们在总结经验教训的基础上，又研制成功了"和平—5 号"取样火箭，在 1969 年 9 月 29 日的氢弹爆炸试验中获得成功，取到的样品大丰收。但在执行 XXXX 核试验任务时，取样火箭发射成功了，但回收时取样失败，这给我们提出了一个新的课题，就是在小当量核试验中如何提高火箭命中率。

在这次核试验任务中安排火箭穿火球取样，就是为了提高小当量核试验中火箭取样的成功率。

1972 年 1 月 17 日，朱光亚签发了在核试验任务中安排火箭穿火球取样试验的意见，上报国防科委。

3 月 1 日，经周恩来、中共中央军委批准，成立了这次核试验的领导小组。领导小组由 6 人组成，朱光亚任领导小组组长。

3 月 17 日，朱光亚回京参加周恩来主持的中央专委会议。会上，周恩来提议：由钱学森、朱光亚两人牵头，组成一个小组，认真总结国防科委系统自第一次核爆炸以来的经验。会后，朱光亚又立即返回核试验场。

3月18日，在朱光亚直接组织指挥下，核试验又一次获得成功。

对周恩来关于总结第一次核试验以来经验的指示，朱光亚早在1971年，即在担任国防科委副主任后，就组织国防科委机关起草了《关于认真总结我国11次核试验经验的通知》，并对通知进行了仔细修改。他在修改中特别强调：近几年来，各单位对经验总结工作重视不够，不少单位的技术资料处于分散、零乱状态。认真总结我国11次核试验的经验，对实现"四五"计划、赶超世界先进水平，有重要意义。朱光亚还提出：要采取资料总结与经验总结相结合，由近及远，有步骤地进行的方法。各单位要由主要负责同志抓这项工作，并在国防科委司令部、科技部内确定专人负责日常工作。1971年7月23日，朱光亚还参加了由核武器研究院召开的我国11次核试验总结工作会议。在会上，朱光亚特别强调：核武器研究院是搞科研的，更需要重视总结工作。每次核试验都是有目的的，不总结就达不到目的。

可以说，朱光亚抓的经验总结工作和周恩来提出的总结经验的要求不谋而合。

连续几次核试验相继获得成功后，朱光亚一方面组织有关部门抓紧对核试验的测试结果进行分析总结，另一方面又筹划召开地下核试验专业讨论会。

1972年4月26日，朱光亚组织起草、修订《关于召开地下核试验专业讨论会的通知》及相关附件，并呈报国防科委党委常委。

1972年5月6日，朱光亚以国防科委名义，起草上报周恩来、中央专委、中共中央军委的关于这几次核试验测试结果的报告，并对这几次核试验进行了深入的总结。

1972年5月8日，朱光亚参加周恩来主持召开的中央专委会议。此前，周恩来曾指示，要对国防科委的体制进行研究，以适应国防科研试验的需要。会上，许多同志谈到国防科委层次多、人员多、试验领导关系复杂等问题，周恩来特别提到："朱光亚同志忙得不得了，既管技术，还要管行政，很难办啊……"

周恩来的感叹，既表达了对朱光亚的关爱，又透露出对当时国防科研工作的焦虑和无奈。

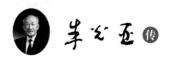

"文革"动乱，百事皆废。正是由于周恩来忍辱负重、支撑大局，朱光亚等一批科学家含辛茹苦、忘我工作，我国的核科技事业才在那个年代硕果累累。

五、有朋自远方来

1972 年 9 月，美籍华裔科学家、诺贝尔物理学奖获得者李政道从美国回到祖国访问。这是李政道自 1946 年离开祖国后第一次回国。

李政道是朱光亚在西南联大时的挚友。李政道曾撰文回忆说：

那时，他（朱光亚）21 岁，已从西南联大物理系毕业留校任助教。我 19 岁，是联大物理系二年级的学生。1945 年，美国在日本广岛和长崎投下原子弹。抗战胜利后，当时的"国民政府主席"蒋介石也想在中国制造原子弹，他请那时的"兵工署署长"俞大维想办法。俞大维向蒋提出，造原子弹，首先要向中国数理化方面的专家请教。在蒋的支持下，俞大维先生找物理学家吴大猷、化学家曾昭抡、数学家华罗庚去重庆商量。吴大猷、曾昭抡、华罗庚三位教授建议，除了专家教授外，必须在理、化、数三个领域中，各选两位杰出的年轻学者，与他们一起赴美国考察、学习原子弹的相关技术。

经蒋同意后，吴大猷先生选了朱光亚与我。曾昭抡选了唐敖庆、王瑞酰，华罗庚选了孙本旺，到美国后又选了徐贤修。为了使我们对原子物理与核物理能增加了解，当时在昆明联大，吴大猷先生还特地为我们 5 位青年学子开了一门量子力学课。光亚和我在上课和课外建立了我们之间的友情。

1946 年夏我们赴美时，曾昭抡先生先赴美国，吴大猷先生因需去英国开会再转道去美，也未能同行。于是，华罗庚先生、唐敖庆、王瑞酰、孙本旺、光亚和我，一行 6 人，从上海坐船出发赴美考察、深造。在赴美的轮船上，在横跨太平洋的十几个日日夜夜同舱共处，光亚和我的友谊逐渐加深变厚，一直持续至今。

那时候我们也猜测到，美国不会向任何其他国家开放原子弹研制技术。到美国后，更证实了这一情形。同时在抗战胜利后，国内形势很快发生了巨变，我们这个考察组也就解散了。光亚随吴大猷教授转入位于安娜堡（Ann

Arbor）的密执安大学（即密歇根大学）物理系读研究生。

在密执安大学学习的第二年，光亚在年轻的核物理学家 M.L.Wieden Beck 的指导下从事核物理实验研究，发表了《符合测量方法（Ⅰ）β 能谱》、《符合测量方法（Ⅱ）内变换》等论文，在核物理这门当时迅速发展的尖端科学里，留下了自己的足迹。1949 年秋，他通过了博士论文答辩。毕业后，1950 年春，光亚毅然从美国回到中国，投入到新中国创业的热潮之中。

几十年后，每当回忆这段往事，我常说，当初蒋介石派出去学做原子弹的几位，只有光亚是派对了，他回国来是做原子弹了。选我是选错了，我没有学做原子弹，仅在纯物理的领域中工作。其他几位也都没有去做原子弹。

李政道先是从美国飞抵上海。李政道祖籍苏州，出生在上海一个名门望族家庭里。其曾祖父李子义，是东吴大学（即现在的苏州大学）前身苏州博习书院创建人之一。

在上海访问之后，李政道又飞抵北京。后来，他在一篇文章里深情地写道：

自 1950 年光亚回国后的 20 多年中，虽然我和他失去联系，但心中始终挂念他。值得庆幸的是，我 1972 年回到阔别了 26 年的祖国时，他专门来机场接我，一下飞机我们就见到了他。1950 年我们在美国分别时两人都是青年，而那次再相见时都已进入了中年，真是悲喜交加，感慨万分。

1972 年 10 月 14 日，周恩来在北京亲切接见了李政道夫妇。朱光亚与吴有训、周培源、钱学森、华罗庚等人陪同。周恩来就国内教育和科研方面的问题，与李政道夫妇进行了畅谈。这次会见进行了近 4 个小时。

1974 年 5 月，李政道及其夫人一行再次回国访问和讲学。朱光亚又亲自前往接机。在北京，两人就国家的教育问题进行了长谈。李政道写道：

我对当时祖国的教育由于"文化大革命"而处于停顿状态而忧心忡忡，给周总理写了一封信，诉说了我对教育工作停顿的担忧，提出了与当时所谓"教育革命"的不同意见，希望能尽快恢复正常的教育工作并请周总理把我的意见转报给毛主席。我这封信就是请光亚转呈给周总理的。

当时，周恩来因积劳成疾，已身患重病。接到朱光亚转呈的李政道的信后，他于 5 月 24 日抱病接见了李政道一行。

　　这次接见，"四人帮"即王洪文、张春桥、江青、姚文元在场，刚刚复出的邓小平在场，还有郭沫若、周荣鑫、吴有训、周培源、钱学森、朱光亚、王淦昌、周光召、何祚庥等人。

　　接见中，李政道直率地向周恩来说：培养人才、发展科学和教育是非常重要的。理工大学要重视基础教育和理论研究。把大批知识分子下放到农村、工厂从事体力劳动，并作为改造对象，不利于中国科学教育事业的发展和繁荣。

　　李政道还诚恳地提出建议：知识分子政策一定要落到实处，绝不能教条主义和搞形式。

　　对李政道的这些观点和建议，"四人帮"当然不赞成。李政道写道：

　　当时"四人帮"全都在场，我和他们辩论，甚为激烈。那次周总理接见时，邓小平先生和中国许多科学家都在场，光亚也在。在当时国内的那种情况下，他和小平先生等虽都没有讲话，但我知道，他们都是赞成和支持我的意见的。周总理十分严肃认真地听了我和"四人帮"的辩论，并把我的意见报告给了毛主席。

　　1974年5月30日清晨，毛泽东在中南海亲切接见了李政道。孟宪明主编、岳梁编著的《李政道》一书，对这次接见有较为详细的记述：

　　5月30日清晨6点钟，同平常一样，具有早起习惯的李政道正在刷牙、洗脸。突然，电话铃声响了。

　　李政道拿起了电话，只听电话里传出标准的北京口音：

　　"您是李政道教授吗？"

　　"是，我是李政道。"

　　"李教授，您好！一个小时之后，毛泽东主席要在中南海他的寓所里接见您。请您做好准备，车子马上就到。"

　　对方的电话放下了，可李政道手里的电话筒久久没有放下。他自言自语地说：

　　"这是真的吗？"

　　这个突如其来的消息使李政道感到又惊又喜：惊的是，这次回祖国访问讲学，不仅惊动了多病的周恩来总理及各位物理学家，而且连多病的毛泽东

主席也要会见他；喜的则是今天终于能够见到毛泽东主席了。他早就有拜见毛泽东主席的愿望，但他知道毛泽东很忙，又听说毛泽东身体不好，所以打消了这个念头。

"嘟嘟嘟！"传来了敲门声。

李政道迅速打开了房门。一个年轻人很有礼貌地站在门口。

"李教授，您准备好了吗？"

"准备好啦！"

李政道在这位解放军的引导下坐进了"红旗"轿车。"红旗"轿车穿过西长安街，驶进有两个解放军战士站岗的新华门，绕过红墙，再经过安静无人的甬道，驶进了丰泽园。车子停下来了，早在此等候的朱光亚等人迅速迎上来和李政道握手……在朱光亚引导下，李政道等人走进毛泽东主席的书房。

毛泽东的书房是一个比较大的房间，四周靠墙的书架上摆满了文稿，桌上、地上也都堆着书。这个房间看上去，给人的感觉更像是一位学者的住处，

1974年5月30日，毛泽东在北京中南海亲切接见朱光亚

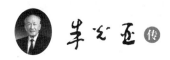

而不像是世界上人口最多的国家领袖的会客室。房间里一边摆放着一张简易的木床，另一边则是一排摆成半圆形的沙发，沙发上都有棕色的布套，每两张沙发之间有一张铺着白布的 V 字形茶几。毛泽东主席身边的茶几上总是放着书，只剩下一个放茉莉花茶茶杯的地方。沙发的后面有两盏落地灯，圆形的灯罩大得出奇。

李政道教授和朱光亚等人走进毛泽东的书房，毛泽东在两个护理人员的搀扶下站起来迎接客人。

毛泽东的脸上露着真挚而慈祥的微笑，紧紧地握住了李政道的手。当毛泽东和李政道握手时，记者迅速地拍下了这一珍贵的镜头。

毛泽东没有客套寒暄，开门见山地问李政道：

"什么是物理学中的对称？"

李政道回答说：

"对称就是'对比相称'，它本质上是一种静态观念。"

看着年迈的毛泽东主席，李政道很惊讶。毛泽东很忙，并且年事已高，但思维却很清晰，还关心着物理学中的对称。李政道看着毛泽东，感到眼前这位老人一点也不像一个大国的领袖，倒非常像学校里的教授。他感到他们之间的交谈，像在进行某一学术问题的沟通磋商，而根本不是一次高级会晤。

为了证明物理学中的对称，李政道在毛泽东的面前做了一个实验。李政道看到茶几上放着一些纸张、铅笔，他拿起一张纸和铅笔，把铅笔放在纸张上，然后把纸宽松地折叠起来，先把这纸向毛泽东一边倾斜，然后再向自己这边倾斜。这样，铅笔就在较宽的纸槽里先流动到毛泽东那边，然后又流动到李政道这边。同时，李政道向毛泽东解释说：

"这个实验是在不断运动中的，一刻也没有静止，但从整个运动过程来看则是对称的。"

毛泽东理解后又问李政道：

"物理学家能不能根据'对称'有系统地制定宇宙性的法则？"

李政道很感动。他认识到，毛泽东所关心和思考的不仅仅是中国的问题、身边的问题，而是无边无际的宇宙问题。李政道用爱因斯坦的相对论解释了毛泽东提出的问题。

在毛泽东和李政道的整个交谈中，他们还谈到了粒子与反粒子的对称关系和这些粒子的创生与湮灭的动力过程。毛泽东很认真地对李政道说，他对物理学很感兴趣，但后悔自己没有时间多研究这方面的问题，但他还清楚地记得他年轻时读过生物学家汤姆逊所著的那一套《科学大纲》。毛泽东说，那套书言简意赅的科学知识，至今仍给他留下了极为深刻的印象。

一个小时过去了，谈话还没有结束的迹象。他们还把话题从自然科学转到社会科学，即人类活动问题上来。李政道根据自己的所见所闻，谈了自己的看法，提出要学习和总结发达国家的经验教训，他还特别提到培养人才的重要性。毛泽东坦诚地接受了李政道的建议，认为中国的教育必须加强和提高。他高兴地说：

"你的建议很好，很值得考虑。"

……

整个谈话进行了两个多小时。最后，毛泽东还是坚持把李政道送到了门口。这是李政道第一次也是最后一次见到毛泽东主席。

第二天，李政道一行就要离开北京。在首都机场，李政道意外地发现了毛泽东主席办公室的同志。这位同志双手送上毛泽东主席赠给李政道的临别礼物。李政道打开一看，这正是1923年原版的毛泽东所说的汤姆逊所著的那套《科学大纲》。

李政道多次访问北京。其间，他常与朱光亚促膝畅谈。但由于保密原因，他们没有谈到有关原子弹、氢弹方面的事情。

李政道说：

我知道研制原子弹、氢弹是国家的秘密，因此，尽管1972年以后我与国内的物理学家来往密切，但我从没有私下了解这方面的事情。直到20世纪80年代以后，随着一些内情的公开，我才逐渐明白了其中的若干原因。中国"两弹"技术之所以能够迅速发展，从大的方面讲，是因为国家最高层的果断决策、强有力的组织领导，是因为全国人力资源、物质资源的集中使用和大力协作；而最直接的原因则是因为组织了一支很了不起的科学家团队，是他们完成了

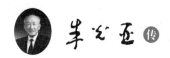

"两弹"科学技术的攻关。

这支科学家团队之所以"了不起",既是因为其中包含了许多杰出的科学家,更重要的是这个团队整体效率很高,整体创造力发挥得特别好。记得曾经有人对比过中国、美国、苏联研制第一颗原子弹、氢弹的科学家团队,论名气,中国科学家团队的组成人员远不如美国、苏联,但在团队的整体效率上,中国却毫不逊色于两个超级大国甚至还要好。我觉得这是符合实际的。

从公开的资料中,我才知道,光亚在这个科学家团队中起到了非常重要的作用。彭桓武先生称赞他"细致安排争好省,全盘计划善沟通,周旋内外现玲珑",程开甲先生称赞他"深思熟虑,把握航道",他的上级领导刘杰、李觉则说他是"杰出的科技帅才"。

李政道还说:

1972年以后,我每次回到祖国都能见到光亚,但他对自己的成就和贡献从来只字不提,他总是勤勤恳恳、踏踏实实、默默无闻地做事。我听说,国内宣传科学家成就时,他经常列举别人,从不说自己。科技界的朋友们都说他作风严谨、求实,为人谦虚、低调,从不迎合别人说大话、空话;说他善于从全局的角度考虑问题,善于在复杂的局面中抓住关键,善于综合大家的各种建议形成正确意见,善于引导大家沿着正确的方向,推动科学技术稳步、快速、创新发展,是一位真正的战略科学家。

六、邓小平的嘱托

1975年10月,时任国务院第一副总理的邓小平指示:"要抓紧发展地下核试验,尽快结束在大气层试验。"

邓小平在"文化人革命"初期遭受迫害,被错误地撤销党内外一切职务。

1973年12月,中共中央根据毛泽东的提议,决定邓小平为中央政治局委员,参加中央领导工作,待党的十届二中全会追认;同时决定邓小平为中央军委委员,参加军委领导工作。

邓小平复出后,坚持真理,与"四人帮"针锋相对地做斗争。对此,江青一伙极为不满,多次制造事端,对邓小平进行攻击。

1974 年 10 月，中共中央发出通知，决定在最近期间召开第四届全国人民代表大会。"四人帮"借机诬陷周恩来、打击邓小平，妄图由他们出面"组阁"。

毛泽东敏锐地察觉了"四人帮"的阴谋。在一次谈话中，毛泽东说："不要搞四人帮"，"不要搞宗派，搞宗派要摔跤的"，"江青有野心。你们看有没有？我看是有"。毛泽东还说，邓小平政治思想强，人才难得，小平要担任第一副总理、军委副主席和总参谋长三个职务。

1975 年 1 月 5 日，根据毛泽东的提议，中共中央发出文件，宣布任命邓小平为中共中央军委副主席兼中国人民解放军总参谋长。在 1 月上旬召开的党的十届二中全会上，邓小平的中共中央政治局委员职务得到追认，并被选为中共中央副主席、中共中央政治局常委。1 月 13 日至 17 日召开的第四届全国人民代表大会，决定周恩来继续担任国务院总理，邓小平、张春桥、李先念、华国锋等 12 人为副总理。

周恩来在第四届全国人民代表大会上作《政府工作报告》时，再次提出了 1964 年 12 月三届全国人大一次会议提出的我国国民经济发展按两步设想的蓝图："第一步，用 15 年时间，即在 1980 年以前，建成一个独立的比较完整的工业体系和国民经济体系；第二步，在本世纪内，全面实现农业、工业、国防和科学技术的现代化，使我国国民经济走在世界的前列。"

邓小平还提出了核试验新战略。这个新战略，既是为了加强国防现代化建设，也是为了进一步提高核试验水平，减少大气层核污染。

1975 年 10 月 18 日，邓小平做出指示不久，朱光亚和张震寰就赶赴核试验基地，指导第二次平洞（地下）核试验准备工作。

此前，朱光亚已多次召开会议，研究第二次平洞核试验各项准备工作中存在的问题。他特别指示："鉴于当前各单位已到试验现场，还是需要一个技术总体小组，抓一下试验技术准备的总体协调工作。"他还提出，这个技术总体小组应由核试验基地、核武器研究院、工程兵等单位协商组成。

经过协商，技术总体小组由核试验基地研究所所长程开甲任组长，核武器研究院副院长王淦昌任顾问。

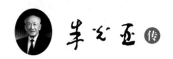

到达核试验基地后，朱光亚组织各参试单位进行核试验产品组装、联试等工作，并对联试中出现的几个技术故障问题，及时组织科研力量查找原因，制定改进措施，确保万无一失。

10月26日，朱光亚、张震寰联名向国防科委发电报请示第二次平洞核试验"零"时。经中共中央军委副主席叶剑英、邓小平批准，决定10月27日9时为核试验"零"时。

10月27日清晨，朱光亚早早地来到了核试验指挥部。在听取了参试部门的工作汇报后，他就静静地坐在指挥席上，点燃了一根烟，仿佛在沉思，又仿佛在养神。

9时整，核爆命令下达。在距地下核试验洞口10公里处待命取样的科研人员，神情专注地望着远处的山峰。只见伴随着一阵闷雷般的轰鸣，山峰颤抖了起来，扬起了浓浓的白色粉尘。

核弹按时起爆。取样人员立即驱车前往核爆洞口。在距洞口约95米时，突然，从洞口内刮来一阵狂风，刹那间，漫天都是灰色尘埃。洞口处的山体，哗啦啦地倒塌下来，洞口被碎石堵塞，无法进洞内的取样间取样。经测试，现场的放射性剂量比较高。

这个消息传到指挥部后，指挥员立即命令取样人员撤回。随即，朱光亚召集指挥部成员开会，直接听取取样小组的情况汇报。

听完汇报，会场骚动了起来。王淦昌站起身，搓着双手，焦躁地来回踱步。忽然，他急切地说："我要进洞里去看一看，一定要把样品取出来！不然，怎么向周总理交代？怎么向人民交代？"

朱光亚此刻非常冷静。他对王淦昌劝阻道："那怎么行呢，你不能去！我要对你负责、对国家负责。"随之，他又组织了第二次、第三次取样，均未成功。

第二天，朱光亚和王淦昌等人亲自到核试验现场查看。当时，洞口外的尘埃已被风吹散，但洞口处还不时有石块往下掉落。朱光亚冒着有可能遭受放射性危害的危险，靠近洞口仔细查看。

后来，他们在一处掉落的乱石堆的缝隙处，发现有一缕缕白烟冒出，扒开乱石，露出了预备洞口。朱光亚当即断定："预备洞口有气体往外冒，证明这里还没有被堵死，可以去预备洞口试一试。"

此言一出，让大家顿时有绝处逢生之感。经过研究，决定从预备洞口进去，到取样间取样。这在当时，实属不得已而为之。因为洞内不仅污染严重，而且松动的岩石和支架随时可能塌落，一旦把洞堵死，后果不堪设想。朱光亚再三强调，一定要保证安全。

最后，由傅依备、霍国良、胡广才、张其林、叶全成、李怀曾、陈玉山、郑天璋等人组成取样小组，戴上防毒面具和计量仪，进入洞内。

取样小组进洞后，朱光亚的心一直悬着。直到取样人员安全取样归来，他才松了一口气。

44小时后，化验室对样品的化验结果出来了，根据获得的核爆威力数据，证明这次平洞核试验是成功的。朱光亚特意去看望了取样人员，一一握着他

我国早期地下核试验场景

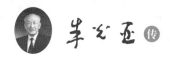
们的手说："谢谢同志们！谢谢！"

第二次地下核试验虽然取得了成功，但平洞出现的塌方现象，仍让朱光亚放心不下。他与核试验基地研究所所长程开甲研究后，决定一起进入平洞内查看，做到心中有数。

地下核爆后，平洞内的坑道已遭受破坏。特别是取样间与爆室之间的行走通道，由于受到冲击波影响，已被挤压成直径仅80厘米的管道。人进去后，就得弯着腰、低着头，甚至得爬行。更危险的是，这里的放射性剂量很大，而且随时有塌方的可能。大家劝他俩不要冒这个险。他们笑了笑说："不入虎穴，焉得虎子。"

朱光亚、程开甲以及少数几名随行人员，穿上防护服，戴上大口罩、手套、安全帽，从主坑道进入，然后钻进狭窄的管道里，弯着腰，低着头，有时候还要爬行，只见里面到处是石英石烧结生成的黑色玻璃体。经过实地查看，他们掌握了大量地下核试验现象学的第一手资料。

20世纪80年代，朱光亚和程开甲在一起

后来，科技人员经过深入分析认为，由于地下核试验场的地质环境不太理想，出现了塌方；而且，这种地质条件还容易导致产生核爆炸分凝问题。分凝对准确测定核试验当量有一定影响。

原因弄清了，对策也就随之产生：重新选址。经过勘察，决定把一座具有花岗岩地质条件的山体，作为新的地下核试验场。

程开甲后来深有感触地说："如果新的试验场区不能选下来，后面的地下核试验，至少要推迟两年以上才能进行。如果继续用原试验场区，分凝问题解决不了，对发展核武器有很多的阻力。"

七、君子坦荡荡

随着邓小平的复出，一批被错误打倒的老干部也陆续被"解放"。张爱萍便是其中之一。

"文化大革命"开始后不久，时任解放军副总参谋长、国防科委主任的张爱萍，便受到林彪一伙人的诬陷和迫害。1967年12月，张爱萍被逮捕关押，长达5年。

关押期间，张爱萍遭受了许多折磨，腿也断了。1972年3月，在周恩来的关怀下，他被批准入院治疗，但未解除监禁。同年11月，在人民大会堂召开的一次会议上，周恩来气愤地质问总参两位领导人："这么多年了，还没有把张爱萍的问题搞清楚吗？中国共产党内如果有那么多叛徒、特务，今天我们还能坐在这里开会吗？"

之后，张爱萍被解除监禁，但一直没有审查结论。直到1975年10月，中央专案审查小组第三办公室才做出了关于张爱萍的审查结论："根据中央军委的报告，经中央批准，于1967年12月25日监护审查，1972年11月解除监护。经调查核实，张爱萍同志历史清楚，政治上没有问题。"

而在审查结论出来之前，周恩来、叶剑英、邓小平等中央领导人已考虑让张爱萍重新出来工作。

最初是叶剑英。1974年11月6日，叶剑英来到张爱萍下榻的京西宾馆。张爱萍拄着手杖在门口迎接。

一见面，叶剑英就关心地问："你的腿治得怎么样了？"

张爱萍："比过去好多了。过去拄双拐都很吃力，现在拄手杖就可以走路了。不过，要痊愈很困难。"

叶剑英："身体呢，身体怎么样？"

张爱萍："身体状况也不太好。"

叶剑英把眉头皱了一下，又问道："能不能出来工作？"

张爱萍直截了当地回答："不能。身体不好，就是出来工作，完不成任务，也要误事的。"

叶剑英："我看，不只是因为身体吧。我知道，这几年，你受了很多、很大的委屈，但这又有什么法子呢？贺（龙）老总不是被他们整死了吗？彭（德怀）老总被整得多惨呀！你看我们的国家、我们的军队，现在都成了什么样子了？！"

叶剑英又动员张爱萍道："你还是出来工作吧。我们考虑，国防科委更需要你。现在那里很乱，你们原来制订的计划基本上没有实现。国防科委管两摊，地方那一摊——二机部和七机部，他们管不了，乱得很。总要有人去管吧。"

张爱萍："我就是去了也管不好。听说那里太复杂了，派性闹得很厉害。"

叶剑英最后说道："好吧，不说这些。关于工作问题，你再考虑考虑。如果身体不太好，腿又没有痊愈，你就上半天班，或者一天待上两个小时也行。"

说到这里，叶剑英站了起来。张爱萍拄着拐杖，把叶剑英送到了门外。

一个月后，叶剑英又召见张爱萍。见面后，叶剑英对张爱萍说的第一句话，既不是询问他的身体状况，也不是动员他出来工作，而是语气沉重地说："昨天发射的返回式卫星又没有成功，只飞了20秒钟就坠毁了。这颗卫星是我主持中央专委会听取汇报后批准发射的，没有想到会失败了。"

张爱萍忙问："什么原因？"

叶剑英："说是一根导线没有接好。"

张爱萍愤怒了："胡闹，真是胡闹！"

叶剑英："骂也没有用。爱萍同志，国防科委的工作还是由你来抓吧。"

张爱萍没有吭声。

叶剑英："你尽快把国防科委和二机部、七机部两摊子抓起来。现在形势严峻，我们不能再耽误时间了。"

张爱萍仍然没有说话。

叶剑英停顿了片刻，神情严肃地说："中央军委已经决定，并同陶鲁笳谈了，由你担任国防科委主任，陶鲁笳由主任改任政委；同时，恢复你副总参谋长的职务。"

张爱萍还是没有说话。

叶剑英继续说："关于你的工作，我征求了小平同志的意见，他也认为你来担任国防科委主任合适。小平同志是在今年10月份由毛主席提议被任命为国务院第一副总理的，你可以去看看他。"

从叶剑英处出来后，张爱萍就去了邓小平处。邓小平对张爱萍说："人家要你工作就工作嘛，工作总比不工作好。"

邓小平、叶剑英的谈话，让张爱萍再也坐不住了。这是党的召唤，是他尊敬的中央老领导的期盼。

张爱萍决定出山。

1975年3月8日，中共中央军委正式下达命令，任命张爱萍为国防科委主任、陶鲁笳为国防科委政委。

1975年8月11日，中共中央军委对国防科委领导班子重新进行调整，任命陈彬、马捷、钱学森、朱光亚、张震寰、李光军、胥光义为国防科委副主任，萧向荣、栗在山为副政委。

张爱萍出山后，写了一首题为《重上征途》的词以明志：

久困重围冲破，

今朝又催征程。

茫茫大地落混沉，

浮云蔽日天阴。

大张浩然正气，

奋起千钧雷霆。

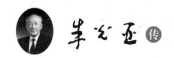

摧枯拉朽邪恶镇，

还我旧时精神。

为了"还我旧时精神"，张爱萍出山后做的第一件事就是：整顿。

要整顿，就得选择突破口。在国防科委党委常委会议上，张爱萍明确地指出：在国防科技工业战线上——主要包括国防科委、二机部、七机部三个系统，七机部是最乱的一个部，其主要原因是派性猖獗。七机部广大的科学技术专家热爱祖国、无私奉献、自力更生、艰苦奋斗、大力协作、勇于攀登，曾为祖国航天事业的发展做出过重大贡献。但是，"文化大革命"开始后，七机部广大职工就分成了好几派，其中主要的是"9·15"和"9·16"两大派。两大派都有各自的"中央首长"，都有各自的造反组织。两大派针锋相对、水火不容，你争我斗、旷日持久，其混乱局面达到了极致。周恩来曾亲自主持解决七机部的问题达 37 次之多，但一些派性头头硬是仗着"中央首长"的支持越闹越烈。

张爱萍最后说："要使国防科技工业战线恢复正常秩序，必须以七机部的整顿为重点。"

张爱萍决定出山后，曾先后与陈彬、马捷两人作过深谈，了解情况。这两人都是由中央派往国防科委学习组的成员，参与国防科委领导工作。

陈彬、马捷告诉张爱萍：国防科委目前很乱，派性严重，关系复杂，工作不好干。

张爱萍问他们："两弹一星"研制情况怎么样？

陈彬说："原子弹、氢弹的研制情况要好一些。在 6 年内，共成功地进行了 6 次原子弹爆炸试验；其中，空爆 2 次、地爆 2 次、地下爆 2 次。氢弹研制方面，自 1967 年 6 月 17 日第一颗氢弹空爆成功后，到 1974 年 6 月 17 日为止，又连续成功进行了 9 次爆炸试验。"

马捷说："您在 1965 年领导规划的'八年四（导）弹'任务才完成了一半。至于卫星研制，最近才发射的返回式卫星又失败了。"

之后，张爱萍又走访了核科学家陈能宽、导弹与运载火箭科学家谢光选，进一步了解二机部、七机部的情况。

　　谢光选告诉张爱萍："七机部这几年派性十分猖獗，人心混乱，科学家都处于挨整受气而又无可奈何的境地。现在是有事没人干，有人没事干，有人有事没法干。"

　　张爱萍问陈能宽："为什么原子弹、氢弹的研制工作进行得好些，导弹和卫星的研制工作就进行得差些，你们没有受到文化大革命的冲击和干扰？"

　　陈能宽回答："哪能没有受到冲击和干扰，但我们忍辱负重，坚持拼死拼活地开展研制工作。经常是白天挨批斗，晚上干；有的人甚至被游街、体罚，还接着干。"

　　张爱萍十分感慨。他决定选择七机部为突破口，正是建立在调研基础上的有的放矢。

　　邓小平旗帜鲜明地支持张爱萍在国防科技工业战线进行整顿。在听取张爱萍的工作汇报时，邓小平说：

　　对那些继续搞派性的人不能等了。不管是谁，不管你是"915"、"916"，不管你是四五十年的老资格，还是年轻的新干部，凡是搞派性的，老虎屁股都得摸，不然还得了！这么多年搞出来了什么嘛？还在那里闹，还说有理。把七机部闹成了这个样子，不要说社会主义，连爱国主义都没有。

　　据此，张爱萍以国防科委名义起草了一个决定，在国防科技和国防工业系统，坚决解散所有的派别组织。凡继续坚持搞派性活动的人，一律调离国防系统。这个决定上报中央后，经毛泽东批准，以中共中央 [1975]14 号文件下发。

　　对张爱萍主导的整顿工作及为此采取的坚决措施，朱光亚从心底里拥护。在核试验基地党委常委会的一次会议上，朱光亚旗帜鲜明地说：

　　过去问题的后果，是把基地的科技队伍分裂了，许多正常进行的工作也乱了。什么原因？这次同志们学习文件和首长的讲话，对照检查，统一了认识，根本问题是在常委，要把常委中存在的不团结、搞派性的问题，通过自我批评的方式加以解决、消除，使基地形势转变过来，赶上全国尖端武器发展的需要。上次大会动员时，张爱萍主任讲，让我们回忆一下过去基地建设走过的路。我想，我们都有同感，取得的成绩来之不易，对现在造成的影响应该痛心，我们再也不能容忍下去了！基地上去是大有希望的，把失去的时间抢

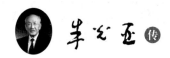

回来也是大有希望的。

这几年，我去基地时，总要和一些同志谈谈。我走的时候，有些同志让我带个话："给我调个工作"。我知道原因是多方面的，后来一想，科研上不去，基地变成这样，这是主要的。客观需要我们尽快赶上去，把精力投入到全面的科研和建设中去。上午，我们开了个预备会，研究部署即将进行的核试验任务，明年任务很重。希望常委带头，进一步带领基地广大群众，团结起来，迎接更艰巨的任务。

在核试验基地党委扩大会议上，朱光亚又再次讲话，强调指出：要把全基地的同志们动员起来，树立信心，发扬优良作风。特别是领导干部要首先整顿作风，克服派性，服从大局，不管什么时候，就是有变动也要搞好工作，站好最后一班岗。

整顿带来了明显的效果。1975年10月，我国又成功地进行了一次地下核试验；1975年11月，我国发射的返回式卫星首次回收成功，我国成为继美国、苏联之后第三个掌握卫星回收技术的国家。

然而，好景不长。邓小平复出后所做的工作，被"四人帮"诬陷为否定"文化大革命"，是"右倾翻案风"；张爱萍大力推行的整顿工作，也被"四人帮"及其爪牙说成是"复辟"。张爱萍又受到了激烈的批判，最后不得不因病住进了解放军总医院。

跟随张爱萍去七机部开展整顿工作的国防科委机关干部陈宝定回忆说："1976年整个翻过来了，中央批准开两委（国防科委党委和七机部党组）联席会议揭发张爱萍。对我倒没有采取什么措施，还让我当特邀代表参加会。张爱萍住院后，每星期有两次给他送材料，我就借送材料的机会去看他，也不敢和他多说话，相对无言。"

在两委联席会议上，与会成员都必须发言批判张爱萍，这也是一种政治表态。有的人是上纲上线，有的人是附势趋炎，还有的人是含糊其辞。前者是落井下石，后者是被迫无奈。最后，只剩下朱光亚没有发言了。

朱明远回忆说：

那时，我正好从部队复员在家，看到父亲整天闷闷不乐，一问才知道，科委党委常委在开会批判张爱萍，大家都发言批判了，就他还拖着没有发言。我问他为什么？他说，我不知道张主任错在哪里，说什么呀。但不说，又不能过关。我就自告奋勇，说我来帮你写批判稿。父亲看了看我，点了点头。于是，我就用了一个晚上，把那些批判张爱萍的材料，拿来七拼八凑地写了一个稿子。第二天，我把批判稿给了父亲。他拿起稿子仔细看了起来，边看边用笔在稿子上划着，说："这不符合事实，这也不符合事实"，最后，把我写的批判张爱萍的内容全划掉了。他无奈地叹了一口气，对我挥挥手说："你走吧"。

朱明远说，他不知道朱光亚最后是否发言了，但不久之后，朱光亚住进了解放军总医院。这是朱光亚有生以来第一次住院，不是为了看病，而是为了抗争。

在那场批判张爱萍的闹剧中，张爱萍、朱光亚都不约而同地住进了解放军总医院。从中，我们不仅看到了张爱萍的铮铮硬骨，也看到了朱光亚——一个科学家的可贵操守。

作为国防科委的一名副主任，朱光亚没有能力去保护国防科委主任张爱萍。他能做到的是坚持实事求是，不做落井下石的事。而对下属，在实事求是的基础上，他仗义执言，予以保护。

1974年年底，有关部门对核试验基地原司令员白斌进行审查。起因是在林彪未叛逃之前，白斌曾组织有关人员对核试验预备场区的飞机场进行勘察定点。这本来是很正常的一件事，但林彪叛逃后，有些人加以联想，揭发这次飞机场勘察定点与林彪阴谋发动政变有关。这在当时可是个天大的政治问题。

其实，这与林彪一点儿关系都没有。在核试验基地党委常委会讨论白斌问题的会议上，代表国防科委党委参加会议的朱光亚实事求是地为白斌作证，他说："勘察定点的事，白斌向我请示过，我让他向北京汇报。"朱光亚的一句话，为白斌洗脱了莫须有的"罪名"。

君子坦荡荡，小人长戚戚。这就是朱光亚。科研试验上坚持科学求实，政治生活中绝不趋炎附势。

第十九章 春暖花开

一、不寻常的 1976 年

1976 年，是中华人民共和国历史上最不寻常的一年。

1 月 8 日，党和国家的重要领导人周恩来在北京逝世。举国哀悼，天地同悲。

朱光亚对周恩来怀有深厚的感情。他曾写道："我于 1950 年春从美国回到祖国参加社会主义建设，亲身经历了新中国科学技术事业发展的历程，并有幸在核工业技术领域接受周总理的直接领导，多次聆听他的教诲，目睹他的风范，使我深受教益，终身难忘。"

1 月 15 日，朱光亚参加完周恩来追悼大会后，化悲痛为力量，赴核试验基地组织指挥代号为 XXXX 的核弹爆炸试验。这次核试验是为了检验核弹研制的一项新技术。1 月 23 日，核试验取得成功。同日，新华社发布新闻公告：我国又成功地进行了一次新的核试验。

2 月 23 日至 3 月 18 日，朱光亚在北京主持召开第二次平洞地下核试验任务总结和第三次平洞地下核试验任务协调会议。

第三次平洞地下核试验在新建设的核试验场区进行。

对第三次平洞地下核试验，朱光亚特别强调要做好核爆后的取样工作。他提出：这次核试验要采取在山顶上钻探取样。具体方案要发动群众，既要保证安全，又要达到目的。不能一次解决，就采取几种方法逐个解决。

在山顶上钻探取样要比进入坑道取样的安全系数更高，但技术难度也更高。

朱光亚还强调，要过地下试验关，在技术上有三个问题必须解决，即：要能封得住，不"放枪"（即核泄漏）；取样要快；要掌握测试规律，"从必然王国到自由王国"。

1976 年 7 月 6 日，党和国家的重要领导人朱德逝世。

1976 年 9 月 9 日，中华人民共和国的伟大缔造者毛泽东逝世。全国人民沉浸在巨大的悲痛之中。

朱光亚的心情十分沉痛。在那些日子里，回到家，他就经常一个人关在书房里，默默地沉思。

在不到一年的时间里，三位党和国家的杰出领导人相继逝世，在许多人心里，似乎有一种天塌下来的感觉。

9 月 24 日，朱光亚再次亲临罗布泊核试验场，组织指挥一项新的核试验任务。

9 月 26 日，核试验获得成功。这次核试验还有一个新的科目，就是在核爆后 90 分钟，进行了研究性军事演习，摸索和探讨了核爆条件下战术行动的经验。

这次核试验成功后，朱光亚立即投入到又一次平洞地下核试验的组织指挥中。

而这时的北京，政治气候诡异。"四人帮"加紧了篡夺党和国家最高领导权的活动。

中国向何处去？

中共中央第一副主席、主持中央日常工作的华国锋，在叶剑英、李先念等老一辈无产阶级革命家的支持下，并征得中共中央政治局多数同志的同意后，决定采取断然措施，解决"四人帮"问题。

10 月 6 日，华国锋、叶剑英代表中共中央政治局，执行党和人民的意志，对江青、张春桥、王洪文、姚文元及其在北京的帮派骨干实行审查。

10 月 14 日，中共中央正式公布粉碎"四人帮"的消息。全国人民奔走相告，欢欣鼓舞。

远在新疆罗布泊的朱光亚以及广大参试人员，也是群情振奋，坚决支持中共中央的正确决策。

10 月 16 日，朱光亚召开现场指挥部会议，一致决定，10 月 17 日 13 时为核试验"零"时，并上报国防科委批准。

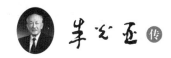

10月17日，核爆准时实施，获得圆满成功。它仿佛是大漠上的一声春雷，欢庆"四人帮"被粉碎。

核试验取得成功后，朱光亚继续留在核试验场进行调研。

10月27日，朱光亚在核试验场主持召开核试验基地与核武器研究院领导联席会议，专题研究1980年前的核试验规划问题。

针对核武器的发展、地下核试验与核效应问题，朱光亚在会上详细阐述了自己的意见。他说：

核试验首先是为武器服务的。武器要一代代发展，核试验如何转变成武器，关键是技术，真正打破两霸的核垄断。

第一代武器基本解决了，明年、后年到1980年的核试验，是为第二代作准备，就是作战本事大一些，弹头小一些。这是很重要的方面，需要花费更多的人力、物力，二机部、核武器研究院有许多工作要做。

地下核试验问题，是毛主席指示过的，我看是不是从明年开始，一年一次或两次。竖井试验还没有做，看来有一定优点，可以机械化作业，但我们总归是没有经验。当初开会的时候，大家连个概念也没有，基地和核武器研究院做了大量的研究和实验工作。

在讲话中，朱光亚还就核试验的效应试验，进行了深刻的分析，提出了具体的指导性意见。

朱光亚的这次讲话，实际上是对今后几年中国核试验的发展，做出了比较具体的规划。

第二天，即1976年10月28日，朱光亚又主持召开了首次竖井地下核试验任务现场会。

竖井方式相比平洞方式，它的难度更大。后者好比是挖一个平行的坑道，前者就好比开采一口垂直的油井。竖井方式不仅技术更为复杂，而且还需要大型的钻机设备。

对此，朱光亚曾分析道："对竖井与平洞的两种试验方式还有争论，有两种看法。有一种看法认为竖井试验复杂，还是打平洞。可国外几乎都是用竖井方式。"

早在 1974 年 9 月，朱光亚在听取核试验基地工作汇报时就指出：基地要尽快做好竖井地下核试验的准备工作；并明确要进行地下竖井试验，预先规划。

对大型钻机设备的研制，朱光亚认为："提（钻机）研制任务的前提是技术要求要明确。我们还没有深入研究，能不能明确起来，这要靠实践经验。从总体上看，井径大小等问题，不是（国防）科委几个领导人能提得出来的，还得从实践中来。从时间上看，现在提研制任务是对的，但如果以前工作做得不充分，以后就会走弯路。前期再慎重、周到点，也许后面稍晚些，但能避免走弯路。"并提出："要在钻机试钻过程中考验设备、培训技术队伍、总结出经验。"

在这次任务现场会上，朱光亚要求大家畅所欲言，共谋大计。经过深入讨论，最后确定了竖井地下核试验总体方案，成立了总体技术小组；商定了第一口竖井的建井设计，组建了现场设计队伍；初步安排了竖井地下核试验的准备工作计划。会议根据朱光亚的提议，还对核武器研究院与核试验基地的工作进行了具体的分工，并达成了一致意见："本着相互学习，团结协作，争取更大胜利的精神，在保证一套完整数据的前提下，重点数据作必要的重复，尽可能上一些新技术以探索新测试手段。"

这次现场会开了 9 天，11 月 5 日结束。

会议结束后，朱光亚又紧接着组织指挥新的氢弹试验。这是我国进行的当量最大的氢弹试验，意义重大。

11 月 11 日，朱光亚返回北京，向华国锋、叶剑英等中央领导人汇报这次核试验任务的准备工作。试验方案得到了中央领导人的批准。

汇报会结束后，朱光亚立即返回核试验场，进行现场组织指挥。11 月 17 日，氢弹试验获得圆满成功。

对这次核试验的成功，中央领导人十分满意，华国锋等中央领导人都做出指示予以表彰。

当晚，新华社受权发布新闻公报。公报指出：

在举国上下热烈庆祝华国锋同志任中共中央主席、中央军委主席，热烈

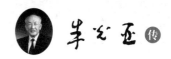

庆祝以华国锋主席为首的党中央一举粉碎王洪文、张春桥、江青、姚文元"四人帮"反党集团篡党夺权阴谋的伟大胜利的大喜日子里，在我国社会主义革命和社会主义建设不断取得新胜利的大好形势下，1976年11月17日，我国成功进行了一次新的氢弹试验。

公报特别指出："这次新的氢弹试验，把我国核武器的水平提高到了一个新的高度。"

1976年一年内，中国共成功进行了4次核试验。在这个特殊的年份里，核科技取得如此成就，从一个侧面，反映了朱光亚杰出的领导组织才能。而在粉碎"四人帮"后，朱光亚及时对1980年前的核试验做出具体规划，再次展示了他高瞻远瞩的核战略思想。

二、当选中共中央委员

1977年3月7日，中共中央决定：叶剑英恢复主持中共中央军委工作。

3月10日，叶剑英委托总政治部副主任徐立清去看望张爱萍，请他出来工作。

在张爱萍处，徐立清说："我受叶帅委托，一是来看看你，二是来请你出山。"

张爱萍摇头叹息道："我是出不了山喽。"

徐立清问："为什么？"

张爱萍："现在我这个样子，就是出山，又能干得了什么？！"

在1975年年底开始的所谓"反击右倾翻案风"运动中，张爱萍再次被打倒，并受到了不公正的批判。

第二天、第三天，徐立清"三顾茅庐"，连续去张爱萍处，动员他出来工作，但都被张爱萍"婉拒"。

后来，叶剑英亲自找张爱萍谈话："我反反复复地请你都不干，这么不支持我的工作？"

张爱萍："不是我不支持你的工作，是国防科委领导的现状让我无法工作。"

叶剑英："就这个原因？"

张爱萍："从监狱出来，我的腿断了，多了一根拐杖。这次，我的心脏不太好，出门又多了一个氧气袋。"

叶剑英："你的心脏怎么个不好法？"

张爱萍："在'反击右倾翻案风'中遭到接连不断的批判，心脏给'劈'了！"

叶剑英告诉张爱萍，中央已决定调整国防科委领导班子，国防科委原政委将被调离。

最后，张爱萍同意出山，并推荐李耀文出任国防科委政委、党委第二书记。

李耀文，1937年加入中国共产党，解放战争期间曾任军政委，新中国成立后担任过济南军区副政委、外交部副部长等职。

李耀文到任后，张爱萍主持召开了国防科委党委会。会上，张爱萍坦诚地讲道："在'反击右倾翻案风'中批过我、斗过我甚至整过我的同志，一律既往不咎，一个不动。原来在什么领导位置，现在仍在什么位置，大家一定要放心、放手地工作。以前对我的批判和斗争，不是大家的责任，不少都是违心的。以后我们在一起，好好工作就是对我最大的支持。"

为了消除这些人的疑虑，张爱萍还分别找他们个别谈话，又多次在公开场合表明自己的诚意："我以前就讲过，反对我没有关系，不算错。你们以后还可以反对我嘛。这样，我不拿银子就可以买到批判，我怎么能不欢迎呢！"

而对一直支持他工作的朱光亚，张爱萍十分赞赏、喜爱有加。当年，他曾拜朱光亚为师，学习核科技知识。朱光亚担任国防科委副主任后，成为张爱萍的得力助手，是核科技领域的科技主帅。特别是因为对朱光亚不随波逐流的政治品质，张爱萍更是将其视为同道中人。

1977年8月12日至18日，中国共产党第十一次全国代表大会在北京召开。这是粉碎"四人帮"后召开的第一次全国党代会。朱光亚作为国防科委推选的代表之一，出席了这次大会。

会上，华国锋代表中共中央作政治报告，叶剑英作关于修改党章的报告，邓小平致闭幕词。

会议总结了同江青反革命集团的斗争，宣告历时10年的"文化大革命"已经结束，重申在20世纪内把我国建设成为社会主义的现代化强国是新时期

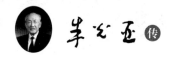

的根本任务。

会议选举了201人组成的中央委员和132名中央候补委员。国防科委主任张爱萍、副主任朱光亚当选为中央委员，政委李耀文、副主任钱学森当选为中央候补委员。

新产生的中共中央委员会选举华国锋为中共中央主席，选举叶剑英、邓小平、李先念、汪东兴为中共中央副主席。

会议结束后，朱光亚即与李耀文赴核试验基地组织指挥代号为XXXXX的核试验任务。

当时，二机部副部长李觉也在核试验场。"文化大革命"中，李觉被打倒，粉碎"四人帮"后恢复工作。

在核试验场重新见到老领导李觉时，朱光亚非常感慨。当年，在核武器研究院，他是李觉院长的得力助手。在朱光亚成长的道路上，李觉给了他很多帮助和关怀。握着李觉的手，朱光亚哽咽着说："老领导，您受苦了。"

而李觉也是百感交集。见到朱光亚已是国防科委副主任，是核科技战线的科技主帅，李觉高兴地说："你干得很好、很好！"

对朱光亚在二机部、核武器研究院期间的工作，李觉于若干年后撰文这样评价：

原子弹研制及其武器化是一项庞大而复杂的大系统工程，涉及众多学科和专业领域。当时我们的科研组织结构，上有王淦昌、彭桓武、郭永怀、程开甲等几位资深的老科学家，下有理论、实验、设计、生产4个研究部的各位科技骨干。光亚同志作为党委科技领导核心的主要成员之一，承上启下、组织协调、综合平衡，对研究方向的确定、技术路线的选择、试验方案的审核、科技力量的调度、工作进度的安排，以及对外的技术协调等，都起到了非常重要的作用，得到了部、院领导和老科学家们的赞许和支持。

9月15日，李耀文、朱光亚参加核试验临时党委会，检查核试验各项准备工作情况，并听取气象汇报，确定核爆"零"时。

李耀文是第一次到核试验基地，又是政委，最后的总结发言由朱光亚主讲。朱光亚讲道：

这次试验进场一个多月了，工作是不错的，刚才大家都作了汇报。同志们工作认真，具备了试验条件。决心怎么下呢？能否再提前一天，抓住好天过程，赶早不赶晚。从事气象工作的同志就更紧张了，要加紧工作，实事求是，如实反映情况。其他的准备工作也要加紧进行，把工作做得更扎实。核武器研究院14日预演出现的问题（遥测发射机不工作）不是坏事，可以使我们把工作做得更好，相信核武器研究院的同志通过更细的工作会成功的，但不要忽视其他方面的问题。我们要设想万一出现的一些问题，并要提出解决这些问题的方案，精心组织，认真落实。

9月17日，核试验获得圆满成功。这次核试验以空爆方式进行。当蘑菇云升起时，我国自行研制的无人机，首次穿越烟云取样，成功取回了测试样品。

用无人机穿云取样，是核试验基地研究所在1975年提出的设想。这个设想提出后，得到了朱光亚的充分肯定，并在实施过程中给予了大力支持。

9月21日至26日，朱光亚陪同李耀文视察核试验基地，看望核试验基地研究所科研人员，并同他们进行座谈。

在和基地领导交换意见时，朱光亚特别强调：要处理解决好过去的一些老问题，充分树立信心，恢复优良传统，稳定干部队伍，实现工作转变，建设新型基地；要站得高一点，看得远一点，解决好基地干部不安心的问题，解决好生活问题；要抓紧调整培养人才，保留技术骨干，在科学技术研究中，既要提拔一些年轻人上来，也要对继续搞研究工作吃力不适应的同志进行调整，再想法调进补充一些；任务与技术建设要加强立法工作，把规定建起来。

朱光亚的这些意见，即使在今天看来，也有着非常现实的指导意义。

三、飞向太平洋

1978年1月3日，朱光亚组织撰写的《三年核试验规划汇报提纲》，经他几度亲笔修改后最终定稿，并报国防科委党委批准。

2月14日，在华国锋主持召开的中央专委会议上，朱光亚代表国防科委将该规划向与会人员进行了汇报，得到了中央专委的充分肯定。

在汇报中，朱光亚就战略核武器和战术核武器的发展趋势向大家进行了

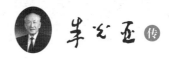

介绍，还对发展战术核武器的利弊进行了详细分析。

战略核武器一般是由威力较高的核弹头和射程较远的投射工具组成的武器系统。它主要包括：陆基洲际弹道核导弹、潜地弹道核导弹和携带核航空炸弹、近程攻击核导弹、巡航核导弹的战略轰炸机等。具有战略核攻击能力的导弹、潜艇、飞机等，均可成为战略核力量的组成部分。

战术核武器一般是由威力较低的核弹头和射程较短的投射工具组成的武器系统。它主要包括：近程地地核导弹、核航空炸弹、舰艇和舰空核导弹、反潜核导弹、核深水炸弹、核炮弹等。具有战役战术核攻击能力的导弹、飞机、大炮等，均可成为战术核力量的组成部分。

1978 年 3 月 15 日，我国成功地进行了一次新的核试验。这次核试验，是为研制我国第二代战略核导弹而进行的一次原理性试验。

1966 年 10 月 27 日在中国本土进行的"两弹"结合试验，标志着我国拥有了第一代战略核导弹。它的投射工具是我国自行研制的改进型中近程地地导弹，射程可达到 1200 公里。

1967 年，我国成功发射了第一枚中程导弹，射程达到了 2000 至 2500 公里；1970 年，我国成功发射了第一枚中远程导弹，射程达到了 4000 至 5000 公里，从而使我国第一代陆基战略核导弹初步形成了系列。

正在研制中的洲际导弹，属于第二代远程战略核导弹，它的射程达到了 8000 公里以上。

1971 年 9 月，研制中的洲际导弹进行首次低弹道飞行试验。这次试验，由于二级火箭发动机提前关机，弹头未落在预定地点。1972 年 11 月至 1973 年 4 月，又组织进行了洲际导弹遥测弹发射试验，也未获得成功。两次发射失利，都是由于导弹的质量和可靠性方面存在问题。但更深层次的原因，则是因为"文化大革命"造成的动乱，使正常的科研、生产秩序遭到了严重破坏。

粉碎"四人帮"后，在张爱萍主导下，国防科委将洲际导弹的研制任务摆在了首要地位，它和潜地导弹、通信卫星被列为在 20 世纪 80 年代前期必须完成的重点任务。后来，大家把这三项重点任务叫作"三抓"或"三大战役"。

1978 年至 1979 年，先后进行了多次洲际导弹低弹道、高弹道飞行试验，均获得成功。

由于我国研制的洲际导弹的射程达到了 8000 公里以上，在国内本土无法进行全射程试验，因此，研制前期，采用的是短射程的特殊弹道，即以低弹道、高弹道方式，在陆上进行洲际地地导弹飞行试验。

这种特殊弹道试验具有以下新的特点：一是射程短，弹道独特。低、高弹道试验方式的射程，仅为导弹全射程的 10% ~ 20%。弹道最高点显著低于或高于正常弹道的最高点，弹道程序有很大差异。二是飞行安全问题突出，一旦飞行程序出现故障，会给实际射程带来重大变化并影响到飞行安全。三是测量参数多，精度要求高。洲际地地导弹的遥测参数为近程地地导弹的 20 多倍；关机点的定位精度和遥测精度的要求，比中近程地地导弹提高 10 多倍。这些特点，给飞行试验带来很大的复杂性和难度。

多次低、高弹道飞行试验的成功，标志着我国洲际导弹的研制技术已基本过关。但要全面检验洲际导弹的性能指标，必须进行全射程试验。经中央批准，决定在 1980 年进行洲际导弹全程飞行试验。

与此同时，洲际导弹的核弹头研制工作也在紧锣密鼓地进行。

1978 年 9 月 28 日，朱光亚听取了核武器研究院副院长俞大光关于洲际导弹核弹头引爆控制系统有关技术问题的汇报。

弹道导弹的核弹头，由核爆炸装置、引爆控制系统和相应的结构部件组成，位于导弹的前端，因此，又称核战斗部。

战略核导弹发射起飞后，到达主动飞行段终点后，核弹头就和弹体分离。弹头沿着惯性弹道在外大气层飞行，最后重返大气层，飞向预定目标。而核弹头的引爆控制系统，就是保障核弹头在飞行过程中具有高安全性，在战斗使用时具有高可靠性，在发出起爆信号时又具有高准确性，使核弹头在预定目标、预定高度、预定时间内实施起爆。要具备这些高标准性能，有着非常多、非常复杂的技术问题。

因此，朱光亚非常关注引爆控制系统的研制工作，时刻把握研制方向、研制进度，及时给予工作指导，并帮助解决研制工作中遇到的问题。

曾任核武器研究院党委书记的姜悦楷深有感触。他说："我们每上一个

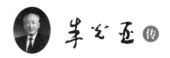

型号，都是在广泛听取意见、经过反复研究之后，首先要向朱（光亚）主任汇报，听取他的意见；即使平时一些具体的关键技术问题，往往也是向朱主任汇报，得到他的认可之后，我们才放心。"

1980 年 5 月，朱光亚在洲际地地弹道导弹试验任务动员大会上讲话

1979 年 6 月 3 日，朱光亚致信张爱萍、李耀文，通报将在 6 月 5 日召开一个由核武器研究院、核试验基地有关专家参加的核武器研究试验座谈会。在信中，朱光亚特别提到，由于"文化大革命"的遗留问题，核武器研究院人心散乱，一部分技术骨干纷纷要求调离。他强调说："要搞出第二代（核）武器、要实现（核试验）尽快转入地下，这些问题非解决不可。"

对朱光亚在信中提到的问题，张爱萍、李耀文非常重视。6 月 5 日，他们亲自参加了座谈会。当时，张爱萍还在住院，是抱病参加会议。

1979 年 7 月 30 日至 8 月 8 日，朱光亚参加核武器研究院专家会议，讨论第二代核武器理论设计构想。

1980 年 2 月 12 日，中央专委在北京人民大会堂东大厅召开会议，听取洲际导弹全程飞行试验准备工作情况汇报。会议决定：1980 年 5 月，进行洲际导弹全程发射试验。导弹在中国境内西北导弹发射基地发射，落点选择在南太平洋地区。为此，新华社对外发布新闻公报，宣布中国将在南太平洋进行远程运载火箭发射试验。这是中国第一次预先向全世界公开自己的导弹发射试验。

《当代中国的航天事业》一书里，对这次发射试验的特点和复杂性作了详细介绍——

这次试验的特点是：运载火箭的射程远，速度快（最快可达到每秒7公里以上）。从我国西部到南太平洋，整个飞行过程只需半小时左右。弹道最高点可达1000公里以上。

远程运载火箭是一项复杂而精密的大型工程，由数十万个零件组成，可靠性要

1980年5月18日10时，我国首枚洲际地地弹道导弹发射成功

求非常高，工作时只要有一个零件失灵，就可能导致失败。远程火箭是现代尖端技术综合发展的体现，它涉及电子技术、自动控制技术、结构材料与工艺等各个技术领域，在一定程度上反映了一个国家的科学技术能力和水平。

这次试验的射程定在9000公里以上。这样的射程，受到我国疆域的限制，需要在公海上进行试验。我国向太平洋发射远程运载火箭，是在国内飞行试验的基础上，选定适当时机进行的。1978年后的一年多时间里，在国内进行了多次远程运载火箭飞行试验，取得了发发成功的好成绩，为我国向太平洋发射远程运载火箭奠定了基础。

向太平洋发射火箭，最大的特点是落点在海区，在南太平洋的公海上。这就要求火箭回收舱落点精确。而且，由于落区气候和海情骤变等原因，发

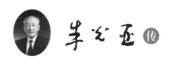

射"窗口"（具备发射条件的时间区间）受限制，要求及时发射，准确无误。

1980年5月2日，朱光亚随同张爱萍、李耀文、钱学森等人来到西北导弹发射基地，检查洲际导弹发射准备工作。5月5日，国防科委在基地召开洲际导弹全程发射试验动员大会。张爱萍、李耀文、钱学森、朱光亚先后在动员大会上讲话。

根据有关各方的准备情况，中央决定：5月18日进行我国第一枚洲际导弹全程发射试验。

5月18日，朱光亚与张爱萍、李耀文、钱学森等人，陪同华国锋、胡耀邦、邓小平、陈云、叶剑英、徐向前、聂荣臻、李先念、王震等中央领导人，在国防科委北京指挥所观看发射实况。

北京时间1980年5月18日10时整，我国自行研制的洲际导弹在震撼大地的轰鸣声中起飞，向南太平洋预定海域飞去。约半小时后，火箭数据回收舱准确溅落在预定海面。因为是在公海上进行发射试验，洲际导弹的弹头未使用核弹头，而是一个数据回收舱。

一弹激起千重浪。中国洲际导弹的发射成功，引起了世界各国的高度关注。

法国军方向中国军方祝贺说："中国已掌握了洲际导弹的技术，这是独立的无价之宝。"

美国联合参谋部主任汉森海军中将说："我们事先知道中国要发射运载火箭，因而美海军向目标区派出一两艘船，看来这次发射命中预定目标，对此感到高兴。"

瑞典参谋学院院长和国防部国务秘书等军方人士也表态说："中国进行洲际导弹试验是令人高兴的事。这不仅表明中国是世界上的军事大国之一，而且也有利于世界军事力量的平衡。"

特别是第三世界国家，对我国这一成就由衷地感到高兴。马来西亚的《光华日报》《马来亚通报》发表文章说："中国战略武器的新成就对霸权主义将产生有效的制衡作用，不仅打破了超级大国垄断洲际导弹的局面，对世界和平与稳定也做出了贡献。"

四、核试验跃上新台阶

根据三年核试验规划，1978年将首次进行竖井地下核试验。

连续三次平洞地下核试验的成功，标志着我国已经基本掌握了地下核试验技术。如果竖井地下核试验也取得突破，那么，我国就可以实现邓小平关于"停止大气层核试验"的重要嘱托了。

竖井地下核试验，是将核装置和各种探测仪器一起吊入大口径深井的底部，然后进行回填，实施核爆炸。

竖井地下核试验，不仅对核试验场区有极高要求，而且要研制大口径、能够进行硬岩钻探的钻机。这种特殊的钻机，国外无定型设备可以引进，国内无现成设备可以应用。为此，中央专委早在20世纪60年代中期就决定我国自行研制。核试验基地和煤炭部、第一机械工业部有关单位承担了研制任务。经过多年攻关，我国第一台硬岩钻井机研制成功。截止到1978年，这台硬岩钻机，成功地打出了两口用于地下核试验的竖井。

进入竖井地下核试验场，首先要经过一个名叫辛格尔的地方。"辛格尔"是蒙古语，意思是"雄性的世界"。辛格尔有一个哨所，驻守着一个班的解放军战士。在茫茫戈壁里，这个小小的哨所，被战士们建设成了一个绿色的世界。

哨所旁有两眼清泉，一甘一咸、一大一小，谓之"母子泉"。据核试验基地史料记载，我国第一颗原子弹爆炸前夕，为了确保核试验场区安全，有7名战士在罗布泊徒步巡逻4000余公里。途中，正当断水、断食之时，发现此泉，得以获生。后人为纪念它，在这里立碑铭志，取名"罗布泊第一泉"。

第一颗原子弹爆炸成功后，就依泉建立了哨所。清清的泉水长流不断，守卫的战士长年不息。顺泉水而下，是战士们挖掘的一方鱼塘。鱼塘边缘，生长着茂盛的芦苇。芦苇丛中，繁衍生息着许多不知名的小鸟。鱼塘中央，建有草亭，战士们取名为"留心亭"。岸边，停泊着一艘小铁船，使人想起了"野渡无人舟自横"的诗句。

哨所旁，战士们自己动手开垦了荒地，种植蔬菜，还养了一些羊、鸭和鸽子。每到春夏之际，天上白云悠悠，地上绿草青青；白鸽起舞，羊群嬉戏，水鸟飞翔。

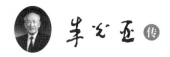

朱光亚在罗布泊第一泉留影

朱光亚每次进入辛格尔，总要在这个哨所停留休息，流连忘返。这里的一切，让他常常感叹：只有热爱和平的人，才会如此热爱生活。

1978年9月，朱光亚修改、审定《今年10月下旬进行XXXX核试验的请示》。这次核试验是我国第一次竖井地下核试验。

9月8日，张爱萍召开国防科委党委常委办公会议，研究竖井地下核试验准备工作情况及核爆"零"时。

9月12日，华国锋主持召开中央专委会议，专题研究首次竖井地下核试验有关情况。会上，朱光亚以幻灯片的方式，向大家汇报了首次竖井地下核试验的准备情况，得到了中央专委的肯定。

9月15日，朱光亚赴核试验基地检查、指导首次竖井地下核试验。

10月14日，我国首次竖井地卜核试验成功实施核爆。核试验基地史料这样记载：

1978年10月14日，首次竖井地下核试验获得圆满成功。在核装置、取样、工程等方面都得到满意结果，取得了较好的核弹性能数据，测到了核反应及冲击波、电磁脉冲等参数。爆后 X 小时就得到了气体样品，爆后 X 天开钻，第 XX 天取到固体样品，比平洞试验少用一半多的时间。这些样品为放射化学分析、确定爆炸当量提供了资料。同时，在测量竖井与周围岩石内冲击波压力、冲击波到达时间、加速度、电磁脉冲干扰等参数上也取得成果。试验结果比预想的好。

首次竖井地下核试验取得成功后，朱光亚即指示要进行总结，并部署第二次竖井地下核试验。10月底，朱光亚亲自对机关起草的《关于总结XXXX试验和安排XXXX试验的通知》进行了修改与补充。

1978年11月23日，朱光亚听取核武器研究院副院长邓稼先关于某项核试验产品的情况汇报。这项核试验是一次地面核爆试验，它也是为第二代战略核导弹进行的一次原理性试验。

12月14日，朱光亚再次赴核试验场，组织指挥了这次核试验。试验获得圆满成功。

1978年12月27日至1979年1月20日，朱光亚在北京参加竖井地下核试验工作会议。

会议结束后，朱光亚主持起草《报叶剑英副主席及中央专委的"关于首次竖井地下核试验的初步总结及竖井试验下一步安排意见"的报告》。

1979年3月26日，华国锋主持召开中央专委会议，听取朱光亚汇报首次竖井地下核试验初步总结和竖井核试验

我国早期竖井地下核试验场区

下一步的安排。华国锋及中央专委高度肯定了竖井地下核试验取得的成就。

1979年9月，在一次核弹头小型化试验中，发生了局部故障。朱光亚立即组织力量查找、分析事故原因。据此，朱光亚与核武器研究院研究后决定，再进行一次大气层核试验。

这次核试验于1980年10月16日实施。根据对测试项目和效应项目的爆后分析，试验取得圆满成功。这是我国最后一次大气层核试验。从这次核试

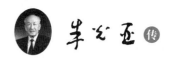

验之后，我国核试验就完全转入了地下。

在核试验总结会上，朱光亚深刻分析了世界核试验发展形势，特别指出："三国条约是想限制我们，我们当然不听他们那一套，但我们要努力，主要是地下核试验问题。地面不可多做，但不得不做，我们试验所取得的数据、成果都是宝贵的。"

在核武器研究院召开的规划会议上，朱光亚更是强调：重点突破竖井方式地下核试验技术，逐步实现转入地下进行核试验。

1982 年 10 月初，朱光亚赴新疆核试验场区组织指挥第二次竖井地下核试验。与第一次竖井地下核试验相比，这次地下核试验，测试项目多，测试条件复杂，特别是核装置吊入、回填后具有不可逆性。

10 月 5 日，第二次竖井地下核试验实施核爆，取得圆满成功。之后，又成功进行了两次竖井地下核试验。它们表明，我国已经成功掌握了地下核试验技术。

1986 年 3 月，中国政府在维护世界和平大会上庄严宣布：我国已多年未进行大气层核试验，今后也将不再于大气层进行核试验。

五、中子弹研制成功

在我国洲际导弹研制期间，一项新型核武器的研制工作也在秘密进行，它就是中子弹。

1978 年 5 月 5 日，国防科委机关举行科学技术讲座，由朱光亚主讲中子弹技术知识。

中子弹是以高能中子为主要杀伤因素，相对减弱冲击波和光辐射效应的一种特殊设计的小型氢弹，其较为确切的名称应该叫作增强辐射弹（enhanced radiation weapon）。

中子弹的显著特点是爆炸释放的能量不高，但核辐射很强。根据美国核物理学家 S.T. 柯恩提供的研究资料，在 150 米高度爆炸时，中子弹的辐射杀伤半径与威力大 10 倍的原子弹相当。如果适当提高爆炸高度，在核辐射杀伤半径基本不变的情况下，中子弹对建筑物的破坏半径还可以大大减小。为此，西方媒体把中子弹评价为：一种"杀人不杀物"的核武器，是"用它致死的无形'子弹'——中子，轰击一特定地区，在一定距离内杀伤敌方部队，但对财产的破坏仅限于小范围内"。

朱光亚曾在一篇文章里这样介绍说：

中子弹的研究工作始于（20世纪）50年代末。1962年美国开始试验中子弹，1963年取得了很大进展。但因为在要不要生产和装备中子弹问题上，美国国内争论不休，直到1977年，国会才批准生产中子弹的拨款申请。后因西欧盟国顾虑重重，加之苏联施加压力，1978年4月，美国不得不推迟生产，只生产中子弹的主要部件。

朱光亚的中子弹科技知识讲座，正是在美国宣布推迟生产中子弹后不久进行的。

朱光亚敏锐地意识到，美国宣布推迟生产中子弹，只是暂时的权宜之计。中国必须有所防备。

据有关史料记载：

1958年，刚刚成立不久的美国兰德公司接受了一项绝密研究任务，探索一种低威力、高辐射的战术核武器。

经过两年的探索性研究，兰德公司的专家们认为，强辐射武器比当量大得多的原子弹，更能有效杀伤敌方地面部队，而且可以大大减少已方部队受辐射影响。

1960年，美国政府正式支持这项研究，并下达指令："将立即采取措施，保证尽早、尽快地研制出强辐射核武器系统。"

这种新型的战术核武器，就是后来为全世界所广知的中子弹。

1963年，美国、英国、苏联三国签订部分禁止核试验条约，但美国国防部部长麦克纳马拉在国会参议院说："这个条约不会影响发展中子弹。"

就在这一年，美国科学家绘制出了中子弹内部的结构轮廓：它是以钚作为引爆器，让钚球在极短时间内接近临界，从而产生强烈闪光，点燃氘、氚，实现聚变反应。尽管这个轮廓还十分粗糙，但技术途径基本准确。

虽然有了轮廓，但其后来的研制过程漫长而艰难，历经10多年。

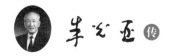

朱光亚批阅核试验科研文件

　　1977 年 6 月，美国《华盛顿邮报》最先透露：美国正在研制中子弹，并已接近成功。

　　1977 年 7 月 6 日，美国能源研究与发展署透露：当年，美国在内华达核试验场成功进行了一次中子弹试验。

　　1977 年 7 月 12 日，美国总统卡特在记者招待会上首次证实美国已研制成功新一代武器——中子弹。他说："这种弹头完全是作为一种战术武器设计的。"

　　1977 年 10 月，卡特卜令生产中子弹。

　　美国政府的这一决定，遭到了苏联的猛烈抨击。1973 年 11 月，美苏两国在海参崴签订了限制核军备协议，规定了两国拥有的核武器限额。但美国研制成功了中子弹，并要生产和装备部队，这就打破了美苏之间的平衡。

　　更为重要的是，中子弹能够从根本上改变战争的方式，这对苏联非常不利。

　　当时，国际上主要存在着美国为首的北约组织和苏联为首的华沙条约组织。这两大军事集团对峙于欧洲。

苏联在民主德国和捷克斯洛伐克部署了一支庞大的坦克部队，其目标直指西欧。这支庞大的坦克部队共有 1.95 万辆坦克，其中 1.25 万辆为苏军坦克。而北约组织只部署了 7000 辆坦克。如果有了中子弹，这种不对称态势就会发生改变。因为，从技术上看，中子弹是对付密集坦克编队特别有效的利器。苏联自然强烈反对美国生产中子弹。莫斯科宣称：美国生产中子弹会"使世界更接近于遭受一场核灾难"，是"试图把西欧变成进行有限核战争的基地"。

而美国的西欧盟友，其实也对中子弹存有顾忌。因为一旦两大军事集团发生战争，美国在欧洲使用中子弹，最后遭殃的只能是欧洲人民。因此，他们对美国宣布生产中子弹，采取的是不积极支持的态度。

同时，在美国内部也存在着不同声音。有支持生产中子弹的，也有反对生产中子弹的。反对者认为：既然西欧盟国对生产和部署中子弹不积极支持，美国就不应该强加于它们；既然美国没有准备放弃与苏联进行限制核武器谈判，就应该对苏联的强烈反应加以重视。如果苏联也发展中子弹，那就会引起新一轮核军备竞赛与核军事对抗。

正是基于以上原因，1978 年 4 月，卡特决定推迟生产中子弹，而只生产中子弹的主要部件。

美国政府的决定，只是"推迟"，而且仍继续生产中子弹的主要部件。这种所谓的"推迟"，只是美国暂时性的"让步"，并不影响它掌握中子弹技术。

这就意味着，中子弹迟早会成为核大国手中的新型核武器。苏联必然会研制中子弹，美国也必然会生产中子弹，这是当时必然的发展趋势。

朱光亚清醒地意识到了这一核武器发展趋势。在卡特宣布推迟生产中子弹之后不久，他就给国防科委机关干部讲解中子弹技术知识，既反映出了他的战略眼光和超常睿智，也是向核武器研究领域发出的一个明确信号：中国必须研制中子弹。

其实，在 1977 年 7 月，当美国总统卡特宣布他们已研制成功中子弹时，朱光亚就开始着手布置国防科委有关业务部门，研究和谋划中子弹的研制工作了。

1977 年 9 月初，朱光亚亲自修改、审定了国防科委核技术局草拟的《关

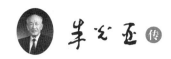

于中子弹问题的报告》。

这份报告，介绍了美国研制中子弹的情况，分析了世界核武器的发展趋势，提出了我国也应该研制中子弹的战略设想和初步规划。

9月9日，朱光亚将《关于中子弹问题的报告》批给了邓稼先、于敏，听取核武器研究院专家们的意见。

邓稼先当时任核武器研究院副院长，于敏当时任核武器研究院理论所所长，他们两人是我国氢弹的主要研制者。

9月13日，朱光亚又将经邓稼先、于敏修改后的《关于中子弹问题的报告》呈送给了张爱萍，并附信予以说明。

9月17日，张爱萍将这份报告报送给了华国锋主席、叶剑英副主席，得到了中共中央军委的批准。

由此，在朱光亚的直接组织下，由邓稼先、于敏具体主持，中国启动了中子弹研制工程。

在宋健主编的《"两弹一星"元勋》一书里，《于敏》一章中这样写道：

于敏出身贫寒，突破氢弹原理，他位居首功……

当年钱三强找于敏谈话，要他探索氢弹原理时，于敏曾想过，等氢弹突破后再回去搞基础科学研究。"文化大革命"结束，钱三强复出后又问过于敏是否愿意回（中国）科学院去。现在周光召、黄祖洽他们都走了，他又何尝不想一走了之？但此时此刻，他审时度势，估计自己走不了；即使他要求调走，领导也不会批准他走。因为早在第一代核武器的研制过程中，国防科委和二机部就提出了研制第二代核武器的任务，并指示要采用先进技术，以高比当量、小型化作为第二代战略核武器发展的核心，同时研制中子弹。于敏深知这个任务的艰巨性……

高比当量、小型化核武器和中子弹的研制谈何容易！要想研制成功，无论在原理、材料和构型上都要有新的发展、新的突破，难度之大、任务之艰巨，是局外人无法想象的。在研制的道路上可谓是荆棘丛生，悬崖处处。

核武器从起爆到核能释放，包括了一连串的物理过程，每个过程均由前一个过程创造条件。每个过程只有在合适的条件下，才能达到预期的目的，从而给下一个过程创造必要的条件。过程相关，环环相扣，哪一环出了问题，都会"一着不慎，满盘皆输"……

于敏非常清楚，中子弹的物理过程比之过去的热核武器有自己明显的特征。但是，他也非常担心有的因素因为无法通过实验室的物理实验进行检验，如果在量上把握不准，有可能导致试验失败。因此，他不但要求设计人员要仔细地分解复杂的物理过程，而且要求他们在具体的理论设计中要留有裕量。

于敏的一贯作风是深入实际，直接掌握第一手资料，对一系列物理过程的特点了然于心。他深入群众，与大家一起分解物理关键。他把几个最令人担心的物理因素综合起来分析时，发觉忽略了一些因素的影响，因而热试验成功的把握还不够大，还需要把理论方案设计得更加皮实一些。他指出，中子弹的原理试验一定要成功；原理成功了，如果还有裕量，再做定型试验时，理论方案还可以改进……

1980 年年初，邓稼先被任命为核武器研究院院长，全面担起了领导中子弹研制工作的重任。

在一次研究中子弹的学术会议上，他背诵了被誉为"氢弹之父"的美国物理学家爱德华·泰勒说过的一句名言："我不爱武器，我爱和平；但为了和平，我们需要武器。"

他接着说道："如果说，原子弹、氢弹是大规模摧残性的进攻武器的话，那么，新一代的核武器则是一种有效的战略防御武器，是'扼杀武器的武器'。它对于保卫国防具有更重要的价值。""这个'扼杀武器的武器'，我们一定要搞成它。外国人可以做到的，我们一定可以做到。"

而在另一次研究中子弹的专家会议上，于敏当着邓稼先、陈能宽等科学家的面，感慨地背诵起了诸葛亮的《后出师表》："臣受命之日，寝不安席，食不甘味……夫难平者，事也！""臣鞠躬尽瘁，死而后已。至于成败利钝，非臣之明所能逆睹也。"

而就在这时，邓稼先被检查出身患癌症，已到晚期，但他坚持工作在第一线。他对妻子许鹿希说："干事业总是要有点牺牲的。"并再三叮嘱许鹿希千万保密，不要影响他的工作。

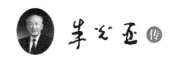

　　在一次中子弹原理性试验中，邓稼先晕倒在了现场。经过抢救，他苏醒了过来，说的第一句话就是："测试结果出来了吗？"

　　看着助手拿来的测试数据，邓稼先兴奋地说："中子主体点火正常！燃烧正常！总剂量超过上限，理论和实践取得全面成功！"

　　在朱光亚领导下，经过邓稼先、于敏等科学家几年的艰苦努力，中子弹研制工作取得了重要突破，成功掌握了中子弹研制技术。

　　中子弹研制成功后，张爱萍即兴赋诗：

　　合金钢不坚，中子弹何难。

　　群英攻科技，敢破世上关。

　　中子弹研制成功后，我国没有公开对外宣布。直到1999年，在庆祝中华人民共和国成立50周年前夕，朱光亚指示有关部门，在发布国防建设成就时，可以公开披露我国已经掌握了中子弹技术。这一披露，再次震惊了世界。

第二十章 任重道远

一、出任新职

1982 年 7 月 29 日，根据国家机构改革方案，国防科委、国防工办、中共中央军委科学技术装备委员会合并后，组成国防科学技术工业委员会。国防科工委隶属中共中央军委，其工作受国务院和中共中央军委双重领导，既是中共中央军委统一管理全军国防科学技术工作的领导机关，也是国务院管理各有关工业部门的国防科研、军品生产的综合部门。

成立国防科工委的主要推手是张爱萍。1980 年 8 月，在五届全国人大三次会议上，张爱萍担任国务院副总理，主管国防科技、国防工业工作。

当时，中共中央提出了"调整、改革、整顿、提高"的新的八字方针。张爱萍依据自己多年参与领导国防科技、国防工业的工作实践，深感国防科委、国防工办分别领导的体制，制约了国防科学事业的发展，需要进行改革。

于是，张爱萍与兼任国防工办主任的王震和国防科委副主任陈彬、马捷、朱光亚一起商量，大家都有同感，认为应该借助中共中央的新八字方针，解决国防科研和国防生产之间由于分别领导而存在的失调问题。

统一意见后，他们以中共中央军委科学技术装备委员会、国防科委和国防工办的名义，向国务院、中共中央军委呈送了《关于调整国防科委、国防工办管理体制的请示》。请示中提出了两个调整方案，中央同意了其中的第一个方案，即以国防科委现有机构为基础，由国防科委、国防工办、中共中央军委科装委合并组成国防科工委，主要任务是：根据中共中央、国务院、中共中央军委有关方针政策，组织研究我军武器装备的发展方向、战术技术论证，组织武器装备的改进和新武器装备的研究、设计、试制、定型及批量生产。

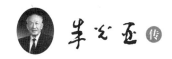

1982年5月10日，国务院、中共中央军委批准了这个请示。同年7月29日，国防科工委正式成立。

国防科工委内设科学技术委员会（简称"科技委"）。8月14日，中共中央军委任命张震寰为科技委主任，钱学森、朱光亚、宋健（兼）、叶正大为科技委副主任。

科技委是钱学森于1962年在国防部第五研究院创建成立的组织机构，目的是进一步强化科技专家的技术领导作用。这一组织形式，得到了聂荣臻的充分肯定，后来在国防科技工业战线广泛推广。

新成立的国防科工委科技委，其主要任务是：负责研究科学技术的发展方向、方针、政策，提出关于发展规划的意见和建议，主持和组织项目型号的研制、战术技术的论证。

科技委的主要成员是来自国防科工委系统各行各业的专家、学者及主要负责干部，有专职的，也有兼职的。

朱光亚由国防科委副主任改任国防科工委科技委副主任，摆脱了大量繁杂的行政事务，可以专心致志地领导国防科技工业战线的科研工作。

出席核武器研究院科技委成立大会时，朱光亚在讲话中指出：科技委的任务，就是要从科学技术上考虑战略问题，以及全局性的、关键性的问题。要十分注意新的技术革命，理论、设计、实验、材料，还有工艺等等各方面，都要加强科研工作，提高"等效比当量"。

1982年9月1日，中国共产党第十二次全国代表大会在北京开幕。朱光亚作为国防科工委选举的代表出席大会。

邓小平致开幕词。胡耀邦代表第十一届中共中央委员会作题为《全面开创社会主义现代化建设的新局面》的报告。

邓小平在开幕词中强调指出："我们的现代化建设，必须从中国的实际出发。无论是革命还是建设，都要注意学习和借鉴外国经验。但是，照抄照搬别国经验、别国模式，从来不能得到成功。这方面我们有过不少教训。把马克思主义的普遍真理同我国的具体实际结合起来，走自己的道路，建设有中国特色的社会主义，这就是我们总结长期历史经验得出的基本结论。"邓小平提出的关于建设有中国特色社会主义的思想，成为中共十二大的指导思想，也是整个新的历史时期改革开放和现代化建设的指导思想。

朱光亚对邓小平极为仰慕和敬重，曾撰文写道：

邓小平同志是伟大的革命家、政治家、军事家，也是伟大的战略家。他在关怀和指导国防科技事业发展时展现的战略思想，深刻显示了伟大战略家的恢弘气魄和长远眼光，生动体现了他"举重若轻"、"行方思圆"的一贯风格。我作为一名长期工作在国防科技战线的科技工作者，有幸多次亲眼目睹他的风采、亲耳聆听他的教导，至今回忆起来，他那亲切、和蔼的音容笑貌，他那果断有力、独具特色的话语，他那高瞻远瞩、博大精深的思想，依然清晰如新。

在这篇文章里，朱光亚回忆道：

记得1962年11月中央批准研制原子弹的"两年规划"后，我们进入了突破原子弹技术的冲刺阶段。当时尽管已经掌握了原子弹的基本理论和一些关键技术，但要实现两年内爆炸我国第一颗原子弹的目标，仍有很大难度，大家压力很大。1963年4月，二机部（核工业部）召开专业会议，小平总书记与毛主席、周总理等中央领导同志一起接见了会议代表。小平同志对核武器研究所的代表说："研制原子弹的计划，党中央和毛主席已经批准了，路线、方针、政策已经确定，现在就是你们去执行。你们大胆去干，干好了是你们的，干错了是我们书记处的。"这几句铿锵有力、温暖人心的亲切话语，表达了中央对核武器研制人员的信任和关怀，让我们感到极大的鼓励和鞭策，使大家卸下了思想包袱，全身心地投入到研制、试验工作中，对加快核武器研制进程起了重大促进作用……

除原子弹外，我国氢弹研制工作也曾得到小平同志的直接关怀和鼓励。1966年3月30日，在我国即将取得氢弹技术突破的前夕，小平同志视察了青海核武器研制基地。他仔细询问了各方面工作进展情况，并亲笔写下："别人已经做到的事，我们要做到；别人没有做到的事，我们也一定要做到。"这种敢为天下先的豪情使核武器研制基地的全体同志受到极大感染。我国从第一颗原子弹爆炸，到1966年12月28日成功进行氢弹原理爆炸试验，只用

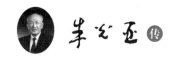

了两年零两个月的时间，到 1967 年 6 月 17 日成功爆炸第一颗氢弹，只用了两年零八个月的时间，发展速度是世界上最快的……

1977 年，在讨论军队装备和科研问题时，小平同志明确指出："搞科研也要集中力量打歼灭战"。他多次强调，必须集中使用资金，钱要花在重点上；武器装备要更新，方针是少而精，少是数量，精是一代代提高；型号不能搞得太多，要尽量简化，精选几种主要的，在此基础上逐步提高性能、提高质量；要求太大、太高、太多，国家财力办不到。那么，如何选择"重点"呢，如何确定干什么不干什么呢？邓小平、聂荣臻、张爱萍等领导同志为我们做出了榜样。

印象特别深刻的是 1978、1979 年的两次中央专委会，小平同志与其他领导同志一起，从国际战略形势和我国积极防御的军事战略方针出发，本着少而精的原则，主持审议、清理了核武器装备攻关计划项目，进一步指明了我国核武器装备发展的方向。正是在这样正确思想的指引下，我国核武器的发展没有走与美国、前苏联等有核国家比数量规模、型号种类的老路，而是坚持集中力量发展先进技术，重点提高武器装备的性能质量，走出了一条投入较少、效益较高的中国特色发展道路。

邓小平这些关于中国特色武器装备建设的思想，成为朱光亚在领导科技工作时始终坚持和遵循的原则。

经过充分酝酿和民主选举，中共十二大选出了 210 名中央委员和 138 名候补中央委员。国防科工委主任陈彬、科技委副主任朱光亚当选为中共中央委员，国防科工委副主任邹家华、科技委副主任钱学森当选为中共中央候补委员。

中共十二大结束后不久，朱光亚陪同时任国务院副总理、中共中央军委副秘书长的张爱萍，以及国防科工委主任陈彬、政委刘有光和海军司令员刘华清、政委李耀文赴大连海军基地，接见了核武器研究院参加潜艇水下发射导弹的全体科研人员。

潜艇水下发射导弹试验，是洲际导弹全程试验获得成功后又一项重大的国家级科研任务。

潜艇水下发射战略导弹是陆上发射战略导弹的延伸，但其技术难度要高于后者。

在进行潜地战略导弹方案论证时，遇到了许多陆基战略导弹没有遇到的困难，比如：由于潜艇空间有限，导弹外形尺寸有严格限制，弹头核装置、装弹仪器必须轻型化、小型化；由于潜艇在水下运动以及海水浪、涌、流等作用，对导弹点火时的姿态稳定有很高要求；由于潜艇是在水下发射导弹，导弹于水下严重受力，其载荷、强度设计和计算更为复杂；由于潜艇长期处于水下，导弹的气密性、水密性保证，以及对油雾、盐雾、霉菌等水下恶劣环境的防护，有着一系列复杂的技术问题。

1965 年 8 月，根据中央专委的决定，成立了潜地战略导弹总体设计部。1967 年 3 月，国防科委明确了导弹核潜艇武器系统研制任务的分工。1968 年，总体部向各分系统提出了技术设计要求，潜地导弹研制工作进入了技术攻关和分系统研制试验阶段。

其中，潜地战略导弹的核弹头，是组成武器系统的一个重要的独立系统，由七机部主持研制，在二机部核武器研究院配合下进行。

当时，核武器研究院的科研任务十分繁重，原子弹、氢弹、战略导弹核弹头多头并进。朱光亚运筹帷幄，合理调度，经过多年刻苦攻关，带领大家研制成功了我国第一枚轻小型核弹头，在导弹弹头设计技术方面达到了新的水平。

1982 年 10 月 1 日，新华社受权发布新闻公告：

中华人民共和国将于 1982 年 10 月 7 日至 10 月 26 日，向以北纬 28 度 13 分、东经 123 度 53 分为中心，半径 35 海里圆形海域范围内的公海上发射运载火箭。为了过往船舶和飞机的安全，中国政府要求有关国家政府通知本国船舶和飞机，在当地时间每日 7 时至 17 时不要进入上述海域和海域上空。

10 月 12 日，我国由潜艇在水下成功发射了第一枚潜地导弹。它标志着中国的战略导弹，完成了从液体发射到固体发射、从陆上发射到海上发射、从固定阵地发射到隐蔽机动发射的进程。中国成为世界上第五个拥有水下发射导弹能力的国家。

1982年10月20日，在我国首次潜艇水下发射运载火箭试验取得成功后，参试人员合影（第二排右六为朱光亚）

二、监控失控的核动力卫星

1983年元月，新春伊始。

苏联塔斯社发布了一则公告：苏联在轨运行的"宇宙1402号"海洋核动力侦察卫星失控，将陨落地面，目前方位不详。

尽管塔斯社信誓旦旦地说，失控的卫星坠落后，星上的核燃料不会给地球和在地球上生活的人类造成核污染，但这一消息还是引起了大家对核污染的恐慌。

美、英、法等国相继成立了警戒指挥部。更多的国家和政府及群众团体则纷纷呼吁，希望有跟踪卫星能力的国家，为世界人民的安全着想，及时预报这颗卫星陨落的时间和地点。

时任中共中央政治局常委、中央纪委第一书记的陈云当即做出指示：组织力量跟踪监测；并提出：苏联核动力人造卫星失去控制后如残片落入我国，我应采取什么措施？中央也随即决定，由国防科工委负责此事。

国防科工委接到指令后，立即成立了以朱光亚为首的领导小组，开始了一场惊心动魄的核危机"阻击战"。

当时在太空中飞行的航天器有 5000 多个，航天器陨落地球的情况时有发生。其小部件陨落时会在大气层中烧毁，对人类不构成危险；而大的装置由于在大气层中燃烧不尽，则可能像巨大的炸弹扔在地球上。

苏联的这颗核动力卫星，直径 2 米，长 4 米，重 5 吨。尤为严重的是，这颗核动力卫星在 5 个月的运行中，由于受到原子反应堆的强烈轰击，已具有放射性，并且带有剩余核燃料，如果坠入地球人口居住区，就会造成灾难性核污染。

1 月 11 日，朱光亚召集有关业务部门开会研究，做出了具体部署，并调集精干人员设立了监控指挥部，他自己亲自坐镇指挥。

1982 年 10 月 12 日 15 时，我国首次以潜艇从水下向预定海上目标发射运载火箭，取得圆满成功

工作分两部分进行。一是组织西安卫星测控中心采取一切措施，跟踪监测苏联这颗核动力卫星。当时，美国戈达德、法国图鲁兹等世界著名航天中心也都展开了监测。二是组织相关部门，制定核动力卫星万一坠落在我国境内，需要采取的相应措施。

跟踪监测卫星、预报卫星落点，必须掌握卫星的运行轨道。而这颗核动力卫星已失控，脱离了原先的运行轨道。因此，迫在眉睫的是首先要"捕获"这颗卫星。

然而，"捕获"谈何容易。西安卫星测控中心面临的最棘

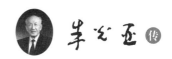

手的困难，一是没有这颗卫星的资料，二是缺乏可靠的测轨手段。

由于这颗卫星是侦察卫星，苏方不公布轨道参数等有关资料，星上也没有可跟踪的信标，茫茫太空，何处寻觅？西安卫星测控中心下令，地面卫星观测网和大型雷达系统全部开通，24小时不间断地搜索太空。

1月13日，经过两天不间断的搜索，地处昆明、长春的两个卫星地面测控站，相继发现了目标。据此，西安卫星测控中心迅速计算出了苏联核动力卫星的初轨，开始了有目标的跟踪。

1月18日，西安卫星测控中心在跟踪中发现，苏联这颗卫星已经解体，分解成发动机与核动力堆芯两个部分，这就使跟踪监测更加困难。当时，西安卫星测控中心的跟踪能力，每次只能跟踪两个目标。这颗核动力卫星解体后，两个部分一先一后，轨道也不同，这就相当于要同时监测两颗卫星。

在这期间，根据西安卫星测控中心监测的情况，朱光亚先后主持起草了

朱光亚在办公室批阅科研文件

3份向中央的报告，汇报苏联核动力卫星坠落的有关情况。

1月22日，苏联核动力卫星即将坠落前夕。

这天，朱光亚一直坐镇在指挥部。因为，根据苏联核动力卫星两个分解体的轨道运行情况，西安卫星测控中心将做出陨落预报。

当日晚上，指挥室灯火通明。朱光亚坐镇指挥，整整工作了一个通宵。

黎明之际，西安卫星测控中心根据监测数据，最后得出结论：苏联核动力卫星的主体部分，将于1月24日6时30分坠落于印度洋海域。另一部分将于2月7日陨落于南大西洋海域。

朱光亚疲倦的脸上露出了欣慰的笑容。他签发了第四份给中央的报告后，站起身，挥了挥手臂，深深地吸了一口凉爽的空气。整整一个晚上，他几乎一直坐在指挥席上，时而看着有关情况通报，时而下达有关指令，时而点燃一根烟，在深思中吐出了一个个烟圈……

中国的预报公开发布后，令世界航天大国刮目相看，也令担忧的各国人民松了一口气。

其实，早在1979年，中国的航天测控技术就显示了自己的卓越能力。

这一年的6月，美国国家航空航天局宣称：美国于1973年5月14日从本土发射的重达77.5吨的"天空实验室"空间站，在太空失去控制，将陨落地面。美驻华大使奉命请求我国协助寻找目标。

"天空实验室"是一个空间建筑群，陨落时，将有500多块残骸散落在地球上。为了弄清这个巨大钢铁怪物在太空中的行踪，许多国家都成立了警戒指挥部。我国测控中心经过反复监测、精确计算，很快掌握了空间站最后几天的运行轨迹，在它陨落前6小时通过中央人民广播电台向世界发布了落点预报。这是一场测控实力的较量。最终，我国的预报结果比美国提前了4小时，预报与实际陨落时间仅差4分钟，精度预测也超过国外航天大国。

1983年3月6日，朱光亚陪同习仲勋、杨尚昆、余秋里等中央领导人观看我国潜地导弹、陆基战略导弹发射试验录像片和有关核试验的资料影片。

3月9日，朱光亚参加国务院召集的会议，听取核工业部与核电站建设的工作汇报。

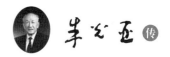

3月13日，朱光亚主持研究某型号核潜艇发生事故的分析会，并提出相关处理意见。在此之前，他亲赴现场，深入了解事故情况，两次召集会议，分析事故的原因和制定改进的措施。

3月15日至17日，朱光亚参加核工业部组织的"闪光一号"强流脉冲电子加速器技术鉴定会。

脉冲功率技术是核技术的重要组成部分。中国工程院院士邱爱慈回忆说：

我国脉冲功率技术的发展，是与朱主任的正确决策、关心和支持分不开的。我1964年大学毕业后分配到核试验基地研究所以来，一直从事脉冲功率技术研究和设备研制，亲身感受了朱主任对这个领域发展的关心和支持。可以说，脉冲功率技术每一步的发展，都倾注了朱主任的大量心血。

我第一次认识朱主任是在1973年年初，当时受研究所委派到北京参加脉冲X光机项目。该项目是建一台4兆电子伏、几十至上百千安的强流脉冲电子加速器。在研制过程中，我们遇到了许多困难，主管部门建议我直接向朱主任汇报。记得去见朱主任时，我心里有些紧张，但见面后，就觉得朱主任十分平易近人，紧张感一下就消失了。

朱主任非常认真地听取了汇报，对一些技术问题问得很详细，如国内研制电容器问题、1兆电子伏模型的进展、获得脉冲强流电子束的技术困难等。他说，他去参加高能物理汇报会，就是为脉冲X光机任务去的。会上，他只对脉冲X光机表了态，明确提出这个项目不能下马。他还说，根据周总理指示，我们国家还很穷，不能大家都搞，先搞一台大家用。后来，我还几次"直闯"他的办公室，向他汇报脉冲X光机工作进展。每次，他都非常耐心地听取汇报，帮助我们解决问题。

1976年，这台脉冲X光机研制成功并投入使用。尽管这台机器指标不太高，但经过几次完善和改进，为科研工作立下了汗马功劳。1981年年底，我们完成了筹建脉冲相对论电子加速器的可行性论证报告。1982年3月，在北京召开的一次工作会议上，我向朱主任作了汇报，并将报告送他审阅。几天后，就收到了他长达4页的详细批示，对加速器的指标、用途，以及如何实施、应注意的问题等都作了十分明确的指示。

朱主任对这台机器的研制工作一直十分关心，1983年研制成功后，被命名为"闪光一号"。后来，在朱主任的支持下，几年后，我们又研制成功了性能更强的"闪光二号"。

1983年4月1日，奉张爱萍之命，朱光亚又赴上海会见上海市领导，商谈加强对某型号强激光装置研制工作的领导，并深入研制现场了解工作情况。

激光是一种定向能。激光武器也称定向能武器，它是利用沿一定方向发射的激光束攻击目标，具有快速、灵活、精确和抗电磁干扰等特点。

朱光亚对定向能武器的研究有着深入思考。他在一篇文章中写道：

用核爆炸作为一种驱动源，使所释放的能量（包括各种辐射）转换成某种定向能，这样研制成的定向能武器，在特定方向上对远距离的目标破坏效能有大幅度提高，是核武器的又一个发展方向。有人把这种武器称为第三代核武器。例如，（20世纪）70年代以来，美国探索研究的核激励X射线激光器就属于这一类型。它是用核爆炸产生的X射线，激励安置在核装置周围的很多激光棒，使其产生定向X射线激光束摧毁目标。还有以增强核电磁脉冲效应，产生定向的核电磁脉冲，摧毁敌方通信系统、电子设备的核电磁脉冲弹等。这类武器经过美国人多年探索，发现技术难度很大，需要大量的核试验和研制经费，因此，美国只在实验室内进行概念性的研究。

4月12日，朱光亚参加核工业部科技委主持召开的处理国外核电站辐射燃料元件初步方案论证会，并即席讲话。

5月4日，朱光亚又赴新疆核试验场，参与组织指挥一次新的核试验。

5月19日，朱光亚在某核技术项目论证报告上批示："最主要的，仍是技术经济的分析、预测与论证……希望组织论证时从各方面，赞成的，不赞成的，或有疑问的，有利的，不利的，多设想、议论一番。自己也可以给自己提问题，然后又求得回答。这样做，只有好处，可以搞得更深入一些，使决策尽可能牢靠些。"

从这一系列的工作和活动中可以看出，尽管朱光亚离开了国防科工委行政领导岗位，只担任科技委副主任，但核科技工业、核技术方面的许多大事，仍然需要他参与和主持。

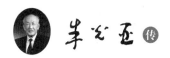

5月20日，国防科工委党委常委会议做出决定：在伍绍祖治病期间，其分管的核工业、核技术工作由朱光亚代理。

伍绍祖是在1982年国防科工委成立时，由张爱萍推荐，被中共中央军委任命为国防科工委副主任的，时年43岁。

伍绍祖毕业于清华大学工程物理系，是理论核物理专业的研究生，担任过全国学联主席、王震副总理秘书等职，任国防科工委副主任前为国防科委核技术局副局长。

代理伍绍祖的工作后，朱光亚身兼两职，工作就更忙了。朱光亚平时简朴从事，为人低调，外出时经常是孤身前往。张爱萍得知后做出指示："今后朱光亚副主任外出，要派一个工作人员，秘书或者保卫人员。"

关怀之情，溢于言表。

三、中国核电事业开拓者

1983年6月1日，朱光亚在国防科工委机关听取有关部门汇报秦山核电站建设情况。

按照当时的领导体制，核工业部受国防科工委直接领导，朱光亚是核电站研发和建设的主要领导者。

6月2日至6日，朱光亚主持召开了由核工业部负责组织的核电站辐照燃料元件后处理技术论证会。会上，朱光亚传达了国务院关于加快发展核电的重大决策。

核电站又称核电厂，它是以铀、钚等作燃料，将其在核裂变或核聚变反应中所释放的能量转变为电能的发电厂。

自1896年法国物理学家贝可勒尔发现了铀的天然放射性以后，核能的和平利用，一直是科学家们追求的目标。核电，就是核能和平利用的一种主要形式。

人类首先实现核能发电是在1951年。当年8月，美国原子能委员会在爱达荷州一座纳冷块中子增殖实验堆上，进行了世界上第一次核能发电实验并获得成功。1954年，苏联建成了第一座实验核电站，发电功率为5000千瓦。

　　长期以来，人类主要依靠火力发电和水力发电，两者都需要有丰富的煤炭资源和水力资源。核电的出现，受到了许多国家的青睐。特别是对那些缺乏煤炭资源和水力资源的国家，发展核电无疑是很好的选择。

　　中国的核电建设，从酝酿筹划到实际起步，经历了一个较长的曲折过程。

　　早在1957年，按照中苏两国政府协议，由苏联援助建设的酒泉原子能联合企业，其中的军用钚生产堆，设计时就是生产和发电的两用堆。以后由于各方面条件的变化，这个堆的发电部分没有建起来。1966年，在决定研制核潜艇动力堆的同时，上海提出准备建一座热功率为1万千瓦的实验性核动力反应堆，但由于"文化大革命"的干扰，这一计划也未能实现。

　　1970年，周恩来先后三次提出要搞核电站。之后，二机部、水电部、上海市、清华大学也相继提出过建设核电站的方案，并做了一些调查研究和论证工作。然而，因为"文化大革命"的动乱局面，对核电的发展方针、技术政策的意见不统一，核电站建设未能纳入国家计划。

　　1973年2月，上海市与二机部联合向国务院提出了建设30万千瓦压水堆核电站的方案。

　　1974年3月31日、4月12日，周恩来召开中央专委会议，审查、批准了这个方案，并将该核电站工程，以周恩来在1970年2月8日首次提出要搞核电站这一时间命名，定为"728"工程，成立了"728"工程设计院。朱光亚参加了这次中央专委会议，在会上作了关键性发言。

　　对周恩来提出搞核电站，朱光亚是坚定的支持派。"728"工程设计院总工程师欧阳予回忆道：

　　1971年9月的一天，正在湖北省钟祥县"五七"干校的我接到通知，要我赶到北京二机部报到，接受新的任务。

　　回到北京后，我才知道事情的原委：以周总理为主任的中央专委为了开创核能的和平利用，决定在上海组建一支核电站研究、设计、筹建的队伍，需要派去一名总工程师。时任国防科委副主任的朱光亚与二机部部长刘伟提了我的名。（20世纪）60年代，我在二机部二院担任军用生产反应堆设计总工程师期间，与当时核武器研究院领导"两弹"（原子弹、氢弹）研制的朱

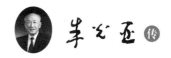

光亚有过接触，在工作上接受过他的指导。当时，军用生产堆的任务是给"两弹"提供钚。

1971年11月，我率领一组技术人员从北京到了上海，与在上海聚集的技术队伍会师，一起工作。工作中，逐步了解到原拟采用的熔盐反应堆核电站方案在技术上碰到很多困难，难以推进。经过认真研究后，我们认为，熔盐反应堆在技术上还很不成熟，不宜作为工程应用的堆型选用。经过与许多专家的共同商讨、论证后，我们提出了放弃熔盐堆、改用压水反应堆的建议。这一建议向朱光亚汇报后，得到他大力支持。他鼓励我们尽快做出压水堆设计方案来，准备向中央汇报。

1974年3月，在国防科委的组织下，把电功率30万千瓦的压水堆核电设计方案向周总理主持的中央专委会做了汇报。会上，朱光亚明确表示赞同这个方案，并有力地说明了其可行性。会议批准了这个方案，并决定作为科技开发的工程项目列入国家计划，在经费、人力、物力上给予保证。

为了使设计方案切实落实在可靠的技术基础上，经过反复研究，我们提出264项研究试验和技术攻关项目。在当时国防科委、国家计委与二机部的领导和安排下，全国有上百家科研设计单位、工厂、高等院校大力协同承担这些项目。朱光亚曾多次关心和指导这些项目的进展，特别是对核燃料组件的设计、试验、考验、研制等给予了有力的支持和指导，使核燃料组件得以完全立足于国内研制成功。

在此期间，为了选择核电站厂址，我们在浙江、江苏、上海考察了约20个可能的选点。朱光亚也不辞劳苦，多次和我们一起跋山涉水进行踏勘，亲临浙江乍浦、澉浦、秦山，江苏江阴，上海松江、奉贤等地进行考察，最终于1982年选定了位于浙江省海盐具的秦山作为核电站厂址，核电站也定名为秦山核电站。

至1982年，绝大部分科研试验、技术攻关项目和一部分关键设备、器材的研制都已取得成果。这些成果使秦山核电站有了相当可靠的技术依据和设计基础。在此基础上，于1983年完成了核电站的扩大初步设计，送呈国家审批。

1984年2月，朱光亚代表国家计委、国家经委和国防科工委，主持了秦山核电站扩大初步设计的审批会议，审查批准了扩大初步设计，并对即将开展的工程建设中将要面临的重大关键问题和工程进度等做出了决策。

为了加强对核电建设工作的领导，1983年9月，国务院成立了核电领导小组，时任国务院副总理的李鹏任领导小组组长，国家计委、国家经委、国家科委、国防科工委、外交部、核工业部、机械部、水电部、对外经贸部各有一位负责人为领导小组成员。朱光亚作为国防科工委的代表，成为领导小组中重要的一员。在国务院核电领导小组里，朱光亚是唯一的核科学家，他的作用可谓一言九鼎、举足轻重。

1984年1月15日至19日，朱光亚参加秦山核电站初步设计审查会。随后，秦山核电站被正式列为国家重点建设项目。

1989年5月7日，朱光亚与宋健（右二）、朱丽兰（左一）等人视察建设中的秦山核电站

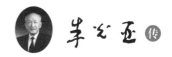

1985年3月，秦山核电站工程正式开工，设备研制同步进行。在秦山核电站建造过程中，朱光亚多次召集会议，研究、解决、协调工程建设中的问题，并亲临有关研制单位检查、指导工作。

1990年7月，秦山核电站建筑、安装基本完成，开始系统调试。

1991年12月15日，秦山核电站首次并网发电成功，实现了我国在核电技术上的重大突破，从而结束了中国大陆无核电的历史。

对中国发展核电，中央确定的方针是：中外结合，以我为主，走自己的路。

1980年前后，香港的电力供应曾一度紧张。为此，水电部和广东省政府计划在靠近香港、广州、深圳的大鹏镇境内建设一座核电站。因选择在大亚湾畔，故命名为大亚湾核电站。这座核电站拟由内地和香港中华电力公司合资经营，所发电力的大部分售予香港。

1981年3月，大亚湾核电站论证初期，广东省政府向国务院提交了《广东省合营核电站可行性研究联合报告》。在审批这份报告时，朱光亚提出了

2002年2月，朱光亚（右三）在大亚湾核电站视察、指导工作

自己的意见，并呈送给国务院领导，为中央作最后的决策提供了重要依据。

1982年12月13日，国务院常务会议批准了在广东省大亚湾建设核电站。此后，开始了筹建工作。

秦山核电站由我国自行设计、建造。大亚湾核电站则是引进法国的核岛技术装备及英国的常规岛技术装备进行建造和管理，并由一家美国公司提供质量保证。

大亚湾核电站在1987年8月7日正式开工，使用的也是压水型反应堆技术，安装两台98万千瓦发电机组，于1994年全部并网发电。

当时，不少地方都提出要建核电站。考虑到核电站的安全极为重要，国务院核电领导小组对此十分慎重。

1984年5月，朱光亚在题为《拉萨建核电站问题》的报告上批示：可不能按这样粗估的"可行性初步探讨"来做出决策。

朱光亚一直认为，中国发展核电，必须有一个科学的、长远的发展计划。既不能谈"核"色变，因噎废食；也不能一哄而上，无序发展。

1998年4月，国务院发展研究中心、国家计委、清华大学、中国核工业经济研究中心、广东省政府发展研究中心、广东省能源技术经济研究中心及《经济社会体制比较》杂志社联合进行核电发展战略研究，并将研究成果编辑出版了《核电发展战略研究》一书。全书共分3卷，约128万字。

该项研究得到了朱光亚的指导，并担任《核电发展战略研究》一书编委会主任。该书公开出版时，江泽民为其题词：和平利用核能，为经济建设服务。

曾任中国广东核电集团副总经理的尤德良回忆说：

我是1997年从中国核工业总公司调到广东核电集团有限公司工作。1998年5月之后的一年里，我有幸在《核电发展战略研究》编辑出版中，再度接受朱光亚院士的指导，并体会到他对中国核电发展的执着追求和良苦用心。《核电发展战略研究》出版后，人们愈来愈清楚地看到，这是一项颇有前瞻性的、荟萃核电发展经验、探讨未来发展战略、较为系统完整的研究成果，它也凝聚着朱老对中国核电发展的高瞻远瞩和真知灼见。此书是业内人士研究核电的工具书，也是国家主管部门的决策参考书。这是朱老为推动中国核电发展

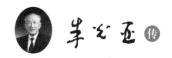

所做出的一大贡献。

1999 年 8 月 21 日，国务院发展研究中心、中国工程院、国家计委宏观经济研究院联合主办核电发展战略研讨会。朱光亚在会上作主题发言。

在发言中，朱光亚指出：

改革开放以来，我国的能源和电力发展取得了重大突破，暂时缓解了能源电力"瓶颈"制约，但由于我国人均能耗水平仍很低，能源强度仍然偏高，能源利用效率低，浪费大，而且环境污染（主要是燃煤引起的空气污染）问题严重。从长期看，能源仍将是我国可持续发展的制约因素。煤炭供应能力在 2050 年将达到极限；石油、天然气供应能力在 2020 年前后将达到高峰；可再生新能源开发潜力很大，但规模化过程较长。继续适当发展核电，应是实现我国可持续发展能源战略并与经济和环境协调发展的重要措施之一。

在发言中，朱光亚还指出：

我国要在有限的煤、油、气资源供应下实现现代化，必须改变传统的经济增长模式，实现两个根本性转变，提高能源利用效率，降低能源强度，贯彻落实"开发与节约并举，把节约放在首位"的发展方针。继续适当发展核电，则是实现我国可持续发展能源战略的重要措施，其意义：（1）积极稳妥地发展核电及相关技术，形成规模效益，军民结合，培养人才，增强我国的核能力和综合国力；（2）在东南沿海一次能源短缺的地区发展核电，是社会经济发展、能源结构调整、电力市场需求和生态环境保护的迫切需要；（3）加速核电国产化和自主化进程，可促进装备制造工业结构调整和技术升级，拉动国民经济增长。

按照中国工程院编著的《中国可持续发展能源战略》报告（该报告由朱光亚主持撰写——作者注）中提出的适度增长方案，核电占全国发电量的比重，在 2010 年和 2020 年要分别达到约 4% 和 6%，在东南沿海地区，应争取分别达到 10% 和 20%。这些目标是可能实现的，关键是要抓住机遇，统一认识，坚定信心，大力协同，齐心协力，共促我国核电持续健康发展，同时也需要提请国家主管部门制定统一、稳定的核电建设规划和相关扶持政策。

参加核电发展战略研讨会的国务院发展研究中心副主任鲁志强说："这

次会议用一句话来概括，就是朱光亚主任所讲的'抓住时机，统一认识，同心协力，努力促进中国核电产业持续健康发展'，这就是研讨会的结论。"

尤德良在一篇文章中这样写道：

中国核事业取得举世瞩目的成就，是党和国家领导人英明决策和正确领导的结果，是全国人民大力协同的结果，同时也是核工业战线几代人长期艰苦奋斗的结果。其中，朱光亚功不可没！朱光亚既是著名的科学家，又是卓越的领导者，在核技术路线的选择和重大项目的决策上，他为国家做出正确决定起了关键作用。

这是一个符合实际的评价。

四、倡导国防战略研究

1985年3月9日，中央军委任命朱光亚为国防科工委科技委主任。

3月26日，国防科工委科技委召开主任办公会。会议议定：朱光亚全面负责科技委日常工作以及战略武器、航天技术方面的工作。

4月16日，总政治部批复：经中共中央、中央军委批准，国防科工委党委常委由伍绍祖、丁衡高、沈荣骏、谢光、朱光亚、聂力、张敏组成，伍绍祖任书记，丁衡高任副书记。国防科工委临时党委改为国防科工委党委。

由此，朱光亚作为国防科工委领导核心之一，执掌国防科工委科技委，成为国防科技工业战线的科技主帅。

解放军总装备部科技委在一篇纪念朱光亚的文章中写道：朱光亚担任科技委领导后，"坚持健全完善国防科研管理制度体系，先后指导建立战略研究、国防关键技术报告、预先研究、高技术研究和军备控制研究等一系列工作制度，以及常任成员、顾问、兼职委员、专业组专家组等团队建设制度，还积极搭建科技委年会等战略研究平台，为科技委充分发挥宏观谋划、科研指导、论证把关作用打下了坚实基础，提供了有力支撑"。

国防科技工业发展战略研究，就是朱光亚担任科技委主任后主持开展的第一项带有全局性、长远性的战略性研究。

1985年5月3日，在朱光亚的积极倡导下，国防科工委机关召开开展国

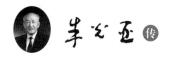

防科技工业发展战略研究工作动员大会。朱光亚在会上作了题为《关于国防科技工业发展战略有关问题》的主题报告。

1985 年 5 月 14 日，朱光亚又与核科技领域和航天科技领域的专家一起，对美国的"战略防御倡议"进行研讨。

"战略防御倡议"是由时任美国总统的里根提出的。1983 年 3 月 23 日，里根发表了题为《和平与国家安全》的电视讲话，指示美国国防部制订一项研究与发展战略防御的长期计划。该计划的核心，是针对有可能来袭的远程弹道导弹，建立一个进行多层拦截的战略防御系统。里根的这个"战略防御倡议"，后来被大家称为"星球大战计划"。

里根发表电视讲话后，美国国防部立即成立了国防技术研究组，对反弹道导弹技术的状况进行研究、评估。该研究组进行研究和评估后认为：需制订一项为期 10 年的研究与发展计划，以演示反弹道导弹技术的可行性。根据该研究组的建议，美国国防部确定了"战略防御倡议"所需要研究与发展的技术领域是：监视、捕获、跟踪及杀伤评估，定向能武器，动能武器，系统分析和作战管理，支援保障系统，以及这 5 个领域中的创新技术。为了统一管理这些领域的研究发展工作，美国国防部建立了战略防御计划局。

美国"战略防御倡议"的背后，是试图通过该计划，把它与苏联甚至西欧、日本竞争的主要方面转移到美国具有优势的技术领域中去，最大限度地利用美国不同空间技术优势来开发外层空间巨大的工业、商业和军事潜力，进行一场认为美国肯定能赢的高技术竞争。

1985 年 1 月，里根批准了这个战略防御计划。消息传出，引起了世界主要国家的强烈反应。

3 月 26 日，苏联最高领导人、苏共总书记安德罗波夫公开批评美国的"战略防御倡议"的目的，是"要苏联在美国核威慑面前解除武装"。为此，苏联一直把除掉"战略防御倡议"作为裁减战略军备谈判的内容。

法国对"战略防御倡议"持公开批评态度，反对美国任何有可能刺激苏联核防御发展和部署的行动。

英国一方面通过外交部对该计划表示疑虑，另一方面又通过国防部与美国战略防御计划局签署合作协定。

中国对美国的"战略防御倡议"也极为关注。朱光亚提出要进行国防科技工业发展战略研究,其实也与它息息相关。

1985 年 7 月 31 日,朱光亚再次组织核武器研究院和航天部第二研究院的专家,对"战略防御倡议"进行研讨。

有关"战略防御倡议"的研讨情况,朱光亚通过有关途径,多次向中央领导人和有关部门进行了汇报。

1985 年 8 月 2 日,时任中央军委主席的邓小平在会见英国的 R. 马克斯维尔时指出:"星球大战"干不得,它会使两个超级大国之间的军备竞赛发生质的变化。

此后,中国政府多次公开声明:美苏两国的外层空间军备竞赛是核军备竞赛的延伸和发展,将导致进攻性核武器和防御性武器系统竞赛轮番升级的更加复杂的局面,使国际局势更不稳定,战争的危险增长;美苏两国对停止外层空间军备竞赛负有特殊责任,应当立即采取切实措施,停止任何形式的外层空间军备竞赛,不发展、不试验、不部署空间武器,尽快谈判缔结一项全面禁止空间武器的国际公约。

1987 年 10 月 25 日至 11 月 1 日,中国共产党第十三次全国代表大会在北京召开。这次大会对中央委员、中央候补委员、中央纪委委员首次实行差额选举。在选举中,朱光亚以高票再次当选为中央委员。

1985 年 11 月 4 日,朱光亚又一次主持召开"战略防御倡议"研讨会。

1985 年 11 月 6 日,朱光亚主持召开导弹、核武器发展研讨会。

1985 年 11 月 9 日,朱光亚召开国防科工委科技委会议,讨论国防科技工业发展战略问题。

1985 年 11 月 26 日至 12 月 6 日,由朱光亚倡导并主持的国防科工委首次国防科学技术发展战略研讨会在北京召开。在会议开幕第一天,朱光亚率先作了专题学术报告。

会议期间,核武器研究院分别以大会报告和书面报告方式,向大会提交了《战略核武器发展战略设想》和《高技术战略武器发展战略设想》两份研

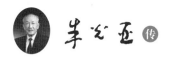

究报告。这两份报告都是在朱光亚亲自指导下撰写而成的。

在这一系列国防战略研究的基础上，中国向高新技术进军的宏伟规划，犹如东升的太阳，喷薄而出。

五、设计"863"计划蓝图

继美国总统里根提出"战略防御倡议"之后，1985 年 4 月，由时任法国总统密特朗提议，西欧国家经过酝酿和协商后，也制订了一项在尖端科学技术领域开展联合研究与开发的计划，这就是"尤里卡计划"。它的目标，主要是提高欧洲企业的国家竞争力，进一步开拓国际市场。

"尤里卡"的英文为 EURECA，是"欧洲研究协调机构"（European Research Coordion Agency）的英文缩写。

"尤里卡"原是古希腊语，意思是"好啊，有办法了"。它出自古希腊学者阿基米德之口。据说，有一天，阿基米德在浴盆里洗澡，突然来了灵感，发现了他久未解决的计算浮力问题的办法，因而惊喜地叫了一声："尤里卡！"

朱光亚和王淦昌（右二）在中国工程物理研究院视察、指导工作

世界著名的阿基米德定律由此被这位伟大的学者发现。

针对美国的"战略防御倡议"，欧洲有了"办法"，中国的科学家们也在积极寻找"办法"。

1986 年 3 月 3 日，王大珩、王淦昌、杨嘉墀、陈芳允四位科学家联名上书中央，提出关于跟踪世界战略性高技术发展的建议。

在此之前，朱光亚也曾多次提出，要注意跟踪和发展激光技术、电子技术等新兴技术。

3 月 5 日，邓小平在王大珩等人的建议书上批示："此事宜速作决断，不可拖延。"

此后，国务院组织全国 200 多位著名科学家，就中国高技术的发展进行研究和论证。朱光亚是这项庞大工程的主要领导者。

百度百科关于"国家高技术研究发展计划（863 计划）"的"简要概况"这样介绍：

国家高技术研究发展计划（863 计划）作为中国高技术研究发展的一项战略性计划，经过 20 多年的实施，有力地促进了中国高技术及其产业发展。它不仅是中国高技术发展的一面旗帜，而且成为中国科学技术发展的一面旗帜。

1986 年 3 月，面对世界高技术蓬勃发展、国际竞争日趋激烈的严峻挑战，邓小平同志在王大珩、王淦昌、杨嘉墀和陈芳允四位科学家提出的"关于跟踪研究外国战略性高技术发展的建议"和朱光亚极力倡导下，做出"此事宜速作决断，不可拖延"的重要批示。在充分论证的基础上，党中央、国务院果断决策，于 1986 年 11 月启动实施了高技术研究发展计划，简称 863 计划。朱光亚是 863 计划的总负责人，参与了该计划的制定和实施。

当时，主管"863"计划制定的国家部门主要是国家科委和国防科工委。由于高新技术大多涉及前沿科技领域，朱光亚作为国防科工委科技委主任，在"863"计划的制定过程中，自然就成为举足轻重的人物。

为了贯彻邓小平的指示，3 月 22 日至 25 日，朱光亚主持召开了中国科学院、航天工业部、电子工业部、核工业部和国防科工委 20 多位专家参加的战略性

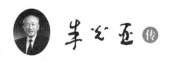

国防高技术发展问题座谈会。会上，朱光亚与钱学森、王淦昌、王大珩、陈能宽等科学家都发表了重要意见。这次座谈会，初步拟订了国防科技领域高技术发展项目。

为了制定国防高技术研究发展计划，4月1日，国防科工委组成了"863"计划专家委员会，并召开了第一次全体会议。朱光亚是这个专家委员会的负责人。

这次会议传达了中央领导人关于发展国家高技术问题的批示和讲话精神，以及国防科工委对国防高技术研究发展计划拟制工作的部署，初步确定了高技术研究发展计划的组织实施原则和优先发展的技术领域的选择标准。

4月16日至23日，朱光亚主持召开专家讨论会，进一步研究、修改国防高技术研究发展计划初步设想，形成了《面向二十一世纪的战略性国防高技术》和《国防科技领域"863"计划主要项目说明》两个重要文件。

6月2日至4日，朱光亚参与了国家科委组织的对民用方面高技术研究发展项目的讨论。

8月16日至19日，朱光亚列席在北戴河召开的国务院常务会议，具体

1986年6月18日，参加制定"863"计划的工作人员合影（第一排左三为朱光亚）

汇报了贯彻落实邓小平指示、制定高技术研究发展项目的有关情况。会议原则同意了《"863"计划纲要》送审稿。

会后，根据国务院常务会议的讨论意见，朱光亚组织专家委员会对《"863"计划纲要》作进一步补充和修改。

10月21日，朱光亚列席中共中央政治局常委会会议，向中央最高领导人汇报《"863"计划纲要》拟制的有关情况。会议讨论通过了《"863"计划纲要》。

11月10日，国家科委、国防科工委联合召开"863"计划第一次联合办公会议。会议达成了下列一致意见：（1）实施"863"计划必须高度集中管理，计划的执行必须充分发挥专家委员会的作用，实行首席科学家负责制；（2）讨论通过了《"863"计划管理条例（讨论稿）》；（3）确定了中央科技办、国家科委、国防科工委"863"计划的负责人。

11月18日，中共中央、国务院以中央文件形式，下发了《高技术研究发展计划纲要》。由此，"863"计划在全国正式开始实施。

"863"计划的内容非常丰富，主要确定了生物技术、航天技术、信息技术、激光技术、自动化技术、能源技术和新材料7个领域中的15个主题项目，跟踪国际水平，缩小同国外的差距。

曾任中国工程院副院长、中国工程物理研究院副院长的杜祥琬，当时参与了"863"计划的研究和论证工作。他回忆道：

在研究制订国家高技术研究发展计划（"863"计划）时，首先是朱主任领导大家进行论证。在论证中，针对发展激光技术这个思想，我们院（中国工程物理研究院）科技委和国防科工委科技委，在1985年、1986年就形成了一个战略思想。1987年"863"计划启动以后，朱主任最关注的，一个是激光领域，另一个就是航空航天领域。开拓一个新的领域，第一重要的是作好发展战略研究。发展战略研究从那个时候开始一直到现在，整个"863"计划实施中，发展战略是起了一个统领作用。第二，朱主任特别强调总体概念研究。他说，有几个层次的总体概念：物理层次的总体概念、技术层次的总体概念、系统层次的总体概念、体系层次的总体概念，这几个总体概念要先研究清楚。

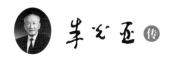

第三，强调基础研究。他说，要把基本的物理问题研究和基本的技术突破工作做好，不要急于上工程。他是一位领导工程技术的高级领导，反而说不要急于上工程，要把基础做扎实。实践证明，这样才利于成功。第四，就是特别强调理论与实验相结合，而且强调这一点非常重要。他还非常强调大力协同，组建跨部门、跨单位的"国家队"，把这件事做得非常富有成效。后来，他又把惯性约束聚变纳入了"863"计划。"863"计划能发展到今天，都是和朱主任非常具体又非常高瞻远瞩的领导分不开的。

在实施"863"计划过程中，杜祥琬担任了激光技术领域首席科学家，闵桂荣担任了航天技术领域首席科学家。

他们两人曾联名撰写了一篇题为《从"863"计划看朱光亚学术思想》的文章。文章中写道：

1986年11月18日，中共中央和国务院正式批准了《高技术研究发展计划纲要（简称"863"计划）》，我国宏大的国家高技术"863"计划开始组织实施。这时，朱光亚院士担任了国务院高技术计划协调指导小组成员，一直负责航天技术领域和激光技术领域的组织实施领导工作，对确定两领域及各主题的专家组人选、各主题发展方向与目标、研究发展战略、方针和技术路线，起到了重要的导向作用。

朱光亚院士对"863"计划的指导，不仅体现了他作为科学家的广博知识、作为领导者的经验和远见卓识，也体现了他在科技实践中形成的学术思想，如着眼战略性高技术，重视总体概念研究、发展战略研究、科技信息的分析评估、技术集成的创新、学科性的基础研究以及军民结合的思想、自主创新实现跨越发展的思想等。

着眼战略性高技术。在"863"计划论证阶段，朱光亚就明确提出：专家工作班子这次要讨论制定的是战略性高技术的研究与发展建议。高技术是指工作原理主要建立在最新科学技术成就基础上的技术，是一个比较宽的概念。战略性高技术，就是要从高技术群中选择那些有"四两拨千斤"能力的高技术。战略性高技术是对增强综合国力和国家安全有全局性重大影响的高技术，是对国家的科学技术发展有重大带动作用的高技术。这一指导思想，对"863"

计划领域和主题的设立、它们的内涵的确定和动态调整起到重要作用，做到了有限目标，突出重点，有所为，有所不为。他特别重视航天技术领域和激光技术领域的论证，对两领域的组织构建和框架的形成，以及任务确定，起到重要的指导作用。

重视总体概念研究。在"863"计划的起步阶段，朱光亚院士几乎参加了各领域及其主题专家组的所有工作会议并亲临指导。由于当时我国在高技术领域还缺乏基础，不知道如何迈好第一步。这时，他特别强调要做好软科学概念研究，并具体提出了概念研究的几个层次：（1）顶层战略层次的概念研究，即研究国家军事战略方针所决定的对领域、主题的需求牵引及其地位和作用。（2）物理层次的概念研究，即研究系统技术的物理机制、物理概念。（3）系统技术层次的概念研究，即研究系统的总体概念与技术分析等。（4）体系层次的概念研究。这一切，首先要具体化到关键技术与关键物理问题的技术分解和落实实施。

不断深化发展战略研究。航天技术和激光技术领域所涉及的都是国际高技术前沿项目，是开创性的、高难度的、长周期的大科学攻关项目。这样的重大项目如何发展，才能不花冤枉钱，不走弯路，取得高效益？朱光亚院士首先提出的是要求各领域主题要做好发展战略研究，通过发展战略研究制订出本领域主题的发展蓝图，明确研究方向、任务目标、指导思想、研究重点和具体技术路线发展策略等，走有中国特色的高技术发展之路。他在一次专家组工作会议上说，主题工作要有自己的特点，我们对别人的东西还不大清楚。因此，要对国外的情报信息进行深入的评估分析，不要只停留在情报调研的水平。要通过评估分析，并根据中国的国情，勾画出有中国特色的发展蓝图和发展战略目标。目前的着眼点在于分析跟踪的对象，认识和理解其中的科学技术问题，不能盲目跟着外国人跑，要有判断地进行跟踪研究。我们的主题工作着眼点是发展科学技术基础，限于我国的财力情况，不可能短期较量，要做长期打算，有所为，有所不为。

重视国内外信息评估分析。朱光亚院士在领导开展"863"计划的工作中，十分重视对国外高科技发展信息的评估分析。他对听到的国外的各种信息都

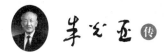

朱光亚出席"863"计划某主题专家组工作会议

要求对信息来源、可靠性、正确性和权威性进行认真评估,对一些道听途说或夸大事实的信息通过研究分析予以排除,做到去粗取精,去伪存真,由此及彼,由表及里,掌握事情的全貌。

重视先期技术集成实验。先期技术集成实验是一个物理和技术目的明确的实验系列。此系列的安排是从易到难,由简入繁,集成度由少到多,由基础性到系统性。其目的在于及时而循序渐进地验证物理和技术的可行性,检验全过程各物理因素的影响和系统各环节的接口和匹配,验证和演示全系统的能力。

重视基础研究。朱光亚院士在领导高技术项目过程中,还十分重视基础研究。他认为,高技术要鼓励创新研究。为此,要支持学科基础和应用基础研究,增强发展后劲。高技术发展需要深厚的科学技术基础支撑,二者密不可分、血肉相连。因此,"863"计划开始阶段,就以部分资金放到自然科学基金委

2001年春，朱光亚参观"863"计划实施15周年成就展览会

支持新概念、新构思的创新基础研究，以保证可持续发展的后劲和人才成长。

朱光亚是制定"863"计划的主要领导者。他的战略思维、战略谋划、战略管理等思想，在"863"计划的制定中得到了淋漓尽致的展现。与他共事的党政军领导和科学家们，都把朱光亚称为中国伟大的战略科学家。如果从战略科学家这个角度，把朱光亚称为"863"计划的总设计师，似乎更为贴切。

六、推动"921"工程上马

朱光亚既是"863"计划的制定者，也是"863"计划的组织实施者。其中，对航天技术领域高技术的发展，特别是载人航天工程的立项和组织实施，朱光亚做出了历史性的贡献。

解放军总装备部研究员黄志澄撰文写道：

"863"计划航天领域在朱先生和首席科学家的领导下，用5年时间完成了我国载人航天的论证工作。后来，又在他们的指导下，完成了新形势下载

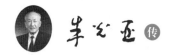

朱光亚在航天医学工程研究所（今中国航天员科研训练中心）视察、指导工作

人航天发展战略的深化研究。外界都知道朱光亚先生对发展我国核技术的贡献，但朱先生对我国载人航天的历史性贡献，却鲜为人知。这是朱先生为人低调，从来不喜欢宣传的缘故。当年，各部门和各方面专家，对载人航天的发展途径，存在不同意见。为统一这些意见，先生做了艰苦而细致的工作。据我所知，他参加的论证会议就有上百次，在许多会议上，他都有发言；他亲自批改的有关报告和文件更是不计其数。朱先生，为了发展我国的载人航天事业，可以用"呕心沥血"四个字来形容。

　　航天技术领域是"863"计划重点发展的高技术领域之一。载人航天又是航天技术领域里一项最重要的课题。

　　朱光亚对航天技术给予极大关注，从工作层面讲，应该有两个原因：

　　一是他担任国防科工委科技委主任后，根据分工，除了负责科技委的全面工作外，还具体负责激光技术和航天技术两个领域的科技工作。

　　二是为了更好地组织实施"863"计划，国务院成立了高技术计划协调指导小组。该小组由国家科委主任宋健，国防科工委主任丁衡高，国防科工委科技委主任朱光亚，国家科委副主任郭树言、朱丽兰 5 人组成。

"863"计划开始实施后，航天领域群情振奋。许多人摩拳擦掌，希望尽快上马载人航天工程。

飞天，是中华民族的千年梦想。从嫦娥奔月的神话，到敦煌飞天的壁画，寄托了中华民族的无限遐想。

在美国国家航空航天博物馆的大厅里，竖着这样一块牌子，上面写着：最早的飞行器是中国的风筝和火箭。

可惜，这种辉煌在后来几百年的历史长河里，仅仅停留在焰火、爆竹和飞箭的制造上。而欧洲人却从中国的发明中，发展成了现代航天技术。

1923 年，一位名叫赫尔曼·奥伯特的德国科学家，出版了现代航天理论的经典之作《飞往星际空间的火箭》，该书后来改名为《通向空间之路》。书中详细论述了火箭飞行的数学理论，提出了建造火箭、人造卫星、宇宙飞船、空间站等一系列构想。

把现代航天科技推向高峰的是苏联和美国。

1957 年 10 月，苏联成功发射了世界上第一颗人造地球卫星；11 月，又发射了第二颗卫星，并在星上搭载了一条名叫"莱伊卡"的小狗，开始了对载人航天的探索。

1960 年 8 月，苏联成功发射了第一艘飞船，将两只小狗和 50 只老鼠送入太空轨道，两天后平安返回。

1961 年 4 月 12 日，苏联成功发射了第一艘载人飞船。苏联宇航员加加林成为地球上第一个进入太空的人。

1961 年 5 月，美国启动了"阿波罗登月计划"。这项庞大的登月工程，历时 8 年，参与人员总计达 400 万之多。

1969 年 7 月 16 日，"阿波罗 -11 号"飞船正式进行载人登月飞行。7 月 21 日，格林尼治时间 2 时 56 分，美国宇航员阿姆斯特朗踏上月球表面，印下了人类第一个脚印。他向地球上千千万万人说了一句永垂不朽的名言："对一个人来说，这是一小步，但对人类来说，这却是一大步。"

在苏联人进行载人航天和美国人宣布进行登月时，虽然新中国才刚刚开始进行现代火箭研制，但中国科学家们的目光已经瞄向了遥远的太空。

1964年7月19日，中国成功发射了第一枚生物火箭，火箭上带有8只白鼠。

1966年7月15日，中国再次发射了一枚生物火箭，火箭上装有一条名叫"小豹"的公性小狗。13天之后，又发射了一枚生物火箭，火箭上装有一条名叫"珊珊"的母性小狗。

1967年，中国开始对载人飞船进行预研，并把第一艘飞船命名为"曙光一号"。

1970年7月，在中国成功发射第一颗人造地球卫星后3个月，毛泽东、周恩来批准了"曙光一号"飞船研制计划。毛泽东还作了批示：即着手载人飞船的研制工作，并开始选拔、训练宇航员。

由于载人航天涉及了当今世界所有基础科学和理论技术，而且还需要国家雄厚的财力支持，处于开创初期的中国航天技术，进行载人航天的大环境和基本条件在当时并不成熟，研制过程中遇到了许多难以克服的困难。最后，由毛泽东拍板叫停。他说：力量不足，经费不够，宇航员这事先暂停一下。先把地球上的事搞好，地球外的事往后放放。1975年3月，"曙光一号"载人飞船工程下马。

1986年，在讨论制定"863"计划过程中，载人航天工程又重新被提了出来，并被列为国家重点发展项目。

1987年1月初，朱光亚连续两天出席"863"计划航天领域情报分析会。

1987年1月10日，朱光亚主持召开国防科工委科技委会议，研究讨论"863"计划航天领域工作进展情况。会上，朱光亚明确提出："航天技术领域先进行两年概念研究，同时对看得准的共性关键技术及早开始预研。"

1987年1月24日，朱光亚参加国务院科技领导小组会议。这次会议，讨论通过了由国家科委、国防科工委提出的"863"计划各领域专家委员会名单。其中，屠善澄为"863"计划航天技术领域首席科学家。

1987年3月31日至4月3日，朱光亚参加了"863"计划航天技术领域专家委员会工作会议。会后，他又与屠善澄进行了面对面交谈。朱光亚强调：

当前是进行目标体系及概念研究，注意与主战场及"863"计划其他领域的关联。

这是朱光亚一个重要的科研思想。他认为，对载人航天工程来说，首先要耐下心来，进行体系研究和概念研究，基础打好了，工程才能上马。

1987年11月，朱光亚再次出席"863"计划航天技术领域专家委员会会议。这次会议着重讨论了航天技术领域发展的初步蓝图，研究了1988年工作计划。

会后，朱光亚在国防科工委机关一份有关增补"863"计划航天技术领域专家组成员的文件上，又一次重申了他关于先进行体系研究和概念研究的思想。朱光亚在这份文件上批示：一是把专家组已安排的概念研究专题、课题搞好，要有所检查，看落实得如何、进展如何；二是把正在进行的蓝图研究与拟稿工作真正安排好。

1988年4月11日至12日，朱光亚出席"863"计划航天技术领域专家委员会会议，重点讨论了《我国航天高技术总体发展蓝图》，并就制定总体发展蓝图问题发表了自己的意见。

载人航天先进行概念研究的思想得到了中央的充分肯定。所谓概念研究，就是要确定我国载人航天的顶层思路和构想，有哪些途径、哪些方案可以实现，并对几个方案都需要的关键技术开展预先研究。

"863"计划航天技术领域专家委员会在进行顶层设计时，面临一个重要的选择：苏联和美国刚开始搞载人航天时，采用的都是飞船模式。而现在，航天飞机已经诞生，并独领风骚。中国载人航天是选择飞船还是选择航天飞机？

飞船是能保障宇航员离开地球大气层进入外层空间，并能返回地面的航天器。它的特点是容积比较小，发射升空比较容易，但只能在天地间一次性往返。

1981年4月，美国研制成功了航天飞机，这是新一代"天地往返运输系统"。它与飞船的最大区别，在于它具有飞机的特点，可以多次进行载人飞行，并且在容积、功能等方面都比飞船强。

是采用航天飞机还是采用飞船，"863"计划航天技术领域专家委员会形成了两种不同意见，争论不休。

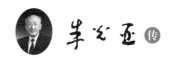

1988 年 7 月，朱光亚在一次讲话中讲道：对载人航天技术强调顶层概念研究，就规划而言，可以也应该允许两种或两种以上方案。

朱光亚认为，中国的载人航天，只有在做好了顶层概念研究后，经过多方面的科学论证和客观比较，才能结合我国的国情，进行最佳的选择。在制定规划之初，不要轻易肯定或轻易否定任何一种方案。

1988 年 11 月，经朱光亚批准，"863"计划航天技术领域专家委员会召开了飞船和小型航天飞机经费预测讨论会。这是从研制经费这个角度，对飞船模式和航天飞机模式进行比较。

科学家们在选择，朱光亚也在认真地思考。1989 年 2 月 17 日，朱光亚给"863"计划航天技术领域首席科学家屠善澄写信，就航天技术领域深化论证工作提出了"适度目标的选定，要注意国家战略的研究"等 8 点看法，3 月 1 日，他又再次给屠善澄写信，对前封信提出的 8 点看法补充为 9 点意见，并对下一步论证工作提出了 4 点要求。

朱光亚的这两封信，谈了许多问题，但其中一个重要思想，就是在进行载人航天顶层设计时，无论是选择航天飞机还是选择飞船，这个目标的选定，一定要结合国家战略这个大局。

1989 年 2 月 20 日，"863"计划航天技术领域专家委员会召开会议，讨论、领会朱光亚在第一封信中提出的意见。朱光亚受邀到会。会上，朱光亚在讲话中进一步对"目标的选定"明确表达了自己的意见：空间站采用模块式结构，规模适当，有人短期照料；采用无毒、低成本、高性能液体燃料大型运载火箭；对空天飞机只能开展适当的跟踪性预研工作；实现载人航天，要有一个实验阶段。

经过反复的论证和研究，科学家们的思想逐渐趋于统一，认为中国载人航天应该先从飞船起步。

参与载人航天论证工作的王永志（载人航天工程首任总设计师）说，论证初期，他开始也主张采用航天飞机模式方案，认为中国的航天技术落后美国、苏联多年，应该采取较高的起点。但经过认真讨论，他改变了想法，认为要在较短时间里实现载人航天，采用难度较低、起步较快、涉及领域较少、便于组织实施的飞船方案更为有利。

1989年8月，在朱光亚的指导下，"863"计划航天技术领域专家委员会形成了《863计划航天技术领域发展纲要的初步意见（汇报稿）》。

1989年11月，在朱光亚的指导下，"863"计划航天技术领域专家委员会又形成了《863计划航天技术领域论证工作综合报告》。

1989年12月30日，朱光亚参加中央专委会议，汇报了载人航天发展计划和论证工作有关情况，得到了中央专委的肯定。

1990年1月，朱光亚出席"863"计划航天技术领域专家委员会会议，向专家组成员传达了中央专委会议精神，并组织大家对载人航天概念论证阶段的工作进行进一步总结，并将修改、补充后的载人航天概念论证综合报告，作为最后定稿上报中央专委。

该报告认为，中国是个大国，像载人航天这样的高技术，中国不能不干；同时，中国还是个发展中国家，也不能大干特干。据此，报告提出："以飞船起步，完成突破载人航天基本技术，进行空间对地观测、空间科学及技术实验，提供初期的天地往返运输器，为载人空间站工程大系统积累经验等四项基本任务后，建设空间站，未来要研制单级入轨、可完全重复使用的载人航天器。"

此后，在朱光亚主持下，"863"计划航天技术领域专家委员会开始了对载人飞船的论证工作。

1990年3月20日，朱光亚与王寿云（时任国防科工委科技委副秘书长）联合撰写了《对载人航天意义的再认识》一文。文章开篇就明确提出：

863计划航天技术领域专家委员会1989年12月提出的《863计划航天技术领域论证工作综合报告》，充分论证了"我国在21世纪初登上航天技术的新台阶"的可行性，为国家的战略决策提供了一个方面的依据。国家在战略决策过程中还需要结合我国的实际，考虑人上天到底干什么？到底对国家起什么作用？究竟应当如何看待世界范围在载人航天领域的竞争？等等。对这些问题的思考与分析，涉及从国家威望、军事、科学、技术等方面对载人航天意义的认识。

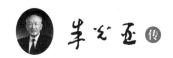

该文从载人航天与国家威望、载人航天与国防战略、载人航天的商用潜力、载人航天对科学技术的发展等几个方面，阐述了开展载人航天的重要意义和作用。在此基础上，对我国载人航天计划的战略目标提出了建议。

1991年10月，当载人飞船论证工作取得一定进展时，朱光亚又及时提出："苏联专家既然已讲明，'联盟号'已过时，并已有了下一代飞船方案，应当弄明白他们为什么要这样做，经验教训有哪些？技术进步又是哪些？对我们的技术途径，是很有参考借鉴意义的。"

在这里，朱光亚提出了一个非常重要的问题，就是：以载人飞船起步，并不是照抄照搬苏联的"联盟号"飞船。

这第一步该怎么走？王永志说："加加林40年前就上天了，全世界都轰动。如果我们40年后再搞出一个同加加林乘坐的飞船差不多水平的东西，我

2004年2月5日，中国载人航天工程总设计师王永志（左）与航天英雄杨利伟（右）到家中看望朱光亚

们还能有激情吗？"

在这期间，朱光亚分别与航天专家任新民，中国科学院的周光召、张厚英个别交谈，探讨有关载人航天发展问题。

经过深入、科学的论证，大家的思想再次得到了统一：中国制造的飞船，要向世界上最先进的飞船看齐，并要有中国自己的特色。

1992 年 1 月 8 日，国务院总理李鹏主持召开中央专委会议，专题研究发展中国载人航天工程的立项问题。会上，朱光亚代表国防科工委，向中央专委成员作了载人航天工程可行性论证工作汇报。

中央专委经过认真讨论，认为载人航天工程可行性论证报告有深度，是比较可靠的，原则同意载人航天工程总体技术方案，并决定：

1. 同意我国发展载人航天分三步走：第一步，在 2002 年前，发射两艘无人飞船和一艘载人飞船，建成初步配套的试验性载人飞船工程，开展空间应用实验；第二步，在第一艘载人飞船成功后，大约 2007 年左右，突破载人飞船和空间飞行器（如轨道舱）的交会对接技术，并利用载人飞船技术改装、发射一个 8 吨级的空间实验室，解决有一定规模的、短期有人照料的空间应用问题；第三步，建造 20 吨级的空间站，解决有较大规模的、长期有人照料的空间应用问题。

2. 载人飞船工程作为国家重点工程，由中央专委直接领导，国防科工委负责统一组织实施。要像过去抓"两弹一星"那样，下决心把这件事情办好。

3. ……工程所需经费由国防科工委按阶段提出，中央专委对每个阶段经费实行一次性审批。科工委具体安排年度经费使用计划，国家财政专款下拨、专款专用。

考虑到载人飞船工程是迄今为止我国航天史上规模最大、系统最复杂、技术难度最高的跨世纪的大型工程，为表示对国家、对人民高度负责，中央专委每个成员都在此次会议纪要上郑重签名，并报中共中央、国务院、中央军委审议。

1992 年 9 月 21 日，江泽民主持中共中央政治局常委会会议，讨论审议了《中央专委关于开展我国载人飞船工程研制的请示》，正式批准载人飞船工程上马。

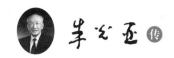

此后，载人飞船工程以中共中央政治局常委会会议批准的日期，命名为"921"工程。

中国载人航天由此开始了新的征程。

七、应对新军事革命挑战

1991年1月17日，伊拉克首都巴格达遭受了以美国为首的多国部队的轰炸，海湾战争由此爆发。

海湾战争的起因，是伊拉克军队在1990年8月入侵科威特，推翻科威特政府并宣布吞并科威特。

以美国为首的多国部队在取得联合国授权后，于1991年1月17日开始，连续对伊拉克进行了为时42天的空袭，并在伊拉克、科威特和沙特阿拉伯边境地带展开了100个小时的地面战斗，最后以较小的代价取得了决定性胜利，重创伊拉克军队，迫使伊拉克接受联合国决议，从科威特撤军。

这是美军自越南战争后主导参加的第一次现代高技术条件下大规模局部战争。在这场战争中，美国动用了12类50多颗军用和商用卫星构成战略侦察网，为多国部队提供了70%以上的战略情报；多国部队集结了2790架现代化固定翼战机和1700多架旋翼战机（其中包括600多架攻击直升机），6500余辆坦克、装甲车辆以及大量自行火炮、火箭发射车、工程技术保障车辆等。多国部队虽然与伊拉克军队相比在数量上不占优势，人员比为1∶2.4，火炮数量比为1∶2.4，坦克数量比为1∶1.44，但现代化装备数量远远超过伊拉克军队，特别是在精确制导武器上拥有绝对优势。

海湾战争所体现的技术对战争的影响，预示了一个新时代的到来：在拥有质量优势的部队面前，单纯的数量对比已失去了意义。它展示了现代高技术条件下作战的新情况和新特点，对军事战略、战役战术和军队建设等问题带来了众多启示。

1991年3月16日，海湾战争结束后不久，朱光亚就在某军用高技术课题专家组工作会议上的讲话中指出：要研究国外发展动态，特别是海湾战争对高技术兵器及先进防御技术所产生的影响，要研究我们的对策。

1991 年 9 月 7 日，朱光亚再次在这个课题专家组工作会议上指出：再思考是当前国际形势下的共同现象。由于国际政治、军事、科技态势变化很快，要从更高的角度来研究我们的发展战略，不断完善我们的认识。

1992 年 2 月，朱光亚主持召开国防科工委科技委 1992 年年会并作工作报告。

这次年会的主题是：认真研究国防科技在新形势下面临的挑战、困难和机遇，对各技术领域的关键技术和如何加大技术发展跨度提出具体建议；通过对新思想、新构思、新途径、新对策的研讨，增强实现较大跨度发展的技术可行性。

朱光亚在这次年会的工作报告中指出：要根据形势的发展变化，不断充实和完善我国国防科技发展战略研究；要从军事技术、军事理论和毛泽东军事思想相结合的高度，深化关于海湾战争启示的研究，提出切合我军实际的

朱光亚视察、指导工作

发展对策；要对国防科技《关键技术项目计划报告》每两年进行一次更新；要把信息革命的对策研究真正落实到实现信息技术的较大跨度发展上；要抓紧"863"计划各领域动态跟踪目标的再评估以及关键技术攻关；要做好国防科技重点实验室建设的顶层设计；等等。

1993年2月召开的国防科工委科技委年会上，朱光亚在讲话中进一步提出：国防科技与武器装备发展中的概念研究，大体可以分为新武器概念的研究、新技术系统集成的概念研究、未来有可能发展的重大武器系统的概念研究和武器装备体系的顶层概念研究。

由此可见，海湾战争发生以后，朱光亚以其敏锐的目光、超前的思维，及时指导国防科工委科技委加强对现代高技术条件下战争形态、武器装备技术等方面进行深入研究。而他自己也身体力行，撰写发表了题为《当代工程技术发展与新军事革命》的长文，集中反映了他的研究成果。

在这篇研究文章中，朱光亚从当代工程技术发展的五大特点、当代工程技术发展的某些新观念、当代工程技术发展引发的军事革命及其对作战的影响三个方面，对于当代工程技术发展对新军事革命的引发和推动，进行了科学、深刻的阐述。

朱光亚认为，与过去相比，当代工程技术的发展有五大特点，即：信息技术革命在产业化过程中的作用日益增长，微观尺度生产领域制造技术的演进与革命方兴未艾，材料技术成为不同工程领域产业化的共性关键技术，生物技术为农业、医药、化工、环保的发展带来重大变革，综合集成在工程技术最终转化为生产力过程中发挥着关键作用。这五大特点反映了当代工程技术发展的基本趋势。

朱光亚强调，随着当代工程技术的发展，一些传统的观念和思想已显得陈旧过时，一些新的观念和思想正在被人们认识并接受。比如：从强调产品的先进能力转向注重产品的经济可承受能力，航天技术从强调性能转向强调效费比和实在的产业化，研制和训练从强调实物试验和演习转向计算机分布式交互仿真，军民两用技术的融合日益受到重视。

对于当代工程技术发展引发的军事革命及其对作战的影响，朱光亚作了重点阐述：

1.世界已进入新的军事革命时期，引起这场革命的主要力量是技术进步。

（1）军事革命已经到来。美国在海湾战争中取得的压倒性胜利，使美国、俄罗斯和其他国家的军事专家认识到，一些可利用的和可以预见到的技术，将使今后20-50年进行战争的方式发生革命性变化，即将发生一场军事革命。虽然专家们从战争一代代演变、军事革命（或军事技术革命）等不同角度进行分析，但他们得到一个共识："我们大概已处于这样一个时期"，作战要领和战争将发生根本性变化，"这场革命已经到来"。

（2）技术进步是军事革命的主要原因和动力。有人列举苏联解体导致世界格局变化，美军任务多样化，非战争军事行动增加，民族国家失去对战争的垄断，文化冲突等等作为军事革命的起因。但这些现象只不过是"地缘政治"变化、"安全事务革命"，虽然对军事革命有影响，但不是主要原因和动力……产生这场军事革命的社会根源是一种新型的经济正在美国、欧洲、亚太一些国家和地区兴起，它建立在信息（知识）的基础上，正在使社会各个领域发生迅速、急剧的变化……这些正在改变社会和经济的力量，也必将改变战争。

2.军事革命包含三个要素，信息技术是这次军事革命的核心和基础。

（1）军事革命包含三个要素：先进的技术和武器系统，创新的军事学说，科学的编制调整。每个要素都是军事革命的必要条件，但只有当它们结合到一起，军事革命才能发生。先进的技术和武器系统是军事革命的物质基础，是"硬件"。没有坦克、飞机、无线电，德国创建不了"闪击战"；没有核武器和导弹、核潜艇，就没有美国和前苏联的核威慑战略。创新的军事学说是军事革命的灵魂，是"软件"，它不但决定了硬件如何执行具体功能，而且决定了硬件如何相互作用，发挥最大效能。编制构成则应当是先进的技术和武器装备，以及军事学说的具体体现。

（2）信息技术是这次军事革命的核心和基础。信息和知识具有全球扩展、光速传输、非线性效应、用之不竭、多方共享等独特性能，已成为信息时代的生产要素。正如海湾战争和波黑冲突初步表明的那样，信息和知识在战争中能发挥重要作用，是重要的毁灭（杀伤）力量，是力量的倍增器。信息和

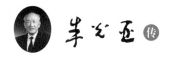

知识改变了过去单纯以计算有多少装甲师、航空联队、航母战斗群来衡量军事能力的做法，现在还必须计算一些无形的力量，如计算能力、通信容量和可靠性、实时侦察能力等。实践表明，"计算机中一盎司硅产生的效应也许比一吨铀还大"，携带计算机的士兵多于带枪的士兵的那一天也许会到来。克劳塞维茨"知识必将成为能力"的预言，托夫勒"知识能够打赢或者防止战争"的信念，不久必会成为现实。

3. 军事革命将改变未来作战概念，影响世界军事力量平衡。

（1）支配信息。未来指挥官将像运用空中力量和海上力量一样，在战争中灵活运用信息和信息系统。一方面，指挥官将像火炮出现后用于进攻前的战场准备、飞机出现后执行空中轰炸进行战场准备一样，将来部队发起进攻前和整个战斗过程中，将运用进攻性信息战手段（精确制导武器、干扰机、计算机病毒等），攻击敌人信息和信息系统（指挥机关、通信网络等），使敌人又聋又瞎，发生"系统性晕厥"，破坏或摧毁决策机制和程序，使其陷入瘫痪，不得不按己方的愿望和条件结束战斗，达到不战而胜的目的。另一方面，还要保护自己的信息和信息系统不受敌人类似活动的影响，使己方部队能够利用信息系统全面了解整个战场情况，如敌我兵力部署、天气、地形、电磁环境等，消除"战争迷雾"（不定因素），组织协同己方部队联合作战，即用信息调动操纵物质和能量，极大地提高战斗效能，取得战争的胜利。这种攻防兼备的信息战将成为今后作战艺术的焦点，支配信息和信息系统将逐渐成为战役的中心。

（2）有区别地、精确地运用力量。正如前面提到的钱学森同志所指出的，从人类历史的进程看，近200年来战争和武器的破坏能力不断提高，到20世纪50年代，终于研制出核武器以及生、化大规模杀伤武器。但杀伤力的极大提高，反而引起许多政治问题而限制了它们的应用。于是，随着科学技术的进步，又转向追求高精度和最有效的杀伤。这次军事革命的企图和结果之一，就是避免大规模集结人力和装备，顺次进行战役行动的消耗战，转向有区别地、精确地运用力量。即用精确制导武器摧毁敌人重心，或者精确地、有区别地运用信息战武器（计算机病毒、欺骗信号）和非致命武器使敌人丧失能力，

朱光亚参加"银河"超级并行计算机系统鉴定会时留影

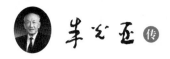

而不是用火力消灭他们。有区别地、精确地运用力量，一方面可以减少伤亡和政治影响，使决策都可以灵活地、交叉地使用外交手段和武力，达到战略目标；另一方面又可大大减少摧毁敌方目标所需要的弹药数量，从而减轻后勤和国防工业的压力。

（3）协同和联合。使不同的军种、部门和武器系统有效地一起投入战斗，使之产生的整个效能大于各部分能力之和，这就是协同，或者叫联合。军事革命是要建立一种由多种系统组成的大系统，使各军种的武器装备一体化。因为任何单一军种都无法单独建设它，这要求各军种必须在高层次上实现一体化，协调制订一体化规划。还应建立联合军事学说、联合研究中心、联合采办机构，进行联合训练的演习。"我们必须成为一家，这在今天比以往更重要"。未来战争复杂多变的特点，也要求各军种同步协调。美参联会认为："当我们思考现代战争性质时，这是联合战争的同义词。"

（4）非线性战场和脱离接触战斗（或称不接触战斗）。军事革命将使未来战争变成同时、连续、精确打击整个战区纵深，甚至敌国整个领土。从两维来看，前方与后方的界限变模糊了，战场呈现流动的非线性或无战线状态；从三维来看，海、陆、空、天连在一起，形成多维立体战场。战争的时空观发生前所未有的变化。为避免或减少人员伤亡和物质损失，美军十分重视在未来战争中实行脱离接触战斗，其含义是：部队远离实际战区，从美本土、邻国或海军舰艇上起降飞机或发射导弹，同时对敌人的指挥控制中心、电力网、通信网、交通枢纽实施精确的防区外打击；在战术上，部队处于敌人火力射程之外，使用 C^4I 系统把散布于各处的火力集中到具体目标上；重视机械化部队的作用在下降，特种部队将负有更多使命。

（5）网络化。过去的纵向多层指挥体系将转变为网络型指挥结构，从而提高灵活性、横向连通，有助于发挥各级指挥官的能动作用。传统的指挥控制功能将让位于协调和提出建议的功能。与指挥体系密切相连的 C^4I 系统也将从原来的树状结构转变为网络化结构，既能提高生存能力，又能使各级指挥官了解战场全貌，提高协同作战能力和效果。

朱光亚撰写的这篇文章，展现了一位战略科学家对现代战争的思考。他认为："当前正在发生的这场新的军事革命，是一场范围十分广泛、内容十分深刻、影响极其深远的革命。当代工程技术的发展，对这场革命的发生和发展、对未来作战方式方法的演变，产生了多方面的作用。"

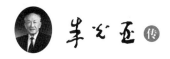

第二十一章 众望所归

一、中国科协当家人

1991年5月，中国科协第四次全国代表大会在北京召开。大会选举产生了新的全国委员会，朱光亚当选为中国科协第四届全国委员会主席。

中国科协，全称为中国科学技术协会，是在中国共产党领导下，由全国科技工作者组成的社会团体。

新中国成立前夕，中国共产党为团结科技工作者，邀请科技界派代表参加中国人民政治协商会议，并批准由中国科学社、中华自然科学社、中国科学工作者协会、东北自然科学研究会4个科学社团共同发起，筹备召开中华全国自然科学工作者代表会议（简称"科代会"）。

1949年7月，科代会筹备会在北京召开，并选出正式代表15人、候补代表2人出席中国人民政治协商会议第一届全体会议，参与了新中国的建国大业。

1950年8月18日，科代会在北京清华大学礼堂隆重开幕。中央人民政府副主席朱德、李济深，政务院总理周恩来、副总理黄炎培，以及马叙伦、章伯钧、吴晗、李四光等人出席大会。周恩来在大会上作了题为《建设与团结》的报告。毛泽东接见了全体代表。会议决定成立中华全国自然科学专门学会联合会（简称"全国科联"）和中华全国科学技术普及协会（简称"全国科普"）两个群众性科学社团，并推举地质学家李四光为全国科联主席、林学家梁希为全国科普主席。

1958年9月，全国科联和全国科普合并，正式成立全国科技工作者的统一组织——中国科学技术协会。

李四光、周培源、钱学森先后担任中国科协第一、二、三届全国委员会主席。

朱光亚在担任中国科协第四届全国委员会主席之前，于1986年6月先被选为中国科协副主席。

曾任中国科协常务副主席、书记处第一书记的邓楠说：

在前后10年，特别是在中国科协主席的5年任期内，光亚同志团结带领科协全体成员，依照科协章程，努力发挥科协作为党和政府联系科技工作者的桥梁和纽带、国家推动科技事业发展的重要力量以及科普工作主要社会力量的作用，为坚决贯彻党和国家关于知识分子工作、科技工作和科普工作的各项方针政策，贯彻中央书记处关于科协工作的指示精神，充分调动广大科技工作者的积极性而辛勤操劳，作出贡献。他的一系列关于科技工作者和科协工作的论述和指示，成为他的科技思想的重要组成部分，不仅有力地指导和推动了科协事业的发展，也为党的群众工作、国家科技工作和社会主义精

1991年5月27日，朱光亚当选中国科学技术协会主席后致闭幕词

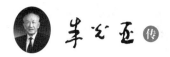

神文明建设增添了宝贵的财富。

朱光亚担任中国科协主席后，坚持并发扬科协成为中国共产党联系科技工作者的桥梁和纽带作用。

1991年，在中共中央的亲切关怀和科技工作者的大力呼吁下，全国政协常委会恢复了中国科协作为全国政协的组成单位，使中国科协更好地履行其政治协商、民主监督、参政议政的职能。

1991年6月，朱光亚主持召开中国科协四届二次常委会议。在会议开始时，朱光亚强调指出：当前，贯彻中国科协四大（即中国科协第四次全国代表大会）精神的首要和中心任务，就是发动各级科协及所属团体，组织广大会员和科技工作者深入学习与贯彻"科学技术是第一生产力"的思想，并面向社会进行宣传，努力把经济建设真正转移到依靠科技进步和提高劳动者素质的轨道上来。

1992年2月，在中国科协四届二次全委会议上，朱光亚又明确指出：中国科协的"最大优势，就是作为科技工作者自己的群众组织，能够最广泛地团结和联系全国各地区、各民族、各条战线、各类岗位、各种年龄的科技工作者，这是我们能够履行自己职责的根本基础和条件。我们应当无比珍惜这一优势，把这一优势最充分地发挥出来"。

曾任中国科协调研室主任的吴伟文回忆说：

由于科协是1958年由中华全国自然科学专门学会联合会和中华全国科学技术普及协会合并而成，因此社会上乃至科协的一些同志，常常只注意到科技交流方面的功能，而忽视科协作为人民团体这一基本属性。在党的十四大确立建立社会主义市场经济体制以后，科协有些人片面地认为今后要以经济效益作为价值取向，党的群众工作和社会公益性的科普工作都不需要了。针对这些误解，朱光亚反复阐述要正确理解和全面认识科协的作用：一是与工、青、妇等团体一起，在党的群众工作方面发挥作用；二是组织开展科技交流、科学普及和国际民间科技交流，与科技行政部门、中国科学院、中国工程院及各类科技事业单位共同构成科技工作体系。

在1993年年初举行的四届三次全委会议上，朱光亚提出科协应成为"促进社会主义现代化建设、民主政治建设和精神文明建设的一支重要社会力量，能够对成员提供有效服务和维护合法权益的科技工作者之家，做到影响力、凝聚力和经济实力三者协调发展"。在1994年年初举行的四届四次全委会议上，他鲜明地提出要"全面理解科技工作和科技群众团体工作的价值标准"，强调对基础研究"不能用市场经济的价值标准来衡量其工作成效"，科协工作"要防止把市场经济与公益性原则对立起来"，"始终牢记科协是科技工作者的群众组织和党领导的人民团体，不同于社会上的一般科技实体或公司"，"要既适应社会主义市场经济发展，又符合科技团体发展规律"。这一系列论述，为科协这艘航船在经济体制转轨后找准方向起到了重要作用。

从中可以看出，作为中国科协新的当家人，朱光亚在把握方向、大局和工作方针上，再一次清晰地体现出战略科学家的特质。

正是基于这样的认识，朱光亚担任中国科协主席后，特别对各级科协组织提出：要克服行政化倾向，摆正机关与团体的关系，真正做到对党政领导负责与对科技工作者负责相统一。他强调，要"认真研究和把握群众团体的工作特点和规律"，"正确处理在科协机关内部实行逐级负责制与在团体中坚持民主办会、突出科技工作者主体地位的关系，改进机关作风，防止和克服行政化倾向，竭诚为全委会、常委会服务，为学会、下级科协和广大科技工作者服务"。

科技界不少人至今还清晰地记得，在朱光亚任中国科协主席期间，曾发生了一起震惊中国科技界、司法界的"邱氏鼠药案"。

20世纪80年代末，河北省无极县有一位名叫邱满囤的普通农民，因自制鼠药而声名大噪，被誉为"鼠药大王"。他研制的鼠药，灭鼠力极强，灭鼠率高达90%以上。有记者为此撰写了题为《你不亲眼见怎么也不信》的文章，被全国多家报纸转载。在电视报告文学《无极之路》里，邱满囤也成了一位传奇人物。邱满囤成名后，创建了河北邱氏药厂，成为当时全国最大的鼠药厂。"邱氏鼠药"、"邱满囤"、"邱王"成为家喻户晓的鼠药商标。

1989年8月，中国预防医学科学院流行病学微生物学研究所副所长汪诚信受邀担任邱氏药厂顾问。汪诚信也是一位灭鼠专家。在当顾问期间，他发

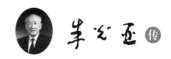

现邱氏鼠药里含有氟乙酰胺——一种被国家早已明令禁止用作杀鼠剂的剧毒药。汪诚信从市场和邱氏药厂收集了11个样品，经中国人民解放军军事医学科学院微生物流行病研究所作定性分析，均含有氟乙酰胺。

1992年5月，出于科学家的良知，汪诚信与赵桂芝（中国植保学会鼠害防治专业委员会主任委员）、马勇（中国科学院动物研究所研究员、中国植保学会鼠害防治专业委员会副主任委员）、邓址（中国人民解放军军事医学科学院专家组成员、研究员）、刘学彦（北京市植保站高级农艺师、中国植保学会鼠害防治专业委员会秘书），联名致信时任国务院副总理的田纪云，反映邱氏鼠药含有氟乙酰胺，由于新闻媒体广泛宣传报道"灭鼠大王"，造成了一些混乱和误解，不利于灭鼠工作的健康发展。

1992年6月17日，汪诚信等5名科技专家的这封信，被《中国乡镇企业报》以《呼吁新闻媒介要科学宣传灭鼠》为题公开发表，该文随即被全国19家报刊转载。随后，北京、天津、南京三市和山东省、湖南省分别下令禁止使用邱氏鼠药。

1992年8月，邱满囤向北京市海淀区人民法院起诉，状告汪诚信等5人侵权，要求"恢复名誉并赔礼道歉，赔偿所造成的经济损失"。

1993年10月，海淀区人民法院开庭审理此案。汪诚信等5名专家在应诉时，辩称自己的行为是职务行为，并未侵权，要求法院判令取缔邱满囤未经登记批准而生产、销售禁药的邱氏药厂，限期收回、销毁已流入社会的产品，追究邱满囤的经济责任和法律责任。

1993年12月，海淀区人民法院对此案进行宣判：经法院委托有关部门对邱氏鼠药进行鉴定，无法认定含有氟乙酰胺，5名专家的结论缺乏事实根据；并认定5名专家撰写、发表的《呼吁新闻媒介要科学宣传灭鼠》一文未受单位和领导明确委托，其性质属于个人行为。据此，法院判邱满囤胜诉。

该判决一出，舆论界尤其是科技界一片哗然。1994年1月，中国预防医学科学院举行新闻发布会。5名科技专家所在单位均发表声明，认为《呼吁新闻媒介要科学宣传灭鼠》一文属职务行为，支持他们上诉。

身为中国科协主席的朱光亚，极为关注此案，并对有关情况进行了调查

朱光亚发言时慷慨激昂

研究。

1994年3月，在全国政协八届二次会议上，朱光亚被增选为全国政协副主席。

3月16日，在全国政协八届二次会议全体大会上，朱光亚作了题为《社会主义市场经济、民主政治和精神文明呼唤全社会切实尊重科学》的发言，正式表态："中国科学技术协会认为在本案一审过程中，判定事实时有不按法律要求和科学态度办事的地方，因此，坚决支持汪诚信等5位专家向上一级司法部门上诉。"

吴伟文回忆说：

朱光亚在全国政协会议上所作的《社会主义市场经济、民主政治和精神文明呼唤全社会切实尊重科学》的大会发言，博得全场多次长时间掌声。这个发言高举科学大旗，对发展社会主义市场经济进程中出现的多种不尊重科学、不尊重人才的现象，如某些地方削弱农技推广工作和公益性科技馆事业，

不惜以掠夺式经营方式消耗资源、污染环境和破坏生态来牟取眼前利益，以及利用名人效应和舆论效应来兜售"重大发明"的伪科学行为进行了揭露和抨击。特别是针对汪诚信等5位科技专家因宣传科学灭鼠而被生产含有剧毒成分的鼠药的企业起诉，有关法院一审宣判专家败诉的严重事件，代表中国科协严正表示坚决支持5位专家上诉，有力维护了科学尊严和科技工作者的合法权益，在科技界、司法界引起了强烈反响。

1995年2月，北京市中级人民法院终审认为：法律保护公民依法享有的批评建议权和舆论监督权。汪诚信等5位灭鼠专家从维护科学尊严、保护人民利益的原则出发，联名撰文呼吁要科学宣传灭鼠，并对社会上使用国家禁用毒剂配制鼠药进行生产、销售的违法行为予以揭露和谴责，目的在于引导灭鼠工作科学化，维护社会主义市场经济秩序及正常的科研、生产秩序，是应当得到支持和肯定的。汪诚信、赵桂芝等5人在文章中称邱氏鼠药含有氟乙酰胺，是依据北京市植保部门取样送检和有关部门鉴定后的定性分析报告，而非汪诚信、赵桂芝等5人捏造臆断和无据论证。邱满囤对提取药样和送检方式等存有异议，允许通过正当途径反映提出，但以此认为汪诚信、赵桂芝等5人构成名誉侵权，没有证据。裁定撤销海淀区人民法院的一审判决。

朱光亚始终认为，科技工作者应肩负起提高全民科学文化素质的社会责任。为此，他高度重视科普工作。1993年，在朱光亚的直接领导下，中国科协经过认真调查研究，广泛听取各方面意见，向中共中央办公厅提交了《科学技术普及工作汇报提纲》，全面总结了新中国成立以后特别是改革开放以后，我国科普工作取得的成功经验，提出了加强科普工作8个方面的建议，尤其是首次提出制定科普法，为之后《中华人民共和国科学技术普及法》的孕育出台奠定了重要基础。1994年12月，中共中央、国务院下发了《关于加强科学技术普及工作的若干意见》，明确提出了新时期科普工作的方针政策、中心任务、工作内容、重点对象和主要措施，成为做好科普工作的纲领性文件。

作为老一代科学家，朱光亚担任中国科协主席后，对青年科技人才的培养和成长更是十分重视、充满关爱。1992年，他在中国科协全委会议上特别指出：

21 世纪是科学技术将有新的重大突破的世纪。当前国际间的经济、科技竞争，最激烈的是人才竞争，尤其是对青年人才的竞争。今后 10 年，现在处于第一线的科技工作者，绝大部分将退出第一线岗位，各个科技领域进一步开拓前进的重任，必将历史地由现在年轻的一代人来承担。如何在这 10 年为培养和造就大批青年人才创造良好的环境和条件，是党和政府非常重视的问题，也是现在老年、中年科技人员十分关注的问题，更是所有青年科技人员翘首以待的大事。

在朱光亚的倡导下，1992 年，中国科协创立了青年学术年会，为青年科技工作者展示才华、脱颖而出搭建了一座专门的舞台。

在首届青年学术年会开幕式上，朱光亚以《科技增强国力、青年开创未来》为题，作了热情洋溢的讲话。他深情地对青年科技工作者说："相信你们将无愧于我们伟大的事业，无愧于我们伟大的时代。希望当你们在 21 世纪采撷的时候，人们会说，这是他们最光荣、最美好的时刻。"

在朱光亚的努力和推动下，1994 年，由中共中央组织部、人事部和中国科协共同设立了"中国青年科技奖"。"中国青年科技奖"的前身为"中国科协青年科技奖"，1987 年由钱学森、朱光亚倡议设立。

"中国青年科技奖"为国家级科技奖，每两年评选表彰一次。据中国科协统计，"中国青年科技奖"设立至今，已评选表彰了 13 届，共有 1297 名青年科技工作者和 1 个青年科技工作集体获奖，获奖者分布在理、工、农、医等各个学科领域和科研、开发、生产各条战线。大多数获奖者现在已成长为各个学科和技术领域的带头人。其中，有 86 人当选中国科学院院士和中国工程院院士，上百人担任大学和科研院所负责人，20 多人在国际科技组织中担任领导职务。

1995 年，朱光亚又倡导设立了中国科协青年科学家论坛。在这个论坛上，朱光亚引导青年科学家通过相互切磋、交流、研讨，发扬光大学术民主和学术争鸣的风气，以进一步提高青年科技工作者的学术水平和科研能力。

1996 年 5 月，在中国科协第五次全国代表大会上，即将卸任中国科协主席的朱光亚代表第四届全国委员会，作了题为《世纪之交科技工作者的使命》

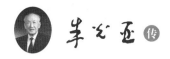

的工作报告。

在报告中，朱光亚以战略科学家的深邃视角，高瞻远瞩地讲道：

人类正在走向新的世纪，回顾即将过去的20世纪，科学技术以前所未有的速度飞跃发展。在认识世界和改造世界这两个方面，都取得了前所未有的伟大成就。可以说，相对论、量子论、生物大分子脱氧核糖核酸（DNA）双螺旋结构和遗传密码的发现，是20世纪人类在自然科学领域认识客观世界的重大成就中最杰出的代表；而近40年来以微电子与信息技术、新材料技术、先进制造技术和现代生物技术为代表的高、新技术群的快速发展，则在利用、改造客观世界的进程中发挥了极重要的作用。基础研究、应用研究与开发研究紧密结合与相互促进，不仅大幅度提高了劳动生产率和资源的利用效率，推动了产业结构的重大调整，使科学技术作为第一生产力，成为生产力各要素中最具活力的决定性要素，推动经济和社会迅猛向前发展，而且深化了人类对自然界、对宇宙、对生命现象和认知科学的认识。新的科学革命、技术革命和产业革命已在孕育，可见端倪。

展望21世纪，科学技术将有更大的进步，科学技术转化为现实生产力和技术与经济一体化的进程日益加快。自然科学、技术科学、工程科学、社会科学、管理科学和信息，将成为占据主导地位的战略资源和生产要素；它们提供的生产率，将成为决定一个国家在世界经济的激烈竞争中所处地位的关键因素。同时，随着人口的大幅度增长和自然资源的消耗加快，保护生态环境的要求将受到更广泛的关注和重视。依靠科学技术促进经济增长方式从粗放型向集约型转变，从而促进经济、社会相互协调和可持续发展，将成为历史的必然趋势与选择。完全可以确信，21世纪的科学技术进步，将对人类社会的发展和文明进步作出新的、更大的贡献。

科学是人类认识世界的共同财富，是文化的重要组成部分，是精神文明的基石。科学精神、科学思想和科学方法，在精神文明建设中发挥着先导和支柱作用。而源于现代科学的高、新技术及其产业，日益成为综合国力的重要组成部分和国际竞争的制高点，对世界格局的变化产生着巨大影响。基于这一形势，冷战结束后的世界各国，无论发达国家还是许多发展中国家，都

1995年10月20日，朱光亚在上海科学会堂观看中学生演示自己动手制作的小火箭模型

在调整自己的发展战略和科技政策。中华人民共和国成立以来，我国的科学技术事业突飞猛进，为经济发展和社会进步作出了重要贡献。但从整体来说，我国科学技术水平离国际先进水平还有较大差距……

从上一个世纪之交开始，我国许多前辈科技工作者曾致力于"科学救国"、"教育救国"，把科学、教育的发展与祖国的前途和命运联系在一起，但只有新中国成立以后，科技工作者才得以在广阔的领域里为祖国的富强而施展抱负、建功立业。在新的世纪之交，我们迎来了我国科技事业发展史上又一个春天。科技、教育在振兴中华民族中的地位，已经以科教兴国的伟大战略确定下来。科技工作者作为新生产力的开拓者和发展科技事业的主力军，在实施科教兴国战略和可持续发展战略、实行两个带有全局意义的根本性转变、实现"九五"计划和2010年远景目标纲要的进程中责无旁贷，应当自觉承担起光荣和艰巨的历史使命。

在报告中，朱光亚从4个方面具体阐述了中国科技工作者新的历史使命：

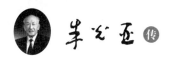

积极投身经济建设主战场，努力推进技术创新，为经济增长方式转变和国民经济持续快速健康发展多作贡献；树雄心，立壮志，努力攀登科学高峰，在世界高技术领域占有一席之地；以提高全民族科学文化素质为己任，弘扬科学精神，普及科学知识、科学思想和科学方法；老中青科技工作者携手并进，大力加强社会主义精神文明建设，为造就一支跨世纪的宏大科技人才队伍而努力。

朱光亚的这个报告言之凿凿，情深意长。

时任中国科协常务副主席、书记处第一书记的陈希，在一篇回忆朱光亚的文章里，充满感情地写道：

朱光亚同志的卓越功勋，已深深镌刻在中国科协的史册上，为广大科技工作者、科协工作者所铭记；朱光亚同志开创和发展的工作，已深深融合于中国科协的事业发展中，为广大科技工作者、科协工作者所继承并发扬光大。

二、中国工程院首任院长

1992年4月，中国科学院学部委员张光斗、王大珩、师昌绪、张维、侯祥麟、罗沛霖6人联名上书中央，建议成立中国工程与技术科学院。他们在建议书中写道：

在近代科学技术发展的初期，科学是在社会上层结构中产生的，被视为高层次的知识；而当时技术大都产生于工匠，更多是经验性的，被视为低层次的知识。这也有历史遗留的影响，例如中国古代视技术为"雕虫小技"；从古代希腊罗马直至文艺复兴开始时，科学与哲学属于自由民，沿称"自由层知识（Liberal Arts）"，而技术沿称"奴隶层知识（Servile Arts）"，属于奴隶层。因此，许多国家的科学院建立较早。以后，特别是二次大战以来，为经济的飞跃发展所促进，工程技术也日益发展、提高。首先是工程技术活动规模以极高速度扩大；其次是工程技术工作大大突破了经验的指导，扩大到规律性和理论性的范围，并在世纪交替时期，出现了工程科学或技术科学即应用研究；再次是出现了许多高层次工程技术人物，与大科学家并驾齐驱，许多重大的工程技术成就耀人耳目，并形成了强大的工程科学队伍和许多强有力的工程技术机构。这时，工程技术已经成长壮大，并被充分认识到是与自然科学同等的高层次知识，并与技术科学一起，是对社会、经济、文化发展直接产生极为巨大作用、具有巨大决定意义的因素。

在这个新的认识推动下，瑞典于1919年率先成立了皇家工程院，与皇家科学院并列。其后各国继起直追，美国于1964年成立了国家工程院。英国于（20世纪）70年代在原有的皇家学会以外成立了自己的工程院并每年选举工程院士若干人。1990年，苏联也成立了国家工程院。现在已有17个国家成立了相应的组织，其中美、英、日、法、瑞典、瑞士、挪威、比利时、丹麦、澳大利亚等12国还组成了（国际）工程与技术科学院联合理事会，每两年集会一次。我国的中科院技术科学部也已派学部委员列席过4次会议，但因为还不是工程与技术科学院，而且缺少工程方面的代表性，他们不同意我国成为正式成员。

鉴于我国还是发展中国家，工程技术和技术科学的发展还不够，产业技术水平还很差，从落实"科学技术是第一生产力"出发，贯彻"服从于经济"、"服务于经济"的方针，我们建议从速建立中国的工程与技术科学院，以促进经济建设与国防建设的发展。

这个院的中心任务应是为国家、为政府的重大工程技术和技术科学决策以及技术经济问题提供具有权威性的咨询、论证和评议，对特别重大的工程技术和技术科学成果作鉴定。它理所当然地超脱部门的和地区的局限性。为了完成这样的中心任务，其成员应是经过挑选的属于国家水平的工程科技人才和对工程技术发展有重大贡献者。当然，这也是给当选人员在工程科技方面的最高荣誉……

6位学部委员的建议书，刊登在了中共中央办公厅第54期《综合与摘报》上，受到中央领导人的高度重视。

1992年5月11日，中共中央总书记、中央军委主席江泽民做出批示："家宝同志：此事已提过不少次，看来要与各方面交换意见研究决策。请酌。"

温家宝时任中共中央政治局候补委员、中央书记处书记、中央办公厅主任。他与国务院秘书长罗干、国务委员兼国家科委主任宋健商议后，决定由中国科学院院长周光召牵头，组织专家研究小组，对组建中国工程与技术科学院

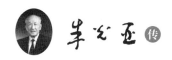

进行论证和调研。

1993 年 11 月 12 日，在广泛听取各方面人士和有关产业部门意见后，国家科委、中国科学院联名向中共中央、国务院呈报了《关于建立中国工程院有关问题的请示》，认为：根据我国的实际情况和发展战略目标，在今后数十年内，努力提高工程技术水平和研究、设计、建造能力，将是我国面临的战略任务。建立一个以工程技术专家为主体的独立的最高荣誉性、咨询性的学术机构，对进一步提高工程技术界的社会地位，广泛调动工程技术人员的积极性，并发挥其整体作用，加速我国的基础工程建设，提高我国的综合国力，增强国际竞争能力，将产生直接的重大影响。

该《请示》还提出，根据我国科技体制发展的历史和现状，建议采用"中国工程院"这一名称，并就组建中国工程院的基本原则和筹建工作提出了若干意见。

之后，经中共中央、国务院批准，成立了中国工程院筹备领导小组，宋健任组长，钱正英（全国政协副主席）、周光召（中国科学院院长）、丁衡高（国防科工委主任）、朱丽兰（国家科委常务副主任）、戚元靖（全国人大环境保护委员会副主任）、师昌绪（中国科学院技术科学部主任）、林汉雄（原建设部部长）任副组长。

中国工程院筹备领导小组成立后，经过反复研究和充分听取各方面意见，制定了第一批中国工程院院士的提名、遴选办法。

第一批中国工程院院士最初由两部分组成：一是由中国科学院学部主席团推荐 30 名工程技术背景比较强，并具有一定代表性的中国科学院院士，聘为中国工程院首批院士；二是由中国工程院筹备领导小组经过无记名投票，从各工程领域推选的中国工程院院士候选人中遴选出第一批拟聘院士，总共66 人。

中国科学院学部主席团推荐的 30 名院士为：王选、王越、王大珩、王淀佐、石元春、师昌绪、刘永坦、朱光亚、李德仁、李国豪、严东生、闵桂荣、闵恩泽、沈志云、宋健、张维、张光斗、张宗祜、陆元九、陈俊亮、罗沛霖、周干峙、郑哲敏、常印佛、赵仁恺、侯祥麟、钱学森、顾诵芬、路甬祥、潘家铮。他们成为我国第一批身兼两院的院士。

96位中国工程院院士产生以后，由谁来担任中国工程院首任院长，这是中国工程界乃至中共中央、国务院都十分关注的问题。

中国工程院首任秘书长葛能全回忆道：

工程院前期筹备时，朱光亚先生是筹备领导小组45名成员之一。当时，他身兼中国科协主席、国防科工委科技委主任等职。工程院筹备工作，他参与不多，主要由国务委员宋健同志兼任筹备领导小组组长抓总。

1994年1月6日，经中共中央政治局批准，工程院进入实质性筹备阶段后，朱光亚也在不知不觉中进入了一个最重要的角色。

筹备领导小组受中共中央、国务院委托，按照批准的原则和步骤紧张工作，经过提名、评审和无记名投票，选出96名首批中国工程院院士。接着，一个众所关注的问题提上了议程，就是首届工程院领导班子，特别是院长由谁来担任。

对这个问题，不仅是全体院士，也不仅是全国工程界，包括国际上特别是华裔学者都予以关注。中共中央组织部负责推荐工作的武连元副部长强调，工程院能不能开创一个好的局面，领导班子是很关键的。尤其是院长人选，要大家能接受，国内外能接受，院士能接受。

据我接触，中组部考察小组的工作做得既民主，又细致、周密。仅仅一个多月时间，经过全体院士两轮自由提名、个别访谈和开座谈会听取意见，到4月初，工程院首届领导班子便有了眉目，而朱光亚则被列入院长的推荐名单中。

4月9日上午，我受筹备领导小组委托，如约来到朱光亚处。当我汇报有关情况后，他明确地说，院长应该由工程接受背景更强的院士担任，他提出了一位认为合适的人选。他还说，因为他不是筹备小组的领导成员，没有机会在会上发表这个意见。他还表示，自己担任中国科协主席，事情很多，恐怕精力和时间顾不过来。听完他的话，我深受感动，没想到一位驰誉海内外的大科学家，如此坦诚，令我难以忘怀。

后来，朱光亚仍被确定为院长人选。考察小组于1994年5月17日和18

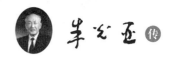

日召开座谈会，征求在京院士对工程院领导班子意见时，大家都表示接受。许多院士认为，朱光亚出任首任院长是众望所归，这既有利于树立国内外影响，他又能挑得起这副担子。

1994年6月3日，中国工程院成立大会在中南海怀仁堂隆重开幕。

大会开幕前，中共中央政治局常委江泽民、李鹏、乔石、李瑞环、朱镕基、刘华清、胡锦涛集体会见了全体中国工程院院士。江泽民发表了热情洋溢的讲话："今天是我国科技界和工程界一个重要的日子，中国工程院正式成立并举行首届院士大会。中国工程院的成立，必将大大鼓舞和激励广大工程技术人员的创造精神，必将对推动工程技术发展，提高工程技术的研究、设计、建造、运行能力，发挥积极作用。"

根据国务院批准的文件，中国工程院成立大会的主要议程有两项：一是讨论、制定《中国工程院章程》；二是选举院长、副院长，并组成中国工程院主席团。

中国工程院成立大会和中国科学院第七次院士大会同时进行，开幕式由中国科学院院长、学部主席团执行主席周光召主持。中国科学院学部主席团名誉主席卢嘉锡致开幕词。中国工程院成立大会主席团执行主席朱光亚作工作报告。

朱光亚在工作报告中，介绍了中国工程院的筹备情况，提出了中国工程院的性质、职能和任务，并就搞好中国工程院建设、大力发展中国工程技术发表了意见。朱光亚说：

科学技术的发展，经历了漫长的从古代到近代两个阶段以后，在上个世纪末，随着人类社会的进步和科技活动的社会化，开始进入了高速发展的现代科学技术的时代。各种门类工程技术的出现与发展，既是以自然科学和技术科学的发现、发明、创造、革新为基础，又来源于生产实践，通过实践、认识、再实践和再认识，不断完善、提高，使技术成果转化为现实的社会生产力，以实现人类不仅要认识客观世界而且要改造客观世界的宏伟目标。本世纪以来，特别是二次世界大战后，由于核能技术、空间技术、信息技术、生物技术和新材料技术等带动的技术革命，通过工程技术的成功应用，实现了社会生产力的大幅度提高和经济的飞速发展。邓小平同志根据这种历史发展经验和趋势，鲜明地提出"科学技术是第一生产力"的论断，揭示了包括工程技术在内的现代科学技术对人类发展进步的伟大变革作用。

在历史上，中国的指南针、造纸术、印刷术和火药四大发明给人类文明作出过伟大的贡献。巍峨壮丽、横贯我国东西部的万里长城，修建于两千多年以前至今仍造福人民的都江堰水利工程，充分显示了中华民族的创造才能和高超技艺，在世界工程技术发展史上写下了光辉灿烂的一页。新中国建立后，党和政府在大力发展自然科学、技术科学的同时，也十分重视我国工程技术的发展。工作在全国各个地区、各条战线、各种岗位上的广大工程技术人员，发扬无私奉献、艰苦奋斗、自力更生、大力协同的精神，为我国工程技术和经济建设与国防建设的长足进步作出了巨大的贡献，成为社会主义现代化建设一支可信赖的骨干力量……

按照我国经济发展分三步走的发展战略，本世纪末我国的经济和人民的生活达到小康以后，还要继续朝着中等发达国家和发达国家的水平前进。全社会基础工程建设的任务还非常艰巨。为了实现这个目标，我国的农业、能源、交通、通信、原材料工业等都要有成倍的增长。从这个意义上讲，过去四十多年的建设成就，仅仅是中国工业化和现代化建设的一个序幕，更伟大、更艰巨的建设任务还在后头。

我们面临着新的挑战，要准备再奋斗半个多世纪。经过几代人的艰苦努力，才能实现第三步发展战略目标。因此，加速我国工程技术的发展，加强工程技术人才的培养和队伍建设，对实现我国经济发展的宏伟目标，具有十分重要的意义和深远的影响。

1994年6月7日，经中国工程院第一届全体院士无记名投票选举，朱光亚当选为中国工程院院长，朱高峰、师昌绪、潘家铮、卢良恕当选为中国工程院副院长；并选举产生了中国工程院主席团，朱光亚为主席团执行主席。同日，经中共中央批准，朱光亚被任命为中国工程院党组书记。这年，朱光亚70岁。

朱光亚担任中国工程院院长后，立即满腔热情地开展起工作。由于中国

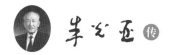

1994年6月，朱光亚在中国工程院成立暨首届院士大会上投票

工程院是新成立的机构，需要做的事情很多，而工作条件又很艰苦。葛能全回忆说：

作为中国工程院党组书记和院长的朱光亚，清楚地意识到肩上的分量。他思考最多的问题，就是如何发挥集体智慧把基础打好，在国内外树立起工程院的良好形象。

工程院一成立，就面临繁重的任务，诸如要立即着手在全国范围内增选第一批院士，要筹建医药卫生领域的学部，要接受国家科技部门和产业部门委托的咨询任务，要开展国际学术交流等，而做所有这些工作都先要内部"制礼作乐"，有章可循。然而，当时几乎什么都不具备，连固定的办公室也没有，院士大会一结束，大家都不知道上哪里找工程院联系工作。

记得（1994年）6月18日第一次院长办公会议，是在西单邮电部的外宾接待室召开的。后来得到总政治部领导支持，在军事博物馆后楼租了12间房做院部，总算挂出了牌子。这里没有食堂，朱院长和几位副院长与大家一起

中国工程院成立暨首届

1994 年 6 月 3 日，党和国家领导人在北京中南海
接见出席中国工程院成立暨首届院士大会的代表并合
影留念（第一排右九为朱光亚）

院士大会纪念、1994.6.3 北京中南海

吃普通盒饭，冬天没有保温设备，盒饭送到时都凉了，他们二话不说还是照样吃。因为没有午休的条件，吃完饭又接着工作。看到这种情况，机关工作人员很受感动。那时，机关仅有临时借调的十几个人，都在原单位领工资。由于人手少，经常要加班加点，但谁也没有怨言。因为大家心里除了事业的激励，决心为工程院尽力做出贡献，同时，看到像光亚院长这样的知名科学家，还有几位德高望重的副院长都能这样，我们还有什么可说的呢？

中国工程院刚成立时，设立了机械与运载工程学部，信息与电子工程学部，化工、冶金与材料工程学部，能源与矿业工程学部，土木、水利与建筑工程学部和农业、轻纺与环境工程学部，院士不足百人。健全学部领域，增选工程院院士，使中国工程院更具代表性，是朱光亚首先要做的工作。

葛能全回忆说：

在不到一年时间，朱院长领导完成了医药卫生学部的筹建，选出该学部的首批院士（30名）；完成了其他6个学部增选第一批院士工作，这次增选首次涉及全国30个省、自治区、直辖市和60多个部委、直属机构、学术团体以及解放军三总部等。

记得各方面推荐到工程院的有效候选人达959人，接受的材料堆了两个大房间。96位首批院士平均每人要审阅10名候选人约10来万字的材料（不含论著），还有大小会介绍、讨论、评议、预投票和正式投票等复杂程序。到1995年5月增选了第一批院士186名，使工程院院士总人数达到了312人。

首次增选院士，不仅工作量浩大，还由于刚建院就进行，做得好与不好，关系重大。朱院长紧密依靠主席团和全体院士，精心组织，遇到关键处，都是亲自做工作。例如，筹建医药卫生学部，从某种意义上无异于又筹建一个新院。工程院成立后的学部设置中没有涵盖医药卫生领域，全国医药卫生系统的科技人员对此呼声甚高。首先是卫生部部长陈敏章呼吁中国工程院要设立医药卫生学部。接着，中国科学院生物医学方面的11位院士也联名致信中国工程院主席团，呼吁成立医药卫生学部。我清楚地记得，朱院长就任后接办的第一件事就是这件事，而他处理起来是那样的雷厉风行，并且稳妥推进。

在中国工程院第一次主席团会议上，朱院长就向大家通报了医药卫生领

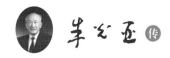

1996年5月8日，朱光亚主持中国工程院医药卫生学部新当选院士证书颁发仪式

域方面的意见，进行了初步研究。（1994年）7月22日，他亲自到卫生部约
陈敏章和几位专家进行酝酿，听取意见。8月2日，他又在主持召开的工程院
第二次主席团会议上作了专门研究。8月10日，他亲自改定并签发了中国工
程院报国务院的请示，提出了设立医药卫生学部的三点考虑，即：（1）鉴于
我国医药卫生系统科技队伍庞大、人才济济，从长远看，单独设立这方面的
院士机构，是必要的；（2）考虑到单独设立院士制机构，从决策到实施均非
易事，根据各方面呼吁和酝酿，作为过渡性措施，可在工程院单独设立一个
包括临床医学、预防医学、药物学、传统医学等专业的学部；（3）为使工作
顺利进行，建议成立一个由吴阶平院士任组长，陈敏章、朱高峰为副组长的
领导小组，负责筹备工作。

8月24日，李鹏总理批准了工程院的请示。9月8日，朱院长主持召开
了筹备医药卫生学部的第一次协商会议。此后，在吴阶平院士的具体主持与
组织下，制定了该学部院士候选人提名、候选人标准、评审和选举等规定，

于 1995 年 1 月选出了 30 名首批院士，后来又增选了 20 名。经过共同努力和逐年发展，医药卫生学部在全国医药卫生界发挥了很好的作用，在国际上也产生了良好影响。

能够当选为中国工程院院士的，自然是各工程领域德高望重的科学家。而从中国工程院成立之初起，朱光亚就十分重视工程院院士的学风道德建设。

他在中国工程院成立大会上的讲话中，就明确讲道：

作为中国工程院的首批院士，我们既感到十分光荣，同时也感到责任重大。在履行中国工程院院士的神圣责任中，我们不要辜负党和国家的信任，无愧于工程技术界最高学术称号的荣誉，团结全国广大工程技术人员，同中国科学院全体院士加强合作，在整个科技界发扬科学精神和优良学风，树立高尚的职业道德，努力促进科技进步，攀登科技高峰，为经济、科技、社会的综合协调发展而努力奋斗。

在 1995 年首次增选中国工程院院士的评审会上，朱光亚再次语重心长地讲道：

1996 年 6 月，朱光亚在中国工程院第三次院士大会上为新当选院士颁发证书

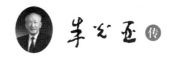

国务院文件和《中国工程院章程》均做出明确规定，中国工程院院士是国家设立的工程技术方面的最高学术称号，为终身荣誉。因此，作为具有这样很高声誉的院士个人，理所当然应该在工程技术上有重要成就和贡献，同时也应该具有良好的学风道德，使得中国工程院院士这个集体，真正成为全国工程技术界的榜样。学风道德是科技界精神文明建设的一项重要内容，特别是近些年来，大家对那些违反科学精神的行为非常厌恶，更普遍感到这个问题的重要，而且迫切需要各方面引起重视。正是这样，这次工程院在增选院士过程中，在对候选人成就、贡献进行认真评审的同时，对学风道德也应予以特别关注。比如，获奖、文章署名材料及评价是否实事求是等等。对这些问题，在评审中都要努力去弄清楚，并尽可能做出客观、公正的判断。

1997年7月14日，朱光亚在中国工程院院士增选评审会议上又一次强调：

现在进行增选院士第一轮评审，我要再讲讲学风道德问题，有两层意思：一层意思是，对候选人评审时，要注意结合考察他（她）的科学态度和学风道德表现，比如材料的真实性问题、对待合作者的态度问题等。另一层意思是，院士自身的社会主义精神文明建设。当前增选院士工作中的科学道德建设，全体院士肩负很重的责任，首先是要做好表率，要自觉抵制各种不正之风对增选工作的影响，切实站在公正、客观的立场上做好评审工作。评审中要全面了解候选人情况，超脱本部门、本系统、本专业的局限，从全局出发，坚持原则，发扬民主，充分讨论，尽可能避免出现明显的不合理情况。

朱光亚不仅会上会下强调学风道德建设，而且在他的极力推动下，成立了中国工程院科学道德建设委员会。他亲自向中国工程院主席团推荐潘家铮、侯祥麟两位主席团成员为该委员会正、副主任，并要求各学部各推选一位院士为委员会成员。

根据中国工程院主席团讨论的意见，中国工程院科学道德建设委员会的职能主要有5项：弘扬科学精神，加强科学道德和学风建设，制定院士行为规范，处理与科学道德和学风有关的问题，对有关科学道德和学风问题的个案提出处理意见。

中国工程院科学道德建设委员会成立后，先后制定了《中国工程院院士增选工作中院士行为规范》《中国工程院院士科学道德行为准则》，并对违反上述规定者，根据情节轻重，提出了处理办法：全院通报批评，向社会公报，撤销院士称号。

1997年7月，朱光亚对怎样全面理解、准确把握、严格坚持院士标准条件，提出了既有原则性，又便于理解、掌握的三条原则：

一是要研究和注意切实用标准条件作为一个客观尺度来衡量所有候选人，不要受其他因素影响，也就是在标准条件面前一视同仁。这就要求我们一定要遵循公正、客观和实事求是的原则。二是要研究和注意根据候选人工作的不同特点及其工作成果的不同表现形式，全面地、科学地评价他的科学成就和贡献，既要看候选人的科学技术水平，又要看候选人做出的实际贡献。一定要具体情况具体分析，千万不能简单化、绝对化。三是要研究和注意标准条件的另一方面内容，就是"学风道德问题"。

朱光亚在提出这三条原则的同时，又指出：在坚持标准条件的前提下，

1996年6月7日，朱光亚参加中国工程院第三次院士大会时接受记者采访

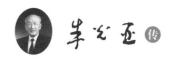

要注意候选人和新增院士年龄的合理结构，要注意候选人的专业、学科及所在部门、地区的分布，要特别注意对长期工作在工程技术第一线，并做出重大贡献与成就的工程技术专家的了解和重视。

朱光亚关于加强院士学风道德建设的思想、遴选院士的基本原则，以及建立科学道德建设委员会等创新性制度建设，应该说是远见卓识，特别是在今天，更加具有现实的、长远的指导意义。

而他本人，更是身体力行，率先垂范，被誉为科学家的道德模范。

1996年10月，朱光亚荣获何梁何利基金科学与技术成就奖，奖金为100万元港币。这在当时，可是一笔数目可观的巨款。

何梁何利基金会成立于1993年3月，由香港爱国人士何善衡、梁铼琚、何添、利国伟各捐资1亿港元在香港注册成立，为社会公益性慈善基金组织。

该基金的宗旨是通过奖励取得杰出成就的中国科技工作者，以促进中国

1996年10月17日，朱光亚（中）荣获"何梁何利基金1996年度科学与技术成就奖"，所获100万元港币全部捐赠给中国工程科学技术奖助基金

1998年6月5日，中国工程院进行院领导换届选举，朱光亚被推举为中国工程院主席团名誉主席。图为中国工程院院领导换届时，朱光亚与中国工程院新任院长宋健亲切交谈。

的科学与技术发展，倡导尊重知识、尊重人才、崇尚科学的良好社会风尚，激励科技工作者不断攀登科学技术高峰，加速国家现代化建设进程。

何梁何利基金科学与技术成就奖是该基金设立的一项最主要的奖项，授予长期致力于推进国家科学技术进步，贡献卓著，并取得国际高水平学术成就者。

当时，中国工程院在朱光亚的推动下，筹建了中国工程科学技术奖助基金，并于1996年6月进行了第一次颁奖。朱光亚获得何梁何利基金科学与技术成就奖后，立即就将它捐赠给了中国工程科学技术奖助基金会。

葛能全回忆说：

1996年10月，光亚院长获得了何梁何利基金科学与技术成就奖100万元港币奖金。颁奖头一天，他对我说，要把全部奖金捐助给中国工程科学技术

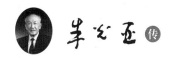

奖助基金，并且说这是经过考虑、不可改变的。但我还是不忍心他这样做，因为 100 万港币对于任何个人都不是一个小数目，即便存在银行，当时每年的利息少说也有 10 多万元，而且，我也了解他家里并不很宽裕。于是，我试探性地建议，是不是拿出一部分？他的回答十分平和："就这样吧"。第二天，我拿到奖金支票后，又重复了上述建议。他说："作为中国工程科技界的工程科技奖助基金，现在都是由台湾和港澳同胞捐助的。如果我们也能出一点，虽然数目不很多，总是比较好一些。"乍听起来，理由非常一般，而认真领会一下，其中包含了一种真诚的心意、一种很高的境界。

令人感动的是，光亚院长捐助 100 万港币后，反复叮嘱我不要宣传。我深知，不张扬，是光亚院长一贯的风格，他是真心实意要求我这样去做的。我体会到，他不让宣传，还有另一层意思，就是不希望这种做法给旁人造成压力。因此，我完全尊重他的意见，没有损害他十分可贵的内心境界。很长时间里，即便是工程院院士，也很少有人知道这件事，外界更是无人知晓。

后来，我还是在两个场合说了这件事。一次在英文版《中国工程院快讯》上，在介绍中国工程科技奖时，顺便说明朱光亚捐助 100 万港币作为中国工程科技奖助基金一事。但由于这是对外刊物，印数很少，国内媒体未见转载。第二次是 1998 年 3 月 19 日，在中国工程院党组民主生活会上，我讲道："工程院机关绝大多数领导干部能严格要求自己，特别是院党组各位领导做出了很好的榜样。党组书记光亚同志将奖金全部捐助给了中国工程科技奖助基金，而且反复叮嘱不让宣传，这在机关同志中起到了很好的榜样作用。"我之所以要在这次会上讲，一是因为机关一些同志认为，对院长捐款没有任何反映不太好；二是这次民主生活会上，中共中央组织部有人出席，我有责任反映党员的意见。而且，我觉得，朱光亚这种行为是一种无形的鞭策与约束，而这对反腐倡廉实在太重要了。

葛能全还介绍道：

朱光亚自担任中国工程院党组书记和院长以后，凡是外出，坚决拒收礼金、礼品，甚至以科学家身份被邀请作学术报告或发表讲话，实在不可推脱收到了纪念品，包括国外人士赠送的纪念品，无论物品大小，他都悉数交公，并如实说明纪念品来历。据我所知，光亚院长上交的纪念品有照相机、CD唱机、手表，也有纪念徽章等。

朱光亚是著名科学家，又是国家领导人，但他在中国工程院从不搞特殊化。无论是在军事博物馆租房办公，还是后来在中国科技会堂办公，来宾几乎都要感叹，如果不亲自目睹，难以想象工程院院长的办公条件是那样的简陋。平时，光亚院长对于公款开销，哪怕不是大数目，也常放在心上掂量。比如，因公宴请外宾，他在会上会下多次说过，不要把规格搞那么高，上那么多菜，既浪费钱，又花很多时间，应该改革。他还说，其实，外宾也不见得很喜欢这样，他们请人吃饭都是很随便的。

1998年6月，朱光亚卸任中国工程院院长。宋健担任新一届中国工程院院长。2001年12月，上海市市长徐匡迪调中国工程院任党组书记，2002年6

2005年2月2日，中国工程院院长徐匡迪看望朱光亚

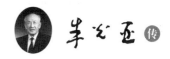

月任院长。徐匡迪回忆道：

1996 年，我当选为中国工程院院士，那时，因椎间盘撕裂正在上海住院治疗。光亚同志亲自到医院看望，并为我颁发院士证书。这么有名的一位科学家、领导，对后辈是这么爱护，我非常感激。

2001 年，我到工程院工作，想请光亚同志指点一下怎么做好这个工作。他是工程院的奠基人，在他手里制定了工程院的各种规章制度，使得工程院的运作既民主又严格。

约好了以后，我就到总装科技委去了。那天，我印象很深，阳光明媚，在面向北海公园的一个办公室。在场的其他院士介绍了光亚同志在工程院讲过的一些内容：关于工程院怎么发挥院士集体的作用，加强对国家战略性、宏观性问题的咨询工作。当时，光亚同志只是微笑，看着我不说话，点头表示赞成。

光亚同志工作很忙，我不能打扰他太久。离开时，我问光亚同志还有什么指点，他摇摇头。等我告辞，站起来要离开他的办公室的时候，他也站起来，坚持要送我到电梯口。就在这段路上，他跟我说："工程院最重要的就是要坚持院士标准，把好入口关。"他讲这句话时，语重心长。光亚同志话不多，但是讲的都是非常关键的话。

朱光亚在中国工程院工作了 4 年，但留下的宝贵财富一直延续至今。

第二十二章 不朽丰碑

一、站在新的制高点上

身为国防科工委科技委主任的朱光亚，虽然相继担任了全国政协副主席、中国科协主席、中国工程院院长等重要职务，工作更加繁忙，但他的目光，始终没有离开过他为之奋斗了一生的核科技事业。

1992 年 3 月，朱光亚来到中国工程物理研究院与核试验基地研究所，指导核科技工作。

在中国工程物理研究院，朱光亚强调指出：核武器研制必须适应形势的发展，搞好规划，把着眼点放在掌握技术上。要重视基础性的研究、应用研究，

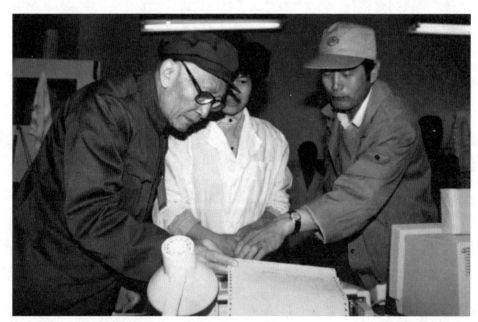

朱光亚在中国工程物理研究院某研究所视察、指导工作

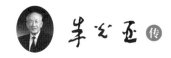

抓好重点、重大项目。

在核试验基地研究所，朱光亚就今后的任务与科研发展方向做出重要指示：要着眼长远，立足研究所在核试验技术方面的优势和潜力，自觉适应国家和军队建设的形势，以军事核科学为主，积极开展民用科学研究，把几十年发展起来的核技术应用于其他军事科学和民用技术开发领域。

同年4月，朱光亚赴新疆核试验场，检查、指导核试验任务的准备工作。核试验基地干部大会上，朱光亚在讲话中再次指出：国际上变化的形势，对我们提出的要求更高、更紧迫。在抓好当前工作的同时，还要看到今后形势的发展趋势。从整个科学技术发展的角度，早一点设想今后比较长远的规划，要从20世纪最后10年看到21世纪，至少要看20年到30年。

朱光亚在这里多次提到的"形势"，指的是国际禁核试形势。自核武器诞生以来，国际上要求禁止核试验的呼声就没有停止过。

1963年，美国、英国、苏联签订了《禁止在大气层、外层空间和水下进行核试验条约》。这个所谓的禁止核试验条约，实际上是部分禁止核试验条约，其目的就是为了他们自己垄断核武器。

到了20世纪80年代末90年代初，以美国为首，又提出了签订全面禁止核试验条约。这其中，既因为美国已经全面掌握了核武器技术，占有绝对核威慑力量，全面禁止核试验，实际上有利于保持它在核武器领域的霸主地位；但从另一个角度看，美国的这一提议，或多或少顺应了世界上大多数无核国家希望和平的愿望。

中国政府在我国第一颗原子弹爆炸后就发表声明，建议召开世界各国首脑会议，讨论全面禁止和彻底销毁核武器问题。应该说，全面禁止核试验，是中国政府一直坚持的主张。可中国政府的建议，当时没有得到美、英、苏等国的认同。

因此，在国际禁核出现新形势的情况下，朱光亚审时度势，与王淦昌、于敏、陈能宽等核科学家深入研讨后，向中央提出了核技术发展新战略，得到了中央的肯定和支持。

曾任中国工程物理研究院院长的朱祖良说：

1987年4月，朱光亚与陈能宽（中）、于敏（左）讨论学术问题

80年代末以后，世界风云急剧变幻，我国核武器发展处在重大关键时刻。朱光亚院士多次指示我们做好核技术发展战略研究，直接指导我们深入讨论分析可能禁核试的形势和发展对策，加速实现预定的发展目标。随后，朱光亚院士又再三提醒我们，禁核试之后，是我们与超级大国在更深层次和更高水平上较量的开始。他组织领导开展相关研究工作，加强了我们在新的条件下的科研能力建设，为确保我国核威慑力量的有效性打下了坚实的技术基础。

在此前后，朱光亚开始组织核军备控制研究。他在一次研讨会上鲜明地指出：军备控制不仅是政治、外交问题，还涉及许多科学技术问题。我们在做科研工作的同时，要从技术上支持国家外事工作。这样，既保卫国家安全，又表明中国致力于全面核禁试，最终消灭世界上的核武器。

1991年春，中央军委批准成立了中国科学家军备控制小组，负责同美国科学院国际安全与军备控制委员会对口进行交流，并任命朱光亚为中方主席。

1991年10月，朱光亚率科学家小组一行8人访美，就军备控制问题和

1991年，朱光亚和杜祥琬（右）在美国加利福尼亚州参加军备控制会议时合影

美国科学院国际安全与军备控制委员会进行学术交流。这是朱光亚自1950年从密歇根大学归国后，时隔41年第一次踏上美国国土。

在与美国同行进行会谈时，朱光亚系统地阐述了中国政府的核政策。谈到核武器在保障世界安全中的作用时，他特别指出：

似乎有一种共识，由于核武器极大的破坏力，它对战略威慑起主要作用，但是更深入地思考，应该得出这样的认识，即核武器的军事作用已被夸大了。

有人可能会辩解说，由于核武器的存在至少已对现代历史贡献了无全面战争的最长的和平时期，但是这仅仅是似乎有理的，因为在二战之后成功地保护世界和平40多年是很多因素的结果。虽然核武器的存在是重要因素之一，但其他政治、经济和社会因素的作用也不应该被忽略。

事实上，正如学者们所指出的，当以打击效果标准看时，战略核武器与战术核武器之间的差别或多或少是任意的，无论是洲际还是短程核武器在使用后，其效果是没有多大差别的。

中国在五六十年代决定发展核武器完全是被迫的，按照我的理解，我们最终的目标是为了消灭它。因此，我们发展核力量是非常有限的。而我们科学家对此的理解是，为了消灭它，还得掌握它。

我们的目的已多次明确宣布：发展核武器是为了最终从地球上消灭核武器。当中国成功地进行第一次核试验后，中国政府正式宣布在任何时刻、任何情况下，中国都绝不首先使用核武器。我理解，这一立场是严格基于这样一个认识：中国发展核武器除了防止它使用以外，没有其他目的。对某些人来说，可能认为有点奇怪，为什么生产核武器不是为了要使用它呢？但是，核武器与核战略这样异常的事实逻辑正是这样。

在谈到世界安全结构与核扩散时，朱光亚又明确指出：

尽管我们现在正处在转变阶段，但明确地预言未来，我和我的同事都相信这一点：一个国家的安全不可能建筑在其他国家不安全的基础上。在这一点上，美苏两国大量削减，而且是第一次持续大规模削减核武器，肯定有益于提高所有国家的信心。

我们也欣赏你们的研究报告中包含的这一观点，即所有核国家应该做出努力在政治上达成一致，核武器除了对其他国家起威慑作用外不作其他用途，并且逐渐达到所有核国家都应庄严保证不首先使用的责任。实现这一目标不仅能增强核国家周围国家的信心，而且也将极大地减小非核国家要获得核武器的需求，这样就排除了核扩散的根本刺激因素。

通过与美方进行的军备控制学术交流，朱光亚清晰地阐述了中国的核政策以及对核禁试的态度。1992年，朱光亚与他人合作，撰写了一篇题为《浅谈军备控制中的物理学问题》的学术文章，针对军备控制中涉及的许多科学技术问题进行了深入研究。例如：武器效能和战争效应、军备控制的系统分析方法、核查技术、与武器销毁有关的技术等，这些技术问题都涉及各种物理学问题。朱光亚认为，这些物理学问题正逐步发展成为物理学应用研究的一个新的分支，可称之为军备控制物理学。该文这样写道：

近几百年来，战场上经历了由冷兵器到热兵器的转变，发展到今天，出现了常规武器、生物武器、化学武器及核武器并存的局面，甚至可能出现空

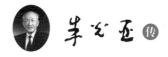

朱光亚出席总装备部军控科学技术专业组会议并讲话

间武器。超级大国的军备竞赛消耗了大量的人力物力，并且对人类的生存构成了极大的威胁。在这种情况下，军备控制对于节约人类资源，减小战争威胁和战争损失就显得特别重要。

军备控制是指限制某类武器的部署、储存、生产或试验以及制定一些控制军备竞赛和防止战争的安全保障措施，所以，军备控制是比裁军更为广义的概念。最初，军备控制研究主要是在政治、法律、外交等领域进行，基本上属于社会科学范畴。从 80 年代起，基本控制逐渐进入实质性阶段，开始涉及越来越多的自然科学范畴的问题。核和空间武器属于当前军备控制的重要内容，其中涉及的主要是物理问题，在这种情况下，军备控制物理学应运而生。目前，军备控制物理学正逐步发展成为物理学应用研究的一个新的分支，研究涉及军备控制的各种物理和技术问题，包括武器效能和战争效应、军备控制的系统分析核查技术、武器生产和销毁技术等。

在《武器效能和战争效应》一节中，朱光亚等人写道：

武器效能的评估研究包括武器的杀伤破坏机制、杀伤能力、生存能力和费用等，这些问题不仅仅是武器专家研究的课题，而且还是军备控制研究的重要课题。武器专家和研究军备控制问题的科学家由于认识上的差异，对武器的生存能力和杀伤能力的评估也可能有所差别。

首先，单个武器的效能是应用系统分析方法研究军备控制问题的基础。例如，就核武器而言，如我们要计算某个国家拥有的核武器的总破坏力，就不能简单地数一下这些核武器的个数，因为不同型号的核武器，TNT当量可能差别很大；也不能把当量相加，而是把等效百万吨当量相加。等效百万吨当量是TNT以百万吨为单位当量的2/3次方。采用这样的定义原因在于，经过对核武器效应的研究，发现一枚爆炸的核武器在地面的杀伤面积与其当量的2/3次方成正比。在建立交战模型时，必须知道洲际弹道导弹每个弹头对点目标的单发杀伤几率SSKP，这个量也与每个弹头的等效百万吨当量有关。

其次，对武器效能的研究本身对军备控制就有一定意义。原则上说，有矛就有盾，没有终结的最厉害的武器，引进一种新武器往往会引起新的军备竞赛。因此，对武器效能的充分研究可以使得发展武器的决策者认识到，由于反措施的存在，发展这种新武器的意义并不大。另外，一种武器在发展初期往往被美化或神化，科学家的论证可以揭示这些新武器的真实作用和实际能力。

1983年美国政府提出战略防御倡议时，声称空间防御系统是纯防御性的武器系统。各国科学家通过研究空间防御武器的杀伤机制和杀伤能力等武器效应证明，具有反导弹能力的武器系统肯定可以用来攻击卫星，因此这样的系统不可能是防毒面具式的纯防御系统。这一观点现在被广为接受，对抑制空间军备竞赛具有积极的意义。

多个武器同时使用所产生的效应并不只限于单个武器效应的简单叠加，而可能会产生复合效应，即战争效应。目前，对核战争的效应研究得比较细致和深入。在一次大规模核战争中，数百枚到数千枚核武器在很短的时间内陆续爆炸，除了武器本身特有的强冲击波、光辐射、早期核辐射、放射性沾染、核电磁脉冲等杀伤破坏作用之外，还有一些复合效应。其中主要的有两个：

第一，地面温度下降；第二，臭氧层变薄。

1983 年，Turco 等人提出了核冬天理论。在一场大规模的核战争中将会发生多处工业基地城市和森林火灾，大火产生的烟尘颗粒较小，能够在大气中飘浮很长时间。经过一段时间积累，烟尘连同核爆炸吸起的地面灰尘会弥散到地球大部分地区的上空，使到达地面的阳光减少，地面温度下降，出现寒冷和饥荒。为了定量估算温度下降的幅度，Turco 等人建立了核战争模型粒子—微观物理模型和辐射—对流模型。随后，其他一些科学家也做了类似的计算，都得出了地面温度要明显下降的结论，但估算的下降幅度有些差别。

核爆炸产生的火球，中心温度高达千万摄氏度以上，在高温火球附近的氧气和氮气化合生成一氧化氮。这些一氧化氮随火球上升到高层大气层，与那里的臭氧发生反应生成二氧化氮，大量地消耗臭氧，使得臭氧层变薄，穿过大气的紫外线大幅度增加。这一过程比核冬天开始早，在核冬天结束之后还要继续一段时间。强烈的紫外线会灼伤人畜和庄稼，使得人类的生存环境变得极为恶劣。

物理学家对核战争效应的研究，使人们认识到，在一场大规模的核攻击之后，即便能够解除对手的核报复能力，由于核战争给全球造成的后果，发动攻击的一方也会面临核战争效应带来的巨大灾难，这使得有核国家对发动核战争持十分谨慎的态度。

《军备控制的系统分析方法》一节写道：

物理学家参与军备控制问题的研究，引进了一些定量的概念和定量分析方法，为各国科学家甚至外交人员提供了容易互相理解和接受的语言。例如，在核军备控制研究中，科学家们引进了两个极为重要的概念：危机稳定性和军备竞赛稳定性。前者表示在发生危机时对峙并拥有核武器的双方不发动首先攻击的可能性，后者表示军备竞赛的诱因的强弱。这两个概念有比较明确的数学定义，被广泛用于评价各种军备发展状况和裁军方案。这些定义以物理学家的眼光来看还太粗糙，但是这比纯描述性的研究已经有了很大的进步。

有了上面这些定量的定义，就可以运用系统分析方法研究什么样的裁军方案符合本国利益并有利于世界安全、引入一类新武器会如何影响军备竞赛升级、一个裁军方案是否能得到有效执行等问题。

在核禁试和军备控制中，如何监测其过程和结果的有效性，需要有可靠的技术支撑，这就涉及核查技术。在《核查技术》一节中，朱光亚写道："核查技术是军备控制物理学研究的一个重点，对达成和保证实施条约有着极其重要的意义，因而受到了各国政府和联合国的充分重视。"

核查技术包括：核爆炸试验的核查，核弹头的核查，核不扩散问题中限制军用钚材料生产的核查技术，激光武器实验的核查，空间反应堆的核查。对这些核查技术，该文都有具体阐述。

在签订军备控制有关协定或条约后，被裁减下来的核武器必须予以销毁，如何销毁又涉及许多技术问题。文中写道："从核查和鉴定出应该裁减的武器开始，到构成这些武器的材料不再能够复原为武器或者这么做不合算，这一整个过程包含各种复杂的技术，不仅要保证被裁减的武器确实得到销毁，而且要保证武器被销毁的一方军事秘密不被泄漏，还要保证拆卸和改性后的武器材料的存放不会给人类带来危害。"对这些复杂的技术，该文也有较为详尽的阐述。

朱光亚对军备控制中物理学问题的阐述，不仅仅是一位物理学家的纯学术思考，也从一个独特的角度，阐述了全面禁止核试验后应采取的积极措施和有效方法。这对政治、军事、外交人员如何参与军备控制及核禁试谈判等都十分有益。

1992年5月、10月和1993年7月，美国科学院国家安全与军备控制委员会代表团接连3次前往中国，与朱光亚为首的中国科学家军备控制小组进行会谈。

朱光亚意识到，国际核禁试将成为被广大国家接受的发展趋势。他先后在中国工程物理研究院、核试验基地召开核禁试形势分析会，强调指出："核禁试形势很严峻。我们处在要更新换代的关键时刻，要抓住机遇，应对挑战。""目前核禁试的形势发展越来越明朗，同志们看问题要开阔一点。现在和将来的任务十分紧迫，要引导大家充分认识核禁试条件下核武器的作用，认清形势和我们的任务，正确理解我们的政策。"朱光亚还前往中南海，亲

1993 年秋，朱光亚在中国核试验基地永久沾染区视察时留影

自向江泽民、李鹏、朱镕基、刘华清等中央领导同志汇报有关这方面的情况，提出了新形势下中国核技术发展的规划设想，得到了中央首肯。

1994年3月，日内瓦裁军谈判会议正式启动全面核禁试条约的谈判。朱光亚成为中国谈判代表团的重要智囊人物。

同年5月，朱光亚在与有关方面领导交换意见时指出：

一是关于形势问题。我们面临着严峻的形势，各种矛盾交错，目前的形势就好像我们在1963年时的处境（指1963年7月美、英、苏三国签订部分禁核试条约时我国面临的压力——作者注），停止大气层核试验正是他们保持核垄断的需要。现在美国要全面停止核试验，我们应密切注视这个问题。冷战结束后，对核武器究竟起什么作用在认识上也在变，但应当指出，核武器在很长时间内还会存在，这就有很大的威慑性。二是关于禁核试以后的任务。核武器技术还要发展，结合武器的安全、可靠性还有许多工作要做。三是要在观念上转变。要做好科技干部的思想工作，保持科技队伍的稳定，调动他们的积极性、创造性，把党和人民交给我们的任务完成好。注意培养技术人才，特别是培养年轻人、年轻干部。

1996年8月，经过两年多的努力，日内瓦裁军谈判会议拟定了《全面禁止核试验条约》文本，但由于印度的反对未能通过。后来根据澳大利亚的提议，《全面禁止核试验条约》文本直接送交第50届联合国大会审议。

1996年9月10日，联合国大会以158票赞成、3票反对（印度、不丹、利比亚）、5票弃权（古巴、黎巴嫩、叙利亚、坦桑尼亚、毛里求斯）的压倒多数，通过了《全面禁止核试验条约》。

《全面禁止核试验条约》包括序言、17条正文、两个附件及议定书。该条约规定：缔约国将做出有步骤、渐进的努力，在全球范围内裁减核武器，以求实现消除核武器、在严格和有效的国际监督下全面彻底核裁军的最终目标。所有缔约国承诺不进行任何核武器试验爆炸或任何其他核爆炸，并承诺不导致、鼓励或以任何方式参与任何核武器试验爆炸。

1996年9月24日，《全面禁止核试验条约》在纽约联合国总部开放供各签约国签署。美国作为东道主第一个签署。中国是第二个签署的国家，并

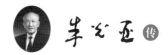

朱光亚（右二）在中国核试验基地亲自指挥现场工作

于当日发表了中国政府关于全面停止核试验的声明。

核试验基地原司令员钱绍钧回顾这段历史说：

光亚主任从 1959 年调入核武器研究所起，直至退休，一直领导着我国核武器及其技术的发展。他对毛主席、周总理等老一辈无产阶级革命家确定的我国核政策有极其深入的研究和独到的理解，并身体力行地去实现。他认为核武器的巨大杀伤性决定了它的军事作用主要是威慑，而这种威慑作用又具有独特的两面性，即：一方面，核武器大量存在和广泛部署，潜伏着发生核战争的危机；另一方面，核战争可能给双方带来的无法承受的浩劫以及各核大国核力量的相对平衡，又起着互相制约、遏制核战争的作用。因而他认为，核武器出现后半个世纪以来，虽然局部战争绵延不断，但终究未发生世界性大战，更没有启用核武器，一个至关重要的原因就是核威慑的存在。他认为，老一辈无产阶级革命家正是看透了核武器作为威慑武器这一本质，才制定出了我国核武器政策的基本原则，包括自卫防御性、有限规模、不首先使用以及全面禁止、彻底销毁的最终目标等。这些原则即使现在看来，也都是十分正确的，对确保国家安全和发展有利。20世纪90年代，美、俄等国家纷纷调整其核战略、核政策，我们有些同志也曾提出调整我国核战略的想法。对此，光亚主任总是旗帜鲜明地指出，我国已有核政策的主要原则仍然符合当今世界的客观实际，也符合我国的安全战略，不宜变动。

正是由于对我国发展核武器及其技术的方针政策的深入理解，以及对国际形势变化敏锐的洞察力，他总能从政治上、从很高的战略层次上预见到国际形势变化可能对我国核技术发展的影响，并及时提出应对建议。20世纪80年代末，美、苏开始推动谈判《全面禁止核试验条约》。光亚主任敏锐地意识到核试验将难以长期进行下去，因而及时部署研制、试验单位研究核技术中长期发展战略。为此，他还专门托人给核试验基地带去了有关资料，要求结合实际认真研究。在他的指导下，研制、试验单位分别组织各专业的专家，

1992年9月25日，朱光亚和钱绍钧在一起

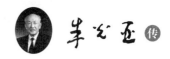

分不同专题调研国外的相关资料，总结分析自身的科技水平、存在的问题以及与先进国家的差距，并结合我国国家安全态势的研究，确定了未来一个较长时期内核科学技术工作的主要目标和发展途径，深入探讨了可能到来的禁核试形势和应采取的对策。通过这些研究、讨论，统一了思想，指明了方向。1996 年 7 月 29 日，我国进行了最后一次核试验。之后，我国政府就宣布暂停核试验，并于 9 月 24 日第一批签署了《全面禁止核试验条约》，为世界核军备控制做出了自己的努力。

根据《全面禁止核试验条约》的规定，该条约经各国政府代表签署后，还必须由各签署国按照各自的宪法程序得到批准；并明确，只有参加日内瓦裁军谈判会议的 44 个成员国都交存了批准书后第 180 天才生效。

具有讽刺意义的是，美国作为《全面禁止核试验条约》的第一个签署国，其国会居然至今都没有批准这个条约，并在 2003 年做出决定，要在一旦需要时，在尽可能短的时间内，恢复核试验。

1945 年至 1996 年，全球共进行了 2045 次核试验。其中，美国共进行了 1030 次核试验，苏联共进行了 715 次核试验，法国共进行了 209 次核试验，英国共进行了 45 次核试验，中国共进行了 45 次核试验。

在核大国中，美国是进行核试验次数最多的国家，也是核试验技术水平最高的国家，并率先开始了以计算机模拟核试验的研究。它积极推行全面禁止核试验政策，其实质是为了进一步维护美国的"核威慑"、"核优势"。正因为这样，美国国会没有批准《全面禁止核试验条约》这件事，说明真正实现全面核裁军的路还很长。

1996 年 12 月，朱光亚在中国工程物理研究院纪念氢弹原理突破 30 周年大会上，严肃地指出："核禁试条约的签订，并不表明西方大国放弃了核武器技术，而是核技术发展进入了一个新阶段。要保持优良传统，发扬革命精神，保持核武器研制队伍的精神不衰、传统不丢、作风不改。要下决心，在核禁试条件下发展核技术，相信我们一定能够走出一条既能保证我们核武器有效性，又能继续发展我国的核武器技术，有我们自己特色的道路来。"

1997 年 1 月，在核试验总结大会上，朱光亚又明确指出："要信心百倍

1996 年 5 月 8 日，朱光亚在办公室的工作照

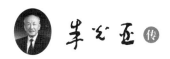

地迎接新的挑战"，"要搞好预研，储备好技术，积累经验"。

朱光亚以其锐利的战略眼光，发出警示：在国际核禁试的新形势下，特别是美国国会没有批准《全面禁止核试验条约》的情况下，中国不能无所作为、高枕无忧！

中国工程物理研究院院长赵宪庚介绍说：

朱光亚先生无论身处何位，始终心系我国核武器事业的发展，站在核武器事业发展的决策高层，以他敏锐的战略眼光和谋略，在我国核武器事业的每个重大转折点上，都发挥了不可替代的关键性作用。

1963年正当我国第一颗原子弹取得重大进展之时，美、苏、英三国签订了《部分禁试条约》，妄图把我国核武器事业扼杀在摇篮里。朱光亚先生根据周总理的指示组织调研分析，亲自起草了《停止核试验是一个大骗局》的报告，同时提出了尽快研制成功核武器、尽快掌握地下核试验技术的建议。经过艰苦努力，1969年9月，首次地下平洞核试验取得圆满成功。

1970年6月，朱光亚先生调任国防科委副主任，仍然负责指导核武器与核试验的研究和发展工作。在他的亲自领导和参与下，1978年10月，首次地下竖井核试验圆满成功。随着我国地下核试验技术日趋成熟，1986年3月，我国政府正式宣布不再进行大气层核试验。新的核试验技术和方法，使我国核武器发展迈向了新的阶段。

20世纪80年代末，朱光亚先生敏锐地预见到国际核形势的变化，亲自参与组织领导了核武器发展规划方案的制定与实施；并在1996年签署《全面禁止核试验条约》之前，完成了预定的核试验，突破了先进核武器的关键技术，造就了我国核武器发展历程的新的辉煌，并且打破了核大国再次遏制我国核武器发展的图谋，维护了国家安全的根本利益。

在我们抓紧实施核试验任务的时候，朱光亚先生已在深入思考禁核试后核技术研究如何持续发展的问题。在他的指导下，我院组织力量深化发展战略的研究。同时，他带领我院专家就有关问题向中央汇报。中央又一次做出了加强科研力量建设的重要决策，为禁核试形势下核科学技术的持续发展指明了方向、提供了保障。

回顾我国核武器事业发展的每个关键时刻，从核武器研制到核试验技术的发展，从推动高科技研究到我国核武器事业管理体制改革，朱光亚先生始终处于我国核武器科技发展决策的高层和前沿，为走出一条中国特色核武器科技事业发展之路建立了历史性功勋。

二、驳斥考克斯报告

1998年10月，从中国核武器研究所到中国核武器研究院再到中国工程物理研究院，中国核武器研究走过了40年光辉历程。在纪念大会上，朱光亚的讲话发人深省。他说：

面对错综复杂的国际政治形势和军事斗争形势，我们绝不能掉以轻心，战争危险依然存在。为了贯彻执行中央军委确定的新时期军事战略方针和打赢一场高技术条件下的局部战争的要求，认真做好我们当前乃至今后一个时期的工作，以确保我国战略核威慑力量的有效性，确确实实是摆在我们面前

1998年10月12日，朱光亚出席中国工程物理研究院建院40周年庆祝活动并发表讲话

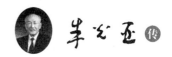

的一项重大的历史使命。禁试条件下继续发展核武器技术，是我们面临的另一严峻挑战。要继续发扬勇攀高峰的精神，不断地总结经验教训，打一仗、进一步，有所发现、有所发明、有所创造、有所前进。

朱光亚的警示很快成为现实。1999年3月24日晚，以美国为首的北约悍然发动了对南斯拉夫联盟共和国大规模的空袭。

这次空袭，起因于科索沃危机。科索沃位于南联盟塞尔维亚共和国西南部，与阿尔巴尼亚、马其顿两国相邻，面积10887平方公里，人口200余万。在南斯拉夫联邦时期，科索沃是塞尔维亚共和国的一个自治省。南斯拉夫联邦解体后，塞尔维亚和黑山两个共和国宣布联合组成南斯拉夫联盟共和国，原联邦内的其他共和国则宣布独立。

科索沃的人口中90%以上是阿尔巴尼亚族，在南斯拉夫联邦解体后也要求独立，但遭到塞尔维亚共和国当局拒绝，并取消了它的自治省地位，由此形成了激烈对抗，直至武装冲突。

1998年年底，以美国为首的北约公开支持科索沃独立，却受到塞尔维亚当局反对。

1999年3月19日，北约向南联盟发出最后通牒。无果后，3月24日，北约发动了对南联盟的空中打击。科索沃战争由此打响。它是20世纪爆发的最后一场战争。

北约对南联盟的空袭连续进行了78天，陆、海、空、天、电一体化，动用的全是高新武器。其间，在5月8日的空袭中，北约战机用导弹袭击了中国驻南联盟大使馆，导致3人死亡、多人受伤、馆舍被毁，制造了世界外交史上罕见的重大事件，严重侵犯了中国的主权，激起了中国人民的极大愤慨。

而就在这期间，美国国会公布了一份由众议院及中国贸易与军事交流特别调查委员会撰写的调查报告。这份调查报告居心叵测，诬蔑中国"大肆窃取"美国核技术，"破坏美国国家安全"。

特别调查委员会的主席是美国国会众议员克里斯托夫·考克斯。因此，该委员会通常被称为"考克斯委员会"，这份报告也就称为"考克斯报告"。

考克斯报告共700多页，满纸谎言，又臭又长，用捕风捉影的证据，强加给中国种种莫须有"罪名"。而用于证明"罪名"的所谓证据，用的都是"可能"、"或许"、"大概"一类字眼儿，含糊其辞，蒙骗世人。

考克斯报告出笼后，被美国媒体大肆炒作。面对别有用心的诬蔑和攻击，朱光亚亲自指导反击。他部署中国工程物理研究院组织力量，对考克斯报告进行严正批驳。

1999年6月7日，新华社播发了题为《中国核科学家驳斥考克斯报告》的消息——

新华社北京6月7日电（记者奚启新）

中国工程物理研究院院长朱祖良最近撰文，严厉驳斥美国考克斯报告在核武器问题上对中国的诬蔑。

朱祖良在文章中说，中国发展核武器是在特定的历史条件下迫不得已作出的决定。中国从拥有核武器的第一天起，就郑重声明，在任何时候、任何情况下都不首先使用核武器。中国是世界上唯一作出这一承诺的国家。从50年代至今，中国完全依靠自己的力量，依靠一大批有才华和创造精神的科学家，依靠全国人民的大力支持，在不太长的时间内，成功地突破了一系列技术难关，掌握了核武器技术，建立起了一支精干、有效的自卫核威慑力量。中国成功地爆炸原子弹、氢弹，恰恰是在美国对华封锁、遏制最厉害的年代，并且，中国发展其自卫核威慑力量的速度是有目共睹的。中国过去没有，现在也没有，将来更不会去"窃取"美国的核技术。

朱祖良说，随着世界经济、科技交流与合作的日益密切，中国与世界各国的经济和科技交流与合作有了很大的发展。正是在这一背景下，中美有关方面在自愿和互利的基础上在军备控制等领域进行了正常的学术交流。许多交流是应美方要求开展的，美方也承认从中获益匪浅。这其中包括洛斯阿拉莫斯国家实验室在内的美国3个核武器实验室同中国工程物理研究院等研究单位进行过的有利于双方的学术交流与合作。这些交流活动是由美方首先提出的，不涉及敏感的军事技术，目的是防止核扩散。中方研究人员没有、也根本不可能接触美方任何保密内容。美国的有关方面对此应比任何人都清楚。这一点，可以从美国洛斯阿拉莫斯实验室所长约翰·布罗尼在美国国会作证

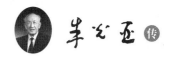

的证词得到证实。

文章说，考克斯报告中称，中国工程物理研究院至少两次造访美国国家实验室，这些访问为中国提供了"收集情报的机会"。事实上，中国工程物理研究院与美国国家实验室之间的互访是在双方政府批准框架下进行的，是作为对1993年以美国洛斯阿拉莫斯主任黑克为首的高级代表团访问中国工程物理研究院的回访。这完全是双方实验室之间正常的互利的交流，交流的范围也是经过双方政府授权和批准的，交流是纯学术的。此后，美国劳伦斯利弗莫尔实验室、圣地亚实验室和美国能源部官员均先后访问过中国工程物理研究院。考克斯报告在没有任何证据的情况下把由美方首先提出的两国核武器实验室之间的交往说成是"中国工程物理研究院力图加强与美国国家武器实验室的关系"，"获取收集情报"，这完全是歪曲事实，恶意中伤。这不仅是对中国科学家的极大诬蔑，也是对美国科学家的极大诬蔑。

文章说，美国考克斯报告中所列的W56、W62、W70、W76、W78、W87、W88等几种型号核武器的一些主要设计数据实际上在美国的公开出版物上早已发表，已不是什么"秘密"。如美国1983年公开出版的《核武器手册》第一卷《美国的核力量和能力》（托马斯·B.科克伦等著）和1988年公开出版的《美国核武器揭秘》（丘克·汉森著），对上述所列型号核武器都有非常具体的介绍，如核弹头的研制单位、所配的运载系统、使用军种、威力、重量、长度、直径、所用材料、圆概率偏差（CEP）以及彩色图片等。这两本书的作者还特意说明，书中所引资料均来自美国国会听证会记录及美国能源部、国防部和美国三大核武器研制实验室的有关官员，以证实其权威性和可靠性。近几年来，国际互联网更是将美国核弹头的基本情况列成了一个长长的详细的表，所列型号高达100余种之多。

文章最后说，中美两国人民和科学家的交流与合作，符合中美两国人民的根本利益。我们相信，美国人民会对此作出公正的评价和判断。我们也要奉劝美国政府不要再做伤害中国人民感情，损害中美关系的事。遏制与敌视中国没有出路，中国人民完全有能力依靠自己的力量，发展国防技术，保卫国家安全。

其实，对考克斯这份所谓的"调查报告"，连许多美国人也抱有怀疑态度。美联社就对它的真实性提出了质疑。而在美国联邦调查局和中央情报局工作了37年、时任美国能源部反间谍处主任的库兰说："我们都同意有违反安全规定的事，但违反的程度还有待查明。就我所知，目前还没有情报证明此一机密已落入中国人手中。"

考克斯报告中最"过硬"的证据，是所谓的"李文和间谍案"，被报告起草者大肆加以渲染。

李文和，1940年出生于中国台湾，1964年赴美深造，1970年获取得克萨斯州农工大学机械工程博士学位。1978年，李文和进入洛斯阿拉莫斯国家实验室工作，是一名流体动力学专家。

1986年、1988年，李文和及妻子文飞洋两次前往北京出席会议。文飞洋在洛斯阿拉莫斯国家实验室担任秘书和资料输入工作。回到美国后，文飞洋向美国联邦调查局和中央情报局汇报了在中国见到的科学家，而李文和没有提交类似的报告。由此，李文和受到美国有关部门怀疑。1999年，他们在主观臆测下，认为李文和窃取了美国核武器机密并交给了中国。于是，李文和受到指控并被逮捕入狱。在考克斯报告中，"李文和间谍案"成为最重要的"证据"。对这种无中生有的"罪名"，李文和没有承认，中国也坚决给予否定。

后来，"李文和间谍案"经过历时一年半的审理，终以控方证据不足而草草收场。李文和被当庭释放。美国司法部、能源部向李文和支付了89.5万美元的国家赔偿金，美联社、《纽约时报》、《华盛顿邮报》、《洛杉矶时报》和美国广播公司联合向李文和支付了75万美元的名誉赔偿金。洛斯阿拉莫斯国家实验室则发表声明，对实验室3名负责人（实验室反谍报活动部主管费鲁曼、组长克雷格和实验室前负责人赫克）给予纪律处分，因为他们错误地指责李文和从事间谍活动。费鲁曼在接受媒体采访时承认，调查人员缺乏李文和泄漏核机密的证据。这虽然是后话，但进一步证明了考克斯报告的荒诞和险恶用心。

当时，为了以正视听，朱光亚在组织对考克斯报告进行批驳的同时，还指导中国工程物理研究院组织科技报告团，大力宣传"两弹"成就和"两弹"

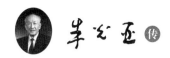

精神。

中国工程物理研究院的林银亮在一篇回忆文章中写道：

1999年，伟大的新中国迎来了50周年大庆，"两弹一星"的辉煌成就无疑是新中国崛起的最重要的象征。可是，美国有些人却蓄意编造，抛出了考克斯报告，诬蔑我们"窃取"美国的核技术，妄图欺骗世界舆论。朱光亚主任慧眼识破考克斯之流的卑劣用心，及时指示我院领导：要组织一个科技报告团，大力宣传"两弹"成就和"两弹"精神，用雄辩的事实去批驳它。遵照领导要求，院政治部组织人员赶紧拟写了四篇演讲报告稿。朱光亚主任在百忙之中，先后三次审阅这些讲稿，在许多地方亲笔作了修改或提出了重要的修改意见。其间，他还在办公室，亲切接见了报告团成员，听取汇报，当面给我们指导。他强调说，我国原子弹、氢弹的突破，要着重讲清自主研发的情况。中子弹这次可以说，也是我们自己干的。核武器小型化更是求实创新、不断攀登科技高峰的结果，走出了有中国特色的发展道路。一定要宣传、发扬好这些精神。他还亲自提议和布置，先在总装备部机关试讲了一次，广泛征求意见，把讲稿进一步修改好，再推向社会。我院报告团几位专家根据朱主任的指示和收集的意见，反复修改演讲稿，力求报告内容更加翔实和严谨。随后，报告团两上北京，并在上海、成都等地的党政机关、高等院校、科研单位，共作了15场宣讲报告，"两弹"精神在全社会引起了强烈反响。

与此同时，我院邀请新华社记者来院采访，写出了反映中国工程物理研究院核武器事业发展纪实的长篇专稿。1999年9月，获悉党中央、国务院、中央军委决定隆重召开表彰为研制"两弹一星"作出突出贡献的科技专家大会，院领导非常希望这篇长达8000余字的特稿能于表彰大会之后发表。但按有关规定，长篇专稿需经中央主管部门领导审批，否则，专稿要忍痛割爱进行大量的删减。正当情急无着之际，院领导委托我于9月15日将文稿呈送朱光亚主任审阅，敬请老领导赐教。不料想，朱主任竟然连续抽出一个晚上和一个上午的宝贵时间，将文稿精心地加以审核修改。9月16日下午，他的秘书就通知我去取回文稿，聆听朱主任的审改意见。接过稿子一看，朱主任在稿上作过重要的较大改动有10余处，有30多处作了修改，甚至有5处标点

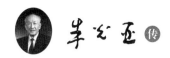

朱光亚在中国工程物理研究院某研究所视察、指导工作

符号都作了推敲。朱主任还特别建议：最后一个小标题还是用毛主席"要大力协同做好这件工作"的话好，更加简明有力。中国工程物理研究院总结"两弹"研制的经验，要牢牢记住这一条。他还嘱咐说，你们今天晚上加班把稿子修改打印好，明天上午再送来，附上院里写的一封说明信。9 月 18 日，中央在人民大会堂召开了新中国成立以来最为隆重、规格最高的科技表彰大会。就在当天晚上，朱主任的秘书来电话告诉好消息：这篇专稿，朱主任已经审定，并批转中央有关领导同志，中央组织部、中央宣传部的领导均已作了批示，新华社拟定在 9 月 20 日发出通稿。果然在这一天，《人民日报》、《新华每日电讯》等许多大报整版登载了《为了国家与民族的最高利益》长篇特稿。

回想往事，朱光亚主任对于"两弹"事业始终有一种特殊的感情。每当发展的关键时刻，他总以一位战略科学家的远见卓识，在重大科技决策中发挥了主心骨的作用。他不仅对重大问题深谋远虑、运筹帷幄，而且对实际工

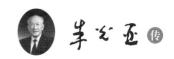

作严谨求实、细致入微，令人肃然起敬。然而，他功高不矜，名遂不扬，一向谦恭低调为人。就在审改上述新华社那篇特稿时，朱主任的举止至今让我们感动不已。在文稿中原来写有"著名核物理学家朱光亚……"，他审改时坚持把"著名"两字圈掉；原稿本来还有这样一段话："身居全国政协副主席要职的朱光亚，仍像当初担任院所技术领导那样，每次核试验必到现场……不断完善核科技发展的战略计划。"他将此整段话统统划掉了。

科索沃战争及我驻南联盟使馆遭袭和考克斯报告的出笼，让中国清醒地意识到，全面禁核试条约的签署，并不意味着可以"刀枪入库，马放南山"。

三、谋划新世纪装备建设

1999 年 1 月 4 日，中央军委主席江泽民签署命令，任命朱光亚为解放军总装备部科技委主任。

1999 年 1 月 8 日，解放军总装备部第一次党委扩大会议在北京召开。江泽民在接见会议代表时指出：军队武器装备的高科技化，是当今世界军事发展的一个重要趋势。我国国防和军队现代化建设面临着难得的机遇，也面临着严峻的挑战。国防科技和武器装备发展是衡量国防实力的重要标志，对一个国家、一支军队来说极为重要。

解放军总装备部成立于 1998 年 4 月，是全面负责全军武器装备建设的统帅部门。总装备部由原国防科工委和总参谋部、总后勤部有关武器管理部门合并组成。

朱光亚担任总装备部科技委主任时已 75 岁高龄，足见中央军委对他的高度信任和重视。

担任总装备部科技委主任后，朱光亚最关注的是武器装备发展的战略研究。1999 年 3 月 26 日，总装备部在北京召开武器装备预研发展战略研究动员会。朱光亚到会指导并作重要讲话。

进行战略研究，是朱光亚长期坚持的一个重要思想。后任总装备部科技委主任的李安东说：

朱光亚对国防科技和武器装备发展规律有着深刻的认识与把握，善于进行战略思维和战略谋划。在 20 世纪 80 年代组织国防科技发展战略研究中，他就明确提出"需求牵引、技术推动"的战略思想。他强调要根据安全需要和应对军事变革挑战的要求，着眼争取在未来国际格局中获得比较优势、赢得战略主动，准确把握武器装备建设需求和国防科技发展方向。他强调要长远谋划科技发展，加强基础研究，突破国防领域关键技术，以技术的突破推动武器装备换代跃升。朱光亚的这些重要思想，对我们今天谋划和推动国防科技与武器装备发展仍具有重要指导作用。

1999 年 4 月 20 日，朱光亚主持召开了总装备部科技委第一次年会。他要求大家从三个方面进行研讨：一是武器装备的发展思路，二是高技术局部战争及对武器装备发展的启示，三是我军武器装备发展所需要的支撑技术。

1999 年 9 月，朱光亚主持召开总装备部专业组工作会议。专业组也就是专家工作组。1960 年，在聂荣臻的支持下，国防部第五研究院（导弹研究院）创建了科学技术领域专家为主的专业组，以发挥科技专家群体的"智囊团"作用。这种组织形式一直延续了下来，到国防科工委时期，共有 19 个专业组。总装备部成立后，根据武器装备工作新的特点，朱光亚对各技术领域专家组进行扩展，在原先 19 个专业组的基础上，又新建了 20 个专业组。

朱光亚在专业组工作会议上作了主题报告。在报告中，朱光亚特别强调各专业组要下大力搞好本专业技术领域的发展战略研究，具体包括四个方面。

一是要更加重视对军事需求的研究。由于现代高技术武器系统越来越复杂、技术难度越来越大、研制周期越来越长，如果不预先对未来的军事需求研究清楚，不预先对所需的关键技术进行预研攻关，我军武器装备发展将难以满足未来军事斗争的需要。

二是必须坚持需求牵引与技术推动相结合。新技术革命成果在军事领域的广泛应用，将从根本上改变武器装备原有的发展轨迹，也为"需求牵引与技术推动相结合"注入新的内涵。在技术推动方面，要从"较为被动地依赖于技术发展的推动力"转向"更主动地发展和吸纳高新技术"。

三是发展战略研究一定要具有超前性和预见性。预先研究的主要任务之一是，为武器装备型号研制而进行的技术攻关工作。从国外预研的情况看，

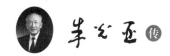

1999 年 9 月 18 日，朱光亚在北京人民大会堂接受江泽民颁发的"两弹一星功勋奖章"

一个重大装备型号项目，有的需要 10 多年的预先研究，解决主要的关键技术问题，才能进入型号研制。因此，预先研究特别强调超前性，预先研究的安排要有预见性。

四是要突出重点，缩短战线，提高整体效益。由于我国的综合国力还不强、国防科研经费还不宽裕，必须紧紧围绕装备建设和提高国防科技整体水平的需求，选准方向，突出重点。对于直接为武器装备研制服务的背景项目，要重点提出对研制成败将产生决定性影响的技术，或者难度特别、大必须提前进行攻关的技术。要重点把握未来技术的发展趋势，并结合我军装备发展的现状，精选未来具有重大军事应用背景，或者具有重大带动作用的技术发展项目，增强我军装备发展后劲。

这次工作会议闭幕不久，即 9 月 18 日，中共中央、国务院、中央军委在北京召开表彰大会，授予于敏、王大珩、王希季、朱光亚、孙家栋、任新民、吴自良、陈芳允、陈能宽、杨嘉墀、周光召、钱学森、屠守锷、黄纬禄、程开甲、彭桓武，追授王淦昌、邓稼先、赵九章、姚桐斌、钱骥、钱三强、郭永怀共23人（按姓氏笔画排列）为研制"两弹一星"做出突出贡献的科技专家称号。江泽民代表中共中央、国务院、中央军委，为他们颁发"两弹一星功勋奖章"。他们被称为中国的"两弹一星"元勋。

同月23日，总装备部为钱学森、朱光亚、陈芳允、程开甲4位总装系统获得"两弹一星功勋奖章"的科学家召开庆功表彰会。会上，朱光亚深情地讲道：

我有幸受到中共中央、国务院、中央军委的表彰，获得了这一奖章。我把这看成是我国整个国防科技事业的荣誉。因为，没有中国共产党和中国政府关于发展这项事业的英明决策和坚强领导，以及一代优秀科技工作者共同做出的无私奉献，我国尖端科技事业就不可能有"两弹一星"的辉煌成就，我个人也不可能受表彰。

新中国诞生不久，饱经沧桑的中国大地百废待兴，历经磨难的中国人民正开始进行社会主义建设。然而天下并不太平，美国悍然出兵侵朝，并对我国进行核威慑。面对当时严峻的形势，我国政府于1955年决定发展原子能事业。开始时，我国曾得到苏联的援助，到1959年被迫完全依靠自己的力量发展核武器。1959年夏天，我奉调到核武器研究所参加"原子弹、氢弹攻关任务"的技术领导工作。"两弹"的研制成功，是在党和政府的坚强领导和全国人民的大力支持下，许多杰出前辈们和优秀同行们集体智慧的结晶。我只是这一集体中的一员。我为我所投身的尖端科技事业得到祖国和人民的肯定感到欣慰和鼓舞。

作为一名长期在核技术领域工作和学习的科技工作者，回顾40多年来的奋斗历程，我的心情很不平静……

核武器研制与试验是一项规模大、技术复杂、综合性强的系统工程，它联系着研究、生产、试验、使用各个部门，需要全国各有关方面配合，需要有多种专业、高水平的科学与工程技术人员通力协作。二机部九局是在1958年成立的，邓稼先是最早参加这一工作的理论物理学家。1960年年初，王淦昌、彭桓武以及中国科学院力学研究所的郭永怀3位著名科学家被调到核武器研究所任副所长。经中央批准，1960年和1962年先后两次从中国科学院、

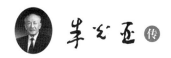

大专院校和有关部门、地区选调了程开甲、陈能宽、龙文光、张兴钤、方正知、黄国光等 200 多名高、中级科学研究与工程技术人员到核武器研究所。与此同时，中央责成军委、国家计委、教育部等部门共同研究，又从全国抽调一批科技人员加强核工业建设。这些措施从组织上保证了研制工作的顺利进行。1962 年年底上报第一颗原子弹试验的两年计划安排后，毛泽东同志做出了"要大力协同做好这件工作"的批示。中央要求把从中央到地方的工程技术力量组织起来，全国"一盘棋"，拧成"一股绳"，统一安排，分工负责，通力合作，共同完成任务。据统计，全国先后有 26 个部（院），20 个省、市、自治区，包括 900 多家工厂、科研机构、大专院校参加会战。这一全国规模的协作网，包括国防科研部门、中国科学院、工业部门、高等院校和地方科研部门五 5 方面的技术力量，仅中国科学院就先后动员了 30 多个研究所承担了 300 多个科研项目。为加强领导，还由二机部和中科院的刘杰、钱三强、张劲夫、裴丽生等领导同志组成协作小组，及时协调解决研制中的具体问题。这样的大力协同工作安排一直延续下来，特别是第一次原子弹爆炸试验后的几次核试验，内容与目标几乎是次次有所不同，前后两次试验间隔的时间又短，准备时间相当紧张，各有关单位仍然是相互谅解，联合攻关，发挥了社会主义大协作的优势，保证了各次任务的胜利完成。

朱光亚的这番话，发自内心深处。他在讲话中，列举了许多参与"两弹一星"事业的科学家，真切地表示：他只是研制集体中的一员。他所获得的荣誉和奖章中，饱含着许许多多科技工作者的心血。

2000 年 3 月 28 日，朱光亚主持召开总装备部科技委 2000 年年会。这次年会的主题是 1999 年年会主题的进一步深化：2020 年前的重点武器装备及其支撑技术—— 使命需求、发展方向、关键技术、创新途径、策略建议。

朱光亚在这次年会上的发言中，特别阐述了他对科索沃战争的几点反思：

（1）应加强对敌高技术武器装备技术原理和弱点的研究。南联盟军队有效保存军力并成功击落 F-117 隐形战斗轰炸机及其他先进兵器的重要措施之一，就是把敌高技术武器装备的技术原理和弱点搞熟了、摸透了，从而可以有的放矢地采取隐蔽伪装措施和相应的战法。如红外、"热地导"等制导兵器，具有"见热源就上"的特点；"哈姆"导弹并不会识别真伪，南军就采取燃烧旧轮胎、放置热水装置、利用废旧电池设备施放热源等办法，引诱敌攻击。即使像 F-117 隐形战斗轰炸机这样的高技术武器装备，也存在着一些自身难以克服的弱点。

（2）借鉴南联盟军队电子对抗经验，加强我军电子对抗能力建设。科索沃战争中，北约几乎使用了所有电子战手段。而南联盟方面，由于长期以来受西方国家的制裁、来自俄罗斯的支援又很少，加上自身研制能力有限，因此，电子对抗力量非常有限。然而，南军立足现有装备，在认真研究和掌握北约电子战特点、规律的基础上，充分发挥各个方面的主动性和积极性，采取大量行之有效的战法。其主要做法：一是以有线通信手段为主，辅以运动通信，尽可能少用甚至不用无线通信手段。科索沃战争爆发后，南军的无线电、无线电接力通信都受到很大干扰。针对这一情况，南军从战略层次到战术层次，主要使用有线通信和运动通信手段。从而，避免了北约对其通信系统的电子干扰。二是设置包括电磁设备在内的各种目标欺骗敌人。初步统计，敌人打击的目标中有30%是假目标，而使用在假目标上的弹药量则占了总用弹量的80%。上述情况告诉我们，我军立足现有装备，同时加快发展信息对抗装备，对付强敌的电子战是完全可以有所作为的。

（3）吸取南联盟民用设施遭受严重破坏的教训，加强我军重点武器装备建设。科索沃战争中，北约一改海湾战争中只打军事目标、不打或者少打民用目标的做法，在打击各种军事目标的同时，还对南联盟的政治、经济等民用目标实施了打击。整个战争中，北约共用了 2 万吨炸（弹）药，有30%用于打击民用目标。北约对民用目标的打击，加之南联盟事先估计不足，从而使南联盟损失达 1000 多亿美元，经济建设倒退 10-15 年左右。因此，我们在发展重点武器装备时，必须坚持攻防结合、有效制敌。

（4）加强在对抗条件下武器装备体系效能评估实验室的建设，是一项紧迫的任务。最近，国外材料披露，在科索沃战争爆发一年前，美国大西洋理事会牵头组织美国和欧洲 21 所研究机构和大学的军事运筹与作战模拟专家，共同研讨拟定了针对南联盟的作战想定，并进行了多方案的作战模拟。科索

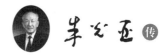

朱光亚与陈佳洱院士亲切交谈

沃战争结束后，直到今年年初，美国和北约仍在继续利用作战模拟设施进行反演和作战效能评估。从披露的一些报告看，军方一致肯定了作战模拟的重要性，并于最近提出了"综合战争实验室（Synthetic Theater War）"的计划。我们要加强在对抗条件下武器装备体系效能评估实验室的建设。这一实验室的建设，必须为我军武器装备体系建设服务，为武器装备及其关键技术的跨越发展和创新服务，为加强武器装备的综合论证和全系统、全寿命管理服务。

在领导我军武器装备发展战略研究的同时，朱光亚还组织总装备部科技委和国防专家进行了国防关键技术的战略研究，拟制出了《国防关键技术报告》。

朱光亚说，《国防关键技术报告》是以我军军事斗争准备和武器装备现代化建设，特别是高新技术武器装备发展的重点为需求，按照"有所为，有所不为"的原则，精选出最需要解决和最具有带动性的技术作为国防关键技术，力图集中体现未来我国国防科技发展的方向、重点、目标和途径。

与此同时，朱光亚倡导加强国防技术基础研究。2003年8月29日，朱光亚在与国家自然科学基金委主任陈佳洱院士等人谈话时，专门就加强基础科学研究问题谈了自己的意见。他说：

基础研究很重要，党和国家领导人非常重视。记得制定我国第一个科技发展规划——《十二年科技规划》时，开始只列了55项任务。周总理看了后说，这不够，还要加两大项，一是重大基本理论问题，二是科技情报。他说："没有一定的理论科学的研究作基础，技术上就不可能有根本性质的进步和革新。"遵照周总理的指示，《十二年科技规划》又增加了这两项任务，总共达到了57项；此外，又从学科角度对数学、力学、物理学、化学等基础科学的发展方向作了规划。后来的历史证明，当时确定开展的基础研究工作，为《十二年科技规划》的圆满完成和我国科学技术的长远发展打下了良好的基础，极大地缩短了我国与世界先进水平之间的距离。

基础研究在国防科技工作中也很重要。当年我国组织研制"两弹一星"，是国家在基础研究方面具备了一定条件之后，才攻克了技术难关。记得突破原子弹技术时，开始有段时间对基础研究问题认识不足，只想抓设计、生产，后来发现有很多基础问题还不清楚。我们只好调整力量，按照理论物理、轰爆物理、中子物理和放射化学、金属物理、自动控制和弹体弹道等学科组织探索研究，在掌握了基本规律和大量数据后，才转入了技术设计和试制阶段。这是一个以任务需求，牵引基础研究和学科发展的例子。还可以举一个国外的例子，就是基础研究的突破，能够引发新的军事技术的产生。比如，机载激光器、全球定位系统、夜视技术、因特网的产生，都源于美国国防部资助的基础研究项目。从国内外国防科技发展的历史经验看，我们体会，基础研究是促使新技术、新武器产生的源泉，是获得技术优势、军事优势和战略优势的重要基石。

现在，我国国防科技发展对基础研究的需求是很强的。一方面，正在研究的一些新型武器……涉及大量基础科学问题，需要从物理学、化学、数学、力学、光学、材料学、电子学、空气动力学、信息科学等方面进行解决；另一方面，要通过基础研究，探索能够提高军事能力的新概念、新原理、新技术，

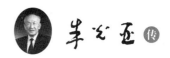

寻找发展新型武器的生长点，努力在国防科技发展的源头上进行原始性创新。美国人认为，尽管很难预测现在的基础研究工作，究竟能够带来哪些军事能力的突破，但是当前具备的军事能力，却可追溯到过去的基础研究计划。他们今天之所以拥有军事技术优势，是数十年来不断投资的结果。我们也应该本着这样的理念，积极鼓励探索，做好基础研究工作。

在基础研究工作中，应该解决好军民结合问题。美国人在这方面处理得很好，军民融合、双向转移，不但军方受益，整个国家的科技发展都受益匪浅。总装备部也在组织开展一些基础研究工作，我们称之为"国防基础研究"，近些年来还实施了"国家安全重大基础研究计划"。如果把基础研究分为"纯基础研究"和"应用基础研究"两类，我认为，现在开展的国防基础研究，应该属于"应用基础研究"范畴。我觉得，国防基础研究与民用基础研究，本身没有差别，只是研究的动机不同。因此，在基础研究领域最应该，也最容易实现"军民结合、寓军于民"。国防基础研究应该融入到国家基础研究中去。一方面，把国防科技方面的需求和国防基础研究的情况，反映到国家基础研究工作中；另一方面，把国家基础研究的成果及时用于国防科技工作。

制定基础研究的规划，不在于解决多少单个的问题，而在于谋求一些战略领域的整体水平和能力。因此，应该注意提炼重点领域和发展方向。制定规划时，可以把"任务需求牵引"与"科学发展推动"结合起来。既注意以任务带学科，带动相关科学技术领域的发展；又注意加强学科自身发展方面的研究安排，进一步发挥我国传统学科的优势，并积极鼓励交叉学科、边缘学科和新兴学科的发展，提升我国科技的创新能力和竞争力。规划实施后，应根据科学研究进展情况，适时进行动态调整、更新。

2004年9月，朱光亚在总装备部科技委召开的武器装备应用基础研究工作会议上，再次阐述了加强基础研究的问题：

这些年来，我们在加强基础研究方面采取了不少措施，已经初见成效。但是，由于我们的基础研究积累较少，基础研究的现状，特别是规模、水平、队伍和投入，与武器装备发展的需要相比，仍然存在很大差距。在现实工作中，由于基础研究往往不能较快收到实际效果，与应用研究和技术开发相比，基础研究仍然经常得不到足够的重视和持续稳定的支持。

之所以存在这种情况，与我国的历史文化传统有很大关系。我国的传统文化偏重实用化的价值观。尽管我国古代的科学技术，曾经长期处于世界领先地位，但是主要是以"四大发明"为代表的实用技术，以及与实际应用紧密联系的运算方法和经验性理论，如《九章算术》《本草纲目》等等。我们没有产生像古希腊"欧几里得几何"那样，以抽象思维、逻辑推理和实验验证为特征的理论体系。这是我国在近代科学技术上落后的重要原因之一。在向西方国家学习先进科学技术和物质文明方面，我国不如日本做得好。我国经常从实用化的角度，羡慕和引进西方先进科学技术的物化成果，比如"洋务运动"时，大量购买设备、军舰、枪炮，但是从根本上改变落后局面的努力不多。而日本，则是全方位地向西方国家学习：一方面，有选择地引进设备、引进技术；另一方面，早在"明治维新"时期，就实行了西方现代教育和研究体制，大力推进近代科学的基础教育和研究。到20世纪上半叶，日本已经

1984年10月16日，在纪念我国第一颗原子弹爆炸成功20周年之际，朱光亚和张爱萍（左二）、邓稼先（右一）到家中看望聂荣臻（右二）

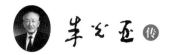

在物理学、化学、冶金学、机械学、气象学等基础科学研究领域，接近了世界先进水平，为日本的技术引进、吸收和创新，提供了有力的支撑。而我国，到了1905年才实行西方现代教育体制，1914年才成立当时唯一的综合科学研究机构"中国科学社"。我们与日本的差距显而易见。

世界科学技术以及国内外武器装备发展的历史一再证明，基础研究是科技进步的先导，是产生新技术、新武器的源泉，是获得技术优势、军事优势和战略优势的重要基石。美国人认为，他们的全球定位系统、精确打击武器、夜视技术、机载激光器、卫星技术等新军事技术，都源于对物理学、光电子学、材料学、计算机科学等多学科、多领域的基础研究。尽管很难预测现在的基础研究工作，究竟能够带来哪些军事能力的突破，但是当前具备的军事能力，却可追溯到过去的基础研究计划。他们今天之所以拥有军事技术优势，是数十年来不断投资基础研究的结果。

早在1965年，聂荣臻元帅就曾指出：我们赶超世界先进水平不能"亦步亦趋"，要走自己的技术道路，不能跟着人家爬行，基础研究一定要下决心及早加强。没有科学理论的研究，技术上就谈不到"超"。这是从根本上保证我们赶超世界先进水平的问题。过去，我们基础研究薄弱，缺乏科学积累，知其然而不知所以然，主要是跟着别人仿制，很少独创。现在，我们要有所创造，独立研究，大力开展基础研究工作，这成为当前的关键。聂帅的这些话，今天仍然具有很强的现实指导意义。

现在，我们正在加速推进中国特色军事变革，武器装备建设的任务非常艰巨。要增强自主创新能力、加快发展步伐，我们不但要学习发达国家设计、生产武器装备的技术，更要学习他们发展武器装备的最根本，也最有效的方法，从源头抓起，大力加强武器装备应用基础研究。要用本世纪头20年这个难得的战略机遇期，为我军武器装备向世界一流水平的跨越，打牢坚实的科学基础。

基础研究可分为纯基础研究和面向应用的基础研究。纯基础研究的任务，是探索客观事物的基本规律，发现新原理，提出新理论；面向应用的基础研究，是围绕重大应用目标或某种应用技术而进行的基础性科学研究，其任务是针对生产实践中提出的科学技术问题，进行理论探索与实践研究，或者运用基

第二十二章　不朽丰碑

础科学的理论，为解决工程技术领域中的普遍性问题，提供理论和实验依据。显然，我们武器装备部门组织开展的基础研究，属于面向应用的基础研究，是以军事应用为目的，进行的探索新思想、新概念、新原理、新方法的研究活动，旨在为武器装备发展提供基本知识。其主要方向是：突破长期制约我军武器装备发展的基础性问题，提高我军武器装备的自主创新能力；解决未来武器装备发展所面临的重大前沿基础性问题，促进武器装备跨越发展；探索能够提高军事能力的新概念、新原理、新技术，寻求武器装备发展的新的生长点。

应用基础研究要坚持高水准。在我们这样一个发展中国家，由于科学技术的积累有限，科研工作的总体水平不是很高。但是，要实现跨越发展，就不能满足于跟在发达国家后面，重复研究别人早已解决的问题。要本着少而精的原则，在一些重点学科、交叉学科和战略领域，集中力量，大力提高应用基础研究工作的水准，从武器装备发展的源头上进行原创性创新。

从国防发展战略研究、国防关键技术研究到武器装备应用基础研究，作为总装备部科技委主任的朱光亚，以他的深远谋略，为我军在新世纪的武器装备发展的研究工作指明了方向。

朱光亚常说："我国传统哲学强调世界万物都是有机的整体，推崇从全局上、总体上考虑和解决问题，提倡对立统一的辩证思维。"

这正是朱光亚能够成为杰出战略科学家的哲学思想基础。

四、永恒的星座

2003 年 8 月 22 日，朱光亚致信总装备部部长李继耐、政委迟万春，请求辞去总装备部科技委主任职务。朱光亚在信中写道：

自 1985 年至今，我担任原国防科工委、总装备部科技委主任职务十八年了。现在，我已七十九岁，早就超过了最高任职年龄。长江后浪推前浪，实现新老交替是自然规律，也是工作的需要。为此，我请求免去总装科技委主任职务。

半个多世纪以来，在党的各级组织领导下，我十分有幸亲身经历了新中

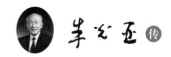

国科技事业创建、发展、壮大的艰难过程；参加了"两弹一星"科技攻关，为发展国防科技事业尽了微薄之力。我将永远感谢党和国家、军队对我的培养和信任。退下来后，我将继续为国家科技事业发展和我军武器装备建设做些力所能及的工作。

朱光亚在年满70岁时，就提出过辞职请求，但未获批准。对朱光亚这次的辞职请求，总装备部党委十分慎重，并呈报了中央军委。

2003年12月31日，经时任中央军委主席江泽民、中共中央总书记胡锦涛批准，中央军委做出批示：请朱光亚同志继续担任总装备部科技委主任职务，考虑年事已高，为减轻工作负担，总装备部科技委常务工作交副主任兼秘书长郭桂蓉同志主持。

步入80高龄的朱光亚，尽管减少了许多繁杂的事务性工作，但他对科技事业的关注依然如故。2004年3月，在总装备部科技委工作会议上，朱光亚谈了他一直思考的一个问题：我们国防科技与武器装备的发展要突出"中国特色"。那什么是"中国特色"呢？朱光亚概括了六点：

一、我国是社会主义国家，要充分利用集中力量办大事的优势。对于具有战略性、带动性的重大问题，要集中各方面力量攻克难关，以重点突破带动整体发展。然而，在实际工作中，这个问题却是知易行难。问题的难点，在于发展的重点不容易选准、方向不容易看清、力量不容易集中。解决问题的关键之一是要有科技帅才，要善于发现和培养优秀的科技领军人物，组织一批高水平的科学技术骨干。

二、我国是有深厚文化底蕴的国家，要创造性地运用中华民族五千年优秀传统思想优势。任何先进的东西，只有与本土文化相融合，才能产生强大的生命力。党的历代领导人非常善于创造性地运用中国优秀传统思想，指导革命和建设实践，为我们树立了典范。我想，继承并发扬这些优秀思想，对于我们搞好武器装备创新，尤其是集成创新，也应该具有很强的指导意义。这种设计思想的创新，既需要科学技术研究的积累，也需要良好哲学思维习惯的养成，完全可以从我们的优秀传统思想中吸取营养。

三、我国现在还是比较落后的国家，要有效运用后发优势。我军武器装

朱光亚在办公室的工作照

备技术水平总体上比美国落后很多年，必须正视这个差距，发挥后发优势，利用一切可能的方式，积极吸纳国际先进知识和科技成果，认真吸取外军武器装备发展的经验教训，通过消化吸收和再创新，选准方向，少走弯路，力争在条件许可的情况下，跨过若干发展阶段，迅速提升技术水平。

四、我国目前采取的是积极防御的战略方针，要以形成局部优势为原则发展武器装备。我们军事力量发展的目标，是以积极防御的战略方针为指导，打赢信息化条件下的局部战争；而美国是世界超级大国，军事力量发展的目标是控制全球。战略目标的差别，要求我们不能照搬美国武器装备的发展思路，应该以形成局部优势为原则，自主选择武器装备平台和武器装备体系的发展方向。

五、我国目前科技创新特别是原始性创新不足，要进一步重视基础研究。科学技术的发展是一个逐步积累的过程，没有前期的积累就不可能有后面的

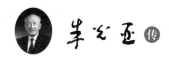

快速发展。基础研究是产生新技术、新武器的源泉，是获得技术优势、军事优势和战略优势的重要基石。即使引进国外先进技术，也需要有深厚的基础科学知识才能消化吸收。预先研究、探索研究是加强自主创新、实现武器装备大跨度发展的有效途径。要按照"生产一代、研制一代、预研一代、探索一代"的梯次布局，做好国防科技和武器装备发展的战略谋划。

六、我国目前存在军民科技分隔的现象，要加强军民科技互动与结合。从根本上讲，国防科技与武器装备发展必须立足于国家的科技基础和工业基础。要充分利用制定国家中长期科技发展规划的大好时机，努力在军民结合、寓军于民方面实现新的突破，调动和挖掘更多的资源为武器装备建设服务。

这六点，也可以说是朱光亚长期从事国防科技工作的一个经验总结吧。

人到80，是为高寿，按中国的民俗是需要庆贺一番的。朱光亚对这件事看得很淡漠，他的同事和好友们却挂在了心上。

朱光亚的挚友、美籍华裔科学家、诺贝尔物理学奖获得者李政道博士，在朱光亚80寿辰即将到来之际，撰写了一篇题为《科学技术的快速发展需要杰出的科技帅才》的文章。文中这样写道：

我和朱光亚早在西南联大时就相识，对他的品德和才能了解很深。大学时期，他扎实的理论知识，出色的研究能力，严谨稳健的学风，深受吴大猷等老师的赏识。1946年，我和光亚跟随吴大猷先生去美国考察原子弹技术时，他刚刚大学毕业留校任助教，已经是一位优秀的年轻物理学家。到美国后考察组解散，光亚随吴大猷先生去安亚堡密歇根大学的物理系做研究生，从事实验核物理研究，不久便发表了《符合测量方法（Ⅰ）β能谱》、《符合测量方法（Ⅱ）内变换》等论文，在核物理这门当时迅速发展的尖端科学里留下了自己探索的足迹。1949年秋，25岁的光亚通过了博士学位论文的答辩。1950年春，他就毅然从美国回到祖国北京，投入到新中国创业的热潮中。

后来，从公开的资料中我又知道，光亚回国后做了许多有意义的工作。他先在北京大学、东北人民大学（现吉林大学）从事物理学的基础教学。在这期间，商务印书馆在1951年出版了他的专著《原子能和原子武器》，这可能是国内较早介绍这方面知识的著作之一，说明光亚回国后一直没有放弃搞原子弹的志向。1955 年中国决定发展核科技工业时，光亚应召参与组建了北京大学物理研究室，培养了新中国第一批核物理专业人才；1957 年，他奉调参与组织了苏联援建的研究性核反应堆建设并领导开展了堆物理实验；1959 年，年仅 35 岁的光亚，由钱三强先生提名推荐，担任了中国研制核武器的科学技术领导人，为中国原子弹、氢弹的研制和发展作出了非常杰出的贡献。

1972 年以后，我每次回到祖国都能见到光亚，但他对自己的成就和贡献从来只字不提。他总是勤勤恳恳、踏踏实实、默默无闻地做事。我听说国内宣传科学家成就时，他经常列举别人，从不说自己。科技界的朋友们都说他作风严谨、求实，为人谦虚、低调，从不迎合别人说大话、空话；说他善于从全局的角度考虑问题，善于在复杂的局面中抓住关键，善于综合大家的各种建议形成正确意见，善于引导大家沿着正确的方向推动科学技术稳步、快速、创新发展，是一位真正的战略科学家……

中国古代有立德、立功、立言之说，在当今科技界也应该"立德、立功、立言"。光亚身上的优秀品质，可以说是现代科学精神与传统美德的结合。他有高水平的现代科技知识，又具有民主、协作、求实、创新、谦虚的作风，对于形成科学家团队的强大凝聚力、创造力是很重要的。正如古时诸葛亮所说："良将之为政也，使人择之不自举，使法量功不自度。"好的领袖人才政绩斐然而不自以为是，循循善诱而不发号施令。光亚确实是科技界难得的优秀领袖人才。他十分精心地组织了王淦昌、彭桓武、郭永怀、程开甲、邓稼先、陈能宽、周光召、于敏、黄祖洽、陆祖荫等等，成千上万的祖国杰出科学家和工程技术人员进行了"两弹"研制。他在"两弹"的研制中是科技众帅之帅。

进入新世纪以后，中国科学技术面临着历史上前所未有的发展机遇。国家正在制定中长期科学和技术发展纲要，如何实现科学和技术的快速发展，迅速跨到世界前列，是大家共同关心的问题。经过几十年的积累，中国科学技术已经具备了很好的基础，现在中国科技人才的总量已处于世界的前列，这里面不乏优秀的科学家，关键是怎样才能把他们组织好，充分发挥他们的聪明才智。我觉得既要给他们提供必需的工作、生活条件，更要提倡一些高尚的精神，形成良好的风气。我希望年轻一代科技人才能像光亚那样，将现

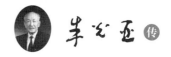

代科学精神与中国传统美德结合起来，谦虚谨慎、求真务实，远离浮躁、浮夸，少说些大话、空话，多做些扎扎实实、创新发展的工作。我还希望能够发现和培养许多像光亚那样杰出的科技帅才，以便能在各个领域引领一支支优秀的科学家团队，为科学技术的快速发展作出贡献。

李政道写出这篇文章后，专门给原国务院总理朱镕基写了一封信征求意见：

镕基兄：

1946 年我和光亚随吴大猷老师赴美学习，已是近六十年前的事了。光亚1950 年回国后，为祖国的科学技术特别在组织和领导祖国的国防科学技术发展上，几十年如一日，任劳任怨，默默无闻，作出了非常重要的贡献，是中华民族杰出的科技帅才，我是非常敬佩的。今年 12 月 25 日是他八十岁生日，我为这位老友八十华诞写了一文，现敬送上，请您百忙中能予以指正。

专此恭祝

康安

弟

政道

2004 年 11 月 15 日

2004 年 12 月 26 日，朱光亚院士科技思想座谈会暨"朱光亚星"命名仪式在北京举行

朱镕基在此信上批示：已阅。很好。我也要衷心祝贺光亚同志八十华诞。

李政道的这篇文章，之后公开登载于 2004 年 12 月 23 日的《光明日报》上。见到文章后，朱光亚惶惶不安，给李政道写了一封信：

看到你为我写的文章，实不敢当，心里非常感谢。你过奖了，我只不过做了一点力所能及的工作。我想，你我五十多年前远涉重洋开始，到现在耄耋之年，不管身在何处，我们的心愿是一样的，就是想为祖国的科学技术发展，为国家和民族的强盛扎扎实实做点事情，其他均无所求。正如你时常引用的杜甫名句："细推物理须行乐，何为浮名绊此身"，这是我们几十年共同的信念。

而在此之前，时任国务院总理的温家宝也给朱光亚写了一封生日贺信，高度评价朱光亚"对祖国和人民无限忠诚的精神，对科学精益求精的态度，淡泊名利、无私奉献、谦虚谨慎的高尚风范，值得我们学习"。

朱光亚是中国核学会名誉理事长。中国核学会成立于 1980 年，是核科学技术工作者的社会团体。在朱光亚 80 寿辰即将到来的时候，他们和国家天文台一起，通过有关途径，筹划将我国国家天文台发现的、国际编号为 10388 号小行星命名为"朱光亚星"。

这项倡议得到了国际小行星中心和国际小行星命名委员会的批准。2004 年 11 月，这两个国际组织正式将这颗小行星命名为"朱光亚星"。

2004 年 12 月 26 日，中国科协、中国工程院、中国科学院、解放军总装备部、中国工程物理研究院在北京联合举行朱光亚院士科技思想座谈会暨"朱光亚星"命名仪式。

前来参加座谈会和命名仪式的人很多。现任与曾任党和国家领导人，就有温家宝、曹刚川、路甬祥、刘延东、徐匡迪、周光召、宋健、钱正英等人。特别是原核工业部部长刘杰、副部长李觉和陈能宽、于敏等老院士，他们都是朱光亚当年的领导和同事，尽管年事已高，也兴致勃勃地前来祝贺。

会上，宣读了国际小行星中心和国际小行星命名委员会的命名决定，并向朱光亚颁发了"朱光亚星"命名证书。

总装备部政委迟万春、中国科协党组书记邓楠、中国工程院院长徐匡迪、

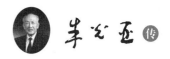

中国科学院院长路甬祥、中国工程物理研究院院长朱祖良和中国核工业集团及科学家代表陈能宽、龚克在会上发言。

朱光亚的答谢词充满感情，他说：

今天，中国科协、中国工程院、中国科学院、总装备部、中国工程物理研究院，联合为我召开座谈会，还以我的名字命名一颗小行星，我很不敢当。尤其是尊敬的温家宝总理和军委曹刚川副主席，在百忙之中特意抽时间出席会议，让我非常感动。在此，我向出席会议的各位领导、各位专家和同志们表示衷心感谢！你们的关心和厚爱，我将永远铭记在心里。

我们这一代人，能够在党和政府的领导下，参加新中国科技事业的建立和发展，为国家和民族的强盛贡献一份力量，是非常荣幸的。在旧中国，政治腐败、社会动荡不安，科学家很难有所作为，更不可能组织实施大科学工程。1949年10月，新中国成立。我们这些在海外的留学生，听到消息后感到欢欣鼓舞，纷纷回来参加新中国的建设。那是人心所向啊！

几十年来，我深切地体会到，如果没有新中国，没有党和政府强有力的组织领导，我国科学技术不可能取得这么大的成就。同时，我也深切地体会到，如果没有集体的齐心协力，我们也不可能取得成功。我个人只是集体中的一员，做了一些具体工作。我忘不了信任和关心我的党组织，忘不了支持和帮助我的老领导以及同舟共济的同事们。成绩归功于党和政府，归功于集体。

我们这一代人，现在年纪大了，自然规律不可抗拒。值得欣慰的是，我国科技队伍人才辈出，已经成长壮大，长江后浪推前浪，他们肯定比我们这些老一代做得更好。

新世纪头20年，是我国难得的战略机遇期。以胡锦涛同志为总书记的党中央，提出了科学发展观，为我们指明了工作方向。温家宝总理长期以来一直十分重视科学技术工作，目前又在亲自领导制定国家中长期科技发展规划，我国科学技术事业迎来了新的高速发展时期。作为科技工作者，我们一定要认真学习"三个代表"重要思想和党的十六届四中全会精神，努力加强自主创新，扎扎实实进行工作，不辜负党和人民的深切厚望，为中华民族的伟大复兴做出应有的贡献。

2004 年 12 月 24 日，胡锦涛到家中看望朱光亚

　　而在此之前，2004 年 12 月 24 日下午，时任中共中央总书记、国家主席、中央军委主席的胡锦涛，在中共中央政治局候补委员、中央书记处书记、中央办公厅主任王刚，全国人大常委会副委员长、中国科学院院长路甬祥，国务委员陈至立，中央军委委员、总装备部部长陈炳德等人陪同下，代表中共中央、国务院、中央军委，已先期看望了朱光亚。

　　2004 年 12 月 25 日是朱光亚 80 寿辰。胡锦涛说：

　　明天是朱老您八十大寿，我祝朱老生日快乐，身体健康！同时给您和您全家带来新年祝福。

　　朱老是我们国家核事业特别是"两弹"事业的元勋和主要科学技术负责人，为我国的科技事业和国防建设立下了卓越功勋。早在上个世纪的五六十年代，中央决策研制核武器以后，朱老就和一些著名的科学家一起，投入到原子弹、氢弹研制工作中去。可以说，我们国家核武器发展的每一个阶段，都凝聚着朱老的智慧和汗水。我记得，我们国家建国以后，包括改革开放以来，搞的

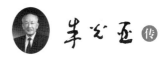

几次中长期科技规划，研究论证，朱老都是重要参与者，为我们国家重大科技决策作出了突出贡献。

原来的国防科工委、现在的总装系统，搞了多次国防科技和武器装备发展战略研究，每一次论证工作当中，朱老都提出了重要建议。另外，包括培养中青年科技人才，包括加强国际上的科技交流与合作，在这些方面，朱老也做了大量卓有成效的工作。我们对朱老长期以来为我们国家科技事业和国防建设作出的杰出贡献表示衷心的感谢。

朱老身上代表了或者说体现了我们国家老一辈科学家的高风亮节。我们都要学习以朱老为代表的老一辈科学家身上所体现的忠于祖国、忠于人民的奉献精神，实事求是、脚踏实地的科学精神，敢于创新、不懈攀登的求索精神，严肃认真、一丝不苟的工作精神，这些都是我们宝贵的精神财富。

胡锦涛的这席讲话，也可以说是党和国家对朱光亚从事"两弹"事业的高度评价。

第二十三章 大师情怀

一、关注创新型人才培养

2005 年 12 月 12 日中央军委决定：朱光亚退出现职，不再担任总装备部科技委主任。

从这一天起，81 岁高龄的朱光亚正式退休了。

朱明远回忆说："父亲虽然退休了，思想却一直没有退休。在中央军委和总装备部领导的关怀下，他的办公室一直为他保留着。几年来，除非生病住院，他每天上午都要去办公室转一转，看看文件。"

朱光亚的警卫干事史博回忆说："首长一到办公室就特别精神，从来不打瞌睡。每天离开办公室以前，还是像以往一样，把办公桌上的文件和书籍摆放整齐，把茶杯里的剩茶水倒掉，把茶杯洗干净。"

朱光亚一生与工作为伴，办公室就是他的家。他对办公室的眷恋，是对家的眷恋、对事业的眷恋、对国家和人民的眷恋。

退休之后的朱光亚，对人才培养十分关注。他认为：人才，特别是青年人才，是事业延续的保证。

2006 年 9 月 25 日，中国科学院、中国科协联合主办彭桓武院士科技思想座谈会。朱光亚作了题为《学习彭桓武先生，培养创新型人才》的发言。他说：

彭桓武先生是著名物理学家，为我国理论物理和核科技事业的建立和发展做出了重大贡献。去年，彭桓武先生 90 华诞时，我曾作简短发言，谈了他的贡献和学术思想。今天，我想着重谈谈彭先生关于培养创新型人才的思想。

今年年初召开的全国科技大会，提出了建设创新型国家的奋斗目标，如何培养创新型人才成为热门话题。许多同志包括许多知名人士都发表了意见，

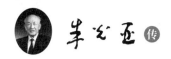

可谓见仁见智。我在阅读《彭桓武诗文集》时发现，彭先生在如何培养创新型人才方面早有许多心得和见解，对我很有启发。彭桓武先生本身就是一位创新型杰出人物，他在高校教育和工作实践中培养和带出了一批极富创造性的优秀人才，其中不少同志已经取得突出成就。我想，介绍他关于培养人才的思想，对于我们当前做好创新型人才培养工作一定具有很强的指导性和针对性。

根据我个人的理解，我将彭桓武先生关于培养人才的思想主要归纳为以下几点：

第一，要扬长避短。彭先生认为，人与所有事物一样存在着个体差异，个体与个体之间总有不同之处。我们每个人都既有优点又有缺点，只有扬长避短才能对社会做出最大的贡献。他说，他小时候上中学时，虽然数学、语文、英语很好，但图画、音乐、手工、体育不行，平均成绩在班上三十余名同学中要排到二十几名，甚至常常因为手工、音乐等功课不好而挨打手板。后来，在哥哥的帮助下转学到吉林的毓文中学，那里重视数理化，正好发挥他的长处，一下子就跳到班上第一名，极大地激发了他的自信心和创造力。他认为，如果仍在原来的学校里排到二十几名，人总是被弄得灰溜溜的，就不会有以后的发展。彭先生的这个思想对我们现在的教育有很大启示，尽管我们希望孩子们能够全面发展，但是人毕竟不是全才，不可能用一个标准统一衡量。应该针对每个人的长处加以引导和利用，最大限度地发挥出他的个性和潜能，"扬长避短"而不是刻意"取长补短"，这样才更有利于培养创新型人才。当前还有一种观点认为，培养创新型人才就要学习艺术、学习音乐，似乎通过艺术和音乐能够开发智力。从彭先生的经历我们可以看到，这种观点也是有局限的。学习艺术和音乐也许对有些人会有帮助，但是不能因为爱因斯坦会拉小提琴就一定要让孩子去学小提琴。事实上，许多著名科学家并没有艺术、音乐方面的特长和爱好。

第二，要学术民主。彭先生说，他在英国留学时听他的师兄海特勒讲过这样一件事，20世纪三四十年代，德国和法国理论物理的发展差别很大：德国很先进，人才济济；法国则不怎么样。造成这种情况的一个重要原因，实际上是学术专制和民主的问题。法国当时的理论物理学权威是德布罗意，他很专制，学理论物理只能跟着他，别人都不行，唯我独尊，结果培养不出人才来。德国有所谓慕尼黑学派和哥廷根学派，代表人物分别是索末菲和玻恩。他们很民主，学生之间常有交流，玻恩的学生去索末菲处工作，索末菲的学生也去玻恩处工作，相互促进，思想活跃，推动了德国理论物理学的繁荣，出了一大批优秀的理论物理学家。我们现在的科技界、教育界，尽管少有一统天下的权威人物，但是在有些单位内部，学术专制、学术垄断的现象不同程度地存在，对开展创新工作、培养创新人才非常不利。

第三，要给学生留下探索的空间。1941年彭先生去薛定谔处工作时，他的导师玻恩跟他说："薛定谔带不出好学生"。原来，薛定谔深沉严密，自己没想清楚的问题绝不向学生说。想清楚后再讲已是那样清楚，无从激发学生的好奇心和创造性，自然无法培养能够独立创造的人才。我们现在的教育工作中，往往用现成的标准答案统一教育学生，对与错之间没有一点探索的余地，很容易禁锢了学生的思维，失去创造的兴趣和活力。

第四，要鼓励独立思考。彭先生说，他与师兄海特勒合作研究介子取得一定成果后，有一天，罗森费尔德对他说：你现在该"去海特勒化"了。这句话是鼓励他不要被资深的合作者或权威师辈所束缚，要独立思考，实事求是，在继承中扬弃，培育自己的学术思想，形成自己的学术风格，才能更好地发挥创造性，推动科学更大发展。我们的传统文化不欣赏标新立异、与众不同，往往过于要求人们安分守己、与周围保持一致，非常不适合敢冒险、个性强的创新型人才成长。现在应该特别注意鼓励学生独立思考，只有这样才不至于人云亦云、亦步亦趋，才能培养出优秀的创新型人才。

朱光亚的这篇讲话，讲的虽然是彭桓武先生，但实际上是阐述他对培养创新性人才的思考。在这篇讲话里，朱光亚通过培养创新型人才这个话题，触及了当今社会许多深层次问题，耐人深思。

对创新型人才的培养，特别是对青年科技人才的关怀和包容，朱光亚自己就是一个杰出的典范。解放军总装备部研究员邹云华回忆说：

有一件事一直令我内疚，终身难忘。那是1987年，当时的我已从事裁军

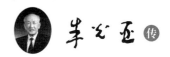

与军备控制研究，并几度出席过日内瓦裁军谈判会议。有一天，我随国防科工委外事局程副局长和我工作的研究室刘主任，一起向朱光亚主任请示参加日内瓦裁军会议谈判的有关建议。事先，我们已将这些建议写成书面稿呈送给了朱主任。

朱主任非常谦和地就我们的建议谈了几点意见。当时，我因为年轻，也比较自负，听完后就毫不思索地脱口而出："主任，你不懂！"这时的朱主任丝毫没有介意，只是微笑地看着我。从朱主任办公室出来后，程局长和刘主任以惊恐的口吻说我："小邹，你的胆子也太大了，怎么能说主任不懂呢？我们都为你捏把汗。"回来后，我心里也为此事感到自责，埋怨自己真不知天高地厚，不知道会有什么后果。

几天后，我接到朱主任的秘书张若愚同志打来的电话。他告诉我，朱主任让我次日到他办公室去一下。我有些惶惶不安。到他办公室后，朱主任竟让我考虑一下国防科工委的裁军研究工作如何开展。天哪！我真不敢相信，不久前我曾贸然顶撞过的大首长、大科学家，居然让我这个小兵担当如此大任。我暗下决心，一定要把朱主任交给我的工作干好。就这样，在朱主任的指示下，我被借调到国防科工委外事局，负责组织和协调国防科工委系统和有关单位的裁军研究工作。也正是由于这个原因，我才有幸师从朱主任十余载。当时，国防科工委的裁军研究工作是由以朱主任为首的科技委领导的，并指定由朱主任亲自抓。

其实早在这之前，大约是在1980年年初，有一天，我所在单位的一位科技参谋转交给我一封信，信是当时任国防科委副主任的朱光亚写给我的。信的大致内容是称赞我在一份内部刊物上发表的文章，认为有一定的参考价值。当时，我深受感动。这么一位我深深敬仰又不曾谋面的大首长，看到我这个后辈、一个普通的年轻科技工作者写的文章后，竟亲自写信鼓励我。

后来，我在朱主任身边工作十几年，他对我的谆谆教导和培养使我受益匪浅。记得1987年，有一次，我向朱主任汇报工作时，谈到裁军研究是否要接受外援的问题。我认为，可以申请国外基金在国内举办国际军控会议。朱主任听完后脸色一沉，严肃地说："中国人搞军控研究，包括召开国际军控会议，要用中国人自己的钱，用别人的钱手短！"我听他说话的声音在颤抖，手也在发抖，就吓得哭了起来。朱主任见状急忙安慰我，并连连说："没关系，没关系。"当时，国防科工委科技委王寿云副秘书长也在场。从朱主任办公室出来后，他对我说："邹女士，我的腿也发抖了啊！"

朱主任是我的恩师，从他那里学到的知识，特别是他的精神财富，让我终身受益。

时任中共四川省委政策研究室副主任的李后强是一位科技学者，他回忆说：

朱光亚院士特别关心青年科学家的成长。他担任中国科协主席期间，专门为青年学者设立了"青年学术年会"和"青年科学家论坛"。这两个具有深远影响的学术活动，就是为了培养青年科技工作者的创新能力，培养优秀的学术和技术带头人。非常荣幸的是，这些活动，我都参加了，还与北京理工大学教授冯长根、东北林业大学教授祖元刚共同担任了两次青年科学家论坛的执行主席。

最难忘的是1995年，四川省负责筹办中国科协第二届青年学术年会，我被推选为年会执行委员会主席。当年9月，我又应冯长根教授邀请，到北京主持以"非线性科学的若干问题"为主题的青年科学家论坛。朱先生多次亲临会议，听取青年科学家的发言。有一次中午，朱先生还邀请我们共进午餐，并提前到餐厅迎接我们。我被安排在他的左边座位上，第一次与他近距离接触，难免会紧张。他见我有些慌乱，就随和地说，随便用餐，不用客气，还不时用餐勺为我布菜，并询问了一些有关四川省和四川大学的情况。他说，他是武汉人，也是四川人，因为中国工程物理研究院在四川，他经常去，对四川很有感情。朱先生说话缓慢亲切，完全是平等交流与沟通。我见他如此平易近人，就向他汇报了四川青年学术会议的筹备情况，并冒昧地请他题词鼓励。他说，许多省都要举办青年学术会议，只给四川题词恐怕不好吧。我说，四川是您的第二故乡，又是全国人口最多的西部大省，有特殊性。他说，再想想。在午餐即将结束时，我拿出一沓白纸，并递上钢笔，再次请他给四川青年学者写几句话。他笑笑说，好吧，小李的执着令人感动。有这种精神，四川青年学术会议肯定能办好。于是，他就在餐桌上挥笔写下了："科教兴国，

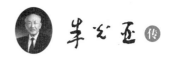

更寄希望于青年一代！"

杨芹波是山西省太原市杏花岭区一位普通的教师，在地理、历史课堂教学改革中，尝试将传统的教学模式变为图文并茂、声像结合、师生和谐、动手操作的学习娱乐活动，被评为"中国地理学会科普先进个人"。

1994 年，他应邀到北京参加地理学与持续发展学术交流会并接受颁奖。他回忆说：

在这次会上，朱光亚先生不仅出席会议讲话，还给我们颁奖。当我走上主席台，从朱光亚先生手中接过获奖证书时，我对先生说："我是来自山西太原最基层一线的地理教师，在多年的课堂教学改革中，摸索并创新和实践了一整套史地趣味快乐教学研究。我想把我课改的成果材料让您看看。"朱先生当时就握着我的手说："可以。等会儿散会时，我在门口等你。"我真想不到先生那样平易近人。一个一生研究"两弹一星"的"科技众帅之帅"，竟会这样认真对待一个来自基层的老师。

散会时，我迫不及待地奔向会堂门口，朱先生已在那里等我了。我给他递上已经出版的《少儿地理歌谣》《少儿历史歌谣》两本书和两盒同名称配乐磁带，以及我撰写的一部分论文和《中学地理速记歌》《中学历史速记歌》等打印稿件。先生一边翻看一边说："很好，很好，一定要坚持下去。"我当时特别激动，不知说什么好。因为那时，我国高考文科已开始不考地理，地理教学和地理老师在学校不受重视。我对先生说："朱老，现在高考不考地理，学生、家长、学校和社会都不重视地理学习。一个人如果不了解地理、历史常识，怎么能建设好祖国呢？"先生看我焦急、激动的样子，就笑着问："你想让我帮你做什么呢？"我慌不择言："学生不爱学地理，我们一线老师的课很不好上，您就给孩子们写几句话吧。"先生马上回答："可以，可以，但现在不行。我回去后得好好看看你写的这些东西再说。"

从北京回来半个月后，我万万没有想到，百忙之中的先生给我寄来了他的亲笔题词："学地理，学历史，爱祖国，爱人民，立大志振兴中华，攀高峰重整河山。"

先生的题词，成为我们从事史地教学改革的座右铭。

二、钱学森后面的那个人

朱光亚退休后，周围许多人都劝他写回忆录，或者允许他人为他写传记，但他都予以婉拒。

朱明远说："父亲退休后，我们也曾向父亲建议，现在有时间了，可以写写回忆录了。你的一生，既传奇又神秘，写出来一定很有意思。父亲听了，只是笑笑。父亲永远保持着一颗科学家的心，不爱回忆过去。他说，因为过去做过的事情总留有种种遗憾，如果有机会从头再做一次，一定会做得更好。"

早在 1996 年，解放军出版社策划出版一套《国防科技科学家传记丛书》，朱光亚自然是其中重要的人选。但选题报请有关部门审批时，到了朱光亚那里，他二话不说，提笔就把自己的名字勾掉了。有关领导和他身边的工作人员多次做他的工作，希望他能答应下来，他总说："先写别人吧，我的以后再说。"这个"以后"，就成了没有下文的托词。

2001 年，清华大学建校 90 周年。在纪念方案里，有一项是为 23 位"两弹一星功勋奖章"获得者各写一篇传记，作为建校纪念重点图书出版。该书由原国务委员、国家科委主任宋健任主编。

22 位"两弹一星功勋奖章"获得者均由自己或由他人撰写了传记文章，每篇文章长达几万字。唯独朱光亚自己动手写了一篇关于中国原子弹发展综述的文章提交给了清华大学，以代自己的传记。在这篇文章里，朱光亚客观地写了当年中央怎么决策、科学家怎么攻关，全文 6000 余字，没有一个地方是写他自己的。

曾任中国科协常务副主席、书记处第一书记的陈希说："1986 年 6 月召开的中国科协第三次全国代表大会决定编纂出版《中国科学技术专家传略》，为中国著名科技专家立传，记载他们的生平及对祖国乃至对人类科学技术、经济和社会发展做出的贡献。按出生年月，1924 年出生的朱光亚同志，本应在物理卷 2 中入传，可他一直没有同意。直到 2001 年，物理卷 3 开始编纂时，入传专家出生年限已经延伸至 1935 年，经过中国科协负责同志和解放军总装

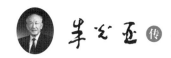

备部负责同志多次说服，他才最终同意入传。"

朱光亚为人低调谦逊，在科技界有口皆碑。中科院院士吕敏曾打趣地对朱明远说："你父亲不爱说话，太低调了，我们对他都快有意见了。"

其实，青年时代的朱光亚是个爱说、爱笑、爱唱歌的人，变得沉默寡言是从事核科技事业以后。核科技特别是核武器属于国家高度机密。从事这项事业的科技人员都有一个不成文的规矩：少说多做，只做不说。朱光亚是核武器研制工作的最高技术负责人，掌握着许多核心机密，更不能随意说了，长期的习惯成为自然。

朱光亚为人低调，还在于他朴实谦逊的品格和不善张扬的性格。他常说："核武器事业是集体的事业，所有的一切荣誉都是集体的。我仅仅是其中的一员，是一个代表。"

朱光亚身边的工作人员介绍说："首长几乎不接受媒体采访，长期以来，一直是隐姓埋名，默默工作。"

新华社《瞭望》杂志是有幸采访过朱光亚的少数媒体之一。该杂志记者孙兰英在2011年第11期一篇纪念朱光亚的文章中写道："与国内许多声名显赫的科学家不同，'朱光亚'三个字在20世纪90年代以前几乎绝迹于媒体报端。直到1994年6月当选为中国工程院首任院长，这位为人民共和国核事业发展默默奉献智慧和赤诚的核物理学家才算正式从幕后走到台前，成为世人瞩目的'公众人物'。在他为数不多的几次接受媒体采访的活动中，本刊记者有幸两次与这位科学大师面对面。"

朱明远回忆说："在我的印象中，曾有几家媒体采访过父亲，希望他谈谈关于几位著名科学家的事情，他都欣然答应，聊得非常好。结果不久，人家回过头来想采访他，让他谈谈自己的经历，他却一口回绝了，毫无转圜的余地。后来，人家又反复申请过几次，希望可以做关于父亲一生成就的报道，但毫无悬念地吃了闭门羹。为此，父亲半开玩笑地对我们说，他算是把那些大记者都得罪遍了。"

朱光亚虽然隐姓埋名，但国外媒体从蛛丝马迹中似乎"闻"到了什么。

最早注意到朱光亚的是美国《纽约时报》。20世纪70年代，该报发表

朱光亚和钱学森亲切交谈

了一篇文章，题目是《钱学森之后的那个人》。

1970年6月，经毛泽东批准，中共中央军委任命钱学森、朱光亚为国防科委副主任。从那时起，由于出席各种大型政治与社会活动，中国媒体报道时，钱学森、朱光亚的名字经常是前后连在一起。

对钱学森，美国媒体不陌生，也知道他回到中国后，在从事导弹研究工作。而对朱光亚，他们就只能是猜了，猜了许多年，对朱光亚的情况依然是知之很少、不甚了了。

朱光亚虽然沉默寡言，但在工作中十分善于听取不同意见。

中国工程院首任副院长朱高峰说：

朱光亚非常讲民主，尊重所有的人。他本人言语不多，但非常善于倾听和尊重别人的意见。当有不同意见的时候，他会让大家尽量地说。在各种场合下，包括主席团成员和院里面各位领导都可以畅所欲言，有什么意见都可

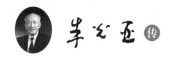

以放在桌面上。不能取得一致意见的，他不会轻易作决定。

中国核试验基地原司令员钱绍钧说：

朱光亚主任在工作中的民主作风是有口皆碑的，特别是作为一位高层领导更是难能可贵。在工作中，他对别人的意见，无论是上级的，还是下级的，是老同志的，还是年轻同志的，是正面的，还是反面的，都能十分认真地倾听，尽可能让大家把话说完。只要意见还不统一，他从不轻易作决策。这不仅表明他对别人的尊重，更重要的是，他认为解决科学技术问题离开了发扬技术民主这一方针是不行的。1992年，他在一次讲话中回忆当年中央专委的工作时说，在专委会审定重大科技问题时，若情况允许，周总理往往要求把有关单位的专家请来，鼓励他们提意见，包括反面意见。朱主任说，这是我们工作性质和特点所决定的。

中国工程物理研究院原院长胡仁宇说：

我在朱主任领导下工作50多年，非常愉快，对我来说是一个很幸运的机会。刚开始接触朱主任时，可能会因为他的神情严肃、不苟言笑、讲话不多，误以为他不太容易接近。但接触稍多一点，就会深刻地感受到他坦诚待人，朴实无华，对所从事的事业有着高度的责任感，而且思维缜密，办事一丝不苟，是一位和蔼、可亲、可敬、完全没有架子的领导。他考虑问题从长远和全局着眼，密切结合客观实际，实事求是，兼顾相关因素，思路清楚，思维敏捷，讲起话来层次分明、目的清楚，说理深入浅出，令人顿开茅塞。在布置任务时，他会让你对将要面临的任务有一个全面的理解，比如当前要达到的目标是什么、你的任务在全局当中起到什么样的作用、你应该怎样去完成这项任务等等。如果你在实际工作中遇到困难向他倾诉，他会仔细听取你的发言，有针对性地指导你应该怎样做，或者是要创造一些什么样的条件才能适应任务的要求。他是技术权威，但在工作中非常注重集思广益，充分相信和尊重大家的意见。每当我们在重大关键问题上难以做出决策时，他会亲自来参加有关会议，倾听各方意见，取众人之长定下决策。如果你在工作中有什么新的想法或建议，他会仔细倾听，从各种角度给你提出问题，要你把各方面都考虑周到，方案才能定得周全。更难能可贵的是，即使对那些已经做出决策的工作，如果在

1995年6月26日，朱光亚在中国工程物理研究院视察、指导工作时，与胡仁宇院士亲切交谈

实践过程中发现新的问题，或外界条件发生变化，需要对原方案做出调整和改变时，他也会仔细听取你的意见。只要你提出的意见在科学技术上有充分依据和理由，他也会采纳你的意见，改变原来的决策，并给予你大力支持。所以，与朱主任交谈，经常是带着困惑而去，满载思路与信心而归。

这正是朱光亚的人格魅力，不会因为寡言而暗淡，不会因为淡然而弥散。

三、家风·亲情·慈爱

退休之后，朱光亚与家人在一起的时间多了，这是他晚年最幸福的时光。

朱明远说："父亲虽然是一个感情不外露的人，却是一个感情十分细腻的人。他与母亲之间的爱充满着深情，彼此细致入微。"

朱光亚与其夫人许慧君就读于美国同一所大学，归国后曾短暂地在同一个单位工作，后来由于各自的专长，朱光亚在核科技领域，许慧君在化学领域，两人基本上是各自忙各自的。特别是朱光亚，担任核武器技术领导人后，肩负重任，工作更忙，不仅出差多，而且平时下班也很晚。因此，家里的大事小事基本都由许慧君这位出身名门的大家闺秀操持。

平日里，许慧君要比朱光亚下班早。每当朱光亚回家之前，她都会将电唱机放上朱光亚爱听的古典音乐唱片，让朱光亚一进家门就能放松心情。而朱光亚回来早了，他一定要等许慧君回来后一起吃饭，再晚他也等。

由于工作缘故，朱光亚十分忙碌，基本上中午也不休息。而许慧君在大学工作，养成了午睡习惯。退休之后，每当许慧君午睡时，朱光亚就会要求家人轻手轻脚，他自己则默默地在房间里看书或写东西，生怕将她吵醒。

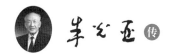

朱光亚、许慧君夫妇在家中小花园里采摘葡萄

朱明远在回忆文章《一份特殊的关爱》中写道：

由于父亲和我们聚少离多，他在我们眼中，一辈子都在忙碌、在工作，但这不等于他对我们不尽责、不关爱。恰恰相反，正是那短暂闲暇中的关爱，给我们留下最深刻的印象，以及人生中难忘的瞬间。

在我们的视角里，父亲是个非常耐心而又细心的人。小时候，我们姐弟三人的功课，特别是数学都是他亲自辅导。不会解的难题，都是他在百忙中抽出时间，手把手地与我们一起做，通过做题，教给我们思考的角度、做题的方法。在他循循善诱的启发下，我们懂得了举一反三的学习方法，懂得了如何去思考、解答难题。

谈到父亲对我们的关爱，刹那间会在我们的脑海中涌现出一桩桩记忆犹新的小事与细节。在没有空调的年月，夏天全家人吃饭，围坐一桌，只要父亲在家，他都会亲自为我们摆弄好台式电风扇。吃罢饭，又把它搬到客厅为大家送凉。父亲摆弄电风扇时，会仔细观察电风扇转起来后，是否能吹到大家。

要是电风扇只往一个方向吹时，他就会去调整角度，而且不厌其烦。

由于夏季天热，关门睡觉不通风，开门睡又要被蚊子咬，父亲就为我们准备好竹门帘，每个房门上挂的都不一样，这些门帘都是父亲先量好尺寸买来的。到了晚上，父亲会神不知鬼不觉地为我们每个房间点上蚊香。蚊香放置的地方，父亲也是动了脑筋的，不是摆在睡觉的房间里，而是摆在房门外，竹门帘前的犄角处。这样，蚊子在房外就被蚊香挡住了，又减少了屋里的蚊香气味。

朱明远最难忘的是1969年，他"上山下乡"去内蒙古生产建设兵团。那年，他才15岁。出发那天，朱光亚在家里叮咛了几句就上班去了。朱明远以为这是父亲临行前和他的告别。谁知朱明远到学校集合后准备上车时，朱光亚又骑着自行车赶到了学校。那时，中国共产党第九次全国代表大会刚结束不久，朱光亚当选为中共中央候补委员。在老师和同学眼里，朱光亚是"大官"了。可当朱光亚像许许多多普通父亲一样为儿子送行时，这让许多人很感动。

1977年，恢复高考。已回北京的朱明远在全家的鼓励下准备报考大学。他回忆说：

当年，我实际上是以小学的文化基础考大学的。1966年，我小学毕业，连毕业典礼都没举行就赶上"文化大革命"了。在社会上晃荡了两年，1968年"复课闹革命"，算是上了中学，但基本上也没上什么基础课。数学课讲了一元一次方程、二元一次方程，连一元二次方程都没讲到。物理课根本就忘了学什么。到1977年恢复高考时，我已整整荒废了10年时间。我们家差不多是全家动员，帮助我迎接高考。父亲帮我复习数学和物理，母亲帮我复习化学。开始的时候，市面上关于这方面的复习资料很少，数学和物理复习提纲都是父亲亲自动笔写的。后来，我也收集到一些复习资料，但父亲看了不满意，还是亲自为我写复习提纲和材料。有一次，我被一道几何证明题难住了，就去问父亲。第二天，他去参加一个报告会。回来后我发现，他在报告会请束上画了满满的几何图。哈哈，报告会上，父亲在证明几何题。就这样，在父母亲的帮助下，我用了半年时间，把中学6年要学的东西全学了一遍。第一次高考，差5分没达到分数线，落榜了。父亲和母亲鼓励我，不要沮丧，半

朱光亚对长子朱明远进行阅读辅导

年时间能够达到这个水平，相当不错了。在他们的帮助下，我继续努力，1978年第二次高考，顺利考上了长沙工学院，即现在的国防科技大学。

上大学学什么专业，也是父亲帮助我选定的。开始，我想学物理，子承父业嘛。但父亲不同意。父亲通过指导我高考复习，认为我的物理概念不清楚，不适合学物理。有些物理题，正面论述我会做，换一个角度表述，我就做错了。父亲很不满意，说这是同一个问题，只是表述方式不一样而已，说明我对这个物理概念并没有真正理解。他认为我对数学概念的理解力和运算能力不错，但是学数学年龄偏大了。因此，建议我学计算机科学。现在回过头来看，父亲的建议帮我选定了一条正确的路。

简朴是朱光亚倡导的家风。朱光亚有一个工具箱，里面各种螺丝刀、小榔头、电烙铁、螺丝、铜线圈、电笔，应有尽有。箱里还有许多大大小小旧的钉子、螺帽、小电子零件，这些都是朱光亚平时一点一滴收集起来的。家里的洗衣机、收音机、桌子、椅子等坏了，空闲时，朱光亚就自己动手修理。他开玩笑说，这既是废物利用，又是换换脑子，两全其美。

朱光亚有辆德国造的锰钢自行车，是从旧市场上买来的。尽管因工作需要给他配有专车，但如果开会、办事离家不远的话，他就喜欢骑着自行车去。有一次，清华大学开校友会，他从黄寺家里骑到清华园，骑了好几十里路。平时，有空闲了，他还喜欢骑着自行车去王府井外文书店购书。出于安全考虑，警卫部门不同意朱光亚独自骑自行车外出，朱光亚经常是偷偷地"溜"出去。朱明远说，家里人倒是比较支持他骑自行车，因为这是朱光亚唯一的、简便

2005年9月，朱光亚、许慧君夫妇与女儿朱明燕（右二）、长子朱明远（左一）、次子朱明骏（右一）在中国核试验基地合影。这是朱光亚第一次也是唯一的一次携全家去中国核试验基地。

易行的健身方式。骑到后来，这辆自行车的把手和车轱辘的电镀漆都掉光了，越发破旧。在大家的劝说下，朱光亚才换了一辆新自行车。

朱光亚还有一副旧套袖，用了很多年。朱明远说，他父亲无论是在办公室还是在家办公，做事情之前都要戴上套袖，还美其名曰：保护衣服。朱光亚不喜欢添置衣服，一件衣服要穿好多年，旧了也舍不得换。旧衣服穿在他身上，一直是干干净净、整整齐齐、中规中矩。

朱光亚是个严谨的人。熟悉他的人都有个同感，就是朱光亚做任何事都像做物理实验一样，认真细致、有条有理，记忆力也超群。

秘书张若愚回忆说，有一次在外面开会，朱光亚让他回办公室取一份文件。并告诉他：文件在办公室第几个保密柜、保密柜里第几格、从左到右第几摞、从上到下数第几份，不要看内容，取来送给我就行。这让张若愚大为惊叹。

在日常生活中，朱光亚也是如此。比如，他将自己的衣服分类放置在一个个衣箱里，上面贴有标签：冬装、夏装、军装、内衣等等，找起来一目了然。

朱明远说：父亲有一个本子，是记录家事的。比如，他的专车不允许我们用，如果真有急事用了他的专车，他都有详细记录：谁用的、去了哪里。到了月底，他就让秘书按照这个记录去管理部门缴费。

朱光亚对子女们的教育，从来没有长篇大论的教导，而是以潜移默化的方式，身体力行。

朱光亚的孙女朱华媛，在题为《最疼我的人留下的爱》一文中这样写道：

记得上幼儿园的时候，由于我上的是艺术园，每年年末都会有演出。爷爷只要有时间一定会来看，我也最企盼那一刻。临上台，我都会在幕布后边偷偷往台下看，想看爷爷坐在哪儿，甚至有一次在幕布后找得入神而忘记了上台。还有一次演出结束，听老师说爷爷要到后台来看看，我当时好兴奋，一直企盼着被爷爷抱。后来爷爷到了，抱起了另一个小朋友，我很不高兴，心想怎么爷爷不抱我呢？后来我懂了，爷爷的心里不仅装着对我的爱、对家人的爱，还装着对像我这样的所有小朋友乃至下一代人的关爱。

在我上小学的时候，有一次，中央电视台电影频道要播出一个和外星人有关的电影，记得播出时间是零点。刚好我第二天有考试，而且爸爸妈妈也不让我熬夜看，所以不能看到这部电影。我很失落，还闹脾气，吵着一定要看。那时还没有很先进的设备，也不可能像现在一样有如此发达的互联网络。爷爷听到了，并且说他会帮我录。当时我还不相信，因为我从来没有熬到过零点。过了两天，爷爷真的把这盘录像带交给了我，我惊喜万分。后来听奶奶说，爷爷真的是熬到零点开始帮我录的。我那时还小，不懂得熬夜是多么累人的事，更何况是爷爷，岁数那么大了，第二天还有很多工作要处理。

从幼儿园到小学，我很喜欢背唐诗和文言文，爷爷有空就会陪我背。在我想不起来下句是什么的时候，爷爷总会接起下句来。爷爷不光是科学家，连中国的古典文学都记得滚瓜烂熟。他广博的知识面，让我感受到什么是科学大家的风范。

爷爷的生日很特别，是每一年的圣诞节。每一年的这一天，我们全家都相聚在一起给爷爷庆祝生日。每年，我都会给爷爷送上生日贺卡。有一年，我亲手做了一张贺卡送给爷爷。爷爷非常喜欢我手工制作的小物件儿，后来，爷爷把这张贺卡摆在了他书架上最显著的位置。

我上小学的时候，每天回家通常要写作业、背诵课文。每当下午六七点的时候，爷爷下班回家第一件事就是来我和爸爸妈妈在一楼的房间里看看我写作业的样子。爷爷怕打扰我，每一次都是轻手轻脚地进来，再轻手轻脚地出去。一开始，我真的没发现。后来有一次，我听到了脚步声，回头一看，爷爷笑了，说：快好好写作业吧。从那以后，我每天都期盼听到爷爷的脚步声。

在上初中的时候，我的物理成绩很不好，爷爷经常抽出有限的休息时间来给我辅导功课。现在想起，我很难过，因为给我辅导，占去了他本来少得可怜的休息时间，我那时要是知道能让他多休息一下多好。

从我上高中开始，爷爷的身体就不是很好了。后来，爷爷就住进了医院，见爷爷的时间就少了好多。有一次周末，我特地临摹了一幅凡·高的《星空》拿到医院给爷爷看。爷爷特别喜欢，把它一直摆在病房最显眼的地方，还拿给医护人员看。

爷爷在生活中很低调，很朴实，能自己做的事情绝对不会麻烦别人，自己碗里的米饭绝不会剩下一粒。小时候，我很不懂事，米饭盛多了吃不了剩下了。爷爷说，以后不可以浪费粮食，粮食是农民伯伯辛辛苦苦在地里干活种出来的，之后二话没说，把我碗里的米饭吃得一粒不剩。

这就是我的爷爷，一位身教胜于言教的质朴老人。

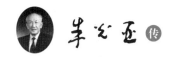

尾声 感动中国

2007 年 8 月 3 日下午，中共中央政治局常委、国务院总理温家宝来到朱光亚家中，一进门，便紧紧握住朱光亚的手说："光亚，我很想念您，来看看您。"

温家宝说，在前天召开的中国人民解放军建军 80 周年纪念大会上，本以为会见到您，但您没去参加大会。朱光亚的秘书向温家宝报告说："本来准备要去的，因为光亚同志现在走路不太好，怕影响别人，就没有去参加，在家里看纪念大会的现场直播了。"

退休之后，朱光亚的健康状况大不如前。长期的超负荷工作、长期的与核技术打交道，给朱光亚的身体带来了很多隐患。退休没几年，他挺拔的身材就有了徐徐弯曲，走路也失去了往日的矫捷。

温家宝听后，要朱光亚多多保重身体，并对陪同看望朱光亚的有关领导说：

我跟光亚同志认识 20 多年了，1991 年的时候，您担任中国科协主席。此后 5 年时间，我们都在一起。我到光亚同志办公室去过。那间办公室还在原来那个地方吧？光亚同志人品好，一生淡泊名利、勤勤恳恳，是科学家的榜样，也是年轻人的榜样。光亚同志在中国科协那些年，非常重视年轻人。那时，记得您组织过"青年科学家论坛"，国内外的青年科学家都会来，让他们发言，讲他们的成果，您记得吧？今天见到您很高兴啊！"八一"刚过，其实大家都记得您，您给我们"两弹一星"做出很大的贡献。

针对朱光亚因为走路不便，怕影响别人而没有去参加建军节纪念大会，温家宝说："光亚同志心是很细的，很注意这个，怕影响别人，想得很周全。您一生做的事情、做的贡献，全国人民都记在心里。您是淡泊名利的人，但是老百姓心里明白，科学家们都明白，他们都很尊敬您。"

朱光亚让秘书递给温家宝一份材料，这是他写的《关于当前科技工作的几点思考和建议》——

前几年，在家宝总理的亲自领导下，我国制定了《国家中长期科学和技术发展规划纲要》，这是指导未来15年我国科学技术发展的纲领性文件。去年年初全国科学技术大会之后，按照中央的决策部署，全面展开了《规划纲要》的贯彻落实。一年多来，不断看到各个方面顺利进展的消息，心里感到非常高兴，同时，也感到需要把握处理好一些问题。我想简要报告几点不成熟的想法和建议，供总理参考。

一、充分发挥科技重大专项的带动作用

目前，16个科技重大专项正在陆续启动，即将进入全面实施阶段。我一直在想，国家花那么多钱开展这些重大专项，如何才能实现其应有的效益呢？我觉得，关键要把重大专项的带动作用充分发挥出来。每个重大专项，不应把目标仅仅锁定为搞出某个产品、掌握某项技术，更重要的是，要着眼带动本领域乃至国家整体科技能力与水平的跃升，这也是我们设立重大专项的初衷。应该认真总结"两弹一星"工程、"载人航天"工程的组织实施经验，学习借鉴美国"星球大战计划"、"信息高速公路计划"等做法，深入研究社会主义市场经济条件下，组织实施科技重大专项的方式方法，仔细探讨采取什么样的工作机制才能有效发挥重大专项的带动作用。

二、切实加强军民科技之间的协调融合

军民结合、寓军于民，实现军民科技良性互动、相互促进，是我国科技发展的一条重要方针。但在实际工作中，由于缺少机制保证，完全贯彻落实这条方针仍然存在较大困难，军民科技分离、各自为政、难以统筹形成合力的现象仍然较为严重，极大地妨碍了国家整体科学技术的快速发展。建议中央下大决心，借鉴新中国历史上的成功经验和西方发达国家的一些好的做法，自上而下，建立完善军民科技协调结合机制。比如，在制定《规划纲要》过程中，军民结合的方针贯彻得很好，就是因为成立了军地双方人员共同参与的规划领导小组及其办事机构，建立了有效的协调机制。希望在《规划纲要》实施过程中，继续发挥规划领导小组及其办事机构的组织领导和协调作用。另外，建议在国家科技教育领导小组中考虑增加军方的领导参加，以便加强军地双

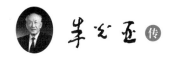

方的沟通、协调。

三、真正建立符合科技创新规律的人才制度

常言道："千里马常有，而伯乐不常有"。我觉得，当前我国不是缺乏一流创新型人才，主要是没有很好地建立鼓励创新、适合创新型人才脱颖而出、发挥作用的机制和环境。上世纪五六十年代，在那么艰苦和人才匮乏的条件下，少数知名科学家带领大批二三十岁的年轻人担当重任，取得了"两弹一星"世界尖端科技工程的成功。那时选拔人才、培养人才、使用人才的许多做法值得继承和发扬。有同志认为，按照目前的科技评价机制和政策环境就不可能产生陈景润式的人才，我也有同感。当前，必须转变不正确的人才观念，尤其在发现人才、使用人才方面，应该扬其长、避其短，而不是求全责备；应该把科技人员放在能够发挥其长处的工作岗位上，给他合理的分工和报酬，让他专心致志地搞科研，而不是把大量的时间和精力，耗费在跑项目或者应付频繁的检查、评奖方面。我想，只要把人才制度理顺了，我们就一定能够形成人才辈出的良好局面，一定能够完成建设创新型国家的重任。

温家宝翻阅着朱光亚的建议书，连声说："都抓住要害了。很有用。这个东西，我要带回去，好好看看。"

2008年6月25日，在中国科学院、中国工程院两院院士大会上，朱光亚荣获中国光华工程科技奖第七届成就奖。而这时，朱光亚因年事已高及健康原因，已不能出席会议接受颁奖。颁奖词这样写道："朱光亚院士是中国核科学技术的主要开拓者之一，参与组织领导中国原子弹、氢弹的研制及历次核试验，为中国核武器事业的创建与发展做出重大贡献。他还参与组织领导秦山核电站筹建、放射性同位素应用开发研究、国家高技术研究发展计划的制定与实施、国防科技与武器装备发展战略研究等工作。"

2009年8月6日上午，天下着蒙蒙细雨。温家宝又一次前往朱光亚家中看望。当时，朱光亚刚从解放军总医院住院治疗归来。听说温家宝要来，朱光亚不顾劝阻，坐在轮椅上，早早地就在客厅门口等候。

温家宝弯下腰，握着朱光亚的手，饱含深情地说："光亚同志，您是我学习的榜样。您把自己一生都献给了国家和人民，做出了很大贡献。国家和

2011年1月23日，习近平到中国人民解放军总医院看望朱光亚时，与朱光亚夫人许慧君亲切握手

人民都惦记您。"

这时，朱光亚已不能流畅地说话，只是点头微笑，眼眶渐渐地湿润了。

朱光亚夫人许慧君在一旁说："他笑了，是高兴呢。"

温家宝也动了感情，轻轻地抚摸着朱光亚的手又说："我从认识您起，就觉得您老人家的品质非常优秀，勤勤恳恳，默默耕耘，无私奉献，忠于国家和人民。这种品质和精神，值得我们和后人永远学习。"

朱光亚向站在身边的秘书示意，将他此前准备好的一封信念给温家宝听。这封信主要就科技问题提出了两点建议：一是把握国际金融危机带来的挑战和机遇，大力推进自主创新，推动我国尽快走上由创新驱动的发展轨道，切实提高我国的科技、经济竞争力；二是科研诚信问题不容忽视，应在制度上有鼓励严谨求实的政策、有防止科研不端行为的机制和措施。

温家宝听后说："光亚先生，您讲的这两点都很重要。我们一定要把经济发展转移到依靠科技进步和提高人才素质的轨道上来。科学工作要严谨求

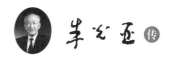

实，您的品质和精神，永远鼓舞年轻的科学家。希望您保重身体，国家需要您。"

朱光亚最后的人生岁月，是在病榻上度过的。

2011年2月26日10时30分，距朱光亚退休刚满5年多，这位鞠躬尽瘁一生的伟大战略科学家，因病在北京逝世，享年87岁。

那天，北京下着漫天白雪。雪花飘落，将整个城市素裹，成了一片白色的世界。

天若有情天亦老。巨星陨落，天地同悲。

同日，新华社发布了朱光亚逝世的消息。消息传开，解放军总装备部、中国工程院、中国工程物理研究院、北京大学、吉林大学、天津南开中学、重庆清华中学等许多单位纷纷自发举行追思活动，许多著名的科学家、朱光亚的学生和有关领导纷纷撰写纪念文章。特别是许多网民，他们当中许多人并未与朱光亚有过交往，却用深情的笔触写下了感人的怀念——

网民"漠风"写道：

2005年9月27日，朱光亚最后一次视察中国核试验基地

那是一个不朽的年代，那是一段辉煌的历史，它告诉人们：一个不愿受人欺辱的民族，该如何锻造和平。

世纪伟人邓小平深刻地指出："如果六十年代以来中国没有原子弹、氢弹，没有发射卫星，中国就不能叫有重要影响的大国，就没有现在这样的国际地位。这些东西反映一个民族的能力，也是一个民族、一个国家兴旺发达的标志。"

他语重心长地告诫说："大家要记住那个年代……"

敬爱的朱先生，您走好，多珍重，我们不会忘记！

网民"子时读写"写道：

这一天，北京雪花飘飘。农历新年前，北京一直没有下雪。雪花此时飘落，是为一代元勋送别。

在我原先居住的那个军队大院，和我家房子紧挨着的，就是朱光亚先生一家的小楼，我常见他在公务员搀扶下出来散步。最为感动的，是每次他走过自己家小楼前，站岗的战士向他敬礼时，他必会站定，将右手的拐杖换到左手，然后正正规规举起右手给战士还一个军礼。我们在那座大院生活了4年多，我时常看见面容清瘦、脸上布满老年斑的朱老先生久久地望着深邃的天空，一言不发。在那遥远天际，一定有他的思维驰骋。

我们再也见不到老人的身影了。时光不停，那些伟大的生命却一个个远走。朱光亚先生留下了不朽的精神。向朱老致敬！

网民"Renjux"写道：

国内的昨天，2月26日。

朱光亚老师选择了离开。尊为老师，只因老师在我心目中是最尊敬的称呼。

大学时代曾经读过的许多书里都有朱光亚老师的题词和笔记，老师曾组织编写修订了许多物理学丛书，让我们后世受益匪浅。

自从我的大学时代开始，不知为什么许多的大师级人物在这10年间一个个相继地选择了离开。

他们都是在10年"文化大革命"前培养起来的，是真正踏踏实实作科学研究的，真正甘愿为事业无私奉献一生的人，不为一己的钱财与名利。他们大多有留学背景，很多是美国著名大学的博士，为了心中的理想和事业，曾

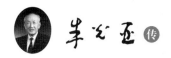

经历过无数的磨难与艰辛，抱着一腔热情回到祖国，做出了诸如"两弹一星"的丰功伟业。虽然他们个人的名字多是不为人所知的，极少见于媒体报刊，自己也依然过着朴素的生活。

许多人常会谈论事业如何，可我一直认为事业的定义，应该是崇高的，包含自我牺牲、无私奉献的，在事业中自己得到的回报远远小于自己的奉献的，可以让社会或任何毫无血缘关系只要是有缘的后人分享受益的，才可称之为事业。Business is business，不是事业。

一位佚名的网民写道：

朱光亚老先生走了，享年87岁。朱老的逝世，标志着一个时代的慢慢谢幕。老一辈无产阶级科学巨人一个个永远地离开这片他们曾经深爱的土地。自此，"两弹一星"元勋又折一将。

我们怀念那个充满激情的艰苦年代，一批批装载强国信念的年轻人奔赴艰苦的大西北，开始艰苦卓绝的科学研究工作。我们感叹那个充满激情的艰苦年代，缺衣少食，科研设备极度匮乏，自然环境极端恶劣，但是他们创造了一个又一个的科研奇迹。"两弹一星"的相继研发成功，使国人开始扬眉吐气，不再担心遭受外敌的欺凌。国民的民族自信心和创业热情也变得空前高涨。

钱老去年走了，朱老今年也走了。老一辈的相继离去，是我国科学界的巨大损失，也是国家和人民的巨大损失。但是，中国人民会背起先人行囊，铭记"两弹一星"精神，继续前行，为实现中华民族的伟大复兴而不懈奋斗。

网络铁血社区BBS留下了一篇篇评论：

——多么慈祥的老人啊！就这么离开了我们。

记得在2004年的夏天，我在马兰一所给老爷子站岗，大约在中午2点30分，看到老爷子在我们副连长和他儿子的搀扶下下了楼。当时说实话，见到这些人物时心里挺震撼的。老爷子一下楼，我立刻就敬了一个礼。就在这时，让我没想到的是，这个走路都需要别人搀扶的老人，此时竟然停止了脚步，撒开了搀扶的人，用颤抖的手向我还礼。此时的老爷子虽然弯着腰，但是那敬礼不敢说是像条令要求那样，但尽了自己最大的力气了吧。尤其是老爷子的那种眼神，我这一辈子都不会忘记。当时，眼泪就不知不觉掉了下来。

当时，我虽然是个新兵，但从上等兵到上将也都见过，但是从来都没有这种感觉。老爷子，我会永远记着您的。

——中国核科学事业主要开拓者朱光亚的逝世，是中国科学事业的一大损失。朱光亚的一生是为中国核科学奋斗的一生。没有老一代科学家艰苦奋斗的贡献，就没有中国的核科技、核尖端武器，中国人的腰杆就不可能硬起来。朱光亚先生，中国人民永远不会忘记您！

——他们是科技界的"核弹头"，每少一个都是中国的巨大损失。愿逝去的元勋一路走好！

——老人家一路走好，共和国的旗帜因您的付出而更加鲜艳。我辈虽不成大器，但心系国家，如遇国难当头，绝不苟且。

——一代人的奇迹。每一个时代都有那个时代的英雄，使我们这个伟大的民族仍然屹立在今天。几千年的历史，我们没有昙花一现，没有消失在历史的长河中。每一个时代都需要英雄，每一个人的心中都需要英雄。朱光亚就是我们国家的民族英雄！

2011年3月2日，朱光亚遗体在北京八宝山革命公墓火化。八宝山革命公墓礼堂庄严肃穆，哀乐低回。正厅上方悬挂着黑底白字的横幅"沉痛悼念朱光亚同志"，横幅下方是朱光亚遗像。朱光亚遗体安卧在鲜花翠柏丛中，身上覆盖着鲜红的中国共产党党旗。上午10时许，胡锦涛等党和国家领导人，在哀乐声中缓步来到朱光亚遗体前肃立默哀，向朱光亚遗体三鞠躬，并与朱光亚亲属一一握手，表示慰问。中央和国家机关有关部门负责同志，解放军四总部、各军兵种和北京军区负责同志，科技界许许多多著名的科学家和科技工作者代表，朱光亚生前的友好、家乡代表、首都各界群众也前往送行。

2012年2月3日，朱光亚逝世一周年之际，由广大老百姓参与评选的"感动中国"2011年度人物颁奖盛典在北京隆重举行。

朱光亚名列"感动中国"2011年度获奖者榜首。给他的颁奖词这样写道：

人生为一大事来。他一生就做了一件事，但却是新中国血脉中，激烈奔涌的最雄壮力量。细推物理即是乐，不用浮名绊此生。遥远苍穹，他是最亮的星。

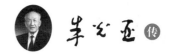

伟人远去，精神长存！

朱光亚把毕生精力奉献给了中国核武器事业，他的部分骨灰于 2012 年 9 月 26 日安葬在中国核试验基地，以魂归马兰的方式长眠于曾经战斗过的地方。图为位于中国核试验基地烈士陵园的朱光亚之墓。

后记

2015 年 12 月 25 日是朱光亚先生诞辰 91 周年纪念日。为了纪念这位伟大的战略科学家，由人民出版社出版发行《朱光亚传》，表达对先生的深深怀念和尊敬。

朱光亚的一生，充满传奇和神秘。特别是自 1950 年归国后，他所从事的事业与国家命运休戚相关，为人们所推崇。朱光亚生前，解放军总装备部、中国科协、中国工程院曾多次提出为他撰写传记，但都被他婉言拒绝。

2011 年 2 月 26 日，朱光亚因病在北京逝世，享年 87 岁。为纪念朱光亚并弘扬"两弹一星"精神，解放军总装备部政治部决定组织撰写《朱光亚传》，并得到了中宣部、解放军总政治部的支持，被列为国家重点出版项目。

解放军总装备部领导对《朱光亚传》的撰写工作十分重视，亲自指导，把握方向；在总装政治部的直接领导下，总装政治部宣传部为《朱光亚传》的撰写做了大量组织和保障工作，使《朱光亚传》得以在较短时间内完成撰写。

在撰写《朱光亚传》过程中，朱光亚的夫人许慧君教授、长子朱明远教授，以及朱光亚生前的身边工作人员给予了大力帮助，提供了许多珍贵的资料；吉林大学物理学院专门组织力量，收集与整理了朱光亚在吉林大学工作期间的资料，并多次召开座谈会和组织撰写回忆文章；中国科协、中国工程院、中国工程物理研究院、解放军总装备部科技委对《朱光亚传》的撰写给予了热情指导。在此，表示深深的感谢。

朱光亚是新中国科技事业的主要领导人之一，是我国"两弹"事业的元勋和主要科学技术负责人。他的壮丽人生、他的杰出贡献，深深融入了国家和民族的强盛梦之中。由于他所从事的工作很多涉及国家高度绝密，有许多内容至今尚不能公开，因此，《朱光亚传》只是朱光亚一生的浓缩，远不是

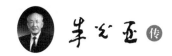

他的全部。但他留下的弥足珍贵的精神财富，无论是现在还是将来，都是一座永恒的丰碑。

　　因作者水平有限，本书还存在诸多不足和遗憾，诚恳欢迎读者批评指教。

　　感谢人民出版社领导和有关同志为本书出版所做的大量工作。

　　本书中的照片大多选自解放军总装备部政治部组织编撰的《朱光亚》画册。

作　者

2015 年 11 月于北京